周文夫文集

（第二卷）

周文夫 著

社会科学文献出版社
SOCIAL SCIENCES ACADEMIC PRESS (CHINA)

河北省邯郸市委常委、组织部部长周文夫（右二）到成安县农村党员贫困户家中慰问调研（载于《人民日报》2003 年 2 月 17 日）

河北省邯郸市委副书记、市纪委书记周文夫（右二）冒雨在漳河临漳县险区指导防汛排涝工作（载于《人民日报》2003 年 6 月 3 日）

目 录

（2001 年 7 月 ~2003 年 12 月）

工作纪实

以“三个代表”重要思想为指导
全面加强和改进新时期党的领导*

（2001年7月6日）

近三个月来，同志们在培训中紧密联系当前国内外形势，联系全市和本地区、本部门、本单位及个人工作和思想实际，刻苦读书，认真研讨，收获不小。一是通过系统的理论学习，对马列主义、毛泽东思想，特别是邓小平理论有了比较全面、深刻的理解和把握，对江泽民同志“三个代表”重要思想在新时期建设有中国特色社会主义事业的跨世纪发展上具有的重要指导意义有了进一步的了解，更加坚定了走有中国特色社会主义道路的信念；二是通过对重大现实问题的研究以及听形势、政策、市情、社会热点问题讲座，进一步加强了对党的路线方针政策的理解，增强了从事现代化建设的本领；三是通过对WTO基本知识的学习，为迎接入世的挑战奠定了牢固的知识基础；四是通过严格的组织管理和认真的党性教育、党性分析，党性修养得到了明显提高；五是通过外出考察，开阔了视野，扩展了思路，在理论联系实际上进一步丰富了培训内容。

同志们，在本期培训班学习期间，我们迎来了党的80周年华诞，江泽民同志发表了重要讲话。下面，结合学习江泽民同志“七一”讲话，我就

---

* 本文系时任中共邯郸市委常委、组织部部长周文夫，在市委党校中青班、青干班毕业典礼上的讲话（摘要）。

认真落实“三个代表”重要思想，加强和改进党的领导谈几点体会，与大家共勉。

一 “三个代表”重要思想为新时期加强和改进党的领导提供了强大的思想武器

在我们国家，从政治上看，当前关系国家命运的有两个最根本的问题，一个是社会主义问题，另一个是党的问题。邓小平理论初步但是系统地回答了在中国建设社会主义的一系列根本问题，把对社会主义的认识提高到一个新的水平。同样，邓小平同志也一直关注党的问题。早在1989年，他就指出，常委会的同志要聚精会神地抓党的建设。因此，十多年来，以江泽民同志为核心的第三代领导集体一直把不断加强党的建设、巩固党的执政地位，使我们党成为领导全国人民进行改革开放和现代化建设的坚强核心，作为党的十三届四中全会以来最关注的首要问题，并为此做出了巨大努力。1990年3月，党的十三届六中全会做出了加强党同人民群众联系的决定。1994年9月，党的十四届四中全会专门讨论了加强党的建设的全局性问题，提出了新时期党的建设的总目标和总要求。同时，在如何加强党的建设的问题上，以江泽民同志为核心的第三代领导集体，在一系列党的工作会议和一些重要讲话中提出了许多重要意见，采取了许多重大举措，如强调领导班子要自重、自省、自警、自励，要讲学习、讲政治、讲正气，不断提高自己的领导素质和能力，等等。

在经过长期的思考和深入的调查研究后，江泽民同志在2000年2月提出了“三个代表”重要思想。他说：“只要我们党总是代表着中国先进生产力的发展要求，代表着中国先进文化的前进方向，代表着中国最广大人民的根本利益，我们党就能永远立于不败之地，永远得到全国各族人民的衷心拥护并带领人民不断前进。”

江泽民同志“三个代表”重要思想，是在邓小平同志回答了“什么是社会主义和怎样建设社会主义”这个根本问题之后，进一步回答了“建设一个什么样的党和怎样建设党”的又一个根本问题，这是对马克思主义、毛泽东思想、邓小平理论关于党的学说的创造性发展，是对党的性质、宗旨和根本任务的新概括，是新时期全面加强党的建设的伟大纲领，为新时期加强和改进党的领导提供了强大的思想武器。

（一）“三个代表”重要思想是当代中国的马克思主义

江泽民同志在“七一”讲话中说：“八十年的实践启示我们，必须坚持马克思主义基本原理同中国具体实际相结合，坚持科学理论的指导，坚定不移地走自己的路，这是总结我们党的历史得出的最基本的经验。马克思主义是我们认识和改造世界的强大思想武器，是指导中国革命建设和改革的行动指南。”但马克思主义不是教条，实践性是马克思主义的基本特征，马克思主义只有在实践中不断发展才具有强大的生命力。列宁把马克思主义与俄国的实践相结合，突破了马克思主义对社会主义的预测，得出了社会主义可以在一国或数国首先取得胜利的结论，从而创立了列宁主义理论。以毛泽东同志为核心的第一代中央领导集体和以邓小平同志为核心的第二代中央领导集体，把马克思主义的基本理论同中国的具体实际相结合，形成了中国的马克思主义理论——毛泽东思想和邓小平理论。江泽民同志在马克思主义的指导下，在多次深入一些省区市就党的建设的若干重大问题进行调研后，提出了“三个代表”重要思想，发展了马克思主义的建党学说，从根本上回答了在充满挑战和希望的21世纪，我们党要把自己建设成为一个什么样的党和怎样建设党的问题。实现了理论上马克思主义与中国革命、建设、发展实践相结合的第三次飞跃。实践证明，只有坚持马克思主义的指导地位，坚持马克思主义和中国革命、建设、发展具体实际相结合，才能不断加强和改善党的领导，从而建设一个强大的社会主义现代化国家。

（二）“三个代表”重要思想是指导我们事业的新航标

江泽民同志在“七一”讲话中指出，我们党要始终代表中国先进生产力的发展要求，就是党的理论、路线、纲领、方针、政策和各方面工作，必须努力符合生产力发展的规律，体现不断推动社会生产力的解放和发展的要求，通过发展生产力不断提高人民群众的生活水平。

生产力是社会发展的最根本动力，是社会发展的最终决定力量，社会主义制度的确立为生产力的发展开辟了广阔的道路，社会主义的根本任务就是发展社会生产力。因此，在新时期，加强和改进党的领导，就必须把发展作为主题，坚持以经济建设为中心，用发展的办法解决社会主义现代化建设中遇到的一切问题。在现阶段，对处于社会主义初级阶段的中国来说，发展社会生产力更是关系党和国家前途和命运的头等大事。党的十一届三中全会的伟大意义就在于实现了以“阶级斗争为纲”向以“经济建设为中心”的转移。20多年来，不论国内外发生什么重大事件，我们始终牢牢把握住发展这个主题，坚持以经济建设为中心不动摇。正如江泽民同志指出的那样：“坚持以经济建设为中心，通过制定和实施正确的路线方针政策，采取切实的工作步骤，不断促进先进生产力的发展，这是我们党始终站在时代前列，保持先进性的根本体现和根本要求。因此，全党同志无论在什么岗位上，都要对自己所从事的工作经常加以检查和总结，看看是不是符合先进生产力的发展要求，符合的就毫不动摇地坚持，不符合的就实事求是地纠正。这样，才能充分体现共产党人的先进性和时代精神。”

（三）加强和改进党的领导，要坚持理论联系实际的学风

理论联系实际是马克思主义的一条重要原则，是我们党的优良学风和党风的重要体现。江泽民同志在党的十五大报告中谈到要坚持马克思主义学风时强调，学习马列主义、毛泽东思想、邓小平理论“一定要以我国改革开放和现代化建设的实际问题，以我们正在做的事情为中心，着眼于对实际问题的理论思考，着眼于新的实践和新的发展”。就目前而言，我们在学习、贯彻、落实江泽民同志“三个代表”重要思想，加强和改善党的领导中最需要做的工作就是紧紧抓住邯郸改革、发展中的实际问题进行理论探讨和研究。例如，如何加快科技进步和创新，推进科教兴市；如何选准突破口，积极培育新的经济增长点；如何科学、全面认识和正确处理新时期的人民内部矛盾；如何把中央的政策和本地的实际很好地结合起来；等等。这对我市《国民经济和社会发展第十个五年计划纲要》的贯彻实施有着极为重要的影

响。这些工作做好了，江泽民“三个代表”重要思想也就落到了实处，党的领导也就得到了加强和改进。

二　“三个代表”重要思想为新时期加强和改进党的领导提供了科学的指导方针

代表中国先进生产力的要求，代表中国先进文化的前进方向，代表中国最广大人民的根本利益，是统一的整体，三者相互联系，相互促进，互为因果，统一于建设有中国特色社会主义的伟大实践。因此，无论实际生活中各种矛盾如何错综复杂，都要坚持三者的统一，绝不能把它们割裂开来。

我们各级领导干部必须深刻认识和牢牢把握“三个代表”重要思想，用于指导自己的思想和行动。只有这样，才能保持党的先进性和纯洁性，增强党的凝聚力和战斗力，增强广大党员和干部拒腐防变和抵御风险的能力。

（一）加强和改进党的领导，必须努力建设一支高素质的、能够担当重任、经得起风浪考验的干部队伍

政治路线确定之后，干部就是决定因素。干部的整体素质能否提高，是“三个代表”重要思想能否贯彻落实的关键。因此，我们要充分认识建设高素质干部队伍的重要性，把提高干部素质作为一项重要工作来抓。要努力培养一大批讲政治、懂全局，善于治党、治国的领导人才。（1）要把提高各级领导干部的思想政治素质放在首位。我们要教育每个党员干部，特别是领导干部牢记我们党全心全意为人民服务的宗旨，时刻把群众的冷暖挂在心上，想群众所想，急群众所急，一切以群众利益为重。（2）要进一步深化干部人事制度改革。凡是符合“三个代表”重要思想要求，有利于优秀人才脱颖而出的制度和办法，都要积极探索。（3）要抓紧做好培养选拔优秀年轻干部的工作。要充分认识到加强对年轻干部的培养，是保证党和国家长治久安的战略性任务，要选拔一大批有知识、有文化、高学历的年轻人才充实到各级领导岗位上，以尽快形成有利于新老合作与交替的合理年龄结构。（4）要加大对各级干部的科学文化素质的培养。世界政治经济形势的发展

和我国现代化建设事业的顺利完成，都需要我们干部的知识结构更加合理化。因此，我们要加大对各级干部的法律、经济、科技、外语等知识的培训力度。今年，我们已举办了一期县级主要领导干部 WTO 知识培训班，目的就在于提高我们全市各级领导干部的科学文化素质，以适应我市经济建设和社会发展的需要。我希望同志们以这次培训为契机，把学习当作一项长期工作来抓，从而较好地完成党和人民交给我们的任务。

（二）加强和改进党的领导，必须坚持党要管党的原则和从严治党的方针，加大反腐倡廉力度

江泽民同志曾经指出："要把中国的事情办好，关键取决于我们党"，"治国必先治党，治党务必从严"。"三个代表"重要思想，就是从加强党的建设、巩固党的执政地位的战略高度提出的，我们必须充分认识到在新时期反腐倡廉的重大意义。

改革开放以来，我们党一直把反腐败作为关系党的生死存亡的大事来抓。特别是党的十四大以来，以江泽民同志为核心的党中央坚持以邓小平有关党风廉政建设和反腐败理论为指导，采取了一系列重大措施，推动反腐败斗争不断深入开展，并取得了明显成效。但是我们也应看到，有些腐败现象蔓延的势头还没有得到有效遏制，重大违法违纪案件一再发生，有些不正之风还比较严重，任务还相当艰巨和繁重。因此，我们要充分认识到反腐败工作的长期性、艰巨性和复杂性。通过多种方式努力从根本上铲除腐败滋生的土壤和条件。一是进一步规范党员领导干部从政行为，加强领导干部廉洁自律工作；二是加大查办违纪违法案件的力度，严厉惩处腐败分子；三是继续抓好纠正行业不正之风工作，解决群众反映突出的问题。此外，还要进一步扩大基层民主；逐步开展县级以上党政领导干部经济责任审计的试点工作；进一步规范有形建筑市场；加大干部交流力度；等等。力争从源头上预防并治理腐败。

（三）加强和改进党的领导，必须弘扬党的全心全意为人民服务的优良作风

我们党在长期的革命实践中形成了许多优良作风，如理论联系实际、密

切联系群众、批评与自我批评、清正廉洁、甘于奉献、艰苦奋斗、自强不息、民主平等、团结活泼等，这些都是我党宝贵的财富。其中，密切联系群众，全心全意为人民服务的作风处于主导地位。我们党自成立以来，就始终把全心全意为人民服务作为当代最根本的宗旨。我们必须牢记宗旨，树立正确的利益观，始终保持党与人民群众的血肉关系，努力实现、发展和维护好中国最广大人民的根本利益。

在“七一”讲话中，江泽民同志指出：“八十年来我们党进行的一切奋斗，归根到底都是为了最广大人民的利益……我们党始终坚持人民利益高于一切。”我们一定要牢记党的根本宗旨，心里时刻装着人民群众，把全心全意为人民服务，作为全部工作的出发点和落脚点，把人民拥护不拥护、赞成不赞成、高兴不高兴、答应不答应，作为我们辨别是非、决定取舍的根本标准；要自觉地把“三个代表”重要思想落到工作实处，把“三个代表”重要思想变成我们一切工作的自觉的行动指南；要充分认识到，在江泽民同志提出的“三个代表”重要思想中，代表中国最广大人民的根本利益处于中心地位，发展生产力，建设社会主义精神文明，建设社会主义优秀文化的根本目的，都在于从不同的方面满足广大人民群众的不断增长的物质和文化生活需求；在任何情况下，都要以是否符合最广大人民的根本利益作为党的一切工作和方针政策的最高衡量标准，不唯书，不唯上，只唯实实在在的人民利益。

三　各级领导干部要带头做实践“三个代表”的表率，在全市迅速掀起学习、落实江泽民“七一”讲话的高潮

江泽民同志在庆祝中国共产党成立80周年大会上的重要讲话，高瞻远瞩、总揽全局，内容丰富、意义重大，有很强的政治性、理论性、战略性、针对性。讲话以马克思主义、毛泽东思想、邓小平理论为指导，全面总结了党的80年光辉历程和基本经验，系统阐述了“三个代表”重要思想的深刻内涵，明确提出了加强和改进党的建设的基本要求，深刻回答了当前大家关心的带有根本性、全局性的重大理论和实践问题。讲话从两个80年的鲜明

对比开始，以两个一百年的回顾展望结束，历史跨度大，时代特征强，给人教育、给人鼓舞、给人信心。

全市各级党组织和广大党员干部一定要认真学习，深刻领会，确实贯彻、落实好讲话精神。通过学习充分认识到，江泽民同志的“七一”讲话是指导我们在新世纪全面推进建设有中国特色社会主义伟大事业、全面推进党的建设新的伟大工程的马克思主义纲领性文件。目前，全党的一项重要任务就是组织党员、干部认真学习这个讲话，深刻领会这个讲话，把全党的思想统一到讲话精神上来，把广大党员干部的智慧和力量凝聚到完成党在新世纪的历史任务上来。具体到我市而言，我们要用讲话精神指导改革发展稳定的具体实践。在市委、市政府的领导下，团结全党同志，带领全市人民，落实好“十五”计划提出的各项任务，特别是要立足当前，圆满完成今年经济社会发展的各项任务和目标。

在全市农村基层组织建设“一制三化”现场经验交流会议上的讲话

（2001 年 8 月 1 日）

刚才，大家观看了武安市“一制三化”专题片。武安市委、邯郸县委、涉县县委及武安市的淑村镇、白沙村就理顺农村“两委”关系，强化农村党支部领导核心地位，分别从不同侧面介绍了经验，讲得都很好，值得认真学习借鉴。特别是武安市实施“一制三化”的做法，抓住了当前农村工作的敏感点，形成了一套寓组织保证、制度保证、素质保证于一体的管理机制，收到了较好成效。会议站在我市改革、发展、稳定工作全局的高度，对当前我市农村基层组织建设形势进行了深入分析，对下一步农村基层组织建设工作讲了重要意见，提出了具体要求，具有较强的指导性。各县（市、区）务必把这次会议精神学习好、领会好、传达好、落实好。为进一步贯彻好这次会议精神，我再强调三点。

第一，要把抓好农村基层组织建设当作一种政治责任。今天到会的县（市、区）同志，都是县（市、区）党委、政府抓农村基层组织建设的主管领导，特别是主管副书记和常委组织部部长是农村基层组织建设的“具体责任人”。农村基层组织建设能不能抓实、抓好、抓出成效，同在位的各位同志关系重大。同志们务必增强政治责任意识，强化雷厉风行、求实务实的作风，重心下移抓落实。一要深入学习、认真传达好这次会议精神。会后，要把这次会议向县（市、区）委常委会或党政联席会做专题汇报，在认真学习市委领导讲话、有关文件及先进县（市、区）经验的基础上，研究制定具体、可行的贯彻落实方案，召开会议进行专题部署，把这次会议精神迅速传达贯彻到基层。二要强化措施，真抓实干。要切实克服搞形式、走过场的倾向，更要克服不抓、不动的懒散行为，在快抓、真抓、实抓上下功夫，务求解决问题，收到实实在在的成效。三要增强工作的创造性。要把上级要求和本地实际有机结合起来，探索自己的特色抓法，防止平面推。要选准突破口，抓1～2项开创性工作，活跃局面，带动整体工作进展。

第二，要抓好推广“一制三化”管理办法的启动工作。具体要抓好“三个一”。一要开展一次调研。会后，各县（市、区）要结合贯彻这次会议精神，组织专门力量，就农村基层组织建设中存在的突出问题，特别是村党支部、村委会关系情况，进行一次调研排查，摸实所辖农村党支部、村委会关系现状、工作现状以及在处理“两委”关系中的一些好经验、好做法。各县（市、区）对工作中的一些好的经验做法，要及时向市委反馈。二要定好一个意见。在调研的基础上，各县（市、区）要借鉴武安市、邯郸县、涉县的经验，制定既符合法规、政策，又符合本地实际的规范性意见，狠抓落实。三要组织一次培训。办好“两委”关系培训班，对党支部成员和村委会成员进行一次《中国共产党农村基层组织工作条例》《村民委员会组织法》和省委、市委关于理顺“两委”关系文件的系统轮训，进一步统一思想认识。理顺“两委”关系关键要靠干部素质，提高干部素质就要搞好培训教育。

第三，要确保学教活动健康深入开展。当务之急是抓好三个重点。一要抓好“两改进一转变”专题学习讨论。在基层干部中开展“两改进一转变”专题学习讨论，是市委抓实“三个代表”学教活动的一项创新举措。各县（市、区）要切实摆上要位，认真研究部署，精心组织运作，务求抓出实效。县（市、区）主要、主管领导要带头参加学习，带头进行讨论，带头撰写体会文章，带头解决问题，靠领导带动基层。各县（市、区）制定“两改进一转变”安排意见，于8月6日前报市委学教办。二要抓好村级班子集中整建。要在抓好村级班子数据库建设的基础上，指导每个村定实整建目标，搞好分类施治，使每个村都得到提高。尤其要下大力抓好难点乡、难点村的整顿治理，9月底以前，使瘫痪、半瘫痪村和班子不健全村全部建起、建强班子，使列入整顿范围的后进村党支部实现转化升级。三要抓好村级学教试点。从8月上旬开始，每个县（市、区）委都要直抓3～5个村级学教试点，每个试点村都要有县级党员领导干部分包。这项工作事关村级学教全局，稍一放松，就会使整个村级学教活动流于形式。各县（市、区）务必高度重视，集中力量抓好，为村级学教活动探索路子，积累经验。近期，市委学教办将就村级学教试点工作下发专门通知。

关于丛台区非公有制经济组织党建试点工作督导调研情况的报告*

（2001年8月3日）

年初，按照省委组织部的要求，依据地处中心城区且非公有制经济发展较为迅速的实际情况，我市确定并上报丛台区为全省非公有制经济组织党建工作试点。最近，省委组织部专门派人对试点工作进行督导调研，并实际参加了丛台区两家非公有制企业建立党组织的具体工作。现将丛台区非公有制经济组织党建试点工作及省委组织部督导调研情况报告如下。

一　丛台区非公有制经济组织党建情况及主要特点

丛台区共有非公有制经济组织13577家（其中，个体工商户13444家，私营企业133家），从业人员41000多人，其中党员1458名，占该区党员总数的24%。这些非公有制经济组织的国民生产总值占全区的70%，年营业收入在2000万元以上的有12家。在所有非公有制经济组织中，具备建立党组织条件的共有39家，目前已经建立党组织的有28家，占具备建立党组织条件的经济组织总数的72%；另外，建有工会组织的11家，建有团组织的2家。该区非公有制经济组织党建的主要特点如下。

---

* 本文是由时任中共邯郸市委常委、组织部部长周文夫主持起草，写给市委关于丛台区非公有制经济组织党建工作试点及省委组织部督导调研情况的报告。

（1）领导重视，成立组织。一是该区成立了非公有制经济党建工作领导小组。区委书记任组长，区委副书记、常委组织部部长、常务副区长、主管社区和农村工作的副区长任副组长，下设办公室，负责对非公有制经济组织党建工作进行统一领导，各乡（镇）、街道办事处成立了相应的组织机构。二是该区 12 名常委每人分包一个乡（镇）、街道办事处，具体组建 1～2 个非公有制企业党组织，并实现“三包”，即包组织、包巩固、包发挥作用。三是不断强化专抓力量。该区从 12 个非公有制企业成员部门中抽调了 14 名工作能力强、业务水平高的人员，组成专门力量，分成三个组，在今年 5 月 10～18 日、6 月 6～20 日，深入辖区所有非公有制企业，就党建情况摸底数，搞调研，具体指导组建工作。

（2）硬化措施，规范活动。在市委组织部的具体指导下，该区先后制定了关于非公有制经济组织加强党建工作的意见、工作方案和实施程序，并在已建的非公有制企业党组织中，进一步规范活动，要求每个非公有制企业党组织结合各自特点，至少做到“六上墙”，即党支部工作制度上墙、党支部职责上墙、党支部书记职责上墙、党员活动规范上墙、党员议事制度上墙、党支部生活会制度上墙。同时，区委对每个新成立的非公有制企业党组织赠送《丛台区党组织建设规范化制度汇编》《支部生活会记录本》《党的生活会记录本》《党员电化教育记录本》，使之从一开始就走上了规范有序的管理轨道。

（3）严格考核，责任到人。该区对每个乡、街道办事处的非公有制经济组织党建工作实行定期检查制度，周调度、月汇报、季检查、半年一评比、年终总考核。对党建工作搞得好的进行表扬，差的通报批评、限期改正，并把考核结果作为评先晋级的重要依据。

（4）开阔视野，取长补短。该区在认真学习领会中央、省委、市委精神的基础上，注重学习外地先进经验，提高本地水平。该区先后组织各乡、街道党委书记、主管副书记、组织委员、农村和居委会党支部书记、成员部门主要负责人等 110 人，利用 8 天时间，赴武汉市江汉区、天津市河西区进行参观学习，对该区非公有制经济组织党建工作起到了积极的推动作用。

二　省委组织部督导调研情况

7 月 23 ~ 25 日，省委组织部基层组织处郑占生等一行三人，对丛台区非公有制经济组织党建工作进行督导调研，并帮助两家企业组建了党组织。

在听取丛台区委专题汇报后，省委组织部督导调研组在市委组织部和丛台区委有关领导的陪同下，先后到邯郸市旭辉电力自动化设备有限公司党支部、邯郸市福瑞达服饰有限责任公司党支部、邯郸市乐颐电脑大厦党支部进行调研，了解企业党建有关情况，召开了有私营企业主、企业党支部书记、党员代表、群众代表、街道党委书记参加的座谈会。同时，又深入该区具备建立党支部条件的两个非公有制企业——邯郸市铁皇电器实业有限责任公司和邯郸市三龙房地产开发有限责任公司，具体指导并全程参与了这两个非公有制企业党支部的组建工作。

通过听取汇报、深入企业座谈调研、帮助组建非公有制企业党支部，省委组织部督导调研组对我市及丛台区非公有制经济组织党建工作，给予了充分肯定和高度评价。一是认识起点高。无论是邯郸市、丛台区委还是各乡镇、街道办事处都能够从落实“三个代表”要求、巩固党的执政地位的高度出发，把非公有制企业党建工作放在突出位置来抓，并自觉贯彻、落实江泽民总书记“七一”讲话精神，开创了非公有制企业党建工作的新局面。二是领导高度重视。在市委组织部的具体指导下，区委主要领导深入企业一线解难题，办实事，抓党建。同时不断强化专抓力量，不仅成立了非公有制企业党建工作领导小组，而且实现三个同步（规划同步制定、任务同步部署、落实同步进行），把企业党建与经济发展紧紧拧在一起，创出了新路子。三是工作扎实具体。非公有制企业党建工作是一项全新的领域，邯郸市及丛台区按照“积极探索，稳步推进，总结经验，逐步提高”的原则，充分利用市内、市外和区内、区外两种经验，拿出有针对性的措施，分门别类做好每一个非公有制企业的工作。特别是已经组建的 28 个非公有制企业党支部，各项工作规范有序，引领和带动了整体工作水平的提高。四是整体效果好，为全省非公有制经济组织党建工作创造了许多有益经验。邯郸市及丛台区在非公有制企业党建工作上，不仅起好了步，而且开好了局。目前已组建的非公有制企业党支部均实现了制度上墙、阵地健全、关系理顺、工作规范的良好局面。同时在组建非公有制企业党组织的过程中，包括在组建前、组建中和组建后各个环节采取的一些措施具有针对性和创造性，对全省有借鉴意义。

省委组织部督导调研组在对我市及丛台区非公有制企业党建工作给予高度评价后，又提出一些需要在全省范围内进一步研究、探讨和解决的课题，即如何在规模较小、党员人数少的非公有制企业建立党组织；如何充分发挥各职能部门的作用；如何正确处理私营企业党组织与企业生产经营的关系。希望我们在这方面积极探索，早日创出经验。

三　下一步打算

按照省委组织部的要求，根据我市非公有制经济党建工作试点进展情况，市委组织部结合丛台区委拟在以下几个方面进一步做好工作。

（1）提高认识，进一步增强做好非公有制经济组织党建工作的主动性和紧迫感。重点学习江泽民总书记“七一”讲话精神，进一步加大宣传力度，市各级领导干部，特别是非公有制企业主充分认识到组建党组织、开展党建工作不仅是促进非公有制经济健康发展的需要，更是增强党的阶级基础和扩大党的群众基础的需要。在此基础上，努力形成上下重视、齐抓共管的氛围。

（2）分类推进，进一步加大非公有制企业党建工作力度。一是非公有制经济组织中已建立党组织和工青妇组织的，其党建工作的重点是提高活动的质量，切实发挥党员的作用，严格按照《党章》和有关规定，建立实施“三会一课”、换届选举、电化教育等项制度，真正做到“有组织即有活动，有活动即有质量”。非公有制企业党组织的活动经费可通过多种渠道解决。不足部分，区委组织部可从分管的党费中适当拨补，确保党的活动正常进行。二是分类指导，扎实推进，力争年内在具备建立党组织条件的非公有制经济组织中全部建立起党组织。在严格遵守《党章》的前提下，根据非公有制企业不同特点，采取独立式、联合式、挂靠式、派入式等多种方式，分层分类进行组建。对于党员人数不足 3 名的，可就近与其他组织中的党员建立联合党支部；党员人数在 3 名以上、50 名以下的建立党支部委员会；党员人数超过或接近 50 名、100 名的，分别建立党的总支委员会、党的基层委员会。对于党员人数少，暂不能建立党组织的，抓紧把工会、妇联、共青团组织先建起来，从中选拔入党积极分子，培养党的新生力量，为建立党组织创造条件。在个体工商户党员相对集中的地方，可依托个协党委就近、就地建立党组织。

（3）关口前移，及时掌握非公有制企业党建工作的新情况。针对非公有制经济组织党员流动性强的实际，实行部门联动，共同把好入口关。协调工商局、民政局、房管局通过工商登记、税务登记、社区登记和楼宇入驻登记，全面了解这些组织的党组织和党员情况，登记造册，定期将掌握的情况反馈给各街道党委及有关党组织，便于各级党组织及时拿出有针对性的措施，使党员教育管理工作迈上新台阶。

（4）勇于创新，不断提高非公有制企业党建工作水平。我们将认真研究和解决非公有制经济组织党建工作中的新情况、新问题，以改革的精神、创新的勇气，认真搞好调查研究，及时发现新情况、研究新对策。把党的工作渗透到企业生产经营的主要环节，做好思想工作，协调好员工与企业主之间的关系，在提高企业效益、推进企业文化建设等方面起到积极作用，充分发挥好党组织的政治核心作用。

保持党的先进性　提高党的影响力*

——在学习江泽民同志“七一”讲话天津座谈会上的发言（提纲）

（2001 年 8 月 8 日）

江泽民同志“七一”重要讲话的核心内容，就是以“三个代表”重要思想加强和改进党的建设，从根本上回答了在新的历史时期“建设一个什么样的党和怎样建设党”的重大问题。其中最引人注目的一个论述，就是揭示了党的最高纲领与现阶段的基本纲领的辩证统一。作为一名地方党务工作者，我想联系自己学习与工作的实际，就新时期党员主要标准、判断人们政治先进与否的标准和党的最高纲领与最低纲领的辩证统一等问题，谈一些初步认识。

一　关于新时期吸收新党员的主要标准问题

江泽民同志在“七一”讲话中关于在新的历史条件下吸收新党员主要标准的论述，主要是针对现阶段党的建设所面临的形势和经济社会发展的实际情况而提出的。20 年的改革开放，我国经济和社会发生了巨大的变革，社会阶层的构成也发生了很大变化。随着以公有制为主体、多种所有制经济

* 本文是周文夫在学习江泽民同志“七一”讲话天津座谈会上的发言提纲。本次座谈会由中共中央党建领导小组副组长、全国党建研究会会长、中共中央组织部原部长张全景同志在天津市主持召开。

共同发展，出现了民营科技企业的创业人员和科技人员、受聘于外资企业的管理技术人员、个体户、私营企业主、中介组织的从业人员、自由职业者等社会阶层。而且，许多人在不同所有制、不同行业、不同地域之间流动频繁，人们的职业、身份经常变动。在党的路线方针政策指引下，这些新的社会阶层中的广大人员，通过诚实劳动和工作，通过合法经营，为发展社会主义社会的生产力和其他事业做出了贡献。他们与工人、农民、知识分子、干部和解放军指战员一样，也是有中国特色社会主义的建设者。然而，多年来，我们在入党上囿于传统理念，对于这些社会阶层的人员入党问题在理论上没有突破固有的禁区，因而在实际工作中就出现了限制和拒之门外的问题。就邯郸市情况来看，据 2000 年底统计，全市人口 838.7 万人，党员总数 429004 人，党员占全市人口的比例为 5.1%；全市非公有制经济组织的从业人员 542404 人，党员人数为 22491 人，占 4.1%，而且，这些党员大多数是在进入非公有制企业之前入的党，近几年入党的很少。

前一个时期，我们曾就个体私营企业主入党问题进行了专题研究，反映比较集中的有三个方面的问题。一是私营企业主不能入党，而党员则可以当私营企业主，二者相比，显然有失公平。二是现有私营企业主以前的身份都是工人、农民、机关干部等，他们响应了党的号召领办或创办了私营企业，为发展社会主义市场经济做出了贡献，反而失去了入党的资格。三是对于私营企业主入党的限制问题，雇工在 8 人以下的个体企业主可以入党，而当企业发展了，雇得人多了，成了私营企业主，就不可以入党了。经济发展了，政治上反而退步了，这与发展社会主义市场经济的要求是相悖的。

作为执政党，在建设有中国特色社会主义的今天，我们党的根本任务就是要发展社会主义市场经济，全面推进改革开放和社会主义现代化建设事业。要实现这个根本任务，执政党就必须把社会上各种各样的力量都凝聚、整合在一起，形成推进社会发展和进步的巨大动力。因此，党的队伍建设毫无疑问应该与党的这一目标和任务相适应。无论是公有制经济，还是非公有制经济，都是社会主义市场经济的重要组成部分。中国共产党作为执政党，要发展社会主义市场经济，首先要把在各种所有制形式中发展经济的优秀分子都吸引在党的旗帜下，并在党的熔炉中加以教育和训练，把他们锻造成为坚定的共产党人，党才能拥有广泛的社会基础，始终成为最广大人民根本利益的代表。

作为一名组织工作者，在实际工作中，要把握好吸收新党员主要标准的运用，完整准确地理解江泽民同志讲话精神，既要防止拒之门外的偏向，也要防止一哄而起、降格以求的偏向。对于社会其他阶层的优秀分子，凡要求入党的，各级党组织要把他们与工人、农民等党的基本力量一视同仁，同时，还要根据他们平常忙于经营活动，参加政治活动相对少一些等特点，采取适当的方式加以培养和管理，使之真正符合党员标准，切实做到从思想上和组织上入党。一是要抓好对入党积极分子的培养教育和考察环节，提高入党积极分子的质量。对于要求入党的积极分子要限定一年的培养期，在此期间可指定联系人，采取举办培训班等一些行之有效的措施进行培养。二是要把好"入口"关，严格履行发展党员的程序和手续。要全面按照党员标准进行考察，并广泛听取群众意见，也可采用一些地方实行的发展党员公示制等方法，严格履行党章规定的入党程序，确保发展质量。三是要加强管理。要根据非公有制经济组织的特点，建好党的组织，健全各项管理和考察制度，建立和实行党员思想汇报，党支部季度考核、半年和年终评定等项制度。并要加强经常性的思想教育，开展好各种形式的党内活动，从而确保吸收新党员主要标准的贯彻和落实。

二　关于判断人们政治上先进与否的标准问题

江泽民同志在讲话中提出的在新的历史条件下"不能简单地把有没有财产、有多少财产当作判断人们政治上先进与落后的标准，而主要应该看他们的思想政治状况和现实表现，看他们财产是怎么来的以及对财产怎么支配和使用，看他们以自己的劳动对建设有中国特色的社会主义所做的贡献"的论述，是从历史与现实结合的角度，运用马克思主义的发展观点解决现实问题的一个重大创新。在新中国成立以前，社会财富集中在少数地主、资本家和官僚手中，在那个时期，党的主要任务就是领导无产阶级与这些"有产者"进行斗争。那个时候，按照"无产"和"有产"来划分先进与落后是较为明确的，因而，在人们的头脑中很自然地形成了有产者是剥削阶级的观念。但是，经过50多年的社会主义建设，特别是改革开放20年来我国经济飞速发展，“无产”已不是当代中国工人阶级的标志，随着社会财富的积累，个人财富越来越多。特别是工人中掌握了先进技术和管理技能，有一定的经营能力的技术人才和管理人才，他们在为国家、为企业创造了大量财富的同时，个人也得到了相应的收入，成了先富起来的典型。我们总不能说这些人财产多了，政治上就不先进了。从社会其他阶层的情况看，那些民营科技企业的创业人员和技术人员、受聘于外资企业的管理技术人员、个体户、私营企业主、中介组织的从业人员、自由职业者等类人员，虽然不能将他们简单地列入工人阶级的范畴，但是，他们也绝不是社会主义的异己力量。这些人得益于党的富民政策，适应市场经济的需要而产生和逐步壮大，成为先富起来的群体。他们中的大多数通过诚实劳动、合法经营，总体上推进了社会主义市场经济的发展，促进了社会主义生产力的发展和综合国力的提高，为国家和社会做出了贡献。从这一点上说，他们和工人、农民、知识分子一样，也是有中国特色社会主义事业的建设者。我们绝不能一方面鼓励一部分人通过诚实劳动富起来，另一方面又把拥有财产者说成政治上必然落后，这从逻辑上也是讲不通的。只要是把这些财产除用于适度的个人消费外，用于扩大生产经营、发展社会公益事业、带动其他群众共同致富，都应当给予肯定和支持。相反，对于那些有违法乱纪行为，通过不正当手段攫取社会财富，或者把个人财富挥霍浪费，或用于行贿、黄、赌、毒等行为，危害社会的，一定要给予严厉打击。

我们在理解这一论述时还要注意防止两方面倾向，一方面是谁的财产多谁就先进，谁就可以入党；另一方面是谁要想体现先进，就必须把自己的财产贡献社会。在实际工作中，要把握三点。一是要把思想状况和现实表现，是否拥护党的路线纲领，是否在各个方面发挥模范带头作用，作为考察一个人是否先进的主要标准。二是要继续大力提倡用自己掌握的知识和诚实劳动致富，提倡守法致富，对通过正当手段取得的财富，都应当给予支持和保护。同时，要运用行政的、法律的手段，打击非法行为，从而在全社会形成一种良好的发展环境。三是对于那些有较高的思想觉悟，愿意把个人财富贡献给社会的先进分子，我们要予以大力宣传和表彰。比如我市涉县的刘金鱼同志，她致富后先后从个人财产中拿出70多万元慰问解放军，并在家乡建立了立功军人奖励基金，还投资发展公益事业。对于刘金鱼同志的先进事迹，多年来从中央到地方给予了充分的肯定。她先后获得了“全国拥军模范”“全国三八红旗手”“全国十大扶贫状元”“全国十大杰出母亲”称号，并当选为第八届、第九届全国人大代表和党的十四大代表，多次受到党和国家领导人接见。在全社会产生了很好的影响，今后还要大量选树这样的典型，发挥好他们的作用。

三　关于坚持党的最高纲领和最低纲领的辩证统一

江泽民同志关于党的最高纲领和最低纲领的论述，是基于我国正处于并将长期处于社会主义初级阶段这一基本认识，是在全面总结现实社会主义运动经验教训，不断纠正对共产主义肤浅、简单、片面的认识，深刻理解实现共产主义是一个漫长的历史过程的基础上得出的。这一论述，既有利于我们坚持正确的前进方向，又避免了对遥远未来做具体描述和设想而导致乌托邦的可能，集中体现了历史唯物主义与辩证唯物主义的高度统一，革命理想主义与成熟的现实主义的高度统一。这一论述，是对科学社会主义的突破和创新，是对马克思主义的丰富和发展。正确认识和把握最高纲领和最低纲领的辩证关系，对于我们坚持党的基本理论、基本路线、基本纲领，全面推进建设有中国特色的社会主义事业，有着十分重要的意义。最高纲领与最低纲领是辩证统一的关系，最低纲领是实现最高纲领的前提、基础和条件，最高纲领则是最低纲领发展的必然趋势和最终结果。二者指导思想、政治方向一致，就像一篇文章的上篇和下篇，是一个相互联系、相互影响的整体。在对最高纲领和最低纲领的认识上，要防止两种错误倾向，一种是只讲最低纲领而不讲最高纲领，认为共产主义离我们过于遥远，而放弃共产主义远大理想；另一种是曲解中央关于最高纲领和最低纲领的论述，错误认为提出最低纲领是要改变共产主义信仰，而产生抵触情绪。

在实践中，处理最高纲领与最低纲领的关系，应该把握好以下三点。一是要在广大党员中经常开展理想信念教育，树立远大共产主义理想，坚定共产主义必胜的信念。没有远大理想，就会迷失方向，丧失斗志，就不会有为共产主义理想而奋斗的博大胸怀和崇高思想境界；没有坚定的共产主义必胜的信念，就会失去政治上的坚定和清醒。二是要坚定不移地贯彻党在社会主义初级阶段的基本路线，为实现党在社会主义初级阶段的政治、经济、文化纲领而奋斗，不断把建设有中国特色的社会主义事业推向前进。三是要深刻把握社会主义现代化建设的政治保证、发展动力和外部条件的理论，坚持四项基本原则，坚持改革开放，正确处理改革、发展、稳定的关系，为实现党的基本纲领提供可靠的政治保证、强大的社会动力和稳定的社会环境。

在部机关学习江泽民同志“七一”讲话交流汇报会上的讲话（节选）

（2001 年 8 月 13 日）

一　深刻认识，准确把握《讲话》的精神实质

江泽民同志在庆祝中国共产党建党 80 周年大会上的重要讲话（简称《讲话》），站在时代的高度，着眼于新世纪党的事业的进一步发展，全面回顾总结了我们党 80 年的奋斗历程、光荣业绩和基本经验，进一步阐述了“三个代表”重要思想的精神实质和深刻内涵，明确提出了新世纪全面推进党的建设的主要任务，是对马克思主义建党学说的新发展，是指导我们进一步加强和改进党的建设，全面推进建设有中国特色社会主义伟大事业的纲领性文献。核心内容是用“三个代表”重要思想加强和改进党的建设，进而从根本上回答了新时期“建设一个什么样的党和怎样建设党”的问题。

第一，精辟地阐述了“三个代表”重要思想的科学内涵和精神实质。讲话对“三个代表”的内涵、要求、意义、实质等做了具体的阐述，是全党和全国人民对“三个代表”的认识达到了一个新的境界，大大提升了人们的认识高度，为新世纪切实加强党的建设提供了强大的思想武器，为我们全面正确理解“三个代表”、实践“三个代表”、当好“三个代表”指明了方向。

第二，科学地论述了新形势下党建理论的新观点、新结论。一是肯定了改革开放和现代化建设过程中我国工人阶级不断壮大、发展，工人阶级始终是推进中国先进生产力发展的基本力量，我们党必须始终坚持工人阶级先锋队性质，始终全心全意依靠工人阶级。二是提出了判断党的先进性的主要标准。三是提出了吸收党员的主要标准，把包括工人、农民、知识分子、军人和他们以外的其他社会优秀分子，肯定为都是有中国特色社会主义的建设者。对于社会其他方面的优秀分子，只要他承认党的纲领和章程，自觉为党的纲领和路线而奋斗，经过长期考验，符合党员条件，也应该吸收到党内。四是提出了判断人们政治上先进与落后的主要标准。这些观点，丰富和发展了马克思主义的建党学说。

第三，强调了党的最高纲领和最低纲领的辩证统一问题。要求全党一方面要树立共产主义远大理想，坚定信念；另一方面更要脚踏实地地为党在现阶段的基本纲领而不懈努力，扎扎实实地做好现阶段的每项工作。关于共产党人远大理想和现实工作的这种科学表述，表明了当代中国共产党人对共产主义的立场、基本态度，在党内外必将产生很大影响，对党的自身建设有十分重大的现实意义。

第四，对党的制度建设有新的表述。强调了坚持和完善民主集中制，建立健全科学的领导体制和工作机制，以及深化干部人事制度改革等问题，把正确处理党和政权机关、政协组织和人民团体的关系提上重要日程。

总之，讲话充满了解放思想、实事求是的精神，充满了与时俱进的理论品质，具有强烈的现实性和科学的前瞻性。我们在学习中一定要把握讲话的这些核心内容，贯彻落实到组织工作中去。

二　深化学习，把思想和行动统一到《讲话》精神上来

江泽民同志重要讲话，内容丰富，思想深刻，博大精深。经过前一段学习，广大党员从总体上对讲话的内容有了一定理解，但这还不够，还应进一步深化，既要克服因过去学过“三个代表”有关论述而漫不经心，又要克服因工作忙、时间紧而浅尝辄止。在这方面，要突出把握好两点。

（一）要带着问题学

江泽民同志讲话中有许多的新观点、新概括、新要求，要真正从理论上搞懂弄通，就必须由一般性学转向深入学，由全面学转向分专题学，一个问题一个问题地去学习，一个专题一个专题地去研究。比如，（1）判断一个政党的先进性问题。江泽民同志提出了一个政党是否先进、是不是工人阶级先锋队的标准。我们在实际工作中应当如何保持党的先进性，保持党的工人阶级先锋队性质，需要认真加以学习研究。（2）关于增强党的阶级基础、扩大党的群众基础和扩大党的影响力问题。对为什么要提出这个问题，它的现实意义在哪里，怎样增强党的阶级基础，扩大党的群众基础应该掌握什么尺度等问题都要进行深入学习和探讨。（3）关于吸收新党员的主要标准问题。江泽民同志提出“能否自觉地为实现党的路线和纲领而奋斗，是否符合党员条件，是吸收新党员的主要标准”。在实际工作中如何把握这一标准，如何把它具体化，是需要我们认真研究的。（4）关于判断人们政治上先进与落后的标准问题。在实际工作我们应当怎样来考察一个人的思想政治状况和现实表现，其财产来源及其支配和适用情况怎样才是合理的，怎样判别其对社会的贡献。（5）关于最高纲领与最低纲领的辩证关系问题。要弄清楚为什么要提出最高纲领和最低纲领，两者的关系是什么，在实际工作中如何坚持两者的辩证统一等。这些都需要在下一步的学习中结合实际工作认真加以研究。

（二）要联系实际学

联系实际是我们党一贯倡导的马克思主义学风。联系实际要做到“五个结合”：一要与学习党的历史紧密结合，把学习讲话的过程作为党的性质、党的宗旨、党的纲领、党的基本路线、党的奋斗目标的再教育过程；二要与当前农村开展的“三个代表”学习教育活动和在国有大中型企业领导班子及成员中开展的“三讲”教育紧密结合；三要与加强新时期党的建设紧密结合，把握我们党面临的新形势和新任务，切实加强和改进党的领导；四要与做好我们的各项工作紧密结合，以讲话精神为指导，切实解决工作中存在的突出问题；五要与贯彻我市第六次党代会精神紧密结合。特别是要联系党代会提出的全面加强党的建设的要求，结合领导班子、干部队伍、基层组织建设和思想作风建设实际，进行深入的学习。

三　结合实际，把《讲话》精神落实到各项工作中去

当前，我们要高举邓小平理论伟大旗帜，以“三个代表”重要思想为指导，深入学习江泽民同志“七一”讲话，认真落实市第六次党代会提出的各项任务目标，拼搏进取，开拓创新，全力抓好当前各项工作。

第一，要抓好农村“三个代表”学习教育、国有大中型企业领导班子和领导干部“三讲”教育活动。要继续抓好第一层次学教整改工作，督促各有关单位抓紧最后两个月时间，全面兑现对群众的承诺，落实好各项整改措施。市学教办要组织好严格的检查验收，对整改落实不到位的，要责令其限期落实。同时，要扎实抓好第二层次的学教工作，认真总结试点经验，根据第二层次学教对象的特点，制定切实可行的工作方案。国有企业领导班子和领导干部“三讲”教育活动要认真借鉴市、县两级“三讲”教育的经验，周密计划，严格把关，扎扎实实地做好每一阶段、每一步骤的工作，保证“三讲”教育取得成效。

第二，要抓好领导班子和干部队伍建设。一是以提高政治素质为重点，加强干部培训教育。以坚定理想信念为重点，提高广大党员特别是领导干部的政治鉴别力和政治敏锐性，把政治意识贯穿到全部工作中去。完善学习制度，加强落实和检查，倡导“真学、深思、活用”的风气。在学习教育中，把党性修养与全局观念、宏观意识、战路思维、世界眼光结合起来，着力培养适应时代发展要求的新型人才。二是以领导班子建设为重点，加强干部队伍建设。要按照“三个代表”要求，全面贯彻干部队伍“四化”方针和德才兼备原则，切实加强各级领导班子建设和干部队伍建设。要进一步优化领导班子结构，坚持和完善民主集中制，建立健全科学的领导体制和工作机制，要加大培养选拔优秀年轻干部队伍力度，全面深化干部人事制度改革，全力做好知识分子工作，大力培养、吸引和用好各方面人才，进一步在全党

全社会形成尊重知识、尊重人才，促进优秀人才脱颖而出的良好风气。三是以完善监督机制为重点，加强干部监督。要开辟渠道、完善措施，不断强化上级监督、班子监督、群众监督、财经纪律监督和组织部门监督。总结和推广我市创立的举办“贤内助”培训班和设立社区干部监督员等做法，加强对领导干部八小时以外的监督。要强化干部选拔任用工作的各方面责任，有效防止和杜绝用人上的不正之风和腐败现象。

第三，要抓好机构改革工作。按照省委安排，9月底前完成市直单位的机构改革；第四季度完成县乡机构改革。我们组织部门一方面要抓好党群机关的机构改革，另一方面还要结合机构改革，抓好各级领导班子的调整。这项工作时间紧，难度大，政策性强，希望同志们一定要从思想上真正重视起来，有关处室从现在起就要按照机构改革工作的要求，抓紧做好调查摸底、综合分析等项准备工作，待机构改革工作全面展开后，要全力以赴地投入机构改革工作，确保机构改革任务圆满完成。

第四，要抓好基层组织建设工作。按照市委安排，把推行武安市“一制三化”的管理办法，建立党支部领导下的村民自治运行机制，作为当前农村工作的一项重要任务和农村基层组织建设的一项重要内容。市委党建办要加强检查督导，督促各县（市、区）认真抓好在武安召开的全市农村基层组织建设“一制三化”现场经验交流会会议精神和会议确定的各项任务的落实。要强化冲刺攻坚意识，按时完成后进农村党支部的治理整顿工作。现在距省委提出的9月底以前完成整顿任务的时限只有不到两个月的时间，基层处要结合各县（市、区）委组织部对尚未转化的后进村进行分类排队，对一些重点村、难点村要采取特殊措施，加大工作力度进行整治，确保按时完成任务，同时，还要抓好农村干部“素质工程”的深化和延伸，完成农村干部教育培训任务。按照“六个好”的要求，全面加强乡镇党委建设。结合机构改革，深化乡镇建设正规化管理，进一步理顺条块关系、内部关系和乡、村上下工作关系。在重点抓好农村基层组织建设的同时，要强化城市社区党建、非公有制经济组织党建工作力度，大力推广丛台区的经验，积极探索行之有效的方法，力争创出一条有邯郸特色的路子来。

第五，要抓好调研工作，勇于探索组织工作新路子。加强调查研究是搞好各项工作的前提和基础。特别是在当前，我们面临着贯彻江泽民同志“七一”讲话精神，落实市第六次党代会提出的各项目标，实现组织工作创新的重大任务，加强调查研究工作就更为重要。从贯彻《讲话》精神，广泛了解党员干部的思想状况的需要出发，我初步考虑近期在全市组织部门开展一次大规模的“百、千、万”调研活动，即通过走访、座谈、问卷调查等方式，调查一百个乡镇（街道）党委、一千个农村（居委）党支部、一万名党员，主要了解广大基层党组织、基层干部和广大党员对江泽民同志“七一”讲话的反映，对党的路线、方针、政策的反映，对领导班子和领导干部领导方式、思想作风、工作作风、生活作风方面的反映，了解他们在想什么、盼什么，从而能够尽可能真实掌握社情民意，以便更好地改进我们的工作。同时，我也希望各处室都要从自己的工作出发，搞好调查研究。到年底，每个处室都要拿出1~2份有一定分量的调查报告。

四　从严治部，切实加强组织部门自身建设

江泽民同志在“七一”讲话中指出：“党的作风，关系人心向背，关系党的生命。要全面加强党的思想作风、学风、工作作风、领导作风和干部生活作风建设。”我们组织部门一定要带头贯彻落实江泽民同志讲话精神，坚持高标准，严要求，努力使组织部门建设成为党性最强、作风最正、工作最出色的部门，使组工干部成为风格为众人所欣赏，人格为众人所佩服，工作为众人树榜样，修养为众人作典范，境界为众人所仰止的干部。前一段，部内印发了《工作规范》，最近部务会又初步确立了“公道正派、求真务实、开拓创新、业争一流”的十六字部风，这些都是我们组工干部应当严格遵守的，在工作中一定要叫响抓实。

“公道正派”，就是在工作中，严格按照党的原则和政策办事，要胸襟坦白，一身正气，两袖清风，以对人民负责任的精神，敢于坚持原则，不畏权势，顶住各方压力，自觉抵制和克服用人上的不正之风，不拿原则做交易，堂堂正正为官，清清白白做人，切实做到心正、手净、嘴严、腰直，实事求是，刚直不阿，立党为公，用权为民。

“求真务实”，就是要有高度的革命事业心和政治责任感，想问题，办事情，坚持一切从实际出发，实事求是；在工作中，力戒形式主义，严禁弄虚作假，做到知实情，讲实话，办实事，求实效，真抓实干，扎扎实实地做好本职工作。

“开拓创新”，就是要解放思想，更新观念，敢于突破禁区，开辟新路；从实际出发，以改革的精神，创造性地开展工作，适应新形势，研究新情况，解决新问题，创造新经验，使各项工作取得新的突破。

“业争一流”，就是要求全体同志牢固树立“单项工作争第一，整体工作创一流”意识，树立不甘落后、奋勇争先的精神，在工作中最大限度地发挥自己的聪明才智，团结同志，共同努力，争创一流的工作业绩。

总之，“公道正派”是我们做人的准则，“求真务实”是我党实事求是思想路线的反映，“开拓创新”是我们事业不断发展壮大的动力和保证，“业争一流”是我们工作的最高标准。十六字部风相辅相成，密不可分，只有有机地结合起来，认真地坚持和发扬起来，才能使我们的各项工作不断推向前进。

同志们，抓好江泽民同志“七一”讲话和市第六次党代会精神学习贯彻，全面抓好组织工作各项任务的落实是当前摆在我们面前的一项重要任务。希望大家一定要认清形势，振奋精神，扎实工作，确保圆满完成全年工作任务，促进组织工作再上新台阶，努力开创世纪之初全市组织工作的新局面。

在农村基层组织建设“百、千、万”调研活动动员部署会议上的讲话

（2001 年 9 月 25 日）

这次会议的主要任务，是对农村基层组织建设“百、千、万”调研活动进行动员部署。市委对这次调研活动非常重视，市委书记董强同志就搞好这次调研提出了指导性意见。市委组织部、学教办对调研方案进行了反复研究、修改。刚才，讲解了市委组织部《关于开展农村基层组织建设“百、千、万”调研活动的通知》，希望各县（市、区）认真抓好落实。下面，我就如何开展好这次调研活动，讲四个问题。

一　深刻认识“百、千、万”调研活动的重要意义，以严肃认真的态度投入调研

首先，这次调研活动是深入学习贯彻江泽民同志“七一”讲话精神的重要步骤。江泽民同志在庆祝中国共产党成立 80 周年大会上的讲话，是新世纪加强党的建设的纲领性文献，对于当前和今后一个时期的农村基层组织建设具有重大而深远的指导意义。通过近一段时间的深入学习，全市各级干部和广大党员对讲话精神的理解和认识逐步深化，学习贯彻讲话精神正在成为全市各级党组织和广大党员干部的自觉行动。以讲话精神为指导，进一步加强和改进农村基层组织建设，有必要对照“三个代表”要求和讲话精神，对农村基层党组织和党员队伍状况进行一次调查研究，对过去工作进行一次

总结回顾，分析问题，强化对策，有针对性地做好当前工作，市委组织部组织的这次“百、千、万”调研活动正是基于上述考虑。同时，通过组织大批干部进村入户，座谈走访，广泛接触基层干部和党员群众，实际上也是对江泽民同志“七一”讲话精神的一次深入宣讲。

其次，这次调研活动，是乘势而上，深入推进“三个代表”学教活动的实际需要。当前，我市第一层次乡镇、县（市、区）部门和驻乡站所的学教整改已进入攻坚冲刺阶段，第二层次村级学教试点正在紧张进行。从10月份开始，全市将整体转入第二层次学教活动。

村级学教不同于第一层次学教，面更广、对象更多、情况更复杂，如果抓不住农村的特点，而照搬第一层次学教中的一些东西，就很难收到应有的成效，甚至可能会把一些村搞乱。如何针对农村的实际情况，对学教的内容和形式进行适当调整，比如村级学教征求意见的范围和方法，督导组如何选派，以及检验村级学教效果的标准，等等。这些问题都必须在村级学教面上铺开之前认真研究，找到解决办法。同时，还要看到，近几年来，我市在基层组织建设上虽然下了很大功夫，收到了明显成效，但由于受主客观因素的影响，仍有一些村班子的凝聚力、战斗力与担负的任务不适应，部分村级班子难以担负开展学教活动的重任。搞好村级班子集中整建，是村级学教铺开前的一项紧急而重要的任务。通过组织市、县、乡干部下去，广泛征求基层干部和党员群众的意见和建议，摸清农村的基本现状和主要问题，了解干部党员心态，就可以为谋划村级学教活动思路，加强村级班子建设提供一个准确、可靠的决策依据。

最后，这次调研活动，是研究新情况，解决新问题，不断提高农村基层组织建设整体水平的客观要求。近几年来，我市在加强农村基层组织建设上探索实践出一些得到上级肯定和推广的、行之有效的经验做法。但是，随着农村改革的推进，农村工作面临着许多新情况、新问题、新矛盾，农村基层组织建设始终面临着一个不断探讨、不断提高的课题。搞好当前工作，有针对性地抓好学教活动和农村基层组织建设，必须正确把握形势，研究新情况，解决新问题，开拓新思路。因此，这次调研活动，绝不是一般意义上的调查研究，而是市委推进当前工作的一项重大举措。大家一定要从这个高度，充分认识这次调研的重要意义，真正把这次调研活动作为当前农村基层组织建设的重中之重，作为当前组织部门工作的头等大事，摆上突出位置，切实抓紧、抓实、抓出成效。

二 正确把握工作要领，在摸实底数、理清思路上下功夫

关于这次调研活动的对象、内容、方式方法等，刚才有关领导同志已经讲得很详细，我就不再重复。在这次调研的组织实施过程中，大家要把握好三条原则。

第一，要坚持求真务实的原则，力求在突出问题上有所发现。这次调研既不是一般性的检查工作，也不是对各县（市、区）农村基层组织建设的考核评比，主要目的在于摸清农村基层党组织和党员队伍的现状，总结工作中的好典型、好做法，发现工作中的突出问题，研究解决这些问题的方法途径。衡量这次调研，很重要的一个标准，就是看哪个县发现的问题深刻、哪个县原因分析得透彻、哪个县建议提得好。如果只讲成绩，不讲问题，或问题讲得很少、很笼统，那就表明这个县的调研走了过场。这就要求，各县（市、区）要有一个求真务实的态度，有一种对工作高度负责的精神。在确定调研对象上，要突出代表性。好、中、差，要各占三分之一，既要调研近、富、大的乡村，又要调研远、穷、小的乡村；既要调研各项工作名列前茅的先进乡村，又要调研工作难推、经济落后的后进乡村，确保客观、真实、全面地反映一个县农村基层组织建设的整体面貌。在调研过程中，要营造一个让基层干部和广大党员畅所欲言、知无不言的良好氛围，防止个别乡、村以组织意见代替干部群众个人意见，以干部意见代替党员意见的现象发生。在乡镇与基层干部座谈时，乡镇主要领导要回避；在村与党员座谈时，乡村干部要回避；在组织填写问卷时，要拉开距离背对背填写，当场密封收回，或者让填写者回办公室和家里填写，限定时间，直接收回。在走访党员时，乡村干部不能跟随，确保调研结果的客观真实。

第二，要坚持分析研究的原则，力求在探求解决问题的方法上有所突破。如果说深入基层，充分占有第一手资料是调研活动的基础环节，那么对

调查结果进行梳理、汇总、分析研究，形成调研报告，则是整个调研活动的核心和关键。调研结束后，每个县（市、区）都要形成一份高质量的综合调研报告，尤其要把农村基层党组织和基层工作中的问题点透，点到具体乡村、具体表现，做好定量、定性分析。在此基础上，要深入分析造成问题的原因症结，要分析客观环境方面的原因，更要分析主观上的原因。要有针对性地提出切实可行的改进工作的意见和建议。各县（市、区）要在完成综合调研任务的基础上，按照市委组织部指定的专题，进一步深入分析研究，形成在全市具有一定指导意义的专题调研成果。对各县（市、区）上报的综合调研报告和专题调研成果，市委组织部要组织评比，看谁的调研报告写得深刻，谁的调研成果多，谁提的意见和建议被市委采用得多，以此作为农村基层组织建设年度考核的一项重要内容。

第三，要坚持边查边改的原则，把调研过程作为解决问题、完善措施、推进工作的过程。发现问题、研究问题的最终目的是解决问题。对在调研中发现的工作方面的问题，经过梳理后要通报乡、村党组织。问题较多的乡村班子要进行教育整顿和必要的组织调整。对影响稳定和发展的突出问题和市直查直处规定的“七类村”问题，由市、县组织部挂账督办，组织县、乡党委领导干部分包，限期解决。对干部思想作风和经济方面的问题，要视情况分类处理，问题严重的，要移交纪检和司法部门查处。要通过调研，下大力推进学教回访复查、“两改进一转变”专题学习讨论、村级学教试点、后进支部整顿治理等项工作的开展。运用调研成果，促动农村基层组织建设步入制度化、规范化的良性循环轨道，巩固和促进农村稳定和发展的大好局面。

三　以“百、千、万”调研活动为牵领，扎实推进当前各项工作

前不久，市委学教办组织市驻各县（市、区）督导组长、县（市、区）组织部主管副部长对各县（市、区）学教活动进行了一次推磨互查。从联查情况看，尽管我市学教活动整体健康扎实，一些做法受到省委和全国学教

办的肯定和推广，但还存在一些不容忽视的问题。一是第一层次学教整改进展不平衡。有些单位承诺得好，落实得差，工作触表不触里，一些问题的解决进度和效果与群众愿望差距较大，整改任务还很艰巨。二是一些村班子难以担负起领导村级学教的责任。这些难点村承受着“三难”的困扰，即党支部推进工作难、凝聚群众难、党员教育管理难。三是一些村级学教试点学教氛围不浓，工作有应付倾向。四是部分县（市、区）在贯彻落实市委有关要求方面，照抄照搬，不注重结合实际进行探索创新。这次联查情况近期还要下发专门通报。各县（市、区）要结合这次调研，下力解决上述问题，具体要抓好五个方面工作。

第一，强化倒计时冲刺攻坚意识，加大第一层次学教整改推进力度。按照省委要求，第一层次学教整改要在9月底以前结束。从目前情况看，一些基层单位整改的任务仍很艰巨。各县（市、区）要抓紧组织县（市、区）部门、乡镇和驻乡站所进行一次“回头看”，看哪些整改目标落实了，哪些还没有落实到位，有针对性地制定中、长期整改计划和巩固提高方案。在具体工作中，要紧紧围绕一条主线——“三个代表”重要思想，一个灵魂——马克思主义与时俱进的创新精神，一个使命——实现党的历史任务和中华民族的伟大复兴，组织党员干部深入学习“三个代表”重要思想和“七一”讲话精神，推进“两改进一转变”专题学习讨论，下大力提高基层干部思想政治素质和实际工作本领，下大力改进领导方式、工作方法，转变工作作风。9月底、10月初，各县（市、区）要普遍组织基层单位就“两改进一转变”进行一次交流研讨。要抓住当前收秋种麦的有利时机，组织干部“送科技、帮投入、促销售、保增收”，深入推进“惠农”活动，帮助农民调整种植结构，拓宽增收路子。要以治瘫转后为重点，下力整建村级班子。当前，首要的任务是把班子建强，保证有强有力的领导班子领导村级学教活动开展。还没有完成后进村整顿任务的县（市、区），要加大攻坚力度，所有列入整顿范围的后进村，9月底以前必须配齐建强村班子，最迟也要在10月底以前完成整改目标。

第二，要坚持高标准、严要求，扎实做好村学教试点和面上铺开的前期准备工作。村级学教试点必须抓紧抓实，联查中发现部分村级学教试点存在氛围不浓、工作标准不明确、工作质量不高等问题，没有达到预期效果。如果几个试点都抓不好，很难想象能抓好面上工作。各县（市、区）必须高标准、高质量地抓好试点，把试点村建成村级学教的样板村、典型村。每个试点村都要达到“四有”，即有标语、有板报、有广播、有明白纸。试点村要在“试”字上下功夫，重点解决三方面问题。一是对照检查的范围和方法怎样把握才适宜？怎样处理好充分发挥民主与不搞开门整风的关系？二是对查摆出的问题如何处置？需要出台哪些处理问题的政策界限？三是村级学教应达到哪些目标？工作标准应该如何把握？各县（市、区）研究解决这些问题的具体办法要及时向市委学教办反馈。市委学教办准备在近期召开一次座谈研讨会，交流一下各县（市、区）在试点工作上的经验做法，就几个关键性问题进行研究、探讨，指导面上工作开展。各县（市、区）在抓好试点的同时，要认真做好村级学教督导组的选派、师资培训等面上铺开的前期准备工作，确保10月份顺利启动。

第三，要敢管善用，充分发挥下基层干部作用。总的来看，绝大多数下基层干部不仅下得去，而且蹲得住、干得实，在抓农村基层组织建设、开展学教活动，以及解决群众生产、生活困难等方面，帮助基层做了大量工作，取得了明显成效。涌现了像磁县申树林、广平县陈景霞等一些受到省委领导表扬的先进典型。各县（市、区）在加强下基层干部管理上也探索创造出一些好的做法。魏县选派大批干部整治后进乡镇的做法受到省委书记王旭东，省委副书记赵金铎、刘德旺的批示肯定。就全市来讲，这项工作仍存在一些问题，比如有的下基层干部两头不见人，有的抓不住工作重点等。对下基层干部，县、乡党委要行使好管理的职责，无论是省直干部还是市直干部，派到基层来，就要纳入本级的管理范围，大胆管理，善于使用。要在重点工作、基层基础建设上给他们压责任、交任务，用好下基层干部这支队伍。同时，要关心下基层干部的生活，解决他们的实际困难，使他们安心基层，建功立业。

第四，要结合本地实际，创造性学习武安市“一制三化”经验，探索实施党支部领导下的村民自治运行机制。实行村民委员会直选以后，如何理顺“两委”关系，建立党支部领导下的村民自治运行机制，已经成为农村基层组织建设的一项重要课题。武安市在这方面先行一步，实施了“一制三化”管理办法，受到胡锦涛同志的批示肯定，中组部印发文件予以推广。近期，省委组织部将在我市召开会议，在全省推广武安经验。市委也印发了专门文件，并于8月1日在武安市召开会议推广了武安市的经验做法。这次联查中，发现个别县（市、区）只是将市委的文件转发下去，既没有开会学习研究，也没有出台本县的具体措施，说明这项工作在这些地方已经走了过场。在学习推广“一制三化”管理办法过程中，各县（市、区）绝不能简单地照抄照搬，必须结合实际进行探索创新，力争创出自己的经验。

第五，要严格三项制度，强化经常抓的工作机制。我市实行农村党建目标管理、专项述职和直查直处三项制度的做法，在前不久召开的省委农村“三个代表”学教活动领导小组扩大会议上，受到了省委副书记刘德旺的充分肯定。按照市委统一要求，从9月份开始，各县（市、区）相继召开了由县（市、区）委书记主持点评的乡镇党委书记上半年抓农村党建专项述职会议，市委党建办逐一列席。还没有召开专项述职会的县，要在10月1日前组织召开乡镇党委书记抓农村党建专项述职会。已经进行专项述职的，要加强跟踪管理，使述职中点评的问题真正得到解决，制定的工作措施真正落到实处。同时，要加大直查直处力度。县（市、区）委组织部、党建办对根据群众来信来访、部门联席会议等渠道发现的“七类村”问题，要直接派人到村进行调查，直接提出处理意见，充分发挥这一制度的警示促动作用。年底，县（市、区）要就这一制度执行情况向市委组织部写出专题报告，今年查了几起，处理了几起，都要一一详细说明，防止有问题不查、查而不处的现象发生。

四　切实加强对“百、千、万”调研活动的领导，确保收到预期效果

首先，力量投入要到位。这次调研能否达到预期效果，组织领导是关键。各县（市、区）务必高度重视，切实把这项工作摆上要位，精心组织，务求实效。县（市、区）委常委、组织部部长是调研活动的直接责任人，

组织部是具体承办部门。各位部长要亲自带领一个调研组，深入乡村调研，亲自听取各个调研组情况汇报。要把部内最精干的力量拿出来，投入调研活动中去。人员确实不足的，可以从基层组织建设联系会议成员单位和乡镇组织委员中抽调，但必须以组织部人员为主，带队的组长必须是组织部部长、副部长。调研活动期间，其他工作都要适当给调研让路。

其次，组织纪律要严明。调研组要严格按照市委组织部规定的内容、步骤和方式方法组织调研，严禁搞变通。对调研中发现的问题，要原汁原味地梳理反馈，严禁隐瞒实情不报。调研组要轻车简从，住农家、吃派饭，严禁借机在乡村大吃大喝，严禁借机向基层伸手。通过这次调研，在基层干部群众中建树起组工干部的良好形象。

最后，预祝调研圆满成功。

在部机关传达贯彻党的十五届六中全会精神大会上的讲话*

（2001 年 10 月 9 日）

今天，召开全部党员干部大会主要是传达贯彻党的十五届六中全会精神。刚才，传达了《党的十五届六中全会精神传达提纲》《中共中央关于加强和改进党的作风建设的决定》。下面，我就深入学习贯彻落实党的十五届六中全会精神，进一步加强和改进组织部门作风建设讲几点意见。

一　认真学习党的十五届六中全会《决定》，切实把思想和行动统一到全会精神上来

党的十五届六中全会，是在新世纪的第一年，我们隆重庆祝建党 80 周年和迎接新中国成立 52 周年的重要时刻召开的。全会高举邓小平理论伟大旗帜，以“三个代表”重要思想为指导，着眼于党所面临的新形势新任务，实事求是地分析了党的作风建设的现状，做出了加强和改进党的作风建设的决定。这一《决定》，体现了江泽民同志“七一”讲话精神，代表了全党的强烈要求，表达了全国人民的迫切愿望。

党的作风是党的性质、宗旨、纲领、路线的重要体现，是党的创造力、

* 本文是周文夫在中共邯郸市委组织部全体党员干部大会上传达党的十五届六中全会精神时的讲话。

战斗力和凝聚力的重要内容，关系党的形象，关系人心向背，关系党的生死存亡。党的作风建设与党的思想建设、组织建设相互联系、相互促进，抓住作风建设，就抓住了新形势下推进党的建设的一个十分重要的环节，抓住了提高党的领导水平和执政水平，提高拒腐防变和抵御风险能力的一个十分重要的切入点。

加强党的作风建设是我们党的优良传统。我们党在80年的历史过程中已经形成了一套良好的作风。但是随着历史条件的变化，党的作风建设也存在这样那样的问题。正如《决定》中指出的那样，一些同志世界观、人生观、价值观发生偏颇，个别人经不住权利、金钱、美色的考验；一些地方教条主义、本位主义滋长，形式主义、官僚主义盛兴，弄虚作假、虚报浮夸严重，独断专行、软弱涣散问题突出，以权谋私、贪图享乐现象蔓延，等等。这些问题影响着改革和建设事业的发展，损害着党和人民群众的关系。党不满意，人民群众不满意。所以，党的十五大就对作风建设提出了明确要求；在十五届五中全会上，江泽民同志又突出强调了作风建设；在“七一”讲话中，江泽民同志进一步论述了作风建设的重要意义。这次党的十五届六中全会专门研究作风建设问题，可以说，是合乎党心、顺应民意的事情。作风建设，非抓不可，不抓不行。因此，我们一定要充分认识加强和改进党的作风建设的重要性和必要性，把党的作风建设作为贯彻落实党的十五届六中全会精神的重要任务抓好抓实。当前，在深入学习全会精神上要着力抓好三点。

第一，要抓住重点学。六中全会精神内容丰富，思想性、理论性、针对性非常强。学习中既要认认真真、原原本本地学，又要突出重点，深刻领会。一是要充分认识加强和改进党的作风建设的极端重要性；二是要充分认识当前党的作风建设所面临的新形势；三是要充分认识加强和改进党的作风建设的核心问题是保持党同人民群众的血肉联系；四是要充分认识解放思想、实事求是是加强和改进党的作风建设第一位的任务；五是要充分认识加强和改进党的作风建设必须紧紧抓住“八个坚持、八个反对”这个重点；六是要充分认识党的作风建设中继承和发展的关系；七是要充分认识把思想教育和制度建设贯穿作风建设始终的必要性。这七个方面，在学习中要深刻领会、准确把握。

第二，要结合实际学。理论联系实际，是我们党一贯坚持的马克思主义的学风，要把学习全会精神与总结我部的作风建设结合起来；与解决部、处领导班子和领导干部作风方面存在的问题结合起来；与每个人的思想和工作结合起来。尤其要对照《决定》提出的“八个坚持、八个反对”，通过调查研究，通过召开民主生活会等形式，着力找准领导班子和领导干部、各处室和各位同志作风建设方面存在的突出问题，在找准问题的基础上，制定切实可行的改进办法和措施。对《决定》明确禁止的，要立即停止；能够做到的，要马上去办。真正把思想和行动统一到全会精神上来。

第三，领导要带头学。常言道，领导带了头，群众有劲头。这次学习，部领导要带头，各处室主要负责人要带头。一级做给一级看，一级带着一级学。部理论学习中心组和机关党总支要制订学习计划。在学习中，每个人都要有学习计划，要有读书笔记，要有改进措施。要防止浅尝辄止，防止形式主义和坐而论道。同时，学习全会精神要与深入学习江泽民同志“七一”讲话结合起来，在“三个代表”重要思想指导下，加深对全会精神的理解，并自觉地用于指导加强和改进党的作风建设的实践。

二　紧密联系作风建设实际，深刻认识加强和改进部内作风建设的紧迫性与必要性

从总体上来看，我部的作风是好的。大多数同志能够坚持公道正派，刻苦奉献，不为名、不为利，不讲条件，不求待遇，工作扎扎实实、任劳任怨，较好地完成了所担负的工作任务。今年以来，我们在一些大的工作方面，如农村“三个代表”学教活动、企业“三讲”教育和“三个代表”学习教育、市委换届、县级领导班子调整以及党员电教、信息、信访、知识分子、宣传调研、干部信息、机关党务人事、组织史征编等工作取得了一定成绩。尤其是选树的武安“一制三化”、丛台区非公有制经济组织党建和城市社区党建等方面的典型，得到了中组部和省委组织部的充分肯定。这些成绩的取得都是同志们辛勤努力的结果。但是，对照党的十五届六中全会的要

求，认真反思在作风建设上的得失，在一些方面、一些人的身上确实还存在这样那样的问题，经过部务会讨论，初步归纳起来，大体有以下五个方面。

一是学习气氛不浓。有的同志对学习重视不够，缺乏自觉性，缺乏紧迫感，看不到外面世界的发展，看不到自己的差距，得过且过，抱残守缺，靠着原来学的一点东西去应付。有的学习不是为了提高素质，而是为了装门面，为了应付工作要求，应付写文章的需要，摘一些新名词、新提法，而缺乏深入的、系统的学习。有的同志学习的面较窄，只是就事论事，凡是与自己有关的就学，自己感兴趣的就学，没有直接关系的就不学，造成知识面较窄，只知道很小的领域，工作起来不能做到游刃有余。

二是大局意识不够。有的同志想问题、办事情，不能从大局出发，不考虑大多人利益，而是个人利益高于一切，一事当先，先替自己打算；有的搞团团伙伙、亲亲疏疏，在民主测评和推荐中，搞串联、拉选票、搞小动作；有的唯恐个人私利受损失，唯恐个人私利达不到，就对组织、对工作、对同志全盘否定，甚至还有人采取写匿名信的形式，用威胁性的语言来发泄个人私愤，威胁组织。我们领导班子和领导干部不反对提意见，欢迎来自方方面面的监督，但是提意见必须通过正当渠道，必须尊重客观事实。凭空捏造，无中生有，不讲原则，不顾事实，不按程序，这样做，有悖于一个共产党员、一个组工干部应有的道德准则和组织原则。此风不可长！此风要制止!!此风要清除!!! 一个党委机关，是一个战斗的集体，也是一个大家庭。毛主席说，“我们都是来自五湖四海，为了一个共同的革命目标，走到一起来了”，“一切革命队伍的人都要互相关心、互相爱护、互相帮助”。同志们到一起工作，也是一个缘分。大家要关心、爱护这个集体，要树立部荣我荣、部损我损的大局意识。

三是进取精神不强。有的人缺乏争第一、创一流意识，工作标准不高，对自己要求不严，马马虎虎，敷衍了事，只求过得去，不求做得好，尤其是针对新形势、新任务，不能与时俱进，创造性地开展工作，而是等着上级压任务、领导派工作；有的作风疲沓，对领导布置的工作不是雷厉风行地去干，而是拖拖拉拉，甚至互相推诿，贻误工作；有的人组织纪律观念淡薄，只要组织照顾，不要组织纪律，对规章制度视而不见，上班无故迟到早退，想来就来，想走就走，自由散漫，不坚守工作岗位。

四是工作作风不扎实。有的同志存有形式主义的思想，喜欢做表面文章，喜欢做一些领导看得见的工作，哗众取宠，只求形式，不讲效果，不愿做扎扎实实、深入细致的工作，整天浮在上面，缺乏深入的调查研究。对自己分管工作的基本情况掌握不全面，想问题、办事情不是从实际出发，而是从一些表面现象和道听途说的东西出发，缺乏大量的调查，缺乏实实在在的依据，缺乏理性的分析。有的同志责任心不强，对工作有应付交差思想，抓落实不够，只满足于会开了，文件发了，工作布置了，缺乏及时的检查、督促、指导。有的同志工作态度不端正，熬天混日子，无所用心，不干事、不好好干事、干不成事，别人在那里干，他在那里看，有的还要挑三拣四，品头论足，怪话连篇，甚至有极个别人不仅不干事，还想要挑事、闹事，“唯恐天下不乱”。

五是个人形象不佳。据反映，有的人到下面检查指导工作，耍威风，摆架子，指手画脚，盛气凌人；有的人找县里的同志报销条子，要东西；有的所提个人要求达不到就在工作上给下面出难题；有的人不能把握自己，逢酒必喝，喝酒必多，面红耳赤，酒气熏天；有的人口无遮拦，说话不注意影响。要知道，个人的形象会影响组织部的整体形象，个人的行为不端会给集体抹黑。

以上我讲的五个方面的问题虽然只是发生在个别人身上，但其影响不可忽视，其危害性不可低估。如果我们不狠刹歪风邪气，听任这些问题继续蔓延，就会影响我们组织部整体形象，进而将会影响市委的形象，影响我们党的形象，影响全市改革开放和现代化建设的大局。对此，希望同志们一定要保持清醒头脑，站在讲政治的高度，从全市工作的大局来认识这些问题的危害性和解决问题的紧迫性。

这些现象的出现，不是孤立的，有其深刻的社会根源和思想根源。一方面，主要是一些人放松了政治学习，放松了世界观改造，没有从根本上解决参加革命工作为什么，当干部应该做什么和将来身后留什么的问题；一些人受个人主义、享乐主义的影响，私欲膨胀，个人利益至上，自由主义泛滥。另一方面，也有组织上对思想和作风建设抓得不紧，对一些同志管理和监督不力，要求不严的问题。千里之堤，溃于蚁穴，防微才能杜渐。针对这些问题，我们要以学习贯彻党的十五届六中全会精神为契机，以“三个代表”重要思想为指导，认真贯彻落实《中共中央关于加强和改进党的作风建设的决定》，结合我部的实际情况，采取切实措施，抓源头、治根本，彻底解决影响我部作风建设的突出问题，坚决刹住歪风邪气，把组织部的作风建设提高到一个新水平。

三　深入抓好全会精神的贯彻落实，全面加强组织部门作风建设

党的十五届六中全会明确提出，“用好的作风选人，选作风好的人”，这是对各级领导干部和组织部门提出的新要求。组织部门作为党委主管干部选拔任用和组织建设的职能部门，必须首先树立好的作风，把组织部门建设成为党性最强、作风最正、形象最好的部门，只有这样才能担当起党组织交给我们的光荣使命。在贯彻党的十五届六中全会精神，加强和改进作风建设方面，我们要把“公道正派、求真务实、开拓创新、业争一流”的十六字部风作为市委组织部作风建设的总体目标，喊响，叫亮。今后部内上下，从部领导到中层干部，到一般同志，都要围绕这一目标，严格要求，扎实工作，为建设我部良好的部风做出自己积极的贡献。

第一，要进一步加强学习，提高素质，不断提高实践水平和业务能力。学习是一种精神、一种责任、一种追求、一种境界。学习是掌握知识、熟悉业务、增强本领的重要手段，也是增强党性、加强修养、陶冶情操的重要途径。对学习的重视程度，对学习的态度，是衡量一个人的进取精神，工作责任心的重要标志。当今时代，国内外形势变化之快令人目不暇接，新思想、新理论、新概念、新知识、新技术层出不穷，知识更新的速度非常惊人，这些都对组织工作提出了新的挑战。如何适应新形势、新任务的要求，进一步加强学习是摆在组织工作者面前的首要任务。希望同志们一定要树立向学习要素质，向素质要能力、要战斗力的思想，把学习当作一项紧迫的政治任务。一是要刻苦钻研，做到真学。学习是一项艰苦的劳动，轻轻松松是学不

好的，必须静下心，坐下来，钻进去，真正地学，刻苦地学，并要联系思想和工作实际，开动脑筋，深入思考，力戒浅尝辄止，敷衍应付。要增强学习的责任感、使命感和紧迫感，要制订计划，采取措施，注重效果。各处室在搞好工作的同时，也要把学习抓起来，机关党总支要对这项工作有布置，有检查，有考核。在学习内容上，要把学习江泽民同志“七一”讲话，学习十五届六中全会精神，学习“三个代表”重要思想与学习马列主义、毛泽东思想特别是邓小平理论结合起来，与学习组织工作业务知识结合起来，在全面正确地理解和把握其科学内涵和精神实质上下功夫，同时，还要学习经济、法律、现代科技等知识和技能，提高自己的综合素质。二是要学有所得，真正提高自己的思想水平。要带着问题学，结合自己的思想和工作实际，进一步坚定理想信念，深入思考和认真回答江泽民同志提出的“参加革命是为什么？现在当干部应该做什么？将来身后应该留点什么？”三个问题。牢固树立正确的世界观、人生观、价值观。三是要联系实际，用理论来指导自己的工作。要紧密结合思想和工作实际，把着眼点放在实现学与用、知与行、说与做的统一上来，自觉地、不折不扣地实践所学的理论，力戒学用脱节。当前，尤其要处理好学习十五届六中全会精神与加强和改进部内作风建设的关系，处理好学习“三个代表”与实践“三个代表”的关系。以“三个代表”重要思想为指导，认真对照江泽民同志“七一”讲话和十五届六中全会提出的要求，重新审视我们的思想、工作和作风，符合的就毫不动摇地坚持，不完全符合的就积极调整补充，不符合的就实事求是地加以纠正。要结合实际分析组织工作、干部工作的新情况、新问题，抓薄弱环节和突出问题，进行总结思考，从中引出规律性的认识，以不断提高工作水平。

第二，坚持原则，严明纪律，坚决抵制一切错误思想和歪风邪气。组织工作具有很强的程序性、规范性和原则性，需要有刚性的纪律约束。一要进一步加强制度建设，强化组织工作原则。对过去已有的组织工作的规范、制度规定都要重新进行审视，该补充的要补充，该完善的要进行完善，并要强化执行机制，抓好制度落实。二要进一步强化职业道德建设。认真学习贯彻《组织人事干部行为规范》，使这一规定真正入脑入心，成为每个组工干部的自觉行动，真正做到坚持原则，公道正派，敢于讲真话、讲公道话，敢于反映真实情况，敢于排除各种不正之风的干扰，真正做到“用好的作风选人，选作风好的人”。三要严格遵守人事纪律，坚守工作程序。严守党的组织纪律，是执行党的组织路线的保证。组工干部要带头遵守政治纪律和组织纪律，把干部人事工作纪律变成自觉行动，做到不该说的不说，不该做的不做，做遵守纪律的模范。四要进一步严明工作纪律。要从最基本的做起，从按时上下班抓起，要严格按照各项规章制度办事，用制度管人。会后各处室要组织学习部内的各项规章制度，并要遵照执行。各主管部长和处长（主任）要切实负起责任，对那些违反制度的人要敢抓敢管，敢于批评。要坚持先换思想后换人，不换思想就换人。对那些思想麻痹、作风疲沓、不胜任工作、不干事、干不成事甚至搅和事的人，经过批评教育仍不改正的，就要考虑他是否适合在组织部门工作，要采取适当的组织措施。

第三，要进一步树立和发扬组织部门的优良作风，努力提高工作水平。首先要树立认真负责、严谨细致的作风。毛泽东同志早就指出，世界上怕就怕“认真”二字，共产党就最讲认真。组织工作无小事，要以对党、对人民极端负责的精神，勤勤恳恳、兢兢业业地做好本职工作，完成好每一项任务，无论大事、小事，都要认认真真，一丝不苟，防止出现差错。如果大家都能认真地对待自己分管的工作，那么我们整体工作的质量自然就提高了。其次要树立开拓进取、雷厉风行的作风。在新的形势下，组织工作面临的任务十分繁重，如果没有积极进取的精神，雷厉风行的作风，好多事情就办不成，办不好，就抓不出成效。我们一定要贯彻“公道正派、求真务实、开拓创新、业争一流”部风要求，强化争先创优意识，形成一个人人奋勇、个个争先、你追我赶、不甘落后的局面，以只争朝夕、奋发进取的精神，抓好当前各项工作，做到说了就算，定了就干，干就要干好，高标准、高质量地完成各项任务。最后要树立注重实效、真抓实干的作风。要下决心克服形式主义和官僚主义，坚持党的实事求是的思想路线，一切从实际出发，不图虚名，不搞形式，务求实效。要在部内树立起求真务实的良好风气，形成一种讲实话、办实事、求实效的氛围，使形式主义的东西没有藏身之地。要注重解决抓落实不够的问题，避免过去在一些工作中存在的有思路、有设想，却没有见诸行动；计划、制度定了，不去落实、不去执行；工作安排部署了，没人去督促检查等现象。制定相应的制度规定，建立健全抓落实工作机制，是每项工作都能做到有部署、有检查、有考核、有奖惩，形成讲求实效、真抓实干的良好机制。

第四，认真对照党的十五届六中全会《决定》要求，努力增强“四种意识”，保持良好的精神状态。良好的精神状态，是做好工作的重要前提和基础，也是我们事业发展的基本动力和重要保证。作为组工干部，在学习贯彻党的十五届六中全会精神，加强和改进作风建设中要进一步增强“政治意识、大局意识、服务意识和改革意识”，始终保持一种良好的精神状态，进一步振奋精神，以开拓进取、坚忍不拔、知难而进、勇挑重担的精神风貌投入工作。所谓增强政治意识，就是要自觉坚持党的基本理论、基本路线和基本纲领，在思想上、政治上与党中央保持一致，善于从政治上认识和做好组织工作，坚定正确的政治方向，遵守政治纪律。增强政治敏锐性和政治鉴别力，善于从政治上观察和处理问题，见微知著，明辨是非，把讲政治的要求体现在具体工作中，防止和克服陷于具体事务，不关心政治的倾向。所谓增强大局意识，就是要在大局下行动，一切服从大局，一切维护大局，一切服务大局，这其中包括两个方面。一方面，要把组织工作放到全市工作的大局中去思考、去研究、去把握、去推动。要站得更高一些，看得更远一些，想得更深一些。必须时刻把自己所担负的任务与大局联系起来，无论是领导班子和干部队伍建设，还是基层组织和党员队伍建设，都要紧紧围绕全市党的建设的总任务和现代化建设的总目标来开展，紧紧围绕改革、发展、稳定的大局来落实。另一方面，就是在组织部这个集体中，要摆正个人与组织、下级与上级、局部利益与全局利益、个人利益与整体利益的关系，个人的思想和行动都要服从和服务于组织部工作的大局，有时为了整体利益、全局利益要勇于牺牲局部和个人利益，为了长远利益要勇于牺牲眼前利益。只有组织部的整体工作搞好了，组织部形象树起来了，个人利益才能得到保证。那种只顾及眼前利益，只求个人利益的行为是没有出路的，那种一触即跳，不择手段谋取个人利益的行为，最终是不能达到目的的，反倒有碍于大局，更有害于自己。所谓增强服务意识，就是要紧紧围绕党的路线、方针、政策，围绕党委的中心工作开展服务，为市委的重大决策和重大工作部署服务，为广大党员、干部、知识分子和人民群众服务。增强服务意识必须增强事业心和责任感，做到“权大勿忘责任重，位尊不移公仆心”。要讲求工作效率，提高服务水平，转变工作作风，以实际行动体现党的宗旨，真正把组织部办成党员之家、干部之家。所谓增强改革意识，就是要以改革、创新的精神和科学的态度研究新情况、解决新问题，总结新经验，使各项工作在继承和发扬优良传统的基础上有所开拓、有所创新、有所发展。江泽民同志强调：“创新是一个民族进步的灵魂。”组织工作也同样面临改革创新的课题。领导班子建设、干部队伍建设、基层组织建设和党员队伍建设方面都存在一些与当前形势和任务要求不相适应的问题，需要我们进一步地去探索、去研究。我们要进一步解放思想、更新观念，勇于探索，大胆实践，敢于突破旧的框框，敢于开辟新的途径。要努力在观念创新、制度创新和方法创新上下功夫，努力探索出适应新形势要求的、促进组织工作上台阶上水平的新路子。

同志们，学习贯彻好党的十五届六中全会精神，全面加强和改进党的作风建设，是摆在我们面前的重大而艰巨的任务，组织部门肩负着重大使命。我们一定要以学习贯彻六中全会精神为契机，以“三个代表”重要思想为指导，带头加强组织部门自身作风建设，努力实现市委领导提出的建一流队伍、树一流形象、做一流工作、创一流业绩的要求，为全市的改革开放和现代化建设提供坚强的组织保证。

努力加强和改进党的建设*

（2001 年 10 月 10 日）

江泽民同志“七一”讲话明确提出了新世纪加强和改进党的建设的主要任务。组织部门在全面推进党的建设新的伟大工程中肩负着重要职责，一定要按照“三个代表”的要求，努力把党的思想建设、组织建设和作风建设提高到一个新水平。

第一，按照“三个代表”要求加强党的思想建设，必须坚持和巩固马克思主义的指导地位。党的思想建设的根本任务就是用马列主义、毛泽东思想、邓小平理论武装党员干部头脑。当前和今后一个时期要把学习江泽民同志“七一”讲话作为党员学习教育的重要内容，教育广大党员坚定理想信念，不忘党的最高纲领和远大目标，带头执行党和国家现阶段的各项方针政策，为实现社会主义初级阶段的基本纲领努力奋斗。教育广大党员树立正确的世界观、人生观、价值观，坚定对马克思主义的信仰，坚定对社会主义的信念，增强对改革开放和现代化建设的信心，增强竞争意识、效率意识和开拓创新精神。

第二，按照“三个代表”要求加强党的组织建设，必须坚持从完成新世纪党的任务的需要出发。一是要认真贯彻干部队伍“四化”方针和德才兼备原则，切实加强各级领导班子和干部队伍建设。要加大培养选拔优秀年轻干部队伍力度，全面深化干部人事制度改革，努力推进干部工作的科学

* 本文发表于《党员干部之友》2001 年第 10 期。

化、民主化、制度化，不断扩大群众对干部选拔任用工作的知情权、参与权、选择权和监督权，全面推行考察预告、任前公示等各项制度，抓紧做好培养、吸引和用好各方面人才的工作，进一步在全社会形成尊重知识、尊重人才、促进优秀人才脱颖而出的良好风气。二是要适应新形势、新任务的要求，不断加强和改进党的基层组织建设。进一步推进农村“三个代表”学习教育活动，深入开展以创建“五个好”党支部、“六个好”乡镇党委和农村基层组织建设先进县为主要内容的“三级联创”活动，下大力抓好农村后进党支部的治理整顿。继续抓好企业、街道和非公有制经济组织的党建工作。三是着眼于保持党的先进性、增强党的阶级基础、扩大党的群众基础、提高党的影响力，切实加强党员队伍建设。着力抓好党员发展和党员教育管理工作，在坚持以工人、农民、知识分子、军人、干部党员作为党的队伍最基本的组成部分和骨干力量的同时，把承认党的纲领和章程、自觉为党的纲领和章程而奋斗、经过长期考验、符合党员条件的社会其他方面的优秀分子吸收到党内来。

第三，按照“三个代表”要求加强党的作风建设，必须紧紧围绕密切党同人民群众的血肉联系、全心全意为人民服务这个核心。坚持解放思想、实事求是，使我们的各项工作符合本地本单位实际，适应社会主义初级阶段的国情和时代要求。广大共产党员特别是各级领导干部要深入群众、深入基层、深入实际，广泛听取群众意见，了解群众在想什么、盼什么，把群众的要求作为我们一切工作的出发点和归宿，作为我们想问题、办事情、做决策的依据。要把“三讲”教育和“三个代表”重要思想学习教育活动的好经验、好做法运用到作风建设中来，克服形式主义和官僚主义，增强求真务实的作风。坚持群众路线，牢记党的宗旨，为群众办实事、办好实事。教育广大党员干部发扬艰苦奋斗的作风，吃苦在前，享受在后，淡泊名利，无私奉献，为群众做出榜样，充分发挥共产党员的先锋模范作用。

按照“三个代表”要求加强和改进党的基层组织建设*

（2001 年 10 月 19 日）

江泽民同志“七一”讲话的核心内容，就是用“三个代表”重要思想加强和改进党的建设。“三个代表”重要思想继承和发展了马克思主义建党学说，从根本上回答了在充满挑战的21世纪，把中国共产党建设成为一个什么样的党和怎样建设党的问题，是新时期全面加强党的建设的指导方针和行动纲领。贯彻“七一”讲话精神，落实“三个代表”要求，加强党的基层组织建设，全面提高其凝聚力、战斗力，是摆在各级党组织面前的一项重要而紧迫的任务。

一 “三个代表”重要思想对党的基层组织建设提出了新的要求

“三个代表”重要思想具有丰富的思想内涵、鲜明的时代特征和与时俱进的理论品质，要求加强党的基层组织建设，必须紧密结合国内外形势的发展变化，紧密结合生产力发展和经济体制的深刻变革，紧密结合人民群众对提高物质文化生活的要求，紧密结合党员干部队伍的重大变化来进行。

当前，国际政治多极化的趋势日益明显，经济全球化步伐加快，现代科

* 本文发表于《领导之友》2002 年第 1 期。

学技术飞速发展，国际竞争越来越激烈，各种思想文化相互激荡。西方敌对势力加紧对我国实施“西化”“分化”的政治图谋，斗争十分尖锐复杂。我国已进入全面建设小康社会、加快推进社会主义现代化建设的新的发展阶段。我们要顺利完成国民经济和社会发展“十五”计划，实现第三步战略目标和中华民族的伟大复兴，任务艰巨而繁重。能否抓住机遇，抵御风险，战胜困难乘胜前进，关键取决于我们党。

近几年来，党的各级组织认真贯彻中央指示精神，把党的基层组织建设摆上突出位置，加强领导，明确责任，强化措施，狠抓落实。党的基层组织的凝聚力、战斗力进一步增强，党员队伍整体素质进一步提高，在两个文明建设中较好地发挥了战斗堡垒和先锋模范作用。但必须清楚地看到，随着我国的社会经济成分、组织形式、就业方式、利益分配方式多样化的出现，党的基层组织建设面临着较为复杂的形势，与“三个代表”的要求相比，仍然存在不少问题。有的地方对新形势下党的基层组织建设重视不够，抓得不紧；有的领域党的基层组织设置形式、活动内容和工作方式与形势发展不相适应；有的党的基层组织不能准确、积极地贯彻党的路线方针政策，处于软弱涣散状态；有的基层党员干部素质不高，作风不正，办事不公，为政不廉，影响党与群众的关系；有的党员理想信念动摇，党的意识淡薄，组织观念弱化，不能发挥先锋模范作用；等等。这些问题如果不能及时解决，将严重影响党的先进性和纯洁性，削弱党组织的凝聚力和战斗力，动摇党的群众基础和执政基础。

这就要求我们必须认真学习，深刻理解“三个代表”重要思想，从全局和战略的高度，深刻认识加强和改进党的基层组织建设的极端重要性和紧迫性，紧紧围绕不断提高领导水平和执政水平，不断增强拒腐防变和抵御风险能力这两大历史课题，适应时代要求，切实加强和改进新时期党的基层组织建设。

二　按照“三个代表”要求，明确加强党的基层组织建设的目标和任务

加强和改进党的基层组织建设，必须从新时期党的建设的实际需要出

发，按照“三个代表”要求，明确基层组织建设的目标和任务。

“实现最广大人民的根本利益”是基层组织建设的根本目标。代表最广大人民的根本利益，是我们一切工作的出发点和着力点，也是“三个代表”的归宿。因此，基层组织建设必须把人民拥护不拥护、赞成不赞成、满意不满意、答应不答应作为检验工作得失成败的标准。一是要组织和教育党员按照“代表中国先进生产力的发展要求”，努力加快经济发展，实现富民强市。要强化党员的发展意识、机遇意识、效益意识，引导他们积极投身发展社会主义市场经济的主战场，爱岗敬业，始终走在先进生产力发展的前沿。二是要组织和教育党员按照“代表中国先进文化的前进方向”，努力培养旺盛人气，营造文明氛围。不断强化党员的先进意识和先锋队模范作用，以带头执行党的方针政策的良好形象教育群众、影响群众；通过开展形式多样的社会主义精神文明创建活动，把培养一代有理想、有道德、有文化、有纪律的公民的任务落到实处。三是要组织和教育党员按照“代表中国最广大人民的根本利益”，努力改善党群、干群关系，为群众办实事。要心里装着群众，想群众之所想，急群众之所急，帮群众之所需，自觉锻炼为民办事的本领，自觉培养不怕困难、不怕吃苦的精神意志。把爱民、为民、富民、安民落实到全心全意为人民服务的实际行动上，落实到各项具体工作中去。

“不断提高党的社会影响力”是基层组织建设的现实任务。当前，基层组织建设面临的宏观背景、微观环境都发生了显著变化。突出的表现是随着市场经济体制的日益成熟，人们的思维方法、价值取向、道德观念日趋多样化；基层组织建设的工作内容、工作对象、工作基础呈现新的特点；新的经济组织成为一支重要力量，登上了社会经济大舞台；大批党员和优秀青年从传统的生产和生活方式中走出来，投身于市场经济的大潮。所有这些，都是对基层组织建设工作的一种挑战，基层组织建设工作要不断地改革和创新。特别是要把“不断提高党的社会影响力”作为一个限时任务凸显出来，坚持用“三个代表”重要思想统领基层组织工作实践，着力创新新形势下基层组织建设的整体框架，走出一条适合本地实际的基层组织建设的新路子。

“保持并不断增强党的活力”是基层组织建设的基本要求。要突出基层干部队伍建设这个关键。要坚持“用好的作风选人，选作风好的人”，既坚持以“三个代表”重要思想育人，以“三个代表”要求选人，以“三个代表”标准评价人，把政治合格、作风过硬、实绩突出、群众公认的同志选拔到各级领导岗位上。要突出党员教育管理这个重点，抓好党员发展工作。按照“坚持标准、保证质量、改善结构、慎重发展”的方针，把提高质量放在首位，及时把那些具备党员条件、积极实践“三个代表”的优秀分子吸收到党内来，以增加党的新鲜血液和新的活力。

三　突出基层组织建设工作重点，把“三个代表”的要求落到实处

党的基层组织建设是党的全部工作和战斗力的基础。基础不牢，地动山摇。把“三个代表”重要思想贯彻落实到党的基层组织建设中去，就要以农村、国有企业党建为重点，全面带动党政机关、街道社区和非公有制经济组织、社团组织党建工作，以增强党的阶级基础，扩大党的群众基础，不断提高党的基层组织的凝聚力、战斗力和创造力。

农村基层党组织，要以“三个代表”学习教育活动为契机，按照乡镇党委“六个好”和农村党支部“五个好”的要求，全面提高乡镇党委和农村党支部的整体素质和战斗力。要以治理整顿后进党支部为重点，认真落实“一年帮带、三年有责”责任制，完善预警防瘫机制，强化农村基层组织建设直查直处、专项述职和目标管理三项制度，充分发挥县、乡党委书记抓农村基层组织建设第一责任人和直接责任人的作用。切实加强以党支部为核心的村级组织建设，下力量解决少数基层组织瘫痪半瘫痪、不起作用的问题，提高中间状态党支部的建设水平。推广武安市的“一制三化”经验，理顺农村“两委”班子的关系。乡镇党委要强化中心意识和服务意识，提高带领农民群众发展经济、推进经济结构调整、促进增收的本领；正确处理人民内部矛盾、维护社会稳定的本领。目前，邯郸市组织系统正在开展“百、千、万”规模调研活动，即调查100个乡镇党委、1000个村党支部、10000名农村党员。目的在于通过调研，了解和掌握农村基层党组织、党员队伍的

现状，发现工作中的深层次问题和好典型、好做法，研究解决问题的可行性办法，有针对性地改进工作，进一步提高邯郸市农村基层组织建设的整体水平。

国有企业党组织，要以“三讲”教育活动为契机，进一步加强企业班子自身建设和党的建设，充分发挥党组织的政治核心作用。重点是按照现代企业制度的要求，进一步完善企业领导制度，加强企业领导班子建设，从组织和体制上规范企业党组织参与重大问题决策的途径和方法，把国有企业党组织建设成为能够有效实施政治领导、促进企业改革发展的坚强领导核心。进一步发挥企业党组织在政治思想工作方面的优势，在企业改革和生产经营中解决一些思想认识问题，动员和组织职工群众积极为企业发展献计出力，为企业的改革和发展保驾护航。同时，切实抓好停产、关闭、破产企业的党建工作，保证这些企业党的组织不散，党的工作不停，思想政治工作不松。

街道社区党组织，要适应城市管理体制改革和推进社区建设的需要，拓宽工作领域，调整工作中心，逐步形成条块结合，优势互补，以街道党委为核心、居民党支部为基础、驻区党员为主体、服务为手段，由社区所有基层党组织共同参与的区域性党建工作新格局，形成开放多元的社区党建工作机制和组织网络。近年来，邯郸市坚持以“三个代表”重要思想为统领，以共建活动为载体，使社区党建工作实现了立体化管理。注重发挥辖区各单位党组织的优势，积极开展厂街、校街、军民等多种形式的共建活动，形成网络化管理体系。坚持既抓党建，又抓经济，制定优惠政策，强化责任，将经济目标作为考核全年工作的一项重要内容，以此促进社区经济发展和党建工作水平的共同提高。

非公有制经济组织、社会团体、民办非企业单位的党建工作，是党的建设工作的新领域，是基层组织建设的重要组成部分，是不断扩大党的覆盖面，不断增强党的阶级基础和扩大党的群众基础，不断提高党的社会影响力的基础性工作。经过一段时间的实践探索，邯郸市坚持把在非公有制经济组织中建立党组织作为重点工作来抓，积极探索新经济组织党的建设的新路子，努力做到哪里有群众，哪里就有党的工作，哪里有党员，哪里就有健全的党组织，哪里有党组织，哪里就有正常的组织生活，并积极研究在新经济组织中党组织发挥作用的形式和途径。邯郸市丛台区分别被中组部和省委组织部确定为非公有制经济组织党建工作联系点，目前，一些具体的新思路和做法正在深入探索和实践之中。

树立自身好的作风　选准作风好的人*

（2001 年 10 月 19 日）

党的十五届六中全会决定指出，“用好的作风选人，选作风好的人”，这是对新时期党委组织部门提出的新的更高的要求。作为党委重要职能部门的组织部，其作风建设如何，不仅关系到自身形象，而且关系到党组织的凝聚力和战斗力，关系到党的事业的兴衰成败。因此，认真学习贯彻党的十五届六中全会精神，切实加强和改进组织部门的作风建设，内强素质、外树形象，真正把组织部门建设成党性最强、作风最正、形象最好、工作最出色的党委工作部门，实属当务之急。要真正树立良好的作风，当从“新、真、实、严”做起。

一　增强“四种意识”，在思想作风上求新

思想作风，是做好组织工作的重要前提和基础，也是我们事业发展的基本动力和重要保证。一个与时俱进、充满活力的组织部门，必须把思想作风建设放在首位，增强“四种意识”，树立新的作风。

一是增强政治意识。就是要自觉坚持党的基本理论、基本路线和基本纲领，在思想上、政治上与党中央保持一致，要坚定正确的政治方向，遵守政

---

* 本文摘要刊发在《河北组工通讯》2001 年第 37 期，并以《组织部门要在树立良好作风上下功夫》为题，刊发在《探索与求是》2002 年第 5 期。

治纪律。增强政治敏锐性和政治鉴别力，善于用马克思主义的宽广眼界观察世界，用政治家的眼光观察和处理问题，见微知著，明辨是非，把讲政治的要求体现在具体工作中，防止和克服陷入具体事务，不关心政治的倾向。

二是增强大局意识。就是要在大局下行动，一切服从大局，一切维护大局，一切服务大局。一方面，要把组织工作放在经济建设和社会发展的大局中去思考、去研究、去把握、去推动。要站得更高一些，看得更远一些，想得更深一些。另一方面，就是在组织部这个整体中，要摆正个人与集体、上级与下级、局部利益与全局利益、个人利益与整体利益的关系，个人的思想和行动都要服从和服务于组织部整体工作的大局。

三是增强宗旨意识。全心全意为人民服务是我们始终坚持的唯一宗旨，是我们必须遵循的行为准则。要树立权力就是责任，领导就是服务，为人民当公仆，为人民用好权的思想。要紧紧围绕党的路线、方针、政策，围绕党委的中心工作开展服务，为市委的重大决策和重大工作部署服务，为广大党员、干部、知识分子和人民群众服务。增强宗旨意识必须增强事业心和责任感，讲求工作效率，提高服务水平，以实际行动体现党的宗旨，真正把组织部办成党员之家、干部之家、知识分子之家。

四是增强创新意识。“创新是一个民族进步的灵魂”，创新是组织工作保持生机与活力的源泉。组织工作要跟上时代的步伐，就要坚持解放思想、实事求是的思想路线，着眼于新的发展，大胆探索，勇于创新。随着市场经济的深入发展和改革的不断深化，经济成分、利益主体、社会组织和社会生活方式日趋多样化，组织工作面临着新情况、新问题。要解决组织工作面临的新情况、新问题，老路子、老办法不行。需要我们进一步地去探索、去研究。我们要进一步解放思想，更新观念，勇于探索，大胆实践，勇于突破旧框框，敢于开辟新途径。要努力在观念创新、制度创新、机制创新和方法创新上下功夫，努力探索出适应新形势要求的，促进组织工作上台阶、上水平的新路子。

二　坚持学以致用，在学风上求真

按照“三个代表”重要思想和党的十五届六中全会精神要求，结合组织部门实际，从三个方面改进学风。

第一，要刻苦钻研，做到真学。学习是一种精神、一种责任、一种追求、一种境界。要按照江泽民同志“学习、学习、再学习”要求，牢固树立“知识就是力量，识多才能智广，足智才能多谋，多谋才能善断”的学习理念。变浅尝辄止为掌握“灵魂”，克服学习上的浮躁情绪，切实掌握科学理论的立场、观点和方法；变断章取义为融会贯通，系统学习三代领导人关于党建的有关论述，学习“三个代表”重要思想和十五届六中全会精神，学习组织工作业务知识，在全面正确地理解和把握其科学内涵和精神实质上下功夫。通过学习，进一步坚定理想信念，牢固树立正确的世界观、人生观和价值观。

第二，要联系实际，做到真用。理论联系实际是我们党一贯坚持的马克思主义学风。要紧密结合思想和工作实际，把着眼点放在实现学与用、知与行、说与做的统一上来，自觉地、不折不扣地实践所学的理论。变坐而论道为学以致用，切实解决“学用两张皮的问题”。当前，要结合学习十五届六中全会精神和“三个代表”重要思想，重新审视我们的思想、工作和作风，符合的要毫不动摇地坚持，不完全符合的就积极调整补充，不符合的就实事求是地加以纠正。

第三，要深入调研，做到真干。调查研究是谋事之基，成事之本。在改革开放的新形势下，新情况、新矛盾、新问题不断涌现。组织部门必须深入调研，掌握基层情况，强化理性思维，加强规律探索，坚持科学预见，真正做到胸怀全局，情况明、思路清，才能提高工作的原则性、系统性、预见性和创造性。要大兴调查研究之风，努力构建完善的调研机制，通过调研，出思路，出对策，出成果；通过调研，真正使组工干部增强解决、分析问题的能力。

三　发扬优良传统，在工作作风上求实

首先要求实，树立认真负责、严谨细致的作风。毛泽东同志早就指出，世界上怕就怕“认真”二字，共产党就最讲认真。组织工作无小事。要以对

党、对人民极端负责的精神，勤勤恳恳、兢兢业业地做好本职工作，完成好每一项任务；无论大事、小事，都要认认真真，一丝不苟，防止出现差错。如果都能认真负责地对待自己分管的工作，整体工作的质量自然就提高了。

其次要务实，树立开拓进取、雷厉风行的作风。在新的形势下，组织工作面临的任务十分繁重，如果没有积极进取的精神、雷厉风行的作风，好多事情就办不成、办不好，就抓不出成效。要强化创先争优意识，形成一个人人奋勇，个个争先，你追我赶，不甘落后的局面，以只争朝夕、奋发进取的精神，抓好当前各项工作，做到说了就算，定了就干，干就干成，干就干好，高标准、高质量地完成各项任务。

最后要实效，树立“干净、干事、干成事”的作风。要下决心克服形式主义和官僚主义，坚持党的实事求是的思想路线，一切从实际出发，不图虚名，不搞形式，务求实效。要在部内树立“公道正派、求真务实、开拓创新、业争一流”的良好部风，形成一种讲实话、办实事、求实效的氛围，使形式主义的东西没有藏身之地。要注重解决抓落实不够的问题，克服过去在一些工作中存在的有思路没行动、有计划没落实、有安排没督查等现象。制定相应的制度和规定，建立健全抓落实工作机制，使每项工作都能做到有布置、有检查、有考核、有奖惩，形成讲求实效、真抓实干的良好机制。使“干净、干事、干成事”成为我们的一种工作导向，成为选拔干部的一个准则。

四　坚持廉洁自律，在生活作风上求严

生活作风是人生观、价值观的反映。在错综复杂的形势面前，在灯红酒绿的社会环境中，每时每刻都经受着严峻的考验，面临各种各样的诱惑，只有不断加强世界观、人生观、价值观的改造，才能自觉抵制各种腐朽思想的侵蚀，做艰苦奋斗、廉洁奉公的表率。

一是严守法纪。遵纪守法、依法办事是我们工作的基本遵循，也是我们这个社会赖以正常运转的基石。我们要经常查一查自己有没有违法乱纪的行为。特别要用党风廉政建设的标准和要求检查自己有没有以权谋私的行为，做到防微杜渐。不能为了一时小利而葬送了自己的政治生命。

二是严守原则。遏制歪风邪气，抵制腐朽思想文化。加强党风廉政建设，很重要的一点就是靠坚强的党性原则。只要我们守规矩、懂纪律、按原则办事，就会少犯甚至不犯错误。其中很重要的一点就是要在原则面前，不为亲情、友情所动，经得起枕边风、身边风的鼓噪，不被和风细雨所融化。一旦搭到高压线、踏入地雷阵，就没有自己的回头路。

三是严守情操。要以毛泽东同志所说的高尚的人、纯粹的人、有道德的人、脱离了低级趣味的人和有益于人民的人为标准，加强自己的道德修养。要奉献为本，不要患得患失；要艰苦朴素，不要铺张浪费；要志趣高雅，不要低级趣味；要洁身自爱，不要自甘堕落。要永葆共产党人的人民公仆本色。

以“三个代表”重要思想为指导全面加强和改进党的作风建设

——在市委党校市管干部班结业典礼上的讲话

（2001 年 11 月 1 日）

同志们，在我们这次学习期间，恰逢党的十五届六中全会在北京召开，这是我们党的一件大事。六中全会着重研究了党的作风建设，并审议通过了《中共中央关于加强和改进党的作风建设的决定》，意义重大和深远。下面，我就如何学习贯彻十五届六中全会精神，加强和改进我市党员干部队伍作风建设，讲几点意见。

一　充分认识加强和改进党的作风建设的极端重要性和紧迫性

围绕党的中心任务加强党的自身建设，是我们党团结和领导人民取得革命和建设胜利的一个法宝，也是我们党在新时期一脉相承的重要指导思想。党要卓有成效地领导改革开放和社会主义现代化建设，第一位的是要聚精会神地抓好党的自身建设。以毛泽东同志为核心的第一代中央领导集体和以邓小平同志为核心的第二代中央领导集体是这样做的，以江泽民同志为核心的第三代中央领导集体也是这样做的。

党的十三届四中全会以后，中央最为关注的是两大问题：一个是不断加强党的建设，巩固我们党的执政地位，使我们党始终成为领导各族人民进行改革开放和社会主义现代化建设的核心力量；另一个是坚持“一个中心，两个基本点”的基本路线，加快经济发展和社会全面进步，不断增强我国的综合国力，提高人民生活水平。这十多年来，中央围绕经济建设这个中心，对党的建设做出了一系列重要决策和部署。

作风是一个政党的性质、宗旨、纲领、路线的重要体现，重视作风建设是我们党的一大特点或优点。从延安整风到党的七大，我们党逐步形成和明确提出“三大作风”，到七届二中全会提出“两个务必”，再到十一届三中全会恢复和确立党的解放思想、实事求是等优良传统和作风，都极大地推动和保证了我们党领导的革命、建设和改革事业的成功。这次六中全会所研究的不是一般意义上的作风建设，而是广泛涉及党的思想建设、组织建设、制度建设、政权建设乃至领导水平、执政能力、管理方法等方面存在的作风问题，也就是从作风建设切入，全面推进党的制度建设的伟大工程。

《决定》从国际和国内、党外和党内、历史和现实等方面，阐明了加强和改进党的作风建设的极端重要性和紧迫性。在学习领会过程中，我们可以从两个方面来认识。

第一个方面，要着眼于切实解决作风建设中“不适应”的问题。新世纪，我们党面临着国际环境发生重大变化带来的考验、国内环境发生重大变化带来的考验、党的队伍状况发生重大变化带来的考验。说到底，这“三个重大变化”带来的三大考验是同一个问题，即我们党如何在新的历史条件下，经受住长期执政、改革开放和发展社会主义市场经济的考验，使我们这个有着80年光荣历史的党，既在思想上、政治上、组织上完全巩固，又始终顺应世界进步潮流，站在时代前列，这是最集中的考验。目前，我们在这方面有思想观念的不适应，有领导方式、工作方法的不适应，还有领导制度、具体制度的不适应，等等。

第二个方面，要着眼于切实解决作风建设中“不符合”的问题。在新的历史条件下，我们党的状况发生了两个至关重要的变化，一是已经从一个领导人民为夺取全国政权而奋斗的党，成为掌握全国政权的执政党；二是已经从一个在受到外部封锁的状态下领导国家建设的党，成为在全面改革开放条件下领导国家现代化建设的党。目前党风建设方面存在的问题，归根到底是同这两大变化紧密联系在一起的。这里又有两个方面的情况：一个是十一届三中全会以来，我们党的正确的理论、路线、纲领和方针、政策同党状况的变化相符合，从而不断增强了党对人民群众巨大的感召力、吸引力和凝聚力；另一个是党的作风建设上存在的种种问题，同我们党的状况变化不吻合，同人民群众的利益和愿望不相符合，如果不坚决加以改变，听之任之，将会严重损害党群关系和干群关系，会产生不容忽视的离心力和破坏力，既有损党的形象，又有害于党的事业。因此，六中全会《决定》明确提出，“执政党的党风，关系党的形象，关系人心向背，关系党和国家的生死存亡”；明确告诫全党，作风建设已到了非下大力气抓不可、非抓出成效不可的地步；要求全党深刻认识到，加强和改进党的作风建设，是全面贯彻党的基本理论、基本路线、基本纲领和实践“三个代表”重要思想的迫切需要，是开创改革开放和现代化建设新局面的必然要求，是党永远立于不败之地的重要保证。这“三个重要判断”，就是要求全党同志必须强化执政意识、使命意识、责任意识和大局意识，自觉地认识和把握加强党的作风建设与贯彻党的理论、路线、纲领和方针、政策的关系，与党在新世纪团结和带领全国各族人民继续推进现代化建设、完成祖国统一、维护世界和平与促进共同发展这三大历史任务的关系，与巩固党的执政地位的关系。

加强和改进党的作风建设，首先要对党的作风现状有一个清醒的、全面的认识。《决定》充分肯定了党的作风建设的主流，指出现在党的作风总的是好的。进入新时期以来，我们党重新确立解放思想、实事求是的思想路线，使党的精神面貌焕然一新。广大党员立足国情、面向世界、锐意改革、智力发展、发扬民主、依法办事，给作风建设注入了活力。20多年来，我国改革开放和现代化建设取得举世瞩目的成就，同广大党员为了人民的事业发挥忘我奋斗和无私奉献的先锋模范作用是密不可分的。同时，《决定》尖锐地指出了党风方面存在的一些亟待解决的问题，主要是在一些地方、部门和领导干部中，教条主义、本本主义滋长，形式主义、官僚主义盛行，弄虚作假、虚报浮夸严重，独断专行、软弱涣散问题突出，以权谋私、贪图享乐现象蔓延，严重脱离群众。《决定》对问题说得很概括，但点的都是影响党和人民事业发展的要害问题，其他种种问题都与这几个方面的问题有关。

《决定》对党的作风问题的估价，既肯定了成绩，又指出了问题；既总结了经验，又反思了教训；既有警醒全党的尖锐性，又体现了一种自信心，有助于全党警醒起来、感奋起来。归结起来就是《决定》所指出的，“对党的作风状况要有清醒的全面的估计，看不到主流，悲观失望，是错误的；看不到问题的严重性，丧失警惕，不下大气力加紧解决，是危险的”。

因此，我们要充分认识到加强和改进党的作风建设的极端重要性和紧迫性。

二　加强和改进党的作风建设要抓住根本和关键

《决定》明确提出了加强和改进党的作风建设的指导思想，强调要坚持马克思列宁主义、毛泽东思想、邓小平理论的指导，按照“三个代表”重要思想，紧紧围绕经济建设这个中心和改革发展稳定的大局，坚持党要管党、从严治党，以进一步密切党同人民群众的联系为核心，以保证党的先进性、纯洁性和增强党的创造力、凝聚力和战斗力为目标，发扬优良传统，加强思想教育，推进制度建设，解决突出问题，努力把党的作风建设提高到一个新水平。

（一）把思想作风建设放在首位

《决定》明确提出，加强和改进党的作风建设，必须把思想作风建设摆在第一位。这是因为，在当前的国内外形势下，要开创党和人民事业的新局面，首先是全党同志必须具有知难而进、开拓进取的精神；同时还因为，在党的作风建设中，思想作风是起决定性作用的。

解放思想、实事求是的一个重要问题，是如何正确对待马克思主义的问题。《决定》提出了“不断推进马克思主义的中国化”的任务，主要目的就是要求全党同志根据形势和任务的发展变化，坚定不移地坚持马克思主义基本原理与当今时代和当代中国的实际相结合，从而为丰富和发展马克思主义不断做出我们中国共产党人的贡献。早在1938年，毛泽东同志在党的六届六中全会上就明确提出了“使马克思主义在中国具体化”的历史任务。

1945 年，党的七大确立毛泽东思想在全党的指导地位，刘少奇同志在七大上做修改党章的报告，突出强调了马克思主义中国化的任务，提出毛泽东同志出色地、成功地进行了马克思主义中国化的事业。毛泽东思想是马克思主义中国化进程中形成的第一个伟大成果，邓小平理论是马克思主义中国化进程中形成的又一伟大成果。只有始终坚持把马克思主义中国化的科学态度，我们才能自觉地把思想和行动从那些不合时宜的观念、做法和体制的束缚中解放出来，从主观主义和形而上学的桎梏中解放出来。

进一步解放思想、实事求是的一个根本要求，就是一切从实际出发，毫不动摇地贯彻以经济建设为中心、坚持四项基本原则、坚持改革开放的基本路线。当代中国最基本的实际，就是我国正处在并将长期处在社会主义初级阶段。确立这个认识，是我们党在探索“什么是社会主义，怎样建设社会主义”这个首要的、基本的理论问题上最大的思想解放，也是最彻底的实事求是。“一个中心，两个基本点”的基本路线，党在社会主义初级阶段的基本纲领，建设有中国特色社会主义的一整套方针政策，都是由此而来的。现在影响我们贯彻党的基本路线的，既有来自右的方面的干扰，也有来自“左”的方面的干扰。在新的历史条件下继续推进马克思主义中国化和推进各方面的改革，需要不断突破一些不合时宜的传统观念、传统体制的束缚，尤其要注意克服“左”的思想，目的在于使全党同志特别是领导干部深刻吸取历史教训，密切结合当前实际，坚持在解放思想中统一思想，用创新精神学好创新理论，以思想观念的与时俱进，推动全党同志在我们事业发展的历史进程中开拓奋进，从而提高贯彻党的基本理论、基本路线、基本纲领和“三个代表”重要思想的自觉性和坚定性。与此同时，对于右的错误倾向也不可忽视。总之，建设有中国特色社会主义是一项长期而艰巨的历史任务，急了不行，慢了不行，“左”了不行，右了也不行。

（二）党的作风建设的核心问题是保持党同人民群众的血肉联系

江泽民总书记指出：“要保持党同人民群众的血肉联系，必须把党的群众路线坚持好发扬好。这是我们党巩固执政地位，推进事业发展，始终立于不败之地的根本保证。”这是《决定》中分量很重的部分。群众路线是我们党的根本工作路线，也是党的生命线。不管我们的工作任务怎么变化，时代怎样发展，离开群众我们就会成为无源之水、无本之木。

《决定》指出，当前影响群众路线贯彻落实的突出问题是形式主义、官僚主义。《决定》要求全党重点整治这两个问题，是考虑到它们对群众利益和党的事业危害最大，群众反映最为强烈。对形式主义、官僚主义的严重危害，《决定》是这样概括的："形式主义的要害是，贪图虚名，不务实效，劳民伤财。官僚主义的要害是，脱离实际，脱离群众，做官当老爷。官僚主义引发形式主义，形式主义助长官僚主义，已经成为影响我们事业发展的一大祸害。"从调查掌握的情况看，当前官僚主义的具体表现有三种。第一种是高高在上的官僚主义，有的干部平时在机关架子很大，下基层也是吆三喝六、官气十足。他们同群众的关系不是"鱼水关系"，而是"油水关系"，甚至是"水火关系"。第二种是饱食终日、无所用心的官僚主义。第三种是不讲科学、胡乱决策、盲目蛮干的官僚主义。群众形容这些官僚主义者是"先拍脑袋决策、再拍胸脯保证、后拍屁股走人"。

作为官僚主义孪生兄弟的形式主义，其表现形式很多。忙于迎来送往，这是一种。有的地方和部门的领导干部，一天就有好几场应酬，根本没有多少时间和精力去抓工作。陷于文山会海，这又是一种。简单地以文件落实文件，以会议落实会议，以讲话落实讲话，上下一般粗。看起来轰轰烈烈，忙忙碌碌，实际上没有多少实际效果。热衷于哗众取宠，心浮气躁，追名逐利，不是把精力用在踏踏实实为人民谋利益上，而是热衷于搞"形象工程""政绩工程""路边工程"，实际上是劳民伤财。在一些形式主义严重的地方，已经发展到欺上瞒下、弄虚作假、虚报浮夸的地步。

那么，怎样才能有效地克服形式主义、官僚主义？《决定》指出，必须从提高觉悟、加强教育，深入群众、深入实际，勤政为民、真抓实干，健全制度和改进领导方法五个方面入手。这五个方面都很重要，有两条尤为重要。

一是要深入实际、调查研究，真正做到了解实情。要求党的各级领导机关、领导干部注意认真改进调查研究的手段和方法，注意提高调查研究的质量和效果。目前，我市组织系统开展的"百、千、万"调研活动，已显示初步成果。关键是要真正扎下去、沉下去，不能搞蜻蜓点水，走马观花，特别是不能只凭一两次汇报就断定一个干部水平的高低，只看一两个“景点”，就评判一个单位工作的优劣。到一个单位了解情况，不仅要听会上的，也要听会下的；既要听干部的，也要听群众的；不仅要看“门面”和“窗口”，也要看“后院”和“角落”；不仅要了解正面的意见，也要了解和倾听个别的甚至反面的看法。广大党员干部要为党和人民的事业真抓实干，埋头苦干，创新巧干，绝不能照抄照搬、等因奉此地干，不能哗众取宠、投机取巧地干，更不能欺上瞒下、弄虚作假和强迫命令、违反科学地干。

二是深入群众，要真正做到体察民情，了解民意，集中民智，珍惜民力。《决定》指出了要珍惜民力的问题，是有很强的针对性的，就是要求各级领导干部必须高度珍惜人民的血汗钱，把钱用在刀刃上，集中力量办大事。滥用民力就是对人民的犯罪。

克服形式主义、官僚主义，很重要的一个方面，是要不断改进领导方式和工作方法。时代在前进，形势在变化，新事物、新矛盾、新问题层出不穷，而我们的一些干部只习惯过时的做法，结果往往出现“新办法不会用，老办法不管用”的状况。要有效地解决领导工作中这种不适应时代要求的状况，既要提高干部素质，又要从制度上、优化干部队伍结构上解决问题。

（三）坚持民主集中制是党的作风建设的制度保证

党的作风，尤其是领导作风方面存在的问题，往往与不能正确地坚持民主集中制有关。因此，可以说，坚持民主集中制是党的作风建设的制度保证。

民主集中制是我们党和国家的根本组织制度和领导制度，也是我们党最重要的组织纪律和政治纪律。民主集中制的贯彻执行，是我们党的党风的具体表现，也是加强和改进党的作风建设的制度保证。《决定》明确指出，要坚持民主集中制原则，反对独断专行、软弱涣散。

当前，在贯彻执行民主集中制方面存在的主要问题是“四个不够”，即发扬民主不够，正确集中不够，开展批评不够，严肃纪律不够。这“四个不够”在一些地方和部门，又集中表现为独断专行和软弱涣散两种倾向。有的领导班子对重大决策的出台、重要干部的任免、重要建设项目的安排和大额度资金的使用搞“一言堂”，独断专行，将个人凌驾于组织之上。有的领导班子软弱涣散，该集中的集中不起来，该坚持的坚持不下去，议而不决，决而不行，闹不团结，内耗严重。解决这些问题，关键还是既要发扬民主，又要加强集中统一。

在实践中，我们首先要高度重视发扬党内民主。发扬党内民主，要着重在两个层次上下功夫。一是采取切实措施，保证党章规定的党员民主参与、民主选举、民主决策、民主监督等民主权力得到正确而充分地行使。二是拓宽党内民主渠道，加强党员对党内事务的了解、知情和参与。重要文件党内先传达，重大问题党员先讨论，重大决策的实施党内先动员。同时，上级党组织重视听取下级党组织的意见，把来自群众、来自基层、来自实践的经验集中起来，集思广益，改进工作。

民主集中制原则在党委工作中的具体化，就是“集体领导、民主集中、个别酝酿、会议决定”。这十六个字既是原则和纪律，又是方法和程序。这是以江泽民同志为核心的党中央就贯彻民主集中制提出的一个重要原则，也是提高决策和领导水平的关键。现在，一些地方和部门，在认识和实践十六字方针上存在一些片面性，独断专行和软弱涣散就是其中两种突出的表现。这两种错误倾向，班子成员都有责任，党委书记是第一责任人。中央要求各级党委书记要成为正确执行民主集中制的表率，成为改进领导作风的带头人。要求他们胸怀全局，作风民主，多谋善断，做好团结协调工作，当“班长”而不当“家长”；善于总揽全局，分工负责，集体决定，分头去办，总揽而不包揽；善于集中正确意见和集体智慧，周密论证，科学决策，果断而不武断；善于调动和发挥“一班人”的积极性和创造性，知人善任。

把民主集中制原则贯彻于党和国家的政治生活，就是要坚决维护党和国家的集中统一，这是全国各族人民的根本利益、长远利益、最高利益。由于实行改革开放和发展社会主义市场经济，我国社会经济成分、组织形式、就业方式、利益关系和分配方式日益多样化。如果我们思想上不清醒，工作中不注意，是很容易搞散的。怎样才能做到活而不乱、多而不散？关键是坚持个人服从党的全国代表大会和中央委员会的原则。“四个服从”最重要的是全党服从中央。在任何时候、任何情况下，党和国家的指导思想、奋斗目标、大政方针和法律制度以及重要的工作部署必须统一。各地区、各部门、各单位都要在大局下行动，绝不能搞上有政策、下有对策的地方保护主义。不论什么人，不论哪一级组织，违反和破坏民主集中制都应受到严肃批评和处理。

三　各级领导干部、领导班子和领导机关，要以自己的实际行动切实加强和改进党的作风建设

为了把党中央的决定和江泽民总书记的要求真正落到实处，各级领导干部、领导班子和领导机关，必须以好的作风贯彻作风建设决定，要以自己的实际行动切实加强和改进党的作风建设。当前应突出抓好三点。

第一，提高认识，把思想和行动统一到党的十五届六中全会精神上来。提高认识的前提，是要学好文件，吃透精神。尤其是对文件中提出的新观点、新思路、新政策、新要求，要反复研读，融会贯通。要注意把学习六中全会精神同学习中央三代领导核心关于加强和改进党的作风建设的论述结合起来，同学习江泽民总书记“七一”讲话结合起来，同解决作风建设中的突出问题结合起来，真正把思想统一到六中全会上来，统一到中央对形势分析的“三个重大变化”上来，统一到对加强和改进党的作风建设重要性和紧迫性的“三个重要判断”上来。

第二，狠抓落实，以加强和改进作风建设的实际效果取信于民。六中全会《决定》提出的加强和改进党的作风建设的目标任务能不能完成，“八个坚持、八个反对”的要求能不能实现，关键在于落实。革命导师列宁说得好，“一步实际运动比一打纲领更重要”。贯彻六中全会精神一定要在抓紧、抓实、抓出成效上狠下功夫。

所谓抓紧，就是要雷厉风行，中央明令禁止的，要立即停止；能够做到的，要马上去办；需要统筹兼顾逐步解决的，要创造条件积极推进。《决定》指出，各级领导干部要身体力行，尽快从文山会海中解脱出来，从繁杂的应酬中摆脱出来，深入实际，深入群众，切实解决作风方面存在的突出问题和群众生产生活中的困难。我们要按照《决定》要求，抓紧学习公报

和有关文件，及时传达会议精神，认真查找作风建设方面存在的突出问题，从群众反映最强烈、最关注的问题抓起，从具体问题抓起，切实抓出成效。

所谓抓实，就是要找准问题，真抓实干，绝不能再搞“以文件落实文件，以会议落实会议，以讲话落实讲话”的老套路。江泽民总书记强调，贯彻六中全会精神，不要在层层表态、层层开会、层层造势上做文章，而要在层层抓落实、层层抓解决问题上下功夫。各地区各部门要按照中央的要求，围绕“八个坚持、八个反对”进行深入的调查研究，找出不良作风在本地区、本部门的具体表现，根据各自实际，在加强学习和教育、密切联系群众、深入调查研究、深化干部人事制度改革、完善监督机制和各类责任追究制度、健全党委（党组）工作规范等方面，采取有力措施，认真加以整改，并将查找的问题和整改的措施与群众见面。

所谓抓出成效，就是要用作风转变的实际行动取信于民。督促检查是取得成效的有力措施。“三讲”集中教育和“三个代表”学习教育活动的经验表明，中央派出巡视组、督查小组，下去巡视、督查，对群众鼓舞很大，对干部促进很大，对实际工作推动很大。中央将在作风建设中借鉴这一成功经验，派出工作组，对落实《决定》情况进行督促。各级党委对本地区、本部门的作风建设情况要经常督查、反复督查、逐步使督查工作制度化、经常化。

第三，当好表率，用领导的模范行动带动党风、政风和社会风气的根本好转。六中全会《决定》要求，“领导机关、领导班子、领导干部要在作风建设中起表率作用。要求全党做到的，中央和各级领导机关要首先做到；要求下级做到的，上级要首先做到，一级带一级，一级抓一级，作出榜样，抓出成效”。这充分显示了党中央的坚强决心。这也是加强和改进党的作风建设的关键。

一是领导机关要为下级机关做榜样。现在基层不少作风问题的产生，与上级机关有很大关系。正像有些党员群众所说的那样，上级的形式主义、官僚主义催生了下级的形式主义、官僚主义，下级的形式主义、官僚主义则是用来糊弄上级的形式主义、官僚主义的。因此，领导机关、领导班子和领导干部，必须进一步强化公仆意识、服务意识、群众意识，坚决克服“门难进、脸难看、人难找、事难办”的衙门作风，深入实际，深入群众，倾听群众呼声，关心群众疾苦，时刻把群众的冷暖挂在心上，以深厚的感情为基层为群众排忧解难，为下级机关做个好样子。

二是领导班子要带头弘扬优良作风。领导班子的作风对一个地区、一个部门、一个单位的风气影响极大。大量事实说明，把领导班子转变作风这个关键抓住了、抓好了，才能在下级、在基层、在群众中有说服力，才能把加强和改进党的作风建设的任务落到实处。

三是领导干部要从自身做起。江泽民总书记要求，贯彻六中全会精神，“要坚持领导带头”，并指出“一把手”的示范作用是关键。各地各部门的领导干部尤其是主要负责同志，作风建设上率先垂范，当好表率，是至关重要的。贯彻六中全会精神，首先要从自身做起，用六中全会精神规范自己的言行，用《决定》提出的“八个坚持、八个反对”的要求进行对照检查，看看该“坚持”的优良作风坚持的好不好，该反对的不良作风克服的怎么样。要眼睛向内，根据各自的实际情况，带头查找自己在思想作风、工作作风、领导作风和学风方面存在的突出问题，采取有力措施扎扎实实地加以改进。

最后，我热切希望市管班的同志们，载着党校学习的成果，以良好的作风出现在各自的工作岗位上，为我市经济发展、社会稳定、精神文明建设和党的建设，做出自己应有的贡献。

在公开提拔的领导干部集体谈话会上的讲话

（2001 年 11 月 23 日）

今天我受市委委托，同大家进行一次集体谈话。11 月 16 日市委常委会研究决定，去年我市市直五个部门和单位公开选拔的 9 名领导干部全部正式任职。为此，我首先向大家表示衷心的祝贺。

公开选拔领导干部是人事制度改革的一项重要举措。搞好这项工作，使一大批年轻的优秀人才脱颖而出，充实到我们各级领导干部队伍中来，对于我们加强干部队伍建设，适应国内外新形势和日益艰巨的新任务的要求，具有非常重要和十分深远的意义。我市自 1996 年以来进行过几次公开选拔领导干部工作，取得了一定的经验和成效，绝大多数公开选拔上来的同志从总体上看是不错的。但这项工作还处在探索阶段，能不能真正做好，选准用好公开选拔上来的干部，特别是这些同志在新岗位上能否适应要求做出业绩，全市人民十分关注。今天在座的 9 名同志都是在公开选拔的公平竞争中考出好成绩，并经过组织严格考察，市委常委会研究后走上领导岗位的。在一年多的试用期里，大家都能够认真学习理论和业务知识，主动向老同志学习，积极主动地配合主要领导和领导班子的工作，注意严格要求自己，对各自分管的工作积极谋划，认真抓好落实，取得了较好的成绩，总的来说，是交了一份比较满意的答卷。市委和各自所在单位的领导和群众是肯定的。但是，从最近考察中了解到的情况看，不少同志身上还不同程度地存在这样那样的缺点和不足，特别是实际领导工作经验不足，在处理一些复杂问题时表现得还不够成熟。这些缺点和不足还需要在今后的工作中通过加强学习和实际锻炼来加以克服。我们今后的路还很长，绝不能满足已经取得的成绩。在这个工作层面上，我们只能说刚刚起步，能不能干好，能不能让人民满意，让组织满意，同志们还面临更长时间的考验。我们要注意保持冷静的头脑，要十分珍惜组织上为自己提供的这个发挥作用的舞台，摆正责、权、利的关系，把职位首先看作一种责任，其次才是权力和待遇。特别是当前许多单位工作都面临着不少的困难和问题，改革还面临繁重的任务，作为领导者更是责任重大，绝不能掉以轻心。我希望同志们要尽职尽责，努力做一个称职的领导者，使自己的思想水平、工作水平不断有新的提高。在这里我给大家提三点要求。

第一，要继续加强学习。尽管我们这些同志在理论和知识方面有较好的底子，但从我们现时的工作来看，不懂的东西还很多，还有不少方面需要进一步提高。我想大家在这一方面一定有很深刻的认识和感受。从新的形势和工作任务对我们的要求来说，我们还有不少的差距，特别是到了新的工作岗位后，工作任务重了，工作标准要求高了，工作舞台变大了，工作困难变多了，这就要求我们必须更加注意加强学习。一是要注意政治理论学习，特别是要注重对马列主义、毛泽东思想和邓小平理论的学习。恩格斯说过，一个民族要站在科学的最高峰，就一刻也离不开理论思维。同样道理，一个党要站在时代前列，推动历史进步，也不能没有科学理论的指导。一个共产党员、领导干部要在复杂的形势面前保持政治上的清醒和坚定，更离不开科学理论的武装。当前，学习理论要同改造世界观、人生观、价值观和增强党性结合起来，在提高思想水平，增强党性修养，改进工作作风上下功夫。二是要注意加强业务学习。经济全球化和知识经济时代到来，我国社会主义市场经济体制确立和发展，尤其是中国已加入世界贸易组织，这既给我们提供了机遇，也给我们提出了新的挑战。这一新的形势，对我们如何做好各项实际工作，提出了新的课题。比如，做经济工作的同志就应该思考，中国加入世贸组织后，如何充分利用有利时机克服不利因素，我们的经济如何尽快与世界经济接轨，如何发展我们的区域经济？做文化教育工作的同志就应该思考，如何迎接知识经济的挑战，如何通过教育改革搞好素质教育，教育如何为经济建设培养更多优秀人才，中国加入世贸组织后，我们的文化建设面临哪些挑战，如何加强社会主义文化建设？等等。我们做其他工作的同志也面临着这样的问题。要正确认识、研究和解决这些问题，我们就必须注意调查研究，善于思考，勤于思考，加强业务学习。历史赋予了我们更多的责任，新的形势给予了我们更艰巨的任务，组织给予了我们更重的担子。我们只有认真学习，尽快地掌握更多的知识和本领，才能无愧于组织的信任、人民的期望和时代的要求。

第二，要注意在实践中锻炼提高。大家的工作经历比较丰富，多数同志在机关任处长多年，可以说，在工作上积累了不少经验。但是，更高一级岗位的工作实践对我们来说还是个刚开始不久的新课题。通过工作实践，锻炼自己的任务仍然很重。我们要发扬理论联系实际、密切联系群众的优良作风，深入实际，调查研究，谦虚谨慎，戒骄戒躁，要防止和克服一些干部身上存在的高高在上、脱离群众、自以为是、轻视实践、贪图安逸、追求享受、好高骛远、不务实事等浮躁之风和不良作风，要积极投身到基层工作的第一线，艰苦创业，经受锻炼。要有不怕流汗和吃苦的精神，敢于接受各种艰难条件的挑战，注意在艰苦的环境和条件下，磨炼自己的意志。要扑下身子，沉下心来，认真研究问题，切实学点本领，做点实实在在的事情。在工作中，要积极主动地挑重担，勇于顶大梁，要始终保持奋发向上的精神状态，敢于争创一流，努力在工作实践中创造业绩。

第三，要时刻注意严格要求自己。大家是新提拔的领导干部，一方面，很可能在较长的一个时期和一定的范围内是群众注意的对象和舆论关注的热点。另一方面，在学习、工作、生活上，群众和组织对你们的要求标准更高了。因此，需要大家从各方面更加严格要求自己，在思想作风、工作作风和廉洁自律上严格锤炼自己。需要大家在各方面注意自己的言行，特别是注意自己的公众形象，因为用一个人，就是树一面旗帜。大家除了向书本学习，向实践学习之外，还要注意向他人学习，向群众学习，尤其是注意向班子成员学习。在班子内部要注意团结同志，要自觉找准位置，积极主动地配合“一把手”，做好自己分管的工作，用优异的成绩报答组织上的关怀和信任。

加强组织部门作风建设 努力做到“用好的作风选人”*

（2001 年 12 月 1 日）

党的十五届六中全会《决定》强调，要“用好的作风选人，选作风好的人”。《决定》之所以把选人用人作为加强和改进党的作风建设的重要内容，主要原因是选贤任能本身就体现着党的优良作风，同时选贤任能又是加强和改进党的作风建设的组织保证，并对党的作风建设起着重要的导向作用。组织部门担负着选贤任能的重要职能，加强组织部门的自身建设，真正做到“用好的作风选人，选作风好的人”，是贯彻落实《决定》精神的迫切任务。

一　正确认识和理解“用好的作风选人”，提高组工干部树立良好作风的自觉性，是实现“选作风好的人”的基础

用什么样的作风来选人，是一个事关党的政治路线由什么样的人来执行的大问题。历史经验和实践都已表明，必须“用好的作风选人”，才能选出作风好的人。正如《决定》中所指出的，“选作风好的人”必须以“用好的作风选人”为前提。只强调前一方面是不完整的，只有“用好的作风选

* 本文发表于《组织人事学研究》2001 年第 6 期。

人”，才能真正做到“选作风好的人”。这就对各级组织部门提出了更新、更高的要求。

80 多年来特别是改革开放以来，我党坚持任人唯贤的干部路线，一大批德才兼备的优秀人才被选拔到各级领导岗位，为中国革命胜利和社会主义事业提供了有力的组织保证。但是，也应当看到，在一些地方和部门还存在用人上的不正之风。干部工作中不正之风的存在，一方面是干部自身的问题；另一方面，组织部门也有重要责任。这是因为，任人唯贤并非仅仅是被选拔、任用者的事，它也是选人者、用人者的事。选人者、用人者的作风不过硬，是用人上存在的不正之风的一个重要方面。只把任人唯贤用来约束被选者，把任人唯贤放在选人者、用人者之外，任人唯贤就会变成一句空洞的口号。因此，任人唯贤既是对被选用者的要求，也是对用人者、选人者的要求。“选作风好的人”和“用好的作风选人”是辩证的统一，二者缺一不可。

对于选拔者来讲，什么是好的作风呢？这就是《决定》提出的“五个坚持、五个不准”，即坚持任人唯贤，不准任人唯亲；坚持五湖四海，不准搞团团伙伙；坚持公道正派，不准拉关系、徇私情；坚持集体讨论决定，不准个人或少数人说了算；坚持按程序办事，不准临时动议。这“五个坚持、五个不准”是我们党几十年干部工作的经验总结。组织部门只有按照这个要求去做，才能够全面深入地考察干部，客观公正地评价干部，准确无误地识别干部，以坚强的党性、优良的作风为党和人民选出作风好的人。

二　抓好理想信念和廉洁从政的思想教育，提高组工干部的政治思想素质，是实现“用好的作风选人”的根本

良好的作风，来源于较高的思想政治素质，来源于理论上的清醒和坚定。首先，要坚持用马列主义、毛泽东思想、邓小平理论和江泽民同志“三个代表”重要思想教育组工干部，帮助他们树立正确的世界观、人生观、价值观。坚定对马克思主义的信仰，坚定对社会主义的信念，增强对改

革开放和现代化建设的信心，增强对党和国家的信任，打牢培育新的作风的思想理论基础。其次，要深刻剖析用人上的不正之风的典型腐败案例，有针对性地进行警示教育和艰苦奋斗教育，通过教育使大家懂得，组工干部能够坚持艰苦奋斗的生活作风不是小事，而是严肃的政治问题。发扬不畏艰难奋力拼搏、克己奉公、甘于奉献的革命精神，树立正确的权力观、地位观和利益观，讲修养、讲道德、讲廉耻，自觉抵制各种剥削阶级腐朽思想的侵蚀，增强拒腐防变的能力。最后，要利用大讨论，撰写学习笔记等形式，引导组工干部思考，“进组织部门图什么?”“在自己的岗位上干了什么?”“在干部和群众中的形象是什么?”等问题。使大家懂得，组织部门是执政党的重要部门，也是跑官、要官、买官、骗官者的主要“攻关”对象。因此，要按照《决定》提出的“五个坚持、五个不准”，增强宗旨意识，说实话、干实事、求实效，守得住清苦，耐得住寂寞，挡得住诱惑，管得住小节，自觉抵制和克服用人上的不正之风，经受住名利、权力和金钱等各种考验，把组织部门建设成为党性最强、作风最正、工作最出色的一个部门。

三　坚持和完善组织工作的相关制度和规定，用工作纪律、行为规范约束组工干部，是实现“用好的作风选人”的保证

组织部门要选好人、用好人，必须建立健全良好的工作运行机制，努力在工作的制度化、规范化和提高工作效率上有明显转变，靠制度、纪律保证实现“用好的作风选人”的目标。一是要认真贯彻执行中组部制定的《组织人事干部行为若干规范》。使《规范》真正入脑入心，成为每个干部的自觉行动，真正做到公道正派、求真务实、开拓创新、业争一流。二是大胆进行改革创新，从源头上防止和克服选人用人上的不正之风。建立完善干部选任工作相关制度，对于加强组织部门的作风建设，必将发挥制约、防范和保证作用。党的十五届六中全会《决定》总结这些年来干部人事制度改革的经验，对进一步促进选人用人的科学性、制度化做出了新的规定。组织部门要按照《规定》的要求，进一步扩大民主，引入竞争机制，健全相关制度

措施，逐步实现干部选拔任用、考核、交流、监督等工作的规范化。通过体制创新，逐步铲除“跑官要官”“买官卖官”等不正之风和违法违纪行为产生的土壤和条件。坚持好的选人制度与好的选人作风，是辩证的统一，二者相辅相成。三是要建立对组工干部八小时以外的监督制度，用制度纯洁“社交圈”“生活圈”。使组工干部不能因为处在工作时间之外而放松对自己的要求，不能因为处在组织监管视野之外而随意放松自己。做到处处保持严谨的生活作风，培养高尚的道德情操，切实增强抵制各种诱惑和腐蚀的自觉性和免疫力，自觉做到在八小时以外慎重对待日常交际和朋友来往，择善而交，择洁而居，不干有损组工干部形象的事。四是要建立选人用人失察失误责任追究制度。组织部门担负着推荐、考察和部务会研究干部的职能。为保证做到“用好的作风选人”，要建立推荐、考察、部务会研究讨论干部的责任制，对造成用人失误的要追究责任，用制度规范组织部门的选人用人行为。五是要加强对组工干部的日常管理和监督。通过举办“贤内助”读书班，发挥干部配偶的监督作用；严格组织部门的“进出口”机制等措施，加强组织部门的自身建设，培育良好的作风。使大家自觉做到严格自律，管住自己的脑，不为私利而分神；管住自己的嘴，不随便乱吃乱说；管住自己的腿，不去不该去的场所；管住自己的手，不拿不该拿的东西。六是要严守组织工作纪律。严守党的组织纪律，是执行党的组织路线的保证。组工干部要带头遵守政治纪律和组织纪律，把干部工作纪律变成自觉行动，做到不该说的不说，不该做的不做。对那些思想麻痹、作风疲沓、不胜任工作、不干事、干不成事甚至搅和事的人，经过批评教育仍不改正的，要敢于坚持原则，决不迁就照顾，采取果断的组织措施，保持组织部门的良好形象。

四　发扬组织部门的优良传统，加强和改进工作作风，是实现“用好的作风选人”的关键

组织部门作为党委主管干部选拔任用工作的职能部门，其作风好坏，直接关系着党的形象。组织部门要充分认识自己肩负的责任，在继承组织工作优良传统的基础上开拓创新，以坚强的党性、优良的作风，为党和人民

“选作风好的人”。为此，一要坚持和发扬党的群众路线、密切联系群众的优良传统和作风。党的十五届六中全会《决定》指出：“加强和改进党的作风建设，核心问题是保持党同人民群众的血肉联系。”组工干部要注意时刻摆正自己同人民群众的位置，时刻警惕脱离群众的倾向。组织部门要在学习贯彻六中全会精神中联系实际搞好思想作风整顿，重点解决宗旨观念不牢，工作作风不扎实、不深入和那种“门难进、脸难看、事难办”的官僚衙门作风，把是否为人民群众着想，人民群众是否满意作为衡量我们工作的一项重要标准。二要切实转变工作方式。提高工作效率，改进领导方式方法，加强分类指导，帮助基层解决实际问题，不向下级提不切实际的要求，不搞强迫命令，以良好的机关作风取信于民。带头深入基层，认真搞好调查研究，讲求工作实效，杜绝推诿扯皮。下决心精简会议和文件，改进会风和文风。三要树立认真负责、严谨细致的工作作风。组织工作无小事，要以对党、对人民极端负责任的精神，勤勤恳恳、兢兢业业地做好本职工作，完成好每一项任务。无论大事、小事，都要认认真真，一丝不苟，防止出现差错。四要树立开拓进取、雷厉风行的工作作风。在组织部门内部要强化争先创优意识，形成一个人人奋勇、个个争先、你追我赶、不甘落后的工作局面，以只争朝夕、奋发进取的精神，抓好各项组织工作。五要树立注重实效、真抓实干的工作作风。下决心克服形式主义和官僚主义，不图虚名，不搞形式，务求实效。在组织部门内部树立求真务实的良好风气，形成一种讲实话、办实事、求实效的氛围，使形式主义的东西没有藏身之地。注重解决抓落实不够的问题，使每项工作都能做到有布置、有检查、有考核、有奖惩，形成讲求实效、真抓实干的良好机制。

在民进邯郸市第五次会员代表大会上的讲话

（2001 年 12 月 14 日）

在中共河北省第六次代表大会胜利闭幕之际，今天民进邯郸市第五次代表大会隆重召开了，这是民进的一次盛会，也是我市统战工作的一件大事。在此，我代表中共邯郸市委对大会的召开表示热烈的祝贺！向全体会议代表并通过你们向全市民进会员表示诚挚的问候！向前来参加这次大会的民进省委领导和其他方面的来宾表示热烈欢迎！

民进邯郸市委自 1983 年成立以来，在中共邯郸市委和民进河北省委的领导下，围绕市委、市政府的中心工作，团结全体会员，积极投身于我市两个文明建设，特别是 1997 年民进邯郸市第四届会员代表大会以来，民进工作取得了明显的成绩。一是积极开展“讲学习、讲大局、讲传统”，使全体会员的整体素质有了较大提高。几年来，带领全体会员深入学习邓小平理论和江泽民“三个代表”重要思想，矢志不渝地坚持共产党的领导，坚持社会主义道路，继承和发扬了与中国共产党亲密合作的优良传统。二是围绕我市的中心工作，积极参政议政，建言献策。五年来，民进先后提交提案、议案、建议 787 件，反映社情民意 500 余条，许多好的意见和建议，引起市委、市政府的重视并被有关部门采纳，写出了许多有价值的调研报告，参政议政的质量和水平不断提高。三是发挥自身优势，为我市的两个文明建设服务。几年来，民进市委积极开展社会服务，组织举办各类培训班，为社会培养各类人才。民进市委响应号召，积极参与了光彩事业活动，几年来，为帮助贫困地区修路、栽树、改造设备等共投入扶贫款 46000 元，培训人才近千人，为灾区和希望工程捐款捐物，受到社会各界的好评。四是不断适应新形势的要求，努力加强自身建设。民进市委组织举办了不同类型的会员培训班，对会员进行了会史和会的传统教育，组建了峰峰矿区、邯山区、丛台区三个总支，使组织的结构更趋合理，同时，还注意把发展会员与培养后备干部、搞好政治交接结合起来，建立了一支具有较高素质的后备干部，为今后的工作提供了组织保证。总之，民进市委的成绩是显著的，市委是满意的。

当前，我市正处在一个新的发展时期，我国已加入世界贸易组织，省第六次党代会提出了更高的目标和任务，这将给我市的发展带来新的机遇，同时也面临新的挑战。明年是“十五”计划的第二年，各项工作任务还相当繁重，要完成“十五”计划的各项指标，不仅需要各级各部门的积极工作，也需要我市各民主党派的积极参与和共同努力。借此机会，我提几点希望。

一　加强政治学习，坚定正确的政治方向

江泽民总书记指出，思想政治领域的斗争不仅长期存在，而且很复杂，有时很尖锐。目前，从国际局势看，西方敌对势力妄图以多党制取代我国的多党合作制，破坏我国共产党领导的多党合作的政治局面，以此作为对我实施“西化”“分化”战略的突破口。我国加入世贸组织，在为我国经济发展创造良好的国际环境的同时，也带来了诸多过去未曾遇到的问题。从国内看，在新旧体制转换和市场经济体制逐步完善的过程中，经济成分多样化以及人们价值取向的多样性，对民主党派成员不可避免地产生一定影响，有时在某些问题上产生某些片面认识，甚至对党领导的多党合作制度产生怀疑。因此，民进市委要加强会员的政治理论学习，深刻领会江泽民总书记“三个代表”重要思想，正确认识国际形势，深入了解我国国情，在会员中广泛开展“讲学习、讲大局、讲传统”活动。通过学习，使广大会员不断提高政治素质和提高明辨是非的能力，自觉抵制西方“多党制”的影响，始终坚持中国共产党的领导，坚持社会主义道路，坚持中国共产党领导的多党合作和政治协商制度，坚持正确的政治方向。

二　充分发挥优势，切实履行参政党的职能作用

共产党领导的多党合作和政治协商制度是我国的一项基本政治制度，参政议政、民主监督是各民主党派的基本职能。目前，我市改革、发展和稳定的任务十分艰巨，非常需要各民主党派发挥参政议政和民主监督的作用。希望民进全体会员充分认识自己的地位和作用，紧紧围绕我市党和政府的中心工作，出主意、当参谋，抓住改革、开放、经济建设和精神文明建设中的热点、难点问题，深入开展调研活动，提出有建设性的意见和建议，为市委、市政府科学决策提供依据，真正使参政参到关键处，议政议出新水平。我市民进主要是由文化、教育界和其他界别的高级知识分子组成的，具有较高的文化素质和一定的参政议政能力，要在我市发展经济、科教兴市中发挥自己的优势，为我市各项事业的发展做出新的贡献。中共邯郸市委将继续坚持“长期共存、互相监督、肝胆相照、荣辱与共”的方针，更好地同各民主党派合作共事，使各民主党派在参政议政、民主监督等方面发挥重要作用。

三　充分认识这次党派换届的重要意义，开好这次代表大会

各民主党派的这次换届，是进入 21 世纪后我市民主党派的第一次换届。通过这次换届，各民主党派在新老交替的基础上，进一步实现政治交接，可以说，这是一次世纪性交替和历史性交接。因此，换届的成功与否，关系到民主党派在 21 世纪的面貌，关系到中国共产党领导的多党合作和政治协商制度的长期存在和发展，关系到爱国统一战线的巩固和壮大。我们必须从政治的、战略的高度看待这次民主党派换届工作，深刻认识这次换届的重要意义。

民主党派换届，中共邯郸市委对此十分重视，责成市委统战部协助民主党派做好这次换届工作。希望与会的各位代表认真学习、深刻领会上级有关换届的文件精神，从民进工作大局出发，增强组织纪律观念，严格按照民主集中制的原则，选出拥护中国共产党的领导，贯彻执行党的路线、方针、政

策，有一定参政议政能力，热心民进工作的德才兼备、年富力强的同志，组成结构合理的新一届领导班子。

同志们，中共邯郸市委殷切希望各位代表以这次换届为契机，以民进的自身建设为大局，同市委和民进省委在政治上、思想上、行动上保持一致，把这次会议开成一个团结、务实、鼓劲的大会。新的领导班子产生以后，要不负众望，切实加强自身建设，加强团结、改进工作，增强凝聚力和号召力，在中共邯郸市委和民进省委的领导下，以新的姿态、新的形象带领全体会员，开创21世纪我市民进工作新局面，为我市实现经济跨越式发展和两个文明建设做出新的更大的贡献！

最后，预祝大会取得圆满成功！

增强阶级基础　扩大群众基础
不断提高党的社会影响力

——在市委理论学习中心组学习会上的发言

（2001 年 12 月 7 日）

江泽民同志在"七一"讲话中指出，"我们必须坚持党的工人阶级先锋队性质，始终保持党的先进性，同时要根据经济发展和社会进步的实际，不断增强党的阶级基础和群众基础，不断提高党的社会影响力"。这是以马克思主义建党理论为指导，以创新精神解决新时期党的建设重大问题而做出的科学论述，对我们党在新的历史条件下保持工人阶级先锋队的性质，进一步巩固党的执政地位，具有重要的理论和实践意义。今天，我就"增强阶级基础，扩大群众基础，不断提高党的社会影响力"这一问题，谈一些粗浅体会，不妥之处，敬请大家批评指正。

一　不断提高党的社会影响力，是党的事业发展的自身要求

中国共产党从成立的那一天开始，就是作为中国先进生产力的代表走上历史舞台的。80 年来，我们党始终站在时代前列，领导全国人民不断夺取革命、建设和改革的胜利。以毛泽东同志为核心的第一代中央领导集体和以邓小平同志为核心的第二代中央领导集体，把马克思主义的基本原理同中国具体实际相结合，领导人民取得了新民主主义革命的伟大胜利，开创了建设

有中国特色社会主义的崭新局面。以江泽民同志为核心的第三代中央领导集体，继承和发展马列主义、毛泽东思想、邓小平理论，带领我国跨入中华民族伟大复兴对的新时代。80 年来，我们党之所以能够带领人民战胜各种困难和风险，取得一个又一个胜利，根本原因就是始终保持了先进性，提高了党的社会影响力，代表了社会前进的正确方向。在跨入 21 世纪的今天，面对国内外形势的新变化和我们党所肩负的历史任务，不断提高党的社会影响力，更具有重要的现实意义。

第一，不断提高党的社会影响力，是适应世界政治经济格局发展变化的客观要求。当今世界，科学技术迅猛发展，知识创新、技术创新和高新技术产业已经成为各国综合国力竞争的核心，对世界发展和人类文明进步将产生巨大而深刻的影响。经济全球化进程不断加快，既给我们带来了新的发展机遇，也给我们提出了新的挑战。世界多极化不可逆转，各种思潮相互激荡，反对一切形式的霸权主义和强权政治的呼声日益高涨，但霸权主义和强权政治仍在发展，国际敌对势力妄图对我实行“西化”“分化”，企图用他们那一套政治观点、意识形态和生活方式影响我们。尤其是美国“9·11”事件，对国际政治、经济掀起巨大的冲击波，我国也受到极大冲击。在世界格局复杂多变、不可预测因素很多的情况下，能否胜利推进我国社会主义现代化建设，实现中华民族的伟大复兴，关键看我们党能不能保持先进性，不断提高党的社会影响力，立于世界发展的潮头，抓住机遇，迎接挑战，带领人民不断取得胜利。

第二，提高党的社会影响力，是吸取世界社会主义运动经验教训的客观要求。20 世纪 80 年代末 90 年代初，世界社会主义运动遭受严重挫折，东欧剧变、苏联解体，一些执政多年的共产党瓦解垮台。其失败的原因固然是多方面的，但根本的一条就是这些政党逐步丧失了先进性，丧失了社会的影响力，丧失了人民的扶持和拥护。这从反面告诉我们，一个政党，如果在社会没有影响力，就必然落伍并被时代的大潮所淘汰。如何把越来越多的群众团结在党的周围，稳固和扩大党的执政根基，保持党的先进性，不断提高党的社会影响力，是关系执政党的生死存亡的一个重大问题。

第三，提高党的社会影响力，是胜利实现新世纪党的三大历史任务的客观要求。在新的世纪，我们党肩负着继续推进现代化建设、完成祖国统一大业、维护世界和平与促进共同发展的历史任务。完成这三大历史任务，关键取决于我国改革开放的不断推进和综合国力的不断增强，取决于我们党在社会的影响力、凝聚力和战斗力。改革开放20多年来，我国社会主义现代化建设取得了巨大成就，综合国力日益增强，人民生活明显改善，“三步走”的战略目标稳步推进，有中国特色的社会主义展现出了蓬勃生机。但我们也必须看到，随着经济体制改革的深化和社会主义市场经济的发展，社会经济成分、组织形式、就业形势、利益关系和分配方式呈现多样化的趋势；对外开放的不断扩大，特别是我国加入世界贸易组织，将对我国政治、经济、文化、社会生活产生深刻的影响。可以说，社会生活各个领域的新矛盾、新情况层出不穷，要想把我国社会主义现代化建设事业推向新的阶段，胜利完成新世纪我们党肩负的三大历史任务，实现经济跨越式发展和社会全面进步，就必须始终保持党的先进性，不断扩大党的社会影响力，不断增强党的创造力、凝聚力和战斗力。

第四，提高党的社会影响力，是加强和改进党的自身建设的客观要求。党的三代中央领导集体历来高度重视党的自身建设，使我们党无论在新民主主义革命时期，还是在社会主义建设和改革开放新的历史时期，始终保持着先进性，保持着在社会的影响力。从总体上说，我们党的组织和党员干部队伍是好的，但毋庸置疑，世界社会主义出现严重挫折，使我们党内一部分同志对社会主义的前途产生了种种忧虑。发展社会主义市场经济在促进人们思想观念发生积极变化的过程中，拜金主义、享乐主义、极端个人主义等腐朽思想也乘机滋生蔓延。“法轮功”邪教组织的出现和不断进行捣乱破坏活动，也从一个方面反映了斗争的复杂性、尖锐性和长期性。总之，这些消极甚至腐朽的东西，从思想上、作风上和组织上严重侵蚀着党员、干部队伍，影响着党在社会的影响力。所以说，保持党的先进性，提高党的社会影响力，是加强党的自身建设的迫切要求。

二　从增强阶级基础、扩大群众基础的结合中坚持党的先进性

增强党的阶级基础和扩大党的群众基础，是两个既相互联系，又相互区

别的问题。增强阶级基础是扩大群众基础的前提，没有先进的、强大的阶级基础，扩大群众基础也会落空；党的群众基础扩大了，又会更加巩固党的阶级基础。但其立足点都是必须保持党的先进性，落脚点都是不断提高党的影响力，这是辩证的统一。

（一）坚持党的先进性，必须保持党的阶级基础与群众基础相统一

坚持党的阶级基础与群众基础相统一，是马克思主义建党学说的重要思想。在《共产党宣言》中，马克思、恩格斯就在阐明“共产党人是各国工人政党中最坚决的、始终起推动作用的部分”，是工人阶级先锋队的同时，强调了“过去的一切运动都是少数人的或者为少数人谋利益的运动。无产阶级的运动是绝大多数人的、为绝大多数人谋利益的独立的运动”（《马克思恩格斯选集》第一卷，第 283、285 页），从无产阶级政党阶级基础与群众基础完整统一的意义上，阐明了它同其他任何政党的区别。这一思想在后来列宁、毛泽东等人对马克思主义建党学说的进一步丰富与发展中，都得到了体现。1935 年，毛泽东同志在陕北瓦窑堡会议上所做的报告中，明确提出了我们党“不但代表了工农的利益，同时也代表了民族的利益”（《毛泽东选集》第二卷，第 158 页），对上述思想做了更为深刻的论述。

正确认识和把握马克思主义建党学说中的上述思想，必须坚持党的阶级性与群众基础的统一，特别是不能忽略其中关于无产阶级群众性基础的思想。马克思曾经指出，随着无产阶级斗争的深入，会有包括占统治地位的阶级中的人在内的其他阶级中的人加入党的组织，“这是发展的过程所决定的不可避免的现象”，党的组织面对这样的情况，只需要注意两个问题：“第一，要对无产阶级运动有益处……第二，如果其他阶级出身的这种人参加无产阶级运动，那么首先就要要求他们不要把资产阶级、小资产阶级等等的偏见的任何残余带进来，而要无条件地掌握无产阶级世界观。”（《马克思恩格斯选集》第三卷，第 684 ~685 页）列宁在领导俄国革命和党的建设的实践中也意识到，党在成为执政党的过程中，“我们的党立即会成为群众的党……现在必然有许多不彻底的人（从马克思主义观点看来），也许甚至有某些基督教徒，也许甚至有某些神秘主义者会参加我们的党”，对此，不必

惊慌失措，“我们能够消化这些不彻底的人”（《列宁选集》第一卷，第665页）。在领导中国革命的过程中，以毛泽东同志为核心的第一代中央领导集体，更是结合中国的实际特点和具体情况，在始终注意坚持党的无产阶级先锋队性质的前提下，把党的发展置于坚实的群众基础之上，提出必须“建设一个全国范围的、广大群众性的、思想上政治上组织上完全巩固的布尔什维克化的中国共产党”（《毛泽东选集》第二卷，第602页）。

那么，吸收工人阶级之外的其他阶级的成员加入党的队伍，会不会使党的性质发生改变呢？对于这一问题，马克思等人在深刻阐述党的阶级基础与群众基础的统一性的过程中，也有十分清楚说明。在《共产党宣言》中，马克思、恩格斯提出，无产阶级政党区别于其他政党的地方，它在实践方面表现出最彻底最先进的原因，是他们在理论上的“优越”，他们“有一个新的科学的观点作为理论基础”（《马克思恩格斯选集》第二卷，第39～40页）。列宁也明确指出：“一个党是不是真正工人的政党，不仅要看它是不是由工人组成的，而且要看它是由什么人领导以及它的行动和政治策略的内容如何。只有根据后者，才能确定这个党是不是真正的无产阶级政党。”（《列宁全集》第39卷，第246页）毛泽东同志在领导中国革命的实践中，从中国革命和中国共产党的实际情况出发，否认了那种仅凭党员的成分判断党的性质的重要思想，由此使中国共产党能够在工人成分不占党内大多数的情况下，建设成了一个伟大的马克思主义政党。由此可以看出，只要党的理论和纲领是马克思主义的，代表了社会发展的正确方向，代表了人民群众的根本利益，党在不断扩大自己群众基础的过程中，就不会削弱党的阶级基础。

（二）坚持党的先进性，使我们党发展壮大的历史，就是不断增强党的阶级基础和扩大党的群众基础的历史

中国共产党之所以发展壮大，最关键的就是始终坚持了党的先进性，坚持了党的阶级基础与群众基础的统一。在实现这种统一的过程中，我党曾经有过三次极为成功的实践。这三次实践中的每一次，都对党的事业的发展产生了巨大的推动作用，带来了党的发展与壮大。

第一次，是1927年大革命失败以后，伴随我们党的主体和工作重心向

农村的转移，党在广大农民主要是贫苦农民中发展党员的实践。我们党在建党初期，党员的组成和发展党员主要只针对工人群众。大革命失败后，在建立农村革命根据地的过程中，党不仅直接处于农民小资产阶级的“包围”之中，而且必须面对以农民作为党吸收新的成员的主要对象这样的事实。在这样的社会历史条件下，我们党大胆地在农民革命分子中发展党员，同时提出要不断加强党的思想建设，用马克思主义武装党员，并且把它们放到革命斗争实践中经受锻炼和考验，从而克服了他们的非无产阶级思想，保持了党的无产阶级先锋队性质，极大地促进了党的事业的发展壮大。

第二次，是抗日战争时期，伴随国内主要矛盾的深刻变化，党在小资产阶级知识分子中发展党员的实践。抗日战争爆发后，民族矛盾迅速取代阶级矛盾成为当时国内的主要矛盾，大批知识分子和其他人士来到延安和各个解放区根据地。根据形势的变化，我们党坚持了党的阶级基础与群众基础相统一的观点，果断地把吸收知识分子入党作为党的发展的重要措施。大量的知识分子被吸收入党，党的群众基础不断扩大，党的力量在抗日斗争中迅速发展壮大。

第三次，是党的十一届三中全会以后，伴随全党工作重心转移，党在广大知识分子中发展党员的实践。进入改革开放和现代化建设的新时期，我们党重申并坚持“知识分子是工人阶级一部分”的科学论断，摒弃了“文化大革命”中唯成分论的错误思想，促进我们党吸收了大量知识分子。知识分子在党员队伍总数中的比例和党员队伍的构成发生了重大变化，党通过不间断地着重思想建设，加强党的组织建设和作风建设，领导改革开放和现代化建设取得一个又一个胜利。实践证明，如果我们党不是在实践中注意扩大自己的群众基础，不能把符合党员条件、拥护党的纲领和路线，为党的事业的发展做出贡献的社会成员吸收到党的队伍中来，就会窒息党的发展力和创造力，就不会有今天这样的发展。

（三）坚持党的先进性，不断扩大党的群众基础，必须始终坚持党的工人阶级先锋队性质

首先，在扩大党的群众基础的实践中，严格按照党员条件吸收新的党员

加入党的组织，是必须把握的基本标准。根据经济与社会发展的实际状况，吸收新出现的社会群体和社会成分中的优秀分子加入党内，不能降低党员的标准和条件，更不能单纯追求党员数量。在这样的问题上，关门主义、盲目排斥的态度是错误的，不讲条件、降低标准，甚至在扩大党的群众基础的问题上搞一刀切和“刮风”的做法，则是十分危险的。正确的态度，就是对于来自新的社会群体和成分中积极要求加入党组织的成员，以“能否自觉地为实现党的路线和纲领而奋斗，是否符合党员条件”作为新手、新党员的主要标准，“把承认党的纲领和章程，自觉为党的路线和纲领而奋斗、经过长期考验、符合党员条件的社会其他方面的优秀分子吸收到党内来。”而对于那些动机不纯、条件不符，甚至抱有不良目的的人，必须坚持拒之门外，以保持党的队伍的纯洁性。

其次，在扩大党的群众基础的实践中，必须始终坚持思想上建党的原则，把党的思想建设放在首位。党员不仅要在组织上入党，更重要的是要在思想上入党，用马克思主义的世界观改造各种非马克思主义的思想，帮助党员树立全心全意为人民服务的思想和党的利益高于一切的思想。我们必须毫不动摇、坚持不懈地用马克思主义的世界观、人生观、价值观教育、改造党员和干部，特别是注重用“三个代表”重要思想教育党员，克服和防止各种腐朽没落思想的腐蚀和侵袭，保持党员队伍在思想上的先进性。

最后，在扩大党员的群众基础的实践中，深入研究如何保证改革开放和社会主义市场经济条件下增强党的阶级基础与扩大党的群众基础实现相互统一，是必须认真探讨的重要问题。在我们党长期发展的历史过程中，对于实现党的阶级基础与群众基础统一性的问题，积累了非常丰富的经验。这些经验对于做好新时期党的建设工作，依然具有重要的借鉴意义。但是，我们还应当看到，改革开放和社会主义市场经济的发展，给党的建设提出了许多新的问题，党的建设所处的内外部环境都发生了许多变化，这使党的建设面领着新的情况，需要有新的认识与研究。因此，我们必须以马克思主义的创新精神和探索勇气，结合新的实践与新的发展，积极探索新的形势下增强党的阶级基础与扩大党的群众基础相统一的具体途径、方式和方法，并在这样的探索中，不断总结经验，逐步摸索出一些具有规律性的东西来。这对于加强和改进新时期的党的建设，促进党的事业的发展，具有重要意义。

三　主张把“社会其他方面的优秀分子吸收到党内来”是我们党成熟、自信、有力量的表现

江泽民同志在“七一”讲话中指出：“应该把承认党的纲领和章程、自觉为党的路线和纲领而奋斗、经过长期考验、符合党员条件的社会其他方面的优秀分子吸收到党内来”。这是马克思主义党建理论的一个新发展，是我们党成熟、自信、有力量的表现。

（一）吸收社会其他方面的优秀分子入党，要摒弃传统理念

有人认为，吸收社会其他方面的优秀分子入党，会改变党的成分，进而改变党的性质，丧失党的执政地位。也有人认为，把社会各阶层的优秀分子都吸收到党内来，就意味着把党改变成了“全民党”。其实，这种说法和忧虑都是一种曲解和多虑。当前，我们党面临的根本任务就是建设有中国特色的社会主义，就是要发展社会主义市场经济，全面推进改革开放和社会主义现代化建设事业。要实现这个根本任务，只有把各方面的优秀分子都集中在我们党的旗帜下，并在党的熔炉中加以教育和训练，把他们锻造成为坚定的共产党人，党才能拥有广泛的社会基础，党才能成为最广大人民根本利益的代表。如果把面向社会各阶层吸收党员和“全民党”等同起来，那么，我们党早在二三十年代就已经成了“全民党”。因为那时，我们党对来自社会各阶层的人都持“热烈欢迎的态度，向他们开门”。我们通常把社会民主党叫作“全民党”，为什么？因为社会民主党为了把选民群众吸引到自己身边，赢得更多的选票，强调任何人不分世界观，不分宗教信仰，只要愿意，都可以成为党员。我们党不是这样做，也不可能这样做。党把自己的社会基础扩大到社会各阶层和群体，并不等于这些阶层和群体的人都可以入党，就如同我们党是工人阶级的先锋队，并不等于所有工人都可以成为党员。我们要吸收的是这些阶层和群体中的优秀分子。他们具

备工人阶级的政治觉悟，愿意为党的纲领而奋斗，能够很好地承担党员的义务，行使党员的权利，履行历史赋予的光荣使命。这样的党，和所谓“全民党”毫不相干。

（二）吸收社会其他方面的优秀分子入党，是中国特色社会主义伟大事业的自身要求

中国共产党作为中国工人阶级的先锋队，他的阶级基础是工人阶级。在现代史上，中国有了10%的现代工业，有了自己的工人阶级，才有了建立工人阶级政党——中国共产党的阶级基础。工人阶级的阶级基础，保持了党的先进性。然而，党在各个不同的历史时期，根据不同的历史任务，又总是不断地在扩大着自己的群众基础。在大革命时期，党把农民阶级和小资产阶级知识分子中的优秀分子吸收到党内来，壮大了革命队伍，保证了新民主主义革命的胜利。在改革开放的今天，社会阶层也发生了极大的变化。

首先，在科技革命的推动和知识经济的引导下，出现了越来越多的脑力劳动者和经营管理者。在社会主义条件下，体力劳动者是社会主义劳动者，脑力劳动者和经营管理者也是社会主义劳动者，都属于现代工人阶级的范畴，是工人阶级的重要组成部分。他们丰富和发展了工人阶级的内涵，大大改善了工人阶级的整体素质。

其次，“无产”不再是当代工人阶级的标志。随着经济和科学技术的发展，会有越来越多的财富被创造出来。这些财富，理所当然地归人民所有。因此，无论从哪个角度讲，劳动者都不再是，也不可能是通常意义上的“无产”的劳动者，而是成了或正在变成有产的劳动者。这种变化，丝毫也不违背共产党的初衷。共产党搞社会主义和共产主义的目的，就是要让无产者都变成有产者，变成社会的主人，过上幸福的生活，而绝不是让所有的人都变成无产者。正如马克思、恩格斯在《共产党宣言》中所强调的：“共产主义并不剥夺任何人占有社会产品的权力，它只剥夺利用这种占有去奴役他人劳动的权力。”不看到这些，仍然简单地把有没有财产、有多少财产当作判断人们政治上先进与落后的标准，当作区分工人阶级和其他阶级、阶层的标准，显然是一种过时的观念。尤其应当注意的是，在我们生活的这个时

代，由于人们就业方式的多样化，社会分工意义上的所有者、经营者和劳动者之间的界限正在变得越来越模糊。有的人今天受雇于人，明天会自己办企业。有的人几种角色兼而有之，既是所有者，同时又是经营者和劳动者。例如在本企业持股的工人和管理者，有的既在工厂做工，8 小时之内是劳动者，下了班又去炒股、做买卖，8 小时之外又是股东、经营者。这是社会经济发展、财富积累的必然趋势，完全符合所有制形式和就业形式多样化发展的规律。从根本上说，社会主义本身就是要逐步消除劳动者“无产”的现象，缩小劳动者与所有者的鸿沟。把关于工人阶级的概念固定在传统的理解上，那就等于把党的阶级基础封闭在狭小的范围内。如果带着这种观念看待入党问题，党的建设将没有前途。

最后，随着社会主义市场经济的发展，产生了大量新的社会阶层。这些新的社会阶层包括民营科技企业的创业人员和技术人员，受聘于外资企业的管理技术人员、个体户、私营企业主、中介组织的从业人员、自由职业人员等。虽然不能将这些人员简单地列入工人阶级范畴，但是，在我国社会主义制度和发展社会主义市场经济的条件下，他们也绝不是社会主义的异己力量。这些人得益于党的富民政策，适应市场经济的需要而产生和逐步壮大，成为先富起来的群体。他们通过诚实劳动和工作，通过合法经营，总体上推进了社会主义市场经济的发展，促进了社会主义社会生产力的发展和综合国力的提高，为国家和社会做出了贡献。从这一点上说，他们和工人、农民、知识分子一样，也是有中国特色社会主义事业的建设者。把他们中的优秀分子吸收到党内来，只会巩固，而不会削弱党的执政基础；只会加强，而不会削弱党的执政地位。

（三）吸收社会其他方面的优秀分子入党，只要坚持党的“基本力量”在党员队伍的主体地位和坚持从思想上入党，党就不会改变工人阶级先锋队的性质

吸收社会其他方面的优秀分子入党，会不会削弱党的阶级性和先进性，改变工人阶级先锋队性质？对这个问题，的确有必要做出回答。

党员成分与党的性质有联系，并在一定程度上影响着党的性质。党的社

会成分作为党的组织状况的一个指标，有时会给党的活动带来影响。正因为如此，我们党作为工人阶级先锋队，始终坚持把在工人、农民、知识分子、军人、干部中发展党员作为党的队伍建设的重点。这一立场，我们应该毫不动摇地坚持。江泽民同志在“七一”讲话中强调这些人是“党的队伍最基本的组成部分和骨干力量”，就是从这个意义上说的。

但是，党员成分不是影响党的性质的决定因素。判断一个党的性质，最主要的是看党的纲领和路线反映什么人的利益，看它的纲领和路线是不是真正得到贯彻执行。共产党作为工人阶级政党，反映在党的纲领、路线上，就是始终代表工人阶级和广大劳动人民的利益，并为实现和维护这个利益而不懈奋斗。历史表明，正是因为把工人阶级和广大劳动人民的利益作为制定党的纲领和目标的出发点，我们党才当之无愧地成为中国工人阶级的先进部分。在新民主主义革命中，我们党制定了新民主主义的总路线，把包括工人、农民、小资产阶级和民族资产阶级在内的人民大众都团结到了自己周围，胜利完成了反对帝国主义、封建主义和官僚资本主义的任务。在从新民主主义到社会主义的过渡时期，我们党根据变化了的情况及时提出新的阶段性目标，正确领导人民进行新民主主义改革和建设，并进而对生产资料私有制进行社会主义改造，在中国建立起符合中国先进生产力发展要求的崭新的社会主义制度。在社会主义建设时期，我们党又坚定不移地领导人民走社会主义道路，对政治经济文化落后条件下如何建设社会主义的问题进行了真诚、艰苦的探索。在新的历史时期，我们党制定的社会主义初级阶段以“一个中心，两个基本点”为主要内容的基本路线和基本纲领，代表了中国最广大人民的根本利益，体现了时代发展的根本方向和要求。在这一纲领和路线的指引下，我们建设有中国特色社会主义的伟大实践取得了巨大的成就。毫无疑问，今后我们党能不能始终站在时代的前列，能不能始终立于不败之地，根本的一条，仍然是要看我们能不能把党的基本纲领和基本路线坚持下去。这个重大问题解决好了，党的工人阶级先锋队性质就得到了充分的体现。

有了正确的纲领、路线、方针、政策这个前提，党就可以成为一个共产主义的熔炉，把各种愿意为共产主义奋斗的人锻炼成为合格的共产党人。在这方面，我们党有非常成功的经验。民主革命时期，我们党内农民党员占多数，但我们党并没有因此变成农民党，仍然是中国工人阶级的先锋队。我们把那么多剥削阶级出身的人都吸收到了党内，也没有因此而改变党的性质，相反倒是把大多数人培养成了坚定的共产主义战士。其奥妙在于，以毛泽东为代表的中国共产党人把马克思主义党的学说与中国的具体国情、党情相结合，创造性地提出了着重从思想上建设党的路线。这条路线的实质就是对社会各阶层的人要求入党持欢迎态度，强调着重从思想上建设党，用无产阶级思想改造和克服党内的各种非无产阶级思想，使广大党员不仅在组织上入党，而且在思想上也真正入党，有效地解决了党员的数量问题，也防止了因大批农民和其他阶级、阶层的分子进入党的队伍而改变党的性质，有效地解决了质量问题。

我们党处理这个问题的经验，也是在实践中逐步探索出来的。受共产国际思想的影响。1931 年王明路线统治时期，提出了“彻底肃清地主富农师傅老板分子和一切异己分子”的口号，在组织上实行“关门主义”。这套东西，给党的发展带来了消极的影响，在遵义会议确立了毛泽东同志在我们党的领导地位后，我们党才开始改变这种错误观念和错误做法。1935 年 12 月中央政治局在瓦窑堡会议通过决议，明确指出：“中国共产党是中国无产阶级的先锋队。他应该大量吸收先进的工人雇农入党，造成党内的工人骨干。同时中国共产党又是全民族的先锋队，因此一切愿意为着共产党的主张而奋斗的人，不问他们的阶级出身如何，都可以加入共产党。一切在民族革命与土地革命中的英勇战士，都应该吸收入党，担负党在各方面的工作。”决议强调：“必须同党内发展组织中的关门主义倾向做斗争。是否为党所提出的主张而坚决奋斗，是吸收新党员的主要标准。社会成分是应该注意到的，但不是主要的标准。”决议提出：“不从积极的战斗需要出发，而从恐怖概念出发的组织问题上的关门主义，必须彻底地击破。”至此，我们党才在党员成分和党的性质的关系上确立了马克思主义的辩证态度。

历史和今天改革开放的实践都给我们以深刻的启示。把经过长期考验、符合党员条件的社会各个方面的优秀分子都吸收到党内来，不仅是我们党的成功历史经验，也是今天推进我们的事业的必然要求。当然，在这种情况下，切忌“一哄而起、一拥而上”，走向另一个极端。只要我们怀着对党的命运和前途的高度责任感，积极而又慎重地对待这个问题，我们党的执政基础必将更加巩固，我们的事业也必将更加兴旺发达。

四 要从执政党的高度认识吸收新党员的主要标准

首先，要正确认识吸收新党员的主要标准。我们党有一条历史经验，就是党的建设要紧密围绕党的政治路线来进行。党的组织任务，向来都是服从和服务于党的政治任务的。制定什么样的入党标准，与党所处的历史地位密切相关，与实现党的目标和任务密切相关。我们党是执政党，执政党就必须把社会主义各种各样的力量都想方设法凝聚、整合在一起，形成推进社会发展和进步的巨大动力。改革开放以来，我国社会阶层的构成发生了新的变化，出现了民营科技企业的创业人员和技术人员、受聘于外资企业的管理人员、个体户、私营企业主、中介组织的从业人员、自由职业人员等社会阶层。而且，人们的职业、身份经常变动。不同所有制、不同行业、不同地域之间的人员流动日趋频繁。不少国有企业的工人进入私营企业、外商投资企业，大批农民成为乡镇企业工人或进城打工，一些知识分子和机关干部“下海”经商或成为各种自由职业者，各阶层中都有一些人成为股份持有者，等等。这些人在促进生产力发展中发挥了十分突出的作用，已经成为推进改革与发展的生力军。从我国经济社会在未来的发展上看，目前我国社会群体构成中出现的这种变化，是当代中国社会生产力发展的直接结果。随着我国社会的发展，新的社会阶层人员在数量上还会加大，在影响上还会扩大，将对今后我国经济社会发展产生重要影响。面对这样的形势，党在自身发展的过程中，是顺应时代和实践发展的要求，把那些承认党的纲领、章程，自觉为党的路线和纲领而奋斗、经过长期考验、符合党员条件的社会其他方面的优秀分子吸收到党内来，增强党在全社会的影响力和凝聚力，还是死搬教条，采取关门主义，将一大批在当代中国改革实践中发挥重大作用的社会其他成分中的优秀分子拒之门外？这实际上是对新出现的社会经济成分和社会群体所形成的新的阵地的“占领”与否的问题。显然，对于这样的阵地，党的组织不去“占领”，其他政治势力就会借机而入，同我们争夺群众、争夺阵地。江泽民同志洞察形势和时代发展的深刻变化，顺应时代发展要求，鲜明地提出了吸收新党员的政治标准，即“能否自觉地为实现党的路线和纲领而奋斗，是否符合党员条件，是吸收新党员的主要标准”。这是江泽民同志对马列主义建党理论的丰富和发展，是中国共产党建党实践的重大创新。毫无疑问，作为党的政治组织，坚持以工人、农民、知识分子、军人、干部中的先进分子为我们党的队伍的主体和骨干，严格把握政治标准，把其他阶层和群体中那些承认党的纲领和章程、自觉为党的路线和纲领而奋斗、经过长期考验、符合党员条件的先进分子吸收到党内来，并通过党的这个大熔炉，不断地提高他们的思想政治觉悟，这有利于增强党在全社会的影响力和凝聚力，有利于更好地实现党在社会主义初级阶段的历史任务。

其次，吸收新的社会阶层中优秀分子入党要积极稳妥，循序渐进。吸收新的社会阶层中优秀分子入党有利于保持和发扬我们党的先进性；有利于在新的经济组织、社会组织中贯彻党的路线、方针、政策；有利于改变新的经济组织中党的工作薄弱状态；有利于充分调动社会各个方面的积极因素，更好地推进建设有中国特色社会主义伟大事业。在新的社会阶层中发展党员，是一项政治性、政策性很强的工作，要提高认识，统一思想，稳妥进行，不能一哄而起，不能降格以求。要通过试点制定出具体的政策规定。比如，如何考察和认定这些人的政治觉悟、思想品质和入党动机；如何判断他们的财产来源、财产支配和使用情况；在党员标准的具体把握上，应当提出哪些具体要求；如何正确理解和体现经过长期考验这个要求，吸收这些人入党是否需要提高审批的权限；如何避免基层的党组织家族化；等等。吸收新的社会阶层中的优秀分子入党，必须坚持高标准，严格程序，确保质量。我们允许新的社会阶层中的优秀分子入党，但不是毫无原则地敞开大门，绝不能把那些不具备党员条件的人发展入党，使党的工人阶级先锋队性质受到损害。要把“承认党的纲领和章程”“自觉为党的路线和纲领而奋斗”“经过长期考验”“符合党员条件”这四个基本要求作为一个系统标准来把握，把考察现实表现同考察入党动机结合起来，切忌片面性。必须认真贯彻“坚持标准，保证质量，改善结构，慎重发展”的方针，严格履行入党手续，成熟一个，发展一个，真正把那些承认党的纲领和章程、自觉为党的路线和纲领而奋斗、经过长期考验、符合党员条件的优秀分子吸收到党内来。这里要注意几种倾向，一是要注意不能有了钱就入党。党员标准不是以金钱多少来衡量的。要严格防止那些入党动机不纯的人混入党内，防止以经济实力的强弱、社会财富的多少、个人名气的大小作为衡量吸收新党员标准的错误做法。二是要注意不能入了党就没钱。共产党从诞生的那天起，就是要使“无产”者变成有产者，实现共同富裕，并不是要使有产者变成“无产”者，所以，有钱者入了党更要走在率先致富奔小康的前列。三是要注意避免有钱人入了党想操纵党。我党的党员都是平等的，不管职位高低，不管财富多少，没有特殊党员。绝不能因你钱多你就想操纵党，如果抱着这种动机入党，早晚也要被清除出党。

五　运用马克思劳动价值理论研究当今财产对人们政治态度的影响

正确认识当今财产对人们政治态度的影响，需要深化对社会主义社会劳动和劳动价值理论的认识。马克思主义经典作家从他们所处时代的特点和社会实际出发，批判地吸收了古典经济学派价值理论的合理成分，创立了资本主义社会的劳动和劳动价值理论，揭示了以私有制为基础的商品经济的基本矛盾，揭示了资本主义剥削的秘密。没有马克思的劳动和劳动价值理论，就不会有剩余价值学说。正是因为有了马克思关于唯物史观和剩余价值学说这两个伟大发现，社会主义才从空想变成现实，社会主义才从空想变成科学。可以说，在劳动和劳动价值理论基础上提出的剩余价值学说，是马克思经济理论的基石，为科学社会主义的创立做出了重大贡献，为无产阶级革命提供了强大的理论武器。现在，我们国家已经是社会主义国家，我们党已经执政50多年，改革开放已经20多年，我国社会各方面情况发生了重大变化。特别是我们实行以公有制为主体、多种所有制经济共同发展的基本经济制度，发展社会主义市场经济。还要看到，科学技术的迅速发展对人类社会的影响越来越广泛而深刻。所有这些，与马克思主义创始人当时所面对和研究的情况有很大的不同。这就需要结合新的实际，深化对社会主义劳动和劳动价值理论的研究和认识，加深对生产劳动、经营管理劳动、科学技术的作用、社会必要劳动、资本有机构成、收入分配等方面的研究。把这方面的问题从理论与实际的结合上研究透彻了，对于进一步理解当代中国的经济和社会的关系，对于研究当今财产对人们政治态度的影响具有重要意义。

众所周知，在党的富民政策促动下，在公有制占主导地位而又难以包揽一切的背景下，在中国共产党始终掌握国家政权的前提下，于拾遗补缺的经济夹缝中诞生并迅速发展起来一个非公有制经济社会阶层。所处的社会历史条件与资本主义社会完全不同，使得他们的经营活动也与资本主义社会中资本家的经营活动有着根本的差异。诚然，无论是新时期的私营企业主，还是资本主义社会的资本家，从一般意义上看，其经营活动都具有两重性：一是都属于营利性活动，二是都包含有复杂劳动的支出。但在资本主义的政治经济制度下，其营利性活动首先表现为榨取剩余价值的过程。在社会主义条件下，私营企业主的经营活动与资本主义社会中资本家的经营活动就不同了。表面看来，私营企业主的经营活动也是以财产私有制为基础。但从生产、分配和消费的整个过程看，私营企业主对在生产过程中所创造出的剩余价值未能达到实际上的独占。当私营企业主将剩余价值的一部分以税收这一“公用”形式上缴国家后，这一部分价值就会最终被用于增进工人阶级和农民阶级根本利益的公共支出和公共消费，如社会保障、扶贫开发、国防保卫以及重点项目等，从而也使这部分价值在性质上不再属于剩余价值的范畴。由此，我们还可以进一步看到，社会主义条件下私营企业主的经营活动实际上包括三个交叉在一起的过程：一是以剥削形式赚取价值的过程，二是以税收形式为社会创造财富的过程，三是以经营管理形式即用复杂劳动创造价值的过程。在这里，以税收形式为社会创造公共财富，正是社会主义条件下私营企业主的经营活动与资本主义条件下资本家的经营活动的一个质的区别。私营企业主的经营活动所具有的这一“创造公共财富”的特性，不仅为在以公有制为主体的经济框架内允许其存在与发展提供了依据，而且为代表工人阶级和农民阶级根本利益的执政党与私营企业主阶层之间建立政治上的紧密联系提供了依据。因此，对于执政的中国共产党来说，如果放弃与其建立政治上的紧密联系，就等于放弃对其进一步发展的引导权，而这无疑会导致私营企业主在发展壮大之后演化成为政治反对派这一可能性的出现。为了避免这一可能性的出现，我们就必须充分肯定私营企业主阶层为社会创造财富的特性，将其中符合条件的政治先进分子吸收到党内来。

伴随着改革开放和社会主义市场经济的纵深发展，新的社会阶层的财产也会与日俱增。那么，财产对其政治态度有何影响，如何判断其政治态度？在当今的中国，不能简单地把有没有财产、有多少财产当作判断人们政治上先进还是落后的标准。江泽民同志指出："主要应该看他们的思想政治状况和现实表现，看他们的财产是怎么得来的以及财产怎么支配和使用，看他们以自己的劳动对建设有中国特色社会主义事业所做的贡献。"这个结论完全是从实际出发的，是科学的、实事求是的。这是一个统一的、完整的评价体系，其中，思想政治状况和现实表现具有基本的、决定性的意义。思想政治状况和现实表现主要包括政治立场、理想信念、理论素质、道德情操、价值取向等。获取财产的方式和手段符合党的政策和法律法规，财产是合法经营所得，是劳动和工作所得；财产的支配和使用主要是扩大再生产，回报社会，这也是在政治上先进的一种表现。政治上的先进分子，必然以自己努力工作的辛勤劳动为国家、为社会做出贡献。从新的社会阶层这些群体看，他们大多出生在新中国，长在红旗下，从小就受到社会主义思想教育和熏陶，在党的改革开放政策引导、鼓励下逐步发展起来，许多人原来就是从事各种劳动，有的是靠艰苦创业起家的。其中一部分年纪轻、文化程度高，既拥有一定的生产资料，又掌握先进的科学技术，从事高新技术产业和经营，他们具有比较高的爱国热情，愿意为振兴中华做出自己的贡献。如我市的丛台区，非公有制经济组织 13577 家，其中年收入在 2000 万元以上的有 12 家，从业人员 41000 人。许多企业主，对党有着深厚的阶级感情。他们说，没有共产党就没有他们的今天，没有党的改革开放政策就没有他们今天的富有。许多非公有制企业主都愿意建立党组织，愿意加入共产党。乐颐电脑大厦在建立党组织典礼大会上，敲锣打鼓、鸣放鞭炮，一派喜气洋洋。老板高兴地说，我们终于找到了娘家，投入了组织的怀抱。由此不难看出，许多私营企业主有钱了，富裕了，同时政治态度是鲜明的。在这些人中间，把那些有坚定的理想信念，符合入党条件的优秀分子吸收到党内来，不会改变党的工人阶级先锋队性质，也不会带来什么风险。有的人把它简单地归结为“资本家可以入党”这完全是一种曲解，是完全错误的。国外有些媒体在这个问题上大肆炒作，那是别有用心，敌对势力唯恐我们党不乱、不垮，对此，我们要保持高度的警惕，绝不能上当。同时我们也要实事求是地看到社会阶层情况比较复杂，其成员素质参差不齐，有表现很好的，也有为富不仁的。比如，有的偷税漏税、制假贩假，不择手段敛财；有的随意延长工人的劳动时间，克扣工人工资，肆意辱骂和殴打工人；有的信奉金钱万能，千方百计贿赂腐蚀国家机关工作人员；有的追求西方腐朽生活方式、大肆挥霍钱财；等等。对这些人不但不能视为先进，不能入党，而是首先要求他们做一个合法公民，对其中严重违法乱纪、触犯刑律的，不是入党而是入狱。

在全市“一制三化”培训班上的讲话*

（2002 年 1 月 29 日）

在新年伊始、春节即将到来之际，把大家请来，举办“一制三化”培训班，主要目的是进一步提高大家对“一制三化”的认识，促动“一制三化”的推广实施。

同志们长期工作在农村第一线，条件艰苦，工作辛苦。特别是在改革不断深入，利益调整诱发矛盾增多，工作难度加大的体制转轨时期，广大乡村干部为维护农村稳定，加快农村发展，付出了更加艰苦的努力，做出了突出的贡献。在此，我代表市委向大家，并通过大家向工作在农村第一线的广大乡村干部致以真挚的感谢和崇高的敬意！

《村民委员会组织法》颁布后，我市 90% 以上的村委会通过村民直选的方式进行了换届选举，使农村工作焕发了新的生机和活力，成为基层民主政治建设发展的里程碑，促进了农村两个文明建设。但伴随着民主政治建设进程的推进，在农村“两委”关系、农村领导体制、农村工作管理等方面出现了一些新情况、新问题。有的村委干部片面地认为村民自治就是村委会说了算；有的党支部班子成员对村民自治不理解、不支持，把持村务不放；一些村村委会同党支部之间开始争权，闹不团结，村务运作无章法。少数地方村党支部、村委会“两个调”“两张皮”的问题引起了各方面的关注。武安

* 本文是周文夫在邯郸市“一制三化”培训班上的讲话。邯郸市“一制三化”管理办法受到时任中共中央政治局常委、书记处书记、国家副主席胡锦涛同志批示肯定。河北省委组织部、邯郸市委组织部对这一管理办法及时进行了调研、总结、完善和推广。中共中央组织部印发文件向全国推广。

市的“一制三化”就是在这一背景下提出来的。“一制三化”的实质在“一制”上，即党支部领导下的村民自治运行机制，明确了支部书记的“一把手”地位，村委会在党支部领导下依法行使自治权并接受支部监督。由党支部召集和主持村干部共同参加的联席会，集体研究、民主决策村里的重大事务；在财务工作上，实行村主任审查，村民理财小组审核，支部书记审批的程序；党支部、村委会定期向上级党委汇报工作，定期向村民代表大会报告工作，定期向乡（镇）党委和村民代表大会进行述职。在“三化”中，明确了支部工作规范化，村支部按照法治的精神和科学化的要求，在工作职责、领导方式、工作方法、工作作风等方面进行规范；村民自治法制化，依照《村民委员会组织法》和党支部领导下的村民自治运行机制要求，进一步实化、细化村委会、村民代表会议、村民大会的地位、职责和作用，真正把村民自治纳入法制化轨道；民主监督程序化，通过健全工作规程，把民主监督落到实处。省委、市委组织部对这一管理办法及时进行了调研、总结和推广。这一管理办法受到了中央领导胡锦涛同志的批示肯定，中组部印发文件推广，省委组织在全省推广。从前期组织的调研和督查情况来看，县一级对“一制三化”的理解和认识比较到位，但作为具体组织实施者的乡、村两级，对“一制三化”的重要性认识还不够深刻，对“一制三化”的操作运行办法还不太清楚。“一制三化”源于邯郸武安，全国、全省要推广，必须首先在武安真正落实，在邯郸开花结果。省委拟于节后在我市召开全省农村基层组织建设“一制三化”现场经验交流会。我们这次培训的直接目的就是把在座的乡、村率先建成“一制三化”样板乡、示范村，带动全市“一制三化”推广实施工作上水平。下面，我结合当前形势，围绕农村基层组织建设，就推广“一制三化”管理办法讲几点意见。

一　要从政治和全局的高度，充分认识加强农村基层组织建设的极端重要性和紧迫性，以与时俱进的精神研究新情况，解决新问题

刚刚过去的2001年，是我们实施“十五”计划取得良好开局、全市两

个文明建设取得较大成绩的一年，也是农村基层组织建设与时俱进取得新成就、新业绩的一年。主要标志：一是农村“三个代表”学教活动进展顺利，初步达到了干部受教育、群众得实惠的目的，一批典型做法受到省委和全国、省委学教办的肯定、推广；二是一大批后进乡村得到治理，特别是魏县集中治理难点乡、难点村的做法受到了省委、市委的肯定，并向江泽民总书记做了汇报；三是“三级联创”活动扎实开展，县、乡、村三级都涌现出了一大批先进典型；四是积极推进党支部领导下的村民自治运行机制，农村党支部的领导核心地位得到加强。

在肯定成绩的同时，我们要从政治和全局的高度看到新的形势和任务对农村基层组织建设提出的新要求，进一步增强对农村基层组织建设的重要性和紧迫性的认识。从国际形势来看，当今世界正在发生冷战结束后最为深刻的变化，特别是“9·11”事件影响重大。但国际大格局和形势发展的大趋势并未改变，政治多极化、经济全球化趋势增强，知识经济迅速兴起，科学技术日新月异，综合国力竞争逐步激烈。以美国为首的西方国家对我国实施“分化”“西化”的战略图谋没有变。我们仍然面临着西方国家经济、科技和军事实力占优势的压力，面临着日趋激烈的国际市场竞争的压力。这种错综复杂的国际局势，既有对我们有利的一面，也使我们面临严峻的挑战，从而给党的基层组织建设提出了新的课题。从国内形势来看，我们已进入了全面建设小康社会，加速推进改革开放和现代化建设，向着第三步战略目标迈进的新阶段，经济和社会生活的新事物、新矛盾不断出现，特别是加入世贸组织又使我们面临更加激烈的竞争。同时，随着党和国家事业的发展，党的队伍状况发生了重大变化，新党员大幅度增加，干部队伍新老交替不断进行，使党的建设面临许多新情况、新问题。需要特别指出的是，今年是我们党和国家历史上非常重要的一年，我们党要召开十六大，这是我们党在新世纪召开的第一次全国代表大会，对党和国家在新世纪的发展具有重大而深远的意义。就我省、我市而言，2001 年均召开了党代会，分别从全省、全市实际出发，提出了国民经济跨越式发展的基本思路，为我们指明了前进的方向。在新的起点和新的发展阶段，我们面临着严峻的考验，我们必须跟上时代步伐，抓住机遇，加快发展，使我市在未来的竞争中争取有利的地位。为凝聚全市人民的力量，完成跨越式发展和建设现代化邯郸的历史任务，必须切实加强党的组织建设，充分发挥党的组织优势。这也是党的组织路线为党的政治路线服务的一个具体体现。从农村基层组织建设的角度讲，我们的工作与中央和省委的要求，同广大党员群众的期望，还存在一定差距。突出表现在，一些地方的基层基础工作还较薄弱，相当一部分农村干部素质不适应，党支部功能不健全，承受着“四难”的困扰。一是推进工作难。一些县出现了财政难以为继的难点乡和工作难以推动的难点村。一些难点村由于遗留问题多，断头账、无头账问题久清不决，工作越来越被动。二是村务规范难。一些村“两委”关系不协调，争名、争权、争利，形不成合力；一些村工作无章法，管理难奏效，“兵来将挡，水来土掩”，应急抓、抓不好的问题比较突出；一些乡、村工作处于低水平运转，只能满足于完成征购提留任务，在产业结构调整上迈不开步子。三是党员队伍形成核心难。相当一部分农村党员不能发挥模范带头作用；有些村的党员不同党支部保持一致，热衷于争权、争利，成为不稳定因素。四是团结群众、凝聚群众难。一些村群众存在“两不清、四不满”，即对政策不清，对应尽义务不清；对干部作风不满，对负担重不满，对集体服务不满，对难以参政不满。有些农民的政治热情下降，一些落后群众拉帮结伙，扰乱农村工作。个别不法分子打击报复村干部。加之税费征收、计划生育、殡葬改革等工作推进中引发的利益冲突，使干群对抗性增大，群体性事件增多，使农村基层组织建设面临的社会环境越来越复杂。

近几年来，我市农村基层组织建设工作力度不断加大，创新举措不断推出，之所以还存有不少问题，有客观和主观多方面原因。从客观上讲，在实行社会主义市场经济，农村社会组织形式和农民群众思想观念、生产生活方式发生深刻变化的形势下，各级抓党建的经验还不足。农村改革带来的利益冲突，往往把矛盾集中在直接做农村工作的基层党组织和基层干部身上，使农村工作面临难题增多，推进工作难度增大。同时，农村社会生产力水平偏低的现实，决定了属于上层建筑范畴的基层组织建设不可能单兵“突进”；农村人口文化水平偏低的现实，决定着农村干部队伍素质难以整体飞跃。从主观上讲，最直接的原因是一些乡镇党委“管党”的“主角”职责履行不到位，抓农村基层组织建设的力度和方法滞后。有的乡镇党委书记缺乏事业心和责任感，缺乏在基层长期干的思想，绕着矛盾应付走，搞用人、理事上的短期行为，使问题越积越多，越多越不好解决；有些基层干部思维方式摆脱不了计划经济的老套路，不主动适应形势，怨天尤人，用老办法解决新形势出现的新问题，生推硬办，造成新的矛盾甚至突发性事件；有的乡镇党委正规化管理机制运转无力，陷于繁杂事务，疲于应付，抓不住主要矛盾；有些基层干部作风不实，厌战和畏难思想严重，使多年实践探索出的许多好思路、好措施在落实中打了折扣。

农村基层组织建设的现状和问题，决定了当前加强农村基层组织建设工作不能慢、不能虚、不能断，必须立足农村现实，用市场经济的新思维，研究新情况，解决新问题；必须保持工作的连续性，常抓不懈，不断加大力度；必须坚持与时俱进，积极探索，常抓常新，务求更大的实效。“一制三化”管理办法就是在这一形势下破土而出的。它抓住了当前农村工作的敏感点、切入点，体现了与时俱进的精神，但对它的推广实施成果不能估计过高，对推广实施的艰巨性、复杂性必须有足够的认识。

二　回顾我国农村基层管理体制的历史进程，正确看待当前农村基层管理体制中出现的新问题

我国农村基层管理体制的历史进程，大致分为三个时期。

从新中国成立到1958年，为新中国农村基层管理体制的初创时期。在新中国成立初期建立的农民协会，是新中国最早的农村基层政权。从1950年底开始，基本上确立了区村或区乡建制的两级管理体制。1954年《宪法》将上述两级建制中的行政村和乡统称为乡，从职能定位上看，行政村只是作为一级辅助机构。1956年社会主义改造基本完成之后，行政村逐渐与合作社合并，形成“政社合一”的村级组织。

从1958年到20世纪80年代初是人民公社体制时期。“大跃进”使农村基层组织从高级社跨越到人民公社。原来的乡变为公社，行政村改为生产大队，生产大队再划分生产队，生产队成为最基本的组织管理单位，即“三级所有、队为基础”的“政社合一”“党政合一”的人民公社体制。

从20世纪80年代初到现在，是乡村基层组织重新构建，以村党支部领导下的村民自治为主要内容，基层民主政治逐步发展的时期。这个时期的发展可以分为三个阶段。

第一阶段：从20世纪80年代初到80年代末，是乡村基层组织发生重大调整，村民自治初步探索的阶段。20世纪70年代末，农民以家庭为单位获得了生产经营自主权，相当一部分生产大队和生产队等农村基层组织陷入瘫痪状态。1984年，民政部起草了《村民委员会组织条例（草案）》，明确村委会是村党支部领导下的村民组织。1987年11月，在总结一些地方实行村民自治的具体做法和经验的基础上，全国人民代表大会常务委员会通过了《村民委员会组织法（试行）》，将村民自治制度用法律形式确定下来。

第二阶段：从1990年到1998年11月，是村民自治开始规范化发展的阶段。1990年8月中央召开全国农村村级组织建设座谈会，明确党支部要成为一个村的坚强领导核心，同时搞好村委会、村级合作经济组织等的配套建设。各地根据《村民委员会组织法（试行）》制定具体实施细则，推动村民自治的发展。

第三阶段：从1998年11月到现在，是农村基层组织建设进一步完善，村民自治进入全面发展的新阶段。1998年11月全国人大常委会通过了《村民委员会组织法》。该法是在试用法试行十多年的基础上，对村民自治制度的进一步规范和完善，明确了村党组织对村民自治的支持和保障作用，规定党组织在村级组织中处于领导核心地位。1999年2月，中共中央印发了《中国共产党农村基层组织工作条例》，就党的农村基层组织的设置、职责等方面做了明确规定。这两个文件的颁布执行，为解决村民自治过程中遇到的重大问题，特别是“两委”关系问题提供了法律依据和制度保证。

改革开放以来，随着农村社会经济的发展变化，我国农村基层管理体制逐步走上民主化法制化轨道。作为基层民主政治建设的重大举措，村民自治推动了农村社会政治经济的新发展，同时也出现了一些新情况、新问题。其中，如何规范村级事务运作，特别是如何处理好村党支部与村民委员会之间的关系已成为人们关注的焦点，已成为一个绕不开、拖不过的问题。农村不推行民主政治不符合实际，不符合党的依法治国方略，不符合世界潮流。西方一些国家很关注我国的村民直选，有的还派人搞现场考察。但我们不能因他们满意就去推行，也不能因他们不满意就不干了。有的同志说我国推行村民直选有点早了，有点急了，也有的说是在最落后的人群中使用了最先进的管理制度，都有一定道理。但从全局上来看，我认为，中央通过并颁布实施《村民委员会组织法》是经过慎重考虑过的。首先，中央对村民直选的风险有一个估量。村民直选中确实出了一些问题，一些人靠家族势力，靠派性势力当选，个别有劣迹的人也当选。这些人确实素质低、水平差，上台就和支部争斗，这都是政治代价和政治风险。但现在看来，这个代价和风险是最小的，在直选中有问题的人当选毕竟是少数，绝大多数是好的，他们当选后，积极配合党支部开展工作，为推动农村工作的开展做出不少努力。其次，中央对县、乡党委和农村党支部是信任的。我们党敢于在广大农村实行村民直选制度，主要是看到县（市）一级是绝对可靠的，乡镇党委也是可靠的，在农村搞直选时有能力、有把握控制局面。最后，搞村民直选是历史发展新阶段的必然产物。加强民主和法制建设是大势所趋。从我国实行联产承包责任制到《村民委员会组织法》的颁布，中央在村民自治方面一步步探索，一步步前进，取得了可喜成果，这一成果来之不易。但在推进过程中也遇到一些问题，特别是受传统历史、宗族、宗教等因素的影响，遇到一定阻力。尽管如此，我们也不能倒退，因为倒退是没有出路的。必须按照依法治国的方略，加强农村法制建设，提高村民自治水平。

综上所述，推行党支部领导下的村民自治，是农村基层管理体制改革和进展的必然，是不断解决历史进程中新矛盾、新问题的产物。我们应该站在这个高度来看待“一制三化”。因此在贯彻“一制三化”中，必须坚持农村党支部领导核心地位不动摇，必须坚持村民依法自治的原则不动摇，二者缺一不可，不能偏废，以任何一种倾向掩盖另一种倾向，都不符合中央精神。

三　准确把握“一制三化”管理办法的特点，为全面推广奠定坚实的基础

“一制三化”管理办法主要有三个特点。

一是创造性。“一制三化”是创造性工作的丰硕成果。《村民委员会组织法》颁布实施后，针对村民直选后部分农村“两委”关系不协调问题，各县（市、区）委在市委的统一领导下，大胆探索，创造性开展工作，积极探索解决问题的新路子、新方法。武安市的“一制三化”、涉县的农村工作一百条、成安县的“两会+入户”、大名县的交叉任职、肥乡县的十项规范、邯郸县的“两推一选”等都很有特色。“一制三化”管理办法相对系统、规范，效果比较明显。

二是机制性。“一制三化”体现了法治精神，符合依法治国的方略，是规范村务运作的一套完备的机制。“一制三化”不仅在解决“两委”关系问题，推进农村基层组织建设方面起到了较好作用，而且在完善农村领导体制、推进农村基层民主政治建设、带动整个农村工作等方面同样有着不可估量的作用。只把“一制三化”理解为解决“两委”关系问题的做法，那就看得太浅、太表面化了。“一制三化”通篇贯穿着法治精神，符合依法治国的方略。它不仅是个方法问题，而且是一个管理机制，是新形势下农村工作的一个“小宪法”。也可以说，它是农村干部规范化管理的发展和飞跃，是农村基层管理体制的一次改革。

三是实践性。“一制三化”具有真理的品格，是实践检验了的较为可行、科学的办法。所谓真理，就是主观认识符合客观实际，经得起实践的检验。一些县（市、区）通过推行“一制三化”管理办法，使农村基层组织建设工作取得初步成效，显示了“一制三化”的生命力，说明这一管理模式是正确的、可行的。各县（市、区）要把“一制三化”运用到实际工作中，并结合实际进一步丰富其内涵，在创造性运用中实现新的飞跃。

四　推行“一制三化”要突出重点、把握关键

“一制三化”之所以能够取得实效、产生影响，根本的是因为这一管理办法抓住了当前的敏感点，形成了一套着眼于党支部、村委会、村民三个层次，寓组织保证、制度保证、素质保证为一体的管理机制。各县（市、区）在学习借鉴武安市“一制三化”经验时，既要领会和把握其内涵，又要结

合当地实际，创造性地提出有针对性的措施。在实际推进中，应把握好以下三点。

第一，必须始终坚持党对农村工作的领导地位不动摇，为理顺“两委”关系、规范村务运作提供组织保证。推进基层民主政治建设，建立村民自治运行机制，是新时期党在农村的重要工作任务。这项工作必须在党的领导下有计划、有步骤、有秩序地进行。要明确农村党支部和村民委员会是领导和被领导的关系，这在任何时候不能有丝毫的怀疑和动摇。村民自治是在党的领导下的自我管理、自我教育、自我服务活动，村务管理必须坚持“先党内后党外，先党员后群众”，村委会必须在党支部的领导下开展工作，这是我们在处理党支部和村委会关系时必须坚持的一条基本原则。要切实克服在一些地方干部群众中存在的“实行自治可以不要党支部”“村民自治就是村委会说了算”等错误认识，使广大农村干部群众充分认识坚持和加强党的领导的重要性和必要性。各县、乡要通过“双向进入、交叉任职”的办法，进一步建好支委会和村委会，使“两委”首先在组织、人员上协调。在村委会选举时，组织党支部成员踊跃报名，通过法律程序进入村委会班子；在调整支部班子或党支部选举时，也要积极吸收村委会成员中的党员进入支部班子；提倡农村党支部书记通过法定程序竞选村委会主任，实现“一人兼”。这样，“两委”就会避免出现“两半子”问题，有助于同心协力抓好工作。

第二，必须始终遵循党支部领导下的村民依法自治原则，为理顺“两委”关系，规范村务运作提供制度保证。实行村委会依法直选，推进村民自治，是贯彻依法治国方略、保障农民群众民主权利的重要体现。各县（市、区）委、各乡、村党组织要支持村民自治，注意从大包大揽村务向领导和指导村委会发挥职能作用转变，从单纯依靠基层组织领导和干部素质向建立健全制度、靠机制保证转变，健全党支部领导下的村民自治运作机制。每个农村都要建立健全村务运作管理制度，特别要健全“两委”联席会议、村委会定期向党支部汇报工作、重大事项向村党支部请示、“三审”财务、民主评议村干部五项基本制度，以及《村民自治章程》和《村规民约》，保障村民正确行使自治权利，保障村委会依法开展工作，保障党支部对农村工作的领导。尤其要狠抓“两委”联系会制度建设，把党的正确主张和组织意图贯穿到村务管理规则之中，用制度规范干部和村民的行为。

第三，必须始终加强对农村党员、干部的教育和管理，为理顺“两委”关系，规范村务运作提供素质保证。实现农村工作良性化、协调化发展，关键在于建设一支高素质的农村党员、干部队伍。要下大力加强农村党支部班子建设，不断改进农村党支部的领导方式和工作方法，提高党支部领导村民自治和农村工作的水平。要按照“三个代表”要求，把能够带领群众致富、愿意带领群众致富、群众拥护的党员选上来，提高党支部的凝聚力和号召力。要指路教法、强化管理，使农村党支部由包办代替村委会工作为依法照章办事，强化领导、指导、协调、监督职能。对村委会成员，要深入开展思想教育活动，缩小在当干部的动机、为民服务意识、团结配合等方面存在的差距，使他们提高工作能力和水平，自觉在党的领导下开展工作。对于那些有知识、有能力、有奉献精神的非党村委会成员，要用科学的理论武装他们，用党的事业吸引他们，使他们早日成为入党积极分子，适时吸收进党员队伍。要扭住关键，结合村级学教活动，加强对农村党支部书记、村委会主任的培训教育，使他们熟悉掌握党内法规和有关法律，了解各自的职责任务、工作内容、工作方法，做到懂规矩、守规矩，扮好自己的角色。

五　推行“一制三化”管理办法应注意的几个问题

（1）要注意抓支部班子建设。在农村基层组织建设方面，中央提出村级组织建设“五个好”要求，这里面关键是党支部，中心是党支部书记。党支部是主要矛盾，而党支部书记是矛盾的主要方面。在推行“一制三化”过程中遇到矛盾，首先要看党支部怎样，党支部书记怎样，既要保障、维护党支部的领导核心地位，又不要过于袒护党支部和党支部书记。要敢于打破思维定式，不要遇到矛盾和问题就从村委会方面、从村委会主任方面找原因，一味片面地给党支部和党支部书记撑腰。不符合“三个代表”要求的党员、干部，是不可能保证党支部发挥领导核心作用的，要从党的事业的大局认识这个问题。对落伍的党员、干部不能一味地袒护，要解决他们的思想认识问题、工作思路和水平的问题。而对于那些长期打着党的旗号为自己或一小部分人谋取私利的党员、干部，已经与党的宗旨背道而驰，败坏了党的形象，就要采取措施解决他们的问题。在具体工作中，我们不要把村民自治摆在加强农村基层组织建设的对立面去看。《村民委员会组织法》对党的基层组织建设不是阻力而是动力，是机遇更是挑战。在这种机遇和挑战面前，我们首先要下大力气把党支部建设好，特别要注意在解决根本性问题上下功夫。

（2）要用动态的观点看待“两委”关系。有的地方认为村“两委”协调、比较协调和不协调的比例是4:4:2，有的把不协调的估到1/3左右，都是相对的参照值，是动态的，不能用静止的观点来看待“两委”关系是协调还是不协调。分析“两委”关系是协调还是不协调，既要有定量分析，又要有定性分析，要看主流。任何事物都不可能尽善尽美，一味地追求尽善尽美，要求百分之百的关系协调是形而上学的表现，过于理想化是不可能实现的。我们不可能一劳永逸地解决矛盾，要在发展中解决矛盾，在解决矛盾中实现发展。

（3）要注意研究监督制约措施。在村委会换届选举时，个别村出现县、乡认可的候选人选不上，而一些有前科的、有劣迹的非候选人当了“黑马”。为避免此类问题发生，要注意从源头上采取合理的、合法的措施，探索在资格审查时就把这些人挡在候选人之外的办法，不让他们得逞。对村委会成员的监督，涉县进行了深入的探索，实施的“三步曲”，即诫勉谈话、离岗教育、以法罢免，取得了一定成效，值得借鉴。

（4）推广工作要在贴紧农村实际、注重实效上下功夫。首先，要注意简便易行，容易推广。各地在实践、深化“一制三化”的过程中，要注意在简捷、易懂上求深化，用简单的、通俗的语言去概括，用少而精、管用的制度去规范。因为越是简单的，农村干部和农民群众越是易记、易懂，也越容易推广。其次，要注意先易后难，逐步完善。在推广“一制三化”的过程中，各地要根据农村实际，由易到难，逐步推行，不要搞不合实际的“一刀切”。要根据村情，能实行“一制三化”的就实行“一制三化”；有些村目前不具备条件，不能实行“一制三化”的，实行“一制二化”也可以，“一制一化”也可以，这绝不是降低标准，而是要扎扎实实做工作。再次，要注意由点带面，逐步推进。每个县在推广“一制三化”的过程中，都要有意识地抓一批推行“一制三化”的典型，靠典型带动，靠典型辐射，实现由点到面，由少到多，不要急于求成。最后，要注意不断完善，丰富提高。“一制三化”尽管在实践中取得了一定成效，但也有一个逐步完善、丰富提高的任务。各地要用与时俱进的观点，研究新情况，解决新问题，不断丰富“一制三化”内容，使这一机制收到更大的实效。

（5）坚持以“一制三化”为牵总措施，推动农村基层组织建设各项工作扎实开展。结合村级学教活动，突出抓好难点村治理整顿。春节前，抓好集中学习教育的回访复查，春节后抓好整改提高工作。对班子难建、工作难推、遗留问题难清、群众情绪难平的难点村，市委学教办统一建档、挂帐督办，县级领导干部带队进驻，集中优势兵力，进行综合施治、合力攻坚，确保在村级学教活动结束前实现转化。积极推行“两推一选”农村干部选任机制改革，扩大民主，加强管理。健全农村干部激励机制，继续坚持从优秀农村干部中招聘乡镇干部的做法，对符合条件、特别优秀的村干部提拔担任乡镇领导干部；推进农村干部养老保险，增强农村干部特别是农村党支部书记的岗位吸引力。延伸和拓展“素质工程”，提高农村干部实践“三个代表”的能力。适应入世新形势的需要，加大对农村干部科学技术培训的力度，力争1～2年轮训一遍。积极推行“一村‘两委’班子成员中一名大学生”的正规化学历培训工作。与大专院校联系，举办农村干部及农村后备干部大专班，通过2～3年的时间，每村培养1名专科以上农村干部或农村后备干部。在试点的基础上，积极稳妥地推广组织安排大中专毕业生担任村干部工作。通过这些工作，努力提高农村基层组织建设整体水平，为迎接入世挑战，加快全市农村产业结构调整步伐，维护农村社会稳定，提供坚实的组织保证。

最后，预祝这次培训取得圆满成功！

在市委组织部考核大会上的讲话

（2002 年 2 月 7 日）

在新春佳节即将来临之际，我们全部同志集聚一堂，主要完成两项重要的工作：一是根据市委的安排，市委考核组对市委组织部领导班子进行年度考核；二是对部内全体干部职工搞一下民主测评。

刚刚过去的 2001 年，是我部认真实践“三个代表”重要思想，加强和改进党的建设，上下一心，团结合作，奋力拼搏，开拓创新，狠抓落实的一年。我们顺利完成市委、乡镇党委换届，推选省委第六次党代会代表、全国第十六次党代会代表，领导班子和干部队伍建设得以加强，干部人事制度改革继续深化，农村“三个代表”学教和国企“三讲”教育整体推进，党的基层组织建设水平有新的提高，武安“一制三化”做法得到中组部肯定并向全国推广，我们部发起组织的“百、千、万”调研活动收到了了解下情、转变作风的初步成效，总之是各项工作都取得明显成效的一年。刚才，庆章同志已代表部领导班子就全年工作进行了述职，讲得很全面，也很客观，这里我就不多讲了。

大家知道，对领导班子考核和民主测评，是深化干部人事制度改革，建设朝气蓬勃、奋发有为的高素质干部队伍的重要内容，也是激发其班子活力、调动干部职工积极性的重要举措。然而，考核能否考准、考实、考出积极性；测评能否确实做到客观、公正，关键靠我们大家。可以说，班子考核和民主测评，不仅是对部领导班子、部领导和全体干部职工工作实绩的一次检验，而且是对全体干部职工党性的一次考验。因此，部务会希望大家一定要高度重视，认真对待，密切合作，确保这项工作圆满完成。借此机会，我想再强调三点。

一是要讲大局。所谓讲大局，就是要正确处理好个人利益和整体利益的关系。组织部是一个整体，每个同志不仅代表个人，而且也代表了组织部。为了组织部的整体利益，为了组织部的整体形象和荣誉，我们一定要从大局出发，倡导一种团队精神，因此，这次对组织部班子和班子成员的考核既要从大局着眼，又要坚持实事求是原则，力求做到客观、公正，绝不能把主观偏见、个人恩怨和个人情感带到考核之中。如果不负责任，借机泄私愤、图报复，虽然只是一个小小的对勾——看似举手之劳，但你不仅是对组织部的不负责任，而且是你对个人的不负责任，对自己民主权利的一次践踏。现实生活中反面典型不是没有，有的单位工作干得不错，就是因为有人不顾全局，不负责任，一到考核，就把个人的恩恩怨怨带入考核之中，班子这也不好，那也不好，结果班子考核结果不理想，不仅影响了班子的整体形象，也影响了个人的成长进步。不谋全局者不足以谋一域，不谋全局就不能成就自己，希望同志们在这方面要保持清醒的头脑，大家要客观公正地投下自己神圣的一票。

二是要讲风格。讲风格是我们组织部多年形成的传统美德。讲风格就是要有宽广的胸怀和高尚的情操。无论干什么事，只要大家都讲原则，讲风格，讲谦让，什么事情都好办。这次考核测评，大家干得都不错，都很优秀，但最后评优的只能是少数，“僧多粥少”，这就要求大家要讲原则，选出最优秀的同志，同时又要发扬风格，相互谦让。要善于比较，把自己与周围的同志比，特别是与优秀的同志比，同等资历看水平，同等水平看工作，同等工作看贡献。要抱着一颗正常心态，多看别人的长处，不能一叶障目，以偏概全。人贵有自知之明。通过多方面比较，认清自己所处的位置，承认差距，客观评价自己，正确把握自己，克制欲望，用冷静的头脑得出明智的判断，这样心理上才能比较平衡。如我们的房子问题，近期大家议论较多一些，这是好事，是民主意志的体现，是关心和维护组织部形象的体现。但分房毕竟有楼层高低、面积大小之分，不可能都住六楼或都住一楼，这里也有个风格问题。前几天，我到房子那里看了一下，房子盖得特别好。我们已经成立了分房小组，考核影响了分房，大家放心，等春节一过，我们就把房子分下去。我们都是组工干部，讲风格是我们的政治品格，是为人处世的胸怀。我们当中的许多同志在组织部一干就是几年甚至几十年，黑头发熬成了白头发，由于机遇和条件等未能得到提拔和重用，但正是我们甘为人梯的高尚风格和品德，才使得领导和同志们不会忘记，历史不会忘记。

三是要讲团结。团结出战斗力，团结出生产力，团结出人才。讲团结，就是要搞五湖四海，要打破个人主义、宗派主义、小团体主义的束缚，自觉为维护组织部门的整体形象尽一份力量。领导班子考核和干部测评，其目的都是激发大家争先创优的工作热情，推动整体工作不断前进。在一块儿工作，相互间有点意见分歧，磕磕碰碰也是在所难免，在某些方面，对班子有些看法也不足为奇，但只要心底无私，一切都会化干戈为玉帛。讲团结，维护团结，维护部门的整体形象，也是讲政治的具体体现，也是讲党性的内在要求。如果大家都坚持党性原则，从团结的愿望出发，正确对待考核和测评工作，那同志们彼此就能坦诚相见，形成共识，我们的考核和测评就一定能达到预期的目的。总之，我希望通过这次考核，能考出我部的积极性，考出我部的新团结，考出我部的新气象。

借此机会，我代表部务会给同志们，并通过你们向你们的家属拜个早年。祝你们新春快乐、阖家幸福、事业有成！

适应新形势　树立优良作风　以奋发有为的姿态努力开创全市组织工作新局面*

——在全市组织工作会议上的讲话（节选）

（2002 年 3 月 1 日）

2002 年，全市组织工作面临新的形势和更加重要的任务，做好今年的工作对于巩固和发展已有的大好局面，实现我市经济跨越式发展和社会全面进步，具有十分重要的意义。

当前，国际形势发生着冷战以来最为深刻的变化，世界多极化和经济全球化在曲折中发展，以信息技术为代表的现代科学技术突飞猛进，由民族、宗教、土地和资源等引发的局部冲突此起彼伏。特别是“9·11”事件给国际形势和世界格局造成重大影响。从新世纪开始，我国进入全面建设小康社会，加快推进社会主义现代化建设的新的发展阶段。我国加入世贸组织，标志着对外开放进入一个新的时期，将使我们在更大范围和更深程度上参与经济全球化。

党的十五届六中全会和中央经济工作会议，深刻分析了我们所面临的国内外形势，对党和国家今后一个时期的工作做出了部署，明确提出在新的一年里要统一思想，坚定信心，沉着应对，趋利避害，转变作风，扎实工作，以改革开放和现代化建设的新成就迎接党的十六大的召开。省、市第六次党

---

* 本文系时任中共邯郸市委常委、组织部部长周文夫在全市市委组织工作会议上的讲话，《邯郸党建》2002 年第 3 期摘发。

代会，明确提出了实现经济跨越式发展和社会全面进步的宏伟目标和主要措施。面对新的形势和任务，各级组织部门必须站在全局和战略的高度，充分认识国际形势新变化对组织工作带来的新考验，充分认识国内形势的新变化对组织工作提出的新要求，充分认识党的建设的新形势对组织工作提出的新课题，进一步把思想统一到“三个代表”重要思想，中央和省委、市委关于党的建设的重大决策部署上来，增强做好组织工作的政治责任感和历史使命感，以与时俱进的思想观念、奋发有为的精神状态、求真务实的工作作风，扎扎实实地做好今年的组织工作。

2002 年全市组织工作总的要求是：以邓小平理论和“三个代表”重要思想为指导，深入贯彻江泽民同志“七一”讲话，党的十五届六中全会，省、市第六次党代会和全国、全省组织部部长会议精神，紧紧围绕全市工作大局，以农村和国有企业党建为重点，以新经济组织和社区党建为热点，以“百、千、万”调研活动为切入点，以作风建设为突破口，以机构改革为动力，进一步解放思想，锐意改革，扎实工作，开拓创新，大力加强领导班子、人才队伍和基层组织建设，努力开创组织工作新局面，为全市经济跨越式发展和社会全面进步提供坚强的组织保证，以优异成绩迎接党的十六大胜利召开。

一　大力加强领导班子建设，进一步提高各级领导班子整体素质和凝聚力、战斗力

各级领导班子是落实中央和省委、市委决策的组织者和领导者，是实现跨越式发展，促进社会全面进步的关键所在。各级组织部门一定要把加强领导班子建设作为工作的重中之重，放在突出位置，以提高素质、优化结构、改进作风为重点，全面落实加强领导班子建设的各项措施。

（1）进一步抓好领导干部的政治理论和新知识的学习，着力提高政治业务素质。各级组织部门要把理论学习作为加强领导班子和领导干部思想作风建设的首要任务来抓。按照中央和省、市干部教育培训规划的要求，特别是结合入世后面临的新形势，从提高理论素养、树立世界眼光、培养战略思

维、增强党性修养的需要出发，组织各级领导班子和领导干部进一步学习马列主义、毛泽东思想、邓小平理论和“三个代表”重要思想，学习江泽民同志“七一”讲话、党的十五届六中全会《决定》等一系列重要文献。继续办好党校主体班次和专门培训班。抓好选调领导干部定期脱产学习进修、中心组学习、领导干部在职自学等制度的落实。建立健全理论学习责任制，加强对党政领导干部理论学习的考试考核，把学习情况特别是运用理论解决实际问题的能力作为考核干部的重要内容。

（2）认真做好领导班子的调整配备和换届准备工作，把各级领导班子建设成为坚强的领导核心。在领导班子建设中要突出围绕机构改革和市、县、乡今明两年换届准备工作，抓好班子调整和人事安排。机构改革工作春节前已经做了安排部署，近期将要全面铺开，其中很重要的一项任务，就是做好领导班子的调整工作，这就要求组织部门一定要摸清底数，严格政策，灵活方法，做好工作，确保通过机构改革使各级领导班子得到优化、加强和提高，达到增进团结、增强战斗力、促进工作的目的。另外，我们面临的换届选举和换届准备的任务也很重。今年乡镇人大、政府换届，要求机构改革后进行，6月底前搞完；明年初，市人大、政府、政协和县级四套班子换届，班子调整、选举任务比较集中。各县（市、区）委组织部从现在开始就要着手考虑，认真进行谋划，做好准备工作。市委组织部除配合省委组织部做好市人大、政府、政协换届的有关人事工作，指导县（市、区）做好乡镇人大、政府、政协换届选举工作外，下半年，集中对19个县（市、区）四套班子及其成员、公检法“三长”进行全面考察，在对考察情况进行综合分析的基础上制定换届人事安排方案。着眼于适应入世需要，提高领导班子的整体素质，更好地发挥班子整体功能，改善领导班子的知识、文化、专业结构，形成更为合理的年龄梯次配备，从而使全市各级领导班子结构更加合理，凝聚力、战斗力进一步增强，能够更好地担当起领导改革开放和现代化建设的重任。

（3）加大培养选拔年轻干部的工作力度，进一步优化各级领导班子结构。培养选拔年轻干部是确保党的事业兴旺发达，后继有人的根本大计，是关系全局、关系长远、关系党和国家长治久安的大事。各级组织部门一定要从应对激烈的国际竞争，确保老一辈无产阶级革命家开创的社会主义事业代代相传，确保现代化建设取得成功的战略高度，深刻认识培养选拔年轻干部的重要性和紧迫性，切实抓紧抓好。一是要坚持把政治标准放在首位，大力选拔“靠得住、有本事”和“干净、干事、干成事”的优秀年轻干部。“靠得住”，就是各级领导干部必须具有坚定的理想信念，认真实践“三个代表”，全面正确地贯彻党的路线、方针、政策，同党中央保持高度一致，做到勤政廉洁、公道正派；“有本事”，就是具有世界眼光、战略思维和创新精神，有与履行岗位职责相适应的专业知识和领导、管理能力，有与所担当职务相适应的宏观决策能力、统揽全局能力、组织协调能力、知人善任能力和处理突发复杂事件的应变能力。要全面贯彻干部队伍“四化”方针和德才兼备原则，正确处理德与才的关系，把那些思想政治素质好、科学文化水平高、组织领导能力强、政绩突出、群众公认的干部选拔进领导班子。二是抓好年轻干部的选拔配备，努力实现中央确定的目标。我市县（市、区）党政领导班子中年轻干部的配备工作力度较大，已达到要求，但是市直单位年轻干部的配备还有差距，各县（市、区）在乡局级班子年轻干部配备上也不平衡，希望对这项工作情况进行认真分析，对没有达到要求的，逐一提出选拔配备的措施。本地、本单位没有合适人选的，要通过交流解决；职数已满的可以先进后出；对特别优秀、有发展潜力的年轻干部，可以破格提拔，及时放到重要岗位上锻炼。同时，要防止在年龄上搞“一刀切”，简单地搞年龄层层递减。三是要加强对领导干部特别是年轻干部的教育、管理和监督。建立健全经常性的管理教育机制，教育引导年轻干部自觉加强党性锻炼，正确对待权力、地位和自身利益，抗得住诱惑，经得起考验。采取办中青年干部培训班，到高等院校进修，到发达地区、艰苦地方挂职锻炼等措施，加快中青年干部的成长步伐。对新走上领导岗位的年轻干部，继续加强培养和跟踪管理，帮助他们进一步提高自身素质和工作水平。坚持备用结合、动态优化的原则，认真抓好后备干部队伍建设。继续做好选调生工作，加强对选调生的管理。

在做好培养选拔年轻干部的同时，要从领导班子建设的整体出发，搞好其他年龄段干部和女干部、非党干部和少数民族干部的选配工作，特别要选好配强“一把手”。要注意把那些政治素质好、能够把握大局、处理复杂问题、有艰苦创业精神、有较高文化知识水平的人选拔进领导班子，对那些通过刻苦自学、长期积累、有本事的人也要纳入视野。严禁在文凭上弄虚作假，对搞假学历的要严肃查处，发现一起，查处一起。

（4）切实抓好各级领导班子和领导干部作风建设，进一步密切党群、干群关系。各级领导班子要按照党的十五届六中全会《决定》的要求，贯彻落实好市委《关于落实中共中央〈关于加强和改进党的作风建设的决定〉的实施意见》，认真查找、切实解决在作风方面存在的突出问题，制定改进措施，坚决克服形式主义和官僚主义。围绕保持同人民群众的血肉联系这个核心，继续深化落实党政机关群众接待日制度、领导机关干部到基层和困难企业锻炼和帮助工作制度、领导干部“六个一”联系点制度和领导干部深入基层调研、处理来信来访、结对扶贫等制度，并把落实情况作为领导干部述职和年度考核的重要内容，在适当范围通报。把干部在作风建设方面的表现和能否得到群众公认、取得群众满意的工作实绩，作为评价任用干部的重要依据。要进一步加强领导班子的民主集中制建设。认真抓好《中国共产党地方委员会工作条例》的贯彻落实，健全完善各项议事和决策机制，提供决策的民主化、科学化，坚决纠正软弱涣散，独断专行的现象。今年拟确定 1～2 个试点，研究制定群众、专家和法律工作者参与的议事和决策制度，并逐步推广，在适当时候对《条例》执行情况进行检查。加强对县级领导班子民主生活会的指导，提高民主生活会质量。要加强艰苦奋斗教育，使广大干部特别是领导干部能够自觉保持共产党人的高尚情操，坚决抵制拜金主义、享乐主义、极端个人主义的侵蚀。

二　下大力抓好人才培养、引进、使用，促进人才队伍建设

实现经济跨越式发展和社会全面进步，必须有一支数量充足、高素质的人才队伍。但就现实情况来看，我市人才总量不足，结构不尽合理，特别是高层技术和管理人才严重缺乏。全市具有副高级以上职称的有 5859 人，仅占专业技术人才总量的 2.64%；具有硕士学位的仅有 200 余人，博士学位

的仅有 2 人。而且人才分布很不合理，大部分集中在党政机关和医疗、文教单位，在经济建设一线的较少。人才问题已成为我市经济和社会发展的严重制约因素。各级组织部门作为人才队伍建设的牵总部门，要牢固树立人才是第一资源的观念，充分发挥职能作用，加强对人才工作的指导和协调。

首先，要有针对性地抓好人才的教育培养和管理工作，进一步提高人才素质。要认真落实干部培训“十五”规划和干部教育培训会议精神，根据入世后面临的新形势，着眼于拓宽干部知识面和增强创新能力，进一步明确新时期干部培训工作目标，组织广大干部学习世贸知识和现代经济、科技、法律法规等方面的知识，搞好计算机、外语等技能的学习和培训，进一步提高领导干部的整体素质和领导能力。分层次举办领导干部 WTO 专题研究班，抓好 WTO 实务专门人才的培训工作。组织人员外出考察，学习市场经济和现代管理方面的经验。继续实施国有企业领导人员“素质工程”，搞好企业管理人员的培训，尤其要注重现代企业管理知识和国际贸易知识的学习，使他们尽快熟悉 WTO 的贸易规则，更好地应对入世给企业经营管理带来的机遇与挑战。进一步加强科技人才库建设，完善各类专业技术人才的考核体系和激励机制，特别是抓好高层次、创新型优秀青年科技人才队伍建设，强化继续教育，有计划地选送科技人才到高等学校进修学习；做好第四批优秀专业技术拔尖人才的选拔工作，加强培养和管理，发挥拔尖人才的作用。

其次，要采取有力措施，加大引进人才、智力工作力度。各级党委组织部门要牢固树立尊重知识、尊重人才的观念，既要有识才的慧眼、用才的气魄和聚才的办法，更要善于用事业凝聚人才，用高尚精神鼓励人才，用真挚的感情关心人才，用优厚的待遇吸引人才。要按照“不求所在，但求所用；不求所有，但求所为”的原则，强化柔性引进机制，拓宽引进渠道，大力引进高层次创新型人才。一是进一步完善用人政策。要协调有关部门对过去制定的政策进行认真的修订完善，使之更具吸引力。同时，要逐步把市场对人才配置的基础作用与党和政府的宏观调控职能结合起来，打破人才壁垒，加强对人才市场的宏观管理和政策指导，促进人才流动。二是积极做好智力引进工作。通过各种渠道聘请高层次人才来我市进行兼职服务、短期服务、专项服务，开展技术承包、项目合作、成果转让、技术攻关和咨询服务活动。三是提供更加优惠的条件，千方百计地吸引高层次创新型人才带课题、带项目、带资金来我市发展。

在采取措施吸引各类人才的同时，要用好已有人才，各级领导干部要识才、爱才、用才，使得人尽其才，才尽其用。要进一步优化留住和用好人才的环境，建立与人才贡献相适应的收入分配激励机制，对贡献突出的予以重奖。要按照各类人才成长的不同规律，建立竞争择优的人才选拔机制，积极选拔德才兼备、具有管理才能的高层次专家和优秀青年管理人才担任行政和经营管理领导职务，充分发挥他们的管理和创新才能。

最后，组织开展好服务活动，充分发挥人才的作用。围绕实施“科教兴市”战略，市委组织部确定从今年开始，在全市开展“百名专家进百村富万户”活动，即在全市组织 100 名农业专家，联系 100 个贫困村，帮扶 10000 个农户，用三年时间开展技术帮扶活动。结合县、乡换届，做好科技副职的调整选派，力争从省部属科研院所、大中专院校选派优秀人才担任科技副乡镇长，并加强管理，充分发挥他们的作用。进一步做好专家咨询服务工作，提高咨询服务工作水平。

三　深化干部人事制度改革，努力形成良好的选人用人机制

深化干部人事制度改革，既是经济体制改革的迫切需要，也是推进政治体制改革、建设社会主义民主政治的重要内容。我们一定要把干部人事制度改革作为一件大事来抓，毫不动摇、扎扎实实地落实《深化干部人事制度改革纲要》提出的各项改革措施，不断把干部人事制度改革引向深入。

（1）进一步扩大干部工作中的民主，加快干部选任方式的改革，推进干部能上能下进程。进一步落实群众对干部选拔任用的知情权、参与权、选举权和监督权。坚持和完善民主推荐、民意测验和民主评议制度，全面推行干部考察预告制、任前公示制和新提拔干部试用期制，使干部的推荐、考察、任用等环节都保证让群众参与，让群众发表意见。努力扩大领导班子在任用干部环节的民主，积极探索差额考察和任免干部无记名票决制，实行上一级党委审议表

决下一级党委、政府领导班子正职人选等做法，在试点的基础上逐步完善和推广。结合机构改革和县（市、区）换届，大力推行公开选拔、竞争上岗等措施，公开选拔领导干部的比例要逐步提高，党政机关中层职位的确定要尽量采取竞争上岗的办法。要改进、完善干部考察与实绩考核工作，增强干部考察与考核工作的准确度。加大领导干部交流力度，在重点抓好党政主要领导、纪委书记、组织部部长、政法部门主要负责人交流的同时，对新提拔干部尽可能实现异地任职。要加强地方、部门、重要企事业单位之间干部交流，使干部在不同工作岗位、不同工作环境中得到锻炼提高。加大对干部“能下”问题的研究探索。积极探索实行党政领导职务任期制，研究建立党政领导干部辞职制度和部分领导职务聘任制，在抓好试点的基础上研究制定自愿辞职、责令辞职、引咎辞职的具体办法。借鉴外地经验，研究制定不称职、不胜任现职干部的认定标准，积极探索降职、免职、改任非领导职务、离职分流等多种调整途径。

同时，要抓好国有企业和事业单位人事制度改革。按照建立现代企业制度的要求，理顺国有企业领导人员的管理体制，实行政企分开，完善法人治理结构。改进和完善国有企业领导班子考核办法，健全国有企业领导人员选拔任用和激励监督机制。坚持组织配置与市场配置相结合，积极探索企业经营者选拔、任用新机制。加强对事业单位人事制度改革的研究和宏观指导，按照“脱钩、分类、放权、搞活”的原则，逐步建立新的人事分类管理体制、用人机制，探索建立符合事业单位特点的管理制度和分配制度。

（2）大力加强干部监督工作，坚决防止和纠正用人上的不正之风。在干部选拔任用工作上，各级党委党组和组织人事部门要认真执行“五坚持、五不准”，严格按照《党政领导干部选拔任用工作暂行条例》的规定办事。采取多种形式广泛深入地组织好学习宣传活动，增强领导干部贯彻执行《条例》的自觉性。强化对《条例》执行情况的监督检查，促进《条例》的贯彻落实。下半年市委组织部将组织对贯彻《条例》情况进行检查。抓好干部监督重要信息报告制度的建立和实施，认真做好举报受理工作，加大对违反《条例》问题查处力度。切实加强对领导干部特别是“一把手”的监督。加大各项制度的执行力度，坚持领导干部个人重大事项报告、收入申报、回复组织函询和谈话诫勉等制度。加强与执法执纪部门、信访部门的联系与沟通，会同有关部门研究建立巡视制度，试行干部监督工作督查员制度。抓好县级领导干部任期经济责任审计，完善乡科级干部任期经济责任审计工作，做到“三年审一次，一次审三年”。年内，市委组织部将举办两期市直单位“一把手”“贤内助”读书班。

（3）进一步加强制度建设，逐步实现规范化、制度化。在坚持完善已有制度的基础上，根据干部工作需要，继续加强配套制度建设，形成完善的制度体系，真正实现靠制度管人。今年中组部将对《党政领导干部选拔任用工作暂行条例》进行修订，中央有关部门正在研究起草公务员法、中央直管企业领导干部管理办法等法规文件，待正式颁布后，要切实抓好学习、宣传和贯彻。市委组织部今年拟研究建立八项干部工作制度，主要包括干部监督工作巡视制度；党政正职年度总结报告制度；加强“一把手”监督管理的意见；对领导干部八小时以外的监督管理制度；选人用人失察失误责任追究制度；党政领导干部选拔任用工作程序监督办法；收集领导干部问题信息的办法。同时，还要采取措施加大对制度的贯彻执行力度。各县（市、区）和市直各部门，也要在原来工作的基础上，根据中央和省、市关于干部人事制度改革的精神，结合本地本单位实际，积极试点，大胆探索，力求在解决一些重点、难点问题上实现突破。

要加强干部队伍宏观管理。坚持党管干部原则，加强干部分类管理。在市、县、乡机构改革中，要强化思想政治工作，严肃组织人事纪律，保证机构改革的顺利进行。加强对推行公务员制度的指导，继续抓好党群机关的参照管理工作。做好援疆、援藏、援坝干部管理的有关工作和军转干部的安置工作，加强选调生的培养管理。高标准做好干部信息管理和组织史征编工作。进一步落实老干部的政治待遇和生活待遇，确保离休费和医药费按时发放，抓好老干部活动中心和老年大学等阵地建设，建好老干部信息库，组织引导老干部在两个文明建设中充分发挥作用。

四　适应新形势、新任务的要求，全面加强基层组织和党员队伍建设

党的基层组织是党的全部工作和战斗力的基础。基础不牢，地动山摇。

各级党委和组织部门必须适应新形势和新任务的要求，努力把基层党组织建设成为坚强的战斗堡垒，把党员队伍建设成为素质优良、结构合理、规模适度、作用突出的队伍。

（1）以推进学教活动为牵领，以推广“一制三化”管理办法为重点，全面推进农村基层组织建设。一是全面推广“一制三化”管理办法。重点抓好邯字〔2001〕53号《关于推广武安市“一制三化”管理办法，进一步强化农村党政领导核心地位的意见》的推广落实工作。市、县分级举办“一制三化”培训班，上半年对农村干部轮训一遍。有重点地推进“两委”干部交叉任职，狠抓农村“两委”联席会、村级财务“三审”、村委会公章会签使用管理等基本制度的落实，理顺“两委”关系，规范村务运作机制，使各项村务有章可循。二是深入推进农村“三个代表”学教活动。继续把学教活动作为农村基层组织建设的重中之重，加强督导检查，突出抓好村级学教整改工作。以治理难点村为重点，下大力抓好村级班子建设。对五条战线“会诊”的难点村，市委学教办统一建档、挂账督办，县级党员领导干部带领有关部门人员进驻，齐心攻坚，健全建强村级班子，解决遗留问题，扫清工作障碍。以解决群众反映集中的热点问题为重点，进一步抓实“惠农”活动，有计划地推进“六个集中战役”，在解决问题的过程中理顺群众情绪。三是深化“三级联创”活动。以整治难点村为重点，下大力整顿强化农村后进党支部，推进“倒排促后”工作开展，10月底前，列入整顿的难点村实现转化，有一个得力的村级班子，遗留问题解决，群众情绪平稳，工作步入正轨，经济发展呈良好势头。抓实“素质工程”延伸工作，加大对农村干部科学技术培训的力度，积极推行“一村‘两委’班子成员中一名大学生”的正规化学历培训工作。继续按照还权于乡、建章于事、激励于人的要求，深化乡镇建设正规化管理，把优化乡镇工作环境，稳定乡镇干部情绪作为重点来抓，进一步加强乡镇党委建设。坚持把推进农村干部选任机制改革与引伸农村干部规范化管理结合起来，进一步健全选管机制，凡调整农村党支部班子都要采取“两推一选”的方法。严格和完善抓农村党建目标管理、专项述职、直查直处三项制度。

（2）切实抓好国有企业党组织建设，推进非公有制经济组织党建工作。

继续巩固和扩大企业“三讲”学习教育活动成果，借鉴“三讲”学习教育的成功经验，大力加强国有企业和国家控股企业领导班子建设。积极推行“双向进入、交叉任职”的办法，凡具备条件的，要尽快实行；暂时没有合适人选的，要抓紧物色和培养。结合政府机构改革，调整市属企业党建和企业领导班子的管理范围，理顺管理体制。克服党建和班子多头管理、重复管理的问题。使企业党组织在深化企业改革工作中更好地发挥政治核心作用。继续深入完善企业党建目标考核管理工作，突出抓好改制企业和亏困企业党建工作，健全党建工作协调机制和责任制，加大企业党建典型的选树和推广力度，在党政机关党组织和党员领导干部中开展同困难企业党组织和特困企业职工“结对子帮扶”活动。坚持抓组建与发挥作用并重，加强非公有制经济组织党建工作。研究起草《关于在非公有制企业实行党的工作指导员制度的意见》，加大选派力度，扩大党建工作覆盖面，努力使达到建立党组织条件的企业尽快建立起党组织。鼓励和指导各县（市、区）加强对非公有制企业党组织发挥作用方面的探索，抓好巩固提高，及时总结推出一批非公有制企业党建工作先进典型。市、县分别对非公有制经济组织中党组织负责人进行培训，提高他们的政治素质和抓好党建工作的本领。

（3）紧紧围绕全面推进基层组织建设这个目标，切实抓好街道社区和机关、学校党建工作。要认真贯彻中组部《关于加强和改进街道社区党的建设工作的意见》，结合城市社区改革建设，完善社区党建工作的组织形式、协调机制、活动内容等，努力构建以街道党组织为核心、社区党组织为基础、社区党员为主体、其他基层组织共同参与的社区党建工作新格局。全面加强街道党委正规化管理和居民区党支部规范化建设，认真落实居民区干部结构工资制，调动起工作积极性，提高社区党建整体水平。同时，继续认真抓好机关、学校、科研单位和社会团体、中介组织等民间组织党的建设。

（4）认真开展党员先进性教育，着力加强党员队伍建设。要适应新形势、新任务的需要，广泛开展党员先进性教育，组织党员认真学习邓小平理论、“三个代表”重要思想，提高党员队伍素质，引导党员在本职工作中发挥好模范带头作用。继续选树一批保持党员先进性、具有鲜明时代特征的先进典型，大张旗鼓地进行宣传和表彰，形成一个学先进、赶先进的热潮。进一步运用好党员电化教育手段，采用广大党员群众喜闻乐见的形式，提高教育效果。积极做好党员发展工作，在工人、农民、知识分子、军人和干部中，重点是在生产、工作一线和青年中发展党员。同时，积极稳妥地做好在社会不同阶层中发展党员的工作。加大党员管理工作力度，研究制定疏通党员队伍出口、严肃处置不合格党员的意见。继续抓好针对“法轮功”问题的教育转化和组织处理工作。

五　坚持不懈地抓好组织部门自身建设，不断提高组工干部队伍素质

加强组织部门自身建设，建设一支符合“三个代表”要求的高素质的组工干部队伍，是抓好党的建设和组织工作的基础和保证，也是完成今年各项任务、开创工作新局面的关键所在，因此，各级组织部门一定要把自身建设放在突出位置来抓。

第一，狠抓学习培训工作，大力提高组工干部队伍素质。要认真贯彻中组部制定的全国组工干部培训规划，切实把抓好组工干部的理论学习和业务培训提上重要议事日程。要坚持和完善机关集中学习和干部自学等各项学习制度，组织大家认真学习政治理论，学习中央的大政方针和省委、市委各项决策部署，学习党的建设和组织工作业务知识，以及当代经济、科技等方面的知识，提高理论素养，夯实业务基础，更新知识结构，增强工作能力。市委组织部拟举办组织部门领导干部培训班，有计划地对各县（市、区）组织部部长、副部长和市直机关组织人事干部进行专题培训。

第二，深入搞好部风建设，树立组织部门良好形象。认真落实“转变作风年”的要求，大力加强“公道正派、求真务实、开拓创新、业争一流”的部风建设，坚持从严治部。按照“用好的作风选人，选作风好的人”的要求，严格按照“五坚持、五不准”，为党和人民把好选人用人关。一是坚持改革创新、与时俱进。要积极适应新形势，创新思想观念和工作机制，努力把思想认识从传统观念和旧的条条框框中解脱出来，不断强化开放意识、市场意识、民主法治意识，积极探索与新形势、新任务要求相适应的工作机

制和工作方法，推动组织工作不断前进。二是要公道正派、严守纪律。要教育广大组工干部认真遵守《组织人事干部行为若干规范》和干部人事工作纪律，不跑风漏气、泄露机密，更不信谣传谣、随意议论。严格遵守廉洁自律各项规定，公道正派，一身正气，懂规矩，讲程序，守纪律，坚决抵制各种不正之风。三是要甘为人梯、乐意奉献。要在组工干部中深入开展党的宗旨教育，引导大家谦虚谨慎，服务大局，摆正位置，热情为广大党员、干部和知识分子服务，不断提高服务水平，努力把组织部门建设成为党性最强、作风最正、工作最出色的党委工作部门，建设成为党员之家、干部之家、知识分子之家。要按照“三个留人”的要求，关心组工干部的学习、生活、工作和成长进步，充分调动和发挥大家的积极性、创造性。

第三，加强调查研究，狠抓各项工作任务落实。按照中央“调查研究年”的要求，以“百、千、万”调研活动为切入点，深入基层，研究探索新时期党的建设和组织工作中的重大理论和现实问题、党内外干部群众关心的热点问题以及工作中的难点问题，通过调研，拿出一批高质量的调研成果，并充分运用调研成果指导工作实践。加强对党的建设及组织工作重要方针政策和典型经验的宣传。要进一步提高工作效率，完善各项工作制度，健全工作落实机制，促进组织工作的规范化、制度化。围绕党的十六大的召开，开展多种形式的“争先创优”活动，使广大组工干部的思想政治素质和业务能力有新的提高，机关作风建设有新的改进，各项工作呈现新的面貌。

同志们，新的形势、新的任务对组织工作提出了更高的要求，我们一定要高举邓小平理论伟大旗帜，全面贯彻“三个代表”重要思想，紧紧围绕全市工作大局，振奋精神，扎实工作，努力开创组织工作新局面，以优异成绩迎接党的十六大召开！

在市人代会分组审议《政府工作报告》时的发言（节选）*

（2002 年 3 月 26 日）

张力同志的《政府工作报告》是一个很好的报告。实实在在讲，它是个实事求是的报告，是注重发展的报告，也是为百姓办实事的报告，所以它是一个好报告。

《政府工作报告》提出了更为宏伟的目标，那就是实现全市经济跨越式发展和社会全面进步。这个目标应该说在去年 6、7 月份召开的邯郸市第六次党代会就已经确定了，这是从中央到省，到地方有相当基础和水平的地区要实现的一个共同目标。但是这个目标的实现，应该首先建立在客观评估自己、客观地看待自己的基础，也客观地看待自己的前景上。邯郸的基础怎么样？历史上邯郸有过非常辉煌的时期，也曾经是全国范围的五大古都之一，这是毛主席的评价。那么新中国成立以后，也有过非常好的经济发展时期，包括我们的钢铁、煤炭、陶瓷、水泥、纺织，还有建工等方方面面，好多中央一级的大企业都在我们这个地方办厂。我听到过，“一五”期间全国有 156 个苏联援建的大项目，邯郸占 4 项，广东 1 项也没有，这是一个什么概念?！三代中央领导集体都来过邯郸，全体成员来邯郸，说明中央很看重这个地方。但是，随着经济改革的深入，随着建立市场经济和社会转型期的到

* 本文系周文夫在邯郸市第十一届人大五次会议上参加邯郸县代表团分组审议市《政府工作报告》时的发言。

来，邯郸在由计划经济向市场经济转型过程中也确实面临不少的困难，正如《政府工作报告》讲的，结构性问题很突出，这是我们很突出的问题，包括我们“两黑”“两白”问题的转身比较慢，老企业多，国有企业多，负担比较重，下岗职工多。我们是一个产业工人比较聚集的城市，这是我们共产党人的执政基础，也是共和国的支柱所在。但是，这一块在计划经济时期比较长，所以还面临结构性的问题，需要调整；面临体制问题，需要深化改革；也面临对外开放问题。历史文化沉淀有它积极的因素，但也有自我封闭的因素。如果归结起来评价我们的经济，我觉得用这么一句话比较合适，我们是经济大市，但不是经济强市。有一定的块头，特别是生产规模和产业工人数量不能不说大，在较大城市里头，至少说在河北省 11 个地级市里头我们是举足轻重的，有位子，号称河北第三大城市，全国较大城市才有 30 多座。但是我们不是经济强市。所谓经济强市，就是指它有创新能力，有生产竞争能力，有较高的经济效益。最近几天，河北电视台专门播报唐山的一个专题节目，我不知道大家看了没有？从数字上讲，从唐山市最近几年情况来看，统计口径就是国民生产总值，它的经济总量已经占全国的 1%。全国 1% 是个什么概念？如果用国际的统计口径来统计全国的国内生产总值的话，全国是 1 万亿美元，全世界这几年的国内生产总值是 30 万亿美元，美国一个国家是 8 万亿美元，我们中国占 1 万亿美元，这 1 万亿美元是改革开放 20 多年来取得的非常了不起的成绩。唐山市占 1%，如果按这个口径，就是 100 亿美元，邯郸的国民生产总值是 580 多亿元，到不了 1%。为什么跟唐山比呢？因为邯郸和唐山条件很接近，产业结构几乎相同，但是邯郸的人口比唐山多 200 万人，现在唐山有 600 多万人口，邯郸去年年底统计是 842 万人口，产业结构很接近，但是我们还到不了 1%。从我们的财政收入来看，全市财政收入 37.7 亿元，地方财政收入是 27 亿元多一点，唐山已经过了 50 亿元。我市农民人均纯收入是 2664 元，我市的增长幅度去年比前年增长 3.5%，实际增长了 70 元左右，如果减去这 70 元，我市近几年没有达到河北省的平均水平，河北省已经 2600 多元，唐山市农民人均纯收入已经超过了 3000 元。从经济实力上来说，从规模上我市可以说是个经济大市，但我市不是经济强市。如果在这一点上有了清醒的认识，对于下一步发展经济会有好处，要看到成绩坚定信心，同时看到问题，深刻分析原因，对症下药，就能够解决我们的问题。

现在的关键是下一步怎么发展的问题，对此我提三点建议。我觉得最重要的是在经济工作上抓三个问题。

一　深化国有企业改革，提升传统产业

深化国有企业改革对邯郸的意义特别重大，重大意义就在于我们已经有了一个既定的盘子，中央一批大企业在我们这个地方。我记得去年召开市第六次党代会时，一些市级的老领导、老同志就提醒我们，邯郸作为地方也要关注中央企业，中央企业虽然是中央管，但它的衣食住行都在邯郸，一个拥有二三万人的企业加上家属就接近7万人，如果职工超过五六万人，加上家属就十万之众还要多。如果这个企业经营不好，很多很现实的社会问题就放在了邯郸，他一下岗，他就要就业，他还要吃饭，失业的人群不可能到哪个部委，不可能去北京，实际生活还是在邯郸，子女就业、上学、老有所养、医疗保险、社会服务一直到整个社会问题。我们市直属企业不过六七家大的企业集团，县（市、区）的企业个数上不少，但是挑头的还是市直属企业这几家，属于我们直接管的几家企业分量更重，我觉得重点应放在我们市直属企业上，要把这个事情做好，也应该下力气做好。邯郸的困难在于国有大企业比较多，转型时遇到了一些困难，邯郸的希望在相当程度上也在于这些国有企业的改革和提升。传统产业发展从新中国成立到现在已经52年了，形成了一个这样的基础，这个基础是有潜力的，这个基础的形成有资源条件、人文背景条件、区位优势条件，比如说“两黑”，我们就有煤炭、钢铁，比如说“两白”，我们有瓷土，我们还是重要的产棉区。我们市在河北会堂挂的标示就是“两黑”和“两白”，“两黑”“两白”说的就是邯郸。提升传统产业从所有制形式来说，在于国有企业，这点不可忽视，通过技术引进，深化国有企业改革，在相当程度上就是提升了传统产业，传统产业就是国有企业，国有企业里面就是传统产业，在邯郸这就是个基本事实，立足这一点，那么邯郸就有希望。这是讲一个看法，一点体会。至于国有企业的

改革，现在问题很多。在最近一个时期，我们对纺织和陶瓷从组织角度进行了调研，第一位的就是班子。我们觉得这个问题很重要，关键要有一个好的班子。在转型期这个问题更突出，企业家市场没有形成，现代企业制度不成形，在这种情况下更需要一个班子，发挥政治优势，来过渡、转换。班子的建设，市委已经挂在了心上，并且在四大攻坚战里面。市委的主要领导同志今年要深入国有企业来做这个事情。据我了解的信息，省委主要领导也关注这个事情，并且也关注着我们邯郸的国有企业改革。比如说，组织系统也在搞调研，要把班子搞好，班子搞好以后，还有现代企业制度、治理结构和党委对接的问题。现在治理结构（这是现代企业制度的核心）是个核心内容，那么党委要加强党的领导怎么进入这个治理结构，这是一个新的课题。现在我们也出现一些新的现象，那就是产权、控股和转制与党委领导进入治理结构怎样衔接的问题。有一个例子，有一个我们市里的企业，它把所有的国家股权全部转让了，现在党委进入治理结构就比较困难。因为在现代企业制度里面，最有发言权的就是股权，没有股权，就进不了董事会，如果没有发言权，党委怎么进入治理结构就成了问题，你只能去周边。如果在董事会没有发言权，党委决策就无从谈起，所以，大的企业改制总要考虑到治理结构和党委领导的衔接问题。

二　要发展多种经济形式，培育新的增长点

刚才有同志讲的，你的判断有什么根据没有？比如说，国有企业有的不如市属的，市属的不如县（市、区）的，对此我不敢认同。但是市属的活力不如县（市、区）的确实是个事实，这是我初步的感觉，我没有过深的思考和了解，因为我是做组织工作的。从管理企业干部来讲，我们市直属企业才有六七家，但从活力上说，我觉得县（市、区），特别是多种经济成分的这些企业确实有活力，包括谋划一些项目。今天我就不谈项目，项目由市长谈，我们在给他们服务。但从谋划项目上讲，比如说民营企业，雪驰集团，还有其他县办的一些企业，机制比较灵活，从创新机制上，邯郸市有潜力。我来邯郸后不到两个月，走了全部 19 个县（市、区），抽时间跑，走

马观花，互相认识，也捎带看了一些企业，有的确实有创造力、有活力。比如说馆陶的生物制药，一个县办企业就可以把生物工程搞起来，它的全名叫表皮因子。现在女同志都很注意化妆、美容。美国的羊胎素特别时髦，羊胎素是干细胞。我们的生长因子是活性物质，企业就搞起来了，在馆陶这个县城就搞起来了表皮因子。它不仅美容，而且可以修复皮肤，靠自己细胞的生长就能把伤疤修复好，这很厉害，还可以做外科手术、皮肤手术，特别是治烧伤。产量只有36克，一克形成的产值300多万元。他们请来了北京的一个教授，靠特殊的政策、特殊的机制就搞起来了，已经成型，产品已经出来了。还有我们的赛博制板，还有家具、造纸等一些行业，已经搞得很活。所以，我觉得新的经济增长点一方面在大型的立市项目，这些企业我们相对少。新的经济增长点的培养在多种经济形式里面容易产生，要下功夫，这应该说是一个实事求是的态度。我们国有企业立项有机会不能放弃，但是在多种经济形式里面和民营企业里面可以有更好的生长条件，要宜工则工，宜农则农，关键就是发展。邯郸培育新的经济增长点，它的意义就在于提升传统产业，同时培育新的经济增长点。19个县（市、区）情况不同，从财政上广平这个地方它有什么？但是广平有几个大的现代企业，有宇康、金米兰，劳保产品出口欧洲，就有力量把财政支撑起来。所以立市立县的项目要注重把经济增长点选在什么地方，可以包含多种经济形式，以此来培育新的经济增长点，这个后劲了不得。城市建设是创造环境，给人们提供好的生活环境和好的生活条件。我们已经形成一个新的开发市场，比如说对土地实行政府一级垄断，加上建设局的努力，说邯郸变了，哪里变了？天蓝了，水绿了，环境优美了，这就是变化，这就是环境，但是后劲不全在这里，后劲在于生产性、经营性企业。对于城市来说，可以经营城市，多一块绿地房价就可以上去，多一条河流，通过清淤水清了，渠边上的房价就可以涨上去，可以增值，这就是经营。真正生产后劲不可忽视！生产经营在前期准备和立市的项目的衰落，到一二十年以后就能引发整个城市的经济增长力量后劲不足。我为什么说我们市是经济大市而不是经济强市，并且与唐山这个较大城市相比较呢，说的就是这个道理。经济效益和总量的增长，到最后才能带动一切事业的发展，这是一个基本的经济规律。如果没有对这个经济规律的遵循，不把主要力量放在这里，那么终究有一天要落后，会感到气力不足。

三　实施人才发展战略，加大人才培养和引进力度

对于人才问题，在讨论《政府工作报告》初稿时，我就提过这么一个建议。昨天我跟市长说，《政府工作报告》在这方面加强了力量，加大了比重，增加了很多。人才的引进是保证提升传统产业和培养新的经济增长点的关键，这是事实。我们讲三大战略，科教兴市战略怎样实施，可以说我们已经做了很多努力，包括市、县。邯郸已经把博士、博士后宣讲团，科技咨询团引进来、挖过来咨询谋划。引进人才我们已经做了不少工作，但是缺乏全市的人才战略规划，人才发展战略是长期的，从宏观到微观，是立体战略，所以需要有一个总体发展战略，可能这个事情《政府工作报告》里没有讲得很清楚，没有写出来。这个战略，不仅是政府，从组织角度也应该做。河北省很看重这个问题，已经搞出一个战略来，但我市也不迟，还有机会来做。今年上半年全省要召开专门会议研究人才问题。河北省搞了一个“百千万”规划，每年送出去多少人到国外去培训，专业方向是什么，多少人到国内的一些名牌大学去培训，多少人去搞短期培训，也包括领导干部班，可以到国外进行十天、半月、几个月专业性的培训。这就需要根据我市的社会经济发展的要求，提升传统产业，培育新的经济增长点，研究我们现在的人才、干部队伍究竟是个什么现状，我们长期发展需要什么样的人才，在现有基础上怎样培养、引进这方面的人才，包括刚性引进，也包括柔性引进，不求所有，但求所用。现在人力资本的产生也可以通过引进，你不需要把博士养起来，但是可以让他做事，对这个事情认真地研究，这是长远大局。组织系统今年计划搞一个调查研究，将来为政府服务，看看我们的干部队伍是一个什么样的科技、文化水平状态。据现在的统计资料，邯郸市有 15 万名干部，每年进入组织系统考核的有 12.3 万人，到年底时每个班子总得有一个句号，班子怎么样，个人怎么样，从市直到县（市、区）都有一个考核，包括内设机构都有一个考核。但是从现在掌握的情况看，我们作为考核对象

的十几万名干部里边，研究生学历的干部比重不足1‰，本科生学历的不足1%，这就是邯郸干部科技文化水平的现状，要实现跨越式发展这个比例远远不适应。所以，还需要深入研究这个问题，政府要研究，党委也要研究，宏观上要研究，中观和微观上也要研究，要有一个清醒的认识，有一套总体思路，同时还要有特殊的政策。我不知道你这里（指邯郸县）制定了什么特殊政策，现在高校接收一个博士生十多万元，还有住房和工作条件，所以引进人才要不惜血本，需要花大钱。记得前几年我到浙江省横店，横店这个地方有一个农民企业家，他在建国际会议中心，在横店这个村子里建一个六国语言同步翻译的会议中心。当时我就问他，你怎么在一个村子里面搞国际会议中心，还要六国语言同步翻译？河北省还没有这个。他说我引进好多人才，人才过去靠一套房、高工资、高奖金，现在就得有环境，人才进来以后最关心他的事业能不能发展。他有一种信心，这里建国际会议中心，就有开国际会议的条件，国际会议在家门口开，专家还有什么不接受的呢？他是一个老农民，他说要发展就得把优秀人才吸引过来，吸引来还得留得住，然后才能保持长远发展。他做的工作还很多，重新安排旧山河，他投资8000多万元把拍摄《鸦片战争》的外景地从谢晋导演那个地方弄到横店，为了打海战，挖了一个很大的人工湖，可以拍摄打海战的场景。哪个山头上搞楼台殿阁，哪个山头上修什么设施，哪里挖渠，哪里修路，搞得就像一个小都市。他说最后的目标就是把横店建成横店市，为祖祖辈辈发展打下基础。这就是环境治理，这就是一个老农民的思想，我们要都有这个思路，邯郸不愁发展。

抓住关键环节　推行“一制三化”*

（2002 年 4 月 3 日）

近两年，邯郸市针对村委会直选后部分村出现的党支部和村委会“两张皮”“两个调”等新情况、新问题，坚持由点到面，在全市农村推行了农村基层组织建设“一制三化”管理办法。“一制三化”的实质在“一制”上，即党支部领导、监督下的村民自治机制，明确了支部书记的“一把手”地位，村委会在党支部领导下依法行使自治权并接受支部监督；由党支部定期召集和主持村干部共同参加的联席会，集体研究、民主决策村里重大事务；在财务工作上，实行“村主任审查、支部书记审批、村民理财小组审核”程序；党支部、村委会定期向上级党委汇报工作，定期向村民代表大会报告工作。在“三化”中，明确了支部工作规范化，从职责、方式等方面对支部工作进行规范；村民自治法制化，依照《村民委员会组织法》，明确村委会、村民会议、村民代表大会的地位、职责和作用，把村民自治纳入法制化轨道；民主监督程序化，重点在村务公开、民主议政、民主评议干部和财务审计四方面抓落实。武安市的做法上报后，受到中央、省委领导的重视，胡锦涛同志做出批示，中组部发文在全国推广。面对新的形势，市委又以前瞻性的思维给自己提出了一个新的问题：全国、全省推广武安的“一制三化”，邯郸市怎么办？武安怎么办？经过深

* 本文是由周文夫主持起草的邯郸市推行“一制三化”工作总结报告，报中共邯郸市委呈中共河北省委。

入思考，市委形成共识：一是“一制三化”工作必须在武安率先落实，必须在邯郸率先开花结果；二是“一制三化”不仅在解决“两委”关系方面起着重要的作用，而且在完善农村领导体制、带动整个农村工作等方面同样有着不可估量的作用；三是要坚持与时俱进观点，创造性开展工作，不断完善、提升、深化这个管理办法，使之更加成熟。市委将“一制三化”的实施推广工作列入市委对各县（市、区）委年度党建工作责任目标考核的一项重要内容，作为村级学教活动的六个集中战役之一，强力度推进。目前，全市已有4310个村推行了“一制三化”，占全市农村总数的80.1%；重大问题通过“两委”联席会决策的村有4350个，占80.6%。现将我市“一制三化”管理办法实施推广情况汇报如下。

一　不断深化认识，强化组织领导，确保“一制三化”顺利推广

（1）深入探索，拓展思路。“一制三化”的推行，经历了一个由点到面、认识不断提升、工作不断完善的过程。1998年，第五届村民委员会直选为农村基层组织建设注入了新的活力。但换届后，一些村围绕“支部、村委谁说了算和村民自治后支部、村委工作如何干”产生了分歧。为摸清底数、提高工作指导水平，1999年底，市委结合冬季集中教育整顿，指导各县（市、区）集中对550个好、中、差不同类型的村就“两委”关系情况进行了专题调研。市、县两级领导分别带队，集中利用1个月时间，采取进村走访、座谈了解、问卷测评等方式，围绕村委换届后农村干部心态、村级组织现状、党员群众反映、矛盾的表现形式和根源等7个专题进行调研，掌握了大量的第一手资料。调研发现，农村“两委”关系不顺有三种表现形式。一是对立。部分村委会和党支部公开对抗，争权、争钱、争章、争房。二是错位。部分村委会不接受党支部领导，重大决策不让党支部参与；与此相反的是，部分村党支部对村委会工作包办代替，党支部书记对村民自治不理解、不支持，把持村务不放。三是推诿。部分村党支部和村委会都不认真履行职责，不主事、不干事，使村里工作受到影响。面对这些情况和问

题，市委召开常委会适时进行了研究。认识到，如果不尽快解决这些问题，必将削弱党在农村的执政基础，削弱农村基层组织的凝聚力和战斗力。建立一套符合农村实情、顺党心合民意的新型农村领导体制，从体制上理顺村党支部与村委会的关系，推动农村工作正常、健康运行，已成为一个不容回避、非解决不可的课题。基于此，武安市先行试点，形成了“一制三化”的初步框架。经过一段时间的试行，我们对“一制三化”管理办法进行了认真总结，对整个管理办法的思路进行了深化、完善，对一些关键环节进行了调整，然后在全市推开。在近两年的实施运行过程中，我们指导各县（市、区）在具体工作推进当中注意解决好四个方面问题，防止二种倾向。解决好四个方面问题，一是注意抓支部班子建设。我们认识到，在推行“一制三化”过程中，党组织建设是关键，如果党组织得不到加强，再好的制度也是无源之水、无本之木。因此，各县（市、区）在工作推进中都特别注意下大力气建好党支部，注意在解决根本性问题上下功夫。去年年底，我们采取市、县两级的纪检、组织、信访、政法、民政 5 个渠道“聚焦会诊”的办法，摸排出 286 个班子难建、工作难推、遗留问题难清的难点村进行集中整顿。二是用动态的观点看待“两委”关系。在“一制三化”推广当中，我们发现有的地方认为村“两委”协调、比较协调和不协调的比例是 4∶4∶2，有的把不协调的估计到 1/3 左右。针对这一情况，市委帮助各县（市、区）克服用静止的观点来看待“两委”关系是否协调的倾向，指导各县既做定量分析，又做定性分析，在发展中解决矛盾，在解决矛盾中实现新的发展。三是注意简便易行，容易推广。“一制三化”之所以能得到中央的认可，并在全省推广，一个很大的因素在于“一制三化”的做法不但体现了法治精神，符合治国方略，而且表述较准确，简便易行，易于推广。因此，市委指导各县在实践、深化“一制三化”的过程中，注意在简捷、易懂上求深化，用简单、通俗语言去概括，用易记、易懂、易推广的表述和方法来推行“一制三化”。四是注意先易后难，逐步完善。在推广“一制三化”的过程中，市委指导各县根据农村实际，由易到难，逐步推行，不搞不合实际的“一刀切”。去年，我们对 200 多个不具备条件、不能实行“一制三化”的后进村，暂时实行“一制二化”和“一制一化”，村里各项工作同样也出现了积极的变化。防止“二种倾向”，一是防止只强调党的领导而忽视村民自治的倾向。在实际工作推进中，市委指导各县既要毫不动摇地坚持党的领导，又不袒护党支部工作中的过失；不把村民自治摆在加强农村基层组织建设的对立面去看，从而使基层干部认识到《村民委员会组织法》对党的基层组织建设不是阻力而是动力，是挑战更是机遇。做到既充分发挥党支部的领导核心作用，又要善于运用民主机制解决民主政治建设中的问题。二是防止将“一制三化”狭隘化的倾向。市委通过不断强化思想认识和工作指导，使各县（市、区）意识到，“一制三化”不仅在解决“两委”关系方面起着很重要的作用，而且在完善农村领导体制、推进农村基层民主政治建设、带动整个农村工作等方面也有着重要的作用。由于抓好了以上几个方面的工作，各县（市、区）在推行“一制三化”过程中，都能紧贴本地实际，用与时俱进的观点，不断丰富、完善、深化“一制三化”内容。如涉县实行的“农村工作一百条”、成安县推行的“两会 + 入户”工作法、大名县的“交叉任职”、肥乡县的“十项规范”和邯郸县的“两推一选”等都是在“一制三化”推行过程中的深化和发展。

（2）市委牵领，造势推动。为抓好“一制三化”推广工作，我们对武安市的做法进行了认真总结，并印发全市。随后，市委先后两次召开常委会进行专题研究。为进一步加大推广力度，市委先后制发了《关于认真贯彻落实省委〈关于新形势下充分发挥村党支部领导核心作用的意见〉的通知》和《关于推广武安市“一制三化”管理办法，进一步强化农村党支部领导核心地位的意见》两个红头文件。在去年一年的工作运行中，市委组织开展了“四个一”活动，推进“一制三化”。进行了一次强力宣传。去年 7 月初，市委组织市电台、电视台、邯郸日报等 5 家新闻单位开辟专栏，对推广“一制三化”的目的、意义、基本方法和必须遵循的原则进行了广泛宣传，造势促动，为“一制三化”的推行创造了良好舆论环境。召开了 1 次经验交流会。去年 8 月 1 日，市委在武安市召开了全市农村基层组织建设“一制三化”现场经验交流会。会议重点交流了武安市等 3 个县（市）和一乡、一村实施“一制三化”、理顺“两委”关系的经验做法。组织了一次规模调研。从去年 10 月初 ~ 11 月底，市委组织市、县（市、区）、乡（镇）三级组织部门的干部对全市100多个乡镇党委、1000多个农村党支部、2万余名农村党员进行了一次较大规模的基层组织建设调查研究。市、县两级的党员领导干部统一深入联系的乡、村调研。市委组织部各位部长分别带队吃住在一个乡一周时间，把“一制三化”在农村的推广运行情况和出现的问题作为一个专题进行重点调研。通过调研，进一步摸实了农村“两委”关系和农村基层组织建设现状，发现了制约“一制三化”推行中的问题，研究制定了解决问题的对策。举办了一次专题培训班。今年1月28～30日，我们组织了19个县（市、区）的主管副部长、60名乡镇党委书记、150名农村支部书记和村委主任在武安市进行了为期3天的“一制三化”专题培训。市委常委、组织部部长周文夫在开班典礼上讲了第一课。集中培训结束后，市委联系办将培训班有关材料辑印成册，并刻制成光盘发放到全市乡村，以县为单位对乡村其他干部继续培训。通过“四个一”活动的连续造势促动，在全市形成了理顺“两委”关系、规范村务运作的良好舆论氛围。

（3）强化运行，督办落实。去年以来，我们就各县（市、区）推广实施“一制三化”工作组织了4次大的集中督查，抽查了115个乡镇、450个村的工作情况，对行动迟缓、工作不力的单位在全市进行了通报。同时，结合学教活动，市委组织部、市委督查室、市委联系办在去冬今春，先后3次组织市电台、电视台、邯郸日报等5家新闻单位对19个县（市、区）的107个乡镇、193个村推广“一制三化”情况进行暗访。通过调研、督导和暗访，及时解决了一些乡、村工作运行中出现的制度落实不到位、老大难村推行工作走过场等倾向性的问题。通过开展了以上工作，强化了各级责任，在全市形成了党委重视、领导亲自抓、一级抓一级、一级带一级、层层抓落实的良好局面，保证了“一制三化”健康深入推进。

二　抓住关键环节，带动面上工作，确保“一制三化”落到实处

在推行“一制三化”的实际工作中，我们从组织保证、制度保证和思想保证入手，突出抓了三个关键环节。

（1）推进交叉任职，从组织上理顺“两委”关系。“两委”班子“和”，首先得人员“和”。我们将推进支委成员和村委成员交叉任职作为重点来抓，从班子配备上避免“两半子”。一是抓住村委会换届选举契机，指导和组织党支部成员依法进入村委会班子。我们指导各村召开支委会、党员会，进行广泛宣传动员，鼓励党支部成员及党员参加村委会竞选。为保证组织意图实现，我们引导党员和群众代表去影响全体村民，并向基础薄弱村、存在矛盾隐患村派驻了专项工作组。二是在调整党支部班子或党支部选举时，积极吸收村委会成员中的党员进入支委会。凡支部班子缺额，村委成员中的党员符合条件，就要按程序进入支部班子。我们将此作为一项硬性制度规定，狠抓落实。三是推行“对口帮带”，增强村党组织的吸引力。对非党村委会干部积极培养和发展入党。我们在全市开展了支、村“两委”“一对一”帮带活动，引导和帮助非党村委会成员向党组织靠拢，收到明显成效。到目前，全市支部书记、村委主任一人兼的村有718个，占全市农村总数的13.3%；由支委选任村委主任的有2239人，占村委主任总数的41.5%；全市“两委”干部交叉任职的村有4007个，占农村总数的74.1%，交叉任职的干部共8992人，占全市“两委”干部总数的24.1%。6516名非党村委会干部向党组织递交了入党申请书，占非党村干部总数的85.1%。邯郸县在村委会换届中，积极推进“两委”成员交叉任职，村委会主任中有76.7%是党支部班子成员，村委会委员中有71.3%是党员。

（2）健全工作规范，从制度上理顺“两委”关系，规范村务运作。一方面，健全并狠抓了村务运作制度。我们在全市农村统一推行了村务运作四项制度，即“两委”联席会议制度、公章管理制度、“三审”财务制度和民主管理制度，其核心是“两委”联席会议制度。我们明确提出，党支部书记是村级班子“一把手”，根据村务工作运行情况和工作需要，对村里的重大决策，由村支部形成决议，然后提交由村党支部书记召集并主持召开的“两委”联席会议讨论决定，通过后提交村民会议或村民代表大会表决，最后交由村委组织实施。这样，在村内重大事项的决策上，既保证了村委会民主自治权利的落实，又实现了党对村委会工作的领导。成安县李家町镇杜木营村村委换届后，遇到两个棘手问题：一是150亩沙地和80亩果园承包问题；二是低压线路整改剩下一半未进行。支部书记提出的承包意见，遭到村委主任的反对，支部书记对村委主任还大发脾气，最终也没有发包下去。镇党委帮助分析原因，重点建立完善了“两委”联席会议制度，规范了干部的工作行为。去年3月份，该村召开“两委”联席会，镇党委列席参加，对沙地和果园承包进行了研究，达成了公开竞标的一致意见，并提交村民代表会议通过，使问题得到解决。另一方面，规范了村务运行监督管理。为了解决对村干部执行“一制三化”的监督问题，涉县等县探索了三种办法。一是诫勉谈话。对不认真执行“一制三化”的“两委”成员，问题较轻的，对当事人进行诫勉谈话，给其送发诫勉书。二是离岗教育。对工作中拒不接受支部领导、群众基础较差的村委成员经诫勉仍无悔改的，实行离岗教育，时间为3~6个月。离岗期间，乡镇党委责成专人进行帮助教育，定期进行考察了解。到期能自己认识错误，各方面有明显提高的，恢复工作。涉县辽城乡韩家窑村村委主任不按“两委”联席会决策程序进行工作，和支部分庭抗礼对着干。乡党委反复做工作，进行批评教育，仍我行我素，致使村上的各项工作无法开展。去年6月份，乡党委对他实行了离岗教育，村上的工作也步入正轨。三是以法罢免。对“两委”成员离岗教育之后，仍不能认识自己错误或违反纪律的，依照有关法律和党内规定，罢免其职务。更乐镇南池村是涉县“两委”矛盾暴露最早的村，原支部书记和原村委主任因争权夺利，闹得不可开交，虽经县、镇党委反复做工作，都没有悔悟，导致村上各项工作处于瘫痪，引起群众上访告状。县委在查清问题的基础上，依据有关规定，撤销了党支部书记的职务，依法罢免了村委主任职务。

（3）强化学习教育，靠提高素质理顺“两委”关系，提高了村务运作水平。理顺“两委”关系，提高农村工作水平，重在提高“两委”干部素质，强化“两委”干部全局观念和敬业精神，重在提高“两委”干部领导水平，强化党支部依法支持村委会工作的思想，强化村委会自觉维护党支部领导核心地位的意识。为此，我们从去年8月份开始，通过学、议、比，在全市基层干部中开展了“两改进一转变”专题学习讨论，即改进领导方式、改进工作方法、转变工作作风。一是“学”。我们指导县（市、区）委以一法（《村民委员会组织法》）、一条例（《中国共产党农村基层组织工作条例》)、一通知（市委《关于认真贯彻落实省委〈关于新形势下充分发挥村党支部领导核心作用的意见〉的通知》)、一意见（市委《关于推广武安市"一制三化"管理办法，进一步强化农村党支部领导核心地位的意见》）为主要内容，结合村级学教活动，集中培训农村"两委"干部。今年年初，市委组织部又在武安市举办了"一制三化"专题培训班。二是"议"。我们指导农村基层干部紧紧围绕"怎样巩固和加强新形势下农村党支部的领导核心地位""村委会如何依法开展工作""村'两委'班子怎样凝聚力量、共谋发展"三个专题，展开讨论，谈心交心，探讨对策，达成共识。三是"比"。我们指导"两委"干部对照"三个代表"要求来比，比出了责任感；对照涉县红街村、武安市磁山二街等全市红旗支部来比，比出了紧迫感；对照一些"两委"班子闹不团结、由先进滑为后进的反面典型来比，比出了危机感。通过学、议、比，广大农村"两委"干部的思想进一步统一，素质进一步提高，合力和活力进一步增强。

三　"一制三化"实施以来取得的工作成效

"一制三化"管理办法尽管在我市推广仅两年时间，但其在理顺农村"两委"关系、规范村务运作、促进农村工作开展等方面收到了较为明显的效果。具体来讲，主要表现为"三个提高一个增强"。一是提高了民主决策水平。实行"一制三化"，"两委"成员共同参与村务重大事项决策，有利于党支部对村委会直接发挥领导核心作用，确保党的路线、方针、政策的落实。同时，充分地尊重村委会对村务重大事项的参与权和决策权，有效地防止党支部取代村委会自治权和村委会自治失控两种倾向的发生，确保党对农村工作的领导。二是提高了民主管理水平。实行"一制三化"，最大限度地发扬民主，有利于集思广益，发挥集体智慧，为决策民主化提供制度保障，有效地纠正了主要领导干部作风专断、处事不公、为政不廉等问题，防止决策失误。去年以来，全市有近400个村纠正了不合理的农业结构调整方案，否决了近300个前景不好的项目，减少不必要的损失9000多万元。三是提高了民主监督水平。实行"一制三化"，规范了公开的内容，村村建立了村民理财小组，财务实行“三审”，及时向村民公布有关情况，变事后监督为事前监督、事中监督。通过民主评议村干部，打破了多年来形成的“一选当三年，干与不干由自己，干好干坏一个样”的现象，形成了“一选管三年，干好干坏民主议，谁上谁下大家定”的监督机制。四是“两委”班子凝聚力得到增强。通过“两委”成员集体研究、集体决策、分工负责，增进了成员之间的了解和信任，消除了相互间的猜疑，使“两委”班子的凝聚力增强。目前，全市涉及农村基层组织建设的信访量明显下降，没有发生因村“两委”关系不协调而引起的越级上访或群体性事件。

四　存在的问题及下一步工作打算

“一制三化”在理顺农村“两委”关系、巩固和强化农村党支部领导核心地位、健全农村工作机制等方面收到了比较好的效果，但用高标准来衡量，仍存在薄弱环节和问题。一是少数基层干部对“一制三化”仍存有模糊认识。有的认为“两委”问题是新时期的必然产物，推广“一制三化”不顶用；有的认为农村干部素质不够高，再好的制度、再好的规定也执行不好；还有的仅仅把“一制三化”浅层次理解为仅适用于“两委”关系不顺的村，对“一制三化”在规范、推动农村工作上缺乏认识，认为本地农村比较平稳，没必要推广。二是推进工作的机制还不够完善。“一制三化”的一些环节和制度在有些村落实不到位；一些地方抓工作推推动动、忽紧忽松，效果忽好忽差；有些村已经解决的问题存在反弹的苗头。三是一些村的村务运作水平还较低。有的村配套组织不健全；有的村抓不住主要矛盾，在带领群众致富上迈不开步子，工作处于完成应急任务的低水平状态；有的村工作无章法，缺乏靠自身力量解决问题的能力，工作难以步入自觉运转、自我完善的良性循环。四是工作开展还不够平衡。仍有部分乡、村停留在抓试点阶段，还没有把“一制三化”管理办法作为理顺农村“两委”关系、推动农村整体工作的基本办法去应用。

针对上述问题，下一步我们将重点做好以下几项工作。

(1) 以落实责任为重点，构建常抓不懈的工作机制。坚持“抓基层、打基础”的指导思想，建立健全各级抓“一制三化”落实工作责任制。从抓保障、抓督促、抓奖惩入手，做到机制和手段紧密结合，形成内有动力、外有压力的工作落实机制。市委将进一步明确“一制三化”运行工作标准，将“一制三化”落实情况具体量化，作为“三级创建”评比的重要依据。

（2）以规范化建设为载体，提高农村基层组织建设整体水平。首先，在农村干部管理规范上求突破。用标准规范农村干部的选拔程序、目标考核、职数配备、岗位职责、教育培训、政绩管理、工资待遇等；用制度规范农村干部议事规则、决策程序、干部行为。其次，在村级配套组织运行规范上求突破。抓好以党支部为核心的村级组织配套规范建设，保证村委会、妇代会、青年团、民兵连、治安民调、经济合作等组织的健全。通过制定和落实制度，切实发挥好这些组织的作用，真正形成以党支部为核心、组织健全、运行规范、布局合理、共同促进的村级网络。最后，在村务运作规范上求突破。在建立好以党支部、村委会、村民代表大会为主体的村级组织体系的基础上，建立健全“六会”制度，即支委会、村委会、“两委”联席会、党员大会、村民代表大会和村民会议，狠抓财务“三审”和公章会签制度的落实，形成配套齐全的民主管理制度体系。

（3）以提高素质为根本，全面加强农村干部的培训教育。结合开展村级学教活动，立足农村实际，在提高农村干部培训的针对性、广泛性和灵活性上下功夫。在培训对象上，注重广泛性。以培训农村党支部书记、村委会主任为重点，扩大培训范围，延伸到所有农村“两委”干部和农村后备干部。在培训内容上，注重针对性。在抓好党规、法律、理想信念教育的同时，把教育的重点放在提高农村干部发展经济和维护稳定的能力上，使他们在学习中熟悉业务，懂得“规矩”，增强“两委”的协调配合意识。在培训的形式上，注重灵活性。注意采用集中培训与经常性培训相结合、请进来与走出去相结合、长期教育与短期教育相结合的方式，针对农村不同时期的重点工作，强化培训，不断优化农村干部的知识结构。

关于邯郸市农村基层组织建设“百、千、万”调研情况的报告*

（2002年5月16日）

中共邯郸市委组织部从去年年底开始，组织市、县、乡三级组织部门，对百个乡镇党委、千个农村党支部和万名农村党员进行了一次较大规模的调研活动。通过调研，基本掌握了全市农村基层组织建设工作的现状和存在的问题，对全市农村基层组织建设形势进一步做出了客观求实的分析和评估，提出了改进工作的对策建议。现将有关情况报告如下。

一　这次调研活动的基本动因和特点

组织这次调研活动主要基于三点考虑。一是江泽民总书记“七一”讲话的核心是以“三个代表”重要思想为指导，加强和改进党的建设。而进一步加强和改进农村基层组织建设，就需要“摸底子、清脑子、理路子”。二是党的十五届六中全会就党的作风建设做出决定，组织系统的干部应率先转变作风，以实际行动密切党群干群关系。三是深入推进村级学教活动必须全面了解农村干部、党员、群众的心态，有针对性地开展工作。

---

* 本文是由周文夫主持起草的邯郸市农村基层组织建设“百、千、万”调研情况报告，即报中共邯郸市委和河北省委组织部，中共河北省委常委、组织部部长付志方和邯郸市委常委同志均做出重要批示。《河北组工通讯》2002年第16期全文刊发，加编者按：“将此调查报告刊发，供各级组织部门学习参考。”

这次调研主要有四个特点。一是领导重视程度高。市委书记董强对调研活动提出指导性意见，并亲自深入武安市门王庄村、永年县界河店乡、鸡泽县小寨镇进行调研。市委常委、组织部部长周文夫先后深入成安县高母营村、武安市白沙村、涉县井店镇及银河井村、东巷村、红街村进行了调研。其他市级党员领导干部也到联系点进行了调研。市委组织部5位副部长分别带领调研组进驻一个乡镇，吃住乡、村一周时间，开展调研。县（市、区）委的主要和主管领导也参与了调研活动的组织与指导，并深入联系点进行了实地调查。二是投入力量大。参加这次调研活动的共有80多名县级党员领导干部、320名科级干部、500多名一般干部，组成156个专项调研组。市委组织部先后两次召开部务会专题研究、修改活动方案、召开专题会议进行动员部署。各县（市、区）委组织部的部长、副部长带队蹲住乡、村调研。三是调研方法实。在选点上，坚持好、中、差各占三分之一，确保代表性；在调研内容上，统一明确了五项重点内容，统一设计了乡镇干部、农村干部、农村党员三个层次的问卷；在调研过程中，坚持每个乡镇召开主要、主管领导和组织员办公室及有关包村干部三个座谈会，每个村召开村干部、党员两个座谈会，并做到“六必访”，即老党员必访、老干部必访、个体工商户必访、科技示范户必访、有意见户必访、困难户必访。四是调研面广。全市共调研了119个乡、1100余个村、2.4万余名党员，走访农户5000多户，填写调查问卷24000余份。乡镇级调查面占55.6%，村级调查面占20.4%。这次调研，是我市近几年在农村基层组织建设上规模最大、涉及面最广的一次调研活动。

二　现状的基本估价

调研感到，近几年来，全市农村基层党的建设整体水平有了新的进步和提高。主要标志如下。

一是农村党支部班子建设得到加强，战斗力有了较大提高。调查的农村党支部中，顺利完成换届的占92.3%；班子团结和比较团结的占94.6%；能够独立完成日常工作任务的占75.4%。

二是乡、村干部和农村党员队伍素质不断提高，在推动农村工作上发挥了重要作用。调查的乡、村中，近三年92%的乡、村干部和农民党员接受了政治理论、政策法规、农业科技知识等方面培训；95.1%的农村党支部书记取得了任职资格证书；14.6%的乡、村干部参加了正规化学历教育；70%以上的农村干部和农村党员基本掌握了一门致富技术；92.4%的农民党员对实现共产主义有信心；80%以上的党员能较好地发挥先锋模范作用。全市涌现了一批在全省乃至全国有影响的先进典型。

三是乡镇党委的统领功能进一步提高，“主角”和“龙头”作用发挥较好。调查的乡镇党委中，正规化管理到位或基本到位的占60%以上；党政班子团结和比较团结的占96.3%；民主集中制执行得好和较好的占89.2%；党委经常组织学习的占95.1%；81.9%的乡镇党委组织员办公室作用发挥得好或较好。

四是农村基层民主管理得到了加强，党群干群关系进一步改善。调查的村中，90.6%的村通过村民直选产生了村委会，解决了一大批群众反映集中、强烈的问题。

五是围绕中心抓党建的指导思想落实较好，促进了农村经济和社会的全面进步。调查的村中，村集体年收入在10万元以上的有133个，在5万~10万元的有230个，分别占11.7%和20.2%。认为农村经济发展快和较快的乡镇干部、农村干部和农村党员分别占调查人数的86.4%、85.8%和76.1%。认为社会治安状况较好的乡镇干部、农村干部和农村党员分别占被调查人数的81.4%、72.8%和62.7%。

我市农村基层组织建设工作之所以能够扎实推进、健康开展，基本经验是“四靠”。一是靠领导带动基层。市委适时谋划、部署、调度、考评农村基层组织建设工作，市委主要、主管领导和市级党员领导干部带头深入联系点调研，形成了强大推动力。县级党员领导干部建立农村党建联系点450多个，多数县的主要和主管领导带头驻村蹲点，解决问题。二是靠重点带动整体。近几年来，全市抓住后进乡村整顿、乡镇党委建设、素质工程三项重点不放，持续推进。三是靠机制促动全局。持续抓了县（市、区）委党建责任化管理、乡镇建设正规化管理、农村干部规范化管理、农村党员联户定责化管理，分层次规范管理，提高工作水平。在工作推进落实上，突出抓了目标管理、专项述职、直查直处三项制度。通过严格三制，强化了县、乡党委“管党”责任，推动了农村党建工作的落实。魏县整治难点村、成安县推进“双基+八制+督办”等做法受到省委肯定、推广，其中魏县的做法向江泽民总书记进行了汇报。四是靠创新推动落实。坚持结合实际抓创新，突出邯郸特色。1991年，在全省率先抓了农村“两室”建设，夯实了支部工作和党员教育的基础条件；1992年，全面推行农村党建系统工作法，为农村基层组织建设步入制度化、规范化轨道奠定了基础；1993年，在全省率先实施“治瘫工程”，被省委组织部发文推广；1994年，开展选派机关干部到村任职工作，受到省委肯定推广，同时实行农村干部规范化管理，被中组部组织局称“为草帽官立了个好章法”；1995年，在全省率先实施农村干部“素质更新工程”；1997年，针对撤区并乡扩镇的实际，探索实施乡镇建设正规化管理，受到省委主要领导肯定，经验做法印发全省推广；1999年，铺开磁县“一年帮带、三年有责”治后延续责任制，省委组织部发文推广；2000年，指导武安市探索的“一制三化”管理办法受到胡锦涛同志批示肯定，而后中组部发文推广。同时，始终坚持以高度的政治敏锐性，主动围绕全市重点工作，开展阶段性主题活动。三年集中整顿结束后，及时部署开展了“大表彰、大总结、大发动”活动；1998年冬春，深入开展了“双基”建设集中活动；1999年夏征前，在全市农村党组织中开展了“带着感情做好群众工作集中活动月”；2000年冬季，适时开展了冬季集中教育整顿；在“三个代表”学教活动中，围绕“让干部受到教育，让农民得到实惠”，组织开展了“两改进一转变”专题学习讨论和集中“惠农”活动。这些措施，分别受到省委和省委组织部的肯定。

所有这些表明，中央和省委、市委提出的抓农村基层组织建设的思路和措施在大多数地方得到了贯彻落实。就目前乡、村级党组织建设情况看，总体评价是，全市上下在农村基层组织建设方面付出了艰苦的努力；正是有了这几年的持续、扎实工作，全市农村基层组织建设在复杂的社会环境和经济体制转轨时期，才有较大进展，使农村保持了基本平稳和持续发展的现状；但整体形势不容乐观，真正达到“六个好”“五个好”的乡、村党组织只占

35%左右，存在各种问题、相对后进的达20%左右，一些地方对工作成果估计过高，主要是标准把握不严；实际存在的一些问题比平时掌握得还要严重，有些问题出乎意料，农村基层组织建设的任务仍然十分繁重。

三　存在的问题及原因

通过调研，对农村基层组织建设工作中的问题有了较为全面和清醒的了解，突出表现在五个方面。

（1）县（市、区）委发挥“关键”作用滞后，表现为“三个脱节”。一是思想认识失之于虚，与实际工作需要相脱节。县（市、区）委程度不同地存在认识不到位的倾向，认为农村党建是务虚的工作，“虚功”得虚做，在工作摆布、力量投入上没有放到农村工作的牵总位置，缺乏应有的政治责任感和工作主动性、创造性。有些县在执行县级党员领导干部党建联系点、常委会定期研究党建工作例会等基本制度上存在差距。有些县主要和主管领导抓党建的时间和精力达不到省委、市委规定的要求。有些县“唱功”好、做功差，上“热”下“凉”，在抓落实上存有较大差距。有些县照搬省、市的安排，结合本地实际不够，抓不住主要矛盾。有些县既不按上级的要求去做，也拿不出自己的套路和特色，被动应付，局面沉闷。二是任用干部失之于急，与发挥乡镇党委书记“直接责任人”作用相脱节。各县（市、区）在调整、使用乡镇党委书记上，程度不同地缺乏届期意识和硬性规定，调整频繁，并且调整前组织考察不全面、不深入，忽视对抓基层班子等基础工作的考察，助长了一些人搞短期行为。调查的乡镇中，自并乡扩镇以来，6.15%的乡镇党委书记任职不满一年就被调整，27.98%的乡镇党委书记任职1~2年被调整，30.9%的乡镇党委书记任职2~3年被调整，有相当一部分在交流甚至提拔重用后，在“两委”班子、集体债务等方面留下了一大堆难以解决的问题，下一任乡镇党委书记继续效仿，使问题越堆越多，形成恶性循环。这一问题在东部几个工作难度相对大的县更为突出。三是考核奖惩失之于软，与农村党建的重大作用相脱节。19个县（市、区）对乡、村计划生育、综合治理等工作实行了“一票否决”，对农村基层党建工作缺乏类似的制约措施；在对乡村年度综合考核中，工商税收等工作所占分量较重，农村党建的考核结果所占分值较小，而且缺乏一个考实考准的办法。乡、村主要领导的政治进步和物质奖惩同抓农村党建工作的成效难以直接挂钩。这一失之于软甚至失之于偏的考核奖惩导向，导致乡、村干部忙于与其“乌纱”直接相关的工作，而忽视农村党建这项说起来重要但未动真格的工作。

（2）乡镇党委履行“主角”职责不到位，表现为“四差”。一是“党要管党”的本职意识差。40%左右的乡镇干部认为经济建设是中心，只要把经济工作抓上去，办一些看得见、摸得着的事，就万事大吉了。30%左右的乡镇干部认为，乡镇党委在农村基层组织建设工作上的主要任务是调班子、换干部，对上级部署的其他党建工作总认为没必要，甚至认为是找麻烦、添乱子，平时不抓，等上级检查时临时抓一下。全市调查的乡镇中，相当一部分的乡镇党委很少或没有在党委会上专门分析过村支部班子状况；近3/4的乡镇党委组织员办公室主任包村蹲点，主要精力用于催粮、要款、计划生育和应付检查上；近3/4的乡镇党委把能否完成征购提留任务作为评定农村支部班子好坏的标准，能按要求完成任务的就认为班子过硬、战斗力强，否则就是不合格、不称职，就免职。磁县台城乡台城村因税费等经济工作完不成任务在一年多的时间内相继调换了4个支书。二是事业心、责任感差。一些乡镇主要领导存在“一年干、二年看、三年等着换”的思想。问卷统计显示，20.2%的乡镇干部想在乡镇干几年后到县直工作，12.5%的想尽快到县城工作，乡镇干部想尽早到县直工作人数超过20%的乡镇达21个，占调查乡镇数的16.9%。这些干部缺乏事业心、责任感，遇到矛盾和问题拖着走、绕着转。一些乡镇干部说，硬性任务难完，群众工作难做，工资经常被拖欠，乡镇工作很困难，长期下去谁还愿意干。三是统领功能差。多数乡镇在条、块关系上程度不同地存在一些问题。其中，40%的乡镇，驻乡镇站所干部的任免、调动不征求乡镇党委、政府的意见；20%的乡镇，驻乡镇站所干部的任免、调动，尽管征求乡镇党委、政府的意见，但属于例行公事，实际意义不大。条、块关系处理不到位，使乡镇一级的政府职能不健全，弱化了统领功能。90%的乡镇干部反映，条条不服管，乡镇一级依法行政难。四是工作条件差。30%的乡镇房屋陈旧，干部宿办室简陋；近40%

的乡镇难以随时吃上家常饭；90%以上的乡镇不能洗热水澡。乡镇干部工作辛苦，条件艰苦，多数干部难以乡镇为家。

（3）村级班子建设面临着许多难题，表现为“六难”。一是班子难建强。一些村受宗族、宗教和遗留问题的影响，很难选配一个好的党支部书记，更难建强党支部班子。调查的村中，党支部班子瘫痪、半瘫痪的有10个，完不成任务的村有52个，存有较大不稳定隐患的村有151个，党员对支部班子不满意人数超过20%的村有16个，认为完成工作任务难度较大的干部数超过30%的村有41个。肥乡县大西韩乡东张庄、西张庄两个村受宗族派性的影响，长期难以找出合适的党支部书记。二是遗留问题难清理。一些村遗留问题积重难返，中心工作无法开展。磁县磁州镇李庄村因台上台下干部闹矛盾，村里群众跟着闹。四年多的三提六统和税费没有收成。县委下派了一名干部到村任支部书记，但由于身单力薄，仍然推不开工作。该村群众出门路难行，孩子上学无学校，社会治安混乱，群众怨声较大。魏县回隆镇、大辛庄乡和张二庄乡的农村税费尾欠分别达269万元、180万元和210万元。这些难点村大都财务管理混乱，流水账、片账、白条下账、假账甚至无账现象严重。长期不向群众公布账目或搞假公开，群众意见大。农民到市上访的案件中，涉及农村干部经济问题的案件占案件总数的70%左右。三是后顾之忧难解决。一些村干部“剑顶”思想严重，认为干得再好、得到的奖状和荣誉再多还是个村干部，觉得没有前途。一些村干部遭打击报复，庄稼被毁，家畜被害，祖坟被挖，财产和人身安全得不到保证。许多村干部反映，他们是两头受气，上下不落人。肥乡县大寺上村党支部书记因积极配合公安机关捉拿盗窃嫌疑人，遭报复，被打得住进医院，治疗两个多月。这一事件尽管得到妥善处理，但在村干部中产生了很大的负面影响。四是经济报酬难兑现。40.2%的村干部年工资额在1000元以下，38.6%的村干部年工资在1000～2000元，21.2%的村干部年工资在2000元以上。工资额与村干部的工作量、辛苦程度形成明显反差。33.6%的村无集体经营性收入，再加上一些村因农民上交不能收齐、集体兴办公益事业支出过大，存在入不敷出的现象，近3/5的村干部不能按时足额领取工资。一些村的干部工资已拖欠两年以上。峰峰矿区调查的40个村中，60%左右的村存在拖欠工资现象，时间最长的达 7 年。许多村遇到基金会兑付、税费征收等紧急任务，一些村干部还要自己掏钱垫付，有的支部书记累计垫资达几万元。一些村干部说："我们目前干工作凭的是感情，靠的是奉献精神。"五是"两委"关系难协调。调查的村中，有 72 个村没有真正通过村民直选产生村委会，占调查村总数的 6.4%。全市调查的村中，"两委"关系不协调的村占 5.4%。鸡泽县将"两委"关系不协调的村细分为一边倒型、面和心不和型、对立型三种类型，分别占其调查村总数的 39.6%、6.2% 和 4.2%。武安市磁山镇一村委会主任刚当选就到村办公楼向会计要公章，当看到村支书带着几名干部赶来制止时，竟夺住公章，从二楼跳了下来。这一行为尽管造成了不良影响，但从法律上也无硬性条款进行制裁。六是"两室"建设难落实。调查的村中，5% 的村没有"两室"，10% 的村"两室"破旧，11.7% 的村"两室"不能充分利用。多数村中建有庙宇，个别村中建有教堂或家庙。曲周县在对 51 个村调查中发现，有 6 个村"两室"基本没有利用，有 3 个村"两室"被挪作他用。1 个村"两室"被变卖。

（4）乡村干部素质不适应，表现为"四弱"。一是进取意识弱。近 2/5 农村党支部班子满足于完成税费征收、计划生育、维护农村稳定等工作，而对如何选准路子、加快发展，考虑不多。近 1/4 的村在调整结构上患得患失，求稳怕险。二是发展能力弱。"盼致富，没门路"是这次调研中基层党员、群众最关心的问题。但相当一部分基层干部思想观念陈旧，看问题还停留在计划经济时期，缺乏市场经济知识，不知道告诉群众种什么、养什么能赚钱，不知道告诉农民该怎么干。调查的农村干部中，25.2% 的村干部无一技之长；20.1% 的村干部家庭实际人均收入还在 1000 元以下。由于干部在带领群众调整产业结构上迈不开步子，农民增收迟缓。问卷调查中，粮、经比超过 7∶1 的村有 715 个；50.9% 的农民党员反映本户近几年家庭人均收入增长较慢或下降；12% 的乡镇干部、21% 的村干部不清楚本乡镇、村去年以来在产业结构调整中做的主要工作是什么；90% 以上的乡、村干部对如何应对入世挑战感到束手无策。调查组在年产 30 万斤黑枣的涉县神头乡杨家山村调研时发现，村干部只知道黑枣卖到了东北，再被问到人家拿去干什么、能产生多少加工效益却一无所知。肥乡县大寺上村前几年有一个规模和效益都很不错的养牛厂，由于经营管理不善，最后倒闭了，给村里造成了很大的经济负担，群众意见很大。“一朝被蛇咬，十年怕井绳”，村干部从此再也不敢去想发展集体经济的事了。三是做新时期农民工作的本领弱。有20%以上的乡镇干部认为自身的能力、素质与面临的形势、任务不适应；39.1%的农村干部认为本人完成工作任务有一定难度或难度较大。一些农村干部在税费征收、计划生育工作遇到难题时，或无可奈何、被动“支应”，或采取高压政策，动硬的，来横的，甚至打骂群众，造成矛盾激化。四是深入群众的实干作风弱。一些乡、村干部身在群众中不深入群众，不体贴群众，对群众只管要钱，不管服务。群众说，“平时不见人下乡，秋后进村收钱粮”“（现在干部）养白了，吃胖了，大爷大娘都忘了”。峰峰矿区彭城镇有一位71岁、20世纪50年代初入党的老党员，老伴长期瘫痪在床，仅靠儿子种3亩地维持一家五口人的生计，生活十分困难，但镇、村干部从未登门看望过。在走访调查中，几乎每个村都有一些群众反映集中、需要尽快解决的实际问题。磁县白土镇南涧城村去年雨季有几百米的防渗渠道被淤泥埋积，近一半的耕地浇不上水，成了望天收，只要干部牵头，群众就会一呼百应，但至今没有落实。

（5）农村党员疏于教育和管理，表现为“一老一低三淡”。一是队伍结构老化。调查的村党支部中，近两年没有发展党员的村有234个，占21.5%。全市19万名农村党员中，35岁以下的仅占14.5%，56岁以上的占33.6%。一些村多年不发展党员，后继乏人，加上农村宗族派系干扰，支部班子建了瘫、瘫了建，村里的党员搞轮流坐庄。二是致富能力偏低。调查的党员中，24.4%的党员家庭年人均收入在1000元以下；43.1%的在1000~2000元；36.5%的党员无一技之长；17.2%的党员已失去劳动能力。家庭人均实际收入低于千元的党员所占比例超过30%的村有226个，近几年家庭收入下降的党员所占比例超过30%的村有56个，分别占调查总村数的19.8%和4.9%。三是理想信念淡化。调查的农村党员中，对实现共产主义信心不足的有1807人，占7.6%。广平县调查的805名党员中，对实现共产主义信心不足的党员有128人，占16%。涉县调查的90个村中，对实现共产主义信心不足的党员所占比例大于20%的村有5个。四是宗旨意识淡化。一些党员认为只要交粮纳税、按时开会就是好党员；还有些党员片面地认为，为人民服务和尽义务是当干部的事，与普通党员无关，在诸如计划生育、税费征收等工作中，推拖、等待、观望。调查的村中，认为党员作用发挥差的票数超过20%的村达12个。五是组织观念淡化。13.5%的农民党员不积极参加组织生活；2001年未参加组织生活的党员数超过20%的村有5个；2001年未上党课的党员数超过20%的村有18个；25.3%的农民党员不按时缴纳党费；3.6%的党员2001年未缴纳党费。一些党员竟认为开会、学习应该有补助。农村党支部书记普遍反映，目前农村党组织生活的突出问题是“两难一差”，即召开党员会议难，开展集体活动难，缴纳党费的及时性差。在临漳县香菜营乡邺镇村调研时，为召开党员座谈会，村支部书记用喇叭喊了1个小时，仅来了4名党员，不足全村党员的1/5。还有一些党员反映问题不通过正常途径，而是参与甚至组织群众搞越级上访，直接影响稳定。邱县新马头镇留固村2名党员不仅参与越级集体上访，并自荐为上访代表。邱县陈村乡陈一村6名党员与部分群众一起到省集体上访。

近几年来，我市农村基层组织建设工作力度不断加大，创新举措不断推出，之所以仍存在这些问题，究其原因主要有以下几个方面。

（1）市场经济条件下，抓党建经验不足，机制滞后，是制约农村基层组织建设的根本原因。农村基层组织建设本身是一项周期长、见效慢、易反复的工作，在建设社会主义市场经济、农村社会组织形式发生深刻变化的形势下，往往把利益调整的矛盾集中在直接做农村工作的基层党组织和基层干部身上，使农村工作面临的难题增多，推进工作难度增大。不少地方干部在思想观念、领导方式、工作方法上尚未完全摆脱计划经济体制下形成的思维定式，没有切实形成一套完全适应的工作路数；用人观念、取人标准僵滞守旧；组织设置、党员教育管理滞后；工作部署、工作指导还停留在偏重于集中统一的老套路上。

（2）一些农村缺乏一个好的政治生活环境，是健康推进农村基层组织建设的外部障碍。农民的政治热情下降，一些落后群众拉帮结伙，扰乱农村工作。

（3）工作推进上孤立抓、单打一，不能统力协作、综合施治，是农村基层组织建设难以长足发展的直接因素。尽管一再强调农村基层组织建设同农村民主政治建设、小康建设、扶贫攻坚和精神文明建设相结合，但在实际工作的推进上，由于组织体系、运行机制等方面存在不足，仍然程度不同地存在多头部署、分头考核，导致基层疲于应付。

（4）农村干部素质偏低、集体经济薄弱两大难题长期未取得大的突破，是制约农村基层组织建设的内存“瓶颈”。这两个问题的相互作用，使农村党建在其他方面下再大力量，也难以取得实质性突破。

（5）农村生产力水平和农村人口文化水平“两低”的问题，是制约农村基层组织建设水平提高的客观现实。农村生产力水平不高，决定了属于上层建筑范畴的组织建设工作不可能单兵冒进；农村人口文化水平偏低，决定着农村干部队伍素质难以整体飞跃。

（6）工作作风不实，抓落实力度不够，是农村基层组织建设难以取得应有实效的重要因素。在多年的实践中，探索出的一些行之有效的思路和做法，由于一些县（市、区）委“关键”作用发挥不到位，乡镇党委履行不好“管党”职责，作风虚软，未能收到应有的实效。

四　关于进一步加强和改进农村基层组织建设工作的对策

根据调研结果，我们向市委提交了改进工作的建议。市委高度重视，市委主要领导和常委都做了批示，市委常委会研究制定《关于按照“三个代表”要求，改进和加强农村基层组织建设的意见》，基本思路和措施如下。

（1）从关键环节入手，切实压死县（市、区）委“管党”责任，在发挥县（市、区）委“关键”作用上动实招。一要加大奖惩力度。每年年底，市委对各县（市、区）委抓农村基层组织建设工作进行考评，对实绩突出的，授予农村基层组织建设先进县（市、区）委；连续两年被评为先进县（市、区）委的，主要、主管领导优先考虑提拔重用；工作较差的，列为农村基层组织建设重点督导县，给予通报批评；出现重大问题的，要追究有关领导和责任者的责任。二要加大抓党建基本制度的落实力度。狠抓县（市、区）委常委会专题研究农村基层组织建设工作例会、领导干部基层党建联系点、县（市、区）委抓党建工作目标管理、直查直处、乡镇党委书记就抓基层党建工作向县（市、区）委专项述职五项基本制度的落实，促动县（市、区）委抓党建工作制度化、规范化。三要加大专抓力量的建设力度。机构改革期间，要保证县、乡组织员办公室的编制、人员，保证农村基层组织建设联系会议办公室机构不撤、力量不减。县（市、区）每年给予联系办必要的经费，做到人员、地点、经费、作用四落实，使其切实成为协助县（市、区）委推动工作、协调部门形成合力的专抓机构。四要加大新时期党建工作的研究力度。上半年，市成立党建研究会，健全章程，展开工作。同时，指导每个县（市、区）就新时期基层党建工作抓好 1 ~ 2 个乡、村试点，适时总结，推广经验；组织县（市、区）每年集中研讨一次新时期基层党建工作，相互取长提高。

（2）以深化乡镇建设正规化管理为重点，在稳定队伍、激发活力、发挥乡镇党委“主角”作用上求突破。一要围绕还权于乡，强化统领功能。结合县、乡机构改革，在大的管理体制允许的前提下，出台一些驻乡站所干部任免、奖惩等方面的制约性措施，加大乡镇党委、政府的参与度，致力营造小气候，确保所有驻乡单位在乡镇党委、政府的统一领导下开展工作，增强乡镇党委的统领功能。二要围绕建章于事，健全工作秩序。对乡镇党委、政府和内部机构定岗、定员、定职责、定章程，使乡镇党委、政府的工作步入自觉、有序运转的良性轨道，使每个内部机构成为相对独立、功能完备、统力协作的职能部门。三要围绕激励于人，健全激励机制。县（市、区）委要尽可能减少或避免向乡镇下达其职能之外的工作任务。并通过强化税收征管、财政帮扶、工资专户管理等渠道，切实解决好乡镇干部工资拖欠的问题；在全市有重点地推进乡镇“五小”（小厨房、小菜园、小娱乐室、小图书室、小澡堂）建设，为乡镇干部创造良好的工作、生活环境；实行乡镇党委书记任职期限制度，乡镇党委书记一般任期四年以上才可回县直单位安排同级职务，不足四年的按任乡镇党委书记前职级安排；设立农村工作特别贡献津贴，每个县（市、区）要从财政列支，对连任乡镇主要领导 10 年以上、每年考核都在称职以上的乡镇主要领导，每月增发不低于 100 元的特别贡献津贴，并在医药费等方面制定相应的优惠政策。

（3）以推行"一制三化"工作机制为牵总措施，努力提高农村基层班子的战斗力。一要普及"一制三化"，规范农村工作。重点抓好邯字〔2001〕52号《关于认真贯彻落实省委〈关于新形势下充分发挥村党支部领导核心作用的意见〉的通知》和邯字〔2001〕53号《关于推广武安市"一制三化"管理办法，进一步强化农村党支部领导核心地位的意见》的贯彻落实。今年，市、县举办"一制三化"培训班，对乡、村干部轮训一遍。今、明两年，有重点地推进"两委"干部交叉任职，狠抓农村"两委"联席会、村级财务"三审"（主任审查、理财小组审核、支书审批）和村委会公章管理（支书、主任会签使用）三项基本制度的落实。力争通过1～2年的努力，普遍推行"一制三化"，真正在农村建立起党支部领导下的村民自治运行机制，使各项村务有章可循，形成规范有序的工作秩序。二要巩固发展学教活动成果，突出抓好难点村治理整顿。进一步推广魏县整治难点乡、难点村的做法，对班子难建、工作难推、遗留问题难清、群众情绪难平的难点村，市委学教办统一建档、挂账督办，市级党员领导干部重点督导，县级领导干部带队进驻，集中优势兵力，进行综合施治、合力攻坚，确保实现转化。继续深化"一年帮带、三年有责"治后延续责任制，保证整顿转化质量。三要引伸农村干部规范化管理，进一步健全激励机制。积极推行"两推一选"农村干部选任机制改革；以农村现职干部管理为重点，狠抓目标责任制、结构工资制、民主议事制三项基本制度的落实；推进农村干部养老保险，增强农村干部特别是农村党支部书记的岗位吸引力；充实农村后备干部队伍，定期培训，强化实践锻炼，促其尽快成才。

（4）延伸和拓展"素质工程"，提高农村干部实践"三个代表"的能力。一要适应入世新形势的需要，加大对农村干部科学技术培训的力度。在前3年工作的基础上，扩大乡、村干部专业素质培训的数量和规模，力争1～2年时间轮训一遍；适时对新调整的农村党支部书记和全体村委主任进行任职资格培训。二要积极推行"一村'两委'班子成员中一名大学生"的正规化学历培训工作。与大专院校联系，举办农村干部及农村后备干部大专班，通过2～3年的时间，每村培养1名专科以上农村干部或农村后备干部。在试点的基础上，积极稳妥地推进组织安排大中专毕业生担任村干部工作。三要围绕深化“两改进一转变”专题学习讨论，每年适时开展一次集中学习教育整顿。在全市推出一批“两改进一转变”先进典型，组织农村干部就改进领导方式、改进工作方法、转变工作作风进行专题学习讨论，力争使村干部在领导方式上，由计划经济体制下的思维方式、工作方式向自觉尊重社会经济规律转变，由管理型向服务型转变，由应急抓向经常抓转变；在工作方法上，善于通过落实政策和提供服务来实现对农村社会事务的管理，善于运用说服教育、示范带动、民主协商的办法来推动工作，善于运用民主的方法、法律的手段来化解矛盾纠纷；在工作作风上，大兴学习之风，深入群众之风，求实、务实、抓落实之风。

（5）紧紧围绕发挥党员的先锋模范作用，积极探索党员教育管理新机制。一要强化培养、发展，致力改善结构。组织各级党组织对近两年发展新党员工作进行一次认真总结，正确处理发展数量与质量的关系，把保证质量放在首位。积极推行发展党员“公示制”和两名党员带一名入党积极分子的“二带一”发展模式，严格执行乡镇党委成员列席农村党支部发展党员大会制度。要重点解决好连续多年不发展党员村问题，下大力培养、发展35岁以下、高中以上文化程度的青年入党，着力解决党员队伍老化和结构不合理（知识型人才少、经济型人才少）的问题，以此作为农村党建的基本工作和村级班子建设的治本之策来抓。二要严格管理，疏通出口。认真抓好“三会一课”等党组织生活基本制度的落实。推广武安市对农村党员实行联户包片定责化管理，发挥广大党员在推动农村工作中的先锋模范作用。推广曲周县处置农村“五不”党员的成功做法和邯山区党员“星级”管理的经验做法，研究提出疏通党员队伍出口、严肃处置不合格党员的意见，纯洁党员队伍。同时，有重点地推行农村党员集体活动日和党课教育日制度。每月1日为全市农村党员集体活动日，每季度第一个月的1日为全市农村党课日，县、乡和县（市、区）部门的党员领导干部统一到农村上党课。三要集中开展党员先进性教育活动。作为学教活动的延续，在先行试点的基础上，对农村党员进行一次先进性教育。党的十六大召开后，把组织党员认真学习十六大精神作为先进性教育的头等大事来抓，适时做出具体安排。把农村党员“掌握一门致富技术，帮扶一个贫困群众，培养一名入党积极分子”

的“三个一”活动，作为先进性教育的主要载体，用力推进，全面激发党员队伍活力。

（6）继续坚持“四靠”方略，改进和加强工作指导，推动农村基层组织建设不断深入。在整体工作运行管理上，要认真坚持和完善分层次规范管理，靠机制促动工作的做法，以“四化管理带动四层”，即县一级抓责任化管理，乡一级抓正规化管理，村一级抓“一制三化”管理，党员一级抓联户包片定责化管理。在工作部署、推进上，坚持“六个一”的方法：市委每年年初召开一次农村基层组织建设部署会议，明确任务，统一思想；每年年初制定一个农村基层组织建设工作专项计划，突出重点，实化目标；每年同县（市、区）委签订一次农村基层组织建设工作目标责任书，目标加压，强化责任；每半年组织一次督查、联查、考核，解决问题，互相促进；每年适时推出一批县、乡、村先进典型，示范引导，样板带动；每年年底进行一次总结评比，激励先进，鞭策后进。在工作落实上，严格目标管理、直查直处、专项述职三项制度。今、明两年，把工作重心放到乡镇党委建设上，落实相关建设措施，充分发挥乡镇党委的“主角”作用，推动农村基层组织建设上水平。

在部机关教育培训动员会上的讲话

（2002 年 7 月 4 日）

今天召开部机关全体会议，是专门安排部署部机关干部教育培训工作。建设高素质的组工干部队伍，造就“靠得住、有本事”和“干净、干事、干成事”的优秀组工人才，关键在教育。我们加强机关干部教育培训工作，正是实践“三个代表”重要思想、实施“创建学习型社会”、全面建设和造就高素质组工干部队伍的重要举措。概括地讲，抓学习是形势的要求、事业的要求、“修身立命”的要求。希望同志们要认清形势，提高认识，真正从思想上重视起来，认真抓好会议精神的贯彻落实。借此机会，我再强调三点。

一　要从进入新世纪我国大局的新变化来进一步认识加强教育培训的重要意义

在当前这个主要的社会历史转轨期，我们始终把学习放在一个非常关键的位置上。凡是党面临重大任务的时候，都要用新的理论、新的知识来充实武装我们的干部队伍，承担更加繁重的任务，以至实现这个任务。在去年 5 月份召开的亚太经合组织人力资源能力建设高峰论坛会议上，江泽民同志从新世纪我国大局的新变化出发，提出了要“创建学习型社会”的要求之后，这个问题已经成为一个关系新世纪改革和发展的关键性问题，提到了各级各部门的议事日程上来，全国各地各部门也纷纷提出创建学习型社会的具体规划和落实措施；就组织部门来说，中组部和省委组织部分别制定了 2001 ~ 2005 年组工干部教育培训规划，这些都说明学习已成为一项具有战略意义的大事。

什么是进入 21 世纪的中国大局？概括地说，就是三个“新阶段”。

一是从进入 21 世纪起，我国已进入了全面建设小康社会，加快推进社会主义现代化的新阶段。“小康社会”是我们改革开放的总设计师邓小平同志提出的新概念，它是我们建设社会主义现代化强国的阶段性目标，小康社会的建设阶段，是社会主义初级阶段中的一个重要发展阶段。我们今天提出“创建学习型社会”，正是全面建设小康社会的一个绝对不可或缺的重要方面。或者也可以说，“学习型社会”正是更高水平的小康社会的基本特征之一。学习也是一个谋生的手段，从谋生到乐生这是一个社会全面进步的标志，过去讲学手艺是为了糊口，那么现在如果我们把学习视为一个乐生的手段，是一种精神上的享受，那就是一个社会全面发展的阶段，当然我们远没有到这个阶段，现在正朝这个阶段迈进。

二是从加入世贸组织起，我国进入了更广、更深程度参与经济全球化、扩大对外开放的新阶段。对于我们来讲，积极参与经济全球化，就需要努力学习；积极参与同知识经济快速发展相联系的经济全球化，要加强人力资源能力建设，非常需要努力学习。可以说，江泽民同志发出“创建学习型社会”号召的直接动因，即在于此。

三是从江泽民同志提出“三个代表”重要思想和“七一”讲话起，今年上半年又在中央党校发表了“5·31”重要讲话，可以说我们进入了全面加强和改进党的建设的新阶段。江泽民同志关于“三个代表”重要思想的要求，这是我们建设保持先进性的党组织的基本要求，提出这个进入 21 世纪党的建设的伟大纲领，体现了我们党与时俱进的马克思主义品质，反映了当代中国共产党人的马克思主义的新觉醒。新觉醒就理所当然地要求重新学习。在“创建学习型社会”这个伟大事业中，我们共产党人义不容辞地应当成为努力学习的表率。

进一步认识“创建学习型社会”的意义和要求，当然也还需要同世界大局相联系。江泽民同志在亚太经合组织人力资源能力建设高峰会议上发出

“创建学习型社会”号召的时候，对世界大局是这样分析的：人类已经迈入了 21 世纪，世界正在经历着深刻变革。世界多极化曲折发展，经济全球化不断深入，科技进步日新月异，知识经济发展快速，世界范围内产业结构调整步伐也在加快，知识创新、科技创新在经济社会发展中的作用日益重要。人类面临着新的挑战，更面临着新的发展机遇。这个分析的突出特点，是揭示了世界范围内正在发生的“深刻的变革”，并且由此提出了“创新”的历史性任务，而创新，就要求充分挖掘人力资源，就要求“创建学习型社会”。

二　要从组织部门的职责和任务出发，确定教育培训的目标和要求

“创建学习型社会”是对全党全国的总要求，我们组织部门作为党委的主管干部工作的部门，要从自身职责和任务出发，明确重点目标和要求，不断探索，勇于实践，努力提高干部队伍素质，成为政治坚强、作风正派、业务精通、工作出色的合格的组工干部。总的来说，有三方面的要求。

第一，要提高思想政治和业务素质。组织部门是政治性很强的部门，不具备良好的政治素质，没有政治眼光和战略思维，就不可能选准人、用好人。这就要求组工干部必须具备基本的马克思主义的理论基础和世界观、方法论，善于从政治高度看问题。同时，组织工作政策性、程序性都很强，涉及领导班子、基层组织和干部队伍建设等诸多方面，要求组工干部必须具备很高的政策理论水平和过硬的业务能力，每一项工作、每一个环节都要认真细致，不能出半点差错，大家都要成为本职工作的内行和专家。要求工作细致，对我们自身来说，这是基本的工作要求，但是我们工作的特殊性决定了我们工作粗糙容易贻误事业、贻误干部。我们上上下下也发生过类似的事件，以前有一个地方级别很高的组织部门，在上报干部报表时把一个本来是 7、8 月份出生的干部，误填成 5、6 月份，在研究的时候按照上半年就切掉了，若按下半年就可以提拔，就可以留用，因为差一个月的时间，结果常委会讨论时就切下来了。这对事业也是一个损失，本来这个干部可以继续为党

工作，因为工作的马虎被切掉了，这样的事情是存在的。我们也出现过类似的情况，我在处长会上已经讲过，有一次因为任务要得急，后半夜才出材料，填干部任免表时正面是该干部的情况，背面就把别人的媳妇、孩子给填上了，结果一看本来年纪轻轻的怎么生了两胎？当然我们很快就把这个事情搞清楚了。因为两胎违反计划生育政策就不能提拔了，可能是因为你瞌睡了，你一瞌睡就不得了！因此要成为内行专家、行家里手，同时要非常仔细，马虎不得。

第二，要增强工作能力。组织部门的职责和任务决定了组工干部必须具备与时代发展和本职岗位相适应的能力。一要把握大局、服务中心工作的能力。组织路线是服务于党的政治路线的，这就决定了组织工作必须服从、服务于党的中心工作和改革、发展、稳定的大局。这种服务既要靠组织工作方针政策的正确，又要靠组工干部不断增强工作本领，提高服务水平。二要坚持干部路线、落实各项政策的能力。要求能够认真贯彻落实党的组织工作的路线、方针、政策，要做到坚决、一贯、细致，即坚持政策不走样、不变调，在任何时候、任何情况下都要始终如一，做到严肃、认真、一丝不苟。三要认识和分析事物、解决矛盾的能力。就是认识事物的本质和规律，反映事物真相，只有这方面的能力提高了，不断揭示事物的本质和规律，我们的工作水平和工作质量才会大大提高。四要开拓进取、锐意创新的能力。就是要求组工干部能根据形势和任务的变化，克服困难，创造性地开展工作，开创工作新局面。

第三，加强思想修养，树立良好的职业道德和人格风范。同时还要具备做思想工作的能力、宣传鼓动工作的能力等。要使党的路线、方针、政策得到贯彻，就要具备多方面的能力，宣传鼓动也是很重要的能力，我们制定的路线、方针、政策，如果不能在群众中生根、开花、结果，往往就会成为少数人的行为，少数人的行为久而久之就很难成气候，就很难推动面上的工作开展。这里有工作能力的问题，也有工作方法的问题。最近，我看了一本写胡乔木同志总结工作经验的书。胡乔木当时在美国做了一次演讲，主题就是介绍中共中央的决策过程。中共中央决策事情，是有程序的，首先是提出问题，然后依次是调查研究、进行试点、总结经验、扩大试点面，再往后就是进行全面总结、升华成政策措施、全面推开，最后就是检查、督促、总结、提高，整个过程是一个非常严格的程序，这里面反映了能力水平的问题。中共十五届六中全会《决定》提出，要“用好的作风，选作风好的人”，好的作风就是说你正道不正道，公正不公正，这里面也包含了有本事没本事，能不能贯彻这个意图。“靠得住”即理想信念坚定，有一个一以贯之地贯彻执行党的路线、方针、政策的问题；“有本事”即在贯彻执行党的路线、方针、政策时，还有个能力的问题，能不能做到的问题，“有本事”与“靠得住”是辩证统一的。我们培养每一名干部，也包括培养我们组织部门自身的干部，我们都在选别人、用别人、管别人，那么我们组工干部自身的成长就更为重要，我们选拔其他方面的干部是希望他能够成气候，我们选拔培养自己的干部也是希望他能够成气候，通过培养提高，选派到某个岗位后希望他能够成气候，而不是到任后工作平平淡淡，甚至不能胜任，组织上不希望得到这样的结局。因此“靠得住”“有本事”就要有能力，我大体罗列了这几个方面的能力，可能不很全面，但是这些最基本的能力还是要具备的。

能力之外，树立良好的职业道德和人格风尚尤为重要。古人讲“修身、齐家、治国平天下”，可见自身修养的重要性。要成就大的事业，要干一番大的事业，干出成就，当领导干部要管一个部门、管一个地区，首先要有一个高尚的情操，他才能够令人佩服，才能够赢得基层干部群众的信赖，才能够真正地为了远大的目标而努力奋斗。一个处长也好，一个部长也好，县长、市长也好，书记也好，没有高尚的道德情操，得不到大家的信任，它就不可能成就一番事业。古人很早就懂这个道理，因此我在这次学习中增加一个“修身、齐家”的要求，实际上是自身价值修养的要求。刚才振琦同志讲得很好，不希望我们整个队伍一个成员掉队，也列举了一些现象，这些现象在我们每个同志的脑子里都要进行反思，在处理问题、解决问题时有时可能是不自觉的。正因为你不自觉，就说明你缺乏思想理论水平，缺乏道德风范的修养，是非观念不清楚。对于这样的同志，当他面对个人利益与集体利益、个人利益与组织利益、个人利益与国家民族利益发生冲突的时候，就很难牺牲个人的利益而服从集体的利益、服从组织的利益、服从国家民族的利益。这是很自然的事情，一个很小的事情就斤斤计较，当我们的国家、我们的民族危亡的时候，需要他献身的时候，他能慷慨就义、视死如归吗？说我到时候就怎么怎么着，那是说大话。平常缺乏道德修养，为了个人的利益斤斤计较，争得面红耳赤，千方百计为着实现个人的利益，特别是当个人利益与集体利益、个人利益与大众利益发生矛盾的时候，能牺牲个人利益而去服从大局、整体的利益?！这正是考验一个干部关键的关键。大家每天都吃三顿饭，都坚持八小时工作日，都领工资、领奖金，那没有多少考验，显不出英雄本色。只有到关键时候，打仗时能不能一马当先，能不能舍身救战友？和平环境当个人利益与集体利益发生冲突时，是把个人利益放在第一位而牺牲集体利益，不顾大局，造成恶劣影响，当然也不一定实现了个人利益；还是以大局为重，牺牲个人利益，服从整体利益，这是对干部最关键的考验。因此中央一再强调这一点，要在大是大非面前考验干部。为什么提出来“六·四”事件时表现怎么样，“法轮功”事件时表现怎么样，我们平常考察干部时要看这个干部的素质、水平怎么样，也要看这些关键环节。刘少奇同志在《论共产党员的修养》中讲“荒山里面万两金”，他讲的意思是财富在无人监督的时候你怎样对待它。春秋时，孔子在考察颜回这个学生道德风范时讲，颜回是个非常贫穷的学生，吃不上，穿不上，一箪食，一瓢饮，住陋巷，“人不堪其忧，回不改其乐”，是孔子对他的评价。他吃的住的非常简陋，但是学习成绩最好。他的同学想考验他，就在他经常路过的地方放上一锭金，并在上面写了一句话，“天赐颜回一锭金”，颜回见到金子以后也写了一句话，“外财不富命穷人”。当然他有宿命观，但他在道德风范上是“取之有道”，这就是个修养问题，这是我们的传统文化。讲过来讲过去，“修身、齐家”非常关键，要想成就事业就很需要我们具有高尚的道德修养，这是个基本的素质。组织部门被誉为“党员之家”“干部之家”“知识分子之家”，何谓“三家”，就是说这里有组织的力量所在，有组织的温暖，人来了很温暖，回到组织部就像回到家一样。靠什么体现这个温暖？就得靠我们组织部门良好的服务，首先对工作、对事业的服务；同时靠我们组织部门每一个同志良好的道德情操，做好工作，以家庭般的温暖感召来人。当外来的同志到这个“家”以后，你老是冷冰冰的，老是考虑我们鼻子底下那点儿事；因为两口子吵了架，上班之后对人家的态度就不好；因为我的房子没装好正在赌着气，就把气撒在工作上，那你还称什么“家”！有着政治坚定、甘于奉献、公道正派、求真务实、廉洁守纪的优良传统和作风，那才能称得起“家”。在改革开放、发展社会主义市场经济的新形势下，要使这些光荣传统发扬光大，组织部门作为管“官”的官，就更要加强道德修养和党性锻炼，严格遵守组织人事干部行为若干规范和组织人事纪律，做到无愧于党、无愧于人民、无愧于自己的职责，更要加强人格修养，以自身良好的道德风范去赢得人们尊敬，堂堂正正做人，清清白白做官，踏踏实实做事，以自己的人格力量来促进组织部门的光荣传统和优良作风的发扬光大。

三　要重视学风建设，用好的学风进一步提升学习效果

端正学风是搞好学习教育的关键性环节。学风问题，实际上是对待马克思主义的态度问题，江泽民同志指出：“学风问题是一个关系党的兴衰成败的重大政治问题。”从我部情况来看，面对新的形势和任务，大多数同志能够紧跟时代步伐，坚持不懈地学习，自觉提高理论素质和业务水平，为全市的组织工作做出了很大的贡献。特别是在当前机构改革工作紧锣密鼓，同时又面临着县（市、区）领导班子换届这么一个重要的历史关口，应该说我们工作量很大，很辛苦，大家都恪尽职守，认真负责地做了大量的工作，这一点组织上看到了，市委也看到了。但是我们也应该看到，当前在学风问题上还存在这样那样的问题，概括起来有几种现象。一是学习的风气不浓。认为理论学习是讲大道理的事情，学不学与实际工作关系不大，没有必要花时间、精力去学习，因而缺乏学习的兴趣和热情。有的人平时不爱读书、看报和学习，且热衷于迎来送往，忙于应酬。二是学习上搞形式的东西多。学习用以应付上级检查，把学习当成装门面、摆样子，对学习口头上重要，行动上次要，忙起来不要，或理论学习上搞千篇一律，不注意联系实际情况，照搬照套，照本宣科，读一读报纸也是学习。三是在学习上态度不正。学习不刻苦、不钻研，浅尝辄止，满足于一知半解，不掌握实质，不去用或不会用理论武器解决实际问题。四是用实用主义的观点对待学习。断章取义，各取所需。总之，在学风上一些同志存在“被动学”和“不会学”的问题。究

其原因：学习的意义、目的不明确；图省事、怕费事；没有正确对待科学理论；缺乏科学的学习方法；等等。这是与我们面临的新形势、新任务不相适应的，必须大力加强学风建设，弘扬马克思主义学风。

加强学风建设，是中共中央十五届六中全会《决定》关于加强和改进党的作风建设的一个重要方面。延安时期毛泽东同志在《改造我们的学习》里就提出来了学风问题，他对不注重学习的人、装潢门面的人用了一副对联，说这些人像“墙上芦苇，头重脚轻根底浅；山间竹笋，嘴尖皮厚腹中空”，刻画了这些不注重学习的同志、摆样子的同志，自我感觉学得还很不错，实际上没有多少东西。加强学风建设，首先，要提高思想认识，明确学习目的，激发学习的热情，改进学习方法，变“被动学”为主动学，变“不会学”为会学。要潜下心来，拿出时间和精力，扎扎实实地学，并把学习长期不懈地坚持下去。只有这样，才能解决理论武装问题，提高理论水平，提高分析问题、解决问题的能力。我们这次学习安排里面就提倡一个观点，即“终生学习”，大家要树立这个思想，如果说终生学习可取的话，那么我们正在岗位上的同志，这个时候学习是更为重要的黄金阶段。其次，要解放思想，与时俱进，不断增强创新意识。创新是一个民族的灵魂，没有创新就没有活力和动力。要坚持在解放思想中统一思想，用创新的精神学习创新的理论，以思想观念的与时俱进推动工作的不断开拓前进，才能有所收获。要注重从学习方法、思想观念、工作机制等方面进行创新。深刻认识形势变化给我们工作带来的影响，努力把思想认识从那些不合时宜的传统观念、陈旧和条条框框的束缚中解放出来；要善于继承那些好的工作方法，又要善于将现代管理科学、行为科学、人力资源开发等科学的理念、工作方式和手段，尽可能运用到工作中去，努力创造适应新形势、新任务的工作机制和方法。最后，要立足实际，勤于思考，增强学习的针对性和实效性。在这里要特别强调“学而思”，“学而不思则罔，思而不学则殆”，讲了一个学习与思考的辩证关系，不学习就没有什么思想性，没有积累就不会产生思想火花。而只学习不思考，好多事理就弄不明白，找不到事物运动变化发展的规律性。要正确认识理论与实践的关系，着眼于新的实践和新发展，坚持以科学的理论为指导，以改革开放和现代化建设的实际问题、以组织工作面临的新情况和新问题为中心，进行认真深入研究。要坚持实事求是的态度，如实反映事情的真相，防止浮光掠影、主观臆断。要真正沉得下去，深入基层、深入群众，广泛听取群众意见，掌握第一手材料，使调查研究成为向群众学习、向实践学习的过程，使调查研究真正成为理论联系实际的重要方法和渠道，从而在实际工作中进一步弘扬马克思主义学风，培养新的学风。结合实际深入基层、深入群众是非常重要的学习方法，也是转变作风的方法。昨天我和振琦同志到组织部联系的贫困点看了看，劳动就业处处长顾讨平正在那里向实践学习、向基层学习。住在一个小房间里面，自己一张床。村子对他还不错，临去前还把房子粉刷了，吊了顶棚，自己在队部里住，也没有个后窗户，不通风，进去以后就发汗，自己在楼下做饭。现在已经在那里蹲了20多天，正在思考怎么打井、怎么修路等问题。他的思想就有变化，在座谈会上滔滔不绝地谈起他的体会来。我说咱们都轮着，有机会到外面，去开开眼界，出境出省，有条件还可以出国。还有就是到基层，去身体力行。对于调查研究，我的体会是去比不去要强，假如说短期调研叫“走马观花”的话，“走马观花”比不“走马观花”强。深入调研，蹲一段时间，像顾讨平去扶贫，这叫“下马观花”，“下马观花”比“走马观花”要强。如果到一个地方蹲上一两年，年轻同志待上两三年，去挂职，去任职锻炼，比“下马观花”效果要好，对事业有好处，对这个干部的成长绝对有好处。尤为重要的是，要结合自己的思想工作实际开展学习，“修身、齐家”，要敢于触动自己的思想，检讨自己的行为。周总理讲“活到老、学到老、改造到老”，他为什么要把学习和改造结合起来，那就是通过自己的一番学习和思考，再加上实践锻炼，思想上发生质的变化，对一个事物有了新的认识、新的感受、新的感情、新的理念，那才能够使自己有更快的进步。刚才振琦同志点的一些现象，我们部里确实存在，这些问题你不要有对立情绪，认为批评你们了，一开会就批评你们。不光批评你们，我们也反思自己，批评自己。批评你们，批判我们，批评大家，并不是坏事，首先在接受了这个信号后，是采取对立的情绪，还是采取反思的形式？我看应该采取反思的形式，思考一下哪一条对得上自己。特别是年轻同志，因为阅历比较浅，没有经过更多的周折，考虑问题可能简单一些，在处理个人和集体关系时可能摆不正位置，更需要通过加强学习、勤于思考来努力改进自己，改进了就进步了，不断地改进就不断地成熟，就可以担当更重要的工作任务，为党的事业做出更大的贡献。一定要舍得丢掉自己不良的思想行为，逐步地完善起来。《一个也不能少》是一部电影，在组织部就是一个也不能掉队，整整齐齐地学习、进步，大家从年龄段上已经分出档次了，都是继往开来的，一个梯队一个梯队地承担着组织部的事业，要完成我们共同的事业。

加强学风建设，还要提倡领导干部带头学，总体上讲要形成一个学习机制。什么机制？就是形成一个统筹安排、领导干部带头学的机制。总体部署就是把部中心组学习和全体同志学习做一个统一安排，中心组先学一步，回过头来带动大家学习，大家学习要促进中心组学习，咱们来一个比、学、赶、帮、超。下半年的学习安排都已经发给大家了，现在给部务会成员提个任务，在政治理论学习上中心组根据“三个代表”重要思想、“七一”讲话、“5·31”讲话和今年下半年即将召开的党的十六大会议精神的内容，我们要搞一系列的专题，每一个专题中心组要学习讨论，学完以后指定一位同志把它综合起来写成学习体会，给部全体干部谈体会、做辅导，以此来带动大家学习，一级带一级，相互学习，相互帮助，相互交流，相互促进，共同提高，形成“互动”机制。同时，建立健全学习督导检查制度，得有压力。总认为学习是软任务，部署下去后不进行检查，有时一忙就顾不上学习。这段时间部里多数同志都很忙，首先是工作很忙，还有个装修房子的事情，这个事情各处都要统筹安排一下，不都去干这个活儿，也不能不干这个活儿。基于这种考虑，我们计划每星期拿出半天时间来学习，时间就定在星期四下午，作为学习日。我们为什么不搞一个星期天党校、星期日学习日？办公厅就是星期六搞 MPA 培训。部务会考虑了大家的实际情况，现在大家家里还有活儿，五天工作日，白天在机关工作，休息日还要学习，家里的活儿就干不了啦，我们是从实际出发，从组织部的实际出发，以后可能搞个星期天学习日。大家要兼顾好，现在大家光忙于学习装修了，那不行，虽然需要学，关键还是学政治理论、学组织业务知识，发两个笔记本，一个政治理论笔记本，学习马列主义、毛泽东思想、邓小平理论、江泽民同志“三个代表”重要思想，但是我们从最现实的地方开始学，从“三个代表”重要思想开始学。逐步地用一两年甚至三五年把马克思主义基本原理学习一遍，使我们每一个同志，在岗位上也好，出去工作也好，我们总得有干部输出，无论到哪个地方都有对马克思主义原理的比较系统的掌握，使我们每个组工干部对从马克思到江泽民同志的基本观点都清楚，都明白，以此指导工作。另一个就是业务知识笔记本。业务知识有共同性，比如说微机、外语、法律法规、党规党法等，同时各处室要有自己独特的专业知识，干部处的同志要写考察报告，这就是我们的专业知识。对于考察报告，今天我还要表扬，在考察纪检干部时，只用半天时间，几个考察组一同深入纪委，半天就把考察报告拿出来，下午开会就用，行动快，情况弄得实，五官面目刻画得非常逼真，受到了表扬，这充分说明我们有能力，不是没有能力。一是态度问题，二是我们熟悉情况的问题，还有我们知识水平的问题。但是不是都具备这个水平？那不是，我们这次考察集中了我们最骨干的力量，最骨干的力量就具备这个能力，我希望每个同志都具备这个能力。董强同志讲，他当组织部部长时搞过干部考察材料评比，把谁考察的、考察谁这些名字都去掉，然后把考察材料拿出来进行评比。我说你这位老部长真是有办法，我还得学习你这个方法，参加评比，评比几次，如果每次的考察报告都是最次的，这个同志就不能在这个岗位上干了；几次考察材料都是很好的，这个同志就应该重用。这段时间我找了几位处长聊了聊工作情况，都给我提了很多好的建议，谈到有时忙不过来，工作的质量就千差万别，如果肯下功夫，水平就很高。在确实忙不过来时，我们部电脑都很充足，东拼西凑，材料也拿出来了，不过与高水平要求相比就不行。各个处室专业知识还要有针对性，如研究室的同志要研究问题，要有文字水平，要有调查研究的本事；搞微机要有微机的专业知识，有些同志就比较熟，出现问题很快就能够处理，有些同志就不行，得找别人帮忙；电教有电教的知识，各方面有各方面的知识，各位部长和各位处长都要研究。专业知识有共性的方面，还有个性的方面，要统筹安排好。通过学习要形成一个好的风气，掀起学习高潮，使学习在我部机关蔚然成风，形成比、学、赶、帮、超的生动局面，不断充实自己。

按照省委组织部的要求，在部机关开展“争先创优迎十六大”活动，时间还有三个月，这个工作年初就部署了，由于主客观原因，过去几个月收效不大，通过这次学习动员会，我们要认真抓落实，利用三个月的时间使学习入轨。同时每一个同志都要有成果，将来我们要举办成果展览，可以比一比，进行交流、演讲、展览学习笔记。抽查时如果一个字都没写，也要展览，大字条幅写上他的尊姓大名，摆上他的笔记本，展览一番。好的也要展览，促进学习。通过大家共同努力，不要把学习搞成形式，而要使学习有实际内容，能够提高政治理论水平，提高工作能力。我们自己作风正，“靠得住，有本事”，才能完成事业赋予我们的任务，同时也使每一位同志有一个好的素质，有更快的进步。

学习“三个代表”重要思想当好领导干部“贤内助”*

（2002 年 7 月 18 日）

市直单位“一把手”“贤内助”读书班，今天正式开班了。首先，我代表市委和市委组织部，向参加读书班学习的全体同志表示热烈的欢迎和诚挚的问候！

参加这次读书班的同志是我市市直单位“一把手”的“贤内助”。举办这次读书班的主要目的是认真落实江泽民总书记关于加强新时期党的建设一系列重要论述和全国、全省和全市组织部长会议精神，切实加强对领导干部配偶的教育管理，帮助大家开阔视野、增长知识、交流经验、提高素质，在推动和加强领导干部思想政治建设方面发挥积极作用。

组织部是“党员之家”“干部之家”“知识分子之家”，从某种意义上讲，也可以说是“领导干部配偶之家”。因此，我们通过办班的形式把大家请到“娘家”来，提供一个学习、交流、调适的机会，与大家加强联系、沟通感情、增进了解，使大家在互相交流、互相探讨、互相学习中共同提高、共同进步。我想借这个机会，讲三个方面的问题。

一　充分认识加强对领导干部“贤内助”教育的重要意义

邓小平同志指出：“党是整个社会的表率，党的各级领导同志又是全党

---

* 本文是周文夫在市直单位“一把手”“贤内助”读书班上的讲话。

的表率。”各级领导干部是国家的栋梁、党的事业的骨干。一个领导干部能不能正确行使手中权力、认真履行自己的职责、自觉发挥应有的作用、在人民群众中树立良好的形象，往往与其配偶的影响有很大关系。领导干部配偶自身素质强不强、思想境界高不高、各方面表现好不好，都会影响领导干部的思想、工作和作风。现实生活中许多实例表明，一个优秀的领导干部，身后往往有一个默默无闻、无私奉献、大力支持他（她）的“贤内助”；相反，一些领导干部出问题、犯错误，有的就是“栽”在配偶身上。因此，中央、省委、市委反复强调，在改革开放和发展社会主义市场经济的新形势下，领导干部一定要管住、管好自己的配偶和子女。这一要求，具有十分重要的现实意义。

第一，加强对领导干部“贤内助”的教育，是新形势下加强领导干部思想作风建设的需要。党的 81 年奋斗历程表明，加强领导干部的思想作风建设，对于党的路线方针政策的落实，从来都具有决定性的作用。在新形势下，加强和改进党的作风建设，尤其如此。领导干部作为一个地区、一个部门、一个单位的领导者，肩负着组织和带领人民群众全面贯彻落实党的路线方针政策、推进两个精神文明建设和各项事业健康发展的重要职责，其作风的好坏，直接关系着党的形象，影响着党风、政风、行业风气和社会风气，乃至一个地区的经济和社会的发展。目前，党风在作风上存在的突出问题，不少是由领导干部自身作风不正和抓作风建设不力引起的。因此，按照党的十五届六中全会《决定》提出的“八个坚持、八个反对”的要求，加强领导干部思想作风建设，既要靠各级党组织加强对领导干部的教育管理，更要靠领导干部的自身努力，同时还有一个不可忽视的重要方面，就是要靠领导干部配偶的大力支持、配合与协助。领导干部与配偶的特定关系，决定了领导干部配偶在领导干部思想作风建设中的特殊作用。要发挥好这种作用，就要努力适应形势和任务对领导干部思想作风建设提出的新要求，不断加强对领导干部配偶的教育，进一步提高他们的整体素质。

第二，加强对领导干部“贤内助”的教育，是推进党风廉政建设的需要。党风廉政建设和反腐败斗争，是新时期党的建设新的伟大工程的重要组成部分，事关党和国家的前途和命运。江泽民总书记在中纪委四次全会上，从巩固党的执政地位、维护国家长治久安的高度，深刻地分析了我国在新世纪面临的国内外形势，精辟地阐述了切实加强干部队伍建设的极端重要性，要求领导干部必须牢固树立正确的权力观。江泽民同志的重要讲话，对于全面加强党的建设，加强和改进干部工作，深入扎实地推进党风廉政建设和反腐败斗争，具有十分重要的意义。领导干部廉洁从政，是新时期从严治党、端正党风的重要前提，是贯彻落实党的路线方针政策，促进改革开放和经济建设，维护政治、社会稳定的重要保证。近年来，为了加强党风廉政建设和反腐败斗争，中央先后制定和颁发了《中国共产党党员领导干部廉洁从政若干准则》《关于党政机关厉行节约制止奢侈浪费八条规定》等一系列规章制度，对领导干部廉洁从政做出了明确规定，还特别强调了领导干部不准利用职权和职务上的影响为配偶子女谋取非法利益。当前，随着改革的深化和社会主义市场经济的发展，在复杂的经济关系、利益关系和人际关系中，领导干部的确面临着形形色色的诱惑和考验。社会上一些别有用心的人，在千方百计地拉干部下水，以实现他们个人或小集团的私利。如，厦门特大走私案，使一大批领导干部落水，走上犯罪的道路，教训十分惨痛。更值得注意的是，一些领导干部的违法犯罪，是其配偶子女利用领导干部的权力谋取私利而造成的。因此，在新的历史条件下，要通过加强对领导干部配偶的教育，引导他们自觉遵守并监督领导干部严格执行廉洁自律有关规定，为推进党风廉政建设和社会风气的根本好转发挥积极作用。

第三，加强对领导干部“贤内助”的教育，是加强对领导干部监督的需要。中央反复强调，对领导干部一定要严格要求、严格管理、严格监督。加强对领导干部的监督，是从严治党、切实加强党的建设的一个关键环节，也是教育和保护干部、促进干部健康成长和建设高素质干部队伍的必然要求。从这些年和最近揭露的一些大案要案来看，一些干部违法违纪，反映出对领导干部的监督不力。大量事实说明，失去监督的权力，必然导致腐败。在推进改革开放和发展社会主义市场经济的条件下，必须下功夫改进和加强监督工作。特别是要加强主动监督，把监督的关口往前移，加强事前防范，努力做到领导干部权力行使到哪里，领导活动延伸到哪里，党组织的监督就实行到哪里。要拓宽干部监督工作的领域和范围，不仅监督领导干部“工作圈”的表现，而且要监督他们在“生活圈”“社交圈”的情况，把监督的触角延伸到领导干部的家庭生活和社交领域。领导干部的情况，上级不是天天能看到的，下级也不是天天能看到的，但他（她）与配偶之间彼此是最熟悉的。因此，领导干部的配偶应当从关心、爱护领导干部的角度出发，不仅要当好生活上的“贤内助”，更要当好政治上的“监督员”，帮助领导干部健康成长，不断进步。2000 年 3 月，新闻媒体刊登的《一个妻子致“一汽”集团党委的信》，反映的就是领导干部八小时以外的问题，应该引起我们的深思。

第四，加强对领导干部“贤内助”的教育，也是由领导干部配偶的特定身份决定的。领导干部的配偶具有“双重形象”，他们在单位、在社会上的表现如何，不仅关系自身的形象，而且直接影响他们作为领导干部的亲人的形象。如果配偶做得好，就能给领导干部以极大的帮助，有力地促进领导干部的工作；如果配偶做得不好，就会影响领导干部的工作，甚至把领导干部毁掉。还要看到，在现实生活中，领导干部的配偶往往处于一种比较特殊的地位，在社会上往往被人“高看一眼”，在单位上往往被领导和同事“厚爱一层”。面对这种特殊环境，如果自己不能正确把握，不能确实做到自尊、自爱、自洁、自律，自己总处于一种“高人一等”、一种飘飘然的感觉中，“千里之堤，溃于蚁穴”，久而久之，他们中的许多人就会放松世界观的改造，降低对自己的要求，对不正之风和腐败现象的抵御能力就会逐渐下降，从而对领导干部施以种种不良影响，严重的甚至会滑到违纪违法的邪路上去。从我市领导干部配偶的现状来看，绝大多数领导干部配偶的素质和表现是好的，涌现了一大批自强自立、无私奉献、全力支持领导干部工作的“贤内助”。但是，也有极少数领导干部的配偶确实存在素质不高、表现不好的问题，特殊身份带来的优越感使他们放松了对自己的要求，在干部群众中造成了不好的影响。因此，必须教育和引导领导干部的配偶从严要求自己，在任何时候、任何场合都要树立良好形象。领导干部的配偶构成是多种多样的，既有领导干部，又有一般职工，既有党员，又有群众，还有退休在家的，工作职业、知识水平、生活阅历、思想素质等各有差异。因此，要有针对性地加强教育，使他们在各自的工作和生活中，努力成为一名好干部、好党员、好职工、好公民，以便更好地履行一个领导干部“贤内助”的职责。

我们举办这样的读书班，就是新形势下加强对领导干部配偶教育管理的一项新探索，是提高领导干部配偶素质的具体措施和实施步骤，今后要纳入组织部和党校的培训规划。希望大家充分认识举办这次读书班的目的和意义，切实增强加强学习、提高自身素质的自觉性和主动性。

二　深入学习“三个代表”重要思想，正确认识我党面临的形势和任务

大家知道，当前，举国上下正在认真学习和实践“三个代表”重要思想。借这个机会，我也愿意和各位“贤内助”一起学习探讨一下“三个代表”重要思想的内涵，并分析一下我们所面临的形势和任务。

（一）“三个代表”重要思想提出的背景

“三个代表”重要思想是江泽民同志继承并发扬马克思主义的理论创新精神，着眼于新世纪新时代提出的新问题，立足于当代中国国情，把马克思主义基本原理同中国具体实际相结合，提出了一系列新观点，做出了一系列新概括，回答了“建设一个什么样的党、怎样建设党”的问题，从而把马克思主义中国化推进了一个新阶段。为什么这么说呢？这是因为在新的世纪我们党面临着新的形势和巨大的考验。第一，世界发生大转折，带来新的机遇和挑战。在和平与发展成为时代主题的当今世界，科技进步日新月异，经济全球化进程加快，世界多极化趋势不可逆转，以经济力、科技力、军事力、凝聚力为主要内容的综合国力竞争日趋激烈。我们国家能否抓住机遇，经受住挑战，归根结底取决于党的建设，取决于按照什么样的思路来进一步把党建设好。在世界大转折中发生的世界社会主义运动大曲折，也向人们、向一切马克思主义者特别是向我们党提出了重大课题。20 世纪上半叶，科学社会主义在占世界人口 1/3 的国度里取得胜利，震惊了世界；20 世纪下半叶，又以社会主义运动遭受严重挫折，再次震惊世界。而在 20 世纪最后

10 年，中国社会主义事业在邓小平理论指引下蓬勃发展，又震惊了世界。中国共产党人有责任深入研究和思考如此错综复杂、变化深刻的历史现象，进一步得出必要的经验和教训，以利于更好地巩固和加强自己。第二，领导中华民族实现伟大复兴，这更是对我们党的严峻考验。自鸦片战争以来，中华民族面临着争取民族独立和人民解放、实现国家繁荣富强和人民共同富裕这两大历史任务。中国各种政治思潮、政治派别的历史地位和历史命运，归根结底都由其能否推进和完成这两大任务来决定。我们应当清醒地看到，面对新世纪，我们党所处的国内外环境已经发生广泛而深刻的变化。就国内来说，随着改革开放的深入和社会主义市场经济的发展，全社会范围经济成分、经济利益、社会组织和社会生活方式日趋多样化。这一方面极大地推动了我国社会生产力的解放和发展，推动了经济、政治、社会和文化的全面进步，另一方面又对我们党的建设提出了新的更高的要求和众多前所未有的新课题。第三，我们党正进入整体性新老交替的重要时期。党的干部队伍总体上是好的，但同时在一部分人中存在思想僵化、信念动摇、组织涣散、作风漂浮特别是腐败问题。再加上新世纪头十几年、二十几年，一大批中青年干部要走上中高级领导岗位。在这种情况下，从严治党，进一步提高全党特别是党的各级领导干部队伍的素质，已成为十分紧迫的任务。

以上这些问题集中起来，就是我们党在新的世纪能否做到以下几点：在世界大转折中走在时代前列；在中国大发展中走在领导中华民族伟大复兴事业的前列；党本身在思想上政治上组织上进一步巩固起来，经得起任何风浪的考验。正因为这样，江泽民同志提出了“三个代表”的重要思想，从理论和实践的结合上回答了“建设一个什么样的党、怎样建设党”的根本问题。

（二）“三个代表”重要思想是马克思主义理论创新的典范

在“三个代表”重要思想中，不仅每个方面都具有新的深刻内涵，而且三个方面相辅相成、辩证统一，揭示了我们治党和治国的内在联系，并形成一个深化对共产党执政规律、社会主义建设规律和人类社会发展规律认识的新的理论体系。“三个代表”重要思想是马克思主义理论创新的又一光辉典范。

第一，始终代表中国先进生产力的发展要求，从人类社会发展的最根本动力方面，回答了党的先进性的本质和永远保持先进性的目标取向。具体体现在三个方面。一是解释了生产力发展的根本性和党的历史主动性之间的辩证关系。人类社会的发展，就是先进生产力不断取代落后生产力的过程。这是一个自然的历史进程，是不以人的意志为转移的。工人阶级政党属于上层建筑，它能通过自己的自觉活动作用于经济基础（生产关系），进而能动地反作用于生产力。因此，通过自己的创造性活动持续地引导社会解放和发展生产力，因而始终成为“先进生产力的发展要求”的代表，这就使共产党从社会发展的根本动力层次上获得领导社会前进的合理性，同时也使共产党的先进性得到根本体现。二是揭示了提高生产力发展水平和保持生产关系的先进性之间的内在联系和统一。社会主义的优越性，最终要体现在创造出比资本主义更高的生产力上，因而领导社会主义建设的执政党，必须以推动生产力的发展为己任；社会主义的优越性，还要体现在使生产力发展的成果运用于满足广大人民群众的物质文化需要、实现共同富裕上，因而党还要以保持社会主义生产关系和经济体制的先进性为己任。这两者都是先进生产力“发展要求”的不可或缺的方面。三是揭示了判断党的先进性与阶级性本质之间的高度一致。生产力标准是判断社会发展进步的根本标准。当它被用于分析工人阶级政党及其政治实践时，并没有排斥和代替党的阶级性本质。在这里，正是作为党的阶级基础的工人阶级的先进性，使二者高度一致起来。作为社会化大生产的主体的工人阶级，是推动人类社会发展的最先进和最伟大的社会力量，其与先进生产力发展要求和趋势直接统一。共产党是通过成为工人阶级先锋队来代表先进生产力发展要求的。工人阶级政党“必须始终代表先进生产力的发展要求”，更加突出了工人阶级随着生产力的发展而不断进步的政治品质。

第二，始终代表中国先进文化的前进方向，树起了党在思想上精神上保持先进性的旗帜。把先进文化建设的重要性提高到关系党、国家和民族前途命运的高度来认识，是意义深远的理论升华。代表先进文化的前进方向，与代表先进生产力的发展要求相得益彰，深刻揭示了党的先进性的丰富内涵。

工人阶级政党必须在物质和精神两个领域同时代表社会进步的趋势和方向。《共产党宣言》指出：“共产主义革命就是同传统的所有制关系实行最彻底的决裂。”这里，“传统的”所有制关系和观念指的就是以往一切剥削阶级的经济制度和为之辩护的思想理论，社会主义和共产主义社会就是要确立性质与之完全不同的经济制度和新的社会意识。

建党81年来，我们党在始终代表和促进中国先进生产力发展的同时，根据不同历史时期的特点和主要任务，努力建设和弘扬反映革命、建设和改革要求的新文化。以毛泽东为核心的党的第一代领导集体在新民主主义革命胜利前后大力提倡并致力于发展“无产阶级领导的人民大众的反帝反封建的文化”及其向社会主义文化的转变；以邓小平为核心的党的第二代领导集体，一再强调两个文明都搞好才是有中国特色的社会主义，在搞好物质文明建设的同时，必须大力推进社会主义精神文明建设；以江泽民为核心的党的第三代领导集体在社会主义现代化建设的新阶段，结合新的实际，对建设有中国特色的社会主义的经济、政治、文化，对物质文明和精神文明的协调发展，都做了深刻的思考和全面、正确的指导。在“三个代表”重要思想中，从执政党建设、保持党的先进性的高度，全面、深入地论述了有中国特色社会主义文化建设的重要性和两个文明的辩证关系；用“三个代表”要求统领社会主义文化建设，并对中国现阶段先进文化的内涵和要求做出了富有民族精神和鲜明时代风格的阐释。这样，就把文化建设从党所领导的一个重要方面的工作，提高到关系党的性质、宗旨和根本任务的本质层次上来。这在马克思主义发展史上还是第一次。它标志着我们党对不断推进先进文化发展的认识达到了新的历史高度，是对马克思主义党建学说和社会全面进步学说的新贡献。

第三，始终代表中国最广大人民的根本利益，是结合社会变化的新实际，对党的根本宗旨做出的新的理论概括，是对党和人民群众之间血肉联系做出的深层的本质揭示。全心全意为人民服务，是中国共产党的根本宗旨。党在不同历史时期，都要根据人民群众的现实状况、真实意愿和发展要求，根据最广大人民的长远利益和眼前利益的统一，来制定自己的路线、方针和政策。目前，随着改革的不断深化，我国的社会生活发生了深刻变化，社会经济成分、组织形式、利益主体和就业方式呈现多样化，社会利益结构和利益实现方式也发生了较大变化。在这种新形势下，能否充分认识“最大多数人的利益是最紧要和最具有决定性的因素”，关系到党和社会主义事业的成败，关系到国家的长治久安和执政党地位的稳固。“始终代表中国最广大人民的根本利益”的论断，深刻揭示了党同人民保持血肉联系的实质，赋予党的宗旨以鲜明的时代内涵。这就是江泽民同志关于党要坚持“三个一致性”的精辟概括：坚持尊重社会发展规律与尊重人民历史主体地位的一致性；坚持为崇高理想奋斗与为最广大人民谋利益的一致性；坚持完成党的各项工作与实现人民利益的一致性。这“三个一致性”，是对历史唯物主义群众观点的创造性阐发。

“三个代表”充分体现了党增强自己的阶级基础和扩大群众基础的统一。代表最广大人民的根本利益与坚持党的工人阶级先锋队性质是完全一致的。前者是后者的社会基础，失去最广大人民的支持，党将会一事无成，“先进性”就会成为空谈；后者是前者的现实保证，因为工人阶级的彻底革命性和事业的无私性，历史才赋予其领导广大人民建设社会主义和共产主义的使命。而共产党作为工人阶级先锋队，最了解“为绝大多数人谋利益的独立的运动”的一般进程、性质和条件，所以只有共产党才能真正代表最广大人民的根本利益。伴随着中国社会主义现代化进程的步步胜利，中国工人阶级及其政党将进一步成为一支最宏大、最有组织的社会进步力量，他们有能力把一切拥护社会主义的中国人民大众团结在自己的周围。“三个代表”重要思想中包含的增强党的阶级基础和扩大党的群众基础的一致性，是对马克思主义关于政党、阶级和群众之间关系理论的新发展。

第四，“三个代表”重要思想是一个具有内在联系的理论整体，它是马克思主义党建学说史上重大的理论创新。党的三代中央领导集体，都善于根据革命、建设和改革的丰富历史经验进行马克思主义的理论思考和实践总结，用家喻户晓的语言做出综合和概括，使其具有强大的感召力，易于为全党和全国人民所掌握，从而极大地推动理论成果转化为物质力量。例如，当年毛泽东同志把统一战线、武装斗争和党的建设概括为中国共产党在中国革命中战胜敌人的“三大法宝”，发挥了指导革命走向胜利的巨大威力。邓小平同志概括和提出的“四项基本原则”及“三个有利于”标准，言简意赅，对建设有中国特色社会主义事业发挥了并且正在发挥着巨大的指导作用。江泽民同志关于“三个代表”的新概括，同样具有强大的感染力和说服力。“三个代表”作为统一的整体，相互联系、相互依存、相互促进。代表“先进生产力的发展要求”是基础和根本；代表“先进文化的前进方向”是灵魂和先导；代表“最广大人民的根本利益”是本质和归宿。这三者的理论综合，构成了新世纪指导我们党的建设的伟大纲领，构成了我国人民实现中华民族伟大复兴的根本指针。

（三）江泽民同志“七一”和“5·31”重要讲话贯穿着“三个代表”重要思想

江泽民同志去年7月1日在纪念建党80周年大会上的重要讲话和今年5月31日在中央党校的重要讲话，贯穿着“三个代表”重要思想，是马克思主义的纲领性文献，是我们党在新世纪迎接新考验、赢得新胜利的强大思想武器。

首先，要深刻理解“七一”和“5·31”讲话对马克思主义理论的新发展、新贡献，积极倡导求真务实、勇于创新、与时俱进的时代精神，坚持在解放思想中统一思想。江泽民同志的“七一”和“5·31”重要讲话，通篇贯穿着解放思想、实事求是的思想路线，体现了勇于追求真理、探索真理的革命精神。特别是讲话以马克思主义的巨大政治勇气和理论勇气、根据历史条件的变化对我们在实践发展中遇到的一些重大问题给予了符合实际的科学回答，创造性地提出了许多新思想、新观点、新论断。例如：关于党的80年基本经验的论述；关于坚持和发展马克思主义的论述；关于“三个代表”科学内涵及相互关系的论述；关于坚持党的无产阶级先锋队性质，永葆党的先进性的论述；关于以改革的精神研究和解决党的建设面临的重大理论和现实问题的论述；关于增强党的阶级基础和扩大党的群众基础，不断提高党的社会影响力的论述；关于按照总揽全局、协调各方的原则，进一步加强和完善党的领导体制，改进党的领导方式和执政能力的论述；关于中国共产党人是最低纲领与最高纲领的统一论者的论述；关于促进人的全面发展的论述；

关于世界发展主题和各国文明多样性的论述；等等。这些论述，既坚持了马克思主义的基本原理、科学世界观和方法论，又结合了新的历史条件和新的实践要求，说出了具有科学依据和时代精神的新话，更为鲜明、更为集中地揭示了新世纪党的建设和建设有中国特色社会主义事业发展的本质要求，继承、丰富和发展了马克思主义。要把“七一”和“5·31”讲话的学习引向深入，必须坚持解放思想、实事求是、与时俱进、开拓创新，在深刻理解和正确把握讲话提出的新思想、新观点、新论断上下功夫，坚持在解放思想中统一思想。只有坚持用马克思主义理论创新的最新成果武装头脑，以时代的眼光、发展的观点来认识实践中提出的重大理论问题，才能使我们的思想认识更符合新的实际，才能使我们的行动跟上时代前进的步伐，才能把全党的力量进一步凝聚起来，同心同德地为实现党在新世纪的宏伟目标而奋斗。

其次，要把学习“七一”和“5·31”讲话同学习马列主义、毛泽东思想特别是邓小平理论结合起来，全面、正确、深刻地领会“三个代表”重要思想。江泽民同志“三个代表”重要思想，与马列主义、毛泽东思想、邓小平理论是一脉相承的。坚持“三个代表”重要思想，与坚持马列主义、毛泽东思想、邓小平理论是完全统一的。学习“七一”和“5·31”讲话，必须全面把握讲话的科学内涵和精神实质，深刻认识“三个代表”重要思想对于在新的时代条件下坚持和发展马克思主义的重大理论意义和实践意义，必须进一步端正对待马克思主义的态度，真正把马克思主义当作科学而不是教条来对待。回顾我国革命、建设、改革的伟大历程，总结实践中正反两方面的经验，正确对待马克思主义，必须做到以下三点。一是必须始终坚持马克思主义的基本原理，坚持马克思主义的立场、观点、方法。二是必须坚持把马克思主义基本原理与我国实际相结合，不断推进马克思主义的中国化。三是必须坚持与时俱进，不断研究新情况、解决新问题，在实践中丰富和发展马克思主义。江泽民同志提出的“三个代表”重要思想，就是坚持理论与实际、继承与创新、解放思想与实事求是相结合的新的典范，是运用马克思主义观察当今世界和当代中国的最新理论成果。如果用教条主义、本本主义的态度对待马克思主义，用一成不变的僵化观点看问题，就不能深刻认识“三个代表”重要思想的科学内涵，甚至会陷入“左”的错误。同时，也要防止打着拥护“三个代表”的旗号，否定马克思主义基本原理、否定四项基本原则的右的错误倾向。

最后，要发扬理论联系实际、学以致用的学风，坚持用“三个代表”重要思想指导各项工作，深入研究现实生活中提出的重大理论和实际问题。理论联系实际，是我们党一贯坚持的马克思主义学风。学习马列主义、毛泽东思想、邓小平理论，学习“三个代表”重要思想的目的，全在于应用。要坚持用“三个代表”重要思想指导党的建设和各项工作，共产党员特别是领导干部要身体力行、认真实践“三个代表”重要思想，要以“三个代表”重要思想作为衡量标准，看看我们所采取的措施、所做的工作，是不是符合“三个代表”的要求，符合的就毫不动摇地坚持，不完全符合的就积极调整，不符合的就勇于实事求是地纠正。当今世界政治、经济、文化、科技正在发生着重大变化，党员、干部队伍的状况也在发生着重大变化。无论从国际还是国内看，我们都面临着许多新情况新问题，要求我们以“三个代表”重要思想为指导，进一步从理论与实际的结合上给予科学的回答，不断深化对共产党执政的规律、对社会主义建设的规律、对人类社会发展的规律的认识，保持党的先进性，把我们的事业不断推向前进。

（四）发扬“三个代表”的创新精神，努力争做实践“三个代表”的模范

理论有了新视野，发展才有新思路。江泽民同志指出，“我们取得的一切成就已经载入史册。在我们的前面，还有更长的道路要走。认识真理是不断前进的过程，改造世界也是不断前进的过程”。贯彻落实“三个代表”重要思想，关键在于发扬其根据实践发展、坚持与时俱进、不断创新的理论品格，在改革开放和社会主义现代化建设的各项工作中开拓进取。

21世纪初，中国和世界都在发生巨大而深刻的变化。我们既面临着难得的发展机遇，也面临着严峻的挑战。以“三个代表”重要思想为指导，深入研究和解决面临的各种问题，不断推进理论创新、制度创新和科技创新，为实现中华民族的伟大复兴奠定坚实的基础，是历史赋予我们共产党人的庄严使命。

从国内来看，目前我国已经进入全面建设小康社会、加快推进社会主义现代化建设的新的发展阶段。在深化改革、促进发展的过程中，一些难以绕开的深层次的矛盾和问题正在凸显。如何深化社会主义市场经济理论和实践的探索，进一步完善社会主义市场经济制度和体制；如何巩固和完善有中国特色社会主义的政治制度和体制，把依法治国与以德治国有机结合起来；如何建立和弘扬有中国特色社会主义的先进文化，实现物质文明与精神文明协调发展和社会全面进步；如何永葆党的纯洁性和先进性，巩固执政地位，提高领导水平和执政水平，增强拒腐防变和抵御风险的能力；等等，所有这些重大问题都亟须深入研究和解决。

从我们面临的国际环境看，需要进一步清醒认识和正确应对的重大问题也不少。经济上全球化进程明显加快，以新的科技革命为先导的生产力迅速发展，综合国力竞争日益激烈。随着我国加入 WTO，不仅原来研究的问题有了新的意义，而且诸多直接关系我国利益、安全、发展的重大问题，也迫切需要我们正视和回答。在政治上，世界多极化趋势在曲折中向前发展。霸权主义和强权政治依然存在，称霸与反霸、单极与多极的斗争更为复杂和多变。我们面临着努力推动世界向多极化发展，维护世界和平、稳定与繁荣，为我国经济和社会发展争取更为有利的国际环境和良好的周边环境的艰巨任务。在文化上，东西方思想文化之间碰撞、融合和激荡，少数西方国家推行自己的价值观，大搞文化霸权，以配合其谋求经济、政治和军事上的霸权。对此，我们应有清醒的认识。

以“三个代表”为指导，创造性地解决我们面临的重大问题，是当前实践“三个代表”的当务之急，也是完成党在新世纪三大历史任务、推进中华民族伟大复兴的关键。江泽民同志指出：“我们提出按照‘三个代表’的要求加强党的建设，就是要研究新的情况和新的实践，解答建设有中国特色社会主义进程中提出的重大问题，把现代化建设和党的自身建设不断推向前进。”科学理论的产生和掌握需要勇于创新的态度和思维，科学理论的贯彻与落实也是如此。“三个代表”重要思想作为马克思主义的重大理论创新，需要我们用科学的态度加以认识和运用。它在研究和解决实际问题中产生，还要随着实践的发展而不断得到丰富和发展。贯彻“三个代表”的要求，一要科学态度，二要自觉行动。我们应当继续坚持解放思想、实事求是、与时俱进、开拓创新的科学精神，在不断研究新情况、解决新问题的过程中，推进理论创新和实践创新。唯有如此，才能使我们的各项工作真正代表中国“先进生产力的发展要求”、“先进文化的发展方向”和“最广大人民的根本利益”；也唯有如此，我们才能自觉以“三个代表”为指导，为巩固和发展改革开放的大好形势做出更大的贡献。

三　适应新形势、新要求，努力当好领导干部的“贤内助”

怎样当好领导干部的“贤内助”，大家都有各自的经验和体会。这里我想讲五点。

第一，加强学习，陶冶情操，不断提高自身素质。江泽民同志一再告诫全党要“学习、学习、再学习”，要努力创建“学习型社会”。学习是一种精神、一种责任、一种追求、一种境界，是提高自身素质的根本措施。领导干部必须把学习放在首位，领导干部的配偶同样也不能放松学习，特别是要努力成为新时代的“贤内助”，就更要在学习上下功夫。只有不断加强学习，才能树立起正确的世界观、人生观、价值观，坚定正确的理想信念，增强政治敏锐性和政治鉴别力，在大是大非面前保持清醒头脑；才能提高思想政治素质，保持高尚的道德情操，自觉抵制和战胜“私欲”诱惑，防止走上违法违纪的道路；才能更好地帮助和促进领导干部正确行使权力，认真履行职责，为人民建功立业。因此，无论什么样的工作经历、什么样学历的领导干部配偶，都应当把学习放在第一位，利用一切可以利用的时间，多读书，多看报，不断提高思想政治素养。要努力学习马列主义、毛泽东思想特别是邓小平理论，努力学习党的路线、方针、政策。当前，要认真学习好江泽民总书记关于“三个代表”的重要思想，支持配偶努力实践“三个代表”的要求，使他们在“三个代表”的思想指引下，始终坚持以经济建设为中心，大力推进改革开放和社会主义现代化建设；始终坚持“两手抓，两手都要硬”，大力加强思想政治工作和社会主义精神文明建设；始终坚持全心全意为人民服务，想问题、做决策、办事情都要把为人民群众谋利益作为根本出发点和落脚点，带领人民不断前进。领导干部的配偶在学习政治理论的同时，还要努力学习社会主义市场经济知识，学习与自己工作相关的业务知识和技能，尤其要注意学习法律知识，增强法治观念，做知法、懂法、守法的模范。

第二，坚持原则，严于律己，筑起党风廉政建设的家庭防线。家庭是社会的细胞和基础，对社会具有巨大的制约作用。领导干部的配偶是家庭中的重要成员，对领导干部的健康成长起着特殊的重大作用，特别是在帮助和支持领导干部正确行使权力、加强廉政建设方面产生着重大影响。因此，做好新时代领导干部的“贤内助”，必须坚持原则、严于律己，做到自重、自省、自警、自律、自励，牢牢守住家庭廉政建设的防线。一是要树立正确的权力观。要认识到自己当领导干部的配偶的权力是党和人民赋予的，只能用来为党的事业、为人民的利益办事、办好事，而绝不能借这个权力来为自己捞好处，为配偶子女谋私利。二是要摆正自己的位置，严格要求自己。对领导干部的工作要大力支持，但不能参政、干政，“不在其位，不谋其政”，不“垂帘听政”。曾庆红同志告诫领导干部，无论什么时候都要坚持做到“四慎”，即慎权、慎欲、慎情、慎独，总之，在任何情况下，都能稳得住心神、管得住身手、把得住嘴巴、抗得住诱惑，以高尚的情操和人格力量，保证人民赋予的权力始终为人民服务。三是看好自己的门、管好自己的人。由于领导干部有了一定的权力，来求领导干部帮忙办私事的人多了，诸如升学、就业、入党、提干、出国等都找上门来，一些人在领导干部那里达不到目的，就采取“迂回”战术，往往把领导干部的家属作为突破口。在物质利益的诱惑面前，领导干部的配偶一定要心明如镜，保持气节，做到不该要的不要，不该得的不得，不该拿的不拿，千万不能因为一念之差、贪图私欲，断送自己和亲人的前程，毁掉全家的幸福，败坏党和政府的形象。四是要认真遵守中央、省委关于领导干部不准利用职权和职务上的影响为配偶子女谋取非法利益的规定，自觉地帮助亲人严格执行领导干部廉洁自律的各项规定，以特殊的亲情、特殊的方式履行对领导干部的教育、监督职责。对领导干部产生的某些不正确的思想苗头，要及时给予提醒和帮助，做到未雨绸缪，防止铸成大错。去年年初，廊坊市香河县组织乡、局级领导干部配偶成立了37个“贤内助协会”，充分发挥配偶对领导干部的监督作用，有力地推动了党风廉政建设。香河县关于乡、局级领导干部违法违纪的举报，比去年同期下降了近30%。他们的做法给人以深刻的启发。

第三，见贤思齐，勤俭持家，树立新时期领导干部的良好家风。家风是一个家庭长期培养和形成的一种文化和道德氛围，有一种强大的感染力量，是家庭伦理和家庭美德的集中体现。作为领导干部家庭，培养和发展一种文明、和谐、健康、向上的家风，既对社会道德风尚的形成起着示范作用，又是领导干部加强自身修养的重要环境因素。中华民族自古以来就有“修身、齐家、治国、平天下”的德教传统，把“齐家”提到与“修身、治国、平天下”同样重要的地位，这虽是儒家思想，但对我们仍不失借鉴的意义。良好的家风包括尊老爱幼、孝敬老人、勤俭持家、诚实守信、勤奋好学等方面，作为领导干部家庭，树立这种良好的家风尤为重要。在改革开放和发展社会主义市场经济的环境中，社会上出现了一种个人主义、拜金主义、享乐主义的不良风气，一些人讲排场、比阔气，一味追求奢华，追求享受。在一些领导干部及其家属中，也存在这种倾向。有的人拿自己跟社会上的大款相比，总觉得自己的收入太微薄，生活太清贫，衣食住行太寒酸。这就很容易被个人主义、拜金主义、享乐主义所左右，由耐不住清贫发展到不择手段地追逐钱财的危险境地。对此，必须高度重视，引起注意。今天，我们的经济虽然发展了，生活条件改善了，但艰苦奋斗的优良传统绝不能丢。要时刻想到我们国家人口多、底子薄，还有许多贫困地区没有解决温饱，相当多的企业处境困难，职工下岗待业。领导干部及其配偶要向领导干部的楷模焦裕禄、孔繁森及其配偶学习，向省委、省政府和国家公安部表彰的“优秀人民公仆、一级英模”、省公安厅原副厅长、现省委政法委书记刘金国同志学习，向我市“贤内助”马凤兰同志学习，向我们身边的各类先进模范人物学习，自觉保持艰苦创业、勤俭节约的生活作风，在人民群众中树立起艰苦奋斗的良好形象。对每一个领导干部，人民都自有公议，“这奖那奖，不如老百姓的夸奖；金杯银杯，不如老百姓的口碑”。

第四，胸怀大局，无私奉献，全力支持领导干部的工作。当前，改革正处在攻坚阶段，发展正处于关键时期，稳定也面临一些新情况，各级领导干部都很繁忙。特别是像市直单位“一把手”、主持一个单位全面工作的领导干部，肩上的担子很重，承受的压力很大，要求他们必须全身心地投入工作中去，才能不辱使命，不负党和人民的重托。在这种情况下，有时很难顾及家里的事情。这就需要配偶多理解、多谅解、多关心、多支持，努力为领导干部营造一个温馨的家庭环境，提供一个稳固的“后方”基地。一方面，要注意多和领导干部交流思想，关心、了解他们的思想状况，给他们以感情上的温暖。在他们工作顺利的时候，要提醒他们不骄不躁、谦虚谨慎；在他们工作上遇到困难和挫折时，要给予鼓励和安慰，帮助他们振奋精神，以饱满的情绪和干劲投入工作。另一方面，要在家务方面多挑一点担子，特别是在照顾老人、教育子女方面更多地操一份心、尽一份力，使他们工作起来没有后顾之忧，不为家里的事情分散精力。当然，承担家务是双方的责任和义务，夫妻之间的理解、支持也是相互的。我们对“贤内助”的要求，绝不应成为我们干部衣来伸手、饭来张口的托词，领导干部绝不能成为不做家务、不为家里操心、没有家庭责任感的人。相反，我们提倡领导干部要多理解、多谅解配偶在家庭、事业上做出的牺牲和贡献，尽可能地多尽些家庭责任，关心、鼓励、帮助配偶干好本职工作，拿出一定的精力关心、教育、培养好自己的子女。

第五，爱岗敬业，自立自强，扎实做好本职工作。领导干部的配偶大多数是在职干部、职工，都有自己的工作、自己的事业、自己的追求。要做一个新时代的“贤内助”，必须自立自强，在自己的岗位上做一个好干部、好职工。要学习周恩来、邓颖超等老一辈革命伴侣为党的事业忠贞不渝、共同奋斗的崇高精神，在思想上、工作上、生活上互相帮助、互相促进、共同努力、共同进步，在人生道路上携手并肩、患难与共、共创大业。要爱岗敬业、勤奋工作，靠自己的努力争取事业上的成功，从而与领导干部志同道合、比翼齐飞，彻底摒弃“封妻荫子”“夫贵妻荣”等封建观念和依附思想，真正建立起社会主义新时代的新型夫妻关系。在这方面，我市不少领导干部的配偶做得比较好。他们中的许多人，虽然工作岗位并不显赫，但他们扎实工作，在平凡的岗位上干出了不平凡的成绩。

同志们，市委组织部直接举办市直单位“一把手”“贤内助”读书班，在我市还是第一次。这次读书班能不能办好，还要靠大家的共同努力。为此，我提几点希望。

第一，要集中精力，安心学习。参加读书班的同志都是市直单位“一把手”的“贤内助”，平时在单位、家里都很忙，难得有机会静下心来学习。举办这样的读书班，对大家加强学习、提高素质是非常有意义的。希望大家一定要珍惜这个难得的学习机会，集中精力，认真学习，真正做到确有所学、确有所得、确有所悟、确有提高。

第二，要紧密联系实际，认真进行思考。大家在学习中要努力发扬理论联系实际的马克思主义学风，紧密联系自己的思想、工作和生活实际，积极开动脑筋，认真思考问题。要努力把自己当好“贤内助”的好经验、好做法进行认真总结和交流，写好读书笔记和体会文章。在座谈交流中，大家要勇于发言，畅谈自己的经验和体会，有什么酸甜苦辣也可以倾吐一下，营造一种姐妹情同手足的大家庭氛围，在学习班上增进友谊。

第三，要合理安排，科学调适。这次读书班虽然时间不长，但要组织大家学习江泽民同志关于“三个代表”重要思想等一系列重要论述，以及廉洁自律的各项规定和要求，还要学习些妇女卫生保健知识等，内容比较丰富。在学习方式上，要灵活多样、寓严肃于活泼，以增强学习效果，还要组织大家到一些地方参观学习。大家在学习中有什么要求和建议，也可以向组织部同志提。总之，要合理安排、有张有弛、科学调适，确保这次读书班达到预期目的，即“当好贤内助，吹正枕边风”。

最后，祝大家学习进步、生活愉快、身体健康、家庭幸福！

坚持好的作风　选作风好的人*

（2002 年 8 月 16 日）

作为主管干部工作的党委组织部门，如何认真贯彻好党的六中全会决定，切实加强和改进党的作风建设，我认为首要的一条，就是要“坚持好的作风，选作风好的人”。

坚持用好的作风选人，必须全面贯彻干部队伍“四化”方针和德才兼备原则。坚持任人唯贤的干部路线，全面贯彻干部“四化”方针和德才兼备原则，是选人用人的首要问题。坚持用好的作风选人，大力选拔“靠得住、有本事”和“干净、干事、干成事”的优秀干部。“靠得住”是根本，“有本事”是基础。“靠得住”无本事，用了会贻误党的事业；“有本事”而靠不住，用了会葬送党的事业。实践证明，用好一个人，就等于树立起一面旗子，就会在广大干部群众中产生正确的导向效应；否则，就会败坏党的风气、损害党的形象，就会伤害干部群众的心。这就要求组织部门必须全面贯彻干部“四化”方针和德才兼备原则，正确处理德与才的关系，绝不能让干事业的人受气、不干事业的人神气。真正把那些思想政治素质好、科学文化水平高、组织领导能力强、政绩突出、群众公认的干部选拔进领导班子。

坚持用好的作风选人，必须扩大干部工作中的民主。在干部工作中不断扩大民主，进一步提高干部工作的公开程度和透明度，真正落实群众的知情

---

* 本文发表于《邯郸日报》2002 年 8 月 16 日第 2 版。

权、参与权、选择权和监督权，是防止用人上的不正之风的关键所在，也是落实“用好的作风选人”的核心问题。近几年来，在选人用人的实践中，我们推出了一系列走群众路线、扩大民主的制度和措施，如民主推荐、民意测验、民主评议、考察预告、差额考察、任前公示、公开选拔、试用期制等，效果很好。但扩大民主尤其是扩大党内民主及倾听民意方面还存在一些薄弱环节，一些举措易于流于形式、走过场等。要“用好的作风选人”，需要我们在实践中进一步扬长避短，把在选人用人上走群众路线、扩大民主的好举措加以规范和完善，坚持扩大民主的方向不动摇，不断健全和创新扩大民主的方法、途径，实现用好的制度选人和用好的作风选人的有机统一。

坚持用好的作风选人，必须严格按程序办事。严格按程序办事是坚持用好的作风选人的必要保证；是认真贯彻六中全会《决定》关于“集体领导、民主集中、个别酝酿、会议决定”党委内部议事和决策的基本制度的应有之义。对干部的提拔任用坚持做到多数人不赞成的不提名，未经组织人事部门认真考察的不讨论，集体讨论时多数人不同意的不通过，绝不能搞临时动议。要进一步完善干部选拔任用工作程序，增强科学性和可操作性。要从“严”要求，对选拔任用干部的全过程的每一个环节、每一个关口，都要严格把关，确保选准用好干部。

坚持用好的作风选人，必须加大干部工作监督力度。这既是从严治党方针的重要体现，也是防止和纠正用人上的不正之风的重要保证。当前，针对我市干部工作实际情况，加大干部工作监督力度，就要以邓小平理论、江泽民“三个代表”重要思想和“5·31”讲话精神为指导，以《党政领导干部选拔任用工作暂行条例》为依据，坚持正面教育、预防、事前监督为主，把干部监督贯穿于干部培养教育、考察考核、选拔任用和日常管理的各个环节。重点加强对各级党委和组织部门贯彻执行党的干部路线方针政策的监督，以防止和纠正用人上的不正之风和腐败现象的发生。

坚持用好的作风选人，必须不断加强组织部门自身作风建设。组织部门作为党委选人用人的参谋和助手，在落实用好的作风选人方面负有重大责任。为此，我们在加强自身作风建设上要注意抓好三个关键环节。一要靠学习教育。各级组织部门的领导同志一定要有战略眼光，通过各种形式的学习教育，使组工干部队伍的知识普遍更新、眼界普遍开阔、能力普遍提高，努力造就一支适应新形势新任务要求、符合“学习型政党、学习型社会”需要的新一代组工干部队伍。二要靠制度管人。坚持用制度管人、按程序办事，是加强机关内部管理和作风建设的重要途径。各级组织部门要从机关建设的实际出发，按照从严治党的方针和从严治部的要求，制定和完善机关管理的相关制度，对过去的制度进行检查，好的要坚持，不适用的要改革，过时的要废除，通过加强制度建设，实现机关管理的科学化、高效化和制度化。三要靠勇于创新、狠抓落实。要坚持解放思想、实事求是，牢固树立与时俱进、不断创新的观念。要通过观念的不断创新，使组工干部的思想观念适应新世纪、新阶段、新局面的要求，用“三个代表”重要思想武装组工干部，不断创新选人用人的机制和方法。要狠抓工作落实，切实解决当前群众反映的突出问题和热点问题。要强化服务意识，主动热情地为广大党员、干部和知识分子服务，把组织部门真正建设成“党员之家”“干部之家”“知识分子之家”。也只有这样，才能真正树立起“公道正派、求真务实、开拓创新、业争一流”的良好部风，为党和人民的事业选好人、用好人。让党放心，让人民满意。

认真贯彻落实干部任用条例 进一步做好干部选拔任用工作*

（2002 年 8 月 27 日）

中共中央最近颁布的《党政领导干部选拔任用工作条例》（以下简称《条例》），是我们党关于党政领导干部选拔任用工作必须遵循的基本规章，是从源头上预防和治理用人上的不正之风的有力武器，是推进干部工作科学化、民主化、制度化，努力形成朝气蓬勃、奋发有为的领导集体的重要保证。各级党委及其组织部门一定要按照中共中央要求，把学习贯彻《条例》作为党的建设的一项重要任务，周密安排，精心组织，切实抓好贯彻落实。

贯彻落实《条例》，必须坚持以“三个代表”重要思想为指导，把思想统一到中央要求上来。新颁发的《条例》，体现了坚持与时俱进，赋予了干部选拔任用的原则、标准、程序、方法和纪律等方面的内容以新的内涵。贯彻落实《条例》，是实践“三个代表”重要思想的具体体现。因此，一定要从维护和巩固党的执政地位、保证国家长治久安的大局着眼，从实现经济跨越式发展和社会全面进步出发，坚持以“三个代表”重要思想为指导，把“三个代表”重要思想贯穿贯彻到落实《条例》的始终，深刻领会其精神实质，准确把握其各项要求和时代内涵，真正把思想统一到中央要求上来，不断增强学习贯彻落实《条例》的责任感和自觉性。

贯彻落实《条例》，必须在严格执行上下功夫。贯彻落实《条例》，要

---

* 本文发表于《邯郸日报》2002 年 8 月 27 日第 2 版。

结合本地本单位实际，坚持做到四个严格。一是严格坚持原则。《条例》规定的六条原则，是党的干部路线方针政策在党政领导干部选拔任用工作中的集中体现，要从讲政治、讲党性、讲正气的高度，准确理解和始终遵循这些原则，在任何时候、任何情况下都毫不动摇，以保证干部工作的正确方向。二是严格执行标准。《条例》规定的党政领导干部应当具备的六项基本条件和任职资格，体现了德才兼备的原则，必须始终坚持把这些基本条件和任职资格作为衡量干部的基本尺度，特别要把政治标准放在第一位，真正把那些"靠得住、有本事""干净、干事、干成事"的人才选拔到领导岗位上来，以形成正确的用人导向。三是严格履行程序。在干部选拔任用过程中，要坚持程序一步不缺、履行程序一步不错。做到对本级管理干部的任用，不符合《条例》规定的不上会；对上级管理干部的任用，不符合《条例》规定的不上报；对下级报来的干部任用，不符合《条例》规定的不审批。今后选任干部，凡没有经过规定程序的，组织部门一律不考察、不研究、不呈报，使程序成为不正之风不可逾越的屏障。四是严格遵守纪律。要强化对《条例》执行情况的监督检查，对违反《条例》的行为，要严肃查处，决不姑息迁就，切实维护《条例》的严肃性。

贯彻落实《条例》，必须与当前干部工作实际相结合。学习贯彻落实《条例》，关键要善于联系实际，坚持学以致用。当前，最大的实际就是要把贯彻落实《条例》与推进干部人事制度改革、建立健全科学的干部选拔任用机制和管理监督机制相结合，与加强领导班子建设、解决干部选拔任用中存在的突出问题相结合，与当前的机构改革和明年的市、县领导班子换届相结合。目前的机构改革，任务十分繁重，全市人民关注。因此，各级领导干部和组织部门，一定要以贯彻落实《条例》为契机，在机构改革中带头坚持党性原则，带头坚持民主集中制，带头按规定的程序办事，带头抵制和纠正用人上的不正之风。尤其在干部调配上保证做到新设机构不超配，保留机构要明确职数，超编的职数要调节使用，逐渐消化。要对照《条例》，对已有的干部任免工作要重新进行审视和清理，对符合要求的要继续坚持并不断完善，对不符合要求的要坚决予以纠正。

贯彻落实《条例》，必须营造全党全社会共同努力的良好社会氛围。以江泽民同志“三个代表”重要思想和“5·31”重要讲话精神为指导，抓好《条例》的学习和贯彻执行，是当前和今后一个时期摆在各级党委及组织部门面前的一项重要而紧迫的任务。各级组织部门要把执行《条例》摆上重要议程，抓紧贯彻落实到干部任用工作的各个环节之中。凡要求下级做到的，领导干部和上级机关要首先做到，一级带一级，一级抓一级，确保取得实效。要运用多种方式，采取多种办法，向广大干部群众大力宣传《条例》，以增强广大干部群众的参与意识，正确使用手中的民主权利，形成有利于提高干部选拔任用工作质量、促进人才脱颖而出、有效防止和纠正用人上的不正之风的良好社会氛围，为改革开放和现代化建设提供坚强的组织保障。

用好的作风选人*

（2002 年 8 月 1 日）

党的十五届六中全会《决定》强调，“用好的作风选人，选作风好的人”。组织部门担负着选贤任能的重要职责，只有加强自身建设，才能真正做到“用好的作风选人”，也才能够选出“作风好的人”。

一　组织干部素质是实现“选作风好的人”的基础

用什么样的作风选人，是一个事关党的政治路线由什么样的人来执行的大问题。历史经验和实践都已表明，“用好的作风选人”，才能选出“作风好的人”。只强调任何一方面都是不完整的。

80 多年来特别是改革开放以来，我们党坚持任人唯贤的干部路线，一大批德才兼备的优秀人才被选拔到各级领导岗位，为中国革命胜利和社会主义事业发展提供了有力的组织保障。但是，我们现在也应当看到，在一些地方和部门还存在用人上的不正之风。干部工作中不正之风的存在，一方面是干部自身的问题；另一方面，组织部门也有重要责任。这是因为，任人唯贤并不仅仅是被选拔和被任用者的事情，同时它也事关选人者和用人者。选人者、用人者的作风不过硬，是用人工作中存在不正之风的一个重要方面。他们只把任人唯贤用来约束被选者，把任人唯贤放在选人者、用人者之外，任

---

* 本文发表于《时代潮》2002 年第 8 期。

人唯贤就会变成一句空洞的口号。“选作风好的人”和“用好的作风选人”是辩证的统一，二者缺一不可。

二　对组织干部的教育是实现“用好的作风选人”的根本

良好的作风，来源于较高的政治素质，来源于理论上的清晰和坚定。对于组织工作干部，首先，应当要坚持用马列主义、毛泽东思想、邓小平理论和江泽民同志“三个代表”重要思想来教育，帮助他们树立正确的世界观、人生观、价值观。坚定他们对马克思主义的信仰、对社会主义的信念，增强他们对改革开放和现代化建设的信心，增强他们对党和国家的信任，打牢培育新的作风的思想理论基础。其次，要通过深刻剖析用人上不正之风的典型腐败案例，有针对性地进行警示教育和艰苦奋斗教育。发扬不畏艰难、奋力拼搏、克己奉公、甘于奉献的革命精神，树立正确的权力观、地位观和利益观，讲修养、讲道德、知廉耻，自觉抵制各种剥削阶级腐朽思想的侵蚀，增强自身拒腐防变的能力。最后，要认清组织部门是重要部门，也是跑官、要官、买官、骗官者的主要“攻关”对象。因此，要按照《决定》提出的“五个坚持、五个不准”，强调组工干部说实话、干实事、求实效，守得住清苦，耐得住寂寞，挡得住诱惑，管得住小节，自觉抵制和克服用人上的不正之风，经受住名誉、权力和金钱等各种考验，把组织部门建设成为党性最强、作风最正、工作最出色的部门。

三　组织干部的纪律是实现“用好的作风选人”的保证

六中全会《决定》总结了这些年来干部人事制度改革的经验，对进一步促进选人用人的科学性、制度化做出了新的规定。组织部门要按照《决定》的要求，进一步扩大民主、引入竞争机制、健全相关制度措施，逐步实现干部选拔任用、考核、交流、监督等工作的规范化，通过机制创新，逐步铲除“跑官要官”“买官卖官”等不正之风和违法违纪行为产生的土壤和条件。另外，对组工干部八小时以外的监督制度也应尽快建立起来，用制度纯洁“社交圈”“生活圈”，使组工干部不能因为处在工作时间之外而放松对自己的要求，不能因为处在组织监管视野之外而随意放纵自己，做到处处保持严谨的生活作风，切实增强抵制各种诱惑和腐蚀的自觉性和免疫力，自觉做到八小时以外慎重对待日常交际和朋友来往，择善而交，择洁而居，不干有损组工干部形象的事。在选人用人上，还应当建立失察失误责任追究制度。组织部门担负着推荐、考察和研究如何使用干部的职能，为保证做到“用好的作风选人”，要建立推荐、考察、部务会研究讨论干部的责任制，对造成用人失误的要追究责任，形成用制度监督和规范组织部门选人用人的行为。

组织部作为党委主管干部选拔任用工作的职能部门，其作风好坏，直接关系着党的形象。组织部门要充分认识自己肩负的责任，在继承组织工作优良传统的基础上开拓创新，以坚强的党性、优良的作风，为党和人民“选作风好的人”。

在全市领导干部学习《党政领导干部选拔任用工作条例》培训班上的讲话

（2002 年 11 月 22 日）

这次《党政领导干部选拔任用工作条例》（以下简称《干部任用条例》）培训班，是经市委研究决定举办的。当前，正值全市上下认真贯彻落实党的十六大会议精神、全面建设小康社会的关键时期；也是全市机构改革进入后期，市、县换届即将全面展开的重要阶段。因此，举办这次培训班具有特殊意义，目的是推动全市领导干部深入学习、全面掌握和带头执行《干部任用条例》的各项规定，进一步做好我市领导干部选拔任用工作。下面，就搞好这次培训讲一些意见。

一 《干部任用条例》是我们党关于党政领导干部选拔任用工作的基本章程，也是从源头上预防和治理用人上不正之风的有力武器

《干部任用条例》坚持以马列主义、毛泽东思想、邓小平理论为指导，全面贯彻“三个代表”的要求。科学总结了长期以来特别是改革开放以来党的干部工作的实践经验，吸取了近年来干部人事制度改革的重要成果，为我们在新形势下推进干部工作科学化、民主化、制度化及加强领导干部队伍建设，提出了科学规范的要求。《干部任用条例》的颁布实施，标志着我们党的干部工作朝着建立健全科学的干部选拔任用机制、管理监督机制的目标

迈出了坚实的一步。贯彻落实好《干部任用条例》，对于我们按照“三个代表”要求，全面推进党的建设、组织建设、作风建设，保证党的事业兴旺发达和国家长治久安，实现我市经济跨越式发展和社会全面进步，具有十分重要的意义。各级党委（党组）一定要站在实践“三个代表”重要思想、维护和巩固党的执政地位的高度，进一步增强责任感，切实把《干部任用条例》执行好，努力提高我市干部选拔任用工作的水平。

二　贯彻落实好《干部任用条例》，首先要抓好《干部任用条例》的学习

《干部任用条例》的内容十分丰富，贯穿其中的基本精神，就是高举马列主义、毛泽东思想、邓小平理论伟大旗帜，全面贯彻“三个代表”重要思想，坚持党管干部原则，用科学的制度、民主的方法、严密的程序、严格的纪律，把干部选准用好，把各级领导班子建设好，从组织上保证改革开放和现代化建设的顺利进行。学习《干部任用条例》要突出“三个代表”重要思想这条主线，全面把握《干部任用条例》所体现的中央对干部选拔任用工作的新要求，认真研究领会《干部任用条例》吸收的多年来干部人事制度改革的新成果，在掌握其精神实质和基本要求上下功夫。要坚持理论联系实际，把学习《干部任用条例》与深入学习贯彻党的十六大会议精神结合起来，与推进干部人事制度改革、建立健全科学的干部选拔任用机制和管理监督机制结合起来，与加强领导班子建设、解决干部选拔任用工作中存在的突出问题相结合，做到学以致用。各级党委（党组）要把学习《干部任用条例》列入重要议事日程，一级抓一级，周密部署，精心组织，抓好落实。领导干部要带头学习，做出榜样，当好表率。各级组织人事部门要把学习《干部任用条例》当作当前的一项重点工作，制订切实可行的计划，认真抓好组织落实。各级党校和各类干部培训机构要把学习《干部任用条例》作为干部培训的重要内容。各级宣传舆论部门要配合《干部任用条例》的颁布实施，加大宣传工作力度。要通过深入的学习和宣传，真正使各级领导干部熟悉《干部任用条例》、组织人事干部精通《干部任用条例》、广大干部群众了解《干部任用条例》。

三　要用良好的作风，贯彻执行好《干部任用条例》

《干部任用条例》对干部选拔任用的基本原则、基本程序、基本方法和扩大民主、强化监督等方面，做出了更加科学、更加规范、更加严密的规定。严格按《干部任用条例》的规定办事，是党的重要的政治纪律。中央要求，要用坚强的党性和良好的作风保证《干部任用条例》的贯彻执行。各级党委（党组）及其组织（人事）部门，必须增强政治观念、组织观念、法纪观念，严格贯彻执行《干部任用条例》，切实做到坚持干部选拔任用的原则不动摇、坚持干部选拔任用的标准不走样、履行干部选拔任用的程序不变通、遵守干部选拔任用的工作纪律不放松。一是要坚持德才兼备的用人标准，严格按照《干部任用条例》规定的条件选拔任用干部。"三个代表"重要思想赋予了德才兼备原则以新的时代内涵，丰富和发展了选拔任用干部的标准。在新世纪新阶段，坚持德才兼备标准，就是要把坚持和实践"三个代表"重要思想作为选拔任用干部最重要、最根本的要求，把那些身体力行"三个代表"重要思想的优秀人才选拔上来。要注重看干部的思想政治素质，把政治标准放在首位，防止和纠正重才轻德的现象；要注重看干部的作风，不仅要看他说得怎么样，更要看他做得怎么样；要注重看干部的政绩，这是干部德才素质的集中表现和综合反映，是使用干部的基本依据；要注重看干部的群众公认程度，在正常情况下，多数群众不拥护的干部，不能提拔。二是严格执行《干部任用条例》规定的程序，形成选拔任用干部的科学机制。《干部任用条例》对干部选拔任用的推荐提名、考核考察、酝酿讨论和任免、监督等环节，做出了更加规范的程序性规定，具有很强的现实针对性和严密的内在联系。我们要牢固树立严格按程序办事的意识，在选拔任用干部的每一个环节，都必须认真执行《干部任用条例》规定的程序，特别是要严格执行推荐提名程序、考察程序和集体讨论决定干部的制度和程序。三是坚持干部工作中的群众路线，进一步落实群众对干部选拔任用的知情权、参与权、选拔权和监督权。扩大干部工作的民主，必须切实增强公开性和透明度。要坚持民主推荐，并根据实际情况适当扩大群众参与民主推荐的范围。要扩大干部考察工作中的民主，广泛听取各方面的意见，特别要重视听取基层群众的意见。选拔任用干部必须在一定范围内公示人选的有关情况，接受群众监督。四是切实加强干部监督工作，防止和减少用人上的失察失误。重点加强对领导干部的监督和干部选拔任用工作的监督，特别是对“一把手”的监督。要增强主动监督意识，将关口前移，强化事前监督、事中监督。要努力健全监督体系，形成监督合力，建立干部监督工作的信息网络，拓宽监督渠道，使监督工作更加及时有力。五是进一步深化干部人事制度改革，为优秀人才的脱颖而出提供制度保证。要树立科学的用人观念，坚决克服论资排辈、迁就照顾、求全责备、凭个人印象和好恶选干部等陈旧落后观念。各级党委（党组）及其组织（人事）部门要以贯彻执行《干部任用条例》为契机，继续认真落实中共中央下发的《深化干部人事制度改革纲要》，坚持与时俱进，加快干部人事制度改革步伐，总结经验，探索规律，努力推进干部工作的科学化、民主化、制度化，为优秀人才脱颖而出、健康成长、施展才干创造良好环境。

四　贯彻落实好《干部任用条例》，领导干部是关键

各级领导干部要带头执行《干部任用条例》，自觉维护《干部任用条例》，切实做到在用人问题上坚持党性原则，公道正派，任人唯贤；坚持民主集中制，充分发挥集体领导的作用。每一位领导干部都要坚决抵制和纠正用人上的不正之风，自觉地将自己在选拔任用干部方面的言行置于党组织和群众的监督之下，以自己的实际行动赢得广大干部群众的信任和支持。各级组织（人事）部门作为党委（党组）选人用人的参谋助手，要切实加强自身建设，充分发挥职能作用，模范地履行《干部任用条例》赋予的职责。各级党委（党组）要支持组织（人事）部门严格按照《干部任用条例》规定办事，为他们开展工作创造条件。

认真学习贯彻《干部任用条例》，提高党政领导干部选拔任用工作水平，是当前一项重大而紧迫的任务。希望大家利用有限的时间，集中精力，刻苦钻研，真正把《干部任用条例》学习好、领会好、执行好。

推行“一制三化”改革管理体制*

（2002 年 11 月 27 日）

邯郸市针对村民委员会直选后的新情况、新问题，在农村探索实施了“一制三化”工作机制（即党支部领导下的村民自治运行机制，支部工作规范化、村民自治法制化、民主监督程序化）。实践表明，已经实施了“一制三化”工作机制的农村，绝大多数既保证了党支部的领导地位，又发挥了村委会的作用，“两委”关系协调，各项工作开展得比较顺利。目前河北省委把推广“一制三化”列为农村基层党建工作的要点。

第一，改革农村基层管理机制，必须坚持与时俱进。经过 20 多年的改革与发展，我国农业和农村经济已经进入新的发展阶段，农村社会经济成分、组织形式、利益关系、分配方式等发生了明显的变化。特别是《中华人民共和国村民委员会组织法》颁布实施后，在村民自治的新形势下，如何正确认识新时期农村“两委”关系，成为加强和改进农村基层组织建设亟待解决的一个重要课题。为探索有效的解决办法，邯郸市委在武安市先行试点，推行了“一制三化”工作机制，在完善党支部领导下的村民自治运行机制的前提下，把党支部工作、村民自治、民主监督有机地融为一个制度体系，进一步明确了村党支部、村委会等村级组织的地位、职能、作用，对广大农民群众管理、监督村务活动的主要内容、程序、渠道和方式方法等做了系统、具体的规定，从机制上进一步明确了党支部与村委会的领导与被领

* 本文刊载于《内参选编》2002 年第 47 期。

导关系，找准了党的领导与村民自治的结合点。

邯郸市推行“一制三化”经历了一个由粗到精、由繁到简的过程。推行之初，制定了百余条制度规范。执行过程中，发现一些内容定得太死、程序烦琐，将制度规范压缩到60条，突出了明责、议事、理财、监督等关键问题。农村的形势是不断发展变化的，随着改革的进一步深化完善，必将出现更多的新情况、新问题，“一制三化”必须紧跟时代潮流，贴近农村不断发展的实际，在务求实效上下功夫。

第二，改革农村基层管理机制，必须坚持党的领导。一方面，必须加强党支部班子建设，增强党支部的核心领导能力。去年以来，邯郸市在具备条件的村实行“两推一选”，使一大批致富能力强、带富能力强的“双强”党员进入班子，增强了党支部班子的群众认可度。以任职资格培训、岗位素质培训、专业素质培训和正规化学历教育为重点，下大力推进“素质工程”，提高了“两委”干部特别是支部班子成员的基本素质。另一方面，必须规范“两委”运作，辩证地处理好强化党支部领导与村民依法自治的关系。邯郸市委组织部年初开展了大规模调研活动，收集的情况表明，村党支部、村委会之间出现了不协调，绝大多数出在村里重大事务的决策与管理“由谁说了算，按什么程序办”上。实行“一制三化”，在工作职责上，把党支部的工作职责和议事范围明确为讨论决定本村党的建设、经济建设和社会发展中的重要问题，领导村委会和其他村级组织，抓好村级干部管理教育等8项内容；把村委会的工作职责和议事范围明确为实施经济发展计划、办理本村的公共事务和公益事业、调解民间纠纷等10项内容。在工作运作上，重点抓了村委会重大事项向党支部请示报告、党支部定期研究村委会工作、“两委”联席会三项基本制度的落实，进一步强调和明确村党支部是村级组织的领导核心，具有村务决策权、财务审批权、村干部管理考核权。在工作内容上，重点围绕“事怎么定、钱怎么花、章怎么用”，突出抓了“两委”议事，将支部班子和村委会成员联席会议事作为村一级日常决策的主要形式；财务“三审”，集体财务开支须经村主任审查、村民理财小组审核、支部书记审批；公章“双签”，重要事项使用村委会公章，须经村委会主任和支部书记会签。

第三，改革农村基层管理机制，必须坚持村民依法自治。首先，强化村委会、村民代表会议、村民会议作用，推进民主决策。去年以来，邯郸市委指导各村对党员大会、村民代表会议、村民会议的基本职责、召集时间、议题确定、讨论程序、表决方式等方面做了进一步规范，规定各村村民代表会议、村民会议召开前必须报告乡镇党委，乡镇党委列席会议并予以指导，既有力地保证了决策的民主化，又避免了会议流于形式。其次，强化村民自治章程和村规民约作用，推进民主管理。市委指导我市农村对原《村民自治章程》进行了两次修改，进一步健全完善了民主选举、民主决策、民主管理、民主监督的制度规范，使《村民自治章程》更加贴近农村实际，更易于操作。同时，指导各地从村情出发，对村规民约做了进一步修订，强化村民道德体系建设，夯实村民自治的群众基础。最后，强化监督制约体系建设，推进民主监督。将党支部班子和村委班子放到同一个平台上接受上级管理和群众全程监督，是顺利推行“一制三化”工作机制的重要保证。为此，我们狠抓了村务公开、民主议政日、民主评议村干部、会计委托代理四项监督制度和诫勉谈话、离岗教育、依法罢免三项约束措施的落实。对不执行“一制三化”、完不成上级部署的工作任务、群众评议较差的“两委”干部，首先由乡镇党委进行诫勉谈话，限期改进；经诫勉谈话后仍无明显转变的，进行3~6个月的离岗教育，由乡镇党委结合民政部门帮教；离岗教育无效的，是支部成员的进行组织调整，是村委成员的组织依法罢免。

在县（市、区）换届考察组人员培训会上的讲话

（2003 年 1 月 2 日）

今年上半年，我市 19 个县（市、区）党委、人大、政府、政协领导班子将进行换届。按照换届工作的统一部署，为进一步加强县（市、区）领导班子建设，切实做好换届人事安排，市委决定从市委组织部、市直有关部门和各县（市、区）委组织部抽调 114 名同志，组成 19 个考察组，全部由县级领导干部带队，自 1 月 4 日开始，利用半个月的时间，对 19 个县（市、区）四套班子及其成员，县（市、区）法院院长、检察院检察长，以及拟提拔人选进行一次全面深入的考察。这次抽调参加考察的同志都是经过精心挑选，报经市委同意的。应该说，这些同志政治素质都比较高，公道正派，坚持原则，熟悉干部工作业务，是能够承担考察工作重任的。借此机会，我代表市委对有关单位的支持和同志们的协作表示衷心感谢！昨天，大家都参加了换届工作座谈会，了解了换届工作的意义、指导思想、政策规定和有关要求。今天召开考察组全体成员会议，主要目的是通过以会代训的形式，使大家明确考察工作的指导思想和主要内容，掌握考察工作的步骤和基本要求，做到心中有数，为做好工作奠定基础。一会儿，双喜同志还要对这次考察工作进行具体部署。下面，我先讲几点意见。

一　充分认识这次换届考察工作的重要意义，切实增强责任感和使命感

换届考察是换届过程中选拔任用干部必须履行的程序，是确定新一届领导班子人选的关键环节，是加强领导班子建设的重要基础。考察工作搞好了，才能准确地评价并合理地使用干部，确保人选的质量。通过换届考察，全面了解县级领导班子的整体状况和每个领导班子成员的现实表现，发现和掌握一批政治上过得硬、工作上有能力、“干净、干事、干成事”的干部，提出加强领导班子建设的意见和建议，对于市委择优确定换届人事安排方案，有着直接的影响，关系换届工作的成败。特别是这次换届处在全面建设小康社会、推进全市经济跨越式发展和社会全面进步、实现干部队伍整体性新老交替的重要时期。选好配强县级领导班子，对于我市改革、稳定和发展有着决定性的作用。因此，我们一定要抓住这个机遇期。同时，还应当指出，《党政领导干部选拔任用工作条例》（以下简称《条例》）的颁布，对干部考察工作提出了新的更高的要求，可以说，这次换届考察也是一次较大规模落实《条例》的具体实践，对于我们进一步学习理解《条例》，深化干部人事制度改革，并为今后干部考察工作积累经验，有着重要的现实意义。因此，大家一定要充分认识这次换届考察的重要性，认清肩负的重任，以高度的政治责任感和历史使命感做好工作，圆满完成市委交给我们的任务。

二　要认真贯彻干部队伍“四化”方针和德才兼备原则，全面深入地考察干部，客观公正地评价干部

为了搞好这次换届工作，省委下发了《关于做好市县领导班子换届工作的通知》（以下简称《通知》），对换届考察工作提出了具体要求。按照省委《通知》精神，市委组织部专门研究制定了考察方案，明确了考察工作的指导思想、目的要求和方法步骤。在考察工作中，我们要坚持以邓小平理论和江泽民同志“三个代表”重要思想为指导，坚持党的干部队伍“四化”

方针和德才兼备原则，全面准确、客观公正地评价领导班子和领导干部，为市委在人事安排方面的正确决策提供真实可靠的依据。

（1）要严把干部的思想政治关。“取士之道，当德先行”“有才无德，其行不远”。考察干部，要把思想政治素质放在首位，重点把握好以下几个方面。一是要认真考察干部的政治方向、政治立场、政治观点、政治鉴别力和政治敏锐性，以及思想道德品质。二是要考察他们认真实践“三个代表”重要思想、全面贯彻党的基本路线和各项方针政策、艰苦奋斗和自觉奉献等方面的表现。三是考察他们是否具有正确的权力观、地位观、利益观，能不能经受住名、利、权、色的考验。四是要考察他们遵守党的政治纪律的情况，看其在重大政治问题上和关键时刻的态度和表现。看其能不能自觉做到把党和人民的利益摆在高于一切、先于一切、重于一切的位置上。在把好干部思想政治素质关的同时，还要重视干部的才，认真考察干部有没有做好本职工作所需要的理论、知识、技能、本领和组织能力、协调能力、驾驭能力。德与才是统一的，“有德无才要误事，有才无德要坏事”。考察工作中，我们要正确处理德与才的辩证关系，认真做到胡锦涛同志在全国学习贯彻《条例》电视电话会议上强调的“四个注重”，注重看干部的思想政治素质，注重看干部的作风，注重看干部的业绩，注重看干部的群众公认程度。按照《条例》规定的干部选拔任用条件，全面衡量和评价干部。通过考察，真正把那些认真贯彻执行党的路线方针政策、开拓进取、实绩突出、清正廉洁、群众拥护的干部选拔进领导班子。

（2）要认真走好群众路线。干部工作走群众路线，是马克思主义群众观点和党的群众路线在干部工作中的具体运用，也是干部考察工作的一项重要原则。在干部考察中走好群众路线，有利于扩大选人视野，全面准确地了解干部，正确识别和使用干部。邓小平同志曾经指出，在选人问题上，要注重群众公论，要选人民公认是坚持改革开放并有政绩的人。近几年来，各地按照中央的要求，在扩大干部工作中的民主及落实群众对干部选拔任用的知情权、参与权、选择权和监督权方面进行了积极探索，取得了许多重大成果，积累了不少成功经验。《条例》充分吸收了这些成果和经验，为干部工作进一步扩大民主、促进优秀人才的脱颖而出提供了制度保证。在考察工作中，我们要按照《条例》规定的程序和要求，认真组织好民意测验、民主评议、民主推荐和干部考察。在考察座谈中，要讲究工作方法和谈话艺术，让参与座谈的同志都能畅所欲言，说真话，说实话。要尊重大多数人的意见，凡是得不到大多数群众赞成和拥护的干部，不能提拔重用。这里需要指出的是，尊重大多数人的意见并不意味着对少数人的意见就可以忽视。因为有些问题往往发生在很小的范围，知情人很少。而且由于种种原因，有些同志明明知道一些情况，却不愿意讲真话。在这种情况下，对少数同志提出的不同意见，我们更应该重视，认真对待，该调查核实的就要调查核实，直到把问题搞清楚，做到对组织负责、对干部负责、对群众负责。

（3）要坚持实事求是的原则。首先，要客观公正地评价干部。对干部的评价要从事实出发，以事实为依据，不能先入为主，带着框框去考察干部；不能凭个人的好恶评价干部，必须出于公心，公道地评价干部；必须全面地听取意见，对干部的德才表现、工作实绩要进行全面了解，不能偏听偏信，以偏概全。对反映干部的重要问题，要认真核实，在查清事实的基础上再做结论。其次，要实事求是地分析干部的实绩。注重实际是选拔任用干部的一条原则。坚持注重实绩，就是了解干部是否具有胜任本职或更高层次工作的能力和业务水平，是否做出了实实在在的成绩。一是要客观地看。正确认识客观条件与主观努力、个人与集体的关系，防止过分夸大干部的实绩或个人作用的现象。二是要辩证地看。既要看到干部取得的成绩，也要看到存在的问题；既要在纵向对比中看进步，也要在横向比较中看不足，防止写成绩写得过满，写不足一带而过的现象。三是要历史地、全面地看。一个地方、一个单位取得一定的发展，除领导干部个人努力外，往往有其自然条件、原有基础、人文环境等客观因素的影响。撇开这些因素谈论一个人的实绩也是不全面的。只有用客观的、辩证的、历史的、全面的眼光看待干部，才能对干部做出恰如其分的评价。最后，要实事求是地反映考察情况。干部考察是一项十分严肃的工作。作为干部考察工作人员，必须坚持原则，公道正派，深入细致，如实反映考察情况和意见，有一说一，有二说二，既不隐瞒，也不夸大。按照《条例》的规定，这次考察要实行干部考察工作责任制。考察组长要对本考察组的考察情况负总责。按照谁考察谁负责的原则，考察组成员要对考察的真实性负责，对考察材料负责。

三　以优化结构为重点，提出一个妥善的人事安排建议

提出一个妥善的人事安排方案是换届工作的关键。考察工作结束时，要在综合分析的基础上，研究提出加强领导班子建设的意见和建议。在提出人事安排建议时，要着重把握好以下几点。

（1）正确把握换届工作的指导思想和人事安排工作的重点。关于这次换届工作的指导思想，省委《通知》和换届工作座谈会上已讲得很明确。按照换届工作指导思想的要求，在人事安排上要以提高素质、优化结构、增强活力为重点。考虑人事安排建议方案时，要在充分把握好干部个体素质的前提下，注意班子结构的优化，着重在改善班子的专业和知识结构上下功夫，并注意选配年轻干部、妇女干部、党外干部和少数民族干部。对年轻干部、妇女干部、党外干部和少数民族干部的选配，要在解放思想、拓宽视野、不拘一格的同时，坚持选人标准，不能降格以求。应注重其基本素质，防止硬性"拉郎配"，以保证班子个体素质的优化和整体功能的增强。

（2）严格执行领导班子职数、年龄界限、结构等政策规定和要求。省委《通知》对领导班子职数、任职和提名年龄界限、班子结构要求等都做出了具体规定，大家要认真学习和把握。对领导班子职数，要本着精干高效的原则，从严掌握。提出人事安排建议方案，不得超过规定职数。对领导班子成员任职年龄和提名年龄，在安排干部进退留转中要严格执行。对领导班子结构要求，在提出人事安排建议方案时要认真贯彻落实。衡量一个人事安排方案的好坏，关键看班子结构是否得到了优化，是否体现了省委、市委的要求。各考察组在提出人事安排建议方案时，要认真把握这一点。

（3）要把民主评议、民主测评、民主推荐和考察结果作为选拔任用干部的重要依据。民主评议、民主测评、民主推荐和组织考察是换届工作的重要程序，也是选拔任用干部的重要依据。拟进班子人选考察对象要在民主推荐的基础上确定。但由于班子结构等方面的需要，在确定拟进班子人选考察对象时，还要防止简单地以票取人。同时，还要把推荐情况和考察情况结合起来，在考察对象中优中选优。对现有班子成员的评价，也要以民主评议、

民主测评、民主推荐情况为依据，并同考察情况结合起来分析。对评议中反映出来的问题要通过适当渠道进行了解核实。对在民主评议中不称职票超过三分之一的、在全额定向民主推荐中推荐票不超过半数的干部，经组织考察确属不称职的干部，要调整下来。真正使人事安排方案成为个体素质优良、结构合理、得到多数群众拥护的方案。

四 严守组织人事纪律，发扬严谨细致的工作作风，确保考察任务的圆满完成

这次县（市、区）换届考察，时间紧，任务重，要求高。能参加这次考察，既是对大家的信任，也是对大家的考验。这里，我着重强调几点。

（1）要坚持原则，严格按规定程序办事。要严格按《条例》的规定办事，严格按考察方案规定的程序操作。坚持原则，公道正派，实事求是，不徇私情，是对考察组每一个成员的基本要求，也是取信于当地干部群众并使大家敢讲话、讲真话、讲实话的重要前提。希望大家以模范遵守组织人事纪律的实际行动，取信于广大干部群众，保证考察工作的质量。

（2）要廉洁自律，树立良好的自身形象。领导班子换届是地方政治生活中的一件大事，干部群众都比较关注。考察组成员担负着了解干部、选拔干部的重任，一些谋官心切的人很可能想方设法与你接触，甚至把商品交换原则带入干部考察工作中来。希望同志们要时刻保持清醒的头脑，讲党性，讲原则，严要求，不参加任何影响公务活动的宴请和娱乐活动，不收受任何礼品，不借机游山玩水。同时，也要注意节俭，不得大吃大喝、铺张浪费、给下边增加负担。考察组肩负着市委的重托，每一个成员的一言一行、一举一动，当地干部、群众都看在眼里、记在心上，因此，大家要时时刻刻、事事处处严格要求自己，以实际行动树立良好的自身形象。

（3）要严谨细致，发扬优良的工作作风。“组织工作无小事”，任何一点疏忽和差错，都可能给干部个人乃至党的事业带来影响和损失。比如，民主测评和民主推荐的结果统计得准不准，不仅直接影响到对考察对象的评价，甚至可能影响到干部的选拔任用。又如，有时候少数人反映的小问题，

很可能是多数人忽略的大问题的表象或线索，如果掉以轻心、不深究细问，很可能影响对人对事的公正评价和判断。因此，我们在考察工作中的各个环节上，无论大小，都要严肃对待、精益求精、一丝不苟，不出任何纰漏，确保万无一失。搞好考察工作，业务水平固然重要，但关键的一点是责任心强不强的问题。希望考察组每个成员都要强化责任意识，树立严谨作风。考察组长要切实负起责任，精心组织，周密安排，把握好工作进度，确保考察质量。要关心考察组成员的工作和生活，做好思想政治工作，充分调动大家的积极性。工作中遇到特殊或重大问题时，要及时向市委组织部请示报告。考察组成员要自觉服从组长领导，相互支持，密切合作，齐心协力地做好工作。同时，还要做到有张有弛，注意身体健康。

同志们，这次培训会之后，大家就要奔赴各县（市、区）开展工作了，希望大家不负重托、不辱使命，圆满完成市委交给的任务。

谢谢大家！

在市委常委学习贯彻《党政领导干部选拔任用工作条例》民主生活会上的发言*

（2003 年 1 月 24 日）

根据省纪委、省委组织部《关于 2002 年加开一次党员领导干部民主生活会的通知》要求，我认真学习了党的十六大文件、中共中央《关于加强和改进党的作风建设的决定》、《党政领导干部选拔任用工作条例》（以下简称《条例》），结合我市机构改革和换届干部工作的实际，总结回顾了《条例》颁布以来，自己及市委组织部领导班子的学习、贯彻情况，初步查找了在思想上、工作上存在的问题。下面，我就自查情况做一汇报，请领导和同志们批评、指正。

一　认真组织了对《条例》的学习宣传，但在使各级领导干部熟悉掌握条例各项规定方面尚存在不足

去年 7 月份《条例》正式颁布实施之后，市委对《条例》的学习贯彻十分重视，及时召开动员会，制定下发了我市贯彻落实意见，对学习贯彻做出了周密部署。市委组织部按照市委的安排，具体组织了学习、宣传工作。一是狠抓了领导干部的学习和培训。首先，组织部务会成员和中层干部集中

* 本文是周文夫在邯郸市委常委学习贯彻《党政领导干部选拔任用工作条例》专题民主生活会上的发言。

学习了条例，召开了县（市、区）委常委、组织部部长参加的学习条例动员会。其次，举办了三期县（市、区）及市直机关领导干部学习条例培训班，培训县级干部1250多人，基本完成了省委组织部要求在年底前对县级干部培训一遍的任务。再次，印制了4500册单行本，购买了一批学习辅导材料，发至全市县以上领导干部和组织人事干部手中。最后，市委组织部编印了《学习贯彻〈条例〉30题》，在部内组织学习研讨，又分期分批地举办了组工干部学习条例培训班。二是强化了《条例》内容的宣传工作。为了加大《条例》的宣传力度，在全市形成贯彻执行《条例》的良好氛围，我们在《邯郸日报》和《邯郸党建》上开辟了学习《条例》征文专栏，我和常务副部长分别发表了学习贯彻《条例》的体会文章。在《邯郸日报》上举行了学习《条例》有奖知识竞赛活动，共有12000多人参与答题。通过开展多种多样的宣传活动，促进了广大干部、群众对《条例》的学习、了解。

但是，集中学习之后，在如何进一步增强各级领导干部学习贯彻《条例》的自觉性、把《条例》的学习引向深入方面，还缺乏有效的跟进措施；在学习效果方面，缺少有效的检查和检验手段，一些领导干部对《条例》各项规定的熟悉和掌握程度还不够。这些问题需要下一步尽快加以解决。

二　坚持了德才兼备的用人标准，但在领导干部工作实绩考察和八小时以外考察上还不够全面深入

在选拔任用干部工作中，我们努力坚持了干部“四化”方针和德才兼备的用人标准。一是坚持把革命化放在首位。把坚持和实践“三个代表”重要思想，作为选拔任用干部最重要、最根本的要求。注重考察干部的政治方向、政治立场、政治纪律、政治鉴别力和政治敏锐性，同时也考查其道德品质。尤其看关键时刻的表现，看能不能经受得住名、利、权、色的考验，能不能做到把党和人民的利益高于一切，在贯彻落实党的路线方针政策和实际工作中的表现如何。二是坚持用好的作风选作风好的人。按照党的十五届六中全会关于“八个坚持、八个反对”的要求，注意考察干部思想作风、学

风、工作作风、领导作风和生活作风。注重选拔那些勤勤恳恳、踏踏实实的人。三是选拔任用干部注重实绩。把干部的工作实绩作为使用干部的重要依据，坚持“能者上、平者让、庸者下”的用人导向，对考核实绩突出的及时表彰提拔和重用，对政绩平平、工作打不开局面的，该调整的调整，该诫勉的诫勉。四是选拔任用干部注重群众公认。把群众拥护不拥护、赞成不赞成、满意不满意作为选拔任用干部的重要依据。提拔干部必须经过民主推荐和民意测验，对大多数群众不拥护、群众公论不好的干部不予提拔。对民主评议中多数群众不信任、经组织考察确属不称职的给予调整或降免。在目前进行着的换届工作中，市委明确提出，在民主推荐中，得票不超过半数和民主测评中不称职票超过三分之一的现任领导干部，要进行调整。在去年的市县机构改革中，我们严格执行《条例》规定的原则和标准，尤其注意把群众推荐、民主测评、工作实绩和干部考察有机结合起来，充分运用了工作实绩考核成果，使新提拔的干部都是民主推荐名列前茅、实绩考核突出的优秀领导干部。使一批政治素质好、德才兼备、群众公认、实绩突出的优秀人才走上领导岗位，优化了我市各级领导班子结构，增强了班子活力，提高了班子的凝聚力和战斗力。

对照《条例》检查，尽管我们坚持了德才兼备的用人标准，但是在领导干部考察方面还存在一些问题。譬如，在实绩考察方面，有时存在注重经济效益而忽视社会效益、注重发展速度而忽视经济质量、注重近期利益而忽视长远利益、注重局部发展而忽视对整体和全局的贡献、注重显性成绩而忽视潜性成绩等问题。又如，有时看工作时间多些，看表面现象多些，深层次考察不够，特别是对拟提拔对象的八小时以外生活情况、社会交往情况考察不够，缺乏全面了解。

三　坚持了按程序办事，但在某些环节运作上有待规范和完善

在干部选拔任用工作中，我们能够严格按照《条例》规定的程序办事，重点把好四道关。一是认真组织民主推荐，在民主推荐的基础上，确定考察

对象。凡属于提任或调整到重要岗位上的干部，先根据拟任职务的要求，研究制定推荐工作方案，确定推荐范围和参加人员，然后进行民主推荐。按照《条例》的要求，县级机构改革和换届工作中，我们普遍同时采取了会议推荐和谈话推荐两种形式，并且按参加推荐人员的不同身份，分类计票。在认真分析综合推荐情况的基础上，确定考察对象。二是认真组织考察，全面了解考察对象的德才表现和工作实绩。实行干部考察工作责任制，要求考察组成员在考察材料上署名，对考察工作的客观真实性负责。三是严把集体研究关。考察结束后，组织部部务会在集体听取考察组汇报的基础上，拟出调整任免干部的初步方案。市委常委会按照与会人员必须达到应到会人员三分之二的要求，集体讨论决定干部的任免。如对矿区区长的任用，坚持按照《条例》的规定，通过发放征求意见表，征求了全体市委委员的意见，属我省首例。四是严格依法办事，认真履行《条例》中有关依法推荐、提名和民主协商的规定。在选拔任用人大、政府、政协、两院的领导干部时，始终坚持了按法律和有关章程的要求进行任免。

尽管如此，但在执行程序的一些环节上，还存在防范不严格、执行不到位的问题。如，在民主推荐中，有些人通过打电话、请吃喝、搞关系拉选票，在某种程度上影响了对干部客观、公正的评价，但在这方面还缺乏有力的防范措施。又如，在考察环节，一些人心存顾虑，导致谈话中不能真实表达自己的意见，不能反映真实情况，说好的方面多，说问题的少。这种情况需要进一步改进考察方法，提高考察人员素质，以增强广大干部群众对干部选拔任用工作积极参与的意识。还如，《条例》规定对党政正职的任用，需经过全委会审议、票决，在闭会期间要征求全委意见。由于这项工作开展时间较短，虽然我们进行了尝试，但仍有许多方式、方法、步骤问题需要进一步规范、细化。党委会任免干部推行无记名投票等方式还需搞好实行。

四　在扩大干部工作的民主、用好的作风选人方面，还需要进一步改进和加强

扩大干部选拔任用工作中的民主，是《条例》的一个鲜明特点，也是

发展社会主义政治文明的重要方面。我们坚持首先加强组织部门的作风建设，把扩大民主贯穿于干部选拔任用工作全过程，把走群众路线具体体现在推荐、考察、任用干部的各个环节。在进一步完善和改进民主推荐、民主测评、民主评议、公开选拔、竞争上岗等办法的基础上，实行了干部考察预告、任前公示和试用期等制度，充分听取群众的意见和建议。与此同时，充分发扬党内民主，认真执行集体领导、民主集中、个别酝酿、会议决定的基本制度。对干部任用，做到多数人不同意的不提名，多数人不赞成的不通过。在机构改革和换届工作中，我们对所有选拔任用的干部按《条例》规定实行了考察预告和任前公示。对有群众反映的干部，进行了认真的调查核实和处理。

当然，对照《条例》要求，在扩大干部工作民主方面，目前群众参与的广度和深度上，还有不小的差距。在如何调动群众参与的积极性方面还有待于研究改进，在如何提高透明度上还需要制定更加有效的措施。同时，各级领导干部和组工干部的作风建设还需要进一步加强。此外，在深入一线了解干部情况方面做得不够。

省委决定召开这次学习贯彻《条例》专题民主生活会，非常必要，非常及时。我们组织部门作为市委主管干部工作的职能部门，一定要认真按照省纪委和省委组织部的要求，结合我市干部工作实际，有针对性地研究加强和改进措施，进一步把学习贯彻《条例》工作引向深入。特别是当前在县（市、区）换届工作中，要认真按《条例》规定的程序办事，选好配强领导干部，真正建立起朝气蓬勃、奋发有为的领导班子，以确保换届工作圆满成功。

在县（市、区）委组织部
2002年度工作交流评比会上的讲话

（2003 年 1 月 28 日）

今天这次会议，主要内容是结合年初开展的“迎十六大争先创优活动”落实情况，就县（市、区）委组织部年度工作开展交流评比。听了七位同志发言，看了材料，各县（市、区）都对自己 2002 年度主要工作思路、工作措施、工作成效及一些成功做法和经验做了介绍。这将对各县（市、区）之间的互相学习、共同提高产生积极的作用。

刚刚过去的 2002 年，全市组织部门认真实践“三个代表”重要思想，深入开展“迎十六大争先创优活动”，开拓创新、求真务实、团结战斗、埋头苦干，圆满完成了所担负的各项任务。其中，比较突出的有以下几个方面。

一是圆满完成了县（市、区）机构改革和换届选举准备工作，切实加强了领导班子建设。2002 年，市、县组织部门把搞好机构改革和干部调整作为加强领导班子建设的重大举措，作为全年组织工作的重中之重，投入了极大的力量，做了大量的工作。市、县两级组织部门坚持按照机构改革的要求，对提前离岗的同志严格把握政策界线，认真落实各项待遇；对新提拔的干部，严格执行党的干部路线和用人原则，把群众推荐、民主测评、工作业绩和干部考察有机结合起来，使新提拔的干部都是民主推荐名列前茅、实绩考核突出的优秀领导干部。并按照新的《党政领导干部选拔任用工作条例》（以下简称《干部任用条例》），对新任命干部坚持做到考察预告、任前公示和实行试用期制度。经过调整，使干部老化问题得到了较好解决，对一些不

称职干部进行了调整，对一些历史遗留问题给予了妥善处理；领导干部队伍年轻化、知识化程度有了明显提高。整个机构改革，新老交替，平稳过渡，基本上达到领导满意、群众满意和干部本人满意。改强了班子，改出了活力，改出了全市干部群众的积极性。针对县（市、区）四套班子换届选举工作的需要，各县（市、区）委组织部围绕换届人事安排做了大量基础性工作，为换届考察的顺利完成做出了很大贡献。

二是以推行“一制三化”工作机制为重点，狠抓了农村基层组织建设。我市探索的规范农村“两委”关系的“一制三化”管理办法，中央和省委都非常重视，2001 年胡锦涛同志予以批示，中组部发文推广。2002 年省委书记王旭东同志也做出批示，省委把推广“一制三化”工作机制列入了 2002 年全省党建工作要点。5 月 30 ~ 31 日，全省学习推广“一制三化”工作机制现场经验交流会在武安召开。会后，各县（市、区）认真落实会议精神，采取措施，把推广实施工作作为农村基层组织建设的重要内容，加大了培训、试点和推广力度，使“一制三化”在全市普遍推开。目前，全市已经推行“一制三化”的村有 4469 个，占 82.6%。

三是深入开展调查研究，充分运用调研成果提升工作水平。首先，对农村党建“百、千、万”规模调研的情况进行了认真梳理、汇总，形成调研报告，分别上报省委、市委。省委常委、组织部部长付志方同志做出批示：“这份调查报告言之有物，内容翔实，提出的对策针对性较强。”并在《河北组工通讯》上向全省转发。市委书记董强、市长张力等 11 名市委常委也分别对调研报告做出批示，给予了充分肯定。其次，以国有企业为重点，在全市开展了一次“双百”规模调研活动，即组织市、县组织系统百名干部深入百家企业，就国有企业党建工作进行了深入的专题调研。通过调研，基本上摸清了当前国有企业党建的现状以及存在的问题。最后，市、县组织部门认真落实“调查研究年”的要求，认真开展调查研究工作，高质量完成了省委组织部和市委组织部下达的调研课题。鉴于我市调研工作卓有成效，12 月 9 ~ 11 日，省委组织部在我市召开了全省组织工作调研成果交流评审会。

四是以新经济组织党建为热点，努力扩大党的工作覆盖面。各县（市、区）把加强新经济组织党建工作列入全年党建的工作要点，进行安排部署。按照“教育领先、分类组建、归口管理、发挥作用”的基本思路，坚持典型带动、全面推广。目前，全市新经济组织中已建立党组织799个，向新经济组织派出党建联络员4000多人。去年11月，在丛台区召开了全市新经济组织党建工作现场经验交流会，对全市新经济组织党建工作进行了再部署。中央组织部、省委组织部和新华社先后派人到我市进行专题调研，对我市的做法给予了充分肯定。新华社内参第25期和《国内动态清样》分别对我市的做法予以刊载。中央组织部还把丛台区作为新经济组织党建工作的联系点。

另外，以《干部任用条例》的颁布为契机，开展了广泛深入的学习宣传活动，促进了干部选拔任用工作的规范化、科学化；完成了党的十六大代表、全国十届人大代表、省第十届人大代表的推荐和选举工作。在组织部自身建设方面，广泛深入开展了“迎十六大争先创优活动”，促进了组织工作的发展。

除此之外，还有许多工作也都取得了较好的成绩。在此就不再一一列举了。总的来说，2002年全市组织战线的同志们都付出了很大的努力，取得了可喜成绩，应当予以充分肯定。借此机会，我代表市委组织部部务会向同志们表示衷心的感谢！

2003年组织工作面临着新的形势和任务。我们必须站在全局和战略高度，充分认识国际形势的新变化对组织工作带来的新挑战，充分认识国内形势的新变化特别是入世对组织工作的新要求，充分认识党的建设新形势对组织工作提出的课题，把思想和行动统一到“三个代表”重要思想上来，以与时俱进的思想观念、奋发有为的精神状态、求真务实的工作作风、扎扎实实做好今年的工作。关于2003年全市组织工作的任务目标，省委组织部已下发了2003年组织工作要点，涉及学习和农村、国企、非公、社区党建及自身建设六个方面。我们还要上下结合，形成正式的全市组织工作要点，并要召开全市组织工作会议进行安排部署。在这里，我只就今年全市组织工作的立足点、着眼点和努力方向，讲几点原则性要求。

2003年全市组织工作总的要求是：以邓小平理论和“三个代表”重要思想为指导，深入学习贯彻党的十六大精神，按照全国、全省组织部长会议部署和市委要求，自觉服从和服务于全市改革发展稳定大局，解放思想，与时俱进，开拓创新，扎实工作，大力加强领导班子、干部党员队伍和党的基层组织建设，为全面建设小康社会、推进我市经济跨越式发展和社会全面进步提供坚强的组织保证和人才支持。

第一，以学习党的十六大精神为动力，全面提高广大党员干部的政治素养。全面落实《中共中央关于认真学习贯彻党的十六大精神的通知》要求，坚持不懈地用“三个代表”重要思想武装党员干部。认真组织好干部理论学习和培训，加强对干部理论学习的督导检查。

第二，以县（市、区）换届为契机，加强领导班子建设，努力形成朝气蓬勃、奋发有为的领导层。要以优化班子结构，增强班子活力，建设朝气蓬勃、奋发有为的领导层为目标，真正把那些靠得住、有本事、讲团结的优秀干部选拔进来。要坚持和健全民主集中制，增强班子的活力和团结统一。加强领导班子成员特别是新提拔的领导干部思想政治工作和民主集中制教育，教育干部正确对待组织安排和个人进退留转，鼓励干部在新的岗位上大胆工作、开拓创新。

第三，以推进高层次、创新型人才队伍建设为重点，大力加强知识分子工作。要从全面建设小康社会的需要出发，制定和落实好高层次创新型人才政策，努力构建人才高地。进一步提高高层次创新型人才管理水平。加强科技人才库建设，完善各类专业技术人才的考核体系和激励机制，做好第四批优秀专业技术拔尖人才的选拔工作。充分发挥高层次创新型人才的作用。围绕实施“科教兴市”战略，抓好科技副职的选派工作，继续开展“百名专家进百村富万户”活动，进一步做好专家咨询服务工作，提高咨询服务工作水平，促进产学研结合，为经济建设服务。

第四，认真贯彻《干部任用条例》，加大干部制度改革和监督力度。采取多种形式，组织各级领导干部和组工干部学习好、运用好《干部任用条例》，并就贯彻执行情况进行监督检查。进一步加大对干部经济责任审计工作力度。加大对审计工作的协调和督查，保证审计质量，重视对审计结果的运用。结合我市实际，建立健全干部选拔任用工作和领导干部监督的各项运行机制，真正实现靠制度管人。

加快干部人事制度改革的步伐，努力形成良好的选人用人机制。坚持和完善民主推荐、民意测验和民主评议制度，全面推行干部考察预告制、任前公示制和试用期制，加强和改进干部考核工作，加大考核结果的运用力度。继续大力推行公开选拔、竞争上岗等措施，拓宽选人渠道，形成优秀人才脱颖而出的良好局面。

第五，以基层党组织和党员队伍建设为突破口，不断提高党的基层组织的凝聚力和战斗力。以推广“一制三化”工作机制为重点，抓好难点村治理，加强农村干部培训工作，扎实开展“三级联创”活动，努力形成县、乡、村“三级联创”、市、县、乡、村“四级联动”的工作格局。认真抓好企业党建工作。围绕深化国有企业改革，继续完善国有企业领导体制，积极推行“双向进入，交叉任职”的办法，优化领导班子整体结构。坚持实行教育领先、分类组建、规范管理、发挥作用，进一步加强新经济组织党的建设。加强城市社区、机关、学校、社会团体和中介组织党建工作和党员队伍管理。

第六，建立规范、有序、高效的工作运行机制，全面加强组织部门自身建设。加大组工干部教育培训力度，全面提高组工干部的政策理论水平和业务能力，努力创建学习型机关。运用农村党建“百、千、万”规模调研和国有企业“双百”调研成果及经验，加大调研力度，选树一批调研典型，提升组织工作水平。适应机构改革和新时期、新形势的需要，进一步明确工作职责，理顺关系，规范程序，健全制度，提高工作效率。坚持从严治部，大力弘扬“公道正派、求真务实、开拓创新、业争一流”的良好部风，努力把组织部门建设成为党性最强、作风最正、工作最出色的党委部门。

以上讲的六个方面仅仅是对今年工作点了个题，整个 2003 年的工作将在全市组织工作会议上做出具体部署。

同志们，春节马上就要到了，希望各县（市、区）在安排好节日活动的同时，适时抓好各项工作的谋划，保证今年工作起好步、开好头。希望同志们充分认识今年组织工作面临的形势和任务，进一步振奋精神，拼搏进取，狠抓落实，确保今年各项工作取得更大成绩。值此春节即将到来之际，给同志们拜个早年，祝同志们新春愉快、工作顺利、阖家幸福。谢谢大家！

在部机关春节茶话会上的致词

（2003 年 1 月 29 日）

今天是腊月二十七，我国人民的传统节日——羊年春节就要到了。在这辞旧迎新之际，我代表部务会成员给同志们及你们的家人拜年，祝大家新春快乐、阖家幸福、羊年大吉。

刚刚过去的 2002 年，我们在市委领导下，以“三个代表”重要思想为指导，认真开展“迎十六大争先创优活动”，开拓创新、求真务实、团结战斗、埋头苦干，较好地完成了所承担的各项工作任务。在机构改革中坚持严格政策界限，深入细致地做好工作，圆满完成了工作任务。县（市、区）四套班子换届考察顺利，前期工作已基本完成。基层组织建设坚持突出重点、全面推进，取得了显著成效。通过开展“迎十六大争先创优活动”，机关自身建设得到进一步加强。这些成绩的取得都是全体同志共同努力的结果，在此我代表部务会向大家表示衷心感谢。

2003 年是全面贯彻落实党的十六大精神的第一年。做好今年的各项工作，争取一个良好的开局，具有特别重要的意义。在这新的一年里，全市组织工作要坚持以邓小平理论和“三个代表”重要思想为指导，深入学习贯彻党的十六大精神自觉服从服务于全市改革、发展、稳定的大局，解放思想，与时俱进，开拓创新，扎实工作，大力加强领导班子、干部党员队伍和党的基层组织建设，为全面建设小康社会、推进我市经济跨越式发展和社会全面进步提供坚强的组织保证和人才支持。因此，在具体工作中，我们要以学习党的十六大精神为动力，全面提高广大党员干部的政治素质。要以换届选举工作为契机，进一步加强领导班子的组织和思想建设，努力形成朝气蓬勃、奋发有为的领导层；以推进高层次、创新型人才队伍建设为重点，大力加强知识分子工作，推进“科技兴市”战略的实施。要认真贯彻《条例》，加大干部制度改革和监督力度。要以基层党组织和党员队伍建设为突破口，不断提高党的基层组织的凝聚力和战斗力。要建立规范、有序、高效的工作运行机制，全面加强组织部门自身建设，保证各项工作任务的完成。

同志们，2003 年组织工作面临着新的形势和更艰巨的任务。我们必须站在全局和战略的高度，充分认识国际形势的新变化对组织工作带来的新挑战，充分认识国内形势的新变化特别是入世对组织工作提出的新课题，把思想和行动统一到“三个代表”重要思想上来，以与时俱进的思想观念、奋发有为的精神状态、求真务实的工作作风，扎扎实实做好今年的工作。

让我们高举邓小平理论伟大旗帜，全面贯彻“三个代表”重要思想，在党的十六大精神的指引下，团结一致，奋发图强，埋头苦干，开拓进取，取得新的更大的胜利！

谢谢大家！

在听取市委农工委工作汇报时的讲话

（2003 年 3 月 19 日）

这次市委班子调整后，市委分工由我负责党风廉政建设、反腐败斗争和农业、农村方面的工作。主持市纪委全面工作，分管农工委、农协总会、民营经济、计划生育、扶贫等方面的工作。今天来农工委，主要是和同志们见个面，听一听情况。

刚才，听了宋涛同志的介绍，根据我在邯郸近两年工作里面对农业农村工作的了解，我认为近几年来，在光龙、增海、文生同志的领导下，市农工委在加快我市农业农村经济发展、提高农民群众的生活水平、维护农村社会稳定和团结方面，做了大量卓有成效的工作，成绩是突出的。这为进一步做好我市农业农村工作打下了良好的基础。尤其需要说到的是，在增海同志的直接带领下，农工委班子和干部队伍是团结战斗的集体，做了不少开创性的工作，在省、市整个大局工作里面我们有一席之地，有很多工作连年都在优秀的名次上、先进的行列里面。这为进一步做好我市农业农村工作提供了有力的保障和坚强的组织保证。刚才，宋涛同志讲了 2003 年工作的思路和“168”战略，谋划从总的指导思想上符合邯郸的实际，也符合中央、省关于农业农村工作的总体要求，并且谋划细致、思路清楚，认真抓下去，就会有很大的成效。因此，我们在原来好的工作基础上有了比较好的基础，有了可靠的组织保障，有了明确的工作思路，只要认真地抓落实，埋头苦干，就会取得很好的成绩。特别是在增海同志的直接领导下，我们的农业农村工作的新局面一定会有新的扩展。

让我来抓农业农村工作，说句心里话，我对农业农村还是真有感情。因为生在农村、长在农村，过去也曾在农村当过村党支部书记、公社干部，90年代的时候也当过县委副书记，自己也算是一个种过地、挖过河、搞过农田基本建设的同志，对农村的感情还是有的。当然，现在农业农村形势已发生了很大的变化，特别是我们在搞市场经济、加入世贸组织、扩大对外开放，农业科学技术进步加快的形势下，粮食产量、产品质量、产业结构调整、产业经营、城镇建设等方方面面都发生了很大变化。我接手这个工作，与大家一起摸爬滚打做农业农村工作，还有很多地方需要认真学习，还要进一步多了解情况，也需要大家的帮助和支持。

下一步工作，总体思路有了，下来我与增海同志再具体商量一下，然后再一块安排部署。今天，先谈点初步想法，供大家参考。

第一，坚定决心和信心，把解决“三农”问题作为全面建设小康社会的“重中之重”来抓。邯郸有70%的农业人口，哪一块实现不了小康，邯郸的小康就无从谈起。这和全国是一个道理，如果说全国从生产力布局和经济发展水平上有个东、中、西部的问题，其中我们至少也有个东、西部的问题，有一个平原和山区的问题，发展水平确实是不平衡的。刚才宋涛同志介绍情况的时候讲了，农村和城镇生活水平的比重是2.2∶1，如果单把城市人口拿出来和农村人口比，恐怕是4∶1的比例，这个差距应该说还是不小的。这个差距就使我市全面建设小康社会的任务主要压在了农业农村工作上，通过农业农村工作来推动农民致富奔小康、缩小城乡差距。因此，从整个布局上讲，城市经济要大力支持农村经济，农村经济要环绕城市经济，这是一个总体协调的问题。对这个道理，搞农业农村工作的同志脑子必须十分清楚。这里需要强调的是，要坚定抓好农业农村工作的信心。因为农业农村工作，有的时候搞几年，不一定搞出多大的名堂，但是没有一个艰苦奋斗、艰苦卓绝的这样一种精神、这个干劲，是很难取得大的实效的。改革开放20多年来，我们曾出现两个差距，其中脑体劳动的差距已基本上解决。但是城乡差距、工农差距还没有得到彻底的解决。发达的东南沿海地区基本上接近解决，发展最好的地区甚至城乡收入水平倒置过来了，农村收入比城市都高，出现城市人口向农村倒流的现象，但这毕竟是一个非常小的比例，就多数来说还是农村不如城市、山区不如平原、西部不如东部。因此，抓农业农村工作，解决好“三农”问题是重中之重，抓小康建设是重中之重，这个思想要牢固地树立。

第二，树立第一要务观念，通过发展在解决“三农”问题薄弱环节上实现新突破。农工委在“168”战略中提出了几个突破的思路，我看很好。突破就是开放，抓住关键性的问题来寻求突破，打歼灭战，这个歼灭战是战略意义的，不可能一个仗就打完农业农村问题，但解决问题打歼灭战，集中力量解决突出的问题，思路上是对头的，方法上是对头的。到邯郸工作两年来，跟同志们学了不少东西。现在看起来，我市经济从整体经济布局上，仍然是传统产业比重较大，“两黑两白”结构没有根本性的改变，偏单偏重的原材料工业在市场经济条件下，转升比较慢，产业工人多，下岗工人多，找不到新产品，缺乏新的经济增长点，所以带动不起来。“两黑两白”、包括我们的轻工业，新产品不是很多，科技含量低。纺织、陶瓷就是这个情况。邯郸的装饰市场上用的是唐山的陶瓷、佛山的陶瓷，而我们邯郸作为瓷都的产品，竟然没有。还有棉花的问题。“一五”期间，我们邯郸有 4 个苏联援建的大型项目，全国有 156 个，这说明中央非常看重邯郸，位置非常突出。但是现在看起来，发展比较慢，产业结构调整难度比较大。邯郸要腾飞，经济上至少得有三个经济增长点需要考虑。一个就是提升传统产业，从技术水平上提高科技含量。改造传统产业，提升新的产品，不能丢掉原来的基础，所以叫工业立市。一个是搞科技含量高的东西，搞经济开发区、工业园区、高效农业，培育新的经济增长点，开辟第二战场、第三战场，这叫科技兴市。再一个就是发展民营经济，是从体制上解决问题，这叫培育新的经济增长点。这三个经济增长点搞起来，邯郸大有希望。在全市经济发展的布局里面，我市的农业农村问题怎么办，它有自己的路子。要在整个布局里边考虑农业农村的路子，不能就农业谈农业，要跳出农业讲农业，但是又不要脱开农业，农业毕竟是我们的立足之地。我市 70% 的人口在农村，人均土地 1 亩 4 分 6，在全国占到平均水平，这样的耕地水平，应该说并不宽裕，但是发展高效农业还是大有可用武之地。因此，在基本的布局里边寻求发展，只要思路对、方向对、办法得力，总会冲出一条路子来，这是没有问题的。龙头带动，就是讲发展的问题。目前在我们省内，像承德的露露、丰润与乐百氏联手等，通过这些龙头，把农民养牛带动起来了。像这样的项目在我们邯郸初露端倪的也就是馆陶县的金凤市场，它是流通领域的龙头，把老百姓养鸡带动起来了。永年县的南大堡市场把老百姓种菜带动起来了。但我们“农”字号的、深加工的龙头还是比较少的。还有一个是民营经济的问题。发展民营经济成本比较低。过去我们思想上受禁锢，总问是姓“资”姓“社”的问题，耽误了不少事。民营经济的发展在邯郸还是个非常薄弱的地方，虽然我们目前存在一些问题和差距，但辩证地看，也是发展的潜力。如果把问题搞准了、搞透了，就会形成动力，形成效益。

温家宝总理在答记者问的时候，就今年的经济工作讲了“24 个字”，即“城乡协调、东西互动、内外交流、上下结合、远近兼顾、松紧适度”。这虽然讲的是包括工业、农业、商业、金融、外贸等在内的整个国民经济，但他里面讲了很多农业、农村、农民问题，“城乡协调”实际上就是讲的城乡统筹发展；“东西互动”讲的是东西部开发、相互结合的问题。在这个方面，也符合我市实际。现在我市东部、西部财政收入差别很大，东部县6000 万元的财政收入占大批，财政收入过亿元的县没有几个，也就武安市、涉县、永年、磁县、矿区、邯郸县等，因此也存在一个东西互动的问题。“远近兼顾”讲的是可持续发展，既要金山银山，又要青山绿水。是先污染再治理，先发展再污染；还是一边污染一边治理；还是防备污染；等等都要统筹考虑。要发展，这些和搞农业农村问题都需要装在脑子里，都需要谋划。因此，要树立发展意识，通过发展，解决问题。

这段时间，请大家再慎重思考几个问题。

一是城乡统筹发展问题。城乡如何统筹发展，如何加快农业产业结构调整，从统筹发展来考虑，其道理不是空洞的东西。城郊经济为什么都发展得好，它客观上形成了一个统筹的机会和机遇。我们有的城市距农村并不是很远，但很缺乏这种关系。年前，我陪同省领导到过一个县城边上的村慰问贫困群众，这个村的集体经济竟连一分钱也没有。临走时，省领导要求村支部今年一年要创 3 万元的收入。有的村个别农户搞家庭工业年收入却有四五万元，相当可观。在收入上，一个村竟不如一个农户。可见，这个村的发展思路不行，不是能力问题，而是思路问题。

二是提升农业产业化经营水平，促进农业增效、农民增收。产业化的经营水平比产业化的水平又进了一步，有了一个经营的理念，有了经济效益指标。产业化发展必须提高经济效益，得有经营思想，不是光生产出来就行了。生产什么不生产什么，这是市场经济一个最基本的要求。

三是“农”字的龙头企业要加快发展，千方百计扩大农民致富门路。

四是加快城镇化建设，实现农村经济发展。城镇化建设，具体到邯郸，特别是在县里边，应该说已经引起了高度重视。我来邯郸工作以后，据我了解的情况，比较早的搞城镇化建设的，还应该首推增海书记，确实是比较早。当时好多人认为，占这么多地，修这么宽的路干什么，接受不了。现在已经尝到甜头了。一个县十几万、几十万人口，没有经济依托，靠赶集、等价交换是富裕不起来的。县城规模搞起来之后，很多人进到县城，就促进经济发展了。

五是民营经济发展，培育新的经济增长点。这一条有很大作为。现在城市里的民营经济有的有了一定的规模，农村有的行业的民营经济也有了长足发展，如大名的五得利面粉厂，每年给县财政增加收入 500 万元。发展民营经济不需要政府资金支持，只需要政策支持，政府不用担风险。这方面要解放思想。公有制为主体是就全国来讲，如果一个村、乡、县都墨守公有制为主体，经济就没有发展。现在都是混合经济，从全国来讲，只要保持了国民经济的主体地位，那么社会主义的经济基础就不会丧失。就是利用市场手段，控制住关键环节，把握住操纵手段，也是完全可以实现公有制的主体地位的。因此，发展民营经济必须解放思想、转变观念。把民营经济发展起来，必然会促进整个经济的发展。现在关键是搞得太少、规模小、水平低、没有形成大气候，而不是搞多了、怕什么的问题。

第三，学习好、宣传好、落实好农业农村的政策法规，及时指导好新时期新阶段农业农村工作的新发展。现在正在搞“农村政策法规宣传月”，农工委形成了意见，办公厅已进行了转发。这次宣传月的过程实际上也是贯彻落实的过程，土地承包 30 年不变，但产权要重组，这确实是个创新。土地使用权转让有好多招，搞不好会有危机，搞得好会发挥效应。

第四，充分发挥农工委的职能作用。要发挥好“四个牵头”作用，即牵头谋划全市农业农村工作；牵头研究起草市委、市政府有关农业农村政策；牵头部署、督查市委和市政府交办的具体工作；牵头负责农口机关干部的政治思想工作，为开创农业农村工作新局面做出贡献。过去成绩不小，现在还要继续努力，从调查研究、协调带动、政策研究、队伍建设等方面要有所作为。

第五，要树正气、讲团结、求发展，全面加强农工委自身队伍建设和思想作风建设。过去，农工委领导班子始终抓住这条不放松，做的许多工作都很深入细致，应大力提倡。做好农业农村工作，最根本的一条要时刻想着老百姓的企盼，牢记农民的企盼，心系百姓，为农民解决问题，这是最大的动力。然后，做农村工作要有坚韧不拔的韧劲、吃苦耐劳的干劲、大胆创新的闯劲。另外要提高自身素质。在队伍建设上，从思想作风、领导作风、学风、生活作风等各方面都要严格要求，廉洁勤政，提高服务水平。

在全省春令期间救灾工作电视电话会结束后的讲话

（2003 年 3 月 21 日）

刚才，省委副书记冯文海、副省长宋恩华同志，传达了胡锦涛总书记关于安排好张家口地区贫困群众生产生活的重要指示，并就当前的救灾和春耕生产工作讲了具体的意见，这对当前做好我市的救灾和农业生产工作具有重要的指导意义。为把省会议精神落到实处，我强调以下几点意见。

一　认真贯彻胡锦涛总书记重要指示精神，以对党、对人民高度负责的态度切实安排好春令期间受灾群众的基本生活

胡锦涛总书记对张家口贫困地区群众生产生活的重要指示，充分体现了党和国家领导人对贫困群众的深切关怀，充分说明党中央始终惦记着贫困地区受灾群众，始终与人民群众心贴心。各级党委、政府要认真学习胡锦涛总书记重要指示，深刻领会其精神实质，自觉从本地实际出发，积极地把总书记的亲切关怀化作我们的实际行动，倾力做好当前的救灾救济工作。今年以来，全市各级党委、政府和各部门，按照中央和省委、市委的统一安排部署，高度重视解决困难群众生产生活问题，特别是在元旦、春节期间切实把解决贫困地区受灾群众的生活困难作为重中之重来抓，做了大量细致的工作，取得了明显成效。但从目前情况看，春令期间的救灾工作形势仍不容乐

观，一部分群众的生产生活困难问题还需继续加大力度认真解决。去年，我市虽没有发生大的突发性灾害，但局部地区遭受了严重的旱灾，农作物大面积减产，给群众生活带来了较大的困难。据统计，全市农作物受灾面积有376万亩，成灾214万亩，西部山区有48900多人、6000多头大牲畜出现了临时饮水困难。今年春荒期间全市因灾缺粮人口约有18万人，缺粮约1300万公斤，其中需救济人口有12万人，约需救济粮690万公斤。虽然3月份以来出现了两次明显的降雨，但平均降雨量16.2毫米，仍不能从根本上解决旱情和群众的饮水困难。这些困难和灾情都需要我们认真地解决。对此，各级党委、政府要以胡锦涛总书记的重要指示为指导，切实站在贯彻落实党的十六大精神、全面贯彻“三个代表”重要思想的高度，从促进经济和社会发展、维护社会稳定的大局出发，按照中央和省委、市委的要求和部署，扎扎实实地解决好灾区群众的生产生活问题，并把此项工作当成一项重大政治任务切实抓紧抓好，确保春令期间灾区群众有粮吃、有衣穿、有水喝，确保灾区群众的正常生产生活。

二 采取切实有力的工作措施，全力做好春令期间受灾群众的救济工作

全力做好春令期间的救灾救济工作，是中央的号召，是省委的要求，是我们的当务之急。特别是随着春荒来临，解决灾民的生活困难任务比较艰巨。市委、市政府对此十分重视，张力、辰席同志要求各级党委、政府迅速行动起来，深入细致地做好工作，确保受灾群众度过春荒。为此，要抓好以下几项工作。一是要组织力量深入灾区，认真核实掌握灾情底数。做好救灾工作，底数是关键。此次电视电话会议后，各县（市、区）要立即行动起来，组织力量，入村入户进行深入细致的调查，准确掌握灾民生活困难底数，务必摸清春荒期间灾民缺粮情况，对无钱、无粮、无自救能力的“三无户”建立灾民档案，为实施有重点的救助打下基础。二是要教育引导广大灾民立足自力更生，开展生产自救。要利用当前有利时节帮助他们发展种养业、工副业，开展劳力输出，多渠道、多门路增加收入，提高其抗灾度荒

能力，对劳务输出中出现的劳务纠纷等，各级要积极主动地帮其解决。三是要积极开展互助互济活动，发动群众开展互救。各级党委、政府要认真做好宣传发动，号召广大群众开展无灾帮有灾、小灾帮大灾、邻里互帮、亲友互助的互助互济活动，使因灾受困群众在互助中得到帮助，减轻政府救助的压力。四是要认真落实县级自然灾害救济费预算。近几年来，我市自然灾害不断，给群众的生产生活带来很大困难，需救济的灾民也比较多。对此，各县（市、区）要按照“救灾工作分级负责、救灾款分级负担”的原则要求，将本级救灾预备费列入财政预算，并保证足额支付，使救灾工作由被动变为主动。五是要充分发挥政府救助职能。按照“专款专用、重点使用”的原则，合理使用各级救灾资金。特别是对那些没有自救能力的灾民，在缺粮面广、政府投入有限的情况下，要把财政拿出的资金主要用在他们身上，确保每一个重灾民都能得到需要的救济。

三　一手抓救灾、一手抓生产，统筹兼顾地抓好春耕生产

当前，春耕生产已经开始，各级党委、政府要及早谋划、及早安排，组织农村群众抓好生产工作。具体要抓好三项重点。一是要抓好小麦的管理工作。去年秋天严重干旱，今春气温持续偏低，我市小麦苗情总体较差，主要表现在群体偏小、个体发育不足、壮苗面积小、小弱苗明显偏多。针对这种情况，各县（市、区）要及时组织大批农业技术人员，深入田间地头，针对不同类型的麦田制定不同的管理措施，面对面、手把手地指导群众加强麦田管理。二是落实春耕备播工作。今年春天，我市共有白地280余万亩，目前已耕44万亩，浇水31.7万亩。各县（市、区）要利用目前农资市场货源充足、农业生产资料价格稳中有降的好形势，积极帮助农村群众备好种子、农药、农膜、化肥，为春耕生产做好准备。同时，要利用春耕的有利时机，积极引导农民调优农业结构，为增加农业效益、促进农民增收打下良好基础。三是认真抓好抗旱工作。鉴于目前我市旱情未从根本上得到缓解的实际情况，各级都要继续把抗旱工作摆在重要位置来抓，尽量缓解因旱带来的生产、饮水困难。一方面，沿河的县（市、区）要积极组织群众疏通渠道，

强引地表水，缓解旱情；另一方面，要通过打井配套、节水灌溉等措施，解决山区群众饮水困难和抗旱浇地问题。同时，还要组织抗旱小分队，深入旱情严重的地方，帮助群众拉水、引水、检修设备，减少干旱带来的影响。

四　切实加强领导，严格落实责任，确保各项救灾工作措施落到实处

抓好春令期间的救灾救济工作及农业生产，是各级党委、政府义不容辞的责任和义务，也是解决当前“三农”问题的重要措施。对此，必须加强领导，严明责任，切实把这项工作当成一件大事来抓。要认真落实救灾工作责任制，主要负责同志要亲自挂帅，分片包干，责任到人。要深入基层，调查了解本地受灾群众的基本生活情况，对受灾情况做到市掌握到乡镇、县掌握到重灾村组、乡镇掌握到重灾农户，明确救济重点，实化细化救助方案。要加强对救灾资金的管理，严格实行专户管理和报账审核制度，增加救灾资金使用的透明度。要加大督查力度，确保各项政策措施落实到位，使受灾群众特别是重灾地区、边远地区、交通不便地区受灾群众的生活得到妥善安排。对因工作不负责任、各项政策落实不到位而造成恶劣后果和影响的，要追究主要负责人和当事人的责任。各级各部门要把做好救灾工作作为检验“树正气、讲团结、求发展”活动成效的一项重要内容来抓，坚决反对形式主义和官僚主义，反对搞花架子。要通过扎扎实实的工作，尽快把春令救灾和春耕农业生产的各项措施落到实处，真正使广大农民群众得到实实在在的帮助，进一步密切党同人民群众的血肉联系。

最后再讲一点，最近省委对我市的领导班子进行了调整，按照市委分工，由我负责党风廉政建设、反腐败斗争和农业、农村方面的工作。主持市纪委全面工作，分管农工委、农协总会、民营经济、计划生育、扶贫等方面的工作。今天借此机会，也算跟大家见个面，下一步我们将就如何搞好我市的农业农村工作一起研究，专门进行部署。希望同志们再接再厉，充分发挥主观能动性，把工作搞好。当前需要强调的是，由于当前市、县都面临着换届的特殊时期，同志们可能有这样那样一些想法，这是可以理解的，但不能

影响工作，特别是农业农村工作是时令性、季节性比较强的工作，等不起，拖不得。希望分管农业农村工作的领导同志，要以胡锦涛总书记到西柏坡强调的“两个务必”和对张家口地区春令救灾工作的重要指示为动力，正确对待换届，稳定思想，抓好工作。特别是对一些常规性的、当前必须要抓的工作，绝不要等待观望，要充分发挥工作积极性，对当前农业农村工作认真思考、周密谋划，确保今年农业农村工作的顺利开展。

在大名县、成安县调研农业农村工作时的讲话

（2003 年 3 月 25 日）

省、市春令救灾电视电话会议后，我与市直农口部门、民政局的主要负责同志来到大名和成安两县，就当前的群众救灾、农业生产和农民生活等问题进行调查研究。上午在大名县先后到大街乡、金滩镇和红庙乡，慰问了两户受灾群众，实地察看了小麦苗情长势、植树造林、春管春播等情况。大名县万亩沙地改良高新技术生态农业示范区，是国家计委批准建设的农业重点项目。项目建设进展较为顺利，项目带动产业发展已初显成效。从大名的情况看，农业基础条件还比较差。下午在成安县漳河店镇实地看了 4000 亩退耕还林工程，利用世行贷款建设的节水灌溉开发区项目和秸秆压块生产车间，还到漳河店镇胡营村慰问了几户困难群众。成安县的自然条件与大名相比要好些，基础工作有一定的成效，有耳目一新的感觉。

根据全省春令救灾电视电话会议精神的要求，下来了解群众救灾和农业生产情况。总的印象是，两县的领导班子在面临着换届的情况下，能够在春耕生产这个很关键的农时季节，认真细致地干工作，劲没有松，精神状态应该说是好的，要进一步下大力气抓好当前的各项工作，为全年的农业生产打下坚实的基础。

全面建设小康社会，农业是基础，重点在农村，关键看农民。从十届全国人大一次会议的《政府工作报告》到国务院总理温家宝的答记者问，都把农业、农村、农民“三农”问题放在了非常重要的位置，党和政府始终

在关注着农村，关心着农民，支持着农业。农业是国民经济的基础，建设现代农业体现了“三个代表”重要思想，体现了全心全意为人民服务的宗旨。可以说，没有农民的小康，全面建设小康社会的宏伟目标就无从实现。从我市来说，840多万人口，有70%的人口在农村，全面建设小康社会任务显得更加繁重而艰巨。新中国成立50多年来，特别是改革开放20多年来，我市的农业农村经济有了很大发展，人民生活水平有了很大的改善，邯郸市总体上达到了小康水平，但还是低水平的小康、不全面的小康、发展不平衡的小康，与建设高水平的、全面的、发展相对平衡的小康社会的要求差距还相当大。广大农民群众虽然解决了温饱问题，但是还有一些困难户，生老病死造成的家庭性困难，鳏寡孤独丧失了劳动能力，这样的贫困人口依然存在。就全市来讲，在吃粮问题上有12万人口需要救济，山区有4.8万人口、6000多牲畜发生饮水困难。各县（市、区）和市直有关部门对这些数字要进一步核准，把受灾情况搞实。民政部门要建立健全灾情评估体系，各县（市、区）和各有关部门要特别解决好两个问题，一是必须如实上报农业生产方面和农民生活方面出现的问题，数字一定要求实；二是在受灾人数统计上不能漏一户一人，对缺粮户要想办法救助，真正把有限的人力、物力、财力用到最需要的地方。在救灾这个问题上中央和省委非常重视，在第十届全国人民代表大会开会期间，胡锦涛总书记在大会主席台上专门向省委书记白克明询问了张家口春令救灾情况，问农业生产、农民春季粮食问题能不能解决。对胡锦涛总书记如此关心农民的衣食温饱问题，省委领导高度重视，省委、省政府要求各级各部门全面准确地掌握农民的生产、生活状况，号召全省广大党员干部主动深入农民中去，关心、帮助他们解决生产、生活中遇到的实际困难。这是个导向问题，它反映了党和政府始终关心着群众的冷暖温饱，以此检验我们各级党员干部的工作状况，是我们各级党员干部实践“三个代表”重要思想的具体行动。广大农业战线的同志们不仅要关心受灾群众，更要着眼于全市、全县的大局，思考农业生产上的问题、农业发展上的问题，从根本上解决农民脱贫致富、发展农业生产、提高农民收入、全面建设小康社会的一系列问题。

刚才，市直农口部门的几个主要负责同志在看了两个县情况后，对两个县和我市的农业农村工作谈了比较简短而有针对性的看法和建议，结合各自业务工作，联系全市实际，触及很多值得我们关注的问题。在今后的工作中我们要以党的十六大精神和“三个代表”重要思想为指导，经常深入田间地头，多搞调查研究，尊重农民群众的首创精神，勇于总结新鲜经验来指导新世纪、新阶段的农业和农村工作，解放思想，实事求是，与时俱进，大胆开拓创新，心往一处想，劲往一处使，聚精会神搞建设，一心一意谋发展，我们一定能够开创全市农业和农村工作的新局面。

借此机会，给大家讲几点意见，供参考。

一　按照中央和省委、市委的要求，认真做好春令救灾工作

要真正把党和政府对群众的关心送到受灾群众手里，从生产生活上切实关心他们。对于困难群众、受灾群众的统计，省里要求很严格，这就要求我们各级领导干部，包括乡镇、村干部都要组织发动起来，共同做好这个事情，农村的支部书记脑子里要装着全村最困难的群众，不允许出现群众没有饭吃、断粮的情况或更恶劣的情况。当然困难群众有多少是个动态的问题，情况也在不断变化，应该随时掌握这个动态情况。这是个责任问题，党委书记是第一责任人，要负总责；主管领导是直接责任人，要具体担负起这个责任，形成一级抓一级、一级带一级的领导机制，想农民之所想，急农民之所急，帮农民之所盼，对困难群众、受灾群众实施有效有力的救助，真正把党和政府的关心落到实处，千方百计做好春令救灾工作，这是当前需要解决的最突出的问题。

二　要组织群众搞好春耕生产

从 1984 年以后，我市农村普遍推行了家庭联产承包责任制和统分结合的双层经营体制，调整了农村的生产关系，逐步适应了农村生产力发展的要求，焕发了农民的生产积极性。经过 20 多年的改革和发展，特别是社会主义市场经济体制确立之后，涉农部门的重点工作就是搞好产前、产中、产后

服务，统筹规划，解决好农民自己不能解决的问题。在当前春耕备播的紧要关头，要重点做好以下工作。一是农资市场监管工作，现在农业生产资料市场已经放开，职能部门要加强市场监督管理力度，杜绝假冒种子进入市场，防止发生坑农害农案件。二是做好水利灌溉工作，当前旱情持续加重，扩大渠水灌溉面积，提高渠水灌溉效果，是减轻旱情的有效措施，这不是一家一户能够解决的事情，职能部门和基层干部要协调好这项工作，搞好各方面的服务，真正把这项工作抓紧、抓实、抓好，抓出成效。三是农业技术推广应用工作，职能部门要经常派农业专家、技术人员深入田间地头进行技术指导，帮助农民分析墒情、苗情，切实采取得力措施，提高种植业生产效益。农业和土地对广大农民群众来说，是立身之本，种好几亩地就能有饭吃，就能够解决生计问题。人误地一时，地误人一年，当前特别要抓住农时，注重解决好引水灌溉、假种子和假农药的市场治理问题。

三　要进一步解放思想、开阔视野、因时因地制宜，确立农村发展思路，调整好农业产业结构

为什么讲这么多附加词呢？解放思想和开阔视野非常重要，改革开放20多年来，引进了许多先进技术和设备，在硬件建设上对提高国民经济发展层次和水平起到了至关重要的作用，也包括农业。具体联系我市农业发展水平以及与现代农业的差距来讲，解放思想、开拓自己的发展思路仍是第一位的，思想解放程度越高，事情可能会发展得更好，当然不能强调过激。我们曾有强调过激的时候，人有多大胆，地有多大产，那极端了，回过头来挫伤了农民的积极性。与解放思想不同，解放思想是从指导思想上摆脱束缚，开阔视野，吸收新的技术、新的管理办法、新的经营方式，甚至一些耕作方式、间作方式，来指导农业生产。实际上我们确实天天在创造、在创新。成安县的饲料压块生产就是创新的结果。我一接触农业就想到烧秸秆，环境污染得很厉害，每年下那么大力量，但效果不是很明显，上个压块饲料加工厂，就能使4000亩地的秸秆焚烧问题得以解决，开了个好头。首先解决主干道两边的地块，逐渐扩大规模，效果就会更好，同时获得了经济效益和社会

效益。成安建成了几个羊场，把农户牵动起来，现在实现存栏 36 万只，达到人均一只羊，借此可以解决农民的油盐酱醋问题。只要思想解放、因时因地制宜，总会有更多更好的路子来发展农业，特别是在高效农业生产方面。这么多年来，在农业上，我们已经有了一套比较成型成熟的做法，就是一靠政策、二靠投入、三靠科技，在此我再增加一条，叫作四靠市场，要坚持不懈抓下去。一靠政策。长期以来党中央坚持在农村实行家庭承包责任制和统分结合的双层经营体制，激活了农民的劳动积极性，大幅度提高了农业的劳动生产率，增加了农民收入，这项基本政策取得了举世瞩目的成功，所以中央提出 30 年不变，这是一方面。另一方面，各地也在结合不同的发展水平，逐步探索土地使用权的转让、土地反租承包问题，但是基本的政策要稳定。现在，我市正在开展“三法一条例”宣传月活动，要认认真真地宣传好，让群众入心入脑。同时，各级干部要依法行政，真正把以法治国方略落到实处。法律法规不仅规范农民的行为，而且规范干部的行为，还规范执法执纪部门的行为，但不要以为依法行政给很多干部带来了束缚，其实做得好，完全可以争取更多的工作主动性。有这么一句话，叫“戴着镣铐跳舞”，实际是指以规矩定方圆，又有主动性。这是符合辩证法的。二靠投入。无论是调整农业产业结构，还是加强农村基础设施建设，围绕着农业增效和农民增收，都离不开加大投入力度。成安县近两年实施“开放立县”战略，大幅度增加投入，全县经济发展呈现蒸蒸日上的强劲势头，这是应该提倡的，农业开发也是这样，单靠自己的积累是有限的，但是也要搞积累。通过增加投入改善生产条件，提高农民生活水平，促进了生产发展，事实证明是行之有效的。各级各部门要认识到投入是多渠道的，需要大开思路。三靠科技。“科学技术是第一生产力”重要论断已经深入人心。发展特色产业，实施订单农业，建设农产品、畜牧业生产基地，建立农业科技示范园区，尤其是培育农村新的经济增长点，必须采用先进适用的技术，提高农业生产的科技含量，依靠适用技术提升传统农业的发展水平，实现稳步增加农民收入水平的目标。四靠市场。高效农业实际上就是市场农业，必须瞄准市场、开辟市场，在市场里学会搞农业，就农业生产而言，只为自己生产是自然经济，要学会为别人生产，想到别人的需要，那才叫市场经济。因此，有许多问题需要进一步研究思考。

四　切实转变作风，深入实际，增强做好农业农村工作的自觉性和主动性

希望全市农业农村战线同志们，时刻想着农民的期盼，鼓实劲、增干劲，保持韧劲，下大力气抓好农业增效、农民增收的工作。我在农工委就讲了这个想法，要时刻想到、时刻记着农民的期盼，经常下去走一走，看一看困难户，看一看一般的农户，他们生活有没有改善，改善到了什么程度，心里都要有数。对于特别困难的户，虽然有客观的原因，但是总觉得我们的工作还有缺点。各级领导干部要经常到农村第一线跑一跑、看一看，多与群众接触，这样思想感情就会离群众更近一些，思考问题、想问题就会想到群众，想到群众的期盼，知道群众想什么、需要解决什么问题。针对农业农村工作所说的三个劲，也是一个体会。为什么要鼓实劲、增干劲？因为农业农村工作要讲实在的，要实实在在地干，搞形式主义不行，鼓干劲、增干劲就是要在思想上要求实、行动上要真干。同时还有个韧劲，要经常地这么做，不是一朝一夕、三下五除二就能解决问题地工作，而是扎扎实实，埋头苦干，有韧劲才能取得真正的实效。大名的万亩防沙林带，就是从 20 世纪 50 年代开始，经过半个多世纪一批林业工人在那儿植树造林，现在大名防风固沙已经发挥了明显的作用。河北省在承德坝上有个机械化林场，是 20 世纪 50 年代由大学生开始建设的，上坝以后就没有下来，有很多人已经长眠在那个地方了，然后儿子、孙子接着在那儿做这个事情，它成就了一条河（滦河），是至今河北省唯一一条地面上长流水的河，引滦入京、引滦入津都是这条河。《河北日报》的报道曾称之为“绿色丰碑”。这些林业工作者真是既贡献了自己，又贡献了子孙，这种精神值得我们学习。农业农村工作要有韧劲，花拳绣腿解决不了问题，现在有许多事情，几年努力都不一定有很大的成效，但是他可能为后人创造良好的基础，只要这样认认真真地做下来，我市农业农村工作定能有个好局面。

以党的十六大精神为指导开创我市党风廉政建设和反腐败工作新局面

——在中共邯郸市纪律检查委员会第三次全体会议上的工作报告

（2003 年 3 月 31 日）

我代表中共邯郸市纪律检查委员会常务委员会向第三次全体会议做工作报告，请予审议。

这次全会的主要任务是：高举邓小平理论伟大旗帜，以“三个代表”重要思想和党的十六大精神为指导，深入贯彻中纪委二次全会和省纪委三次全会精神，总结我市 2002 年党风廉政建设和反腐败工作，研究部署 2003 年党风廉政建设和反腐败工作任务。进一步解放思想，实事求是，与时俱进，艰苦奋斗，努力开创我市党风廉政建设和反腐败工作新局面。

一　2002年全市党风廉政建设和反腐败斗争取得了明显成效

2002 年，全市各级党委、政府和纪检监察机关按照中纪委七次全会、省纪委二次全会工作部署，紧紧围绕经济建设这个中心，加强反腐败各项工作，在全面部署、整体推进的基础上，强化措施，重点突破，使全市的党风廉政建设和反腐败斗争取得了明显成效。领导干部廉洁自律、查办案件、行风评议、源头治理、党风廉政教育等 21 项工作分别受到中纪委、省委、省纪委领导的充分肯定和表扬。

——领导干部廉洁自律工作得到深化。各级认真落实领导干部不准收受有关单位和个人的现金、有价证券的规定，全市领导干部主动申报并退回有关单位和个人赠送的礼金和有价证券10余万元；认真落实严禁领导干部婚丧事大操大办和借机敛财的规定，共查处违规使用公车259辆，对39名有关责任者做出严肃处理；认真清理了党政机关领导干部违规乘车，对690辆违规小汽车分别做出处理。同时，还严格执行了对拖欠工资的县乡实行“三不准”（不准上新的建设项目，更不准机关盖办公楼、买轿车，领导干部不准出国）规定；认真纠正乡镇干部“走读”现象，制定下发了《关于纠正乡镇领导干部“走读”现象的暂行规定》，开展了乡镇“五小”建设；落实了禁止用公款吃喝玩乐、禁止用公款进行高消费娱乐和健身活动、禁止领导干部到企业和单位报销应由本人及其配偶、子女支付的个人费用和领导干部配偶子女从业的有关规定；继续推进了国有企业领导人员廉洁自律工作；初步实行了廉政档案制度，通过查阅干部档案廉政记录，暂缓调整使用干部23人，否决了36个单位的评先资格。各级各单位把领导干部廉洁自律和转变干部作风相结合，既增强了领导干部廉洁自律意识，又促进了干部作风的转变。

——查办案件工作取得新的突破。全市各级纪检监察机关共立案查处各类违纪违法案件1994件。其中，查办违纪金额万元以上或职务级别副县（处）级以上的大案要案756件，占总数的37.9%；查处经济案件1212件，占总数的60.8%。结案1772件，结案率88.9%，处分党员干部1651人。通过办案为国家和集体挽回经济损失5298.5万元。

——纠风工作取得了明显成效。在全市53个部门和行业开展了行风评议工作。通过广泛听取社会各方面意见，解决群众反映强烈的问题1205条，向群众做出承诺196条，有力促进了行风建设。纠正医药购销中的不正之风工作取得较好成效，全市公开招标采购药品总金额达2.1亿元，有76%的品种降价，使患者得到了实惠。治理公路“三乱”、减轻企业和农民负担、治理中小学乱收费等工作也都取得了新的进展。

——执法监察工作进一步加强。重点围绕整顿和规范建筑市场、国债资金管理使用、土地管理和利用等开展了执法监察工作。全市共立项48项，查出各种违纪违法资金 3606. 4 万元，为国家挽回经济损失 1112. 6 万元。

——从源头上预防和治理腐败工作取得了新进展。加大了行政审批制度改革力度。市一级将 163 项能够由市场调节的审批事项全部推向了市场。建设工程、产权交易、土地使用“三个有形市场”运作进一步规范，产权交易制度改革取得明显成效，经营性土地使用权出让实行了招标、拍卖和挂牌出让。加快了财政管理制度改革步伐，政府采购范围进一步扩大，实行了采购办与采购中心分设，积极推进了财政集中收付制度改革，市本级及 11 个县（市、区）已建立了财政集中收付中心，“收支两条线”规定得到进一步落实。大力推进了干部人事制度改革，加强了对选拔任用干部的监督，认真实行了领导干部任期经济责任审计制度。进一步深化了村务、政务、厂务、校务公开工作。

——党风廉政建设责任制进一步得到落实。各级都认真进行了责任分解、责任考核和责任追究。全市共查处责任追究案件 37 起，追究 79 人，其中，给予党政纪处分 70 人、组织处理 6 人、诫勉谈话 3 人。试行了党风廉政建设第一责任人报告制度。

——党风廉政教育收到了较好效果。重点开展了正面典型示范、反面典型警示、党纪政纪条规三项教育。组织开展了党纪政纪学习教育月和评选“廉政勤政好干部”活动；组织 1600 多名领导干部到磁县漳河、大名万堤两个市级警示教育基地接受了教育；组织开展了党纪政纪条规知识竞赛、测试等学习教育活动。围绕“三项教育”，运用廉政谈话、在新闻媒体开辟专栏、举办反腐败成果展、警示教育漫画等多种载体，丰富了教育形式，增强了教育效果。

——纪检监察干部队伍建设进一步加强。全市各级纪检监察机关普遍加强了政治业务学习和思想作风建设，积极开展了政治理论和业务知识培训，加强了内部监督，全面落实了地方各级纪委书记由同级党委副书记担任的决定，加强了直属纪检监察组织的建设和管理。信访、案件审理、调查研究、综合信息等业务工作也都取得了新的成绩。

一年来，我市的党风廉政建设和反腐败工作虽然取得了明显成效，但也存在一些差距和不足，反腐败斗争形势依然严峻。有的领导干部对党风廉政建设和反腐败工作认识不高、重视不够、工作不到位，没有很好地履行职责。廉洁自律工作存在薄弱环节，铺张浪费问题仍比较突出，有些问题纠正后出现反弹。一些地方和单位查办案件工作还比较薄弱。有些群众反映强烈的不正之风还没有得到有效治理。党内监督特别是对领导干部的监督还不够有力。在今后的工作中，一定要下功夫认真解决这些问题，使全市党风廉政建设和反腐败工作不断深入和加强。我们相信，经过我们的持续努力和扎实工作，一定会实现中纪委二次全会提出的党风廉政建设和反腐败工作的五年目标，即党员干部廉洁从政的自觉性明显提高，部门和行业风气普遍好转，对领导干部行使权力的监督切实加强，防范腐败的机制基本形成，反腐倡廉法制化程度有新的提高，腐败现象蔓延的势头进一步得到遏制。以党风廉政建设和反腐败工作的实际成果取信于民。

二　突出重点，整体推进，与时俱进做好2003年党风廉政建设和反腐败工作

2003 年是落实党的十六大提出的全面建设小康社会宏伟目标的第一年，抓好今年的党风廉政建设和反腐败斗争至关重要。在今年的工作中，我们要按照中纪委、省纪委全会要求，认真学习贯彻党的十六大精神，以“三个代表”重要思想为指导，围绕发展这个执政兴国的第一要务开展党风廉政建设和反腐败工作，自觉服务于改革发展稳定的大局；全面履行党章赋予的职责和任务，充分发挥纪委作为党的监督机关的职能作用；坚持标本兼治、综合治理的方针，逐步加大治本力度；正确运用政策，严格执行和维护党的纪律。按照中央确定的反腐败指导思想、基本原则、领导体制、工作格局和省纪委三次全会部署的工作任务，突出重点，整体推进，开拓创新，狠抓落实，不断取得反腐倡廉工作的新成效。

（一）认真落实廉洁自律各项规定，进一步规范各级领导干部从政行为

按照中纪委和省纪委部署，继续狠抓领导干部廉洁自律各项规定的落实。重点抓好以下工作。（1）领导干部不准利用职权违反规定干预和插手

建设工程招标投标、经营性土地使用权出让、房地产开发与经营等市场经济活动来为个人和亲友谋取私利。（2）严格执行领导干部不准收受与其行使职权有关系的单位、个人的现金、有价证券和支付凭证的规定。（3）继续落实领导干部配偶、子女从业的有关规定。领导干部要加强对自己配偶、子女及身边工作人员的教育和管理，不准默许或授意他们打着领导干部的旗号以权谋私。坚决防止和克服形式主义、官僚主义。不准弄虚作假、虚报浮夸，要坚决纠正各种统计数字中的“水分”问题，对有意弄虚作假、虚报政绩的，要追究当事人和领导的责任。不准搞脱离实际、沽名钓誉的各种“形象工程”“政绩工程”，对劳民伤财、不讲实效的必须制止和纠正。严格控制庆典和达标评比活动，防止反弹。

坚决反对和制止各种奢侈浪费行为。突出解决公款大吃大喝、婚丧事大操大办问题。大力精简会议和严格控制出国（境）团组，压缩会议费、招待费、出国考察费等一般性支出。禁止以开会、考察、培训等名义变相公费旅游。禁止超编制超标准配备使用小汽车。禁止在住房问题上以权谋私。继续从严控制党政机关新建办公楼和培训中心。坚决制止开具虚假发票报销的行为。积极探索用改革的办法解决领导干部职务消费中存在的问题。市和各县（市、区）都要选择一两个单位进行移动通信工具使用管理货币化改革，鼓励和支持有条件的单位积极稳妥地进行公务接待、公务用车和公务员福利制度改革工作。

继续贯彻中央关于国有企业领导人员廉洁自律的各项规定，同时要认真执行五条新规定。（1）不准利用职权在企业物资购销、项目开发等经营活动中谋取私利。（2）不准个人及其亲属违反规定投资入股与其所在国有企业有关联交易、有依托关系的私营、民营企业和外资企业。（3）不准将国有资产私自委托、租赁、承包给自己的配偶、子女及其他亲属经营。（4）不准违反国有资产监管程序和企业规章制度，擅自决定对外投资、借贷、融资、担保等重大事项。（5）不准利用企业的商业秘密、业务渠道从事个人谋利活动，或将其提供、泄露给他人及其他企业。国有企业领导人员要定期向职工代表大会报告执行廉洁自律规定的情况，接受群众评议和监督。要抓好城市社区、基层站所和农村基层干部的廉洁自律工作。

各级财政、财务部门要把住开支和报销关口。各级审计部门要加强审计监督。各级纪检监察机关要加强监督检查，促进廉洁自律各项规定的落实。要建立和实行切实有效的工作机制。一是建立“三书”制度。对有违纪苗头的干部，发《提醒通知书》，及时提醒，早打招呼；对经调查虽然存在一些不廉洁问题，但够不上纪律处分的干部，发《督查整改通知书》，督促其整改；对一些干部和单位在廉政建设上存在工作不到位、有不正之风问题的，发《黄牌警告通知书》。二是开展“四个一”廉政教育活动。即各县（市、区）换届后，对新当选的领导班子成员开展一次集体廉政谈话、要求领导干部填写一份廉政承诺书、给领导干部发一张“廉洁从政行为规范警示卡”、组织领导干部进行一次廉政知识测试。三是结合对党风廉政建设责任制落实情况的考核，继续组织实施领导干部述廉、群众评廉、组织考廉的“三廉”监督。

（二）以查办大案要案和典型案件为重点，继续加大查办案件工作力度

在继续重点查办贪污、受贿、挪用公款案件和县（处）级以上领导干部违纪违法案件的同时，要着重查办建设工程招标投标、经营性土地使用权出让、金融、物资采购等领域和环节发生的案件，国有企业改革过程中国有资产严重流失案件，失职、渎职给国家造成重大损失案件，违反政治纪律和组织人事纪律案件，司法领域中的贪赃枉法、徇私舞弊案件，领导干部和执法人员为黑恶势力充当“保护伞”的案件以及参与和庇护走私、骗取出口退税、虚开增值税发票、制售假劣商品等破坏社会主义市场经济秩序的案件。要查办挥霍浪费公款、私分滥发钱物的案件，查办借节假日和婚丧喜庆事宜敛财的案件，查办领导干部放任、纵容自己配偶、子女以及身边工作人员违纪违法的案件。还要重视查办干扰破坏经济发展环境的案件，查办基层干部严重以权谋私、侵害群众利益的案件。

各级党组织必须抓好本级职责范围内的案件查处工作。各级党政主要领导要亲自过问大案要案的查处工作，亲自批办重大和典型案件，亲自协调解决办案中的重大问题。纪检监察机关要充分发挥查办案件协调机制的作用，

切实加强对办案工作的组织协调，形成办案合力。要继续实行办案工作末位督导制和领导包案责任制。建立信访信息库、案件线索库、办案资料库、办案人才库，为办案工作提供条件和操作平台。市、县两级都要集中力量查处有影响的大案要案和典型案件，年内至少召开一次典型案件公开处理会或新闻发布会。乡镇纪委都要有自办案件，市直纪检组（纪委）也要有自办案件，并向市纪委提供重要案件线索。

对违纪违法人员，要加大经济处罚和追缴违纪违法款物的力度，依法没收、追缴非法所得，不让其在经济上占便宜。严格执行有关规定，正确使用“两规”“两指”措施。查处案件要做到查、审分离，分管案件检查工作的负责人不得同时分管案件审理工作。

（三）以解决群众反映的突出问题为重点，继续深化纠正部门和行业不正之风工作

今年的纠风工作，重点解决发生在老百姓身边的、严重损害群众切身利益的问题。（1）深入治理教育乱收费。坚决禁止和纠正擅自设立收费项目、提高收费标准和扩大收费范围的行为；严格执行公办高中招收择校生“限分数、限人数、限钱数”的政策；严肃查处巧立名目收取赞助费、建校费和捐资助学费等乱收费行为。实行教育收费公示制度。在国家扶贫开发工作重点县农村中小学，实行义务教育收费“一费制”。坚决制止基层政府和部门的摊派和搭车收费。对问题严重的，要进行查处并追究领导责任。要加强对招生考试工作的管理监督，严肃查处弄虚作假和营私舞弊行为。（2）继续纠正医药购销中的不正之风。严肃查处药品和医疗器械购销中，给予和收受回扣等商业贿赂行为。对恶性竞争、药品价格虚高、制售假劣药品和医疗器械、虚假药品广告等问题，进行综合整治。县级以上人民政府、国有企业等所办的非营利性医疗机构，要对国家规定列入招标采购范围的药品实行集中招标采购。加强医风医德建设，认真解决医疗服务中索要和收受“红包”问题。（3）认真做好减轻农民负担工作。严格执行农村税费改革政策。对农业生产性费用、农民建房收费和各种搭车收费，要加强专项治理。全面实行农村订阅报刊费用“限额制”，涉农税收、价格和收费“公示制”，涉农

负担案（事）件责任追究制，逐步减轻农民税费负担。（4）认真解决发生在老百姓身边的、基层存在的问题。如基层站所的乱收费问题、基层执法人员搞特权和作风粗暴问题、“窗口”单位服务态度差等问题。认真治理强行征订报刊现象。同时，要严格规范上路执收执罚人员行为，继续治理向机动车辆乱收费，整顿道路收费站点，制定和完善解决公路“三乱”问题的治本措施，巩固国道、省道公路基本无“三乱”成果。市优化经济环境办公室和经济环境投诉中心要认真受理群众举报，严肃查处各种“三乱”案件，为我市经济建设创造良好的社会环境。

继续在全市执法机关、经济管理部门和社会服务单位中，开展“树立行业新风，优化发展环境”民主评议行风活动。重点解决四个方面问题：一是以改进作风、反对官僚主义为突破口，切实解决门难进、脸难看、事难办的问题；二是以转变政府职能、建立服务型政府为突破口，依法行政，提高效率，切实解决多头审批、效率低下的问题；三是以建设“诚信邯郸”、光大邯郸形象为突破口，切实解决言而无信、履约率低的问题；四是以健全制度、加强管理、严肃纪律为突破口，进一步完善职业道德规范，切实解决吃拿卡要、谋取私利的问题。

（四）从创新体制机制制度入手，进一步提高从源头上预防和治理腐败的效果

进一步深化行政审批制度改革。按照合法、合理、效能、责任、监督的原则，进一步搞好行政审批事项的清理、削减。规范保留的审批事项，加强对审批的监督。各部门要通过政务公开栏、电子屏幕、电子触摸屏、邯郸公众信息网等多种形式，将保留的审批事项和监督措施对外公布，接受社会监督，实行阳光审批。行政审批制度改革要同相对集中行政处罚结合起来，积极探索综合行政执法体制和运行机制。要完善并严格执行建设工程招标投标、经营性土地使用权出让、产权交易和政府采购制度。要将矿产资源的使用管理列入源头治腐的重点，把一定的采矿权、探矿权储备起来，由政府以招标、拍卖或挂牌的方式出让。

进一步加快财政管理制度改革的步伐。加强预算管理。严格实行“收

支两条线”，所有行政事业性收费，都要实行收支脱钩管理。规范“罚缴分离”“票款分离”。对行政事业单位银行账户进行动态监控。深化部门预算。规范国库集中收付制度，推行并完善财政国库管理制度改革。认真清理和规范政策外补贴，严禁设立“小金库”。加强会计管理和监督，严厉惩处做假账行为。

进一步推进干部人事制度改革。认真贯彻执行《党政领导干部选拔任用工作条例》，推进干部工作的科学化、民主化、制度化。加强监督检查，严肃查处跑官要官、拉票贿选等违反组织人事纪律的行为，坚决防止和克服用人上的不正之风。建立由组织、纪检、监察、审计等机关和部门参加的干部监督工作联席会议制度。全面推行县级以下党政领导干部、国有企业领导人员经济责任审计制度。

按照省纪委部署，积极推进司法体制改革，从制度上保证司法公正廉洁；加强金融监管，强化金融机构内控机制建设；加强对行业协会、学会、社会中介机构的管理和监督。

（五）健全和完善监督制约机制，进一步加强对党员领导干部的监督

坚决维护党的政治纪律。各级纪委要加强对各级党组织和党员领导干部执行政治纪律情况的监督检查，严肃查处有令不行、有禁不止、各行其是等违反纪律的行为，坚决维护中央权威，保证中央政令畅通，为实现党的十六大的战略部署和省委、市委的重大决策提供坚强的政治保证。

发展党内民主。严格执行党的民主集中制。涉及重大决策、重要人事任免、重要建设项目安排和大额度资金使用的，必须经集体讨论做出决定，严格按规定程序运作。积极探索党的代表大会闭会期间发挥代表监督的作用，以及党的委员会发挥监督作用的途径和形式。进一步落实县级党政正职拟任人选由上级党委全委会投票表决制度。市、县党委主要负责人每年要在全委会上，报告本人及领导班子廉洁从政情况，其他领导干部也要在一定范围内报告廉洁从政情况。建立完善党内情况通报制度、情况反映制度和重大决策征求意见制度。要拓宽群众监督渠道、健全政务公开、厂务公开、村务公开

等制度。对群众举报的问题要件件有着落。重视发挥新闻舆论监督的作用。要健全制度，促进干部群众依法依纪信访。

建立健全廉政档案，充分发挥廉政档案作用，为党委教育、监督、考核、任用和奖惩干部提供重要依据。各县（市、区）纪委要实现廉政档案专室专人管理，并逐步实现微机化管理。各级纪委要按照市纪委的规定和干部管理权限，把领导干部的述廉、评廉、考廉情况全部纳入廉政档案。各级在干部提拔重用、评先评优、代表资格审查等项工作中，必须查阅干部廉政档案，认真进行廉政审查。有关部门要积极配合廉政档案建设，如实提供廉政档案所需材料。

实行纪委负责人同下级党政主要负责人谈话制度。通过任前廉政谈话、诫勉谈话、工作谈话等形式，增强领导干部廉洁从政意识，更好地履行党风廉政建设责任。

健全民主生活会制度，提高民主生活会质量。生活会前，上级纪委和组织部门要派人了解情况，加强指导。对有问题不检查、不做自我批评的，要指出其存在问题，督促其进行自我批评。生活会情况要在一定范围内通报，接受群众监督。

加强党风廉政法规制度建设。各级纪检监察机关要适应改革开放和社会主义市场经济发展要求，及时研究、制定、清理、修改和完善党风廉政制度规定。对中央和省、市颁布的有关党风廉政建设的法规和制度，各级各部门要结合实际，制定易于操作的落实意见或实施办法。要切实加强对党风廉政法规和制度执行情况的监督检查，促进党风廉政建设和反腐败工作的开展。

三　加强领导、改进作风、强化措施，确保各项工作任务的落实

今年的党风廉政建设和反腐败任务十分繁重。各级党委、政府和纪检监察机关要按照“树正气、讲团结、求发展”的要求，振奋精神、转变作风、真抓实干，确保各项工作任务的完成。

（一）严格落实党风廉政建设责任制

各级党政领导班子和领导干部都要按照责任制的要求，认真履行各自在党风廉政建设和反腐败斗争中的职责。各县（市、区）委和市直各单位党组（党委）要按年度向市委、市纪委报告执行责任制的情况。根据市党政领导班子成员的工作变动情况和今年的反腐败工作任务，经市委常委会研究，对市委常委和副市长进行了责任分解和工作分工，明确了牵头的市直部门。张力同志对全市党风廉政建设负总责；聂辰席同志协助张力同志抓全市党风廉政建设，并对市政府系统的党风廉政建设负总责；其他领导同志对分管部门和系统的党风廉政建设负总责；政法系统的党风廉政建设，由市委政法委负责；国有企业党风廉政建设、厂务公开，分别由市经贸委、市总工会负责；干部人事制度改革及防止和纠正用人上的不正之风，由市委组织部负责，市人事局参与；领导干部廉洁自律、查处大案要案、落实党风廉政建设责任制，由市纪委牵头负责；民主评议行风，由市政府纠风办牵头负责；减轻农民负担、村务公开，由市委农工委、市农业局负责；行政审批制度改革、财政制度改革、政务公开，分别由市政府办公厅、市财政局负责，市监察局参与；纠正医药购销中的不正之风，由市卫生局负责，市政府纠风办参与；治理教育乱收费，由市教育局负责；党风廉政教育、司法体制改革，由市纪委、市委政法委负责，市委宣传部参与；对领导干部的监督，由市纪委负责，市委组织部参与。各级各部门要切实履行职责，按照“谁主管谁负责”的原则，落实领导责任、工作标准、工作措施和时限要求，高标准、高质量地抓好工作落实。各县（市、区）委、政府和市直各单位领导班子成员 2003 年度责任分解情况，要于 4 月 15 日前报市纪委。要建立党风廉政建设第一责任人半年报告制度。第一责任人每半年向上级党委、纪委报告一次本人落实党风廉政建设责任制情况。经市委研究同意，成立党风廉政建设和反腐败工作协调小组，组长由市委副书记、市纪委书记担任，副组长由市委常委、市政法委书记、市委组织部部长、宣传部部长担任，成员由公、检、法、司、监察、财政、审计、人事等部门的主要领导担任。各级都要建立相应的组织，切实加强对各部门的协调指导力度，形成反腐败合力。

（二）继续加强党风廉政宣传教育

要认真搞好“两个务必”教育，使广大党员干部尤其是各级领导干部强化廉洁从政意识，牢固树立正确的世界观、人生观和价值观，切实践行“三个代表”思想。

要进一步搞好正面典型示范教育、反面典型警示教育、党纪政纪条规教育。要把“三项教育”作为一项制度长期坚持下去。有关部门要加强协调配合，形成党风廉政教育工作的大格局，把党风廉政教育纳入党员干部教育的总体部署，纳入各级党校培训教育的重要内容，纳入各级党委（党组）理论学习中心组的学习计划，纳入对领导干部的培养、选拔、管理、奖惩等各个环节。为了深化“三项教育”，今年要组织开展廉政典型报告会，选择一些出席省、市的廉政建设先进典型，报告廉政事迹；要举办党纪政纪知识培训班；要利用反面典型和警示教育网络，对广大党员干部进行警示教育；开展“党员领导干部从政道德教育”活动，将廉政、勤政的先进事迹辑印成册，大力宣传，弘扬正气。

（三）深入开展调查研究

为了更好地服务改革发展稳定的大局，全市各级纪检监察机关和干部，要开展广泛深入的调查研究活动。调研要紧紧围绕第一要务、紧紧围绕反腐倡廉任务落实、紧紧围绕解决群众关注的热点问题进行。要深入问题多发的部位和环节，从体制、机制、制度的角度，全方位研究腐败问题高发多发的深层次原因，提出解决问题的办法和措施，找准纪检监察工作服务经济建设的最佳结合点。各级党委、政府和纪检监察机关要积极运用调研成果，深化体制机制制度改革，从源头上堵塞漏洞，减少腐败问题的发生，促进反腐倡廉工作的深入开展，促进经济建设的健康运行。

（四）切实加强纪检监察机关自身建设

各级纪检监察机关要按照胡锦涛总书记强调提出的“要努力建设一支政治坚定、公正清廉、纪律严明、业务精通、作风优良的纪检监察干部队伍”的要求，全面提高纪检监察干部队伍的整体素质。

要组织纪检监察干部加强理论学习，用马列主义、毛泽东思想、邓小平理论和“三个代表”重要思想武装头脑，做学习和实践“三个代表”的表率。要加强“两个务必”教育，抓好“八个坚持、八个反对”要求的落实，努力提高队伍的政治素质。要加强对纪检监察干部的业务培训，认真学习经济、金融、法律、科技、管理和纪检监察业务知识，提高业务素质。

要加强对纪检监察干部自身的监督。继续发挥内部监督机制的作用，严格要求、严格管理、严格监督，使广大纪检监察干部自觉抵制各种腐蚀和诱惑，做到牢记使命、勤奋工作，坚持宗旨、执政为民，改进作风、求真务实，爱岗敬业、无私奉献，努力在广大干部群众中树立起可亲、可信、可敬的良好形象。

担任党委副书记的纪委书记要用主要精力抓好纪检监察工作。要加强对派驻纪检监察机构的管理，充分发挥其职能作用，切实加强对驻在部门领导班子及其成员的监督。要注意做好纪检监察干部交流工作，既要加强系统内的纵向交流，还要注重系统外的横向交流。要按照“四化”标准，加强各级纪检监察领导班子建设。对工作成绩突出、年富力强的纪检监察干部，要大胆提拔重用，为党风廉政建设和反腐败工作提供坚实的组织保证。

各级党委要切实加强领导，支持纪检监察工作，关心、爱护纪检监察干部，为纪检监察干部履行职责创造必要的条件。

同志们，面对今年我市党风廉政建设和反腐败工作光荣而艰巨的任务，我们一定要更加紧密地团结在以胡锦涛同志为总书记的党中央周围，以“三个代表”重要思想和党的十六大精神为指导，认真贯彻中纪委二次全会和省纪委三次全会精神，树正气、讲团结、求发展，认真抓好各项工作任务的落实，为开创我市党风廉政建设和反腐败工作的新局面，为加快我市全面建设小康社会的进程，提供坚强有力的政治保证，做出自己应有的积极贡献。

在全国全省农村税费改革试点工作电视电话会议结束后的讲话

（2003 年 4 月 3 日）

刚才，党中央、国务院和省委、省政府已经就农村税费改革工作做出了重要部署，这为我市进一步做好农村税费改革工作、切实减轻农民负担、促进农民增收指明了方向。各级党委、政府一定要以贯彻落实中央和省会议精神为契机，深刻认识进一步开展农村税费改革工作的重要意义，切实加强对农村税费改革工作的领导，按照中央、省委和市委、市政府的统一部署，积极推进这项工作。

去年以来，在省委、省政府的领导和市委、市政府的高度重视下，通过各级的共同努力，全市农村税费改革工作取得了明显成效。一是主体改革政策得到全面贯彻，农村“三乱”得到有效遏制，农民负担明显减轻。全市农民负担总额由改革前的65177 万元减少到40683 万元，人均负担由改革前的97.69 元下降为60.97 元，平均减负38%。二是新的农村税费改革制度框架初步确立，农民负担管理开始纳入法制化、规范化轨道。农村税费改革后，明确了财政部门是农业税征管主体，同时，将面向农民征收的合理收费，以税的形式固定下来，减轻和稳定了农民负担，规范了征收程序，堵住了多部门乱收费的口子。三是基本实现了“三个确保”。在农村税费改革中，实现“三个确保”是国务院提出的明确要求，也是衡量税费改革是否成功的重要标志。农村税费改革后，我市将上级的转移支付资金 21530 万元，全部分配到了各县（市、区），并对资金管理提出了具体要求。各县

(市、区) 按照财权与事权相统一的原则，对新增农业税 18106 万元进行了合理划分，保证了乡村基层政权的正常运转，保证了农村义务教育经费的正常需要。四是配套改革初见成效。各县（市、区）在抓好主体改革的同时，对税费配套改革的有关问题进行了认真调查研究。在县乡镇财政体制改革、乡镇机构改革、农村教育布局调整、规范和加强农业税征管、管好用好农村税费改革转移支付资金等方面取得了一定成效。

但是，在充分肯定成绩的同时，也应看到我市税费改革还存在一些问题。一是税费改革方案有待进一步完善。从一年的运行看，大部分县（市、区）的方案比较完善，但少数乡村仍存在计税土地面积没有按改革政策认真进行核实，个别地方分摊发包机动地的农业税问题一直没有纠正；有个别村改革后整个村不减负或减负比例很小；有的地方没有把计税要素张榜公布，没有得到农民认可；等等。这些问题的存在，导致农民来信来访，甚至越级上访。二是农业税征管工作需要进一步规范。全市农业税征管总体来看比较规范，但由于基层干部工作水平存在差异，少数干部对政策理解不准确，工作方式简单，往往出现征管不规范问题，例如，有的地方填写纳税通知书不规范，不完整；有的收取农业税不开具完税证，或开具不及时；有的地方仍存在搭车收费；有的地方甚至置中央和省委、省政府的三令五申于不顾，采取组织“小分队”扣押财物等办法强行征收农业税。上述问题给改革带来了一定的负面影响，必须严格制止，认真加以纠正。三是历史遗留问题需要进一步研究。对改革前的一些遗留问题，虽然不是农村税费改革带来的，但又是推进改革所绕不过去的，例如，乡村债务问题；税费尾欠问题；个别基层组织软弱瘫痪，村级财务混乱；等等，对于以上问题，各县（市、区）尽管做了一些研究，但不够深入、不够透彻，仍需要继续探索、研究解决措施。四是配套改革需加快推进步伐。农村税费改革是一项复杂的系统工程。我市的主体改革取得了突破性进展，赢到了国务院税改办和省委、省政府的充分肯定，但配套改革相对滞后。一些地方乡镇机构改革还不到位；农村义务教育体制改革强调保经费投入的要求多，实施精简和优化教师队伍、加强学校管理的措施少；防止农民负担反弹的监督机制还没有真正建立起来。对以上这些问题，各级党委、政府务必引起高度重视，并在今年的工作中认真加以改进。

今年全市农村税费改革总的要求是：认真贯彻落实中央和省委、省政府会议精神，深入贯彻落实农村税费改革的各项政策，以切实减轻和稳定农民负担为出发点，认真抓好农业税征管，加大对违反税费改革政策的查处力度，积极稳妥地推进各项配套改革，防止农民负担反弹，促进农村税费改革的健康发展。为此，要重点抓好以下五项工作。

第一，加强领导，对农村税费改革工作要做到常抓不懈。农村税费改革是一项长期的重要任务，随着改革的深入，各种新情况、新问题会不断出现，一些深层次的矛盾也会浮出层面，今年的税费改革工作仍然十分繁重。因此，各级领导一定要坚持不懈地把工作抓好。一是各级领导要从讲政治的高度认识和对待农村税费改革，充分认识农村税费改革的长期性、艰巨性和复杂性。克服麻痹思想和松懈厌战情绪，把改革工作做深、做细、做扎实。二是严格实行党政领导“一把手”亲自抓、负总责一级管一级的工作制度。要切实做到“三个不变”，即全市各级税费改革领导小组的规格不变，继续将农村税费改革工作作为“一把手工程”的要求不变，上下联动、真抓实干、务求实效的决心不变。三是对基础工作比较薄弱的老大难村，各县（市、区）要调查研究，分类排队，从解决“两委”班子入手，实行综合治理，进一步理顺关系，为税费改革创造条件。同时，结合今年的乡村换届，把村干部职数控制在规定范围，以减少村级经费开支。

第二，严格政策，进一步规范农业税征管工作。农业税收在今后相当长的时间内仍是国家参与农业收入分配的主要形式。税费改革后，农民缴纳农业税的积极性提高，要使之转变为农户的自觉行动，除加强宣传教育外，还必须规范征管，不断完善农业税征收保障体系。今年，要在全市范围内推行农户纳税“明白卡”，使农民缴纳税费做到心中有数，提高农民纳税积极性，有效地遏制向农民收取税费时搭车收费和加码现象。征收农业税必须逐户发放纳税通知书，纳税通知书的填写要规范，内容要齐全。征收农业税要当即向农民开具完税证，要进一步明确农业税征收主体，在农业税征收期间各村要设立农业税征收点，实行农业税委托代征和聘用协税员办法。代征员从乡镇干部中选任，协税员可由村干部担任，但不能由村干部直接向农民征税。在农业税开征前，对农业税征管员、协税员要进行集中培训，严禁粗暴、蛮横和违法施政现象的发生。鉴于目前农民收入增长缓慢、负担相对较重、承受能力较弱、绝大多数农民无力缴纳税费尾欠的实际情况，按照上级要求，目前暂停清收2002年之前形成的税费尾欠，采取先挂账的办法，待农村经济进一步发展、农民承受能力明显增强后再做处理。对2002年农业税费尾欠的清理，要按照农业税征收程序严格操作，不能简单从事。

第三，加强监管，确保农村税费改革转移支付资金落实到位。各县（市、区）要按照统一规范、公开透明、公正合理的原则，及时将农村税费改革专项转移支付资金核定到有关部门和乡镇，确保农村义务教育投入不低于改革前的水平，并逐步有所增长，确保乡村政权组织的正常运转。要认真制定农村税费改革专项转移支付资金分配管理办法，根据分税制财政体制要求和进行农村税费改革需要，按照财权和事权相统一的原则，合理划分县、乡政府事权和财权，并做到专款专用，不得挤占挪用。对村级资金（农业税附加和专项转移支付资金），县财政拨付乡镇后，乡镇要实行乡管村用，乡镇按村设账，分别核算，乡镇不准截留挪用，村级之间不得平调。市里将安排有关部门对农村税费改革转移支付资金使用情况进行检查，对擅自截留挪用农村税费改革转移支付资金的，一经发现，要及时予以纠正，同时扣减该县（市、区）下一年度相应数额的专项转移支付资金，并按规定追究直接责任人和有关领导的责任。

第四，高度负责，认真解决农村税费改革中的信访问题。农村税费改革是一项全新的重大改革，涉及千家万户的切身利益，各种矛盾和问题会不断出现。各县（市、区）要高度负责，进一步加强税费改革信访接待工作，敞开民主渠道，及时发现和纠正存在的问题，严防恶性案件、群体性事件或造成重大影响的其他案（事）件的发生。一是建立和完善信访机制，继续落实市里要求的“五个一”工作，建立一套行之有效的信访接待机制。二是认真贯彻落实省、市《关于建立健全农民负担监督管理机制的意见》，按照“分级负责、归口管理”的原则，各县（市、区）、市直有关部门要各司其职，密切配合，加强监督检查，确保农民负担不反弹。三是严肃改革纪律，对有令不行、顶风违纪的，及时立案查处。根据省税改办要求，将

2002 年 12 月份对各市的检查作为处理问题和追究责任的时间界限，对以后农民上访反映的问题和督导发现的问题，一经查实，将按照有关规定，予以严肃处理。

第五，密切配合，认真谋划和推进各项配套改革。农村税费改革事关全局，各级各部门要明确分工、密切配合，形成政府总揽协调、党政齐抓共管的工作格局。目前，省里已经出台了乡镇机构改革、农村教育布局调整、调整乡镇财政体制、农业税和农业特产税征管办法、对违反农村税费改革政策行为的处分规定、村级财务管理、农村筹资筹劳办法、农民负担监督管理机制等 10 个配套办法。市直各有关部门和各县（市、区）应根据省、市的精神，紧密结合实际，制定切实可行的配套改革方案，明确目标、责任和措施，力求把各项配套改革落到实处。

同志们，农村税费改革是一项艰巨而复杂的任务，是一项事关全局的重大改革，各级党委、政府要按照中央和省市的要求，切实加强领导、真抓实干，以更加扎实的工作，确保农村税费改革的深入进行，努力把我市农村税费改革工作提高到一个新水平。

在全市农村工作会议结束时的讲话

（2003 年 4 月 7 日）

这次全市农村工作会议是一次非常重要的会议，不仅会议的规格很高，而且会议的内容十分丰富，有许多新提法、新政策、新要求。张力同志的讲话，从全面贯彻党的十六大和中央、省农村工作会议精神的高度，就进一步加强和改进党对农村工作的领导、开创我市农业农村工作新局面提出了要求。辰席同志的讲话，围绕全面建设小康社会、繁荣农村经济、增加农民收入讲了具体意见，对全市今年农业农村工作进行了具体部署。希望各县（市、区）和市直有关部门按照市委、市政府的安排部署，认真抓好贯彻落实。下面，我强调三点。

第一，认真学习传达这次会议精神，高度重视“三农”问题。刚才，张力、辰席同志的重要讲话，以及会上所发的几个专件内容十分重要，这都是中央和省农村工作会议精神的具体化、邯郸化，对做好今年和今后一个时期全市农业农村工作具有很强的指导性。各级各部门会后要迅速召开领导班子会，认真学习有关文件，深刻领会和迅速传达此次会议精神。在传达贯彻中，一定把解决好“三农”问题作为工作的重中之重，要从贯彻党的十六大精神和“三个代表”重要思想的高度，从执政为民、更好地代表最广大人民根本利益的高度，统一思想、坚定信心、创新思路，把主要精力放在农村，把能力体现在能够抓好农村工作上，把水平体现在促进农村经济发展上，把政绩体现在切实维护广大农民的根本利益上，为全面建设农村小康社会做出贡献。

第二，以全面建设小康社会总揽全局，不断开创我市农业农村工作的新局面。全面建设小康社会，农业是基础，重点在农村，关键看农民。可以说，没有农民的小康，全面建设小康社会的宏伟目标就无从实现。农业农村工作战线长、领域宽、头绪多、工作量大，面对农业发展新阶段的新形势和新任务，各级各部门要善于抓住关键，突出重点，以重点工作的突破带动全局工作的开展。确定工作重点，要自觉地服从服务于农业农村工作的大局，紧紧把握住农业发展新阶段的关键问题。这应该成为抓农业农村工作的一个基本思路。当前，一要按照上级要求，结合本地实际，抓紧制定具体实施方案，着眼长远，立足当前，通过科学的方案来指导农村小康社会建设。二要保持党在农村基本政策的稳定，坚持和完善以家庭承包经营为基础、统分结合的双层经营体制。三要积极推进农业结构调整。要因地制宜、发挥比较优势，坚持有进有退、有所为有所不为的原则，着力培育具有区域特色的主导产业和主导产品。大力发展特色产业，实施订单农业，增强农业市场的竞争力。四要遵循经济规律，学会在市场里搞农业，以市场需求为导向，充分发挥市场配置资源的基础性作用。五要高度重视和大力推进农业技术创新工作，真正把农业的发展建立在技术进步和提高劳动者素质的基础上。要建立健全农业技术推广服务体系，抓好农业科技园区建设，搞好农民的技术培训。六要坚持城乡统筹、工农联动，打破就农业论农业、就农村论农村的局限，立足于经济和社会发展全局，统筹考虑农村问题，发挥城市对农村的带动作用、工业对农业的拉动作用。

第三，充分发挥基层组织作用，为农村全面建设小康社会提供有力保障。基层领导班子和党员队伍素质的高低，作用发挥得怎么样，直接关系到农村经济能不能实现跨越式发展、农民能不能尽快增收致富、农村小康目标能不能如期实现。因此，广大农村基层组织和干部要时刻想农民之所想、做农民之所盼，鼓实劲、增干劲、保持韧劲，靠为农民提供优质服务，赢得上级和群众的信任，赢得农村工作的主动权，全力打好农业增效、农民增收攻坚战。各级党组织和有关部门，要继续巩固和发展农村“三个代表”重要思想学习教育活动成果，探索让干部经常受教育、使农民长期得实惠的有效途径。注意选派那些热爱基层工作、政治素质好、工作能力强的同志到村里任职，充实和加强村级班子。要以乡村两级党组织的书记为重点，加强对农村基层干部的教育培训，提高他们的思想政治素质，提高带领群众发展经济和做好农村工作的本领。要积极开展培训活动，把致富能手培养成党员，把党员培养成致富能手，把党员致富能手培养成高素质的基层干部。要立足于充分发挥基层组织在农村小康建设中的作用，注意加强基层党组织的制度建设，积极探索新时期加强基层干部管理的好办法、好经验。要支持基层组织的工作，理解他们的难处，了解他们的思想，关心他们的生活和进步，表彰他们中的模范人物和先进事迹，努力为他们创造良好的工作环境。

在市计生委调研指导工作时的讲话

（2003 年 4 月 7 日）

根据市委调整分工，我分管计划生育工作。今天来有两个目的：一个是跟大家见个面，互相认识一下，以便今后开展计划生育工作；另一个是看看工作开展情况，看看哪些工作急需要做，见个面商量一下。

刚才，听了作群同志将近一个小时的汇报，我才有感而发。整体印象是干得不错，特别是现在正赶上换届，计生工作不断档，确实难能可贵。县（市、区）正在换届，带来很大的思想波动，大家想法比较多，我在组织部、在纪委经常讲这个事情，同志们有些想法、有些活思想来谈一谈，都可以理解，但不能误事，这是最基本的要求，不能因此耽误了工作。从计生委的情况来看，面临这种形势，做到这种程度，在省、市没有开会的情况下，能够及时掌握中央、省精神，把工作具体化，把工作指标分解到机关各处室、分解到人，细化量化，落实到人头上，既有分管领导，又有具体指标要求，也有工作完成的时间和要求，抓得比较细。在目前的情况下，能把县（市、区）计生局长们召集起来，把工作要点和工作目标部署下去，去督促，去检查，体现了一种工作精神，这种精神是一种认真负责的精神，这是各种工作都需要的精神。特别是计划生育，与农业工作的时令有相近之处，时间耽误不得，人误地一时，地误人一年。俗话说，三月孩儿不过年，时令过了，好多工作就晚了，就耽误了。如果第一季度工作抓好了，就为全市工作打下了一个好的基础。

邯郸市计划生育工作这几年进步比较大，特别是作群同志担任计生委主任以来。所谓比较大，是和自己比，邯郸的计划生育工作与唐山比，绝对是两头的关系。来邯郸工作后，感觉计生工作确实有差距，在组织部时，经我提拔的有700多个县级干部，发现45岁以下的一批干部有很多生二孩的，都有准生证，是合法的，但是现在这个问题已经显示出来了，一般合法的头胎都是有残疾的，45岁左右的人，第一个孩子大部分都上大学了，至少上高中了，这种情况折射出一个问题，说明邯郸整体基础差、整体水平比较低。这些干部生二胎时，大部分是科级干部，现在有的升副县，有的副县升正县，都是这个状况，一般干部职工和老百姓的情况就可想而知了，这是很简单的情况，基础工作不能说不薄弱。我问过几个人，“保二争三”这个指标都不理解，原来是倒数，这个问题就比较突出了。

我从“人口”这个问题来说，这是“两个生产”的一种。马克思讲，生产分“两种生产”，一个是物质生产，另一个是人口再生产，两种生产要相互平衡，即保证物质生产和劳动力再生产的平衡，我在党校搞培训时讲了20年这个问题，讲马克思的资本论，讲马尔萨斯的人口理论，讲马寅初老先生的人口理论。马尔萨斯的理论中，想通过战争、自然灾害、瘟疫来减少人口，但他也讲了人口平衡的问题，这显然是仇视人类的。马克思讲的物质资料再生产和人口再生产的比例平衡，是科学的，通过两种生产比例的平衡，才能保证社会的稳定、健康和向前发展。2000年底，国家计生委、中央党校在云南昆明办过一次人口教育培训工作会，在会上见到了张维庆主任，有过交谈，谈过人口问题。我与省计生委张志逊副主任一起参加了这个会议，讨论人口问题。那次是刚从美国回来，到北京后没回家，直接到云南，谈到人口问题我们与美国比较，感觉反差特别大。最强烈的感触是中国人口太多，在中国有6亿多人口时，美国是2亿多；现在中国12亿多人口了，美国还是2亿多，只是我们的一个零头。那时我们讲人口与人手的关系，开始我们的理论是人是最宝贵的，什么人间奇迹都可以创造出来，从发挥人的主观能动性来说都是对的，生产力是最活跃的因素，这是没问题的。但从社会发展来说，一味地强调“人手”而忽略“人口”的问题，就容易把关系搞偏。作为一个人，在他成为劳动力之前，从16岁或18岁之前，首先是“人口”问题，他光吃饭不会干活，不能创造价值，只是个消费者。

刚才作群同志讲到邯郸市的情况，邯郸何尝不是人口拖了经济的后腿呢？从经济总量上来说，邯郸在河北省排第4位，人口第3，但人均排第9位。邯郸市号称河北第三大城市，应该说不徒有虚名，应该是名副其实的第3。我到邯郸以后，搞调研不少，搞干部培训不少，邯郸人均经济指标排到第9位。现在河北省拉后退的有4个地市，北有承德、张家口，南有邯郸、邢台。张力书记从北京开全国人大会回来还谈到这个问题，承德、张家口拉后腿情有可原，资源环境不行，地广人稀，生长期短，资源上张家口更不利，又缺水，光秃秃的山；承德为边远地区，交通不便，资源开发也不行。如果说邯郸和邢台拉后腿，那就不应该了。尤其是邯郸，“一五”期间，苏联援建的156个大型项目，有4个在邯郸，当时广东省一项也没有，峰峰煤、武安铁、两黑两白都被郭沫若写入诗了，是相当不得了的，产业工人很多，省、部属企业很多，钢铁、煤炭、纺织、陶瓷、棉花要啥有啥。因为棉花的问题，毛主席他老人家都来了。非常好的地方，天宝地灵，物广人华，不得了。你说历史渊源有多长，几千年的磁山文化、战国文化、建安文化、革命老区，不能说沐浴着的党的阳光不充分。干部出了一大批，省里就有好几位，人才资源有的是。但是，为什么处在这个地理位置经济发展水平上不去？从物质资料生产来说，发展中存在的问题，有产权重组的问题，市场接轨的问题，科技含量的问题；从人口资源和协调关系来说，与人口大多有关系，人均水平比较低，限制了总体经济的发展水平，同时影响了生活水平和生活质量的提高。我市还有42万贫困人口，4.8万人饮水困难，6000多头牲畜缺水，与邯郸地处位置很不相称。计划经济时，钢筋水泥写条子才能买到，到实行市场经济了，我们就跟不上步伐了。

我们再说人口，与发达地区拉得距离比较远。但是，就是在这种情况下，尤其是近几年，光龙副书记、文生副市长，还有作群同志带领班子艰苦努力，应该说，在全省的位次还是前移了，起码已经进入第二个档次，还是有成绩的，这也是不容易的。人口问题，每一个阶段都有它的特点，70年代讲“三个多、一个少、两个正好”。刚刚从“人是最宝贵的”开始转到，人口要有计划地生，“两个比较好”。从家庭来讲，这个口号还不过时，但从经济总量和社会发展总体水平来说，这个口号不行了。为什么不行，还得提倡生一个，至少在脱产干部中只能生一个孩儿。要说一个特别好，是对过去的还账，生一个是做贡献，生了双胞胎也没办法。1993～1995 年我在县当副书记的时候，开始逐步走向规范，但督导、检查力度特别大，成绩不小，可能邯郸落伍就在那个阶段。当然这是个阶段性问题，到了 21 世纪了，党的十六大讲三个文明一起抓，人们的维权意识增强，这是社会进步的表现，计划生育工作水平要提高，工作满意度要提高，只有用我们的工作质量来解决这个问题。总体来说，我们要做好工作，必须运用法律的手段，通过政治形式、思想教育手段，依法做好计生工作。作为各级党委，必须为下面做工作的人撑腰、壮胆、鼓劲，这没说的。但作为基层干部必须提高政策、法律水平，提高工作能力、工作艺术水平，做好群众工作，提高素质。工作做下来了，也不出负面影响，这才是最高的，但是谈何容易。因为我在基层干这么多年，也有这个过程，与你们有相同的感受，和你们一起来做这个工作，从思想上有备无患。但只要我们有对党、对人民高度负责的精神，结合我们的工作实际，把精神吃透，搞清楚，然后再研究解决问题的办法，那么，办法总比困难多，这也是主观能动性的发挥。

刚才，作群同志谈了基本的工作思路，我看对省里基本精神比较了解，制定了“四六四”工作思路，讲得比较好，抓住了核心的东西，可以围绕这个来谋划。从四个观念更新来说，还是一个生育观、生育文化的问题。现在有人提到了生育文化这个高度上来。前几天，我收到个稿子，谈到唐山市计划生育协会副会长、计生委副主任写了一篇文章，写的是《树立正确的生育文化观》，从文化的角度来认识生育观念上的思想认识问题，觉得比较深刻。农村从 80 年代搞联产承包后，由于生产关系的调整、生产力的冲突，农民确实存在一些实际问题。没有男孩子，下地有困难，也是实情，男孩子是个壮劳力，等女婿进门时候还要等若干年，一时指望不上，还有顶门户、邻里互相帮忙的问题，还有续香火的问题，这就是旧观念了。前面几个问题是现实问题，但后边就是旧观念了。我到邯郸以后，还发现一个问题，市直机关这种现象比较少，但县直机关脱产干部生一个女孩以后，有领养男孩的现象，为什么这样做呢？不知道面有多大，但是有这种现象，观念太陈旧了，将来怎么分家呀。70 年代我在唐山工作时，麦田里的坟头都平掉了，搞公墓，挨着排，排完以后深埋，再接着排。所以说，计划生育工作的难度难就难在思想观念上，要大张旗鼓地做这个工作。核心就是观念，生了女孩再领养男孩，这种行为简直是对女同胞的侮辱，所以才造成出生人口性别比高这一问题。以后，生了男孩，去哪儿找媳妇去。所以说，观念这个问题，可得要认认真真下功夫，更不要说更高远、更高深的高度。这么个观念，与邯郸市现在的经济发展水平格格不入，差得太远了，脱产干部是这样的，老百姓该怎样？“四个观念”中，提到以人为本观念，形势观念也好，创新观念也好，人本意识也好，共产党本身就是人本观念、群众观念，共产党是最无私的，解放全人类，最后解放自己，腐败分子不是真正的共产党员。“六项重点工作”，宣传也好，管理也好，服务也好，综合治理也好，都是业务上的东西，要认认真真去做。

“四个到位”，我看一多半是上级党委的责任，但你们对下边也要负这个责。对于你们来说，市委、市政府负这个责任。作为主管领导，我会吹吹这个风，然后张力同志也要听。这四个到位，领导、经费、考核奖惩、队伍建设，都是核心、最根本的问题，当然还有具体的保证措施，下一步再深入研究一下。这一次市委、市政府的领导换了以后，有一个加快熟悉工作情况的职责任务，我们都在尽力做这个事情。今天上午把农村工作会开了，3 月 31 日把纪检三次全会开了。会开了以后，下面知道该干什么了。现在主管市长也快明确了，下一步我们就开计划生育会，领导力度会逐步加大，请大家放心，新一届市委、市政府都是要干事情的，要下力气去抓，同时我们对下面加大工作力度，劲不能松。从领导力量配置上，该做的还要做，一些事情我都记下来了，经费问题以后会逐步到位。我们要多研究政策，在财政投入上，要算一个比较实际的账，不能光算本级，要根据不同情况，多搞调研，分类指导，提出不同的政策要求，要做细工作。奖惩问题我就不多说了，计生考核工作要做，计生指标不能不考核，新的班子建起后，要与组织部、考核办接触，计生要考核，怎么做？过去 5 年的考核，有些指标不尽合理，但是不能改，有一些连续性的东西，不能变尺度，今年换届了，要加强对考核的研究，不能松懈考核，考核一定要加强。刚才你们的汇报中有句话，我挺受鼓舞，提到计生队伍争做新时期最可爱的人，不容易呀。这是人本主义、群众观念、“三个代表”的体现，所以说，从队伍建设上，要提高素质，争做新时期最可爱的人。

从作群同志的汇报、介绍看，头脑是清醒的，从分析存在的四个方面的问题来说，人口增长的压力也好，出生性别比问题也好，孩次构成问题、经费投入问题也好，这四个都是最核心的问题，脑子是清楚的，说明工作努力了，也有成绩，但又不沾沾自喜，不敢懈怠。关于汇报的问题，安排在市两会之后。汇报的事，书记应该听一次，这么大的事情不听不行。然后市委做统一安排，等省工作会开了以后，把精神领回来，然后结合我们的实际，我们再开会。

计划生育要造势，没有势，谁去做这个事情，如果没有势，这个工作是比较难做的，这是个客观实际的问题。所以说，要以情动人、以理服人、以法服人，而群众乐于接受的是以理服人。依法是强制执行的，从道理上、情理上就只有靠宣传了。如果思想工作做得好，从情感上、道理上更明白，就更好。要配备好队伍，尽量减少和避免事故。确实关心孕产妇女的身体健康，帮助她们脱贫致富，考虑她们的养老问题，要靠全社会来做好这个工作。

我相信，通过我们共同的努力，在原有比较好的工作基础上，我们把计划生育工作再推进一步。要站在我们邯郸市全面建设小康社会、加快现代化步伐这个大局，来看全市人口再生产这个关键工作岗位，人人都热爱这个岗位，关心这个事业，争取方方面面的支持，我们的工作应该再上一个新台阶。

在全市农业工作会议上的讲话

（2003 年 4 月 8 日）

我和增海同志、文生同志参加今天的会议，感到非常高兴。刚才文生同志发表了热情洋溢的讲话，增海同志虽然话语不多，但表达了市委和农业战线干部职工的共同心愿。邯郸是农业大市，邯郸的农业生产在河北省有举足轻重的作用。近几年来在市委、市政府特别是文生副市长的直接领导下，经过全市农业战线干部群众的共同努力，取得了突出的成绩。比如我市的生态家园富民工程和无公害蔬菜生产取得了很好的成绩，为我们邯郸争了光，为农业战线争了光，也为河北省争了光。更为重要的是，为我们邯郸全面建设小康社会蹚了路子，为下一步工作积累了经验。因此，我代表市委和市政府对文生同志在农业战线做出的成绩，对全市农业战线上的广大干部职工做出的辛勤努力表示衷心感谢！同时对今天受表彰的农业战线上的先进集体和先进个人表示衷心祝贺！

今天这次会议，是继昨天全市农村工作会议之后又一次十分重要的会议，也是我市面临市三套班子换届前夕召开的一次重要的农业工作会议。明天和后天市两会就要相继召开了，我们把时间打得这么紧来开这次会议，体现了市委、市政府对农业战线的高度重视。关于今年全市的农业农村工作，昨天市委、市政府已经做了详细安排，当前最重要的是要按照市委、市政府的部署认真抓好落实。刚才，文生同志、庆仁同志分别就做好今年全市的农业工作讲了很好的意见，农业局、农机局和生态能源局的几位同志也表了态，虽然时间很短，但说清了自己的基本思路，讲得非常好。我刚才大致翻了一下材料，材料质量很高。在文生副市长的带领下，我看我们农业战线有一个很好的传统，就是有问题就探索和创新，在理论的总结和完善上做了大量的工作。刚到邯郸的时候，我在组织部工作，文生副市长就给我一套350万字的农业百科全书，我看到这个书的时候，感到非常敬佩，在市、县两级农业干部中能提供这么多的文字材料，是非常不易的，是一个非常好的传统。我想我们有了一个丰富的实践过程、一个丰富的理论知识的积累，从而开创全市农村农业工作的新局面，使我们的工作再上一个新的台阶，大家应该是充满信心的。

下面，我就全市农业部门如何贯彻落实全市农村工作会议精神，开创性地做好今年的农业工作再强调几点。

一　贯彻落实全市农村工作会议精神，要不断深化对农业发展新阶段、新形势、新任务的认识，切实增强做好农业工作的责任感和自觉性

2002年，尽管我市农业的发展受到连续严重旱灾不利因素的影响，但全市上下团结一致，认真贯彻中央和省市关于加强农业农村工作的一系列方针政策，使全市农业继续保持了平稳发展的良好态势，农村经济在结构调整中实现了稳步发展，农业的整体效益有了新的提高，农村社会保持了稳定。这些成绩的取得，不仅是全市广大干部群众艰苦努力的结果，同时也是我们农业系统积极发挥职能作用、卓有成效地进行工作而发挥了不可替代的作用。在这一点上，市委、市政府以及全市人民是非常感激的。

当前，全市农业工作形势总体是好的。但也必须看到，农业工作进入新的发展阶段后，所面临的形势日趋复杂，任务日趋艰巨。从大的方面来讲，表现在以下几方面。（1）我国加入世界贸易组织，给全市农业提供了新的发展机遇，但同时也带来了严峻的挑战。（2）今年是全面落实党的十六大精神的第一年，也是我市农村全面建设小康社会的起步年。实现党的十六大确定的全面建设小康社会的目标，既调动了广大农民的积极性，同时也给做好农业工作提出了许多更高的要求。全面小康社会是有一系列看

得见的指标的，是要通过努力才能达到的。（3）农业和农村经济结构的战略性调整，虽是迫在眉睫的紧急任务，但同时我们也应当看到，解决农业工作上存在的问题，是一个循序渐进的过程，一些影响和制约农业增效、农民增收的因素，还不可能在短时间内消除，解决农民收入增长缓慢的问题，还需要一个较长过程。从具体方面来讲，一是连年来的严重自然灾害给农业生产造成很大损失，使农民生产生活遇到了很大困难，这在一定程度上增加了农业工作的难度。从基本的生产生活情况来看，我们现在还有42万贫困人口，有18万多急待扶持的人口，全市有4.8万多群众、6000多头大牲畜饮水不足，靠地下水越来越困难。二是农业基础条件和生态环境仍然十分脆弱，改善农业生产条件和生态环境的任务相当繁重。三是农业产业结构不够合理，尽管有了一些成功的尝试和典型，但传统农业、传统生产方式、传统耕作模式仍在比较大的范围内束缚着我市农业的发展，产品规模小、档次低、特色少的问题仍很突出，农业结构调整仍然处于起步阶段或适应性调整阶段。四是农业产业化经营水平还比较低。“农”字号龙头企业数量少、规模小、水平低，带动辐射能力不强，特别是一些产品加工相对滞后，使农产品的附加值上不去，这在一定程度上造成农民致富门路不宽，增收幅度减缓。从我们的外部加工来看，确实还有很大的差距。比如小麦加工，我市五得利面粉厂每年上缴500多万元，但是与我们临近的华隆方便面相比，就有了很大的差距。我们的小麦加工大多属于原材料加工或精粉加工，但是华隆方便面是终极产品，直接就上餐桌了，而且规模很大。如果再和承德“露露”比较，我们的差距就更大了。另外还有黑龙江等地，“龙头”发挥了很大的作用。“公司+农户”是中国农业产业化的典型模式，是一个成功的模式。世界上还有别的模式，比如美国的农业产业化经营模式，它是家庭农场的形式；还有欧洲和日本，它是小农户加行业协会的模式。五是面对新阶段、新形势、新任务，一些干部观念、方法、作风还跟不上，工作措施还不到位，特别是农民进入市场后，我们的干部在如何为农民致富搞好服务上还缺少真招实招，这仍是当前影响农业发展的一个突出问题。

我们既要看到自己的成绩，也要看到存在的问题。为什么要讲这么多的问题？目的是让大家在已取得成绩的基础上，从贯彻党的十六大精神、全面建设小康社会这样一个高度，来认识我们所面临形势的紧迫性。在全市农村工作会议上，市委书记张力同志和代市长聂辰席同志都做了比较客观的阐述。张力同志讲道，河北省 11 个市中有 4 个是拖全省后腿的，“北有张承，南有邯邢”。如果说“张承”拖后腿那是情有可原的，因为它的地理自然条件差距很大，张家口的坝上每年的无霜期只有七八十天，只能种土豆或春小麦，别的都不能种，山上光秃，植被薄弱，打井抽水很困难。邯郸和邢台就不应该了，尤其是邯郸更不应该，邯郸过去是有贡献的城市，在计划经济的时候有很多优势，我们有 2200 条产业结构、富业结构、原材料结构。邯郸在“一五”期间，有全国从苏联引进的 156 个大型项目中的 4 个，三代中央领导集体的主要成员全部来过邯郸。但是在市场经济阶段，我们落伍了。调整产业结构，提升传统产业，优化产品产量，增收增效，确实面临着很多的问题，这需要我们不断地探索和努力。就像文生副市长刚才提到的，要保持我们良好的精神状态，面对困难不低头，面对成绩不骄傲，要有朝气。因此，对问题要有清醒的认识，放到全市经济工作的全局里重新审视我们的农业工作。农业是国民经济的基础，是安天下的产业，从中央到地方越来越重视。人民群众的生活依靠农业，工业经济的一些原材料来自农业，第三产业的发展凭借农业的发展，只有加强农业基础、加快农业发展，才能使人民群众的生活由温饱向更加宽裕迈进，才能为工业经济的发展提供丰富充足的原材料，才能为第三产业的发展创造有利条件，从而推动整个国民经济的发展。没有农业的持续稳定发展，就没有整个国民经济的持续快速健康发展，也就没有社会的稳定。对农业生产，党和国家始终把它放在第一的位置，从十届全国人大一次会议上的《政府工作报告》到新任总理温家宝答记者问，在讲到今后工作时，都把农业、农村、农民“三农”问题放在“重中之重”的位置，这足以看出当前农业工作在全局工作中的极端重要性。可以说，我们现在是挑战与机遇同在。在这种形势下，作为全市农业战线上的各级领导干部，一定要认清自己所担负的历史使命，认清自己的责任，进一步增强责任感和自觉性，自我加压，与时俱进，奋发有为，扎实工作，努力为全市农业经济的快速发展做出更大的贡献。

二　贯彻落实全市农村工作会议精神，要善于抓住农业工作重点，不断开创农业工作新局面

农业工作战线长、领域宽、头绪多、工作量大，面对农业发展新阶段的新形势和新任务，各级农业部门，既要做到全面谋划，整体推进工作，又要善于抓住关键，突出重点，以重点工作的突破带动全局工作的开展。只有这样，才能充分地履行部门的自身职能，把握工作的主动权。确定工作重点，要自觉地服从服务于农业农村工作的大局，紧紧把握住农业发展新阶段的关键问题，这应该成为农业部门抓农业农村工作的一个基本思路。当前，要突出抓好三项重点工作。

（1）进一步调优农业产业结构。农业农村经济结构的战略性调整，是我国农业发展过程中的一次深刻变革，是农业结构、农业科学技术与农村经济管理水平的全面升级，是关系农业和农村长远发展、关系国民经济全局的重大战略部署。就全市而言，农业农村经济结构调整工作搞得好不好，农业部门的责任十分重大。近一个时期以来，虽然我市对农业产业结构进行了较大幅度的调整，也取得了比较好的成效，但优势、特色不明显，产业化经营水平低的问题仍然比较突出。因此，在新形势下，各级农业部门要把深入推进农业结构战略性调整作为当前和今后一个时期的中心任务，切实抓紧抓好。一是大力推进优势农产品区域布局。按照省发布的优势农产品区域布局规划，我市的小麦、玉米、棉花、大豆被列入其中。各地要优先发展被划入优势农产品的作物品种，使农产品生产朝着规模化、专业化、特色化的“三化”方向发展，将本地资源特点和区位优势充分发挥出来，最终提高种植业整体效益。二是大力发展农产品加工。发展农产品加工，可以提高农产品的附加值，创造新的消费需求，增加农民收入。各地要把发展农产品加工作为农业结构调整中带有方向性的一件大事来抓，以坚持市场为导向，以资源丰富且成本较低的农产品为重点，紧跟市场要求，统筹规划，科学引导，大力扶持，努力把农产品加工业发展成一个支撑和带动农业农村经济发展的“朝阳”产业。最近，我们几个主管农口的领导及庆仁同志到县里走了走，

谈到农业工作时，都认为应该靠“市场”，农业在我国是一个自然形态，农民纺棉、织布都是为了自己消费，要转向为别人生产，生产出的产品主要为别人消费，这就是从自然经济向市场经济转化的过程。我就要求，在生产过程中要时刻考虑市场的需求和市场的状况。这里有很多新知识需要农业战线的同志去学习、去摸索、去探讨、去总结、去实验。如果只是为生产产品而生产产品，只是为增加固定资产投入而投入，在市场上下的功夫不大，往往我们的决策就带有很大的盲目性。我们进入北京蔬菜市场，那是在前期市场调研的基础上来做的决策，是个“双赢”互动的过程。因此，搞农业，一靠政策，二靠科学，三靠投入，四靠市场。要学会利用市场，要学会驾驭市场，向市场要效率，根据市场来研究生产、研究管理、研究信息、研究市场投入的问题。三是提高农业产业化经营水平。农业产业化经营是农业结构调整的重要推动力量，也是对农村经营体制的丰富、发展和创新。我们要在总结近几年经验的基础上，大力发展龙头企业，加快基地建设，抓好农村“经纪人”队伍的建立，完善和发展农民各种专业合作经济组织和农产品行业协会，通过多种措施来提高产业化水平和经营水平，实现农业增效、农民增收。

（2）继续下大力抓好农业科技创新。在我国加入世贸组织的新形势下，依靠政策扶持，大力推广科技创新，既是世贸组织允许的“绿灯”政策，也是世界各国普遍加大对农业支持的有效措施。因此，各级党委、政府和各级农业部门，要适应入世后新形势的需要，把加大科技创新力度作为提高农业整体综合能力的重要措施来抓。从农村经济组织合作社，到人民公社，再到家庭联产承包责任制双层经营体制的模式，实际是历史的轮回。我们可以说政策用足了，投入显得不足。科技将是促进经济发展的一个重要措施，我们应该立足当前，想到长远，对于搞农业的干部来说，目标应该是农业的现代化。对于农业现代化，大家要深入地研究一下，农业现代化应该说是一个历史的过程，我们对现代化发展的认识也有一个过程。老一辈党和国家领导人，提“现代”的时候说的是“四个现代化”，即农业、工业、国防和科技四个现代化，这是周恩来总理在四次人大上提出来的。对于农业现代化，我们当时的理解就是机械化，后来发展到电气化、水利化、机械化。它基本上还是生产实施条件的改善，本质上是对农业生产过程的控制，现在的设施农业，实际也是对生产气候、温度、土壤的调节和控制，这是一个很大的创造。到21世纪，现代化已经进入生物工程、信息化工程对农业武装的时代。对农业生产周期的控制、对基因的调整和重组、克隆技术等，这些技术进入农业生产，是一个革命性的变革。能将科技转变为生产力，转变成经济效益，转变成农民收入，这是我们农业部门的工作职责。如果我们在座的同志不研究这个问题，就没有第二个群体来专门研究。农口的领导一定要有这个意识。领导者要讲“一、二、三”，农业专家要讲“四、五、六”。如果“一、二、三”都不懂，那么“四、五、六”更不懂，“七、八、九”就很难说。因此，今年对全国有明确要求，加强农业科技创新。就我市来讲，一是要以农业部“全国农业科技年”为载体，迅速掀起全市农民学科学用科学的新高潮。农业部把2003年确定为“全国农业科技年”，将重点围绕推进优势农产品区域布局，实施《优势农产品竞争力提升科技行动计划》，对优势农产品生产、加工等环节的关键技术进行攻关，这是提升农业科技水平的又一重大战略举措。在省农村、农业工作会议上，也就如何发展优势农产品等有关问题进行了安排部署。各级农业部门要按照农业部和省市的要求，以提高我市专用小麦、专用玉米和优质棉花等优势农产品的竞争力为重点，发动和组织广大农业科技工作者深入农业生产第一线，在全市农民中间掀起一个学科学用科学的新高潮。刚才庆仁局长讲到了以提高农民科技文化素质为目的在全市开展的多种助农惠农活动。我感觉，这是“全国农业科技年”活动在我市的具体实践和必要延伸，思路很好，形式很新，希望全市各级农业部门在狠抓落实上下功夫。二是以县、乡、村为重点，尽快完善全市农业科技推广体系建设。农业发展离不开农业技术推广服务，不管发达国家还是发展中国家，都是如此。加强农业科技推广工作，是国家支持农业的有效形式，是新阶段发展农业的重要任务。各级农业部门要排除各种困难，全速推进我市农业科技推广体系建设。市一级要抓目标，就是立足全市农技推广的实际情况，制定发展规划和目标，逐步建立整体覆盖、广泛联系的农技推广体系。县一级要抓机制，就是制定完善科学的管理机制，用规范的运行机制来保证农技推广工作的良性运转。乡一级要抓“软件”，就是保证乡级农技推广工作设岗有其位、在位谋其政，保证农技人员从事农技推广工作。村一级要抓“硬件”，就是保证农技推广工作所必需的物质条件。三是以加快农业科技向生产力转化为宗旨，积极探索多种为民服务的好形式。农业科技推广体系建设的最终目的是提高农业技术普及率，从而提高农业生产的科技含量，增加农民收入。因此，凡是适应新形势需求，能为农业生产提供优质服务，并经过市场经济大潮检验的好做法、好形式，都应当得到肯定和大力推广。各级农业部门在为农民提供服务的过程中，既要继承前人，又要突破陈规，积极主动地不断探索和实践农业科技推广体系建设的新形式和新内容，不断接近和适应广大农民在农业生产中对技术、信息等服务内容的习惯和要求。科技进村服务站和“农技电波入户”工程，都是适应时代要求并经过实践检验的成功做法。除此之外，要大力推进农业科技示范场建设。农民需要技术服务，农技人员需要靠技术服务求生存、求发展，农业科技示范场就是联结农民与农技人员的纽带，通过这个服务实体，农民得到服务，农技人员得到相应回报。具体工作中，可按照企业化管理思路，以企业化的实体来承担公益性的技术服务任务。

（3）全面加强农业标准化建设和农产品质量安全管理。全面实施中央提出的“无公害食品行动计划”，这是摆到我们面前一个新任务，也是我市农业打破“绿色壁垒”、实现“走出去”的重要举措。各级农业部门要站在全市农业和农村经济发展的全局，站在全面建设小康社会和保障人民生活安全的高度，将其作为一项重点工作，切实抓紧抓好，抓出明显成效。这是一个“双赢”的问题。无公害首先要保证消费者的安全，过去对这个问题缺乏认识，全面建设小康社会，有一个重要的指标就是人民生活安全。另外，我们能够在更高的层次，站到一个新产品开发起点上，能够赢得更大的市场、更好的效果，这个道理不难理解。因此，在这方面我们要做大量的工作。一是要以无公害生产为突破口，全面推进标准化建设。二是以检测体系建设为切入点，全面加强农产品质量安全管理。同时，要加强对农业投入品的管理，坚决杜绝国家明令禁止的农药、化肥等农资的生产、销售和使用，维护我市农产品声誉，保证农业可持续发展。在检测体系建设上，市级要抓指导，就是要在检测市区主要批发市场的同时，重点加强对各县（市、区）

日常检测的技术指导，充分发挥宏观监控作用。县级要抓生产，就是抓好对产品生产基地和生产过程的监测，不符合标准的产品不准离县。检测体系要进一步向乡级、生产基地和批发市场延伸，逐步形成市、县、乡纵向贯通，生产基地、批发市场、经营摊点横向联合的农产品质量检测体系。

三 贯彻全市农村工作会议精神，要切实转变农业战线的工作作风，不断提高农业工作水平

中央和省、市农村工作会议，在深入分析现阶段农业工作形势的基础上，都提出要把解决好“三农”问题作为全党工作的重中之重，要求更多地关注农村、关心农民、支持农业。这极大增强了全市农业工作者的信心，为农业农村经济大发展创造了非常有利的条件。贯彻落实全市农村工作会议精神，就要以全面建设小康社会总揽农业工作全局，把思想和行动统一到会议精神上来，团结和带领广大农业干部和农民群众，加快建设现代农业，大幅增加农民收入，以与时俱进的思想、奋发图强的精神、真抓实干的行动，不断开创全市农业工作新局面。

要时刻想着农民的期盼，鼓实劲、增干劲、保持韧劲，下大力气抓好农业工作。农业工作是和广大农民群众紧密相连的工作，只有了解群众、接触群众，才能有的放矢，避免主观与客观的脱节。因此，全市农业战线的广大干部，要时刻心里装着农民群众，经常下去走一走，看一看农户，看一看他们的生产、生活状况，切实做到心中有数。常跑一跑，常看一看，常与群众接触，这样思想感情就会离群众更近一些，思考问题、想问题就会想到群众、想到群众的期盼，知道群众想什么、需要解决什么问题，以便有针对性地做好工作。长期做农业农村工作的同志都有一种体会，做好农业农村工作更要有实劲、干劲和韧劲“三股劲”。鼓实劲，就是从思想上要求实，因为农业工作要讲实在的，要实实在在地干，玩虚的不行，搞形式主义不行；增干劲，就是行动上要真干，要敢于吃苦，要有一个良好的精神状态；保持韧劲，就是要坚持经常地抓和抓经常，不能单靠一朝一夕来解决问题，而要扎扎实实、埋头苦干。农业的投入，有的见效快，但还有一个生产周期，少则

几个月，多则十几年，有些事可能几年才能见成效，或者是我们栽树后人乘凉，但我们不能因远而不为之、因近期见不到效益而小为之，要有那么一种“咬定青山不放松”的劲头，做到了这一点，我们的农业工作就一定会有一个好的局面，这也是“三个代表”重要思想的体现。

要加强学习，练就做好农业工作的过硬本领。面对复杂多变的农业工作形势，全市农业部门广大干部职工，一定要顺应时代潮流，紧跟时代节拍，强化思想观念，创新领导方法，不断提高领导农业工作的整体水平。要适应农业工作新形势、新阶段、新任务的要求，认真研究农村经济规律和农业工作方法；要适应我国加入世贸组织的要求，精心研读 WTO 规则，充分认识农业工作面临的严峻挑战。当前，国内外经济形势复杂多变，农产品市场变幻莫测，农业工作日益艰难。全市农业部门，要熟悉新情况，掌握新知识，研究新问题，确定新思路。要凭借广博的知识和过硬的本领，奋勇向前，勇挑重担，不断提高科学判断形势的能力，提高驾驭农村经济走势的能力，提高创新工作方法的能力。

同志们，今年的各项农业工作都已部署，让我们以“三个代表”重要思想为指导，在市委、市政府的坚强领导下，齐心协力，真抓实干，把农业工作的各项措施落到实处，全面开创我市农业工作的新局面。

市委几个同志的分工有所变化，决定由我来管农业农村工作，增海同志、文生同志还有庆仁同志，都是我过去的老同事、老朋友，我来邯郸之前，很早就和他们认识，他们都给了我很大的鼓励和支持。我生在农村，长在农村，应该说是在农村基层干过。但是面临新形势，我现在还是学生，还得学习，今天主要是来和农口单位的同志们见个面，有些想法说一说，也不一定很准，供大家参考。从工作布局上来说，市委、市政府，包括我们农业局把工作讲得应该说是很透了，很具体了，今后的工作中，我和大家一起艰苦奋斗，使邯郸农业工作在原来良好的基础上做得更好，让文生同志放心，让全市人民放心。

在市纪委、监察局机关全体干部职工会议上的讲话

（2003 年 4 月 18 日）

今天市纪委、监察局机关召开全体干部职工大会，会议有三项内容：第一项内容是传达中纪委二次全会、省纪委三次全会和市纪委三次全会以及我市两会的会议精神，目的是了解上级领导的工作要求、工作意图；第二项内容是总结 2002 年委、局工作，部署 2003 年的工作任务；第三项内容是根据市委关于在市直机关开展“树、讲、求”活动的要求，召开一次动员大会。刚才，风明同志代表市纪委常委会向大家传达了上述会议的主要精神，徐数同志代表常委会做了工作总结，玉凤同志宣读了纪委常委会研究的表彰决定。他们讲得都很好，特别是徐数同志做的工作总结和部署，认真总结回顾了去年的工作，全面部署了 2003 年的工作，把我们的主要任务给大家讲清楚了。一年来的工作成绩讲的时间紧点，工作总结早已经写出来了，往上也报了，今天把要点、最基本的内容讲一下，总算有一个交代。认真总结去年的工作，目的是把今年的工作做得更好。他们讲的意见都是常委会研究同意的，我完全赞成，希望各个厅室认真贯彻落实。下面，我再讲三个问题。

一　把握全党、全国工作大局，充分认识纪检监察工作肩负的历史使命

今年是很不平常的一年，是我们全面贯彻党的十六大精神的第一年；也

是我市市人大、政府、政协三套班子换届、县里四套班子换届、进行干部新老交替、谋划未来五年发展的很重要的一年；党的十六大提出全面建设小康社会，这也是全面建设小康社会的开局之年、起步之年。我市刚刚结束的人代会，已经比较具体详细地描述了今后五年邯郸的发展蓝图，今后五年邯郸在全面建设小康社会上，要实现经济跨越式增长，各项工作要上一个台阶，这一个艰巨光荣的任务，已经摆在大家的面前。在讨论政府报告的过程中，应该说大家对影响邯郸经济社会发展的问题找到了，进一步加快发展的思路逐步清晰起来了。

过去五年，邯郸经济社会发展取得了不小的进步，特别是围绕市委提出的四大攻坚战，做了大量的工作。我们纪检监察系统的干部，为了邯郸经济社会发展，在党风廉政建设上、在大案要案查处上、在纠正部门和行业不正之风三项格局里面，做了大量的工作，付出了我们的辛劳，刚才徐数同志已经做了比较具体的总结。但邯郸整体的经济社会发展面对的形势和任务是不容轻率乐观的，尽管我们的经济总量、固定资产投资、利用外资等经济指标已有了不小的发展，尽管我们的党风廉政建设形势也在好转，但是，我市的经济社会发展任务仍然艰巨而繁重，我们重在哪里呢？最近，市委、市政府的领导同志在思考这些问题，邯郸的党员干部群众也都在思考这个问题，邯郸之外关心我们邯郸事业发展的领导、同志、朋友，也在关注这个问题，大家逐步形成一个这样的共识，邯郸这几年有发展，但是邯郸还应该有更大的发展。邯郸的经济建设在计划经济的时候是有贡献的，但是邯郸在市场经济条件下，加入世贸组织之后，我们比较偏、比较单、比较重的产业结构，阻碍了我们的发展。同时在整个河北省的经济社会发展总的结构布局里，我们由过去一直在担担子、做贡献，现在处在了一个拉后腿的位置上。张力同志一再强调这个“拉后腿”的问题，他参加全国人代会回来以后，就说这个问题，他说你知道河北省 11 个地市谁在拉全省的后腿？有 4 个地市，南边就是邯郸和邢台，北边有张家口和承德。张家口和承德拉河北经济发展的后腿是情有可原的，毕竟他们的自然条件要差一些。邯郸和邢台就不同了，尤其是邯郸，号称河北省第三大城市，直到现在，无论在人们的观念中，还是从经济、政治、文化、社会力量等综合指标看，我们还是第三大城市，在历史上是五大古都之一，但是现在我们落后了。在市人代会期间，我又参加了河北省民营经济工作会议，这方面的信息传递得更强烈。我们坐在第一排，第一个典型发言，我市不是典型发言，会议第二天发言时我市是第一个表态发言。我市的经济总量是河北省第四，工业增加值全省排第二或者第三，但是我们的人均国民生产总值排第九位，是倒数第三！何况计算产值我们有很多省、部属企业在内，那算算产值可以，但是能给自己这个锅里添饭的是我们自己的产业、自己的企业，这才是重要的。去年我市全部财政收入 56 亿多元，自有的、地方的不多，我们真正可用的财力没有多少。因此，从经济发展水平来看，邯郸应该奋起直追啊！在河北省民营经济会议上，白克明书记强调，我们目前做这么多工作目的是什么？目的只有一个，就是让我们的钱袋子鼓起来啊。当然，要靠合法经营、劳动致富鼓起来，不是依靠别的鼓起来。白克明同志又讲，就凭着为了把我们的钱袋子鼓起来，也得好好工作啊。当然咱们鼓起来的时候是和老百姓一起鼓啊。他所讲的“鼓起来”就是发展生产力、发展经济，增加经济总量，特别是提高经济效益，增加产值、增加利税，增加干部职工的人均收入、城镇居民的人均收入、农民的人均收入水平。我们有这么好的条件，不应该处在这么一个位置上，而应该更好、更有发展前景。

基于这么一个基本认识，邯郸确定今后五年的发展目标，第一，要科学制定发展战略。在原有的基础上谋划新的思路，制定新的指标，寻求新的办法、路径，实现新的突破。因此我们确定，调优产业结构，改造国有经济，提升传统产业，开发新的产品，以改制、改组、改造等手段激活国有资产。第二，要调整生产关系，发展民营经济。这次全省民营经济会议制定了四十条规定，这是河北省经济发展划时代的文件，其中明确规定，市、县两级今后发展经济的重点，就是发展民营经济。过去我们就讲不出这个话，现在是沐浴春风啊。党的十六大之后，领导班子调整，改革开放的信号更为强烈。支持民营经济发展，目的就是发展经济，这是社会主义建设的根本任务。第三，要扩大对外开放，加大开放力度。去年河北省利用外资大概是 10 亿美元，邯郸 2001 年完成任务就比较费劲，2002 年是 7000 多万美元，江苏省每年利用外资是 500 多亿美元，多大的差距啊！这说明邯郸对外开放的力度亟待加大。第四，要大力推进科教兴市。要利用科技手段发展邯郸经济，我为什么要说科教兴市，这是当前邯郸面临着的经济社会发展中心任务、中心工作要解决的科技动力问题。第五，要加大固定资产投入。我市固定资产增长速度，今年原计划增长3%～4%，省里给我市下达的计划是12.8%，原计划只比省计划零头稍多一点，可见任务之大。没有投入怎么能有产出？至于投入，仅靠邯郸自身的积累远远不够，下岗职工那么多，很多企业又停产了，需要利用各种经济手段，大力引进外部资金，重组、盘活存量资产。我走过一些企业，有的企业包括一些市办企业，位置非常优越，有几百亩土地闲置了好长时间，一亩地至少说值几十万元钱，好地块已经上百万了，资源在这儿趴着晒太阳，却没有激活这些资源。因此，不能说我们就穷到不能动弹的份上了，困难到没有出路的份上了，而是我们没有找到激活资源的路径，资源没有利用起来。最近，省委分析我省发展缓慢的原因，归结为两个障碍：一个是思想障碍，另一个是体制障碍。思想还不够解放，体制还没有理顺，阻碍着我们经济社会发展。这次省民营经济会上，辰席同志代表邯郸表态，讲了邯郸有三个制约，就是思想观念的制约、体制的制约和环境的制约。思想障碍和体制障碍在邯郸是存在的，环境的制约也是存在的。咱们的雪驰在海尔的总部所在地青岛开辟了一个市场，当然这是在发展事业，反过来的信息就给我们耳目一新的感觉，在青岛发展非常快，土地批租等事情都好办，这就是环境！但是雪驰不忘家乡父老，民营经济会总经理去了，人代会、党代会董事长参加了，会上他们讲尽管环境和青岛比差距很大，但我们是在邯郸发展起来的，总部还要在邯郸，但是，市委、市政府也要帮助解决实际问题。这几个要点思路清楚了，并且抓住这些要点来推动和开展工作，邯郸会大有希望，会有大发展，钱袋会鼓起来。但是如何做这个事情？有了目标以后，就得有办法、就得有路子、就得有组织，关键在人、关键在党、关键在组织领导。

打破思想障碍、体制障碍制约我们发展的问题，与我们纪检监察工作有什么关系呢？要说最大的关系，从某种意义上讲，那就是纪检监察工作也是一项优化环境的工作。接手工作一个多月来，我一直在思考这个问题，与几位副书记在讨论这个问题，我也找到一些老领导、老同志以及方方面面请教这个问题，请他们帮助分析邯郸的党风廉政建设、干部队伍的状况，对邯郸的党风廉政建设和干部队伍要有个基本的估计。从我市查办的案件看，数量比重比较大，大案要案比重比较小，用规范的话说，就是没有发现。基于这么一个基本的估价，我们应该把工作的着力点放在党风廉政建设上，这是三项工作格局的头一条，是治本之策、源头治理的问题；大案要案要认真查处，大力惩治腐败分子，形成威慑力量，这是我们的本分；纠正部门和行业不正之风，这是纪委监察工作领域的延伸。人们往往认为纠正部门和行业不正之风是与环境密切相关的，在我的理解，党风廉政建设、查处大案要案还有纠正部门和行业不正之风三项工作格局集合在一起，都可以认为是创造经济社会发展的环境问题。领导班子廉洁自律、勤政务实、开拓进取；惩治腐败分子，纯洁我们的队伍，以儆效尤；纠正部门和行业不正之风，这就是个总体环境，就是为经济社会发展保驾护航，这是我们的最终目的。我们的目的不在于处理了多少干部，如果把政绩仅限于这一点上，我看不是完全成功的政绩。正如吴官正书记讲的，对于干部队伍中反映出的违纪违法的苗头性、共性的东西，及早打招呼，提个醒，让我们的干部少犯错误或者不犯错误。不处理人岂不更好！如果说我们市确实没有大案要案，干部确实都很清正廉洁，那么我们纪委的案子尽管数量少，我说那是最大的政绩，这就是辩证法。当然如果有很多案子没有查处、没有警觉，那么我们就是渎职、失职。真有了，你光没有发现不行，是不是你心虚啊？有案子你不去处理，有了问题你不去管，你是不是心虚啊？有什么见不得人的勾当啊？否则，你为什么不去管、不去处理呢？因此，我们纪检监察工作承担的任务异常繁重，责任十分重大。

从邯郸市纪检监察系统来说，要搞调查研究，要掌握我市的基本状况，做到胸中有数，然后确定一下我们应当做的事情。总体上说，我们这支党员干部队伍是好的。邯郸有光荣的革命传统，850 万人口，有 43 万党员，平均 20 人就有一名党员，县级干部有一千三四百人，他们在这片土地上默默地工作着，应该是功不可没的。我市开展的四大攻坚战，经过几年的奋斗，取得了比较突出的成绩，上下都是认可的，来邯郸的人都觉得邯郸在起变化，如果说我们整个队伍不行的话，那么这些成绩的取得就不能解释清楚。

但是也确实存在一些不容忽视的问题，在党风廉政建设上共性的问题比较突出，腐败分子毕竟是少数，更突出的问题表现在铺张浪费、讲排场、婚丧事大操大办、形式主义、官僚主义、脱离群众、与民争利，影响经济社会发展，使群众有很多不满意的事情，这些现象比较多、量比较大，涉及的人、涉及的部门和地方也比较多。现在许多企业家、许多企业包括一些外资外商企业、民营企业，反映我们的事难办，有的一个项目批下来要盖一百几十个甚至二百个章，设身处地地想一想项目怎么搞？这次人代会上谈到这个问题，全省民营经济工作会上也谈到这个问题，有一个项目在县里已经定了8个多月了，现在模样还没出来，我问你们这究竟要盖多少个章？有的说一百多个章、几十个章是很常见的，真难为这些企业家，他们真有耐心，我说我二十个章盖不了，就没这个耐性了。管盖章的，到你这个地方本来一扣就没事了，你却要拖个三天五天的，为什么？得请一顿啊、送点啊，不然那为什么想方设法不扣这个章？你说经济怎么发展？他没耐心就走了。光注重鼻子底下那点蝇头小利，而牺牲了邯郸整个经济发展的大局和长远利益。这就是思想障碍、体制障碍啊。想捞点好处，给你几万元、几十万元、几百万元，你敢要吗？有敢要的，但是监狱等着你呢。吃一顿、喝一顿，能解决多大问题呀？你耽误多少事！还不如把事情办好，使经济发展上去，一个月长一千块钱工资多好！因此我们搞好党风廉政建设，优化发展环境，任务还很艰巨。

纪检监察工作要进入更多的领域，包括土地有偿转让、建筑项目承包、政府采购，还有金融领域，对这些领域实施监督，使它规范起来，实现效率和公正的兼顾，真正为经济发展保驾护航，为维护最广大人民的根本利益做贡献。这次中纪委二次全会提出了一个党风廉政建设、反腐败工作的五年目标，即党员干部廉洁从政的自觉性明显提高，部门和行业的风气普遍好转，对领导干部行使权力的监督确实加强，防范腐败的机制基本形成，反腐倡廉法制化程度有新的提高，腐败现象蔓延的势头进一步得到遏制，以党风廉政建设和反腐败工作的成果取信于民。这就是我们今后五年纪检监察工作的目标，这些目标从中央到地方都要分解下去，落实到具体工作中。面对着新世纪党的建设新的伟大工程，面对着我国经济社会发展的繁重任务，面对着邯郸市各项事业发展的宏伟蓝图，我们要充分认识自己肩负的历史使命。

二 下力实施三项工作格局，开创我市党风廉政建设和反腐败工作新局面

下力实施三项工作格局，开创我市党风廉政建设和反腐败工作新局面，这是我在市纪委三次全会报告里讲的目标，成效年年都有，开创新局面不容易，为什么提这么个目标？因为今后五年的任务比较重。如果说中纪委二次全会五年目标达到的话，就标志着开创了新局面。有些工作还要具体研究，扎扎实实地做好基础性工作，摸清底数，要有配套落实措施，每年都有进度，最后实现中纪委二次全会提出的目标。光增长点成效，概括不了这么多的内容，也不足以振奋和激励我们的工作，中纪委讲的是开创新局面，邯郸作为全国三十多座较大城市之一，不应该落后，所以也要开创新局面。当然，说起来容易做起来难，需要我们付诸实践。三项工作格局是纪委工作非常规范的任务，也是基本的路子，各级各部门要认真扎实地按照三项格局来开展工作。我在省委党校工作的时候，每年都配合省纪委办几期党风廉政教育培训班，回过头来我们又请省纪委的领导同志到党校给领导干部做报告。省纪委主要领导每年至少来一到两次，讲的都挺好，一直坚持到现在。三项工作格局中，党风廉政建设是长远的治本之策，包含着标本兼治的内容，对领导干部要进行教育，主要是理想信念教育；查办大案要案是纪委的重头戏。昨天我和省纪委李俊山副书记还谈到这个问题。俊山同志讲，在大案要案查处上如果纪委没有作为，就是我们没有尽到基本职责，就树立不起纪委的权威。大案要案要认真查处，对腐败分子要坚决地惩治，毫不手软，产生出威慑的力量；纠正部门和行业不正之风，当前要紧紧抓住净化、优化经济发展环境这个重点，突出解决发生在群众身边的、最不满意的问题。三项工作格局是一个整体，是有所侧重的、不同角度的阐述，是一个密切联系的关系，这是纪检监察工作的大局，我们要认认真真地做好这项工作。要根据工作条件和环境，有创新，有创造，创造性地开展工作，但是再创新性的工作也不能离开三项工作格局，这是我们最基本的任务。离开三项格局，而去做别的事情，尽管做了很多，也是没有尽到职责。三项格局如果做得好，那就

从根本上优化了邯郸的经济发展环境。对于我市的纪检监察工作，省纪委领导同志一再提到南有邯郸、北有唐山，并且希望我们要不断地探索，创造出更多更新的经验，为全省纪检监察工作做出贡献。这是对我们寄予的厚望，我们应该长这个志气，做好这方面的工作。

三　迎头抓住“树、讲、求”教育活动契机，加强纪检监察干部队伍自身建设

“树、讲、求”教育活动是省委加强干部队伍建设的一项重要工作，重点解决“心不齐、风不正”的问题。白克明书记讲，我们河北省出了一批腐败分子，这是我们河北党组织的耻辱。我们要用自己的反腐败行动来洗刷这个耻辱。并且还讲到河北的纪检监察干部队伍是好的，在惩治腐败分子上是有功劳的，很多工作也是我们自己做的。从这个意义上说，加强纪检监察干部队伍自身建设成为一项繁重的任务，要摆在重要的议事日程上来。怎样加强我们的队伍建设？我想应从以下几个方面有针对性地做好工作。

第一，从学习抓起，创立学习型机关。我们已经制定了常规的学习制度，应该坚持下来，加强学习。要学习政治理论，学习政策，学习法规纪律，学习相关的业务知识。学习政治理论，要解决理想信念问题。做纪检监察工作，完成党章赋予我们纪检监察工作的职责，需要有坚定的理想信念。如果只把它作为一项一般的工作，只是作为上班挣工资吃饭的工作，干不好纪检监察工作。首先支撑我们的是理想和信念。我分管纪检监察工作以来，看了刘丽英同志的文章《我在中纪委二十四年》，深刻地认识到没有一个坚定的信念，顶住内外压力，是做不好这个工作的。特别是和腐败分子做斗争到了白热化的时候，侦察反侦察、检查反检查，斗争是异常激烈的。一些腐败分子处心积虑，把刘丽英的儿子都拉进来，查她儿子的“腐败”现象，企图以攻为守，逃脱法网。最终都被刘丽英同志顶住了。刘丽英同志现在已经70多岁了，是纪检监察系统的铁腕人物，是坚强的女性，没有坚定的理想信念能坚持到底吗？能铁骨铮铮、一身正气吗？因此，作为党的健康肌体的卫士，一定要有坚定的理想信念，同时要有相关的知识。相关知识学习任务很大。我在组织

部期间收到了好多信访件，每天都有一摞，但是与纪检监察工作内容不同，只能是了解一些干部，核对一些情况，也处理了一些问题，但是还是有差别。我们的纪检监察工作有很强的业务性，要加强学习。有了坚定的理想信念，这就叫靠得住；有了工作需要的知识，这就叫有本事。靠得住、有本事，才是德才兼备的纪检监察干部，才能胜任党所赋予我们的责任。

第二，要搞好干部的交流。今天坐到主席台上，看到你们几十位，现在就有一个感觉，你们确实为我们的纪检监察工作贡献了自己的青春年华。刚才徐数同志也讲了，我们机关干部职工的平均年龄 46 岁，很多人都工作了几年、十几年、二十几年了，应该说大家都很不容易。默默无闻，连续工作，查案也好，组织一个会议也好，连续多少天不得休息，吃不好、睡不好，一心用在工作上，党和人民是感谢同志们的。对于干部队伍，通过机构改革、通过换届，使我们这支队伍得到优化，需要激励，也要激活。“流水不腐，户枢不蠹。”讲的就是要保持活力。当然，这和我们个人对自己进步的期望值不是绝对一致的，要将个人的希望和组织的需求结合起来。有什么要求达不到就不满意，也不是这个事情。我说这个话是代表组织说的，同志们要对照事业、对照工作说话，服从组织的需要。激活干部队伍，要做大量、细致的工作，了解每一个干部，做好干部的布局和调配。首先满足纪检监察工作的需要，同时干部队伍要有交流、要激活，逐步形成一个机制，不要几年都不动，几年都一贯制。台上台下年龄差不多，都是同龄人，倒是有共同语言，但是从队伍结构上，梯队性的发展就难一些了，应该是波浪式的、台阶式的。可能是由纪检监察工作职业特点决定的，需要有一些资历比较长、经验比较丰富的老同志，有资历、有经验，但是年龄不饶人，自然规律谁也摆脱不了，“老、中、青”相结合不过时，咱们不是老提革命化、年轻化、知识化、专业化吗？我走了几个地方，在领导岗位上也有十几年了，我觉得“老、中、青”还是比较合适的。不老不稳，无青不活，没有中年，谁来承前启后啊。又稳住阵脚，又有活力，又能承前启后，这才是个优秀的队伍、有活力的队伍。这个工作从纪委书记到常委一班人，大家逐步在形成共识，在认认真真地做一些工作，搞好干部队伍的交流。

第三，加强自身的监督。加强自身监督，这是由我们的理想信念决定的、由工作职业特点决定的，也是由我们的职业道德决定的。我在组织部正赶上搞作风建设，提了四句话，第一句话叫公道正派。做组织工作首先要公道正派，用哪个干部，不能根据自己的好恶、亲疏来决定，那样肯定不好，首先自己心都摆不平，怎么去选好干部啊？要说选的干部百分之百都是德才兼备也很难，但基本上要把握这个尺度。首先确定这个干部到这个地方适应不适应工作、利不利于工作。这样就可能摆得正一些。当然还要求真务实、开拓创新、业争一流。组织也好，纪检也好，公道正派是我们最基本的职业道德。把握不好这个尺度，就容易带来不可挽回的损失。另外就是要讲纪律。辰席同志过去也介绍过一些情况，案子问题纪律性很强，要按照规矩办，加强纪律监督。大家知道没有原则、没有规矩不能成方圆。加强自身的监督很重要，同时，关键环节要把握好。比方说婚丧事操办的问题，按说这都是人之常情的事情，但是要把握好尺度。大案要案要抓，典型案例也要抓。今天我本人和在座的常委要向大家表个态，要廉洁自律，严格要求自己，要率先垂范，今后你们也要监督我们。希望在座的每一个同志不要在执纪上落伍，整整齐齐地向前走，善始善终做好工作。老同志保持晚节，年轻同志要放眼量，眼睛要盯到事业上。

第四，要深入调查研究。调查研究是我们掌握发言权的工具，没有调查研究就没有发言权。对我们的工作、对我们党员干部的党风廉政建设形势的基本估计，都要来自调查研究；看看部门行业风气是个什么现状；那些带共性的、连续几次都出现的一些大案要案，看看症结在什么地方。带着这些问题进行调查，做深入的研究、分析，不能仅止于纪律、法规这一点上，不能定性、量刑量纪就完了，这是我们阶段性的任务。调研任务完成以后还要延伸，要对违纪、违法犯罪的根源——社会根源、经济根源、政治文化思想根源进行深入细致研究，找出一些规律性，来指导我们的工作，防患于未然，然后制定相关的政策、条例、条规，将关口前移，进行制约，堵塞漏洞，出发点还是要让干部少犯错误或者不犯错误。从调查里我们可以赢得发言权，掌握工作的主动权，这是一个高层次的工作，也是一个艰苦细致的工作。今年我希望我们的纪检监察干部要沉下来，扎扎实实地做一下调查研究工作，各厅室要结合自己的工作，要在整个纪检监察工作中做好调查研究这篇大文章。同时还有一个更重要的任务，深入调查研究，密切党群干群关系。你不要小看到农村下乡走这一趟，到农户里去坐一坐炕头，唠唠家常，我们的干部如果能够坚持有时间经常到下面去走一走、去看一看，我们的感情自然而然就贴近群众了，我们解决问题、处理问题的时候就能想到群众了。光在机关里面坐着，在城市里待着，就感受不到群众的甘苦。我在组织部搞调查研究的时候，很多人都有很深的感受，看到了最贫困的群众，回来用公款吃喝的时候，心里就不是个滋味，脑海里时不时就有老百姓那种最困难的生活景象。心里要常装着群众，经常下去看看，了解群众的疾苦、期盼，只有这样才能真正为群众服务，才能为经济发展创造良好的环境。这一条可不是虚的，通过调查研究、深入群众就能起到这个作用。我们纪检干部要到群众中去，密切联系群众，通过调查研究，争取发言权。

第五，振奋精神，创造性地开展工作。我们这支队伍，应该说是有战斗力的队伍，这支队伍的现实情况，就是年龄偏大一些，文化水平也有点低。这种情况下我们更应该保持良好的传统和作风，振作精神，搞好工作，并且要创造性地工作。现在很讲创造性，创造性是在原有基础上，摸透实情之后的发展，哪怕是前进一小步，也是个创造。在思想路线上，我们四代领导集体都做出了巨大的贡献。毛主席讲实事求是；邓小平讲解放思想，继承发展下来，就是解放思想、实事求是；江泽民同志讲与时俱进，继承发展下来，就是解放思想、实事求是、与时俱进；胡锦涛同志讲艰苦奋斗，继承发展下来，就是解放思想、实事求是、与时俱进、艰苦奋斗。三次全会我把这些已写到报告里，最后我们再加一句，就是开创我市党风廉政建设和反腐败工作的新局面，要有所作为。

第六，注意做好基础性工作。我们有带队伍的任务，常委们有带队伍的任务，厅室主任们也有带队伍的任务。做工作讲究有亮点、有突破，这是创新，这是很重要的。同时，不要忽视做好基础性的工作。什么是基础性的工作？就是队伍问题、经费问题、设施问题，甚至是干部职工的生活问题、健康问题等，要注意做好基础性工作。不能光找亮点，耽误了基础工作。最近一段时间委、局做了一些基础性工作，办公条件有所改善，安排了一次体检。这些工作不容易出成绩，干好后也不容易受表扬，但是这次评先进的时候体现出来了，给大家做基础工作的照样可以受表扬。因此，我们不要忽视每一个工作岗位、每一位同志。每一个岗位，只要它是合法设定的、合情合理存在的，都有它存在的价值，那是我们整个“大机器”的组成部分，去了哪个“零部件”都不能正常运转。只有综合起来，优化组合起来，才能发挥作用。组织要关心每一位同志，每一位同志都要热爱自己的工作岗位，做好自己的本职工作，从这个意义上说，我们是一个大家庭。每一个家庭成员都要以维护家庭的团结、和睦、友好为光荣、为己任，以很好地完成组织上交给的任务为光荣、为己任。每个人在人格上、在职务上，没有高低贵贱之分，都是革命同志，干的革命工作，都很光荣，都是平等的，只是工作职责、分工不同，工作职责有轻有重。我们要形成一种合力，形成一种凝聚力，共同做好我们的工作。这是我最后希望大家做的，也希望大家有什么问题、有什么事情和我们几位多沟通。我今天讲个规矩：请示工作要遵循程序，布置工作也要遵循程序，当然特殊任务除外。要防止断档，防止不协调。但是反映情况、交心谈心，没有这一套，大家有什么心里话，生活有什么困难，家庭有什么困难，任何人都可以找我谈。我们都尽心尽力去做，但是能够做到什么程度，就做到什么程度。我希望，今后要在原有比较好的工作基础上，加强团结，“树正气、讲团结、求发展”。

最后，说一下关于我的情况。根据省委决定和市委的分工，我和大家一块来做纪检监察工作。对于我来说，不能说对纪检监察工作没有了解，但是我学习的任务还很大，也包括向在座的各位学习。第一要学习知识，第二要了解情况，要了解我们邯郸党风廉政建设、反腐败的情况，要了解我们每一个同志的情况。我参加工作这三十年，基本情况是在基层干了七八年，从村里到公社、到县委、到地市一直到省直机关，种过地、挖过河、修过水库、教过书，在座的许多同志跟我的经历差不多，恢复高考上的大学，学了四年政治经济学。以后这二十年，主要从事干部工作，先是搞干部培训，到组织部是干部管理，现在是干部监督。开始是培养，然后是使用，再往后是监督。我希望培养的时候把干部培养好；使用的时候能够让干部有作为、进步得快；但是到监督的时候呢，要我们的干部少出毛病，少犯错误。帽戴上之后尽量不要摘下来，争取往高里戴“帽子”，为党和人民做更多的贡献，那才好呢。今天就和大家讲这么多。

在市扶贫开发办公室进行调研时的讲话

（2003 年 4 月 21 日）

根据市委分工，由我主管扶贫工作。刚才，郝巍吏、卢梁、李俊洲同志系统汇报了扶贫工作，总的印象是：近几年，在光龙、永寿等同志的带领下，市扶贫办一班人共同努力，各级各部门特别是贫困地区党委、政府认真落实中央和省市扶贫政策，扎实工作，合力攻关，我市扶贫开发工作进步比较大，贫困地区的面貌发生了很大变化，群众温饱逐步得到解决，生活得到改善，许多工作在全省处于先进位置，为全市扶贫开发打下一个好的基础。从巍吏同志谈今年的工作思路来看，你们是经过认真研究的，谋划比较细致，针对性强，符合邯郸实际，也符合中央、省委、市委关于扶贫工作的要求。对于扶贫开发存在的一些问题，只要本着对党、对人民事业高度负责的精神，依靠扎实的工作，是可以解决的。

扶贫工作光荣而艰巨。近几年，大家做了许多实实在在的事情，为此付出了不小的辛劳，扶贫工作得到了群众认可，希望同志们继续努力工作。贫困地区的老百姓不会忘记我们，他们握住我们的手舍不得松开，内心里是亲的，对我们寄予了很大希望，希望我们党和政府帮助他们早日脱贫致富。在此，我代表市委、市政府对你们表示感谢。刚接手这项工作，今天有些想法提出来，供你们参考。

一　站到全面建设小康社会的高度，充分认识扶贫开发工作的重要性、紧迫性

党的十六大提出一个宏伟目标，就是要全面建设小康社会，特别是到本

世纪中叶要实现社会主义现代化强国的建设目标。全面建设小康社会是与现代化建设联系在一起的，至少今后50年的奋斗目标是要全面建设社会主义现代化强国，这是一个战略性的目标，但是眼前的目标是要全面建设小康社会，我们做的工作还是第三层面的工作，就是解决贫困人口的温饱、脱贫和走向富裕的问题。全面建设社会主义现代化，全面建设小康社会，脱贫致富，这是三个层面的问题。因此，我们的任务显得更为艰巨、更为紧迫。中央早就提出，没有农村、农民的小康就不会有全国的小康。我们第三层次的工作，农村贫困人口脱不了贫，就很难实现全面的小康社会。应该说，改革开放20多年来，在20世纪末全国总体上已经达到了小康水平，全国80%的人口温饱问题已得到解决，但它还是个低水平的、不全面的小康。所谓不全面，主要是指脱贫标准不很高，人均国内生产总值低，有相当一部分农村、农民还处在贫困状态。因此，全面建设小康社会重点应该放到扶贫上，放在解决贫困人口上。

邯郸现在有850万人口，70%以上生活在农村。据统计，截至2002年底有42.5万贫困人口，其中16.8万人口需要重点扶持，调研发现我市贫困人口的平均收入是七八百元，收入水平非常低，如果没有大的事情发生，包括红白喜事、天灾人祸，还能够维持正常的生活，如果遇到天灾人祸、丧失劳动能力，日子就难以为继。同时还要看到人均七八百元钱分布也是不均匀的，有的可能是三四百元，有的可能是一千多元，所以最弱势的群体、最贫困的人口，收入达不到七八百元。全市40多万贫困人口，在19个县（市、区）中相当于一个大县。还有一个生存环境问题，饮水有困难，路难走，住房不行。我分管农业农村工作之后，到东部苦水区看了几个贫困户，有的贫困户的房子，用手指头一捅就能捅个窟窿，要是下起连阴雨来，非常危险。我当场就告诫这个县的书记、县长，绝对不允许发生意外事故，县、乡、村的党政领导要想办法救济，一旦坍塌压住人，就拿你们是问。因为出了问题向谁也交代不了，这些问题别人可以不管，共产党必须管，因为共产党是为人民服务的党。全市707个贫困村，我到过一些贫困村，是很少的一部分，但是邯郸市最贫困的村我不一定到过，我有个心愿，想看看我市最贫困的村究竟贫困到什么程度，最贫困的老百姓究竟是个什么生存状况，现在我们共同做扶贫工作，你们给我找一个最穷的村，比如说涉县深山区，去看一看究竟贫困到什么程度。这样去看一看有很多好处，一方面可以做到心中有数，能为将来的工作谋划一些思路，另一方面可以贴近群众、贴近实际，密切党群干群关系。对贫困人口的生产生活困难，中央和省、市都非常重视，十届全国人大一次会议上，在政府换届的重要时刻，胡锦涛同志向省委书记白克明同志询问张家口坝上春令扶贫、春耕生产安排情况，充分反映党中央把扶贫工作放在一个相当重要的位置。省委、市委为此专门召开春令救灾电视电话会。各地各部门不能把“三个代表”挂在嘴上，而是要坚定不移地落实在行动上，干任何工作都容不得弄虚作假和搞形式主义，要扑下身子，扎扎实实地做好我们的工作，按照中央提出的“发展要有新思路、改革要有新突破、开放要有新局面、各项工作要有新举措”的要求，搞好我市的扶贫开发工作。从某种程度上说我们是在做着全面建设小康社会最后攻坚的工作，我们这支队伍是在攻那个最坚硬的堡垒，也是最后的堡垒，如果把这个堡垒攻克了，那么全面建设小康社会的宏伟目标就实现了，如果没有攻克这个堡垒，那么全面建设小康社会的目标就难以实现，因此我们要有一种紧迫感，以一种强烈的责任意识做好扶贫开发工作。

二　与时俱进、开拓创新，进一步做好新阶段的扶贫开发工作

与时俱进，就是把握规律性、体现时代性、富于创造性。只有坚持与时俱进，才能增强工作的创造性。巍吏同志讲做好我市 2003 年的扶贫开发工作要主要抓好四项开创性工作和十项重点工作，这个思路就具有比较强的开拓创新意识，想闯出一条新的工作路径。这种精神值得提倡，也是做好扶贫开发工作的基本点和出发点。市扶贫办有的领导同志每年坚持到 100 多个村调查了解情况，工作是比较深入的，当然走的越多越好，不光是主任走，全体工作人员都要去走，这样才能与群众心贴心，才能体现我们工作的性质，才能摸索规律、发现规律、利用规律，才能做好本职工作。从国家到省到市制定并开始实施的十年扶贫开发规划来看，任务目标已经明确，但扶贫开发工作最核心的问题还是发展的问题。我认为当前应做好以下几个方面的工

作。一是要摸清底数。707 个村都已经建立了台账，前期工作做了不少，对这 707 个村、市、县两级扶贫办都要走一遍，确保做到总数清晰；同时要注意区分不同类型的村、户，全市 707 个贫困村，有 4 个全国贫困县、1 个省级贫困县的问题，有分布在西部山区、东部苦水区的问题，有人均收入水平高低的问题，我们一定要进行结构分析，运用定性与定量分析相结合的方法，做到分类指导，确保对症下药。对于因种种原因出现反弹、发生变化等情况，要及时跟踪，做到底数清楚，情况明了。这样即使哪个地方突发旱灾、水灾等自然灾害，我们也能够及时采取对策实施救助。否则，一旦受到天灾人祸的影响，贫困户容易丧失生活信心，就有可能引发其他问题，这是党和政府最关心的，我们作为党委、政府主管扶贫工作的部门，要对群众高度负责。二是要用足政策。做好扶贫开发工作，首先要把有关政策吃透弄通，学会按政策办事。政策本身就是资源，如果对政策研究得透、利用得充分，就能为邯郸的贫困人口争取更多的财力物力支持。有很多政策我们的干部可能比较清楚了，比如减、免、缓的政策，但因为没有用好，减、免、缓的政策还有余地可以加以研究和利用。扶贫办的同志在这方面要反思，要进一步加大力度，要跳出扶贫抓扶贫，跳出扶贫政策来研究相关政策，整合政策资源，包括宏观调控和财政金融的政策，利用政策，通过跑部进厅、通过一些项目争取资金，搞好扶贫工作。三是要发动群众。人民群众是生产力系统中最活跃的因素，各级各部门要积极主动地组织群众发动群众自主发展生产，帮助他们坚定脱贫致富的信心，引导他们多渠道寻找脱贫致富的门路，教育他们树立自强不息的信念，指导他们自觉打破消极等待的思想障碍，在邯郸掀起群众自主脱贫致富的热潮。四是要开放扶贫。各级各部门要结合各地自然条件和人文环境的具体情况，树立开放也可以扶贫的观念，自觉克服保守封闭的意识，打破“一等二靠三要”懒汉思想禁锢，要解放思想，闯出一条开放扶贫的路子。我认为，开放扶贫的基本方式大致有两条，一条是把劳动力输送出去，外出务工把钱挣回来；另一条是把项目引进来，扩张资本，这都是开放，当然还有许多方式方法我们可以去探索。有的地方自然环境较为优越，有青山绿水，可以开发成旅游资源，它可以脱贫；有的地方环境特别恶劣，要组织群众搬迁出来。比如涉县搞了一个 8 平方公里的开发区，如果让深山里饮水有困难的人下山到开发区，也能解决贫困问题。再如魏县的劳务输出搞得不错，春节时县委、县政府在火车站搞了一个接待站，接待老乡，为民工服务。通过开放带动解放思想，通过开放使资源得到充分利用，通过开放可以引进一些项目搞开发，走出去脱贫致富。五是要调动社会力量扶贫。社会力量是多方面的，要动员社会力量搞教育、办科技、搞园区等形式开展社会救济，利用多种形式进行扶贫，对口帮扶就是一种非常有效的方式。关于对口帮扶工作，扶贫办要把帮扶的单位底数摸清，该通报的通报，该表扬的表扬。扶贫办要结合有关部门加大督查力度，对此项工作市委也将加强督查。据了解有的单位到对口帮扶村转一圈就走了，这样做损害了党和政府的形象，拿对口帮扶不当回事，对这种情况要坚决追究“一把手”的责任。六是要统筹规划。要把扶贫开发工作纳入我市全面建设小康社会的整体规划中，统筹考虑“三农”问题。市扶贫办思考问题要通盘考虑全市建设小康社会的总体要求，各县、市要考虑县域经济的发展问题，从国务院《政府工作报告》到温家宝总理答记者问都响亮地提出了“东西互动、城乡统筹”等问题。要统筹规划扶贫开发，我看你们的基本思路很好，但有一些问题还需要深入研究，一个就是增强贫困地区自我造血功能和产业化扶贫问题，另一个就是改善贫困地区的生态环境和基础设施建设问题。对于扶贫资金的使用，各级财政、扶贫、纪检监察部门要进一步加大监管力度，确保把扶贫资金真正用到扶贫开发项目上，对违纪违规擅自挪用扶贫资金而影响项目进展的，一经发现，不管是谁，也不管是哪个单位，要抓几个这方面的典型，严肃处理，决不姑息迁就。

三　充分发挥扶贫办的职能作用，为开创我市的扶贫开发新局面献计献策

一是要转变作风。做好扶贫工作也不是一日之功，需要付出很多艰苦的努力。今天我来，主要是考虑到《政府工作报告》今年全市要为群众办16件实事的第一条，就是9.8万人要稳步脱贫，还有一句话是不反弹。这不仅是数量概念，还是一个质量的概念，稳定脱贫不反弹，要求我们各级党委、

政府扑下身子、扎实工作，想群众之所想、急群众之所急、办群众之所盼，做到权为群众所用、情为群众所系、利为群众所谋，让群众切实感受到党和政府的温暖。二是新世纪新阶段的扶贫开发工作，对扶贫办工作人员的综合素质提出了更新更高的要求。要懂政策，更要掌握各方面的政策，仅掌握扶贫政策还远远不能适应工作的要求，要研究产业政策，研究科教文卫政策，要尽早了解上级精神，尽早拿来为我所用，尽早为群众争取最大的实惠。各处室、每个工作人员都要研究政策，要有专人对专门政策进行研究和跟踪，把政策用活。如刚才讲的沼气，用什么材料，投资多少，标准是什么都要吃透，怎样才能符合群众的承受能力，都要弄懂。我们需要学习的东西很多，要用我们的聪明才智搞好扶贫开发，比如在利用项目争取资金时，就要搞懂有关的理论、政策、技术、市场、营销等，否则去了一问三不知，人家不可能把项目给你，这就是素质。三是要当好市委、市政府的参谋助手。要及早发现问题，及时提出建议，取得市委、市政府的重视和支持。四是要爱岗敬业。我在农口讲了要有三股劲，叫作实劲、干劲和韧劲，做扶贫开发工作更要有这种精神，不能搞形式主义，不要做官样文章，要心里始终装着老百姓。有时我们去求人办事可能吃“闭门羹”，看难看的脸，受委屈，我们为什么呢？为百姓，百姓心里有一杆秤。今天我就讲这么多。

在全市民主评议行风工作总结表彰暨动员大会上的讲话

（2003 年 4 月 22 日）

今天这次会议，是经市委、市政府研究决定召开的。会议的中心议题是贯彻全省民主评议行风总结表彰暨动员电视电话会议精神，总结我市 2002 年度民主评议行风工作，表彰民主评议行风工作优秀单位和先进单位，结合邯郸实际，对 2003 年的民主评议行风工作进行全面安排部署。刚才，杨慧同志宣读了《市委、市政府关于表彰 2002 年度民主评议行风优秀单位和先进单位的决定》，为优秀单位和先进单位颁发了奖牌；今天的会上市委书记张力同志就如何搞好民主评议行风还要做重要讲话。下面，我先讲三个问题。

一　活动有声有色，工作扎实有效，2002年全市民主评议行风工作取得了明显的阶段性成果

按照省委、省政府的统一部署，去年我市在 53 个部门和行业中开展了以“树立行业新风，优化发展环境”为主题的民主评议行风活动。在市委、市政府的领导下，在各级各参评部门的共同努力下，在社会各界群众的大力支持和参与下，通过广泛宣传动员，大力实施评议代表五项制度、二次听证、五评流程和一套客观评价体系的“5251”工程，民主评议行风工作取得了明显的成效。受到了国务院纠风办和省委、省纪委领导的充分肯定，得

到了广大群众的普遍认可。中央电视台在《新闻联播》节目报道了我市民主评议行风做法。

（1）通过评议，参评部门为经济服务意识进一步增强。优化发展环境、树立行业新风是民主评议行风活动的主要目的。围绕这一目的，参评部门有针对性地开展了一系列活动，不断加强行风建设，使参评部门及工作人员牢固树立了为群众服务、为企业服务、为经济发展服务的宗旨观念，提高了本行业、本系统人员的思想意识，更好地为企业、为群众服务。市国税局、交通局、财政局、建行、房管局、电力公司等部门建立了长效服务机制，实行大厅式办公、一条龙服务，方便群众办事。市工商局在评议中大力推行"阳光工程"，把办事依据、办事结果公开，把收费项目、收费标准上墙公布，增加了工作透明度，避免了超标准收费、收人情费和关系费等不良现象。有的参评部门积极为企业提供优质服务。如，去年，奥地利安德里茨股份公司北京代表处派员来我市地税涉外分局咨询邯钢成套设备进口有关税法政策等事项期间，地税人员热情详细地向外商介绍了设备进口、合同签订、安装、调试等方面的有关税法政策，以及办理涉税事项的程序，并保证地税局将严格按照承诺内容尽快为外商提供优质服务。地税人员的作风打消了外商的顾虑，坚定了他们在邯投资的信心，很快与邯钢签订了 1 亿多元的合同项目。

（2）通过评议，参评部门工作作风进一步转变，办事效率进一步提高。通过评议，各参评部门的工作作风明显改进，执法水平、办事效率明显提高。有的参评部门由原来坐等服务转变为上门主动服务。如市公安局交警支队在评议中积极转变职能，主动到摩托车较多的邯钢集团公司，为职工审证、办牌、办照，受到车户好评。在评议中参评部门不断地推进体制创新，提高办事效率。如市物价局在评议中改革《收费许可证》年审制度，打破过去处室负责、地点分散、观念滞后的传统审验模式，实行了集中地点、集中时间、集中人员、确定岗位、确定职责、审证人员与检查人员联合办案的系统审验制度及配套措施，对市直《收费许可证》进行集中审验。仅用了 30 个工作日就完成了市直 605 个《收费许可证》的审验任务，比以前缩短了 30 个工作日。

（3）通过评议，纠正和解决了一批群众反映强烈的问题。纠正一批突出问题，查处一批行风方面的违纪违规案件，下大力解决一些群众反映强烈的热点问题，是民主评议行风活动的重点工作。参评部门针对群众提出的问题扎扎实实进行整改，取得了明显成效。市教育局针对群众反映有的中小学乱收费问题，会同有关部门制定了《治理中小学乱收费工作实施方案》，加强监督检查，发现问题严肃处理，收到了较好效果。市城管局针对群众反映的占道经营、市容脏乱差问题，在部分街道推行了城管队员与商户共建共管措施，使市容秩序得到了改观。在评议中还解决了一批久拖未决的问题，1999 年，邯郸县三名农民被诬告其在五年前盗窃钢铁，被派出所抓去强行罚款 5000 元，三年来他们多次到有关部门上访一直未得到解决。2002 年 7 月，三位农民到市行风评议办公室反映问题，市行评办领导高度重视，批转有关部门进行认真调查处理，使此问题在短短一个月内得到妥善解决，退还了三名农民各 5000 元的罚款，消除了他们多年来的心病。

（4）通过评议，促进了各项事业的发展。通过评议不仅促进了纠正医药购销中的不正之风、减轻农民负担、减轻企业负担、治理中小学乱收费、治理公路“三乱”等项纠风工作的开展，还有力地推进了各参评部门立足于本部门本系统的实际，主动转变作风，加强行风建设，积极为企业、为群众办实事，从而使我市经济环境得到优化，使各项社会事业得到发展。在肯定成绩的同时，我们也必须清醒地认识到部门和行业不正之风具有反弹性、易反复的特点。虽然经过近些年来不间断地开展民主评议行风活动，有效地制止和纠正了一些部门和行业不正之风，但是，在个别部门和行业中仍出现反弹，乱收乱罚、作风霸道、态度蛮横、随意执法、效率低下等问题在有的行业还比较突出，人民群众对此还不满意，影响着改革、发展和稳定。在具体工作中，个别领导同志对民主评议行风活动认识不高、重视不够，在上面讲的多，深入实际解决问题抓落实的少。极个别参评部门片面追求名次，不注重整改问题，对系统所属单位在名位上提出不适当的要求，甚至哗众取宠，搞形式主义和短期行为。这些问题的存在严重影响着民主评议行风工作的深入开展，必须引起各级各参评部门的高度重视，在今年的民主评议行风中加以解决。

二　规范评议程序，把握关键环节，推进民主评议行风工作健康有序运行

按照省委、省政府的部署，市民主评议行风领导小组经过多次研究，反复征求意见，制定了翔实具体的《实施方案》，会上已将征求意见稿印发给大家，各级各参评部门要按照《实施方案》的指导思想、方法步骤、目标要求等，高标准、高质量地抓好落实。今年我市的民主评议行风工作从4月份开始，到明年3月底结束，贯穿全年工作始终。评议范围包括执法机关、综合管理部门、社会服务单位中的54个部门和行业。评议内容主要有：转变职能适应市场机制要求、转变作风积极为企业为人民群众服务、履行职责建设“诚信邯郸”、严格管理加强自身建设、领导重视确保工作落实五个方面。评议共分为准备、宣传发动、部门自查自纠与代表征集意见、整改、听证考核、综合评议、总结表彰七个阶段。今年的民主评议行风参评部门多，工作任务大，各级各参评部门要结合本地本部门实际，以与时俱进的精神，谋求民主评议行风工作的创新和发展。重点要抓好以下六项工作。

（1）广泛宣传动员，营造浓厚舆论氛围。今年，我市确定的参评部门多、评议范围广、时间跨度长，单靠一般的号召，一两次的动员是不够的，必须搞大活动，造大声势，不间断地抓好宣传动员，采取多种形式把百万群众参与民主评议行风的积极性调动起来。从而推动这项活动的深入开展。为此，各级各部门要着力抓好以下宣传发动工作。一是各级各参评部门要层层召开会议，对民主评议行风工作进行动员部署，党政主要领导要亲自动员、亲自部署。二是在新闻媒体上进行公开承诺。各级参评部门“一把手”通过电视、报纸等新闻媒体就如何搞好本部门行风建设进行公开承诺。承诺内容要切合单位实际，具体化、指标化、时限化，使群众看得见、感受得到。三是利用新闻媒体进行宣传。在市电台开辟“清晨行风热线”，市直参评部门领导直接与社会各界群众对话沟通情况，每周一、三、五早晨市直参评部门领导接听热线，二、四、六参评部门解决群众投诉问题。同时，在市电视台、《邯郸日报》、《邯郸晚报》等新闻媒体上开辟“行风评议专栏”，对民

主评议行风工作进行宣传报道。四是利用“宣传日”进行宣传。市行评办把4月23~30日定为“集中宣传周”，各参评部门到市内主要街道进行宣传。参评部门“一把手”要亲自带队，通过发放宣传材料、张挂宣传标语、现场解答群众对行风评议情况的咨询，引导群众参与民主评议行风工作。4月底市行评办组织市直参评部门在市区繁华街道举行大规模的“宣传日”活动。各县（市、区）也要组织大规模的上街宣传活动。五是实行新闻媒体公示制度。对评议代表征集到的意见和代表例会评议情况，要定期或不定期地在新闻媒体公示，接受社会和群众的监督。通过多层次发动、全方位宣传，营造浓厚的评议氛围。在全市掀起一个广泛宣传的高潮。

（2）落实四项制度，充分发挥评议代表的主力军作用。民主评议行风活动质量的高低、成效的大小，很大程度上取决于评议代表作用发挥得如何。各级在选聘评议代表时，要选聘政治素质高、原则性强、公道正派、敢于直言、乐于奉献、能够客观辩证地看待和评价参评部门的工作和问题的同志为评议代表。市行评办至少要选聘300名评议代表，县（市、区）要选聘100名评议代表。赋予代表对参评部门的检查权、建议权、质询权，使代表有责有权，切实履行起自己的神圣职责。为充分发挥好代表作用，今年要继续坚持和完善评议代表工作制度，创造更多的条件、更多的机会，让评议代表全方位、多角度地对参评部门“评头论足”。一是要实行评议代表例会制度。随机抽取20%的评议代表，每月召开一次代表例会，定期听取代表对行风评议工作的意见和建议，并把例会评议情况作为对参评部门日常考核的依据之一。二是要实行评议代表分组调研制度。将评议代表分为若干个小组，分别对执法机关、综合管理部门、社会服务单位进行调研，有针对性地对参评部门行风建设情况进行调查了解、深入分析。三是要实行专家评议制度。从评议团中选聘精通参评部门业务工作的评议代表，组成专家评议组，在整改和工作考核阶段，分别倾听他们对参评部门在有关业务工作方面的意见和建议。请专家代表对专业性强的参评部门进行评判。四是要实行评议代表重点督访制度。整改期间，组织评议代表对参评部门的整改情况进行监督检查，确保参评部门能把存在问题切实纠正到位。总之，要通过代表调研、例会、专家评议，真正把参评部门存在的问题找出来，根源挖出来，帮助他们把问题改过来，达到评深议透的良好效果。

（3）抓好自查自评，力促参评部门主动解决问题。找准问题是解决问题的前提和基础。在自查自评阶段，参评部门要搞好“331”活动。一是“三查”，即组织召开领导班子民主生活会，让班子成员集体查本部门及本人存在的突出问题；组织本部门干部职工开展一次“行行树新风、人人做贡献”的大讨论活动，共同查本部门及其工作人员中存在的突出问题；主动与相关部门联系，相互交流与沟通，深入开展同级互查互评活动，互相查各自所在部门存在的突出问题。二是“三找”，即向社会各界发放征求函，让群众帮助找本部门存在的突出问题；上级参评部门深入下属单位、深入基层、深入服务对象中，主动找本部门存在的问题。参评部门在市区繁华街道设立行风投诉站，受理群众投诉，集中找本部门存在的问题。三是“一交流”，即开展窗口对话交流活动。市直参评部门以召开听证会的形式邀请部分服务对象和群众，让他们提出问题，参评部门领导当场进行解答，面对面地与群众交流和沟通。通过自查找准问题，开展自评，认真纠正，为整改问题打下坚实的基础。

（4）扎实整改问题，确保评议工作见到实效。参评部门对自查出的问题、评议代表提出的问题、群众投诉的问题、媒体披露的问题、热线举报的问题和窗口对话交流会上群众质询的问题进行认真研究、归纳分析，找准问题症结，研究制定出整改措施。对征集到的和群众投诉的问题，参评部门要组织人员进行认真调查，对边评边犯、顶风违纪问题要从严进行处理，并追究有关人员的责任。参评部门在整改问题的同时，针对薄弱环节，建立完善的规章制度，减少和杜绝不正之风问题发生。参评部门要召开新闻发布会公开整改情况，邀请评议代表、特邀监督员和社会各界群众参加，接受群众的监督，确保整改活动扎实有效、不走过场。

（5）搞好听证考核，进行面对面评议。听证考核按照参评部门的分类情况分别举行。听证会由各级行评办负责组织，党委、政府和纪委的主管领导参加。听证会上，参评部门主要领导简要报告一年来行风建设的工作情况，然后由评议代表当场提问或质询，参评部门领导当场解答，并当场填写测评票。参加听证会的评议代表实行轮换制，一般在召开听证会的前一天从评议代表库中随机抽取，并严格保密。同时，还要组织一次问卷调查活动，征求广大群众对民主评议行风活动和参评部门行风建设情况的意见和建议。

（6）搞好综合评议，给参评部门做出客观评价。一是组织日常考核。各级行评办依据评议内容，采取听取部门工作汇报、查阅部门工作资料、召开服务对象座谈会、聘请监督员明察暗访等渠道了解掌握情况，结合实际工作情况，实事求是地给参评部门打分。各级行评办要结合实际情况，制定具体考核细则，建立相应的工作档案，做到考核有据。二是组织问卷测评。今年省分配我市问卷共1万份，依据经济状况和人员数量分配到市直部门和各县（市、区）。测评采取集中组织、当场填写、现场投票、当场密封的方式进行。县级问卷测评由市行评办派人参加。县级测评结果由市行评办组织人员进行统计。三是领导直评。由县（市、区）委书记、县（市、区）长以问卷的形式直接评议市直参评部门。各项评议结束后，按照省规定的得分计算公式，算出参评部门的最终得分，分优秀、先进、达标、不达标四个档次进行排位。各参评系统也要按照此做法对所属单位进行层层考核，按得分高低逐级排出名次，并向社会进行公布。

三　坚持高标准、严要求，确保民主评议行风工作实现新突破

今年的民主评议行风工作，上级要求标准和群众的期望值都很高，要想实现新的突破，要想有更大的发展，就必须坚持高标准、严要求，硬化措施，狠抓落实，确保民主评议行风有新的突破。

（1）严格评议程序。今年的评议工作要规范评议程序，保证评议结果真实可信。一是要严格按照规定的数量、范围发放测评票，并组织好投票工作。二是要选好评议代表。评议代表要具备政治素质高、坚持原则、责任心强的条件。三是要科学统计，不出差错。各级行评办要认真、细致地对各项评议得分进行综合统计，公平、公正地搞好评议工作。四是举行听证会时，参评部门人员不能作为代表填票，以免影响评议的公正性。

（2）严格评议标准。今年的评议工作要坚持高标准、严要求，围绕中心，突出主题，搞好评议。评议工作要深入贯彻“三个代表”重要思想和党的十六大精神，以经济建设为中心，“把优化发展环境特别是投资环境摆

到重要位置上来”，着力解决制约我市发展的思想障碍和体制障碍以及风气不正、效率不高的问题，唱响“树正气、讲团结、求发展”的主旋律，把促进发展作为今年行风评议工作的出发点和落脚点，作为评判工作优劣、成效大小的根本标准，每个环节和步骤都要紧紧围绕促进发展来进行。

（3）严格评议纪律。严明的纪律是公平、公正评议行风的保证。在组织评议活动中，各级领还要实行“一导要带头遵守和维护评议纪律，不得有任何干扰评议结果的行为。各级行评办人员要认真负责，遵守纪律，严守秘密，自觉做到“五个不准”，即不准擅自修改评议资料，改变评议结果；不准隐瞒或销毁原始评议资料，影响评议结果；不准诱导群众进行虚假评议；不准在测评和考核结果统计上出现重大失误；不准接受参评部门宴请、馈赠和安排的娱乐活动。评议代表要按时参加评议办组织开展的各项活动，反映问题务必实事求是，不得故意夸大、缩小、隐瞒、歪曲事实；不准借机谋私利、泄私愤、图报复。各参评部门不准采取请客送礼、搞感情投资等不正当手段拉选票，干扰正常评议；不准虚报成绩，搞假材料。对违反评议纪律的有关部门和人员要给予批评教育，对情节严重的要给予纪律处分，对于违纪者所在参评部门票否决”，直接列为不达标单位。

（4）严格评议奖惩。民主评议行风是一项严肃的政治任务，评议结果要具有真实性和权威性，要把评议结果与干部考核、奖惩、任免挂起钩来，要给代表、给群众、给社会一个说法。今年继续把参评部门划分为执法机关、综合管理部门、社会服务单位三大类进行评议。各类的前 4 名为优秀单位；各类的 5～8 名为先进单位；总评得分在 60 分以上（含 60 分）的为达标单位。60 分以下的为不达标单位。对年度总评为优秀、先进的单位要进行大力表彰；对总评不满 60 分的单位，要进行集中剖析；连续两年总评不满 60 分的，要建议党委对领导班子进行调整。

同志们，我市刚刚闭幕的两会，对我市全面建设小康社会和现代化建设提出新的要求和目标。我们要围绕着这些目标的实现，进一步振奋精神，开拓创新，与时俱进，卓有成效地做好民主评议行风工作，为创造良好的社会经济发展环境，为推进我市经济跨越式发展和社会全面进步做出应有的积极贡献。

在督导成安县非典防治工作时的讲话

（2003 年 4 月 25 日）

今天，各位市领导按照市委要求分别到分包县来督导非典防治工作。我和市委副秘书长马彦丰同志，市纪委常务副书记、监察局局长徐数同志，卫生局副局长郭占军同志一块儿来成安。

从今年开春以来，在我们国家部分省（市）、地区发现了非典型肺炎，这个病过去我们没有见过，现在科学家说是一种冠状变种的病毒侵袭，将直接威胁人们的生命安全。据国家统计疫情报告现在已经达 2000 多例了，北京和广东地区，还有山西是比较严重的地区，内蒙古、河南一些地方也有发现。咱们河北省现在正式的数字统计上算是没有定下来有非典患者病例，但是疑似病状有了，这是前几天的情况，近几天出现了 6 例，昨天最新报告疑似病例有 4 例。我省比较集中的地方是保定地区，是外出打工回来探视病人的。咱们邯郸市现在算是没有真正的非典患者，但是疑似病例发现了 2 例，其中有 1 例是涉县到山西去的人，被排除了；有 1 例是邯钢招待所的服务员，在接待北京客人中受到交差感染，但是疫情正在控制之中，也属于疑似病例，体温还在控制，效果还是比较不错的，过去是 38 度，现在是 37.1 度，如果是，可能救治的速度是比较快的，如果不是，现在就可能排除这个情况。但是这个病确实引起了我们国家以至国际社会的高度重视，也死了一些人，也包括一些医务工作者交差感染比较厉害，所以这个事情从党中央、国务院和省委、省政府到市委、市政府都引起了高度重视，可以说近一段时间里面都把它作为阶段性的中心工作来对待。胡锦涛总书记亲自到疫区视察工作、督导防治，温家宝总理也到北京的一些地区、医院、就治单位去考察指导工作，对一些没有尽到职责的干部也做出了相应的组织处理，是毫不客气的，也是非常严格的。省里也对我们各市、各县（市、区）提出了非常严格的要求。昨天，省委书记白克明同志给各市的市委书记、市长一封亲笔信，直接传到我们各县（市、区）县委书记、县长的案头上。昨天，市委也召开了会议，党政军班子领导同志晚上全部参加了会议，研究我们邯郸非典防治工作，其中有一条决定就是要派督导组由市级干部带队，分别到各县（市、区）来督导工作，并且要求住下来工作，所以今天我们就到成安来看一看。

刚才，王海建、王晓桦同志介绍了一些情况，路上走着时候各位分管的领导也分别介绍了一些情况，成安没有发现疫情。成安现在的初步工作已经展开，考虑得比较周到，工作还是到位的。县委、县政府有总体规划，并且形成文字形式；开会进行了总动员，同时也搞了一个责任状；对一些重要活动包括一些庙会进行了制止，控制人流；宣传非典的普及知识都印出来了，一些关键部门也做了很多工作。在县中医院看了隔离室，医务人员整装待发。县防疫站在对外来人员特别是从疫区来的人员进行登记检验，这个渠道是不可忽视的，看起来重疫区的人还是有一批成安人回来了，包括北京的、内蒙古的、山西的、广东的都有。幼儿园抓得不错，让孩子们每天早晨洗脸。中学里面的人口特别多，环境卫生、饮食都想了一定的方法，包括通风设施。县委、县政府高度重视，初步工作按照上级党委、政府要求来认真做，表现了对人民负责的一种精神、一种态度。现在看起来，非典蔓延的趋势在一些地区得到了遏制，但是很难说彻底遏制，在一些地区疫情传染、交叉感染还不是缩小的趋势，从每日疫情报告情况来看还是增加的趋势，所以说这不得不引起我们的高度重视。特别是我市位于四省交界、交通比较便利发达，控制流动人口比较困难。成安县也有潜在的不好管理的因素，离邯郸市比较近，并且在高速路口上，还有这些年项目比较多，经济建设发展速度比较快，态势良好。本来这是个好事情，但是从防治非典角度来看，因为这些年有好多项目进来，县的流动人员比较多，有香港的、广东的、江浙的，外来打工的比较多，外出打工的也比较多，对此不可掉以轻心，一定要再接再厉，加大力度，具体抓好非典防治工作。

现在，有很多的文件已经发下来了。昨天，市委在市直机关给副县级以上干部传达了中央和省一系列重要文件精神，现在我们要按照中央的指示要求，切实加强对防治非典的认识。基本精神都了解了，大家进行了工作部署，为了加强这项工作，我再讲三个问题。

第一，要真正提高认识，克服麻痹思想，以对人民生命安全高度负责的精神抓好非典防治工作。从总体上说，在我们邯郸市，也包括成安县，从党政领导到广大干部群众对非典防治是重视的，也采取了一系列的相应措施。但是，目前在人群中认识非典问题出现了“两个极端”。一个极端是有些人有恐慌心理，觉得大难临头，很多事情都不敢做了、不敢动了。特别是一些群众缺少这方面知识，感到特别恐慌，无所适从。特别是事情来得突然，在我们一些领导干部中应对的策略也不是得心应手的，有些资源的整合、力量的整合还需要有一个过程，表现出一种无所适从的现象。另一个极端就是“无所谓”，没当一回事，认为我们这个地区没有一例病人，特别是没有发现非典患者，没有造成人员死亡，听到媒体报告，是离我们比较远的，没当一回事，那这个思想是要不得的。对于恐慌，需要通过我们的宣传、我们的工作、我们实际的防疫手段步骤把人心稳定下来，稳定下来才能应对非典的防治。同时，对无所谓的麻痹思想更是要不得的，麻痹是容易出大事的，从目前这种防治来看，医学上正在研究这个事情，据说是冠状病毒的变种，但是真正有效的医治手段、医治药品还没有出来，有效的治疗还缺少手段。特别是县以下农村人员医疗防疫水平较低，这是非常可怕的。必须从思想上高度重视，预防为主，避免更多的群体感染，这是非常重要的一个环节。首先要在预防上做好工作，思想上要高度重视，加大力度，从党委、政府和领导干部开始做起，一级带一级，打好非典防治这场硬仗。

第二，要相信、依靠科学，严密协调组织，迅速建立起疫情检测预报、患者隔离就治和群体防护的快速反应机制。现在看，从中央到省、市也非常明确地提出来了，实施属地管理。什么是属地管理，就是所属行政区加强党政军领导，这是非典防治中最重要的力量，这就是说地面上所有党政军要统一思想，受党委领导统一调配、整合力量。这是一条纪律、规定。对于具体的要求，张力书记、聂辰席市长讲得非常清楚、非常具体。张力书记在会上给我们包县的领导提出了具体要求。一是要求今天就要下县；二是要死看死守，盯住所包县；三是要靠前指挥；四是要落实责任制，建立非典防治责任制度；五是要加强沟通，要求党政领导特别是主管领导和“一把手”24小时开手机。省委从责任制要求各市三次疫情不能报上来或调度说不清就地免职。市委、市政府要求一次没回应调度就地免职。免职不是目的，而是明确责任。聂辰席市长要求，一是领导责任制的问题，县（市、区）是第一责任人，我们已经建立起来了，包县的市领导是督管责任人；二是24小时两个人值班制度，保证信息畅通；三是信息报告制度；四是建立热线电话制度，方便群众咨询，搞清非典认识、回应问题，明确责任，建立起一支高素质队伍，为做好非典防治工作而备战；五是建立疫情报告制度。要求天天报告，有疫情报疫情，没疫情报平安，每天县里9点前要向市报告疫情；六是搞好市场运营的监管和搞好物价的监管；七是清理和登记到重点疫区的人员，隔离检查，早发现、早报告、早隔离、早治疗。在这个问题上要给客商做好这方面的解释工作，“留着青山在，不怕没柴烧”，现在正是特殊时期，团结起来，共同应对非典防治，然后用别的政策减少损失；八是严格控制大型会议和外出旅游等；九是加强疫情的检查，加强重点部位的消毒，财政要拨专款，购买药品，通过我们的工作，这样会给人民立大功的；十是加强研究防治疫情的预案。成安县责任制的制定是不错的，设备还要多改进一些，这是市委、市政府对县委、县政府提出的要求。

第三，加强领导力量，严肃组织纪律，各级领导干部要靠近非典防治第一线指挥工作。靠近第一线工作，这是对我们党委、政府每一名领导干部严峻的考验，也可以说考验我们的时候到了，必须要经得起考验，确实是对我们实际的一个检验，要做这方面的工作。成安县非典防治领导机构已经搞起来了，要切实运转起来，搞好协调，宁可付出更多的辛劳，让成安县不发生疫情。不出现非典，不感染非典患者，那么任何的努力都是值得的，不要因为我们工作的失误、疏漏而影响人民生命安全的大事。最近，省督导组以密访的形式，已经到我们邯郸来检查各项工作布置安排情况，我们不能只是应对检查而检查，关键是要真正把我们的工作做好。督导提纲大家见到了，这些工作要逐项落实，也希望你们结合成安县的实际来创造性地开展工作。从领导重视的情况，把宣传工作搞上去，要让群众树立起解决问题的信心，相信科学，增强自我防护的意识，积极配合。同时，要注意倾向性的问题，要清除群众顾虑，在一些解释工作上下功夫，方方面面的工作都要搞上去。爱国卫生运动，咱们这都要搞，要注意这方面的问题。现在，作为县城，基础设施建设还是比较薄弱的，要发动群众搞好卫生，动员方方面面的力量搞好这项工作，特殊时期特殊对待，把环境卫生工作搞好。相信我们成安县跟搞经济一样、抓党的建设一样，在县委、县政府领导下，在全体党员干部努力下，齐心协力打好打赢这场非典防治攻坚战。

关于非典防治工作督导情况的汇报

（2003 年 4 月 28 日）

一

根据市委、市政府的安排，我负责联系成安县的非典防治工作，4 月 25 日，我带市委办公厅、市纪委、市委督查室、市卫生局的负责同志及驻县督导组的同志对成安县进行了督导。一是查看了学校、医院、幼儿园、防疫站，现场检查了对非典防治工作的落实情况；二是对检查中发现的一些问题，及时召集县委、县政府和有关部门进行了研究解决；三是组织督导组按照市委、市政府的工作要求逐项进行跟踪检查；四是加强督导，市督导组 24 小时驻县。

二

从前一段成安县的工作情况看，总体来讲，各级领导比较重视，能够迅速贯彻落实中央、省委、市委有关要求，对各项工作进行了周密的安排，非典防治各项工作进展比较快。县专门印发了 10 万份宣传资料，分发到户。调整充实了非典防治领导机构，授予了领导小组对干部临机处置权。由卫生防疫部门牵头，以县医院、中医院和各乡镇卫生院的技术骨干为成员，成立了专家组，组建了两个救治小分队，县投资 57 万元，各乡镇自筹 3 万元，为隔离室专门配备了 X 光机、呼吸机、消毒药品、救治药品和防护用品。从药监、物价、工商抽调力量，加强市场监管，先后组织四次大的检查，专门负责打击假冒伪劣药品、借机哄抬药价等坑害消费者的不法行为。对学校、宾馆、车站、网吧、市场等公共场所，一日一次，全部进行消毒处理。图书市场、网吧等疫情容易传播的场所全部关闭。农村各种庙会、集市、唱戏等大型聚集活动全部取消。婚事全部推迟，丧事一律从简。在成安县境出入口，设立疫情检查站点和消毒站点，对入境长途车辆和外出回乡人员进行消毒和检查。同时，以乡、村为单位普遍对近期返乡的人员一律进行登记检查，实行跟踪报告，发现异常及时隔离。截至目前，成安县尚未发现有关病例。

三

目前非典防治工作存在的问题如下。一是群众自我防护意识较差，卫生宣传和健康教育需要进一步加大，并长期坚持下去。二是县以下卫生治疗条件差，主要是救治设备、防护用品和病床准备仍有较大差距、隔离条件不具备、医护人员缺乏经验等，一旦出现大的疫情，很有可能出现大的蔓延。三是重要物资储备不足，在县防疫站看到的库存只有几箱消毒液，还是站长把手都抢破了才弄到的，远不适应防大疫的需要。四是相关药品紧缺，价格偏高。由于多数防治药品我市不能生产，只能从外地购买，但货源紧缺造成价格上涨。如政府干预，有可能造成货源进不来。这是当前亟须解决的矛盾。五是回乡人员增多，给防疫工作带来很大难度。截至 4 月 27 日晚 8 时，成安县检查回乡人员 1105 人，其来源主要是在北京、山西、河南、广东、辽宁等地打工、上学、跑购销的人员，而且这个数随着“五一”的到来和外地疫情的偏多，还在不断增加。这是必须引起重视的。

四

下步，我们考虑要加强以下几方面的工作。

一是思想上要立足于防大疫，切实搞好有关物资储备。建议当前由各级党委、政府抓紧组织力量采购有关物资。

二是要千方百计地加强外来人员控制，切断有关传染源。

三是抓紧解决政府干预与重要物资货源紧缺的矛盾，为保证有足够的物资储备，建议政府对主渠道单位在进货上给予适当补贴。

四是要突出关注农村的医疗卫生防疫工作，防止发生大的问题。

五是在抓好非典防治的同时，要研究与公共卫生紧急事项处置相关的政策和措施，如必要的物资储备、医疗卫生基础设施建设、农民看病防病问题，都要有一些明确的措施，以确保在紧急情况下有备而出。

对各县（市、区）党政主要领导干部的廉政谈话

（2003 年 5 月 1 日）

今天，我受市委常委会和市纪委常委会的委托，按照中央和省委、市委关于党风廉政建设的部署和要求，同各县（市、区）党政“一把手”进行廉政谈话。这种谈话既不同于组织部门的任职谈话，也不同于发现领导干部有违纪违规问题的诫勉谈话，而是市委在县（市、区）换届期间，集中调整各县（市、区）党政主要领导干部的特定情况下，按照主动监督、党风廉政建设和反腐败工作关口前移的思路，从关心爱护干部、严格要求干部出发，围绕党政主要领导干部如何廉洁从政和履行党风廉政建设责任制的问题，同大家进行这次廉政谈话。我主要谈三个问题：一是充分认识党政“一把手”搞好自身廉洁和抓好党风廉政建设的重要性和紧迫性；二是党政“一把手”承担的党风廉政建设责任；三是当前应注意的几个问题。

一　充分认识党政“一把手”搞好自身廉洁和抓好党风廉政建设的重要性和紧迫性

党的十六大继往开来，提出了党率领全国各族人民全面建设小康社会的宏伟目标。“政治路线确定之后，干部就是决定的因素。”这种决定因素的一个非常重要方面，就是干部能否坚持“两个务必”、能否廉洁为官和廉洁从政。可以说，廉洁为官、廉洁从政是一条根本的政治原则，是每一名领导干部安身立命干事业的基础。一个明智的领导者，往往有较高的精神追求和

思想品位，他会以大局为重，以事业为重，急国家之所急，想人民之所想，站得高，看得远；他会“弃燕雀之小志，慕鸿鹄之高翔”，为国为民建功立业，充分展示自己的才华。反之，为一己私利而蝇营狗苟，“安事一室”，为个人、妻子儿女着想的燕雀之志，最终只能是思想颓废、意志消沉、斗志衰退，成为钱财的俘虏。人的精力是有限的，不在徇私上费心劳神，才会把时间和精力倾注在学习和工作上，确立其崇高的理想信念，不断完善和提高自己，磨砺意志品格，是“财货不移其心，爵禄不移其志”。廉洁为官者的操守、修养与品格，是人民群众对领导的基本要求。包拯也有句话：廉者，民之表也；贪者，民之贼也。在一些单位，为什么有的领导干部在群众中没有威信，讲话没人听、没人信？在很大程度上就是自身不廉洁。廉洁从政的领导干部范匡夫有句常说的话：“领导干部清正廉洁了，群众就拥护党、热爱党、跟党走，领导干部在群众中就有地位；领导干部不廉洁，群众就议论党、埋怨党。”廉生威，奢毁誉。每一名领导干部都是一面旗帜，只有党政主要领导干部廉洁从政，率先垂范，才能带动班子和广大党员干部廉洁从政，开创工作新局面。

党的十三届四中全会以来，我们党始终把党风廉政建设和反腐败斗争作为全党的一件大事来抓，做出了一系列重大决策和部署，反腐倡廉取得了新的明显成效。但是，我们要清醒地看到，在体制转轨、结构调整和社会变革的历史条件下，导致腐败现象易发多发的土壤和条件依然存在，有些不正之风还比较突出，重大违纪违法案件一再发生，反腐败斗争的形势依然严峻。“官廉则政举，官贪则政危”。当前，我们正处于实现现代化建设第三步走战略目标的关键时期，如果我们对腐败掉以轻心，任其泛滥，不仅会葬送业已取得的改革开放和现代化建设的伟大成就，而且危及党和国家的生死存亡。正如党的十六大指出：“坚决反对和防止腐败，是全党一项重大的政治任务。不坚决反对和防止腐败，党同人民群众的血肉联系就会受到严重损害，党的执政地位就有丧失的危险，党就可能走向自我毁灭。”因此，越是改革开放，越是经济发展，全党同志特别是各级领导干部越要保持清醒头脑，居安思危，牢固树立廉政意识，进一步增强政治责任感和紧迫感，更好地担当起反腐倡廉的历史使命。要从讲政治的高度，坚持“两手抓，两手都要硬”的方针，正确处理党风廉政建设与改革和经济建设的关系，把反腐倡廉任务有机融于党委、政府全局工作，通盘考虑，整体推进。党政主要领导干部，既要廉洁自律、做好表率，又要敢抓敢管，切实抓好职责范围内的党风廉政建设和反腐败工作。

二 党政“一把手”必须勇敢承担起党风廉政建设责任

关于党政“一把手”在党风廉政建设中所承担的责任，在1998年12月，党中央、国务院《关于实行党风廉政建设责任制的规定》（以下简称《规定》）中就做出了明确规定。《规定》第五条提出，党委（党组）、政府以及党委和政府的职能部门领导班子的正职对职能范围内的党风廉政建设负总责；领导班子其他成员根据工作分工，对职责范围内的党风廉政建设负直接领导责任。《规定》第六条提出了党委（党组）、政府以及党委和政府职能部门的领导班子、领导干部在党风廉政建设中承担的七个方面的领导责任：（1）贯彻落实中共中央、国务院关于党风廉政建设的部署和要求，分析研究职责范围的党风廉政状况，研究制定党风廉政建设工作计划，并组织实施；（2）标本兼治，综合治理，完善管理机制、监督机制，从源头上预防和治理腐败；（3）组织党员、干部学习邓小平关于党风廉政建设的理论，学习党风廉政法规，进行党性党风党纪和廉政教育；（4）贯彻落实党和国家党风廉政法规制度，结合实际情况，制定本地区、本部门、本系统、本行业的党风廉政法规制度，并组织实施；（5）履行监督职责，对所辖地区、部门、系统、行业的党风廉政建设情况，领导班子和领导干部廉洁从政情况进行监督、检查和考核；（6）严格按照规定选拔任用干部，防止和纠正用人上的不正之风；（7）依法领导、组织并支持执纪执法机关履行职责。《规定》第十二条，对领导干部违反责任制规定，要受到责任追究的六条具体内容：（1）对直接管辖范围内发生的明令禁止的不正之风不制止、不查处，或者对上级机关交办的党风廉政责任范围内的事项拒不办理，或者对严重违法违纪问题隐瞒不报、压制不查的，给予负直接领导责任的主管人员警告、严重警告处分，情节严重的，给予撤销党内职务处分；（2）直接管辖范围内发生重大案件，致使国家、集体资财和人民群众生命财产遭受重大损失或造成恶劣影响的，责令负直接领导责任的主管人员辞职或者对其免职；(3) 违反《党政领导干部选拔任用工作暂行条例》的规定选拔任用干部，造成恶劣影响的，给予负直接领导责任的主管人员警告、严重警告处分，情节较重的，给予严重警告、撤销党内职务或者留党察看处分，情节严重的，给予开除党籍处分；（4）授意、指使、强令下属人员违反财政、金融、税务、审计、统计法规，弄虚作假的，给予负直接领导责任的主管人员警告、严重警告处分，情节较重的，给予撤销党内职务处分，情节严重的，给予留党察看或者开除党籍处分；（5）授意、指使、纵容下属人员阻挠、干扰、对抗监督检查或者案件查处，或者对办案人、检举控告人、证明人打击报复的，给予负直接领导责任的主管人员严重警告或者撤销党内职务处分，情节严重的，给予留党察看或者开除党籍处分；（6）对配偶、子女、身边工作人员严重违法违纪知情不管的，责令其辞职或者对其免职；包庇、纵容的，给予撤销党内职务处分，情节严重的，给予留党察看或者开除党籍处分。其他违反本规定第六条的行为，情节较轻的，给予批评教育或者责令做出检查，情节较重的，给予相应的组织处理或者党纪处分。具有上述情形之一，需要追究政纪责任的，比照所给予的党纪处分给予相应的行政处分；涉嫌犯罪的，移交司法机关追究刑事责任。

党中央、国务院《规定》是督促各级党政领导班子和领导干部认真履行党风廉政建设责任制的一个根本性制度，也是一个牵总的制度，具有较强的约束性和规范性，谁违反这个规定，就要受到相应的党纪政纪直至法律的惩罚，就是要按照这个规定来追究责任。我市近年来发生的一些案子，包括魏县的邵村事件、磁县的小煤矿事件、邱县的药品案件以及最近发生的一些案子已经说明：我们贯彻责任制《规定》坚定不移，抓责任追究案件毫不手软。我在这里与大家重新学习《规定》的有关内容，就是要同志们牢记《规定》，认真履行好党风廉政建设责任制，尤其要从三个方面尽到职责。

首先，要管好自己，廉洁自律，率先垂范。俗话说，上梁不正下梁歪。上有所好，下有所尚。其身正，不令则行，其身不正，虽令不行。一个地方的风气如何，在很大程度上取决于那个地方的党政主要领导的作风好坏。一个自身都不能廉洁勤政的主要领导，就很难带出一支廉洁勤政的干部队伍和一个风清气正的地方来。近年来查处的一些违纪违法案件也反复印证了这个问题。作为一个地方的党政主要领导，搞好自身的廉政建设非常重要。而且，越是自己的位子高了、身份变了的时候，越要绷紧廉洁自律这根弦，绝不能在达到目标之后又放纵自己的思想和行为。否则，只能是自食其果，走向反面，被人唾弃。分析一些贪官们的演化历程，不难发现一条共同的轨迹：当官之初体察民情、感受民苦，不求享受但求努力工作，这类事迹都表现过。然而时过境迁，官当久了，诱惑多了，慢慢就发现原来自己太“傻”了，于是便乱吃、乱收、乱玩，直至最后乱来。作为一名党政主要领导，一定要按照中央和省委、市委的规定制度，严格遵守领导干部廉洁自律的各项规定，切实管好自己，不该吃的不吃、不该坐的不坐、不该拿的不拿、不该要的不要、不该玩的不玩、不该去的地方不去；要管好自己的家属、子女，管好身边工作人员，不利用领导干部的影响、打着领导干部的旗号收受贿赂、谋取私利。要自觉接受监督。正确对待和接受党组织和群众的监督。党组织和群众的监督是一种警戒，是一面镜子，经常想一想、照一照，检查一下自己有什么不足和缺点，及时加以改进和纠正，对自己的成长有好处。小洞不补，大洞吃苦。如果对自己的缺点视而不见，对自己身上的毛病讳疾忌医，发展下去，没有不出问题的。有些人一听到党组织和群众的监督就反感，认为是对自己的不信任，这种思想要不得。很多人出问题，就是出在放松了自己的世界观改造，逃避党组织和群众的监督上。越是职位高的干部，越要自觉接受监督。

其次，要管好领导班子成员，加强领导班子的党风廉政建设。江泽民同志早在1998年中纪委二次全会上的讲话中就指出：“如果一个领导班子的成员中接二连三地出问题，‘一把手’即使自己是廉洁的，也不能说是尽职尽责的。上级对下级领导班子、领导干部中发生的违纪违法问题，不查不纠，敷衍塞责，失职渎职的，要追究领导责任。”加强领导班子的党风廉政建设，一方面，要加强管理，要了解每个班子成员的思想状况，多做交心谈心的工作，发现有违纪苗头，要及时打招呼、提个醒，以防在违纪违法道路上走得更远；另一方面，要坚持民主生活会制度，多开展批评和自我批评，使班子成员之间相互帮助、共同提高；同时，要健全监督制约机制。要进一步加强和健全党内监督的各项制度，真正从体制和制度上保证领导班子成员正确行使手中的权力。要按照中纪委二次全会和省、市纪委三次全会的要求，首先抓好领导班子成员严格执行廉洁自律各项规定，结合我市实际，当前尤其抓好三项规定的落实。一是领导干部不准利用职权违反规定干预和插手工程招标、投标、经营性土地使用权出让等市场经济活动，为个人和亲友谋取私利。二是严格执行领导干部不准收受与其行使职权有关的单位和个人的现金、有价证券和支付凭证的规定。不准利用婚丧喜庆敛财。三是坚决反对和制止各种奢侈浪费行为。禁止用公款大吃大喝、铺张浪费。

最后，要抓好分管地方的党风廉政建设和反腐败工作。主要是认真落实党风廉政建设责任制《规定》第六条的内容，每年都要认真研究本地和分管范围内的党风廉政状况，研究制订工作计划，认真做出安排部署和组织实施，要认真落实市纪委三次全会部署的党风廉政建设和反腐败工作任务，包括落实领导干部廉洁自律的各项规定，抓好查办违纪违法案件，认真纠正部门和行业不正之风，标本兼治、综合治理，从源头上预防和治理腐败，加强对党员干部的监督等。要认真落实省委三项督导制度（即各级党委年终党风廉政建设情况报告制度、上级纪委向下级党委批办信访件和违纪案件并要结果制度、上级纪委每年年终查阅下级党委研究反腐败工作记录和书记的有关讲话及批办案件情况制度），坚持批办案件，对大案要案要认真组织查处。加强对下级领导班子和领导干部廉洁从政情况的监督检查和考核。要认真落实市纪委三次全会提出的第一责任人半年报告制度，第一责任人每半年向上级党委、纪委报告一次本人落实党风廉政责任制情况。要积极支持纪检监察机关的工作，为他们履行执纪监督职责创造条件、当好后盾。

三　当前应注意的几个问题

当前需要做的工作很多，就执行纪律来讲，特别要抓好以下三个方面的工作。

（1）严明纪律，确保防治非典型肺炎工作顺利进行。当前，我市防治非典型肺炎工作形势非常严峻。最近，市委、市政府都就这项工作进行了全面、系统、周密的部署，市纪委、监察局也就认真贯彻落实省纪委、监察厅通知精神和市委的工作部署，下发了关于严明纪律、确保防治非典型肺炎工作顺利进行的通知。在防治非典工作中，各级各单位和党员领导干部，尤其是党政主要领导干部，要严格遵守和执行三项纪律。一是要严格政治纪律。在思想和行动上与党和政府保持一致。全市各级党政机关尤其是党政主要领导要从实践“三个代表”重要思想、维护广大人民群众的身体健康和生命安全、维护改革发展稳定大局的高度，充分认识防治非典工作的极端重要性和紧迫性，把它作为一项重大而紧迫的政治任务切实加强领导，认真抓好落实。各级领导干部要始终站在斗争的最前列，切实把保护人民群众身体健康和生命安全放在第一位，尽心尽责，恪尽职守，全力以赴做好非典防治工作，确保防治非典各项部署、各项措施落实到位。二是要严明工作纪律，确保政令畅通。各级领导干部要经受住斗争的严峻考验。严格个人服从组织、下级服从上级、局部服从全局的工作纪律，在人力、财力、物力等方面服从统一安排和调度，做到急事急办、特事特办。凡在这场特殊斗争中擅离职守、临危退缩的共产党员，一律开除党籍；属于国家公务员的，一律开除公职。对不作为的领导干部要进行坚决处理。对官僚主义、推诿扯皮、不服从指挥而贻误工作的，要坚决追究有关责任人和单位领导的责任。三是要严肃组织纪律，确保各项防治措施落实到位。各级党政主要负责同志要对本地、本单位防治工作负总责、亲自抓，领导班子要明确专人抓。一级抓一级，层层抓落实。对不顾人民群众利益，玩忽职守、工作不力或临阵脱逃造成严重后果的，要严肃追究责任。党政主要领导干部不仅自己要带头做好防治非典工作，而且对本地在防治非典工作中出现问题的党员干部要敢于处理，该免职的要免职，该开除的要开除，不管是谁，只要违反了纪律就要坚决处理，做到不庇护、不讲情。总之，要以坚强的党性和铁的纪律，保证党员干部和公务人员坚守一线岗位，坚决打赢防治非典这一仗。

（2）严明干部人事纪律，认真做好县（市、区）换届工作。首先，要教育干部、党员充分认识换届工作的重要意义，进一步增强执行党的纪律的自觉性。要传达学习好有关文件，明确换届的指导思想、具体政策和有关纪律，提高认识，增强党性，强化纪律观念。要教育干部和党员讲党性、讲大局、讲原则。按照党章和有关党内法规履行好自己的职责，坚决抵制拉票、搞贿选等不正之风。其次，要加强对换届工作的监督检查，及时发现和纠正存在的问题。要针对容易发生违纪违法的部位和环节，加大监督检查力度，发现问题及时处理。对于换届过程中出现的一切不正之风、违纪违法的人和事，要坚决依纪依法严肃处理。要进一步扩大和落实广大党员和群众的知情权、参与权、选择权和监督权，采取多种形式，增加换届工作的透明度。再次，要严肃纪律，加大查处力度，严厉惩处违纪违法行为。换届期间，严禁在代表选举和考察中串联他人，拉帮结伙，进行非组织活动；严禁换届考察中投机钻营、徇私舞弊、隐瞒或歪曲事实真相、攻击诬陷他人，或者跑风漏气、泄露酝酿过程中的情况；严禁不经过组织考察，临时动议决定代表人选，或者个人、少数人说了算；严禁通过拉关系、走门子，拉票、行贿等手段谋取当选；严禁封官许愿，为“跑官要官”者说情、打招呼，或指使、暗示组织人事部门对这类人重用；严禁乘换届之机谋取私利、收受或索取贿赂。对违反上述纪律的，无论涉及谁，一经发现，都要严肃查处。情节严重的，要由纪检机关立案，一查到底，从严从重处分；涉嫌犯罪的，要移交司法机关依法追究法律责任。最后，要切实加强领导，认真落实责任。各级党委都要从邯郸改革发展和稳定的大局出发，高度重视换届工作，严格执行党风廉政建设责任制。凡“跑官要官”“买官卖官”以及拉票、搞贿选等问题严重、群众反映强烈的地方和单位，要追究党委及其组织干部部门负责人和其他有关人员的责任。

（3）要认真落实中纪委、省纪委、市纪委《关于坚决刹住公款大吃大喝歪风的紧急通知》（以下简称《通知》）精神，坚决刹住用公款大吃大喝歪风。最近，中纪委监察部、省纪委监察厅都发出了《通知》。各级要认真学习、深刻领会，充分认识挥霍公款大吃大喝这种消极腐败现象的危害，充分认识刹住用公款大吃大喝歪风是落实“三个代表”重要思想和党的十六大精神的客观要求，是牢记两个务必、密切党与人民群众血肉联系的实际行动。各级党委、政府要把刹住用公款大吃大喝歪风作为党风廉政建设责任制的一项重要内容，作为当前和今后一个时期的一项政治任务，切实负起责任，采取有效措施，认真抓好本地区、本部门、本单位的落实。用公款大吃大喝不仅浪费国家资财，而且严重损害了党和政府的声誉，败坏了党和社会风气，广大群众对此反映非常强烈。在十届人大一次会议上，一位人大代表反映："现在机关干部有几顿饭是在家里吃的呢？晚上吃一顿是不行的，还要赶场吃两顿、三顿……一顿饭少则几百块，多则几千块甚至上万块。"他呼吁："要以铁的决心、铁的手腕，狠刹公款吃喝风。"中央领导同志对这一问题高度重视。3 月 13 日，胡锦涛同志做出重要批示，并强调，一些群众的生活还很困难，我们干部必须牢记"两个务必"，发扬艰苦奋斗的精神，绝不能铺张浪费，要坚决刹住公款吃喝风。近日，一名记者以《穷吃，吃穷！记者亲历西北"狂"吃》为题，向党中央、国务院领导反映，一些地方"会议开幕吃，报告结束吃……领导来吃，领导走吃；有东西吃，没东西吃；有权当然吃，没权蹭着吃；因为穷所以吃，越是穷越要吃""吃得'触目惊心'，吃得'莫名其妙'，吃得'心痛不已'"。4 月 18 日，胡锦涛同志在反映材料上批示："吃喝风仍如此之盛，如不有效制止，将吃掉党的优良传统，吃掉民心。这也是落后的表现。"为贯彻落实中央和省《通知》精神，结合我市实际，参照已有规定，提出以下要求：一是全市各级党政机关和国有企业、事业单位要普遍建立、完善和落实招待费使用领导审批、财务决算以及公布、报告等制度；二是党政机关工作人员在本市执行公务活动，除接待外宾和招商引资外，一律吃工作餐；三是公务接待要严格执行省纪委、监察厅《关于狠刹用公款"吃喝玩乐"歪风工作的实施意见》（冀纪〔1997〕3 号）的有关规定，不得超过标准；四是到农村基层进行公务活动不准用公款在社会的经营性饭店用餐，一律禁止村级招待；五是一律不准利用学习、培训等机会搞各种名目的公款宴请，更不准到上级领导机关所在地宴请领导机关工作人员；六是一律不准用公款、公物参与吃喝玩乐、游山玩水、婚丧嫁娶、赶庙会等非法活动等。

同志们，今天的廉政谈话主要是这些内容，望各位自觉遵守，严格执行，为推进党风廉政建设做出新的贡献。

在视察成安县非典防治工作时的讲话

（2003 年 5 月 3 日）

刚才，晓桦同志代表县委、县政府和非典防治领导小组做了工作汇报。之前，我们看了两个村和一个卫生站的工作，卫生站的工作做得挺认真的，有一定的基础。今天是我们第二次来成安督导检查，成安的总体工作已经进入了一个比较有序的过程，县委、县政府高度重视，确实把防治工作作为当前的头等重要的任务来完成，站在对成安人民群众生命健康和安全的高度来做这件事情。总体工作思路是清晰的，包括两个重点、七个方面的工作，并且形成了有效的工作机制，方法措施也是比较得力的，重点比较突出，工作做得比较细致，有层次、有办法。当前，从总的情况看，形势非常严峻，不能有半点松懈。从全国的疫情看，诊断出的疑似病例和确诊的患者以及死亡的人数还在增加。北京地区虽然做了一定的工作，但病毒还有一定的潜伏期。前几天北京市代市长王岐山面对面谈话，对形势的估价是比较客观的，也是非常坦诚的。因此，不能有丝毫的松懈。从邯郸的情况看，从疫情上报的数字来看，增长的速度不是太大，疑似病例也保持了好几天。但是昨天发现了一例确诊病例，是一个在北京打工的甘肃人，回来时在邯郸被强令下车的，高烧 39 度，到传染病医院就被隔离了，正在救治，可能体温有回落。我们要按照属地管理的原则，发扬老区的风格，不能推出去。但同时，我们也向北京、甘肃通报了这个情况。现在最大的危险就是我们邯郸的外出打工、经商的比较多，特别是“五一”前后，人口流动比较大，六七万人回来了，魏县、大名比较多，我们成安县是 5400 多人，还有多少人想回来，这就需要我们做好这个工作，观察好动态，摸清底数。

这几天市里连续开会研究非典防治工作，市委专门听取了包县市领导的汇报。从总的情况看，我们成安的工作，市委还是比较满意的，做的工作还是不错的。下一步的工作，总的指导思想是要有“防大疫”的准备。回乡人员是一个重大的传染源，切断传染源、控制传染源就是当前重中之重的工作。邯郸的疫情到现在都是输入性的，本地的一例也没有。同时，已经回来的人员体检还没有发现什么情况，但它有潜伏期，很难保证不会发生。成安有5400多名外出返乡者，很难说没有传染源。“五一”过后，再观察半个月，没有发生什么情况，那就是不错的了。如果发现了，问题就太大了，在我们的家门口，左邻右舍就有这个潜在的问题。乡镇干部要注意外来人员向其他户、其他人员的传染，更要关注家庭间的交叉传染，要继续深入地开展工作。家庭成员带着病回来，对他没有警惕性，这个工作还要深入开展，5400多人太可怕了，潜在的危险还是存在的。昨天，我和马秘书长、徐书记从纪检监察口上，看了一下我们全市的关键部位后，到永年看了一下到邢台去的口、下高速的口。回来的人有一个共同的心态，就是有病人或者是所在地有疫情，回家心切。恋着家这是人之常情，但是，现在对疫情的认识、科学的管理观念不行，确实有的见不到亲人，如果见到一个就会传染一个。所以说这个“防大疫”的思想准备要有，“五一”前后半个月非常关键，推测会有高峰期到来，让你防不胜防，所以不能麻痹。围绕“防大疫”的准备就要抓好一系列的工作，上次讲了基本精神，这次讲具体的事。刚才，晓桦同志汇报的也非常具体了，通过上次汇报，这几天信息的反馈，我看成安应该在以下几方面抓一下、下下功夫。

第一，要掌握疫情。这像打仗的侦察，信息反馈一定要保持畅通。没有正确的疫情掌握、没有正确的形势判断、准备工作做得不充分，防治工作就很难做好。任何工作都是围绕疫情的发展变化而准备，为这个服务，要做这个事情。因此，我们要从大局上掌握全县的疫情，但是，最关键的是要掌握疫情的第一前线。今天看的两个村还是不错的，所以说，一定要抓好农村的防疫工作。城镇有2万多人，还有30多万人在农村，县委一定把两个重点分清，一个是县城城关里面，这里面流动人口特别大；再一个农村是重点，县里面农村是重点，农村里面这个重点就得死看死守、死盯住，因为农村分布的面太宽了。几道防线要一起抓、齐下手，村支部、村委会、群众等要发动起来、重视起来。疫情要准确掌握，及时上报，不能漏网。

第二，要紧急救护。紧急救护的能力用到现在防疫上，差距太大。这是一个基本的事实，虽然现在大疫情没有发生过，规模比较大的发生在 20 世纪 50 年代，爱国卫生运动就是从那时候搞起的，除“四害”，没有疫情的时候，人们就容易麻痹，投入量也不多，但是大的疫情到来的时候，我们从人力、物力的准备上，就显得不足。因此，紧急救护的力量要在现有的基础上进一步壮大，紧急救护要有车队，装备要精良，要从其他单位抽调人员和力量，组织比较强的救护队。要保持高度灵敏性，能够非常快地反应，思想上要重视，人力、物力、物品要充分准备好。救护关键是关注疫情、及时隔离、抢救危重病人。同时，上下要保持联系，市里的卫生防疫系统要搞紧急救护队，县里可以搞联防，也可以进一步延伸到乡镇，经常防疫，包括监测、检疫、防护、打扫卫生，如果一旦有疫情的话，以县防疫队为主，可以调动几个乡镇的防疫救护队，就可以形成大的力量去防御这个病情，这个方法是可行的，有分、有合，保持紧急动员的状态。但是，救护要有预案，哪个地区发生疫情，谁来紧急指挥要明确，不然的话，疫情来的时候，你没有预案、没有组织、没有指挥，你会打乱仗的。要形成体系，有人一招呼，一呼百应，就能抵挡疫情。还要同上级保持信息联系，寻求支援，有条不紊。

第三，定点医院的问题。不要简单地挂个发热门诊牌子就完事了，要真正有临战状态，确实有病人，马上就能收治，多少天了，好几个月了，我们这儿没有出现病人，到时候，真有病人的话，已经措手不及，确实在这个地方建成一个真正隔离区，救治的环境和条件马上就能形成，马上就救治。我看这个联防联手，你们可以试一下，组织一下，搞好这个预案。

第四，物资储备。要打大的防疫，特别是消毒的用器、药物要多充分地准备，这不是浪费，因为大的疫情过去之后，所有的公共场所、办公地点、家庭要大量消毒。大灾之后必有大疫，这是历史的经验。如地震之后，就是传染病，如果这个搞不好，可能比地震死的人还要多。唐山地震的时候，我经历过，唐山的防疫搞得非常好，世界卫生组织曾经预测，如果唐山防疫搞不好的话，比地震死的人还要多。现在气温正在上升，越来越热，对这个疫情的掌握不要单打非典了，其他病说不定也要来了，不得了呀。因此，要做好物资贮备这个工作。同时，要用好政策。省里、市里都有政策，这个政策是要兑现的，借这个机会，要好好地模仿模仿，对我们的医疗设施和药品储备都要有一个“防大疫”的准备。这也需要有预案，不能推着走，欲则立、不欲则废。

第五，要有自我保护的意识。保护什么？一是对于未被感染的健康人群，要搞好保护，加强宣传，传授知识，让每个人都懂得保持个人卫生等相关知识。二是保护医护人员，特别是在一线的医护人员，设备、设施要跟上，防护衣、口罩、护目的镜子、手套等方面都要跟上。医务工作者是人民的一分子，也是受保护对象，由于身处特殊的工作岗位，他们去奉献，保护医护人员，也是保护战斗力。这是广东防治非典工作用生命和鲜血换来的教训。万一真有病例，医务工作者就得抢救，医务工作者有奉献精神，要不忘保护医务工作者。三是保护领导干部。领导干部是领导力量，是指挥员，要有坚定的信念，坚持在战斗第一线。但是从防护措施上一定要做好，不能麻痹。如果我们这些人躺下去了，谁来指挥呀？这是对人民的极大不负责任，不要因小失大。指挥员不要到抢救第一线去，要把抢救工作留给专业的医护人员。怎么保护呢，不要到病人的病房去，这不是什么你不尽职责的问题。书记、县长及其他的县领导，具体分包战线的领导不要去接触患者，不要去病房，因为很难保证不被传染上。如果你常委里头、县长里头有一个传染上，你这个班子一开会，都得隔离开。你想想，要是把这个党政两套班子都隔离起来的话，你这个县是什么情形。还得给你重新派县长、派书记来干这个工作。了解情况、掌握情况、有号召力的就是我们在座的各位。必要去的地方，应该有保护措施。没有特殊的情况，不接触患者，不到高危地方去，这也是个纪律。因此，我们给你们说这个话，你们自己不好说这个话。我们的指挥者、我们的医护人员、救治人员，未被感染的人群保护好了，我们就有了战胜非典最基本的保证。因为这项工作是不可能一朝一夕就完成的，要有长期的思想准备。疫情什么时候过去，谁都很难回答这个问题。

第六，社会稳定。社会稳定这个事情要做好，虽然防治非典工作牵制了我们很大精力，但是，不要忽略了其他方面的工作。特别是管政法的同志要多操心，并且要把队伍管好。政法战线的同志在这次设卡检查工作中发挥了很大作用，都很辛苦，我们查的这些地方，公安干警非常辛苦。查，就得把人卡住，得管住人，这个强制性的手段谁去强制，公检法就得出面。医护人员去同病毒做斗争，他去救护、救治，但是强制要由政法队伍来做。同时，对“法轮功”、隐蔽战线的斗争以及刑事犯罪分子都得严加管制。有的人搞一些造谣，煽动人心，有人造谣说地震了，唯恐天下不乱。但是这个疫情，说实在的对每一个群众都有威胁，在这一点上，在社会上形成一个共识，都怕传染，但也不免有几个人制造一些混乱。一定要管住，每一个窗口都不能松懈，保持社会稳定，大家众志成城、齐心协力，防止疫情发展。

第七，发展经济。经济工作是我们的中心工作，这次受到了一些影响，但要降低到最低点。成安的经济工作是外向型带动，这一两年势头挺好，这次确实有影响，但是能做的还要做，该做的还要做，工地上工人的体检要搞好，工程该进行的还得进行，没有压缩的尽量压缩，少点流动人员，坚持生命第一，保护好老百姓。经济工作不能丢，不能放松。农业生产，不能误了农时，成安的麦田还是不错的，棉花也都种上了，地膜都覆盖起来了。可能影响最大的是商业，必须把市场供应搞起来，我们昨天看了药材市场、副食品市场，有的店该开的要做好工作，疫情防治手段要跟上，同时该开店的还得开，还得维持人民群众的正常生活。

在永年县视察农村非典防治和农业农村工作时的讲话

（2003 年 5 月 7 日）

今天到永年县，主要是察看永年县农村非典防治工作和农业农村经济工作。农村防治非典和开展农业农村经济工作，从中央到省市都高度重视，昨天下午召开了全国、全省农村防治非典电视电话会议，温家宝总理发表重要讲话，季允石省长和聂辰席市长都发表了重要讲话，提出新的要求，一个是要严防农村非典疫情的蔓延扩散，另一个是抓住时机，搞好农业农村经济工作，特别是当前农业生产和产品销售。前天，张力书记召集农口部门，听了汇报，研究了当前的农村工作形势，提出深化农村经济改革、加大农村经济发展力度的方法和措施，会议纪要会很快发给大家，希望大家进一步谋划好农业农村工作。全市农业农村工作会议后，总体的思路和部署比较清楚，现在发生非典疫情蔓延这个新情况，在这个特殊时期怎么抓好农业农村工作是一个新的课题，希望大家深入研究。今天，看了永年县古城腌渍厂、华裕公司种鸡场、南大堡蔬菜批发市场、广府大蒜和甘蓝、无公害精细蔬菜示范园区，总的印象是永年县广大干部群众在县委、县政府的领导下精神状态不错，坚守岗位，寻求经济发展的路子，表现出沉着应对、不忘发展的好态势。

永年县是邯郸第一人口大县，也是农业大县，近年来，发展势头不错，从农业生产发展到农业市场的开发扩充发展，到城镇建设，特别是蔬菜生产和销售方面，搞得都很好。今天与曹副市长带领有关部门同志来，目的就是把农村防治非典和农业经济工作向前推进一步。下面，我讲两个方面的问题。

一　高度重视，做好工作，严防非典疫情向农村蔓延

从非典疫情形势看，全国的发展态势和状况不平衡，广东省作为早期发生地区已经基本上控制，北京、内蒙古、山西地区呈上升趋势却又比较稳定，其他地区包括河北数量不大、处于一个发展观察过程中，第四类是五个省区一例没有。从河北省 11 个地市来说，都发现了非典病例或疑似病例，无一例外，并且随着到北京打工人员的回乡，河北非典患者和疑似病人从数量上也在上升。我市在控制上下了很大力量，各级党委、政府采取了很多的方法，包括永年县，对疫情的重视程度是比较高的。前几天，我带着纪检监察部门同志到关键路口、关键部位进行了察看，转了 7 个部位，其中 2 个在永年县。永年县是邯郸的北大门，在防治非典方面的工作量无疑是很大的。从看的情况讲，特别是在 107 国道与沙河交界口、下高速的口，工作人员很认真、很负责地在量体温、消毒。

5 月 6 日，中央适时召开了农村防治非典的电视电话会议来部署这项工作，上下都想到了一起。从农村情况看，可能比较偏僻，传染的机会相对少一些，但农村的防治抵御的能力非常脆弱，一旦发生大的疫情，防不胜防，要出大事情，因此，要立足于严防死守。一要尽力切断病源的传染渠道。目前，我们在高速路口，各个关键环节上都有人管，做了大量工作，但是还有一个交通畅通的问题，这是个两难选择，设卡太多就影响人流、物流，出现蔬菜卖不出去的问题，但是必须要在检验上下功夫，必须进行消毒，加强防治，特别注意的就是外出打工人员。二要教育农民搞好自我保护。自我保护很重要。从现在看，大的方面我们有了拦截，而从小的方面到最终端、末梢的时候，那就需要达到人自为战、村自为战、户自为战。刚才看到走过的村口、路口都有设防的，包括一些企业的门口都有设防的，自我保护意识增强了。对农民，要教育他们克服亲情、邻里之间的关系的影响，对回乡人员要先体检、先消毒，后入村、后入户，必须认真地做这项工作。有一个重要的时期需要引起注意，“五一”之后，大量的人员回乡，有半个月的潜伏期，现在看着很好、不发烧，但是不一定他没有带着病毒，要先隔离观察半个月

再说。从最近卫生部新颁发的标准来说，有的非典患者不一定首先表现为发烧，这就使防治工作难度更大。因此，对回乡人员一定要隔离观察，绝不能认为他不发烧就没事了。要教给广大农民群众卫生知识，引导他们勤洗手、勤通风，不仅要防非典，其他疾病也要防，加强自我保护。三要建立快速反应救护队。目前，全市防疫系统职工约1400多人，能拉出来参与救护的只有400多人。要整合资源、建立联防、沟通信息、快速反应、确保一旦出现疫情，能够及时隔离、消毒、救治，防止蔓延。防护设备一定要到位，确保工作所需。四要做好防治非典物质储备。尤其是消毒液，还有一线人员的服装，要舍得花钱搞储备。防护服一定要配备好，否则一旦医护人员感染上，就丧失了战斗力。对药品也要积极储备。五要关注和关心外来客户、打工人员。一个是对客商的关心问题，还有一个属地管理、防治传染的问题，一定要管住，但全管死不行，还得放开一条生路。

二　不失时机，抓紧工作，下力抓好农业增效农民增收的问题

当前要坚持“两手抓”，一手抓防治非典，另一手抓农业增效、农民增收。刚才曹副市长讲得很具体，县里也想了很多办法，有的工作还得继续做。现在要做好以下几项农业农村经济工作。

一是抓好蔬菜和农产品的销售。这是一个非常重要的问题。我市早春蔬菜目前有31.5万亩，5月20日前有52万吨蔬菜上市。永年县南大堡蔬菜市场是一个品牌，在全国都有知名度，有很多客户要到邯郸来，首先要关爱他们，做好方方面面的工作，不仅要搞好交易，同时还要防治非典，搞好消毒，安排好其起居问题，真正从思想上关心他们，让老客户留下来。我们的目标是把蔬菜卖出去，还得保护好自己。今年我市进行了换届，又发生了非典疫情，怎么克服困难、保持发展？要认真思考，尤其是蔬菜生产出来后，保质期短，如果搞不好，农民群众会受很大的损失。要保护好自己，可以研究一下，把营销人员、司机集中起来，进行培训，教授预防知识，搞好自身防护。关于绿色通道的问题，最近交通部、公安部、国务院纠风办下发了《关于严防公路“三乱”，畅保道路交通的紧急通知》，我们需要认真研究执

行，要在这方面下功夫，把“绿色通道”这件事情搞成了，不仅为当前，也为今后的发展打下基础。还有面粉、食油、鸡蛋等运输、销售的问题，咱们以蔬菜为先带出一条路子。要抓住商机，发展蔬菜及其他农副产品，这应该是个双赢的问题，工作要做细。

二是小麦管理、收割的事情。今年春寒，麦子收的早不了，温差太大，准备工作要做好。在小麦收割期，针对我市与外地收割机跨区作业的实际，对相关人员可采取打预防针、吃预防药、消毒等有效措施，确保其不被感染，保证疫情不扩散。对此，要制定详细预案。

三是防汛抗旱。今年雨水多于往年，不能掉以轻心，要积极做这个事情。

四是农业结构调整，抓龙头项目。最近市下了一个文，大家认真研究，抓好落实。

五是农村税费改革问题。电视电话会已经召开，因为换届、发生非典疫情等因素，这项工作进展得比较缓慢，要根据疫情情况，把这项工作排上工作日程，不能放松。

六是要关注农村社会公益事业发展。现在，最集中地反映在卫生防疫和公共卫生这个领域里，各级各部门要有“防大疫”的思想准备。社会救助、社会服务我们欠账太多，比如非典发生时，医疗设备准备不足。永年县呼吸机十几台，市中心医院呼吸机才十几台，有的县才三四台，可见医疗设施条件和救助能力非常脆弱，远不能适应“防大疫”形势的需要。各级在公益事业上要舍得花钱，不怕投入，同时要充分利用政策，争取上边的资金，切实把医院、防疫站武装起来。

当前，特别值得注意的是，“五一”回乡的打工人员有一大批，而非典病毒的潜伏期是半个月时间。据初步分析预测，5 月底至 6 月初非典疫情可能有一个高峰。在这个时间里，要集中精力抓好非典防治工作，不要发生大规模疫情，人力、物力、财力都要集中应对这个高峰期。高峰期之前的半个月时间是一个比较平稳的时期，各级要抓紧非常难得的时间，积极做好方方面面的工作，否则，农业农村工作就可能出现滑坡。请永年县带个好头。

在全市防汛抗旱暨农村“三夏”工作电视电话会议上的讲话

（2003 年 5 月 13 日）

刚才，省领导就当前的防汛抗旱工作讲了重要意见，市长聂辰席、副市长曹素华分别就贯彻落实省会议精神、切实做好防汛抗旱和农村“三夏”工作进行了安排部署，讲得很重要、很具体，要求很高。希望各县（市、区）和市直有关部门要认真贯彻落实。下面，就贯彻这次会议精神强调三点。

第一，各级各部门要高度重视防汛抗旱和“三夏”工作，迅速把这次会议精神传达到基层。散会后，各级各部门要高度重视，迅速召开领导班子会议，进行安排部署，迅速把这次会议精神传达到基层。特别是对聂市长、曹副市长的讲话，要认真传达学习，深刻进行领会，按照要求逐项抓好落实。同时，要对本地的防汛抗旱工作、“三夏”工作进行一次认真的分析，查找薄弱环节，堵塞工作漏洞，研究工作对策，扎扎实实地做好每一个环节的工作，确保不发生问题。

第二，突出工作重点，采取有力措施，不折不扣地抓好当前的各项工作。一是对防治非典工作，要继续按照市委、市政府的统一部署，坚持领导力度、工作力度、落实力度不放松，切实做好预防、控制、隔离、救治等工作，切不可麻痹大意，切不可有任何松懈。二是对防汛抗旱工作，要本着有备无患、防患于未然的思想，立足于防大灾，落实各级领导责任，落实各项物资、装备、防汛抗旱器材，落实各项工作措施，确保防汛抗旱工作万无一失。三是对“三夏”工作，要积极准备，超前谋划，特别是要认真做好小麦的后期管理、农机具跨区收割、蔬菜和农产品的销售等工作，确保农业生产正常进行。四是对各项工作都要严明责任，把责任压死压实到每个领导、每个人头，哪个环节出了问题都要严格追究，绝不能姑息迁就。

第三，要学会“弹钢琴”，统筹兼顾地抓好当前的各项工作。当前的工作形势，是对各级党委、政府和各级领导同志的重要考验。各级各部门要按照聂市长、曹副市长的要求，坚持一手抓防治非典，一手抓农业生产，做到“两手抓、两不误”。对本地本部门的工作，要认真研究，合理摆布，特别是对领导力量、工作力量的安排，要做到科学合理，不能顾此失彼，统筹兼顾地抓好每一项工作，确保防治非典、防汛抗旱和农村“三夏”工作的顺利进行。

在视察漳卫河防汛工作时的讲话

（2003 年 5 月 14 日）

今天和彦丰副秘书长、尚科局长以及河务局的负责同志用一天时间，主要是看一看漳卫河流域防汛工作的准备情况和基础设施的状况。今天上午从岳城水库出发，先后察看了临漳县的三宗庙险工段，魏县的穿漳涵洞、分洪口门，看了大名县万堤的泛区潭口中学避水楼、撤退路及卫河龙王庙险工。三宗庙、龙王庙是历史上洪水多、容易泛滥的地方。在察看的路上听了临漳县、魏县的简要情况介绍，刚才又听了大名县的情况汇报，总的印象是同志们对汛期防大汛在思想上都很重视。

从邯郸地区的历史情况看，1996 年一次大的险情，对我们的水利设施特别是漳卫河流域的堤坝有过一个严峻的考验，通过我们邯郸广大干部群众的艰苦奋斗、众志成城、抗洪抢险，我们战胜了一系列困难和险情，取得了胜利，保卫了人民群众的生命财产安全，但也暴露了水利设施建设上的不足、欠账较多的问题。从今天看到的情况讲，1996 年险情之后，我们水利、水务以及有关县从巩固堤坝、修闸函、备石料、土方等方面做了大量的工作。但也看到了一些潜在存在的问题，如堤坝加固的程度、工程的质量、高度等基础性的工作还有一定的差距，如果再来一次像 1996 年那样的洪水，我们很难保证能够固若金汤。我们的多数堤坝是土坝，对这些土坝我们也采取了栽树等办法进行巩固。险工险段的应水坡也用石料砌了一下，但是一旦大洪水到来甚至出现漫坡时，我看有些险工险段很难经得起考验，说句不好听的话，甚至会土崩瓦解。另外，还有些地方出现坍塌、有些地方沙石和土方的备料还不是很充足、一些路段还不是很贯通等一些问题。这些问题要认真加以解决。

昨天省委和省政府、市委和市政府召开了防汛抗旱电视电话会，省、市都做了具体的安排部署。根据省委、省政府要求，我市漳卫河流域的堤坝是我省的重点防线，也是第一道防线，从大的方面讲是华北的第一道防线，对保卫京津起着重要的作用。因此，如果汛期有大汛的到来，我们要做到胸中有数。首先要做到脑子里有我们的几个水系，对关键的几个险工、险段在组织人力、物力抢险时要做到有的放矢。各级水利、河务以及有关县委、县政府要抓紧整合力量进行查漏补缺，针对存在的问题，认真研究制定切实可行的措施，把省、市会议精神真正贯彻落到实处。下面，我提几点具体的要求。

第一，要树立防大汛、抗大旱、抢大险、救大灾的思想。久旱必有大涝，这是历史总结出来的经验。1996 年至今已有 7 个年头，从目前的情况看，我省我市降水量不是很大，但从前一段时间的降雨看，降雨的频率很高，个别地方的突发性降雨量很大，如 11 日傍晚石家庄两个多小时的降雨量就达 40 多毫米。我们最担心的就是在山区发生这些突发性的急降雨。1996 年我市发生的洪灾，大名县晴天就被水淹了，水深达 1 米多。为什么，原因就是西部山区的突发性急降雨。我国 1998 年遭受特大洪灾之后，中央对防洪水利设施建设提出了更高的标准，要求能够抵御百年一遇甚至千年一遇的洪涝灾害，我们要按照要求高标准地搞好防汛设施建设和巩固。另外，我市经常遭受旱灾，多存水、多蓄水是改善生态环境条件和发展农业经济的一个重要措施，因此，在汛期到来之时，也要在多存水、多蓄水上多做些文章。

第二，搞好预案。预案是有条不紊、有序开展工作的保证。省有预案、市有预案，县、乡、村各级也都要有自己的防汛预案，如何保证在洪灾到来之时，能让周围的百姓迅速撤离到安全地带，保证人民群众的生命财产安全，保证群众一个不伤，把损失降到最低，这是我们总的工作标准。但我们要认识到群众不是部队，真正做到这一点，工作难度很大，对此，我们各级都要有充分的思想准备。要强化组织训练，尤其是要把村干部、乡镇干部组织好、训练好，让他们树立起时刻准备防大汛的思想观念。特别是对那些险工险段、滞洪区、泄洪区、分洪的决堤口区域，更要有周密的预案，真正做到在洪水到来时，能够组织周密、保障有力、人员到位。

第三，做好抗洪抢险的物质准备和险情的预警预报，真正做到有备无患。一个是物质必须有充足的准备，在预案中要突出这一点，但切不可纸上谈兵。纸上谈兵这个成语是我们邯郸历史上用 40 万人的生命换来的教训。要真正把抗洪的石料备放到险工险段上去，不能到位的要安排好运输方式、运输道路和运输时间，做好二级储备及必要的三级储备，保证抢险物资在险情到来时，关键时刻能上去，保证险工险段有备无患。同时，要加强实战演练，晴天需多少时间，雨天需多长时间，在桥梁坍塌时通过什么渠道保证抢险物资和人员的及时到位，等等，都要做到未雨绸缪、心中有数。再一个是加强险情的预警预报工作，要及时做好抗洪抢险的预警报警，做好抗洪抢险力量的动员，争取多方面支援。

第四，落实好抗洪抢险责任制。要整合各方面的力量，形成坚强有力的领导系统、指挥系统和救险系统。方方面面的抗洪抢险力量不少，但要落实责任制需要有一个统一的指挥系统，各县要进一步完善这个指挥系统。为什么要讲这个问题？因为目前我们正面临着县级的换届，新旧交替时要做好衔接工作，保证工作要有连续性。各级党政领导要做到在位在岗一天，就要严格按照责任制的要求，承担自己应尽的职责。目前，上上下下都很重视防汛工作，我们要抓住汛期加强防洪水利设施建设的大好时机，机不可失，时不再来，多争资金、多争项目，争取各方面的支持。同志们，水利工作很辛苦，养兵千日用兵一时，关键时刻发生问题，会前功尽弃，尽不到职责，就会成为千古罪人。因此，我们切不可有侥幸心理，要把力量用到平时，用到临战前夕，保证汛期国家和人民群众的生命财产安全，上对得起组织，下对得起百姓。

当前的工作任务十分繁重，防治非典牵涉很大的领导力量和很大的人力、物力、财力，农业生产和其他各项经济工作任务很重，我们要充分认识到党和政府交给我们的重任，在突出抓好防汛工作的同时，统筹安排好其他各项工作。

在市农协总会调研时的讲话

（2003年5月22日）

按市委分工，由我分管市农协总会的工作。今天我和马彦丰副秘书长到农协总会来，目的是听听工作情况，研究部署当前的工作，进一步抓好市农协总会的工作。

刚才，乔明文同志比较概括地介绍了农协总会工作。从总的情况看，这些年来市农协总会在市委、市政府的领导下，在几任会长带领下，在全体同志共同努力下，做了不少工作。农村改革试验区系统，在河北省连续6年是先进集体，也是政绩突出的单位，这很不容易。特别是提出来围绕“三农”办农协、办好农协为“三农”，围绕产业建专协、建好专协促产业，专协重点建龙头、建好龙头保增收，总体上就是围绕“三农”问题，为农业增效、农民增收做工作。基本思路既符合邯郸的实际，也符合党和政府关于当前和今后一个时期“三农”工作的基本要求。

农业、农村、农民问题，是国民经济发展的重中之重。党和政府一直把它放到相当重要的位置。我市今年的《政府工作报告》也把“三农”放在重中之重的位置。邯郸是个农业大市，农业基础不错，自然地理条件比较好，农民搞种植业、养殖业也有着比较丰富的经验。对农业我们是可以说“是”的。让乔明文同志来农协主持工作，他有多年的农村工作经验，过去在发展龙头项目、建设金凤市场、组织农业产业化经营等方面，有过很多成功的实践。希望市农协今后要在发扬我们好的传统和作风、巩固已有成绩的基础上，进一步研究当前我市农业、农村、农民面临的新形势，适应市场经济的要求，努力在新形势下有新的思路、新的发展、新的突破。今天，主要讲“职位、职能、职责、能力”八个字，与大家一起研究。

一　从职位上讲，适应新阶段农业农村工作的需要，就要充分认识农协工作的重要性，充分发挥农协在农业增效、农民增收攻坚战中的重要作用，这个题目实际上就确定了农协的职位

邯郸实施四大攻坚战，这是市委、市政府确定的工作重点、攻坚目标，是举全市之力，抓住基本问题，实施重点突破。这个思路是符合邯郸实际的。其中有一个攻坚战，就是农业增效、农民增收攻坚战。对农协来说，就要在农业增效、农民增收攻坚战中找准自己的位置、定自己的职位。党的十六大提出全面建设小康社会的宏伟目标，是在实现了两步走经济发展战略之后，要在本世纪中叶建设社会主义现代化强国，其中头二十年要全面建设小康社会、走富裕型的小康社会路子，这是党的十六大提出的基本发展战略。围绕这个大局，各个地方、各项工作要确定自己的发展战略。

根据农村全面建设小康社会战略要求，农协应该在农业增效、农民增收上充分发挥作用，这就是你们说的“三个围绕”“三个服务”“三个促进”等工作。我看这就是从职位上找准了自己的位置。在“三个围绕”中，即围绕“三农”问题、围绕农业产业化经营、围绕龙头企业建设，“三农”是核心，产业化是具体的促进办法，龙头是重点，通过抓龙头带动产业化发展，通过产业化发展实现农业增效、农民增收，推动全面建设小康社会。这个思路是通过多少年摸索、探索、总结概括出来的农业农村工作发展的基本思路，也是农业增效、农民增收攻坚战的基本思路。市委、市政府在研究农业农村工作时，逐步把聚焦点集中到抓农业的龙头项目上来，抓龙头带动。最近市委、市政府印发了《关于加快以龙头企业重点项目为重点的农业产业化经营的意见》文件。因此，围绕农业增效、农民增收确定农协职位，是恰当的。基本的职位确定后就可以发挥更大的作用。

二 从职能上讲，适应新阶段农业农村工作的需要，就要紧紧围绕农民群众所思所盼，切实履行农协的中介服务职能

农协定“中介服务”这个职能，是我在看你们的汇报材料时的一个想法，也是我分管农业工作后经过一段时间思考得出的结论，职能应该是“中介组织”。我说“中介组织”，同志们不要怕，至少在今后一段时间内，大家还是参照公务员序列，财政上还要发工资。但作为农民协会，它的职能应该定在“中介组织”上。现在农协说是党群口也好，参照公务员序列也好，那是按照干部管理的“名分”，这个“名分”还是要的。中国有句话叫“名不正言不顺”。但农协的职能，最突出的是“中介组织”。

中介的意义在哪儿？改革开放 20 多年以来，尤其是确定建立社会主义市场经济改革目标之后，我们在发展经济上走了很多弯路，有很多经验教训，我们邯郸人有创造性，组建起农协，叫作“邯郸创造”。那么意义在哪？教训在哪？比方说海狸鼠的问题。我们鼓励农民养海狸鼠，把农民生产积极性调动起来之后，海狸鼠却卖不出去，养殖户就找市委、市政府，政府又不能赔偿，结果闹得不欢而散。农工委好长一段时间就是跟海狸鼠打仗，实际上打的是无名仗，好心做了个错事。再如基金会问题，全市基金会规模达 23 亿元，出发点本来是要通过搞多种经营推动经济发展，实现农业增效、农民增收。在基金会问题上我们是有教训的，教训就在经济运行脱离了经济规律、脱离了市场。最后把账都记到了政府身上。为什么生产领域、金融领域出现这么多的事情？教训是很沉重的，重在哪？重在缺乏组织。政府作为经济工作的组织者、指挥者（在社会主义国家，政府就要承担这个职能），怎么指挥？是不是直接指挥企业的生产经营管理，指挥家庭养海狸鼠、搞集资这样的程度？这是需要研究的。现在政府的职能是宏观管理、间接管理，而不是直接管理、指挥农民做事情。刚才，明文讲了农民的事情，费的劲小了推不动，费的劲大了就“张”了，有些事情一管就管死，一放就放乱。要管住、管好，放开搞活，而不是一管管死、一放放乱，这体现我们的工作水平、工作能力。农协处于政府与农户、农业经济实体之间，政府管不好的

事，农户又做不成的事，非常需要有个组织，这就是“中介组织”。农协不是政府，但可以协助政府履行某些协调管理的职能，它可以代表农户利益；农协又不是农户，可以履行农户和农业经济实体不能做或做不好的事情，比如产前、产中、产后服务，这就叫“中介机构”。中介组织给政府减轻了压力、减少了工作量，又为农业经济实体做了很多事情，协调是一部分内容，指导是一部分内容，这正是农协在全面建设小康社会中需要发挥的职能。做事情有一条经验就是领导重视。为什么由书记担任农协会长呢？这里有个协调、扶植的问题和过程，最后把它办成一个名副其实的中介组织。因此，农协确定了为“三农”服务职位后，再确定“中介组织”的职能，才能把握好制定政策、措施这个“度”。这个“度”在哲学上讲就是量变到质变的临界点，工作上讲就是审时度势、掌握分寸。全部管死或全部放开、放任自流，这都是最简单的办法，是形而上学的办法，是最省力气的办法，是懒汉的做法，也是无所作为的做法。因此，一定要掌握这个“度”。

农协的基本职能界定在服务上，包括政策服务、技术服务、信息服务、销售服务等方面，都可以划为这个职能。协会，特别是专业协会，在发达国家作用非常大，它可以指导、监督、规范这个部门行业的生产经营活动，指导、确定产品的成本、价格。如欧洲的渔业协会对每一条船打多少鱼是有限定的，协会搞生态平衡、经济平衡。如果捕捞过多，首先对资源进行掠夺性开发，生态就受影响，长远性生产也受影响。同时，如果捕捞过多，市场饱和或者是超过需求，必然要降低产品的价格，并且会引起互相之间不正当竞争。协会限定产量就能保持市场需求的稳定，保持价格的稳定，保证生产经营单位、生产经营者的实际收入。在日本，是农户加协会，农户经营，产品的价格由专业协会来确定。行业协会做的是最基础的工作，制定的是指导性的计划，行业协会通过信息收集、市场调查、规律研究，通过一些信息传递告诉农户进行生产，这叫事前调节。等产品卖不出去了，才由价值规律调节，这是事后调节，事前调节是高明之举。事前调节完了以后，事后调节再进行纠正，经济就按比例协调发展，协会发挥了很大作用。台湾地区协会管住两头，一头把农产品、水果、肉食品交给协会组织搞的一些商业经营机构；另一头是保证农户原材料供应，农户就管中间化的生产，产前、产后服务搞得特别好。美国协会也管很多事。家庭农场规模很大，农场主向协会打一个电话，打农药的、搞收购的就来了。

我们的协会远远没有达到这个程度，要朝这个方面努力，发挥这个职能。从信息上来说，农民决定养猪的信息就靠乡村集市，看到集市上猪肉贵了就把猪养起来，从存栏到出栏少则几个月，多则半年以上，等猪出栏时，市场早发生变化了，猪肉就卖不出去了，最后结果养猪的变成了杀猪的，这就需要行业管理、中介服务。信息渠道不灵，掌握不住规律，就很难指导农户的生产经营。蔬菜销售，永年南大堡市场与农业部的信息网连接过来，全国各地蔬菜价格是多少，成交量是多少，一清二楚。非典期间，我们通过实行蔬菜运输“一卡通”“绿色通道”，促进了生产销售。永年县连片的大蒜就有 15 万亩，光靠那个局部信息，都得烂了啊！现在运用网络信息，每天有 4000 ~ 5000 吨外销，信息显得很重要。邯郸有南大堡、金凤、天仙等四个农产品市场，每天价格都有差别，这是个调节。谁来做这个事情，现在政府承担一定的职能，但主要职能还应由部门、行业协会来做。

三　从职责上讲，适应新阶段农业农村工作需要，就要坚持与时俱进，不断完善工作体制和工作内容

现在我们面临的形势，一个是全面建设小康社会，另一个就是加入世贸组织，加快推进农协、专协建设任务是非常紧迫的。如果做得好，最终，要和国际上的农协和行业协会接轨。目前，政府定价总有不公平竞争的嫌疑，特别是为鼓励出口，政府采取给予补贴的做法，那是不公平竞争。谁来有效组织农产品出口？还得靠行业协会，先与国际接上轨，那才是公平竞争。

前些天，张力同志召集农口负责同志研究农业、农村问题，让我们筛选一些项目，到国外去考察一些项目，其中有关行业协会、农业协会的问题，在条件成熟时也要出去考察，看一看美国、欧洲、日本以及中国台湾地区农业服务组织是怎么搞的。发展现代农业，一方面要组建专业协会服务组织，另一方面要建立完善的管理机制，这样才能承担起相应的管理职能，实施规范化管理，还要根据新形势不断创新。邯郸富有创造精神，但更为关键的是

创造出来后要去完善它，让它发挥作用，取得实际的效益。如果后续工作跟不上，再好的经验也发挥不了应有的作用。特别是一个重要的转轨，就是协会提出的“民办、民管、民受益”，要适应市场经济的需要，我们不能总把它当作一个婴儿似的搂在政府的怀抱里，放在摇篮里，这样它长不大。国有企业就是一个很典型的例子，国家和国有企业的关系长期以来就是一个父子关系，割不断这种亲情，所以从根本上解决不了问题。造成一有情况就找市长而不是找市场的问题。

对农协来说，要吸取这方面的经验教训，包括成功的经验、失败的教训以及正在试验的内容，全拿过来，以此界定我们的职责。你们要大胆试验，大胆探索，错了回过头来再改正，再继续试。从这个意义上说，农协工作是最具有活力和创新的。不要认为农协与管钱、管人、管物的部门差得太多了，我们要充分发挥中介组织的服务功能，要率先走这个路子，一定会有作为的。

四　从能力上讲，适应新形势农业农村发展的需要，就要加强自身的建设，努力提高工作水平

有了职位、职能、职责之后，就看我们自己的本事了。农协一头连着农业、一头连着市场，一头连着农民、一头连着政府，也连着党委。我们现在还很难做到“民办、民管、民受益”程度，从官办到半官办、民办官助，再发展到民办，将来就有更大的作为，并且能够创造出更多的经济效益，将来农协就是受人欢迎、受人们青睐的职业。这要靠我们工作的努力程度，看我们作用发挥的程度。

说起来容易，做起来难。要加强学习，提高素质，特别是正在培育农协工作规范运作时更要加强学习。在当前社会转型、经济转轨的特殊时期，要培育新的组织，发挥它特有的职能，为农业增效、农民增收认真地做点事情，需要大家通过艰苦努力的工作，也通过我们甘受寂寞、甘于清苦的精神风尚做这项工作。从学习上说，需要学习的知识很多。一要加强市场知识的学习。为农业农村工作服务，要研究农村市场，研究国内市场，还要研究国

际市场。二要加强政策的学习。这段时间我讲了一个观点，叫“政策整合”。政策整合，就是用足已有的从中央到地方的各项农村工作政策。用足政策，要讲究按规矩办事，一种形象的说法叫“戴着镣铐跳舞”，有规矩，还要有创造。要研究吃透优惠政策，用足最有利于我们发展的政策，要用足、用好、用在当时。政策颁布了很长时间，你不去研究，利用不起来这个政策，有了优惠政策也不会用，结果损失很大。比如扶贫开发工作，对于扶贫村在税费上有减免政策。农村税费改革以来，强调要征、要管、要收。如果不整合好政策，不把政策研究透彻，不把这个政策交给地方去执行，贫困村的税费就会照收不误，再困难非收不可；如果整合好政策，贫困村就可以减免税费，这样做既符合政策又能够利用政策做好扶贫开发工作。政策本身就是资源，政策在过渡期也是财富，也是效益。农协、专业协会通过整合政策，要把那些最有利于我们发展的政策用足、用好，要运用合法途径、利用合法手段、按照合法规定，为群众争取各方面的利益。三要加强理论的学习。掌握了事物发展的动态和发展规律，就可以抓住很多机遇。政策严格要求能干什么、不能干什么，政策在很大程度上说“不”的时候多。通过学习理论，掌握改造客观世界和主观世界的思想武器，就能站在巨人肩膀上，站得高，看得远，进行探索和创造，在政策没有说“不”的时候就合理合法地开始做了，形成一种抢抓机遇意识和能力，我们的事业就能得以进步，就能得以发展，在政策说“不”的时候就严格遵循规范。四要加强知识的学习。做农协工作，脑子里空空如也，知识贫乏，视野很窄，到基层去看不出问题，到上面去说不清原因、讲不出道道来，资金、项目怎么会给你呢？谈项目的时候，我们的素质表现得非常高，你的知识、你的水平就会坚定投资者的信心。无论是国家的资金还是私有的资金都来之不易，谁也不愿意拿钱打水漂。无论谁跟你合作，谁来向你投资，也得把项目资金交给一个能把事情干成的人、能把事情干成的地方。我们要做大量的协调工作，没有这方面的知识，以其昏昏、使人昭昭，人家怎么信服我们，怎么能让我们做这个事情，让人家放心？有了知识，才能发挥指导协调作用。

做好农协工作，要有一种好的作风和好的精神状态。从全市农村农业工作大局来说，我们的工作靠农民最近、靠基层最近。80%以上的农民在最基层，没有农民的小康就没有全国人民的小康，这已经形成了共识。我们要情为民所系、权为民所用、利为民所谋，扑下身子艰苦奋斗。分管农村工作后，我要求农口同志要有“三股劲”，即“鼓实劲、下真劲、有韧劲”，鼓实劲，就是要实实在在地干；下真劲，就是要真干，不能空喊口号；有韧劲，就是因为我们农业农村工作不是一朝一夕、立竿见影的事情，要有一个踏踏实实的工作精神，我们有些工作甚至是为后人来做服务的。同志们有机会要多到基层跑一跑，多到农民中间走一走，看看他们想什么、最需要办什么、我们能够办什么，千方百计地去做工作，一个层次是帮助农民脱贫致富，深层次的是要把农民组织起来，寻求致富的门路，搞产业化经营，帮助农民研究政策，指导他们怎么做，进行产前、产中、产后服务。总之，要发扬成绩，增强信心，同时也要看到我们工作不足的地方、贫困的群众，这需要我们要有求真务实的工作作风，有开拓进取的工作精神，还要掌握一定的政策和知识，提高工作能力，增长干事业的本事，做好农协的工作。

农协的干部整体是不错的，明文同志已经给我介绍了很多情况，你们平均年龄为 38 岁，还是比较年轻的，年轻同志工作很努力，老同志也要尽自己的力量。培养和使用干部讲“有本事、能干事、干成事”，你们要抓紧做事，严格要求自己，要保持朴实勤奋的品质，要坚持艰苦奋斗的韧劲，要有百折不挠的精神，特别是中青年干部要树立吃苦耐劳的思想。希望你们要长本事，长志气，办成事，我们就是要培养和使用有本事、能干事还要能干成事的干部，在原有的工作基础上把我们农协的工作做得更好，推动我市经济快速健康发展和社会各项事业的全面进步。

在全市人口和计划生育工作电视电话会议上的讲话

（2003 年 5 月 26 日）

这次全市人口和计划生育工作电视电话会议，是在全市上下万众一心抗非典、迎难而上谋发展的特殊形势下，经市委、市政府联席会议研究确定召开的一次高规格的会议，充分体现了人口和计划生育工作在全面建设小康社会中的重要地位和作用，体现了市委、市政府对人口和计划生育工作的高度关注。

这次会议的主要任务是认真贯彻党中央和省人口与计划生育工作会议精神，总结全市人口和计划生育工作，通报 2002 年人口和计划生育责任目标完成情况和对部分乡镇调查处理情况，安排部署今后一个时期的人口和计划生育工作。

下面，我就会议精神的贯彻和当前工作再讲几点意见。

第一，紧密联系本地、本部门实际，创造性地抓好会议精神的贯彻落实。这次会上，张力书记、辰席市长都做了非常重要的讲话，这本身就是市委、市政府在人口和计划生育工作上坚持党政“一把手”亲自抓、负总责的具体体现，张力书记的讲话不仅从领导角度分析了形势、指明了站位，而且交给了我们在做好人口与计划生育工作上的领导艺术，高屋建瓴，语重心长，具有很强的思想性、理论性和指导性。辰席市长代表市委、市政府讲的意见，既全面又具体，不仅客观地肯定了成绩，而且深刻地分析了存在的问题，同时对当前及以后一个时期的工作进行了安排部署。对于两位领导的讲话，各地、各部门要认真学习，深刻领会，并要结合市计划生育领导小组年初下发的《工作思路》，联系本地、本部门实际，制定更加具体、更加切实可行的措施，逐项狠抓落实，促进各地、各部门的工作在原有的基础上再上一个新台阶。

第二，严格按照两个通报的要求，严肃认真地落实处理决定。今天会上宣读的两个通报，是经过市委、市政府联席会议认真研究做出的决定。能不能按政策、按程序处理到位，也是对工作力度大小的检验。有关县（市、区）和市直单位要认真对待，拿出负责任的处理意见，按照有关规定和程序坚决处理到位，在这方面绝不能心慈手软、姑息迁就，绝不能搞下不为例。处理结果要按时向市人口和计划生育领导小组上报，同时抄报市纪委监察局。这次没有解剖到的县（市、区）和乡镇，也不能盲目乐观和飘飘然，要看到，一些地方在计划生育工作中存在的问题是相当严重的。最近我接到上级转来的一个内部通报，我们一个县的一名副乡级干部竟然生了7胎都没有受到处理，这样群众工作怎么做。这件事，我已批给纪委监察局和有关县，必须给予严肃处理。因此，各县（市、区）都要对照这次解剖中暴露的问题，进行一次认真的检查，举一反三，主动查找自身存在的问题，迅速加以解决。只有这样，我们才能取得做好工作的主动权，确保人口与计划生育整体目标的实现。

第三，抓住麦收前的有限时间，抓好防治非典和计生工作。从近段情况看，绝大多数县（市、区）都能够坚持一手抓防治非典、一手抓计生工作，在搞好疫情排查的同时，摸清孕情和节育措施落实情况，做到防治非典和计生工作两不误、双胜利。但也有少数地方顾此失彼，或多或少地影响了节育措施的落实。这次会后，要抓住麦收前这段有限时间，在搞好防治非典工作的同时，确保全市人口计划的完成。

各县（市、区）、市直各单位对这次会议的贯彻落实情况，要于6月5日前分别向市委办公厅、市政府办公厅及市人口和计划生育领导小组办公室反馈。

最后，借今天各县（市、区）委书记、县（市、区）长和主抓农村工作的副书记、副县（市、区）长都在的机会，再强调一下今夏秸秆综合利用和禁烧工作。这项工作原来本想专门开个会，再部署一下，但有今天这样一个机会，我们就不再专门安排了，请各县（市、区）高度重视这项工作。这里，我强调这样几点。

一是要深刻认识搞好今夏禁烧工作的特殊意义。目前正值防治非典的关键时期，人们对环境卫生非常敏感，特别是对空气清新度要求越来越高。防治非典要求居民室内多通风，经常保持室内空气清新，如果出现因焚烧麦秸、麦茬造成空气严重污染，群众就不得不关闭门窗躲避烟雾，这对非典防治工作是非常不利的。同时，因燃烧秸秆所造成的烟雾，也给交通和社会的正常生活带来许多不利影响。因此，在当前我们正在全力抗击非典灾害的同时，绝不能让人为的烟灾再次给我们本来已受到影响的社会经济生活雾上加霜。各级领导一定要从讲政治的高度充分认识今夏禁烧工作的特殊意义，绝不能因为防治非典工作而削弱禁烧工作，要充分利用防治非典时期群众环保意识增强的有利时机，进一步加大工作力度，杜绝焚烧陋习，做到防治非典和禁烧工作双促进、双胜利。

二是强化领导，压死责任。各级党政“一把手”作为第一责任人，要亲自谋划、亲自部署、亲自抓好落实。各级都要成立党、政“一把手”任政委和指挥长的秸秆综合利用和禁烧指挥部，下设办公室，切实加强领导。要进一步分解任务，压死责任。各县（市、区）在落实好市政府去年与各县（市、区）签订的禁烧责任状各项措施的基础上，也要层层签订《禁烧责任状》，村对户要签订《禁烧协议》，明确责任、义务和奖罚措施。同时，要实行干部分包责任制。各级分包防治非典的领导、部门，同时也负责禁烧工作，在搞好“防非”的同时，抓好禁烧工作的组织协调和督导落实。

三是加强宣传。要利用一切可利用的渠道，对搞好秸秆综合利用的意义和技术、焚烧秸秆的危害、各级对搞好秸秆综合利用和禁烧工作采取的政策措施、国家和地方有关法律法规等搞好宣传。做到家喻户晓、人人明白，确保形成浓厚的舆论氛围。

四是严格督查。从 6 月 5 日开始，市指挥部将从成员单位抽调得力人员、车辆，组成若干督导组，对各县（市、区）秸秆综合利用和禁烧工作进行巡回督查，对发现有焚烧秸秆的，要及时认定，按标准进行处罚。各县

（市、区）和乡镇也要抽调大批得力人员组成督导组，在本辖区内进行昼夜巡查，发现问题及时解决。

五是重奖重罚。要严格按照市与县签订的责任状规定兑现奖惩，对发现有焚烧秸秆现象的给予严厉处罚，每发现一把火，处罚所在县（市、区）1万元，多处着火，累加计罚，直接由市财政划拨。我要强调的是，当前正值防治非典关键时期，各级对环境建设都非常重视。但重视不能是口头上的，必须要落实到行动上，要加大工作力度，对于发现顶风违规烧秸秆的，处罚措施必须到位，以确保不发生问题。

同时，要坚持堵疏结合、以疏为主的原则，广开渠道，切实搞好秸秆综合利用工作。特别是要把好小麦留茬高度这一关，确保不超过15厘米，这是禁止群众焚烧麦茬的一项关键措施。

在全市农村“三夏”工作电视电话会议上的讲话

（2003年5月27日）

刚才，省委、省政府召开电视电话会议，省委副书记冯文海同志、副省长宋恩华同志代表省委、省政府对全省农村防治非典和“三夏”工作进行了全面安排部署。关于这些工作，前段市委、市政府先后通过电视电话会、文件通知等形式，都做过比较详细的安排部署。从反馈的情况看，各县（市、区）都做了大量工作，呈现良好的、积极向上的态势，希望大家再接再厉，确保各项工作再向前推进一步。下面，为更好地贯彻落实省的要求，结合我市实际，再强调三个问题。

一 进一步抓好农村非典防治工作

前一段，我市各级在防治非典工作上都做了大量工作，取得了明显成效。但从目前情况看，形势依然严峻。一是我市在4月底、5月初曾出现外出务工人员返乡高峰，这些返乡人员，按照病毒的潜伏期推算，最近一段时间，有可能要出现一个高发期。二是“三夏”大忙时节即将来临，按照传统习惯，外出农民工将大量返乡收麦种秋。虽然我们采取了很多必要措施说服他们不要返乡，采取了许多解除他们后顾之忧的办法，但是也难免有些人依然返乡，很可能还会出现大批返乡的情况。据统计，近几天全市每日返乡民工都在2000人左右。三是截至昨天，全市返乡民工已累计达17.38万人。

其中从北京、山西等重疫区回来的占50%，也就是说这部分人占到全市人口的1.1%。再加上我市农村人口多、农村医疗卫生条件相对较差、技术力量不足、疫病监测体系不健全、农民普遍缺乏必要的卫生防疫知识、防范疫病的意识差等，如果在这个节骨眼上，出现一个非典病例，不仅影响“三夏”的进展，而且还有可能造成疫病的大范围扩散。对此，各县（市、区）必须高度重视，切实采取有力措施，继续坚决打好农村防治非典这场硬仗。第一，加强组织领导。各级党委、政府对农村非典防治工作的重要性、艰巨性和紧迫性必须有清醒的认识，必须切实加强农村防治非典工作，绝不能掉以轻心。各级各部门的主要负责同志要亲自抓、负总责，领导班子中要明确专人负责农村疫病防治工作，层层建立责任制，制定防治预案，做到有备无患。第二，搞好宣传培训。充分利用农业信息网络、广播、电视、板报等多种渠道，向农民介绍预防知识和措施，引导农民培养良好的卫生习惯，增强自我防范意识。引导返乡人员端正思想认识，本着对自己、对家庭、对他人、对社会负责的态度，积极配合政府，搞好自身隔离，以免造成疫情扩散。第三，切断非典传播途径。要逐一排查在外务工人员，特别是在疫情较重的省、市务工人员的情况，动员他们的家长和亲属配合做好农民工返乡的劝阻工作，坚决将其稳定在务工所在地。要认真贯彻健康人员就地预防、有接触史的就地观察、已确诊的就地治疗的“三就地”原则，坚决防治疫情的扩散。对家庭在“三夏”收种中确实有困难的，县、乡政府要通过有组织的村民互助、亲邻帮助、政府资助等办法，给予必要的帮助。第四，切实加强农村疫情监测。要建立完善快速信息反应系统，对已返乡人员要严格监控，所有返乡人员自回乡之日起，必须严格居家隔离21天，做到乡不漏村、村不漏户、户不漏人，对非典疫情切实做到早发现、早报告、早隔离、早治疗，严禁返乡人员隔离期未满参加麦收活动。第五，齐抓共管、群防群控。农村基层党组织和村委会要带领农民群众搞好疫病防治工作，医疗卫生、公安、科技、人口和计划生育部门都要发挥各自优势，积极参与农村疫病防治工作，各级财政要向农村抗非典倾斜，交通部门要加强正常营运车辆的消毒管理，不得乱收费，确保广大农民群众身体健康和生命安全。第六，要严格责任追究。今天再次重申：各县、乡、村党政“一把手”是农村防治非典工作的第一责任人、主要责任承担者，谁出问题要追究谁的责任。各级都要对自己承担的防治非典责任认真进行回头看，查找差距和不足，看看各项防治非典措施是否在辖区内落实到位，进一步细化办法，真正形成村自为战、户自为战、人自为战的工作局面，坚决打赢这场没有硝烟的特殊战斗。

二　统筹安排，切实搞好“三夏”期间各项农业农村工作

“三夏”工作时间紧、任务重、工作头绪多，是一年中农事活动最繁忙的季节。特别是今天“三夏”正处在防治非典的关键时期，一方面工作任务更加繁重，另一方面人力、农机具相对不足，给工作带来了更大的压力。各级各有关部门一定要统筹兼顾、精心安排，做到各项工作合理有序、忙而不乱，确保各项工作顺利进行。

（1）立足于自力更生，确保小麦适时收获。夏收是“三夏”工作的重中之重，时间紧、任务重，尤其是今年全国出现非典疫情，造成跨区作业不能正常进行，外地打工者不能如期返乡，外引联合收割机大幅度减少，这就要求我们必须提前动手，既要搞好农村非典防治工作，避免疫情传播，又要立足自我收割，确保颗粒归仓。今年，我市联合收割机保有量6422台，小麦割晒机保有量1.4万台，脱粒机保有量5.9万台，按照以上联合收割机和割晒机保有量，在小麦收获期内可分别完成机械收获面积284.4万亩和107.3万亩，机收小麦缺口面积为142.8万亩。另据统计，过去一些小麦割晒设备由于年久失修，完好率仅为50%。因此，全面完成今年我市小麦机收任务，是摆在各级党委、政府面前的一项十分紧迫的重中之重的工作。当前要重点抓好以下几方面：一是要摸清底数。各级农业部门要充分发挥职能作用，全面掌握本地小麦种植面积，适宜机收面积，联合收割机、割晒机、脱粒机的保有量、短缺数量，预计收割和结束的时间，要做到心中有数。在此基础上，制订本地小麦机收的实施方案，要明确责任、细化措施，使机收工作有计划、按步骤进行。同时，各县（市、区）要立足本地农机具实际，按照“自力更生，自收自割”的指导思想，千方百计硬化各项措施，确保收割进度。要积极发挥县、乡农机作业服务组织的作用，县农机协会要充分

发挥农机服务的龙头带动作用，乡要成立农机服务小分队，村成立小麦夏收互助组，通过层层组织，努力做到合理安排作业顺序、规划脱粒晒场、落实作业合同。二是要早做准备，提前做好收割机械的检修工作。鉴于今年特殊的机收情况，要从多方面做好准备。在思想上，要克服“等待、观望”的麻痹心理，立足本地机具，依靠自我收割，坚持人、畜、机一齐上，努力做到颗粒归仓。在物资上，要保证现有机车以良好的技术人员组成技术小分队，帮助农民检修机具，尤其是在今年联合收割机减少的情况下，注重对已搁置多年的割晒机、脱粒机的维修，大力开展送配件、送技术到村入户活动，搞好夏收农机具和零配件及其他所需物资的供应。三是要整合资源，统一调配保重点。市农机部门要充分发挥职能作用，整合农机资源，提高作业效率。要创造各种条件，直抓若干机车，实现“三个保证”，即一保收麦大县，二保机具缺口较大的县，三保民工外出大县。根据摸底统计，全市需转移机具数量 1470 台。这项工作在上一次会上已做了具体安排，希望有关县要以大局为重，积极搞好配合，提前做好各项准备工作。四是要搞好互帮互助，确保民工未返乡农户和困难户及时收割。各级在农机安排、物资供应等方面要对这些农户给予适当照顾。要教育群众发扬互爱互助传统，邻里、亲友之间要相互帮助，要充分发挥基层党员干部的先锋模范作用，积极帮助困难户搞好“三夏”生产。总之，要想尽一切办法帮助困难户适时收割小麦，绝不能出现因主要劳动力外出务工而影响小麦收割现象的发生。五是要切实搞好防火安全工作。各级政府要提前制订夏收防火预案，搞好安排部署，并强化督导，确保落实。各级公安消防部门要针对今年麦场多、火灾隐患重的实际，督促有关部门切实做好农电设施的维修和保养工作，建立健全麦收防火安全责任制，及时发现、整改、消除违章用火、用电及机械违章作业隐患，教育农民配齐、配足麦场消防用水和灭火器材，落实有效的安全防火措施。六是要搞好秸秆综合利用和禁烧工作。这项工作已在 5 月 13 日和 26 日两次电视电话会上做了全面安排部署，各级各部门一定要充分认识今夏搞好禁烧工作的重要意义，切实按照市委、市政府安排部署抓好落实，确保不出问题。

（2）立足于农业增效、农民增收，进一步优化夏播种植结构。今年全市夏播任务为676万亩。各级一定要瞄准市场，立足长远，抓住夏播调整茬口的关键时期，按照我市优化农业区域布局的总体规划，指导群众搞好结构调整。一是突出抓好粮饲兼用型玉米的推广。在高速公路两侧及107国道两侧各两公里范围内，推广以农大108和冀丰58为主要品种的粮饲兼用型玉米19万亩。二是搞好秸秆饲料化工程建设。这是我市在搞好结构调整、杜绝焚烧秸秆现象上做出的一项大胆尝试，市委、市政府都非常重视，专门拿出了100万元资金进行扶持。各有关县和市直部门要采取得力措施，确保1万亩青饲玉米种植任务如数完成。三是大力发展无公害农产品生产。要以抗击非典为契机，教育和引导农民牢固树立农产品质量安全意识，严格按照标准来组织生产。要在巩固现有无公害农产品基地的基础上，按省统一部署，加快普及20项无公害技术操作规程，力争年内我市蔬菜全部实现无公害标准化生产，并在其他作物种类上实现突破，确保我市在全省的领先地位。

（3）努力疏通农产品销售渠道，切实解决好农产品卖难问题。当前，突出的是要防止出现农民卖粮难问题，认真落实国家的粮食收购政策和各项收购合同。对于目前部分农产品出现的积压、卖难问题，各级政府要充分抓住非典疫情出现后市场份额重新配置的商机，积极组织货源，主动出击，送货上门，千方百计巩固原有市场，努力抢占新的市场。要更多地采用电子商务、网上交易、电话推销等方式，积极发展连锁、配送等现代物流方式，推进农产品流通现代化。要积极发挥农产品行业协会和农民专业合作组织的作用，有效地组织农民进行市场交易，提高农产品生产的组织化程度和市场交易效率。要发挥农业产业化龙头企业的营销有组织、生产有规模、产品有标准、合作讲信用的优势，带动农户进入市场，保证农业产业链条不断档、农产品销售通道不梗阻。要在严格各项防疫措施的基础上，充分利用本地的农贸市场，扩大农产品域内销售。要克服困难，继续鼓励和帮助企业把农产品销往国外，扩大农产品出口。要切实加强对农产品销售、农业生产资料供应的组织协调工作，把鲜活农产品、农业生产资料供应和农业作业车辆与机具的组织协调工作纳入“一卡通”范围，进行产（出）地检疫后，发放绿色通行证，保证农业生产顺利进行。

（4）搞好“三夏”期间农资供应。据统计，今年“三夏”期间，我市共需化肥总量 15 万吨、种子 17400 吨、农药 1800 吨，目前均有富余，而且品种齐全、价格平稳。当前存在的主要问题是受非典影响，群众进城购买农资不方便，而且部分群众不愿意进城，从而产生了群众购买农资不踊跃的现象。各地一定要针对上述情况，转变对农业生产的指导和服务方式，要认真组织对种子、化肥、农药、农膜等“三夏”急需物资配送，开展送货下乡、服务上门活动，方便群众购买，保证生产需要。同时，有关部门要加大对农资市场的执法检查力度，严厉查处假劣种子、化肥、农药坑农害农事件，确保农资优质、有序供应。

三　切实加强对当前防治非典和“三夏”工作的组织领导

当前，各级各部门要正确处理好农村防治非典工作和发展农村经济的关系，众志成城抗非典、迎难而上促发展。防治非典工作是当前农村一项重要的政治任务，这一点各级领导不能有丝毫的动摇、不能松懈、不能麻痹。“三夏”工作关系农民 9 个多月劳动果实能不能顺利入仓，夏种夏管又直接关系农业结构能不能优化，其他几项工作也都事关全年农民增收问题。因此，各级各部门一定要加强领导，重视、重视、再重视，落实、落实、再落实，切实做到防治非典和发展农村经济两不误、双胜利。要继续毫不松懈地抓好非典的防治工作，努力实现零传播、零扩散，杜绝第二代感染，夺取抗击非典第二阶段战役的全面胜利。要毫不动摇地坚持以经济建设为中心，维护农村正常的生产、生活秩序。对于农村“三夏”工作，一是各县（市、区）要迅速成立组织，建立“三夏”领导机构。县、乡、村各级都要成立“三夏”工作指挥部，党、政“一把手”分别任政委和指挥长，合力抓好各项工作。“三夏”办公室、防治非典办公室、防汛抗旱办公室都要实行 24 小时值班制度，随时应对可能出现的各类问题。二是统力协作，部门配合，全面促进当前农村几项工作健康有序开展。市直农口和涉农部门，都要率先抓好 2 ~ 3 个典型，搞好示范，用典型推动工作开展。要树立大局意识，提高站位，围绕当前农村的几项重点工作，充分发挥部门的职能作用，密切配合，协调连动。三是转变作风，狠抓落实。各级各部门要按照全省电视电话会议精神和市委、市政府的工作部署，雷厉风行，快速启动。一切工作要从早、从细着手，早安排、早准备、早预案；从严、从实督查，发现问题当场指正，当即确定纠改期限，限期解决，认真解决工作措施不到位的问题。四是健全奖惩激励约束机制。对工作成绩突出的要大张旗鼓地表彰和宣传，对那些不顾大局、玩忽职守、顶风违纪者要公开曝光，追究党、政、纪责任。五是要统筹兼顾，切实抓好当前农业和农村各项工作。根据市的安排，在抓好防治非典和农村“三夏”工作的同时，还要做好其他各项有关工作。要大力发展农村个体民营经济。认真贯彻省委、省政府《关于进一步鼓励、支持和引导民营经济发展的若干意见》，进一步解放思想，采取措施，开拓民营经济发展的新局面。目前市委、市政府正在组织谋划这项工作，准备在6月中旬前后，召开一次全市大的动员会议，对此进行安排部署。这段时间各县（市、区）先不要等，可结合省的会议要求和有关政策进行一些调查和研究，制定出台一些贯彻落实的措施，以加快这项工作的推动。要加强组织，分类指导，妥善安排外出务工返乡人员。各地要认真分析返乡人员的特点，采取得力措施，帮助他们解决好生产生活困难。要针对返乡民工在非典期内外出务工不敢去、不想去的问题，引导他们积极投身于结构调整、防汛抗旱、小型水利建设之中，靠扩大农业生产弥补因返乡造成的经济损失。对身体健康的人员，有关部门要搞好农业技术培训，加强身体检查，并及时发放健康证明，为将来外出务工经商创造条件。各级政府要充分抓住京津大批农民工返乡腾出的就业机会，收集用工信息，有组织地与京津等地的业主联系，引导健康民工有序输出，努力增加农民收入。各级各部门要按照省委、省政府的统一部署，搞好农业税夏征工作，做到防治非典与农业税夏征“两手抓、两不误”。各地可根据实际情况，延长农业税征收期限，由集中征收改为分散征收，减少和避免人员集聚、交叉感染。同时，要深入贯彻落实党在农村的一系列减轻农民负担和税费改革政策，坚持“减轻、规范、稳定”的原则，全面落实“三个确保”，积极做好各项减轻农民负担工作。县、乡两级党政领导要确保在本辖区内不出现超过规定标准收取税费的行为；不违反中央和省规定来出台加重农民负担的项目；不发生因农民负担引发的严重事件和恶性案件；确保税费改革后农民负担不反弹。要认真做好防汛抗旱工作。5月13日我市召开电视电话会议已做了全面安排部署。各级领导要牢固树立“防大汛，抗大洪，抢大险，救大灾”的思想，按照水库不跨坝、大堤不决口、分洪不死人、城镇不受淹、农田少受灾的要求，切实做到防汛抗旱工作思想落实、组织落实、工程落实、预案落实、物料和队伍落实，以确保防大汛、抗大旱的需要。最后，对蝗虫灾害情势也要注意观察，做好预防工作。

在成安县督访重点项目建设和防治非典工作时的讲话

（2003 年 5 月 28 日）

今天来成安，主要是根据市委、市政府要求，对全市的重点项目建设进行“两访、两查、两督”，再看一看重点项目的进展情况，征求一下项目业主有哪些意见和建议，同时对防治非典情况进行检查。今天看了预应力钢筒混凝土制管项目，据说在长江以北是比较大的；看了安泰纺织有限公司和高环集团，我来过几次高环集团，每次来都有变化。对项目工作，县委、县政府抓得比较紧，工作做得比较实。刚才，农办和计委的同志也给予了肯定。总体来看，成安县委、政府对项目建设抓得比较实，开放带动、项目立县的总体发展战略和发展思路日见成效。有些项目还在谋划之中，也有些项目已经建成，已初步见到了效益。非典对一些项目、企业的生产、产品的销售确实带来了一些负面的影响，但是通过县委、县政府的努力工作，坚持“两手抓、两不误”，做了大量的工作，是有成效的。企业的负责人，包括高环、安泰等有一定规模的企业，在积极克服非典的影响，做了不少的工作，势头是好的，前景也是不错的，按照这个势头抓下去，成安的社会经济会有一个比较大的发展。下面，就几个具体的事情提几条希望和要求。

第一，要继续坚持“两手抓、两不误”。从非典疫情的发展情况看，到 5 月底、6 月初，防治非典第一战役基本结束。从我们邯郸市以及成安的总体情况来看，第一战役打得不错，控制得也不错。刚开始，由于我们对这场突如其来的疫情缺少足够的思想准备，也缺少技术力量和物资准备，有点乱。经过这段乱以后，我们就进入了有序地防控非典疫情发展阶段。特别是大量的外出打工人员返乡，给我们的防控带来很大的困难，整个邯郸市外出返乡人员 17 万多人口，成安也有 1 万多人回来了，所以有的时候造成防不胜防，但是我们充分调动了各级组织的作用，不断探索、总结，逐步形成了一个以县为作战单位，以乡镇、村、户、人各自为战的格局，使防控有了组织、有了系统、有了机制，进入了一个规范防控体系。从我们应急小分队拉练来看，我们如果不出现大的疫情，有个别病例发现的时候，是能够及时地隔离、及时地采取处理措施的。我们现在的运载工具、医疗设备、防护服装都是比较规范的，这比以前确实有大的改进，能够应急。现在应该说通过第一个战役，对我们整个干部队伍、党员、群众、医疗卫生保健防疫队伍都是一个演练，都是一个锻炼，我们已经逐步适应防治非典工作，这应该归功于我们战胜非典疫情的基本人力、物力、财力的充分准备。从成安的财政状况看，拿几百万元来做这个事情，这就是造福于民，是值得的，这也是实践“三个代表”重要思想的具体体现。但是从目前看，疫情还不可掉以轻心，高峰期在 5 月底、6 月初能不能到来谁也不能做出决定，因为当前还有陆陆续续回来的人，全市大约每天回来 2000 多人，比以前 5000 多人少多了，但是这一批在疫区待的时间较长，什么时候发病很难说，绝不能掉以轻心，要集中力量打好第二战役。基于这种情况，我们要有长期的作战准备，要长期作战，其他工作就不能不再考虑了，不能全部精力都是非典工作了，不能别的工作什么都不干了，要必须坚持“两手抓”，一手抓防治非典，一手抓经济建设和其他社会事业发展。要谋划一个新的思路，怎么来做好经济工作这一中心工作，思想上要有一个转轨。树立长期作战的思想，既要有谋划经济发展的思路，又要做好换届工作，还要不断调整工作方法，适应非典疫情下的各个方面工作的需要。比如说，生产经营、销售、电子商务、委托代理、蹲点驻扎等这些手段都可以使用。才利民副省长来我市检查防汛工作时说，现在河北省的商务也是想了很多的办法，包括把那些老的客户、朋友、乡亲等动员起来。在出不去的情况下，要利用电子商务、电话、电报、网上交易等措施，开展招商，效果也是明显的。特别关键的地方需要我们派驻时，也得有入“虎穴”的人，不入虎穴焉得虎子？但要加强防护、防疫，保证人员安全。市里在研究卖菜的问题时，研究了一些办法。研究机具跨区作业，市里也想了好多的办法，打了几个主动仗。关于蔬菜的问题，预计 5 月 28 日前我们邯郸有 52 万吨蔬菜要上市，真着急，我们采取发放“一卡通”的办法，基本上解决了这个问题。对跨区作业，我们动手比较早，已经有 500 多台进入河南，我们发了健康证，效果也是不错。工作主动与不主动是不一样的，主动抓住商机，坏事也能变好事，能够开拓新的市场。“两手抓”有许多学问，一要保护外出人员的身体健康，同时也不能把疫情传给别人；二要不失时机，非典时期也有发展经济的时机和商机，只要采取应急之策，总是有发展空间的。

第二，要抓住项目立县不放松。这一点，成安是比较靠前的。县委、县政府确定的整个带动县域经济的发展战略是积极的，也是符合实际的，现在成效已经明显地显现。特别是近两年，打开了新局面，并且给相当范围和相当数量的客商留下了比较好的印象，有了诚信形象这个无形的资产。特别是“经济 110”的成立，本身就是一个环境的象征。这是全县党员干部、全体群众、各个职能部门和业主在形成共识的基础上产生的。我们成安也没有很多有利条件和优势，完全是以赤诚之心来创造环境、整合政策、利用政策，以吸引业主投资。这个局面，是县委、县政府认真实践“三个代表”重要思想，贯彻党的“一个中心，两个基本点”的基本路线，矢志不渝地抓经济、创环境而形成的。防治非典确实对项目有一些影响，但是县委、县政府做了大量的工作，不断地提高办事效率，减少了一些不必要的损失。同时，也使业主、客商感到温暖。要把外商作为本县的公民对待，做好外商的“防非”工作，也是保护生产力。

第三，要注意培育农业产业化龙头项目。一方面抓立县项目，另一方面加大对农业产业化龙头企业的扶持。做大做强这篇文章还有很大的空间，要扶持一些龙头项目，在政策允许的情况下，给他一个施展本身能力的空间。在养羊问题上，要把龙头企业和市场连接起来，让农民放心地养羊。在资金的问题上，省对民营经济要搞 40 亿元的贴息贷款，咱们市民营经济工作会议准备在 6 月 20 日前后召开，要出台一些文件，搞一下中小企业的小额贷款。农业问题上，有些资产可以进行整合，整合之后，一个是自己开发利用，另一个是可以作为担保基金，进行抵押贷款，为农业产业化龙头提供资金担保。像高环企业，要在资产运营上多做文章。企业发展到一定规模，有了一定资金积累的时候，不仅仅是生产产品的开发和销售，而且还有资产的运营，要上档次、上品位，研究新的领域、新的知识，最后要走向现代企业。在资金的运营上，从实物到货币再到信用，这是一个升华。有时候，资产运营本身就是一个赢利过程，可以派专业人才去培训，也可以聘任专门的人才当顾问，进行科技管理和资本运营。

第四，要尽早搞好城市建设总体规划。市委、市政府研究确定把成安作为邯郸市的卫星城来规划。目前，成安的项目比较多，势头挺好，每个项目都有一个空间，摆在哪儿比较合适，必须要有个总体的规划；要早做设计、早做规划，这是成安发展的百年大计，是造福子孙后代的事情。一定要聘请专家高站位、高起点、高标准谋划好总体规划。

第五，要统筹安排当前各项工作。特别是麦收一定要组织好，抢收如救火。还有禁烧任务也比较重，要立足不烧。否则，窗户打不开，空气不流通，也就加重了非典疫情。要做好防汛、防火、防疫、防虫各个方面的防护措施，要坚持“两手抓，两手都要硬”，继续保持良好的工作局面，使各项工作再上一个大的台阶。

在全市纪检监察工作调度会上的讲话

（2003 年 5 月 29 日）

在防治非典这个特殊时期，把县（市、区）纪委书记、监察局局长召集到一起，召开这次纪检监察工作调度会，主要目的是，根据中央和省委、市委关于防治非典时期“两手抓、两不误”的指导思想，汇报调度今年以来我市反腐倡廉各项工作的进展情况，细算时间账、任务账，进一步采取措施，加大工作力度，推进我市党风廉政建设和反腐败工作的进度，再创工作的新局面。

前天和今天利用两个半天的时间，我和市纪委几位副书记、常委听了县（市、区）纪检监察工作的汇报。总的感觉是，今年以来各县（市、区）纪委、监察局认真贯彻落实市纪委三次全会工作部署，克服各种不利因素，正确处理防治非典工作和反腐倡廉工作的关系，全市党风廉政建设和反腐败工作有了一个好的开局。从两次汇报情况看，许多县（市、区）能够结合自己的实际，创造性地、扎实地开展工作，也创出一些有特色的做法。比如，武安市“两级（县、乡）双向（纪检监察系统纵向、执法执纪部门横向）”联办机制和构筑“三廉”体系，峰峰矿区“早、快、新、特、实”工作措施，邯山区发送廉政短信息、开辟“廉政之声”电视频道，邯郸县模拟业主代理制，磁县党员干部“五查五自问”活动，涉县开展下访民营企业利税大户和重点项目活动，复兴区利用现代信息技术手段查办案件，临漳县实施源头治理，在行政审批、整顿规范建筑市场秩序和财政集中支付等方面都有自己的特色，还有成安县制止公款大吃大喝、婚丧事大操大办的“六必须、六不准”，魏县实行实名发票制度，肥乡县完善五种谈话制度，永年县实行特约监督员制度、廉政档案建设，大名县深入开展学习祖峰先进事迹活动，曲周县干部监督“八制”管理，邱县办案“五个三”工作机制，馆陶县规范整顿市场秩序，广平县查办案件“五结合”，鸡泽县深入开展廉洁从政宣传教育，丛台区完善“四费”管理办法，等等，各县（市、区）都有自己较具特色的工作。正是由于我们创造性地、扎实地开展工作，今年第一季度和第二季度的头两个月，全市党风廉政建设和反腐败工作取得了一定的进展，贯彻落实市纪委三次全会精神有了一个良好的开局。

但是，从汇报和平时掌握的情况看，19 个县（市、区）纪检监察工作发展是不平衡的，有的县（市、区）比如武安市、永年县、广平县、复兴区从汇报的情况看，大案要案抓得还是不错的；而有的工作抓得还不实、还不细，成效还不明显。特别是查处大案要案，很多县（市、区）也都找了自己的差距。在县（市、区）换届和防治非典时期，确实有不便于跨区、出省办案等客观的因素，但是主观上也存在一些差距。对照中纪委、省纪委和市纪委全会部署的工作任务，对照市委、市政府的要求，我们应该清醒地看到，当前面临的工作任务还很艰巨，形势不容乐观，必须继续增强抓好各项工作的紧迫感。下面，我就做好下一步工作，讲三个问题。

一　坚持“两手抓”方针，充分认识夺取防治非典和反腐倡廉工作双胜利的重要性、紧迫性

开展防治非典工作以来，全市各级纪检监察机关和广大纪检监察干部认真贯彻落实市委、市政府各项工作部署，积极发挥职能作用，做了大量艰苦细致的工作，为防治非典工作顺利开展提供了坚强有力的纪律保证。借此机会，我代表市委、市纪委向同志们，并通过在座的各位领导同志，向全市纪检监察干部表示慰问和敬意。从当前我市防治非典总的形势看，应当说疫情在一定程度上得到了有效遏制，输入性的非典型肺炎已经有 10 天时间没有出现新的病例，第一战役已经接近尾声。到目前，我市有 17 万多外出务工人员回来，在高峰期外出务工人员每天回来 4000～5000 人，最近这几天每

天 2000 人，这些人还要有一个观察的过程。如果再过个十天八天，疫情没有新的发展，就说明第一战役还是成功的。“人自为战、户自为战、村自为战”防治体系基本形成，在基层控制、切断输入性传染源方面，已经有了明显的效果。但是，潜在危险还是存在的。按照省里的预测，在 5 月底、6 月初有可能出现一个高峰期。毕竟这两天每天还保持 2000 人回乡的规模，而且这些人多半以上都是从重疫区回来的。市委、市政府要求，要树立打持久战的思想，要有防大疫的准备，抓好防治非典工作。

基于对目前防治非典形势的认识，出于防治非典要打持久战的考虑，各项工作无论是指导思想、工作思路，还是工作方法，要适应防治非典时期的工作需要，要有一个转变，从中央到地方，都提出了“两手抓”的要求。既然要打持久战，就不能把其他工作置之不顾。否则，势必影响正常的社会经济生活，势必造成重大的社会经济损失。通过几个月防治非典的实际考验，我市常规的工作机制已基本形成，工作的路数逐步地理清，一些防御的措施也逐步到位，人们对这项工作已比较了解和熟悉，快速反应能力已逐步增强。在这种情况下，我们要一手毫不松懈地抓好防治非典工作，另一手要抓好各部门的本职工作，也包括我们的纪检监察工作。同时在疫情还没有得到完全控制的情况下，各级各部门要研究做好本职工作的新的工作方法，做到“两手抓、两手硬、两兼顾、两不误”。具体到我们纪检监察工作，就是要一手抓好防治非典，一手抓好党风廉政建设和反腐败工作。由于工作的特殊性质，我们要在抓好党风廉政建设和反腐败工作的同时，还要直接为防治非典工作、为抓好经济建设工作提供重要的政治、纪律保障。在防治非典工作中，已经充分地凸显纪检监察工作特殊的重要性。疫情刚开始发生的时候，由于准备不足，工作秩序上有些混乱，我们的一些党员干部特别是一些领导干部，也充分暴露出思想和工作作风的一些弱点，暴露出思想和工作作风不过硬的方面和环节。迎战非典这个严重侵害人类的疫情，要做到思想、工作到位，必须有坚强的政治纪律保障。对此，我们纪检监察机关适时地进行了督察，并且向市、县两级防治非典办公室派驻了纪检监察组，大家不辞劳苦，不惧病情的侵害，亲临第一线督导工作。出现案情的时候，市纪委、监察局立即组织力量，马不停蹄，昼夜工作，大大提高了工作效率，推动了防治非典工作的进展，使我们各级党员干部能够逐步地适应防治疫情的需要，坚守在工作岗位上。

今年以来，全市各级党委、政府和纪检监察机关全面贯彻“三个代表”的要求，认真学习、贯彻中纪委二次全会和省、市纪委三次全会精神，围绕中心，把握大局，狠抓党风廉政和反腐败工作的落实，各项重点工作都取得了一定进展。领导干部廉洁自律工作，在全面部署的基础上，已经着手对照要求，有的搞自查申报，有的搞调查摸底。对制止公款大吃大喝做出了具体规定，下发了文件。市委、市纪委对新任的县委书记和代县（市、区）长进行了两次集体廉政谈话。查办案件工作，实际办案总量与省纪委核定的指导基数相比有所增长。特别是迅速查处了一批防治非典案件。纠风工作，4月22日召开了全市民主评议行风总结表彰暨动员大会，这是防治非典以来最后一次把大家集中到一起的大会。在宣传发动阶段，采取了利用新闻媒体等多种形式，通过开展“小活动”，达到了造大声势的目的。医药纠风、农民减负、治理公路“三乱”都采取了一些必要的措施。源头治理、执法监察工作，已对整顿规范建筑市场、经营性土地招标拍卖挂牌出让执法监察拿出了具体实施意见，召开电视电话会议对土地执法监察工作做了安排部署。党风廉政宣传教育工作，树立“大宣教”观，突出开展了“艰苦奋斗、廉洁从政”主题教育，目前正在收集、整理有关资料，编辑进行主题教育的小册子。从我市开展工作的实际情况看，虽然做了一些工作，开展了一些活动，但受到处在防治非典时期和其他一些不利因素的影响，对照年初部署的任务和上级要求，我们还存在差距。比如，领导干部廉洁自律工作在落实领导干部廉洁自律各项规定方面没有实质性进展；查办案件工作1～4月全市立案总数比去年同期减少15件，下降2.4%，特别是大案要案比去年同期减少25件，下降9.47%，有影响有震动的案件数量更少；纠风和源头治理工作还存在很多薄弱环节，致使工作受到一定影响。我们要按照市委、市政府提出的“两手抓”要求，两项工作、两件大事，一个也不能忽视，一个也不能怠慢，要保证两项工作双进展、双胜利。

二　进一步明确任务，扎实推进今年党风廉政建设和反腐败各项工作任务的落实

按照市纪委三次全会的部署，当前的党风廉政建设和反腐败工作主要是抓落实、抓深入、抓提高。在工作部署上，重点要抓好以下几个方面。

（一）精心组织开展调查研究工作

随着形势的发展和任务的变化，新情况、新问题不断出现，要求我们纪检监察工作必须加强调查研究，探索事物发展规律、把握工作的主动权。调查研究是做好工作的一个基本功。没有调查研究，就没有发言权。通过调查研究，以摸清情况、发现问题、总结经验来升华理性思考，制定针对性更强、更为得力、更为具体的工作措施和方法。市纪委三次全会提出，今年纪检监察系统要组织一次较大规模的调查研究活动。在新形势下做好纪检监察工作，必须对于我们工作环境、工作条件、工作对象有一个比较全面的、科学的认识。大家都在做着这项工作，不能说不熟悉，但是在新的条件下，这不是工作中浅尝辄止就能解决了的，而是需要对事物有全面的了解，要有分析研究，有规律性的认识，有理性的思考。对此，省纪委对邯郸纪检监察工作抱有厚望。省委副书记、省纪委书记张毅同志几次跟我谈道，邯郸要多一些理性的思考。就是要求我们对新形势下的纪检监察工作，有深入的认识，有更透彻的理解，能够总结出规律性，能够开创性地推动工作，应该在一些方面，对全省纪检监察工作有所借鉴。这是对我们提出的更新更高的要求。我们几位书记、常委思考怎样才能做到理性思考呢？就是把我们的基本功用上，进行规模性的调查研究。

市纪委常委会研究决定，从今年开始，在全市搞一次“千家万户看党风”党风廉政建设规模调研活动。“千家”不仅仅是指家庭，它指的是基层单位，比如说，百家企业、百个乡镇、几百个农村党支部。“万户”指的是个体，如基本的党员、基本的群众。“家”是基层单位，“户”是党员群众。我们调查一百个乡镇，那就占了全市 214 个乡镇的将近一半。

我们调查5000名党员，就占了全体党员的1/80。我们用“看党风”这个概念，不评、不议，而是看，就是要让基层的单位和个人，对我们邯郸市党员领导干部党风廉政建设的状况，有一个客观的反映。对党风的评价，中央和省、市都有一个基本的估价。在今年市纪委三次全会报告中，对邯郸的党风也做过一个基本的评价，这是自上向下说的，或者叫作一个自我评价。这次我们换一个角度，从最基层由下向上看，看看我们的党风廉政建设现状。这是从我们调研的对象来界定“千家万户”。规模调研的另一个含义，那就是参加调研的队伍要有一定的规模。市、县两级的纪检监察干部都要参加这项活动，要组织几十个甚至上百个调研小组去进行调查。

通过调研，大体上要解决四个问题。第一，通过调研掌握第一手材料，能够对邯郸党风廉政建设的状况有一个基本的估价。这个估价是来自最基层的声音，是从最源头来进行调查。第二，总结经验，查找问题。我们党风廉政建设成功的做法有哪些？存在的主要问题是什么？第三，通过对总体现状的估价、存在问题的查找，总结成功的经验，找出解决问题的办法，即对策性的研究。它不是从一般的理论和政策上来说，而是拿出管用的、可操作性的办法。第四，转变纪检监察机关、纪检监察干部队伍的作风。我们这次调研是向下走，而不是向上走。向下走就意味着我们去与最基本的党员干部、党员群众接近，到工厂去、农村去、学校去，到最基层去，到最基本的社会细胞里去，来感触群众的呼声和反映，听取他们的意见和建议。身临其境，靠近群众。这对我们纪检监察干部是一个学习、转变作风的极好的机会。对此我们要制定一些规定，提出严格的要求，从工作方式到生活方式来一个转变，最终使我们能够逐步地形成一个好的作风，一个密切联系群众的作风、艰苦奋斗的作风。另外，就是通过调研争取更多的做好纪检监察工作的发言权和主动权。整个安排涉及一些专题，19个县（市、区）都有自己所侧重的专题。市纪委每一位副书记和常委都要带一个调研组，和大家一起搞调查。一方面起带头作用，另一方面巡回指导，同时，还有一个专题调研的任务。每个县（市、区）、每个调研组都要形成一个调研报告。把这些调研报告汇聚到一起，进行全面深入研究，最后形成全市的调研报告。调查研究要出精品。所谓精品，就是能够客观地反映党风廉政建设的现状，能够比较深入地研究一些问题、总结出一些规律性，能够拿出一些切实可行的办法。我们平时搞调研不少，包括我们每次查办案件，实际上都是搞调查研究，这是我们的基本功、我们的长处。这次调查研究与以往不同之处就在于，既是务实的调研，又是“务虚”的调研。所谓的务实，就是要捞实情。所谓的“务虚”，就是要有理论的思考，要有规律性的总结，做一些比较、筛选、总结、升华，做出理性分析，能够形成政策。要加强调查研究的组织领导，市纪委由我来总牵头，具体由徐数同志负责，每一位书记参加。各县（市、区）委副书记、纪委书记是本县（市、区）调研活动的总负责人。大家都要倾注些精力，扑下身子，做好调查研究。

调研活动的具体步骤如下。(1) 分阶段进行。“千家万户看党风”调研有总体安排、综合调研、专题调研、形成调研成果四个阶段。(2) 分层次实施。全市将对 100 个乡镇和街道办事处、100 家企业、1000 个村和居民委员会、10000 名党员和群众进行调研，分市、县两个层次。要严格掌握数量，达到一定的规模，这次调研突出的一个特点是规模调研，只有一定的规模，才能反映出规律性的问题。(3) 多形式开展。我们现在处在防治非典时期，大面积的人群接触，容易造成交叉感染，可以采取小集中，或者说是分散、灵活的形式。具体来讲，一是采取问卷调查的形式，二是采取走访和座谈的形式，三是采取小型座谈会的形式。

这次调研是我们在非常时期了解基层党员干部群众心声的一个极好的机会。一是我市处于防治非典关键时期，党和政府站到最前线，带领群众共渡难关，关心群众的疾苦、安危、冷暖。防治非典工作中，广大党员领导干部在作风建设、党群关系、工作方式方法方面有很大的改进，进一步密切了党群干群关系。这正是搞调研的好时机，能够听到更多的真话，摸到更多的实情。二是县（市、区）换届时期，纪检监察系统一次大规模调研活动，对于今后 5 年党委、政府保持廉洁勤政、更加密切党群干群关系、完成好自己的本职工作、推动本地区经济政治文明发展至关重要。希望大家在这次调研活动中，书记动手，亲自过问，做好组织谋划。

（二）进一步加大查办案件工作力度

查办案件工作是衡量我们工作力度的重要标志。纪检监察系统要做好大案要案工作，这是树立我们纪委权威的工作。当然纪委的权威，也是党委的权威、党的权威。今年前四个月，我市纪检监察查办案件工作取得了一定进展，查案数量和查案质量的各种比例要求，均已达到省纪委的要求。但存在的突出问题是查处大案要案和典型案件不多。当前各级纪检监察机关对查办案件特别是对查处大案要案和典型案件工作不能有丝毫的松劲和懈怠。要切实加强对办案工作的领导，提高办案质量，增强办案效果。当前，要注意三点。第一，要突出抓有影响、有震动的大案要案。要按照市纪委三次全会确定的办案工作重点，切实加大办案工作力度，要把能否办成大案要案和典型案件作为纪检监察工作考核的重要内容。各县（市、区）纪委监察局年内要查处一至两起有影响有震动的大案要案，这是市纪委提出的一个硬指标。所谓“有影响、有震动”的具体标准，就是能上全市召开的典型案件公开处理会。查处这样的案件，不仅影响大，震慑力强，同时能带动整个查办案件工作的深入开展。各级都要把注意力放在查办大案要案上来，要在人、财、物上给予保证，采取有力措施，排除各种干扰和阻力，对办案有功人员要进行表彰。大案要案和典型案件查结之后，要进行总结剖析，帮助和督促有关单位建章立制，堵塞漏洞，严格管理，开展警示教育，扩大办案效果。第二，要坚持分级办案，认真查办本级党委管理干部中发生的违纪违法案件。要重点查办本级管理干部中发生的违纪违法案件，就是说，市纪委、监察局要重点查办县（处）级以上领导干部的违法违纪案件；县（市、区）纪委、监察局要重点查办乡科级以上领导干部的违纪违法案件。当然，对分量重的、影响大的、发生在基层的违纪违法案件也要查处，但直查案件的重点还是本级管理的党员干部中发生的违纪违法案件。在办案工作中，要规范有序，严格按程序办事。第三，反腐败各项工作都要抓案件查处，以查处案件推进各项工作的开展。比如，领导干部廉洁自律工作，要着重查处责任追究案件、公款吃喝玩乐案件等。纠风工作，要着重查处发生在群众身边、侵害群众利益和各种“三乱”案件。源头治理工作，要着重查处违反组织人事纪律的案件和顶风违纪不执行各项规定的案件等。

（三）下大力狠抓纠风工作

纠正部门和行业不正之风工作主要是继续抓好行风评议、医药纠风、治理公路“三乱”和减轻农民负担等工作。

行风评议工作。全市 4 月 22 日民主评议行风总结表彰暨动员会后，这项工作已进入第二阶段，即宣传发动阶段。因防治非典，方案上安排的大会动员、上街宣传等大的宣传活动有大部分单位未进行。从 5 月 21 日已进入第三阶段，即部门自查自评和评议代表征集意见阶段。因此，当前既要抓第二阶段的宣传发动，又要抓第三阶段工作。具体来说，（1）抓好各种小规模的宣传发动活动，营造行风评议的大声势、大氛围。针对目前防治非典不宜开大会、不能搞大规模的宣传活动的实际，在宣传发动上具体抓四项工作。一是继续抓接听“清晨行风热线”。接听“清晨行风热线”工作从 5 月 19 日 ~8 月 20 日，先安排了 14 个参评部门接听热线，目前已有卫生、药监两个部门领导接听了热线。下一步要抓好其他部门接听热线工作，通过接听热线解答群众提出的问题和质询，公布本单位的承诺内容，进一步宣传发动群众，调动群众积极参与行风评议。各县（市、区）也要参照执行。二是抓好行风建设公开承诺。市行评办已对 55 个参评部门报来的行风建设承诺进行了审定，下一步要积极与市报社进行联系协商，在《邯郸日报》上刊登各参评部门的承诺，接受群众监督。各县（市、区）也要组织本级部门认真抓好此项工作。三是抓好舆论宣传。要在《邯郸日报》开辟行风评议专栏，对今年行风评议的指导思想、方法步骤、具体要求和参评部门的做法、效果进行全方位、多层面的宣传。参评部门要在单位门前建立宣传栏以宣传承诺事项及行风建设有关内容。（2）抓好参评部门的自查自评，督促参评部门认真整改问题。此阶段工作到 6 月底结束。在这阶段中重点抓好以下几项工作。一是召开会议查找问题。5 月 31 日前，市直参评部门召开加强行风建设专题领导班子民主生活会。会前要广泛征求意见，形成书面发言材料。同时，还要召开干部职工大会，发动干部职工共同查找行风问题。二是开展“下评上”活动，上级参评部门主动深入下属单位、深入基层、深入服务对象，深入查找本部门存在的问题。三是组织互评活动。市行评办统一印制参评部门互评表，按比例分发给参评部门，让单位干部职工对其他参评部门存在的问题进行评议。四是设立投诉站来征集群众意见。6 月份，参评部门要利用两个双休日时间组织在市区繁华街道设立行风投诉站来征求群众的意见，解决群众提出的问题。五是开展窗口对话交流活动。6 月下旬，以听证会的形式邀请部分服务对象和群众，让他们提出问题，参评部门领导当场解答，面对面与群众交流和沟通。（3）抓好评议代表征集意见工作，帮助参评部门查找问题。今年我市从人大代表、政协委员、离退干部、民营企业、民主党派、特邀监察员和参评部门的服务对象中聘请评议代表 300 名，分为 4 个评议团、20 个评议代表小组。在召开市级评议代表聘请大会后，以评议小组为单位开展活动，组织评议代表深入基层、深入群众，深入企业、农村、机关、学校、街道、个体工商户、集贸市场等场所，采取座谈走访、明察暗访等多种形式，倾听民声，广集民意，征集群众的意见和建议。各县（市、区）也要根据实际情况聘请评议代表 150 ~ 200 名，分成若干个评议小组，深入基层广泛征集群众意见。

医药纠风工作，近期要从三个方面加大工作力度：一是加强对药品招标合同履约情况的监督检查；二是指导药监、公安部门抓好联合打假活动；三是抓好药品医疗服务价格（收费）监督，确保医药领域稳定有序。

纠风治乱工作，主要是认真治理教育乱收费、公路“三乱”和减轻农民负担工作。治理教育乱收费要搞好自查自纠，要加强对中小学收费情况的监督检查；治理公路“三乱”要搞好向机动车辆乱收费和道路站点治理整顿工作，认真清理停车场，解决私设停车场和乱收费问题；减轻农民负担要搞好农村筹资筹劳管理和农村集体财务审计，加强对农民负担的专项治理，包括农业生产性费用、农民建房收费、农村订阅报刊摊派、保障农民工的合法权益等。这几个领域要认真研究，要实际进入，不能留有空档。

（四）认真抓好廉洁自律工作

主要抓以下三项工作。一是建立健全廉政档案，发挥廉政档案作用，为党委教育、监督、考核、任用和奖惩干部提供重要依据。各县（市、区）纪委要按照规定和干部管理权限，把领导干部的述廉、评廉、考廉情况全部纳入廉政档案，实行廉政档案专室专人、微机化管理。各级在干部提拔任用、评先评优、代表资格审查等项工作中，必须查阅干部廉政档案，认真进行廉政审查。有关部门要积极配合廉政档案建设，如实提供廉政档案所需材料。二是督促各级领导干部认真执行党风廉政建设责任制。一方面要在换届以后，根据领导班子成员调整和分工变化情况，及时进行责任调整，以明确责任，避免责任落实不到人，出现责任空白；要按照市委邯字〔2003〕14号文件和市纪委有关文件要求，抓好第一责任人党风廉政建设责任制半年报告制度的落实。另一方面要紧紧抓住责任追究这个重点，对不执行党风廉政建设责任制的领导干部要认真进行责任追究。当前，我市在防治非典工作中查处了一批责任追究案件，积累了一定的工作经验，下一步要继续加强。三是要抓好换届期间的领导干部廉洁自律工作。县（市、区）换届期间，也是各种违纪违法问题易发时期，抓好这一特定时期的领导干部廉洁自律工作尤为重要。要加强对换届期间领导干部执行廉洁自律规定情况的监督，严肃纪律，严格执行干部选拔任用工作条例，不准违反规定搞各种迎送宴请等活动。最近，市纪委转发了中纪委、省纪委关于刹住用公款大吃大喝的紧急通知。各级都要组织党政领导干部认真学习通知精神，结合本地实际，研究贯彻落实的具体措施，完善有关制度，积极开展监督检查，对于用公款大吃大喝的，发现一起查处一起，并要严肃追究单位党政“一把手”的责任。

（五）切实加强源头治理

市纪委三次全会对源头治理工作提出了四项改革任务，各县（市、区）要按照要求抓好落实。当前主要抓好三项具体工作。（1）土地执法监察工作。监督检查的范围和内容主要包括：监督检查地方政府和国土资源行政主管部门建立和完善经营性土地使用权招标拍卖挂牌出让制度的情况；监督检查地方政府、国土资源行政主管部门及有关人员履行职责的情况；监督检查经营性土地使用权出让金管理情况；查处经营性土地使用权招标拍卖挂牌出让过程中的违纪违法行为；对2002年土地管理和利用情况执法监察中发现的问题是否进行了整改；等等。就这次监督检查，按照省里的要求，从5月份开始到10月底结束，共分动员部署、广泛宣传、自查自纠、重点检查、总结整改五个阶段，市里已召开电视电话会进行了部署，要按要求抓好这项工作。（2）规范建筑市场，全面推行公开竞标制度。所有建筑工程，必须进入建筑市场，采取公开竞标方式组织运作，严禁私自定标和其他违反建筑市场规定的行为，发现违纪违法案件要从重从快查处。（3）加快执行国库集中收付制度的步伐。认真清理和规范政策外补贴，严禁设立“小金库”。加强会计管理和监督，严厉惩处做假账行为。这项工作已提出了具体要求，制定了具体办法，由于种种原因，进展不快。我在这里重申，年内必须全面推开，这是最后时限，也是中纪委、省纪委提出的硬性要求。

（六）高标准、高质量提升党风廉政宣传教育水平

各级纪检监察机关要把党风廉政宣传教育工作列入重要议事日程，作为各级纪委、监察局领导班子的一项重要工作，适时抓紧抓好。鉴于今年非典疫情的特殊情况，市纪委没有专题召开宣教工作大会，结合省纪委要求和市纪委三次全会的部署，以文件形式下发了宣教工作实施意见，各级要抓好落实。今年我市宣教工作的重点是“艰苦奋斗、廉洁从政”主题教育。在认真组织学习胡锦涛同志在西柏坡考察时的讲话等有关材料基础上，重点开展好“四个一”活动：上一堂国情课；召开一次专题民主生活会；到革命传统教育基地接受一次教育；开展一次深入基层、访贫济困活动。在这里出一个题目，就是在非典特殊时期，如何搞好党风廉政宣传教育工作。大家要多想点办法，给出答案来。“三项教育”是党风廉政建设的长期性工作，要健全机制，形成制度，常抓不懈。“七一”前后，对去年以来评选出的廉政典型进行表彰和宣传，弘扬正气。要继续利用我市建立的警示教育网络和近年来查处的典型案例，抓好反面典型警示教育。要通过组织培训、知识竞赛、答卷考试等方式，继续搞好党纪政纪条规教育。

建立和完善宣传教育大格局。据了解，省纪委还要专门下发文件，市里下发的实施意见谋划了一个框架，各级纪委可根据各自实际进行安排部署，总的要求是，要借助社会各界的力量，形成党风廉政教育的合力。要进一步

重视和做好纪检监察宣传报道工作，为推动党风廉政建设和反腐败斗争的深入开展营造应有的社会氛围。

三　创新措施，狠抓落实，确保全年工作任务的完成

认真做好今年全市的党风廉政建设和反腐败工作，不仅要有正确的指导思想、明确的工作目标，还要采取一些过硬的、切实可行的措施。尤其是在防治非典时期，要研究一些新的方法和措施。在此，我侧重讲几点要求。

一是要把全面部署与具体指导结合起来。从各县（市、区）的汇报看，哪里的经验典型性强，哪里的工作成效明显，都与那里的领导加强具体指导有很大的关系。特别是在防治非典时期，具体指导必须要跟上去。只有对每项工作的整个流程、每个环节，予以具体指导，才能取得扎实有效的工作成绩。各县（市、区）纪委、监察局要将各项工作落到实处，不仅要安排部署好，更要加强具体指导，要深入实际，针对工作中的薄弱环节，研究制定切实可行的措施，一步一步追踪调度，一项一项督促落实。主要领导和分管领导要靠前指挥。会后都要对照年初部署的各项工作任务进行一次检查和总结，进一步推进各项工作任务全面落实。

二是要把整体推进与突出重点结合起来。市纪委今年部署的各项任务都要不折不扣地予以落实，但在具体组织实施过程中，又不能平推，要注意抓住影响全局带动整体的几项重点工作，针对影响全局工作的薄弱环节，及时采取补救措施，尽快解决不落实的问题，尽快抓出明显成效。同时，对群众反映强烈的热点、难点问题也要抓紧解决。通过抓重点、重点抓，来带动反腐倡廉工作的整体推进。

三是要把组织协调与监督检查结合起来。当前反腐倡廉的工作任务十分繁重，要确保工作任务的全面落实，仅靠纪检监察机关的力量是不够的。必须认真地坚持我们党反腐败的领导体制和工作机制，充分发挥纪检监察机关的组织协调作用。监督检查是督促职能部门发挥作用的一个重要方法，是我们加强与职能部门联系、沟通和配合的一个渠道。因此，纪检监察机关要充分运用好监督检查这一重要手段，通过监督检查促进各项工作的深入。在监

督检查时，对工作任务不到位和工作不落实的问题要做出具体分析，研究具体对策，采取必要的措施，认真加以解决。

四是要把县（市、区）换届、机构改革工作扫尾与加强纪检监察干部队伍建设结合起来。从总体上讲，我市的纪检监察干部队伍整体素质是好的，战斗力也是强的，但是按照新形势、新任务的要求，目前纪检监察干部队伍无论是人员组成结构、年龄结构、知识结构还是思想观念、作风建设等方面都存在不适应的问题，迫切需要加以解决。因此，在抓好队伍的理论学习、业务培训、作风建设和严格管理的基础上，要以县（市、区）换届和机构改革工作扫尾为契机，从改善干部结构入手，大力加强纪检监察干部交流，既要横向交流，也要纵向交流，使我们这支队伍能进能出。对于政治上靠得住、业务上过得硬、工作中贡献大的纪检监察干部要大胆提拔重用，适合在机关内部提拔的，就在机关内部提拔，适合到外部提拔的，要大力进行推荐。通过干部交流，使我们这支队伍年龄、知识结构更趋于合理，战斗力进一步提高，更加适应党风廉政建设和反腐败工作任务的需要。

同志们，今年的工作头绪多、任务大、时间又十分紧迫，前五个月已经过去了，希望大家要在党委、政府的领导下，以奋发有为、昂扬向上的精神状态，按照“三个代表”的要求，加强领导，加大工作力度，狠抓工作落实，保证今年党风廉政建设和反腐败各项任务目标的完成，以党风廉政建设和反腐败工作的实际成果取信于民，为维护我市改革发展的大局，为我市取得抗击非典和经济建设的双胜利提供坚强有力的政治保证和纪律保证。

在市林业局、农业局调研时的讲话

（2003 年 6 月 10 日）

接手农业、农村工作到今天已有两个多月时间。因为这项工作是一个时令性比较强的工作，所以一接手就要求必须尽快进入角色。前一段走了几个部门，对面上的工作基本上有了一个大概的了解。今天到农业局和林业局，主要目的一个是来看望一下大家，并通过你们向农业、林业战线上的广大干部职工表示问候。另一个是通过听取农业、林业的情况汇报，对我市的农业、林业工作有一个更深入的了解，以便更进一步地抓好农业、林业工作。

刚才，庆仁、宏志同志概括介绍了当前我市农业、林业方面的工作情况，其他成员也都做了补充性发言。总的感到，我们农业、林业战线的同志有一个很好的精神状态，在谋求农业、林业经济的发展上努力工作，积极探索，摸索了一套好的方法和思路。如林业局提出了“要建立一个框架搞好三个基地，办好五件要事”的思路，农业局提出“扭住六项重点，实现六项突破”的思路，都提得很好，可以说完全符合中央、省、市农业农村工作会议精神要求，按这个思路走下去，我们农业、林业工作一定能够上一个新台阶。

我市农业农村方面总的工作思路，在今年 4 月初的全市农村工作会议上已进行了安排部署。下面，我主要就农业、林业工作如何适应新形势下农业农村工作的需要谈一些想法，供大家参考。

第一，进一步提高农业、林业在农民增收、小康建设中的重要性的认识。农、林、牧、副、渔，我们过去讲“五业并举，六畜兴旺”。农业、林业为五业之首，农业要保粮食，林业要维持生态，这对于实现农民增收，对于发展农业农村经济、实现可持续发展有着十分重要的作用。过去我们以粮为纲，破坏了生态，现在退耕还林，反弹琵琶，要保护生态。特别是在当前市场经济的条件下，我们经营农业、林业的思路要有根本性的转变。随着生产力的发展，随着我们初级小康社会的建成，吃的问题基本解决。但要向全面小康迈进，重点在农村，难点也在农村。就全国来说，还有6000万贫困人口，邯郸也还有42.3万贫困人口。前几天，我到涉县的一个贫困村，人均实际收入很低，并且基础薄弱，自然条件很差，摆脱贫困的任务很艰巨。但是要想加快由初级小康向全面小康迈进步伐，就必须认真解决好贫困人口问题，想方设法增加农民收入，使农民群众尽快脱贫。在这方面，我们两局的班子都谋划了很多，有长远的考虑，也有近期的安排，讲的都很实在，也是切实可行的，认识到位，工作措施到位。在下一步的工作中，要进一步提高认识，认清肩负的重要使命，在寻求经济效益、社会效益、生态效益协调发展上继续努力，发挥好自身的作用。

第二，要准确地把握形势，把农业、林业作为一项大的产业来发展。对农业来讲，产业发展时间比较长，把它作为适合市场经济发展要求的一个产业来抓，还有很多工作要做。过去是自己打粮自己吃，自己种棉自己穿，现在农产品的商品率已经比较高，50%左右。但要进一步提高产业的规模和档次，还必须进一步深入地进行研究。林业作为一个产业发展，时间比较短。过去说前人栽树，后人乘凉，说的是一种奉献精神。邯郸城市街道上的绿化，承德坝上的机械化林厂，能有今天绿树成荫的美好局面，这中间有着许多感人的故事和很值得我们学习的奉献精神，不愧为绿色的丰碑。把林业作为一个产业来经营的话，从指导思想上要有一个大的转变，既要有前人植树后人乘凉的奉献精神，同时又要有眼下就要创造经济效益的经营理念，这种经营理念上的转变是需要有一个过程的。首先，思考问题要与市场结合、与效益结合。我们在调整林业的种植结构中，选择种果树、柏树、刺槐，几年、几十年中不一定很快见到效益，这样长时间得不到效益，势必会挫伤植树者的积极性。因此，我们在今后的林业结构调整中既要注意近期经济效益，又要考虑长远的生态效益，把两者很好地结合起来，真正从理念上转变，努力做到生态、社会、经济上的统一。其次，要与可持续发展相结合。美国作为一个发达度和开放度都很高的国家，他们的耕地比我们少30万亩，人口有2.7亿人，不及我们的零头。一个美国人占有相当于我们30人的资源。就是在这种情况下，他们仍十分注重维持生态的平衡和保护资源问题。在美国，纸的用量很大，但到过美国的同志可以看到，他们的植被很好，多数的乔木、灌木、丛林都是原始的。原因是什么？主要是因为他们十分注意保护自己的生态，很少进行砍伐。需要的木材原料用自己的高新技术产品去换取，70年代一个笔记本电脑换好几车木材。他们贮存自己的石油原油，进口别国的石油。他们的生态保护意识和可持续发展理念需要我们很好地去学习。再次，要和国际接轨。入世后，农业、林业也有一个扩大对外开放的问题，利用两个市场两种资源，注意在引进资金和项目上要占领科技制高点。最后，从政策、开放、技术、管理体制上要努力去创新。尤其是技术上的创新有很大的潜力。最近，中央台科技节目播出的一条新闻，介绍说目前生产出一种固体水，这种固体水在树根上能形成一个水环境，能保持3个月。这就大大提高了植树的成活率。因此，如何在山地、平原提高成活率、提高植被的覆盖率、只要我们认真地去研究，就肯定会有成果的。体制上的创新也就是产业化问题。比如鸡泽县、邱县、涉县搞的公司育林，实行公司化管理，这就是一种积极的探索。又如林纸板项目，这是个34亿的大项目，此项目的建设已使邱县超额植树1万亩。项目建成后，带动的不只是邱县，而是一个区域的林业发展。再如邯郸大地公司，曲周的赛博板业都是比较成功的例子。农业局的小麦、玉米、花生、大豆、棉花等六个产业，都急需要大的龙头带动。造福当代，惠及子孙。这是我们要树立起来的新的经营理念。

第三，充分发挥职能作用，坚定不移地推进结构调整和农民增收。在调整产业结构、农民增收上，要做大文章，在这方面我们两局势头都不错。在下一步的工作中，必须面对非典的影响，进一步加大农业结构调整力度，想方设法拓宽农民增收渠道，确保农民收入稳定增长。积极做好政策、信息、技术和产销衔接等方面的服务工作，引导农民自觉根据市场供求变化，加快调整结构，大力发展优质、高产、高效、安全的生态型的农业和林业。一是要认真落实好扶持重点龙头企业的各项政策措施，安排和落实好有关扶持项目。二是要把搞活农产品流通作为一件大事来抓，密切关注农产品供求形势，尽早制定农产品产销应急预案，及时准确发布夏收农产品的产销信息，强化产销衔接，建立绿色通道，整顿市场秩序，保证农产品销路畅通。三是继续实施好无公害食品行动计划，搞好农产品质量安全定点监测，及时掌握主要农产品的质量安全状况。四是密切关注非典疫情对农产品销售的影响，大力实施以质取胜和销售多元化战略，采取多方面的促销政策和工作措施，进一步加大对外促销力度，千方百计扩大农产品外销。五是进一步提高农业机械化水平，做好秸秆还田及回收利用，实现秸秆全面禁烧。

第四，加强学习，改进作风，努力开创工作新局面。林业局、农业局在工作思路的谋划上，提出了框架的思想、突破的思想，这就是一个开创局面的精神境界。林业、农业战线上的同志，面对的都是诸如栽树、护林、培育种子等一些风里来雨里去、面朝黄土背朝天的十分辛苦的工作，没有一股子甘于奉献精神是干不成事的。今天你们的自我评价，我认为这不是骄傲，体现了你们的精神状态，有了这种精神状态就能把事干好。刚才，农业局、林业局提出了项目配套资金争取难、不到位、影响项目进展的问题。我想解决这些问题，一是要积极争取上级的支持。在争取上级支持上要注意整合、用好政策、抓住机遇，勤说、勤跑、勤汇报、勤申请，拿出一股不达目的誓不罢休的韧劲儿，就一定能办成。二是要与市场接轨，加大改革开放力度。这是我们大有作为的地方。我市财政困难，公务员有 13 万人，我们的财政说穿了是一个吃饭的财政。财政紧张，项目配套困难，怎么办？这就需要我们积极地去想办法，开阔工作思路，看是否可以用市场的办法解决问题，比如，用贷款配套行不行。总之，要用足政策、创新机制、多渠道筹集资金，以办成事为原则。

在市民营经济工作领导小组会议上的讲话

（2003 年 6 月 12 日）

这次市民营经济工作领导小组会议，是在非典防治工作进入第三战役、各项工作逐渐恢复正常秩序的形势下召开的一次重要会议，也是新调整后的领导小组第一次全体会议。对这次会议，市委书记张力、市长聂辰席同志非常重视，都提出了明确的要求。会议传达了全省民营经济工作会议精神，初步审议了我市民营经济发展纲要、《关于扶持“四型”民营企业的若干规定》、有关职能部门制定的支持民营经济发展的政策规定等专件。大家也分析了我市民营经济面临的形势和问题，研究了加快我市民营经济发展的举措，为即将召开的全市民营经济工作会议做了必要的准备。刚才，大家从不同角度谈了意见和建议，讲得都不错。增海、文生、伟年同志也都发了言，素华副市长讲了很好的修改意见，我都同意。下一步请市民营经济领导小组办公室的同志会后再对有关文件进行一次认真修改，把各方面好的意见都吸收进来。市委办公厅、市政府办公厅、研究室、市发展计划委要参加纲要的修改，同时征求各成员的意见，文件成熟后，提交党政联席会审定并颁布实施。下面，我讲几点意见。

一　充分认识民营经济在国民经济发展中的地位和作用，增强加快邯郸民营经济发展的紧迫感和责任感

邯郸是农业大市，农业可以说“是”的；也是工业大市，过去可以说

"是"的。新中国以立以来，尤其是改革开放20多年来，我们依托"两黑两白"等丰富的资源优势，经过几十年的建设与发展，国民经济和社会各项事业都取得了令人瞩目的成就，为我市今后的发展打下了坚实的基础，成绩是很突出的，大家也是公认的。但从现在来看，我市调整农业、工业结构的任务非常艰巨，要完成全面建设小康社会的任务，特别是在市场经济条件下完成这个任务，有不小的差距。通过年初人代会代表讨论、市委和市政府分析我市经济形势，大家越来越感到，在邯郸经济发展上应该增强紧迫感。在河北省11个市中有4个市拖了全省经济发展的后腿，"北有张承，南有邯邢"，如果说张家口、承德拖后腿还有情可原，因为它们的地理自然条件很差，邯郸、邢台就不应该了，尤其是邯郸更不应该。我们邯郸在计划经济时期有很多优势，"一五"期间，苏联援助中国建设的156个大型项目中有4个在邯郸，而广东一个也没有。但在改革开放后，尤其是市场经济体制确立之后，随着产业结构调整，传统产业升级，产品质量优化，我们的经济发展与先进地方比确实已经落伍了。有很多数据可以证明这个情况。比如说我们经济总量居全市第3位，人均量居第9位，财政收入与"第三大城市"是不相符的。究其原因，我们这些年差就差在经济发展后劲不足上，差就差在民营经济发展缓慢上。从我市民营经济发展状况看，一方面，各级党委、政府坚持以公有制为主体、多种所有制经济共同发展的方针，采取切实措施，调动广大人民群众投资创业的积极性，民营经济得以迅速发展。截止到今年5月底，全市共有个体工商户170331户，增加值98.3亿元；有私营企业9823户，增加值24.5亿元。另一方面，民营经济发展还存在许多问题和不足，主要是有的领导对发展民营经济思想不够解放，观念上还存在很多偏见，不敢放手发展；发展的环境不够理想，一些地方政府的扶持力度还不够大，部门服务意识差，有的甚至对企业"卡、压、拿"，民营企业普遍存在融资难、用地难、人才缺乏等诸多问题，民营经济的素质还有待提高，少数民营企业不重视规范经营和守法经营，有的甚至搞假冒伪劣、走私贩私、偷税漏税，影响了正常的市场秩序。对这些问题，需要我们认真地逐步研究解决。

现在，要想把邯郸的民营经济作为经济支柱，作为新的经济增长点，首先领导干部、人民群众思想认识上要到位，增强使命感和紧迫感。从我市经济现状来说，民营经济自身发展有了一定基础，但是规模还很小，有一个加快发展的问题，要加大对外开放，增加科技含量，下功夫抓好民营经济的发展。党的十六大的召开，提出了全面建设小康社会的目标，特别是对加快民营经济发展，中央从整个社会发展的战略上都给了充分的肯定，解决了理论认识问题，扫清了思想障碍。在全省民营经济工作会议上，省委、省政府明确提出今后市、县两级发展经济重点是发展民营经济的工作思路。这为邯郸发展民营经济提供了前所未有的良好发展机遇，我们一定要抓住这个机遇，加快发展。各级领导特别是小组成员要形成共识，各级各部门要充分认识民营经济在国民经济中的重要地位，充分认识民营经济的发展对于培育新的经济增长点、促进农业增效农民增收、推进全市改革发展与稳定的重要作用，切实统一各级干部的思想认识，进一步增强紧迫感和责任感，大胆解放思想，不断更新观念，坚持与时俱进，真正把加快民营经济发展作为重大战略任务抓紧、抓实、抓好。

二　以大力优化环境为切入点，积极为民营经济大发展创造有利条件

环境就是竞争力，环境就是效益。经济发展环境的好坏，直接关系到我市民营经济能否健康快速发展。因此，在加快发展民营经济步伐中，必须把大力优化经济环境摆在十分重要的位置来抓，以更加宽松的经济发展环境推动民营经济的大发展。一要创造有利于民营经济公平竞争的环境。长期以来，民营经济没有享受到“平等的国民待遇”，这种状况现在虽然已有很大的改变，但事实上的歧视性政策规定和不公平的做法仍然存在。落实对民营企业的公平待遇，就是对它们的最大支持。营造公平环境的首要问题在于各级领导要解放思想、转变观念，对民营经济不能歧视，不能另眼相看，更不能排斥打压，而要高看一眼、厚爱三分。各部门都要按这个要求重新审视自己，尽快调整那些体现所有制差别或不适应民营经济特点的政策和规章，把公平的原则落实到实际工作中去。要按照国民待遇的原则，逐步放宽国内民间资本的市场准入领域，用探索和改革创新的办法解决民营企业融资难、贷

款难、用地难等问题。总之，一切妨碍民营经济发展的思想观念都要坚决冲破，一切束缚民营经济发展的做法都要坚决改变，一切影响民营经济发展的体制弊端都要坚决革除。二要优化政务环境。各级政府职能部门都要把是否有利于民营经济发展作为衡量工作的标尺，做到多服务、少干预，多帮忙、少添乱，下大力气改进管理和服务水平。同时，各执法执纪部门要依法对企业进行规范化管理。刚才，有很多同志谈到这个问题，不能顾此失彼，还要对民营企业进行规范化管理，但要克服违纪违法施政、低效率无作为的施政，甚至要克服不正之风。三要优化市场环境。要坚决打击偷税漏税、制假售假、走私贩私等形形色色扰乱市场经济秩序的行为，使绝大多数守法、规范经营的民营企业能够顺利成长。要建立和健全社会化服务体系，加快行业协会发展，为民营企业提供广泛的专业化、规范化服务。加强信用体系建设，加强对民营企业安全生产、环境保护、劳动保护、社会保险等方面的监察和管理，引导民营企业守信守法经营。四要优化舆论环境。要充分发挥宣传和舆论的导向作用，利用报纸、电视、广播、互联网等各种传媒工具和多种形式，广泛宣传党的十六大精神，宣传民营经济对富民强市的重要作用；宣传民营企业和民营企业家中的先进事迹，各县（市、区）都要树立一批先进典型。要正确认识民营经济和民营企业家，看到民营经济也是国民经济发展的重要组成部分，民营企业经营者也是中国特色社会主义的建设者，他们所创造的财富也是我们社会物质基础的重要内容，对他们要看本质、看主流、看贡献，形成“谁发展谁光荣”的社会舆论氛围。

三　立足于用足用活上级政策，尽快出台促进我市民营经济发展的政策规定

为加快民营经济的发展，前不久省委、省政府召开了全省民营经济工作会议，明确全省民营经济发展的基本思路，出台了40条关于支持和鼓励个体、私营经济发展的政策，同时省直20多个职能部门也制定相关的扶持政策，这为民营经济的大发展提供了重要保证。为贯彻省会议精神，市委、市政府将要召开全市大型会议，在我市营造大力发展民营经济的浓厚氛围。为

开好这次会议，市委、市政府组织有关部门正在进行认真地准备，各职能部门要积极搞好配合，协助市委、市政府把这次会议开好。这里强调的是要上下结合、政策整合。各执法执纪部门和宏观管理部门积极与省相关部门多联系、多了解、多结合，看一看出台了哪些政策，哪些政策放宽了，哪些政策正在调整，及时找到政策，来解决邯郸的问题。思想上有一个积极的态度，有把邯郸民营经济搞上去的态度。还有一个政策整合的问题，就是在大局上、宏观上把握这些政策、审视这些政策，选择有利于邯郸民营经济发展的政策，用足用好有利于发展的政策资源。一是各职能部门要立足本职，找准位置，认真学习和全面贯彻上级有关政策，整合有关民营经济发展的政策资源，尽快制定、修改和完善本部门支持民营经济发展的配套政策。二是对于上级已有的政策，有关部门务必全面兑现，该放的权必须坚决放，该给的政策必须坚决给，绝不允许擅自截留，绝不允许以政策之利谋部门和个人之私。三是对于上级没有但外地有的政策，各部门要认真研究借鉴，创造性地制定政策，保证在落实上级政策和借鉴外地政策上有新的突破，为我市民营经济的发展提供更加优惠的政策环境。市民营企业局作为发展民营经济领导小组办公室，要认真履行自己的职责，加强对各部门的协调调度，督促有关部门制定和完善各项政策，尽快形成我市支持民营经济发展的政策体系。

四　以扶持重点民营企业为龙头，进一步加快全市民营经济发展步伐

民营经济在我市尚处于起步、成长阶段，需要大力培育和支持。要在鼓励各类民营企业全面发展的基础上，重点支持那些对提高我市综合实力、国际竞争力和发展后劲有重要促进作用以及对社会稳定有较大贡献的民营企业的发展。一是要重点扶持科技型民营企业。民营科技企业是科技创新与制度创新的结合体，是先进生产力发展的实践者，是参与国际经济竞争的重要力量。要提高我市经济素质，走新型工业化道路，就必须大力发展民营科技企业。要支持民营科技企业进一步提高技术创新能力，掌握自主知识产权。二是要重点扶持外向型民营企业。要积极推动民营企业开拓国内市场，同时，

要鼓励民营企业与外资广泛合作或“走出去”直接参与国际竞争。要采取有力措施让更多的民营企业得到进出口经营权，帮助民营企业解决开拓国内外市场中存在的突出问题，特别要在信息、技术和培训等方面提供支持。三是要重点扶持规模型民营企业。如果民营企业长不大、做不强且形不成较大的发展规模，就会在激烈的竞争中遭到淘汰。要立足于做大做强民营企业，大力扶持目前已具一定规模的民营企业的发展，使之由小规模向大规模、集团化方向发展，形成更大的发展空间，拉动国民经济的快速增长。四是要重点扶持农业产业化龙头企业。农业龙头企业已成为我市发展农业农村经济的主力军，支持农产品加工型民营企业加快发展，有利于解决“三农”问题。要把各种支农政策、资金有效利用起来，重点支持农业龙头企业特别是农产品加工型民营企业的发展，支持企业搞技术开发和设备更新，支持企业搞质量和标准化建设，促进其上规模、上水平地加快发展。

五　坚持上档次、上品位、上水平，全面提高民营企业的经济竞争力

提高民营企业的经济竞争力，既是我市经济发展对民营经济的要求，也是民营企业自身发展的需要。民营企业只有不断地上档次、上品位、上水平，提高自身的经济竞争力，才能不断拓展新的发展空间，保持持久的发展动力。怎样才能提高民营企业的经济竞争力呢？我看关键在于抓好体制、科技和管理“三创新”，这是在市场竞争中取胜的法宝。在体制创新方面，要改变目前普遍存在的民营企业生产“大而全”“小而全”的现象，集中精力搞好产品技术开发和品牌经营，提高专业技术水平。坚持扶优扶强和联合发展的方针，鼓励优势民营企业运用资本扩张和业务合作等手段迅速做大做强，形成一批跨地区、跨行业、跨所有制、具有核心竞争优势的规模型民营企业大户，提高综合竞争能力。在技术创新方面，要鼓励民营企业采取多种形式建立技术依托，提高民营企业创新能力。鼓励民营企业创立自主知识产权和开展品牌经营，实施名牌战略，争创国内和国际知名品牌。在管理创新方面，民营企业要根据自身特点，选择适宜的企业制度，有条件的也可以搞

现代企业制度。完善法人治理结构，形成广纳资本和人才的制度基础，克服家族企业和家族管理的弊端。要引导民营企业家不断开阔视野，转变经营理念，建立现代化的管理体制和机制。

六 坚持防治非典和经济发展“两手抓”，迅速形成加快民营经济发展的强大合力

当前，非典防治工作已进入第三战役，各项工作已逐渐恢复正常秩序，各级各部门要按照中央和省委、市委关于防治非典和经济发展“两手抓”的指示精神，毫不放松地抓好当前各项工作。一方面，在防治非典工作中，要继续高度重视，提高警惕，落实各项防范措施，确保非典疫情不反弹，巩固非典防治成果。另一方面，要按照加快经济发展的要求，认真抓好我市民营经济发展工作。在抓好民营经济工作方面，一要摆上位置。要真正把加快发展民营经济作为深入贯彻落实党的十六大精神、实践“三个代表”重要思想、培育邯郸经济发展新的增长点、打好农业增效农民增收攻坚战、推进全面建设小康社会进程的重要措施，长期坚持下去。要立足现有基础，把握发展大局，加大工作力度，创新工作思路，保证领导力量到位、工作责任到位、政策措施到位，扎扎实实地推进我市民营经济的新发展、新跨越。二要形成合力。发展民营经济，涉及政府、企业和社会等方方面面，是一项系统工程。所有党政部门特别是涉及民营经济的相关管理部门，都要以促进发展为己任、以服务发展为天职，打破部门利益，自觉服从大局，主动支持配合，为推动民营经济发展各尽其责、各出其力。三要转变作风。近期，市委、市政府为加快我市重点龙头企业、利税大户、重点项目和民营企业的建设与发展，专门开展了“两访、两查、两督”活动，由市领导分两期对有关企业进行督访，取得了明显实效。希望市民营经济工作领导小组成员，转变作风，深入基层，深入企业，研究解决民营经济发展中遇到的新情况、新问题，真心实意地为民营企业办实事、解难题，促进民营企业发展。

在市直行风评议调度观摩会上的讲话

（2003 年 6 月 13 日）

这次市直行风评议调度观摩会既是今年我市召开的第一次行风评议调度会，也是在防治非典时期召开的一次特殊的交流会。主要目的是总结交流前一阶段行风评议工作，对下一步行风评议工作进行安排部署，动员全市各级各参评部门提高认识，克服困难，强化措施，狠抓落实，按照省、市的统一安排部署，深入扎实抓好阶段性工作，推进全市行风评议工作健康顺利进行。刚才，我们参观了市公安局行风评议展板、干河沟贸易市场投诉受理站、55 个参评部门公开承诺集中展示牌、丛台区地税局办税大厅、市交通局行风建设文件资料。接下来由市交通局、工商局、环保局、计生委、工商银行邯郸分行、移动公司邯郸分公司等单位的主要领导就行风评议情况做了发言。

从观摩和发言情况看，参评部门的工作各具特色。市交通局按照“把着眼点放在群众满意上，把切入点放在查找问题上，把着力点放在有效整改上，把落脚点放在促进交通建设和服务经济发展上”的交通行风建设指导思想，目标明确，措施得力，有力地推动了特殊时期交通事业的发展；市工商局深入开展了以“树立行业新风，优化发展环境”为主题的民主评议行风活动，能够找准行风评议的突破口，积极地开门纳谏接受监督；市环保局在民主评议行风活动中坚持“两次办结制”，规范了执法行为；市计生委以“稳定低生育水平，让人民群众满意”为目标，提出要争做新时期最可爱的人；工商银行构建了“以客户为中心，上级为下级服务，领导为员工服务，二线为一线服务，全行为客户服务”的“大服务”格局；移动公司推行了“一台清”作业等做法。他们的工作思路和做法值得各部门各行业借鉴，希望各参评部门相互学习、广泛交流，把这些好的做法、好的措施，吸收到行风评议工作中。为进一步搞好行风评议工作，我讲三点意见。

一　正确分析行风评议工作形势，进一步增强抓好这项活动的决心和信心

4月22日全市民主评议行风总结表彰暨动员会后，各级各参评部门对此项工作高度重视，精心组织，认真安排，在防治非典的关键时期，对行风评议工作紧抓不放，以行风建设为龙头促进了防非工作和业务工作的双胜利。前一段我市行风评议工作主要有以下几个特点。一是结合本单位实际抓动员，层层部署展开快。全市民主评议行风动员会之后，各级各参评部门及时召开领导班子会议，传达贯彻会议精神，明确领导，成立组织，结合实际谋划行风评议工作，制定工作方案和实施细则。由于在防治非典时期不宜召开大会，各县（市、区）和市直参评部门利用多种形式召开小型、小规模的座谈会、动员会和电视电话会议，分批、分片、分层次对行风评议工作进行动员部署，层层传达会议精神。二是结合防治非典实际搞宣传，方法活气氛浓。在宣传发动阶段，针对在防治非典时期不宜搞大规模宣传活动的情况，参评部门采取多种形式搞小规模的宣传活动，营造行风评议浓厚的气氛。市行评办与市电台联合开通了“清晨行风热线”，电台的同志工作很积极主动，从5月19日开始，安排14个与防治非典工作紧密相关的参评部门，由主要领导带领本部门有关处室负责同志到市电台直播间接听热线电话，当场解答群众提出的问题。目前，卫生、药监、物价、环保等部门领导已接听了热线电话，现场解答了群众提出的问题、建议和有关非典咨询43个。为便于群众监督，各级各参评部门利用宣传牌公开行风评议有关内容，市行评办在新世纪旁边建立了28块展示牌，公开了各参评部门承诺内容。各参评部门也在单位门前建立了宣传牌，对本单位行风评议的组织领导、承诺内容、热线电话进行公开。如市公安局每个支队、重要处（室）都做出

承诺。还利用网站进行宣传，市行评办在政府信息网上建立行风评议网站，在网站上公开行风评议的参评部门和有关内容、措施、方法、步骤，群众只要点击网站就可以清楚地了解行风评议的有关内容。市水利局、环保局也在网站上设了行风评议网页。三是结合业务工作征民意，态度诚恳摸真情。参评部门通过召开领导班子民主生活会、干部职工会、老干部座谈会、发放征求意见卡等多种形式深入开展自查活动，广泛征集群众意见。有的参评部门领导班子成员轻车简从深入下属单位、深入基层、深入服务对象，深入查找本部门存在的问题。市地税局开通了“行风流动投诉车”，在市区内巡回受理群众投诉。目前，市直 55 个参评部门下发征求意见卡 20000 份、公开信 6500 封、互评表 4800 张，收集的意见和建议共 13 个方面 128 条，为整改打下了良好的基础。四是针对问题定措施，狠抓整改见效果。在评议中各级各参评部门从群众最关注的热点问题抓起，对群众反映的问题及时受理，认真解决，做到事事有回音，件件有结果。4 月份以来，市行评办通过网站、来信、来访等形式受理群众举报 64 件，对 6 起典型的行风问题派人进行调查处理，其余 58 件转有关县（市、区）和市直参评部门进行调查处理，目前有 49 件上报处理结果。对问题的解决和处理，群众比较满意。各部门针对群众提出和自查出的问题和建议，制定完善措施，认真解决纠正。通过边评边改有力地促进了部门和行业作风的转变。各部门紧紧围绕市委、市政府的中心工作，在防治非典时期，以特殊的作风、特殊的效率、特殊的措施，为企业、为群众办好事、办实事，受到了群众的好评。在防治非典的特定时期，对各职能部门是一个很好的检验，也是一个大拉练，对我们的业务素质、思想素质也是一个大检验、大拉练。总体上来说，我们经受住了这次检验。不论是组织者，还是参评部门，在非典时期每时每刻都经受着考验，但也限制了我们开展大规模的宣传活动。行风评议工作处在这样一个特定的环境中，有利于检验各个部门作风转变的成果，这个阶段，我市的民主评议行风工作取得了明显成效。

总体上讲，前一阶段我市民主评议行风工作进展顺利，取得了明显的阶段性成果，但是也存在一些问题，主要表现在以下几个方面。一是思想认识还不够到位。个别部门的领导同志对行风评议工作认识不高、重视不够，没有列入党组（党委）工作的重要议事日程；有的部门只停留在一般性的部署和号召，具体检查指导不够，工作平平淡淡；有的部门仅看作是纠风工作的一种手段，主要领导过问少，只有负责纪检监察工作的同志来抓，业务工作与行风建设“两张皮”，没有形成齐抓共管的整体合力。二是舆论氛围不太浓。受非典的影响和冲击，从全市宣传活动来看，大规模的上街宣传没有进行，集中上街受理群众投诉等活动也没有普遍展开，上规模的动员大会未能召开，所有这些在一定程度上影响了我市今年评议活动。三是工作进展不平衡。大部分参评部门都能按照市《行风评议工作方案》和市行评办的安排，扎实开展各项活动，但有些参评部门缺乏积极性，动作迟缓，进展缓慢。甚至有的部门搞了应付、走了过场，宣传发动不深入，查找问题不认真，解决纠正不彻底。这些问题的存在，严重地制约和影响着行风评议工作的深入开展，望各参评部门从思想上引起高度重视，切实把行风评议工作当作一件大事来抓，巩固前一段的评议成果，认真解决当前存在的问题，树立真抓实干的思想，克服各种模糊认识，不断增强抓好行风评议的信心和决心。

二　突出重点，扭住关键，扎扎实实抓好各项工作的落实

目前，我市的行风评议工作已进入第三阶段，即参评部门自查自评和评议代表征集群众意见阶段。这一阶段共有 10 项评议任务，其中涉及参评部门的有 8 项。从市行评办掌握的情况来看，多数部门已召开了领导班子民主生活会，下一步要着力抓好以下 7 项工作。

（1）发动干部职工共同查找问题。参评部门要召开干部职工大会，动员干部深入查找本部门及其工作人员存在的问题。对领导班子自查出的问题，要利用不同形式在本单位进行公布，让所有干部进行监督，看查找出的问题是不是本单位干部职工和社会群众最关注的问题。然后，召开全体干部职工大会，通报领导班子查找问题情况，动员单位干部职工深入查找本部门及工作人员存在的突出问题。为广泛征集民意，各单位都要设立意见箱，明确专人负责开箱，干部职工以无记名的形式如实反映情况和问题。

（2）开展“下评上”活动。参评部门领导班子成员要分组带队，轻车简从，以明察暗访的方式，深入下属单位、深入基层、深入群众、深入服务对象，向社会各界了解本部门的行风状况，认真查找问题，让下属单位和基层群众对本部门的行风问题进行评议。

（3）开展互评活动。互评活动由市行评办负责组织，统一印制参评部门互评表，按比例下发到每个参评部门，由参评部门分发给本单位各科（处）及下属单位的干部职工，对其他54个参评部门的行风进行评议，提出意见和建议，然后由参评部门将互评表如数上交市行评办。市行评办对各参评部门提出的问题进行梳理汇总，把意见反馈给参评部门，将问题转有关部门进行调查处理。参评部门要对互评高度重视，精心组织，认真填写，如数交回。参评部门也可利用信函或征求意见卡的形式与其他部门进行交流与沟通，开展互评活动。

（4）向社会各界发放调查问卷征求意见。市行评办印制了《邯郸市2003年民主评议行风调查问卷》，要搞一个万人调查问卷活动，向社会各界发放，了解和掌握全市行风评议工作情况，征求群众的意见和建议。还印制了《群众意见征集卡》，组织评议代表深入企业、农村、机关、学校、街道、个体工商户、集贸市场等场所，广泛征集意见。各参评部门也要组织人员深入市场、街道等场所发放《群众意见征集表》，广泛征集社会各界群众的意见和建议。

（5）设立投诉站受理群众投诉。受非典影响，此阶段市里不再组织大规模的集中投诉受理活动，由参评部门自行组织投诉受理活动。参评部门要在6月中下旬至少用一天时间，在市区繁华街道设立行风投诉站，发放宣传单，宣传行风评议工作，征求群众的意见，受理群众投诉。市行评办要对参评部门的投诉受理情况进行督查。

（6）开展窗口对话交流活动。6月下旬，市直参评部门以召开听证会的形式邀请部分服务对象和群众，与他们就行风问题进行对话交流。参评部门召开对话交流会前要公开时间和地点，欢迎社会各界群众参加。参评部门主要领导要主持会议，全体领导班子成员参加会议，并解答群众提出的问题，面对面地与群众进行交流和沟通。对群众提出的问题要逐一进行解答，对当场无法解答的问题，要明确答复时限。

（7）制定整改措施。参评部门要通过各种形式对查找出的问题进行认真梳理汇总，找准症结，对个性问题进行调查处理，对共性问题要有针对性地制定整改措施，落实整改责任，明确整改时限。整改措施要向社会进行公布，并以文字材料的形式上报市行评办，由市行评办对照整改措施检查参评部门的整改落实情况。

三　强化措施，狠抓落实，确保民主评议行风工作取得明显成效

今年国务院纠风办和省委、省政府对民主评议行风工作高度重视，社会各界群众期望值很高。各级各参评部门一定要加强领导，强化措施，狠抓各项工作任务的落实，保证行风评议工作的顺利开展，如期实现各项工作目标。

（1）加强领导，突出行风评议工作摆位。这次会后，各参评部门党组（党委）要对前一段的工作进行一次“回头看”，既要总结经验、肯定成绩，又要对照市委、市政府的要求，找出差距和不足，针对工作漏洞和薄弱环节，制定改进措施并抓好落实。要进一步明确参评部门“一把手”的责任和分管领导的责任，真正把民主评议行风工作摆上党组（党委）的重要议事日程，进行专题研究，主要领导要亲自抓，抓具体、抓深入、抓检查、抓落实；各参评部门行风办要继续做好组织协调、检查指导、情况综合、信息反馈等工作，确保行风评议工作每一步都扎实稳妥，深入推进，确保各项工作任务落到实处。要建立行风评议工作责任制，对消极对待评议工作、存在问题拒不纠正或屡纠屡犯的，要追究部门主管领导和主要领导的责任。

（2）广泛宣传，营造浓厚的舆论氛围。民主评议行风工作只有广泛地动员和发动群众、提高群众参与的积极性、让广大人民群众支持和参与，才能取得明显效果。今年行风评议工作时间长、任务重，单靠一两次宣传动员，很难调动广大群众参与行风评议的积极性。各级各参评部门要把宣传发动贯穿于整个评议活动的始终，每个阶段都有重点、有步骤地搞好宣传，营

造浓厚的舆论氛围。在防治非典第一、二战役期间不能搞大规模宣传活动，影响了行风评议工作的开展，在防治非典第三战役即将结束后，要想法补上这一课，利用上街宣传、举行窗口对话交流会、设立行风投诉受理站、行风文艺节目会演、成果展示等多种形式，分阶段、有计划、有重点地开展适度规模的宣传活动，全方位、多层次地营造浓厚的舆论宣传氛围，使参评部门始终保持工作劲头不减、工作措施不软，以良好的精神面貌抓好评议工作。

（3）强化督导，推动评议工作顺利进行。今年参评部门多、工作任务重，各级行评办要加大督导力度，每个阶段要对各项行风评议工作任务的落实情况进行检查、进行督导，保证各项措施落实到位，保证各项工作目标如期实现。市行评办要加强对各县（市、区）行风评议工作的指导，保证全市行风评议工作协调发展、整体推进。各参评部门在抓好本部门评议工作的同时，要加强对下级部门的指导。垂直管理部门在行风评议工作中，要接受当地行评办的组织领导，积极主动地抓好本部门本行业的评议工作。参评部门对下属单位存在的问题，要不护短、不遮丑，主动与县（市、区）党委、政府协调配合，积极采取有效措施予以纠正和解决。关于垂直管理部门，我们今天看了几个单位做的都是不错的，有的部门提出评议作为“一把手”工程来抓，抓得比较细、比较负责任，要继续做下去。

（4）健全机制，巩固行风评议的成果。在动员社会力量搞好评议的同时，参评部门要狠抓内部制度建设，通过不断完善制度、强化措施，巩固行风评议的成果。参评部门要在评议中完善管理制度，大力推行“阳光政务”，提高政务公开的透明度。还要制定行政行为规范，明确规定各种违纪行为的处理办法，把行风建设纳入规范化的轨道。

行风评议工作今年已经开展了一段时间，在大家的共同努力下，我市的行风评议工作在全省排位是靠前的，有些做法也得到了国务院纠风办的认可，我们要继续保持这种良好的势头。行风评议工作的最终结果是在制度建设、机制建设上，最终目的就是要规范政府的行为，规范执纪执法和管理的行为。增强服务意识、搞好服务是两个方面的问题，开展行风评议不只是来管我们的执纪执法部门，不是来管死宏观经济管理部门，使你不作为，这就错了，而是要规范执纪执法行为，不是搞什么“螳螂捕蝉，黄雀在后”，而是要监督你去规范执法，不敢管理不行。规范执法、搞好服务，这是我们的目的。对于我们有的部门提出的“想事、干事、干成事”最后加了一句“不惹事”，我看这个“不惹事”需要推敲，“不惹事”这个概念怎么界定？比如说违纪执法，这就是惹事了，这个事情不能惹，如果你严格执法执纪，这就不叫惹事。我们要敢于管理、敢于执法执纪。执法执纪部门不敢管、不作为是不行的。对于执法执纪工作，我们要抓几个方面的问题，一要抓不作为，二要抓违纪作为，还要有作为，行风评议工作的目的是规范作为。当老好人，不敢去执法执纪，该收的不敢收，该缴的不敢追缴，该罚的不敢罚，那就偏离了我们开展行风评议活动的初衷，达不到行风评议的目的。规范作为要有作为，有大作为，这就是行风评议的出发点和落脚点。

同志们，今年行风评议工作任务重、要求高，我们一定要按照市委、市政府的安排和部署，上下一心，振奋精神，开拓创新，卓有成效地做好民主评议行风工作，不断加强部门和行业的作风建设，为我市全面建设小康社会、经济跨越式发展和社会进步创造良好的环境。

坚定信心狠抓落实
确保治理教育乱收费工作取得明显效果

——在全市治理教育乱收费工作电视电话会上的讲话

（2003 年 7 月 7 日）

刚刚结束的全省治理教育乱收费工作电视电话会议上，省委副书记、省纪委书记张毅同志，省委常委、常务副省长郭庚茂同志，副省长龙庄伟同志都做了重要讲话，对全省治理教育乱收费工作进行了全面的安排部署，各级各部门要认真领会会议精神，结合本地本部门实际修订完善措施，认真抓好落实。下面，我就贯彻落实省电视电话会议精神，进一步抓好我市治理教育乱收费工作，讲三点意见。

一　充分认识当前教育乱收费问题的严重性，进一步增强治理教育乱收费工作的责任感和紧迫感

近年来，通过各级各部门的共同努力，我市治理教育乱收费工作取得了一定的成效。但是教育乱收费这股不正之风还没有得到有效遏制，仍然是群众反映较强烈、比较集中的一个焦点问题。前一段经市纪委、市纠风办调研，根据群众反映，发现一些学校在教育收费方面还存在不少问题，有的问题还比较严重，主要有以下几个方面。一是自立项目收费。有些学校虽然实行了一次性收费制度，但在一次性收费之外，仍不断地向学生收取微机费、

试卷费、体检费、辅导材料费等多种名目的费用。二是违反规定收取赞助费。有部分高中学校，为了经济利益在招生时违反“三限”规定，超范围降低录取分数，收取高额的赞助费，有的高达3万元，有的高达5万元，甚至收取更高数额的赞助费。三是乱收择校费、借读费。有的教育质量好的学校缩减计划内招生指标，扩大计划外招生名额，变相收取赞助费。如，市内一所重点中学，2002年秋季招收高一新生时，招收计划内学生308人，招收计划外培养生324人，计划外培养生比计划内学生还多。四是强行订阅报纸杂志。有些教育行政部门强行学校、学生订阅各种学术报纸杂志。让小学生必须订《中国少年素质报》、中学生必须订《预防青少年犯罪》等报纸杂志。有部分学校存在多收书费不退现象，如，市内一所学校在预收书费时每生预交款120元，实际书费为86元，书本下发后余款没有退还给学生。五是超前预收学费。有的学校为了逃避检查，在学期结束时，超前预收下学期一定数额的学费，不给学生开具收据。招收的初中借读生按规定每生每学期300元，而市内有的中学在招收初一学生时，每生一次性收取借读费3600元。

上述这些问题虽然发生在部分学校、少数人身上，但性质严重，危害极大。它不仅违反了国家收费政策规定，增加了群众的经济负担，而且影响了党群干群关系，污染了教育行业的风气，败坏了党和政府的形象。因此，各级各部门一定要引起高度重视，充分认识当前治理教育乱收费工作面临的严峻形势，把思想和行动统一到中央和省治理教育乱收费的要求上来，进一步增强政治责任感和工作主动性，把治理教育乱收费作为当前一项十分紧迫的任务来抓，认真抓好，抓出成效。

二 强化措施，周密安排，扎扎实实地开展治理教育乱收费工作

为完成全省电视电话会议明确提出的今年治理教育乱收费工作任务，下一步我市要采取强有力的措施，狠抓各项工作的落实。

(1) 全面清理教育乱收费项目和标准，进一步规范教育收费行为。会后，由各级纠风办负责协调，各级物价部门负责组织人员，从7月25日开

始利用 20 天的时间，根据国家现行收费政策，认真对本地区教育收费项目和收费标准进行全面的清理审核。凡是省政府规定收费项目都予以保留，省以下人民政府或有关部门设立的收费项目和制定的收费标准要一律废止。8 月 10 日前市物价局要把清理审核情况报市纠风办，确保在秋季开学前对于保留的收费项目和收费标准要通过新闻媒体向社会进行公开，接受社会各界群众的监督。

（2）认真解决学校经费缺口问题，确保“一费制”收费制度落实到位。经调查了解到，去年我市贫困县有的中小学在实行“一费制”过程中，出现了因收费标准降低以及减免家庭困难学生学费等因素而形成的公用经费缺口问题。在这种情况下，有的学校采取乱收费手段进行“创收”，严重影响了“一费制”的贯彻落实。下一步我市要对此情况进行调查，根据国务院纠风办和省政府的要求，结合贫困县的财政状况，由县财政预算安排，县级财政预算有困难的，按省核定的农村中小学公用经费标准和定额，由上级财政通过转移支付解决。缺口问题解决和基本解决后，贫困县的农村中小学必须从今年秋季开学起不折不扣地执行“一费制”的收费办法，不得以任何借口推迟或拒绝实行。小学收费标准在国家规定每生每学年 160 元的基础上上浮最高不超过 15%，最高数额不得超过 184 元，下浮不限。初中收费标准在每生每学年 260 元的基础上上浮最高不超过 20%，最高数额不得超过 312 元，下浮不限。对于违反规定，在“一费制”以外巧立名目乱收费或自行提高收费标准的，要严肃查处。

（3）合理确定择校生比例和收费标准，严格执行公办高中招收择校生“三限”政策。公办高中招收“择校生”要严格执行“三限”（即限人数、限钱数、即分数）政策。教育行政部门要从严掌握，秋季开学前要制定具体的公办高中择校生的招生比例，最低录取分数线，并会同有关部门确定最高收费标准。各公办高中要按要求严格控制择校生比例，招收择校生的人数占本校当年录取新生的比例不得超过规定上限；不得突破最低分数线擅自招收择校生；除规定的择校收费限定金额之外，不得再以任何借口和方式收取其他与学生入学挂钩的择校费。在今年秋季开学后，各级纠风办要组织教育、审计、物价等部门对学校特别是择校收费的学校进行专项审计和检查。

(4) 严格执行国家规定的收费项目和收费标准，进一步规范本级所属大专院校的收费行为。所有市属大专院校除按国家规定的项目和标准收费外，不得再向学生收取其他任何费用。定向生、特长生、预科生、专升本学生应与同等学力层次学生执行同样的收费项目和收费标准。独立学院、计算机软件学院收取学费必须严格执行省政府规定的标准，不得以降分录取的形式高收费、乱收费。普通高校不得将国家下达的计划内招生指标转到独立学院而变相高收费，不得借独立学院之名搞“校中校”，变相“双轨”收费。

(5) 积极推行收费公开制度，坚决禁止中小学代收费行为。各学校要严格执行校务公开和收费公示制度，通过各种形式，将学校收费项目、收费标准、收费资金的使用情况和投诉电话等向社会公示，主动接受学生、家长和社会监督。中小学校除按国家规定可以代收课本费外，不得向学生收取其他任何性质的代收费用。学校面向学生的各类服务项目，必须遵循学生自愿的原则，不得强行提供服务项目。

(6) 建立内外监督机制，严禁地方政府和部门向学校搞“三乱”。坚决禁止任何部门和单位通过学校向学生搭车收取任何费用或向学校进行各种形式的摊派。严禁任何部门以任何形式要求学生订购教辅材料、课外读物、报纸杂志。对地方政府及有关部门向学校乱摊派和通过学校向学生搭车收费的行为，各学校要坚决予以拒绝，并及时向上级纪检监察部门和教育行政部门反映。纪检监察部门和教育行政部门要协同有关部门及时进行调查处理。对因摊派和搭车收费影响学生入学和学校正常教学秩序的，要通过新闻媒体予以曝光，并追究有关人员的责任。

三　加强领导，明确责任，确保治理教育乱收费工作取得明显成效

治理教育乱收费工作是纠正部门和行业不正之风工作的一项重点。省电视电话会议已对治理教育乱收费的方法、步骤做了安排部署，我市也下发了具体的安排意见，各级各部门要结合实际，进一步完善措施、合理安排，切实把这项工作抓实、抓好、抓出成效。

（1）成立组织，切实加强对此项工作的领导。治理教育乱收费是党风廉政建设和反腐败工作的重要内容。也是各级党委、政府的一项重要工作。各级各部门要把治理教育乱收费作为当前一项十分紧迫的任务，纳入本地本部门的全局工作中通盘考虑、统一部署。为加强对这项工作的领导，全国建立了由7个部委有关领导组成的治理教育乱收费部际联席会议制度。省里成立了由副省长龙庄伟任组长的治理教育乱收费工作领导小组。会后，市和县（市、区）也要尽快成立相应组织，加强对此项工作的领导。各级纠风、教育、财政、物价、审计、农业和新闻出版等有关部门要明确一名主管领导负责这项工作。各大专院校、中小学校也要明确一名主要领导专抓这项工作，经常研究治理教育乱收费工作方面的政策和要求，认真抓好本学校的收费工作。

（2）密切配合，形成治理工作整体合力。治理教育乱收费工作涉及面广、政策性强、治理难度大，各有关部门既要分工负责，又要通力配合、密切合作。下一步要成立治理教育乱收费工作领导小组办公室，负责治理教育乱收费工作的综合指导、协调等工作。负责对治理工作的总体谋划和各项工作的监督落实。各成员单位要结合自己的业务工作，按照分工积极履行各自的职责。各成员单位之间要加强协调配合，以对国家、对人民群众和对教育事业高度负责的态度，勤沟通、多联系，相互配合、相互支持，齐心协力、同舟共济，努力形成齐抓共管的良好局面，共同把治理教育乱收费工作抓好。

（3）强化督导，确保各项工作落到实处。这次会后各级各部门和学校要对教育乱收费情况开展一次自查自纠活动。各部门和单位要对有无对学校、学生乱收费和摊派问题进行自查自纠。各学校要对有无违反规定乱收费、高收费问题和教育收费是否实行公示制等情况进行自查自纠。在自查自纠和整改问题的基础上，8月中旬由市治理教育乱收费工作办公室组织人员对各级各部门和学校贯彻落实全省治理教育乱收费工作电视电话会议精神和省、市下发的治理教育乱收费相关政策的情况进行监督检查。对落实不到位的单位和学校及时督促其进行认真整改，确保治理教育乱收费的各项政策规定在各部门和学校得到落实。

（4）严格检查，严肃处理顶风违纪案件。对这次会议以前不执行有关规定而擅自设立收费项目、提高收费标准、扩大收费范围的，凡是自查出的要限期进行整改。对这次会后继续对学校、学生乱收费和进行乱摊派的部门、单位要进行及时调查，按照有关规定进行严肃处理，追究单位主管领导和主要领导的责任；对那些仍然违反规定乱收费、高收费的学校，要从严进行处理。并要从查处的教育乱收费案件中选择典型的案件，予以公开曝光，以儆效尤。同志们，今年上级对治理教育乱收费工作非常重视，从党中央、国务院到省委、省政府都提出了非常高的要求，工作任务非常繁重。各级各部门要站在实践“三个代表”重要思想的高度，认真抓好各项工作任务的落实，确保治理教育乱收费工作取得明显成效。

对新提拔县级领导干部的廉政谈话

（2003 年 7 月 17 日）

今天，我受市委常委会和市纪委常委会的委托，与大家进行廉政谈话。今天在座的都是新提拔上来的县级领导干部，首先，对你们的进步表示祝贺！各位到新的更重要的岗位工作，一方面说明组织上对你们德才的肯定，对过去扎实工作取得成绩的认可；另一方面也表明，更艰巨的任务、更繁重的担子将摆在面前，需要不骄不躁，继续前进。在这个时候，与大家进行廉政谈话，体现了市委、市纪委对你们的关心、爱护，是对大家进一步的勉励和鞭策。希望大家要按照胡锦涛总书记“七一”讲话的要求，自觉用“三个代表”重要思想武装头脑，进一步增强廉洁自律意识，树立正确的世界观、人生观、价值观，正确对待权力、地位、金钱和物质利益，增强抵御和防范各种诱惑和腐蚀的能力，更好地承担起肩负的责任。

下面主要谈三个方面内容：一是党的历代领导核心对党员领导干部廉洁自律的重要论述和中央、省、市的有关规定；二是一些典型案件给我们的启示；三是在今后的工作中应如何模范遵守廉洁从政规定，使自己成为一个政治坚定、廉洁奉公、能担当重任的领导干部。

一　党的历代领导核心对党员领导干部廉洁自律的重要论述和中央、省、市的有关规定

党员领导干部廉洁自律是党的历代领导核心十分关注的重大问题。政治

路线确定之后，干部就是决定的因素。不断加强对领导干部的监督和管理，造就一支高素质的干部队伍，始终是我们党的一项战略任务。毛泽东、邓小平等老一辈无产阶级革命家都把这项工作放在关系党的事业兴旺发达的高度来强调。早在1938年，毛泽东同志就指出，中国共产党是在一个几万万人的大民族中领导伟大革命斗争的党，没有多数才德兼备的领导干部是不能完成其历史任务的。在党的七届二中全会上，毛主席告诫全党：务必使同志们继续地保持谦虚、谨慎、不骄、不躁的作风，务必使同志们继续保持艰苦奋斗的作风。

党的十一届三中全会以来，我们党按照“革命化、年轻化、知识化、专业化”的要求，积极采取措施，使大批年轻干部走上了各级领导岗位，这是我们的事业兴旺发达、后继有人的表现。在如何选人、选什么样的人的问题上，邓小平同志曾经深刻地指出：“我们今后配备领导班子的时候，要选用什么人呢？要选那些认真学习马列主义、毛泽东思想，在斗争中经得起考验的人；要选那些党性强，能团结人，不信邪的人；要选那些艰苦朴素，实事求是，说老实话、办老实事，做老实人，作风正派的人；要选那些努力工作，联系群众，关系群众疾苦，有魄力，有实际经验，能够办事的人。”并且指出：“为了促进社会风气的进步，首先必须搞好党风，特别是要求党的各级领导同志，以身作则。如果党的领导干部不能严格要求自己，不遵守党纪国法，违反党的原则，闹派性，搞特殊化，走后门，铺张浪费，损公利己，不与群众同甘共苦，不实行吃苦在先、享受在后，不服从组织决定，不接受群众监督，甚至对批评自己的人实行打击报复，怎么能指望他们改造社会风气呢？”老一辈革命家对教育、培养和造就一代代高素质的干部队伍真可谓语重心长、呕心沥血。

建设高素质的干部队伍，要求党的干部特别是领导干部，都要具备基本的政治业务素质。为此，江泽民同志提出了五条基本要求：第一，要有远大的共产主义理想，坚持正确的政治方向，坚定地走建设有中国特色社会主义道路，坚决贯彻执行党的基本理论、基本路线和各项方针政策；第二，努力实践党的全心全意为人民服务的宗旨，密切联系群众，特别是工农群众，坚决维护人民群众的利益；第三，解放思想，实事求是，一切从实际出发，善于开拓进取，具有唯物辩证的思想方法和工作方法；第四，模范遵纪守法，保持清正廉洁，发扬艰苦奋斗精神，自觉拒腐防变，坚决反对消极腐败现象；第五，刻苦学习，勤奋敬业，不断加强知识积累和经验积累，具备做好本职工作的专业知识和能力。

胡锦涛同志在西柏坡发表重要讲话，要求我们牢记毛泽东同志当年倡导的“两个务必”，对全党同志特别是领导干部提出四点希望：第一，牢记我国的基本国情和我们党的庄严使命，树立为党和人民长期艰苦奋斗的思想；第二，牢记全心全意为人民服务的宗旨，始终不渝地为最广大人民谋利益；第三，牢记党的基本理论、基本路线、基本纲领和基本经验，以艰苦奋斗的精神做好各项工作；第四，牢记党的重托和历史责任，自觉在艰苦奋斗的实践中加强党性锻炼。胡锦涛同志在中纪委二次全会上要求领导干部要正确认识和处理奉献精神和利益原则、党的事业和个人价值、全局利益和局部利益这三个关系：“一是各级领导干部都要坚持立党为公、执政为民，坚持党和人民的利益高于一切，正确对待和把握个人利益，淡泊名利、无私奉献。二是各级领导干部都要为党的事业和人民的幸福而不懈奋斗，在这一奋斗过程中来正确实现个人价值。三是各级领导干部都要牢固树立全局观念，全面贯彻党的路线方针政策，正确处理全局利益和局部利益的关系。”每一位领导干部都必须按照党的历代领导核心对干部要求的那样，自觉坚持讲学习、讲政治、讲正气，努力实践“三个代表”重要思想，力争使自己成为党需要的、合格的、能够担当的优秀干部。

下面介绍中央、省、市对党员领导干部廉洁自律的有关规定。我们党历来重视党员干部的廉洁自律工作。党的十四大以来，党针对党风廉政建设方面出现的新情况、新问题，先后做出了一系列有关领导干部廉洁自律的规定，并根据形势的发展变化不断进行了调整、充实、完善。这些规定对领导干部的从政行为具有重要意义，我们都要认真学习，不折不扣地贯彻执行。下面我对现行的廉洁自律有关规定有重点地做一简单介绍。

1997 年 3 月，中共中央制定了《中国共产党党员领导干部廉洁从政若干准则（试行）》（以下简称《廉政准则》）。《廉政准则》是对党的十四大以来所制定的有关领导干部廉洁自律规定的系统化和规范化。《廉政准则》

共分四个部分，主要是“廉洁从政行为规范”的“六要、六禁止”，每条中又有一些具体规定，共 30 项，这 30 项对党员领导干部的廉洁从政行为进行了详细、具体规范。一要廉洁奉公，忠于职守，禁止利用职权和职务上的影响谋取不正当利益。不准有索取管理、服务对象的钱物，不准有接受可能影响公正执行公务的礼物馈赠和宴请等六种行为。二要严防商品交换原则侵入党的政治生活和国家机关的政务活动，禁止私自从事营利活动。不准有个人经商、办企业，违反规定在经济实体中兼职或者兼职取酬，以及从事有偿中介活动四种行为。三要遵守公共财物管理和使用的规定，禁止假公济私、化公为私。不准有用公款报销或者用本单位的信用卡支付应由个人负担的费用，不准有借用公款逾期不还等五种行为。四要遵守组织人事纪律，严格按照干部选拔任用的制度办事，禁止借选拔任用干部之机谋取私利。不准有采取不正当手段为本人谋取职位，不准有泄露酝酿讨论干部任免的情况等五种行为。五要对涉及与配偶、子女、其他亲属及身边工作人员有利害关系的事项，应当奉公守法，禁止利用职权和职务上的影响为亲友及身边工作人员谋取利益。不准有要求或者指使提拔配偶、子女、其他亲友及身边工作人员，不准有用公款支付配偶、子女及其他亲友学习、培训的费用等五种行为。六要艰苦奋斗，勤俭节约，禁止讲排场、比阔气、挥霍公款、铺张浪费。不准有在国内公务活动中接受超过规定标准的接待，不准有违反规定用公款装修、购买住房等五种行为。

2001 年 9 月 6 日，中央做出了《关于加强和改进党的作风建设的决定》，明确要集中解决党的思想作风、学风、工作作风、领导作风和干部生活作风方面的突出问题。提出了“八个坚持、八个反对”：坚持解放思想、实事求是，反对因循守旧、不思进取；坚持理论联系实际，反对照搬照抄、本本主义；坚持密切联系群众，反对形式主义、官僚主义；坚持民主集中制原则，反对独断专行、软弱涣散；坚持党的纪律，反对自由主义；坚持清正廉洁，反对以权谋私；坚持艰苦奋斗，反对享乐主义；坚持任人唯贤，反对用人上的不正之风。

年初，省纪委、市纪委相继召开三次全会，传达了中纪委二次全会对领导干部廉洁自律提出的“三个不准”：不准利用职权违反规定干预和插手建设工程招标投标、经营性土地使用权出让、房地产开发与经营等市场经济活动为个人和亲友谋取私利；不准收受与其行使职权有关系的单位、个人的现金、有价证券和支付凭证；不准默许或授意配偶、子女打着领导干部的旗号以权谋私。这些都是中央从实际出发对领导干部廉洁自律工作做出的部署，具有普遍的意义，大家要严格遵照执行。

二　现实中存在的问题与启示

现实生活中，一些年轻干部本来对自己的要求还是比较严格的，但往往一走上领导岗位就放松了对自己的要求，没有把新的领导岗位看作继续前进的新起点，而是感到大功告成，开始马放南山、飘飘然起来，享乐思想逐渐萌生，挡不住诱惑、管不住小节、耐不住清贫，受利益驱动，一步步走上了违纪违法的道路。

在新的历史条件下，掌握一定权力的人，如果私欲膨胀，忘记了党纪国法，就必然走向反面，坠入罪恶的深渊。这些案件警示我们：党员干部，尤其是年轻领导干部必须坚定共产主义理想，始终保持政治上的清醒与坚定；必须树立正确的世界观、人生观和价值观，立党为公，执政为民；必须筑牢思想道德防线，身正行端，为人表率，绝对不能把党和人民赋予的权力作为谋私的手段。张力同志在市委工作会议上曾经这样讲过：在今天市场经济体制尚未完全建立、法治建设还尚待完善的情况下，从某种意义上讲，领导职务不能说不是一种危险职业，如果不能严格做到自律，功成名就和身败名裂也只是一念之差、半步之遥。张力同志的这段话真可谓是令人深思、发人深省啊，大家应该从这段话里有所启迪，切不可丧失警惕。

三　带头廉洁自律，做一个政治合格、思想过硬、严于律己、廉洁奉公的优秀领导干部

同志们，这次你们都是新从市直选拔到县（市、区）任职的年轻领导干部，在新的岗位上，如何做到廉洁从政，当一名优秀的领导干部，我提出

以下几条与同志们共勉。

（1）践行“三个代表”重要思想，把是否符合最广大人民群众的根本利益作为衡量从政行为的最高标准。“三个代表”体现了党的先进性和根本宗旨，贯穿其中的就是代表最广大人民的根本利益。人民群众是我们的衣食父母，是我们党成就事业的基础。我们想问题、做决策、定措施，要得民心、顺民意，就要察民情、听民愿、知民情、解民意。就要在民主集中制原则指导下，坚持对党负责与对群众负责的一致性，以群众满意不满意、赞成不赞成为尺度，以“吃透上情、摸准下情”为基础，确保决策符合广大人民群众的根本利益。最近，张力同志在市纪委三次全会上要求“各级领导干部要从解决群众反映强烈的问题入手，高度重视解决发生在群众身边的腐败现象，如大吃大喝、奢侈浪费、优亲厚友、借婚丧事聚敛钱财以及一些职能部门的吃拿卡要，办个证、办个卡不给好处不办事，等等”。这些问题，最让群众憋气，也最让群众愤恨。解决群众反映强烈的问题，既要抓乱作为，又要抓不作为。要督促不作为，纠正乱作为，鼓励有作为。各级领导干部只有按照群众的呼声和合理建议，满腔热情地为群众办实事、办好事，才能永远忠实地代表最广大人民的根本利益，永远不辜负人民群众的期望和重托，永远获得取之不尽的力量源泉。

（2）切实加强党性锻炼，带头做廉政勤政的模范。领导干部在党风廉政建设中要以身作则、率先垂范，充分发挥表率作用。一要清清白白，一身正气，做廉洁自律的表率。要增强廉洁从政意识，经得起权力、金钱、美色的考验；严格遵守廉洁自律的各项规定，要求别人不做的、下级不做的，自己首先不做。二要踏踏实实，埋头苦干，做艰苦奋斗的表率。三要勤勤恳恳，恪尽职守，做勤政为民的表率。要诚心诚意为人民谋利益，多考虑群众的冷暖，少琢磨个人的进退；多考虑群众需要不需要，少琢磨上面知道不知道；多考虑群众满意不满意，少琢磨对自己有利还是没利。四要堂堂正正，敢于碰硬，做坚持原则的表率。在重大问题上，一定要态度鲜明，坚持原则，敢唱“黑脸”。

（3）拓宽民主渠道，自觉接受监督。许多事实一再警告我们，失去监督的权力，必然产生腐败。通过“述廉”“评廉”等形式，自觉把自己置于党和人民的监督之下。健全民主生活会制度，认真开展批评与自我批评。要提高决策的民主化程度，拓宽党内民主渠道，加强党员对党内事务的了解和参与，引导、保护、发挥好各级党组织和全体党员的积极性。进一步扩大基层民主，充分发挥群众的监督作用。还要构筑八小时以外的廉政防线，把监督由“工作圈”扩大到“社交圈”和“生活圈”。

讲以上几点，目的是与大家共勉。希望大家在今后的工作岗位上，自重、自省、自警、自励，再接再厉，开拓创新，以优良的作风和卓有成效的工作向党和人民交上一份满意的答卷！

在全市生态家园富民工程现场调度会结束时的讲话

（2003 年 7 月 23 日）

今天的会议上，我们参观了魏县的生态家园富民工程现场，五个县做了大会发言，增海、素华同志讲了很好的意见。希望大家会后认真学习领会，抓好落实。下面我再强调三点意见。

一　进一步提高认识，切实增强实施生态家园富民工程的责任感和紧迫感

我市是个农业大市，农业在国民经济中的比重较大，属于资源密集型农业。随着我国农业和农村经济发展进入新阶段和加入世贸组织，我市农业及农村经济面临着人口、资源、环境、市场各方面的压力。要全面建设小康社会，实现农村可持续发展，任务艰巨。

近几年来，为提高农民收入，我市各级广开农民增收渠道，特别是推广实施的生态家园富民工程，以沼气为纽带，配套进行改厕、改圈、改厨、改院，通过“三沼”综合利用，实现了家居温暖清洁化、庭院经济高效化、农业生产无害化，在促进农业可持续发展和农民增收方面取得了一定的成效。实践证明，实施生态家园富民工程，是我市改变传统农业耕作方式的新突破，是我市农业向更高层次发展的新路子。其主要特点在于：一是强调了可持续发展，寓生态环境的建设于促进农民增收和农村社会发展之中，于实

现农业和农村经济现代化背景之下，能够引发农民生活方式的变革，有效促进农民生活水平和生活质量的提高，是一项利在百姓、惠及子孙的好事情。二是注重农业效益和农民收入的提高。生态家园富民工程在技术上促养殖业，下连种植业，把各类成熟适用的能源、农艺、畜牧养殖等技术优化组合，实现了多种效益的统一，具有较高的科技含量，是促进农民增收的重要举措。三是小中见大，拉近了党群、干群关系，是“三个代表”重要思想在农业农村工作中的具体体现。生态家园富民工程，强调以农户为基本单位，集千家万户的力量和效益于一体，使农民在现有耕地和庭院空间内实现收入的增加和生活水平的提高。可见，一口小小的沼气池，体现了党和政府对农民的关怀。各级各有关部门要统一思想，提高认识，切实增强实施生态家园富民工程的责任感和紧迫感，认真谋划，扎实工作，把生态家园富民工程抓实、抓好、抓出成效。

二　以“三个代表”重要思想为指导，为实施生态家园富民工程营造一个良好的社会环境

实施生态家园富民工程，既净化生态环境，又提高农民的生活质量，是一个促进农民增收的好途径，也是党落实“三个代表”重要思想在农村工作中的具体体现。各级各有关部门一定要以“三个代表”重要思想为指导，把实施生态家园富民工程当作为农民办实事、办好事的一项具体工作来抓，为实施生态家园富民工程营造一个良好的社会环境。一方面，要充分利用大众舆论媒体，大张旗鼓地宣传生态家园富民工程。除利用会议动员、组织党员代表和群众代表参观学习等形式宣传发动外，还要利用印发宣传材料、送科技下乡、科普集会、农闲培训等活动，向广大农民宣传推广生态家园富民工程建设中涌现的好经验、好典型、好效果，向广大农民群众宣讲生态家园各项富民适用技术。要充分发挥基层农村文化宣传的优势，利用板报、专栏、书写墙标及农民喜闻乐见的文艺节目等多种形式，宣传生态家园富民工程的意义，使生态家园富民工程尽快在我市形成强大的声势和浓厚的舆论氛围。另一方面，在广泛发动群众的基础上，还要注重典型示范、干部带头。

要着力抓好示范乡镇、示范村建设，下大力培养扶持一大批典型村、示范户，依靠典型示范的带动，引导农民积极投入工程建设中。刚才曹素华副市长讲的示范村、示范户任务，各县（市、区）都要高标准、高质量地完成。要特别注意在效益和效果上下功夫，真正让群众得到好处，切忌村式主义。年终，要组织有关部门逐村验收，凡是没有按要求完成的，都要给予严肃批评。各县（市、区）还要学习借鉴先进县经验，结合本地实际，统一规划，科学安排，建立自己的生态家园富民典型示范群，做到级级有典型、层层有示范。通过典型示范的带动作用，推动生态家园富民工程的有力开展。

三　加强领导，狠抓落实，确保生态家园富民工程任务目标的顺利完成

实施生态家园富民工程，既是一项促进农民增收和结构调整的经济工作，又是一项顺民意、安民心的政治工作。要把生态家园富民工程作为各级转变工作作风、密切党群干群关系的一项“民心工程”，与全市农业、农村工作的整体部署紧密结合起来，与农村文明建设结合起来，与村级学教活动结合起来，统一谋划，统筹运作，把这一实事办实、好事办好。各县（市、区）、各有关部门一定要高度重视，按照市委、市政府的总体部署，把生态家园富民工程列入重要工作内容，明确目标责任，切实抓紧抓好。会议之后，与会同志要及时向党政“一把手”做好汇报，认真贯彻落实这次会议精神，认真组织实施本地的生态家园富民工程，做到有任务、有目标、有方案、有措施、有标准，确保生态家园富民工程的强力推进。各级党委、政府要加强对这项工作的领导，做到书记、县长亲自安排部署工作中的重点和关键环节，亲自过问指挥，亲自督导落实。各有关部门也要积极配合，共同抓好生态家园富民工程。农业、林业、畜牧、水利、科技、农业开发、扶贫、妇联等相关部门，都要结合本职业务，深入乡村、农户具体督导、协调，联村联户技术指导，对生态家园富民工程给予支持和帮助，使全市上下形成抓生态家园富民工程的合力。各级能源办公室是生态家园工程的业务主管部门，一定要搞好工程建设的总体规划、综合协调和全面指导，做到尽职、尽

责、尽力。同时，各级要尽力为新能源办公室提供必要的物质保障。机构改革中，要统筹安排，在保持各级新能源办公室相对稳定的基础上，要本着利于工作的原则，理顺管理体制，配齐、配强工作人员，不断壮大其工作力量，确保生态家园富民工程的顺利实施。

同志们，实施生态家园富民工程是一项光荣而艰巨的任务，让我们以中央和省市农村工作会议精神为指针，以发展现代化的农业为目标，统一思想，坚定信心，与时俱进，开拓创新，为把我市农业和农村经济发展提高到一个新水平做出新的更大的贡献。

邯郸市“千家万户看党风”规模调研情况报告*

（2003 年 7 月 26 日）

为全面、准确地掌握全市党风廉政建设现状，了解人民群众对反腐败斗争的所想所盼，进一步促进纪检监察干部队伍改进作风和开拓创新工作，今年 6 ~ 7 月，我们组织全市纪检监察系统广大干部，深入农村、企事业单位、机关、街道，开展了“千家万户看党风”规模调研活动，收到了较好效果。现将有关情况报告如下。

一 调研活动基本情况

这次“千家万户看党风”规模调研活动是在市纪委常委会直接组织领导下进行的。市纪委常委会经过反复研究谋划，确定了这次调研活动的指导思想是“摸透实情，理性分析，客观评估，科学决策”，要达到“总结经验，改进工作，转变作风，与时俱进地推动党风廉政建设和反腐败工作更加深入有效开展”的目的。并选定调研题目，制订调研计划，召开了专门会议进行部署。按照市纪委常委会的统一部署，全市纪检监察系统深入扎实地开展了这次“千家万户看党风”规模调研活动。

* 本文系由周文夫主持起草的邯郸市“千家万户看党风”规模调研情况报告，报送中共河北省纪委，刊发于《河北纪检监察研究》2003 年第 9 期。

这次调研活动呈现四个显著特点。一是各级领导重视程度高。市纪委和各县（市、区）纪委、市直各单位纪检监察机关，都把此次调研活动列为今年工作的一个重点和“一把手工程”，市纪委书记和各县（市、区）纪委书记等主要领导同志亲自担任市或县区调研活动总负责人。市纪委书记、各位副书记、常委同志分别带领五个调研组下基层调研。二是调研活动规模大。全市共调研了企业161家，乡镇和街道办事处136个，机关事业单位256个，自然村、居民委员会和基层所站1030个，真正超过了“千家”。三是调研方法灵活多样。主要采取了民意问卷调查、召开座谈会、个别走访等形式。全市共发放党风廉政建设民意调查问卷2万份，召开座谈会786个，走访基层党员、群众13600余人次，真正进了“万户”。大名等县（市、区）还在电视台公布了“调研热线”，调研期间群众可随时通过热线就党风廉政建设问题谈看法、提建议。四是参加调研的人数多。全市纪检监察系统共有61名县级、330余名科级和610余名一般干部直接参加了调研，是我市纪检监察机关有史以来组织的规模最大的一次调研。

通过调研，主要取得了五个方面的初步成效：一是使我们对全市党风廉政建设的总体状况有了更加客观、准确的估价；二是使我们对这些年来全市党风廉政建设取得的成功经验有了比较全面、系统的总结；三是使我们对全市党风廉政建设中存在的突出问题及原因，对群众反映强烈的热点、难点问题和不正之风有了更加清楚的了解；四是使我们对进一步加强和改进党风廉政建设、与时俱进地做好新形势下纪检监察工作的方向和重点有了更加明确的认识；五是使全市纪检监察机关和广大纪检监察干部的作风得到进一步转变，使我们与广大人民群众的联系更紧了、感情更深了。

二　全市党风廉政建设总体状况和基本经验

调查显示，近年来我市各级党委、政府和纪检监察机关，不断加大党风廉政建设和反腐败工作力度，取得了比较明显的成效。党风廉政建设总体状况是好的。

一是人民群众对党风廉政建设的满意度较高。调查中有39.40%的群众对近年来全市党风廉政建设取得的成效表示满意，38.61%的群众认为比较满意，满意和比较满意率达78.01%。

二是人民群众对党风廉政建设和反腐败斗争的信心较强。调查中，有80.6%的群众表示对通过开展党风廉政建设和反腐败斗争逐步遏制腐败现象有信心或较有信心；在“如果你掌握一些涉及腐败问题的线索将如何做”的调查中，66.93%的群众选择了积极举报。

三是各级领导对党风廉政建设工作比较重视。调查中，有86.92%的群众认为所在单位领导班子对党风廉政建设是重视和比较重视的，90.18%的群众认为所在单位党政领导班子党风廉政建设抓得很紧或抓得较紧。

四是各级各部门廉政制度建设普遍加强。调查显示，94.32%的群众认为所在单位的党风廉政制度是健全或比较健全的，79.76%的群众认为政务公开、厂务公开、村务公开“三公开”制度能够得到有效落实。

五是领导干部廉政状况总体较好。调查中，有86.14%的群众认为所在单位领导干部能够执行廉洁自律的有关规定，81.74%的群众认为多数领导干部比较廉洁。

这些调查结果表明，近年来我市党风廉政建设和反腐败斗争的措施是有力的，工作是扎实的，效果也是明显的。在规模调研后，我们通过认真思考和分析，认为取得这些成效的基本经验有四条。

（1）必须坚持中央确定的反腐败工作格局，标本兼治、综合治理，狠抓落实。领导干部廉洁自律、查办违纪违法案件、纠正部门和行业不正之风是中纪委部署的反腐败三项重点工作。坚持三项工作一起抓，坚持治标和治本一起抓，才能牢固筑起思想道德和党纪国法两道防线，才能既打击腐败分子，又从源头上遏制腐败现象的滋生蔓延。因此，始终把反腐败三项工作放在突出位置，倾注了大量精力，采取一系列有效措施认真抓落实。在领导干部廉洁自律工作方面，开展了“四个一”廉政教育，组织对各级领导干部进行了“三廉”监督，并把领导干部廉洁自律与转变作风相结合，强化了领导干部廉洁从政意识，促进了廉洁自律各项规定的落实。在查办违纪违法案件方面，确定了“稳定数量、提高质量、集中力量查处有影响有震动的大案要案”的工作目标。采取了“加大压力、激发活力、挖掘潜力、增强能力”的“四力”办案措施，并建立和利用信访信息库、案件线索库、办案资料库、办案人才库，提高了办案科技含量，扩大了办案成果。在纠风方面，以行风评议为突破口，带动和促进了纠正医药购销中的不正之风、减轻企业和农民负担、治理公路“三乱”、治理中小学乱收费等各项纠风工作的健康开展并取得了良好效果。

（2）必须紧紧围绕经济建设这个中心，把服务第一要务作为工作的出发点和归宿。几年来，始终站在维护改革发展稳定大局的高度来认识和把握党风廉政建设和反腐败工作，一并把为改革发展稳定大局服务寓于反腐败各项工作之中。在领导干部廉洁自律工作中，把国有企业领导人员的廉洁自律作为一项重要内容，认真组织召开国有企业领导人员廉洁自律民主生活会，积极开展专项检查，确保廉洁自律各项规定在国有企业的落实。在查办违纪违法案件工作中，既注意严肃查处发生的经济领域里的腐败案件，在每一起具体案件的查处中，又注意从政治上着眼，综合考虑政治、经济和社会效果，为经济建设保驾护航。在纠风和行风评议工作中，把治理“三乱”，减轻企业和农民负担，优化经济发展环境，促进政府各部门转变作风、转变职能，强化为企业、为群众服务意识，提高服务质量作为工作重点。实践证明，围绕经济建设中心开展工作，既有力地推动了党风廉政建设和反腐败斗争的不断深入，又促进了全市经济的持续快速健康发展，收到了“双赢”的良好效果。

（3）把制度建设具体化，使党风廉政建设和反腐败工作逐步纳入法制化轨道。法规和制度建设是新形势下推进党风廉政建设和反腐败斗争的可靠保证。针对党风廉政建设方面出现的新情况、新问题，围绕落实中纪委、省纪委的有关规定，结合本市实际，及时制定了一系列易于操作的制度、规定、实施意见和具体办法。比如，在领导干部廉洁自律工作中，先后制定了《关于拖欠工资的县、乡严格落实“三不准”的实施意见》《关于建立和完善我市县（处）级领导班子、领导干部廉政档案的意见》等；在反腐败源头治理方面，制定了《关于推进行政审批引入市场机制“四项制度”改革和财政制度改革的意见》；在纪检监察干部队伍建设方面，制定了《关于对纪检监察干部加强监督的实施意见》，进一步建立和完善了纪检监察机关内部监督和外部监督机制；在落实党风廉政建设责任制工作中，为了进一步强化各级党政“一把手”的责任意识，在全市试行了党风廉政建设“第一责任人”半年报告党风廉政建设工作制度，促进了党风廉政建设责任制度的落实；为了进一步加强对权力运行的监督制约，还会同有关部门制定了《关于在党风廉政建设中加强新闻舆论宣传监督工作的实施意见》等。实践证明，只有不断加强制度建设，才能使我市的党风廉政建设和反腐败斗争逐步趋于制度化、法制化。

（4）必须坚持不断创新，以创新的思路和创新的措施，确保各项工作任务的全面落实。几年来，我们确定了“积极探索从体制、机制、制度‘三位一体’的结合上推进，谋求领导层、执行层、参与层紧密联系、三力合一；全面部署，整体推进，重点突破，强化措施，狠抓落实；实践与创新并举，落实上级部署与抓好地方特色工作同步”的总体思路，把创新作为全年工作的灵魂。一年来，通过积极落实这一思路和采取一系列创新的措施，不仅很好地落实了中纪委、省纪委的各项工作部署，还使全市的党风廉政建设和反腐败工作创出了邯郸特色，受到了上级纪委的充分肯定。比如，在领导干部廉洁自律工作中我市的“四三一”工作法，几次受到省纪委领导的充分肯定；在行风评议中我市建立和实行“5251”工作机制尤其是开展“二次听证”，注重解决问题的做法，受到中央书记处书记、中纪委常务副书记何勇同志和原省长钮茂生同志的表扬。中央电视台新闻联播节目还报道了我市的行风评议工作。

三　当前党风廉政建设和反腐败工作中的突出问题及原因分析

在肯定成绩、总结经验的同时，我们也清醒地看到，仍有6.59%被调查群众对党风廉政建设取得的工作成效不满意或不太满意，13.51%的群众认为成效一般。说明我们的工作还存在一些薄弱环节，存在一些不尽如人意的地方，与人民群众对我们工作成效的期望还有一定的差距。调研中，广大群众和纪检监察干部提出了许多当前党风廉政建设中存在的问题，主要表现在七个方面。

（1）一些久刹不绝的歪风成为广大群众切齿痛恨的顽症。无论是问卷调查还是座谈中，人民群众对领导干部公款大吃大喝、挥霍浪费、违反规定购买使用小轿车等问题反映非常强烈。在“你认为当前领导干部在廉政方面存在的最突出的问题是什么”的调查中，有 57.53% 的群众选择了公款大吃大喝、挥霍浪费，23.15% 的群众选择了违反规定乘车，分别居调查总数的第一和第三位。群众反映，一到中午和晚上吃饭时间，各大饭店门前就停满了各种各样的小轿车，大多数是公车，其中以党政机关和执法执纪部门的居多。邯山区一位叫靳国忠的居民讲，他家门口的一个饭店，有一天晚餐时就停了 56 辆轿车，平时也都在四五十辆，其中公车不少于三分之二；从台区下岗职工郝秋英痛心地说，现在有的干部一顿饭能吃掉我们一年的血汗钱；成安县一位农民讲，我们辛辛苦苦种一年的地，还不够当官的喝一瓶好酒、抽一条好烟。最近，我们解剖了广平县供销机械厂公款吃喝问题，该厂厂子虽小，效益虽差，但在吃喝招待上毫不含糊。1995～2000 年，该厂仅从小金库中就支出吃喝招待费 130 多万元，厂长高一恩受到了党政纪处理。这些公款吃喝者，有的饭后满脸通红、酒气冲天，有的甚至东倒西歪、口出秽语，严重损坏了各级领导干部的形象，群众看在眼里，气在心头，骂在嘴上。个别领导干部置中央三令五申和群众利益于不顾，违规购买、乘坐超标车，群众深恶痛绝。“几十个文件管不住一张嘴”“清了几次也清不干净屁股底下”“连这些明摆着的腐败现象都治理不了，还如何谈深入反腐败”已经成为老百姓的“口头禅”。能不能像防治非典一样下决心根治这些“顽症”，成为被调查群众经常向我们提问的问题。一些老党员、老干部尖锐地指出：这些问题，虽然中央和省市都制定了许多规定，采取了不少措施，但总是效果不佳，成为一种久刹不绝的顽症，根子就在于“法不责众”、处理太轻和没有从改革现有职务消费体制方面来解决。

（2）司法领域的腐败和不作为让一部分群众感到失望。调查中，社会各界群众，特别是基层群众对司法腐败切齿痛恨。在“你认为当前最严重的不正之风是什么”的调查中，有 46.94% 的群众选择了司法机关执法不公、执法不廉和法执不严，居首位。还有的司法机关和司法干部不仅执法不公、执法不廉，而且执法犯法。从公、检、法儿部门来看，群众对法院系统存在的腐败现象和不正之风反映尤为强烈，突出表现为办人情案、金钱案、糊涂案。有的事实清楚、问题简单、对错明了的案子，因为一些法官的徇私枉法，竟然做出了颠倒黑白的判决。有的法院和法庭将案件东拖西拖，推来推去，几年、十几年没有结论，成了“马拉松官司”。打官司的人耗尽了财力，耗尽了精力，耗尽了信心，有的群众说“宁死也不再打官司了”。有的群众即使打赢了官司也是“空欢喜”，因为法院说“执行难”，长期执行不了。一些群众说，中央一直讲要依法治国，建设法治国家，依法诉讼打官司是我们维护自身权益的最后一道防线，在法院再得不到公正，太让我们失望了。

（3）弄虚作假、欺上瞒下的浮夸作风成为群众反映强烈的热点问题。这次调查中，群众对领导干部在工作作风方面反映最强烈的问题是弄虚作假、欺上瞒下和高高在上、不深入群众，分别占总数的34.15%和31.22%，居前两位。群众反映，现在大多数领导干部都能认真践行“三个代表”，努力为群众办实事、办好事，但也有少数领导干部热衷于搞“数字游戏”，搞华而不实、劳民伤财的“形象工程”“政绩工程”，做工作、办事情只为迎合上级领导的“口味”、迎接上级的检查考核，不考虑本地本单位实际，不顾及广大人民群众的利益。群众反映，前几年有的县不切实际建设“高新技术开发区”，圈了很多农田，但由于进区项目太少，“高开区”成了“荒草地”，群众很心疼。群众说，这些干部之所以热衷于“数字游戏”和“形象工程”，是因为上级在考核领导班子和领导干部时过于注重数字和表面的东西，不注重群众的反映和实际效果。下级的虚假浮夸与上级考核、使用干部的导向有很大关系，治理浮夸一定要上下联动。

（4）体制、机制的不健全与不适应，使对党员领导干部的监督仍然比较薄弱。群众反映，当前腐败问题为什么屡禁不止、久刹不绝，原因是多方面的，但其中一个非常重要的方面就是对领导干部缺乏有效的、有力的监督，特别是在党内监督方面问题更突出些。有的领导班子民主生活不正常，民主集中制不能得到较好贯彻落实，在干部调整等重大问题上，表面上看是集体研究，实际上还是“一把手”说了算。调研中不少党员干部特别指出，有的领导干部为什么犯错误，其中一条就是党内民主集中制制度不健全，对这样的领导干部监督制约不力。虽然目前纪检监察机关的地位较前些年有所提高，但由于受同级党委领导的工作体制没有改变，其很难在对同级党委的监督中发挥应有作用，监督无力甚至无奈的现象在一些地方和单位不同程度地存在，基层单位中这个问题更为突出。不少群众呼吁，应对纪检监察机关实行一定程序的垂直领导，以提高监督的有效性。

（5）不是直接贪污现金，而是以占有企业债权、股权的方式侵吞国有资产，成为国有企业违纪案件的新特点。我们在深入企业调研中，很多企业员工反映，现在企业领导人借改革、改制之机，钻政策相对滞后的空子，变换手法侵吞侵占国有资产，造成国有资产的大量流失，已成为企业领导干部违法违纪的一个新的特点。一些企业领导人不是直接贪污公款而是将企业的债权移花接木转入个人名下，巧取豪夺侵吞国有资财，已成为新形势下企业领导人经济方面违法违纪的突出特点。

（6）办案工作不是力度太大了而是还远远不够。接受调查的社会各界干部群众普遍认为：前一时期，尽管各级纪检监察机关不断加大查办案件工作力度，突破了一批大案要案，取得了比较明显的成效。但是，总感觉到查处的有影响、有震动的典型案件数量还不够多，与群众的期望值有一定差距，有很多为群众所深恶痛绝的腐败问题还没有被揭露。有的虽被揭露，但处理上存在失之于软和纪律处分与经济处罚相脱节的问题，使得一些腐败分子“政治上难受一阵子，经济上舒服一辈子”。查处案件对违法违纪的威慑作用还不够大。纪检监察查办案件不是办多了，而是办得不够；对腐败分子的打击力度不是大了，而是还不够有力。

（7）对于一些涉及人民群众切身利益的不正之风，群众仍然反映强烈，以往的“清水衙门”也发现了大量违纪违法案件。在调查中群众反映，当前乱收费、乱罚款、乱摊派问题仍然比较突出。从行业和领域看，交通运输行业即公路“三乱”居首位，占被调查人数的33.05%，教育领域和医药卫生行业分别居第二、第三位。群众说，公路“三乱”问题尽管年年抓、集中治，但总是像割韭菜，割了一茬，过一段时间又长出一茬。如市纠风办上半年刚查处了4起公路“三乱”案件，7月份就又发生了4起违规上路查车问题。过去人们常说民政、教育等部门是“清水衙门”，而这些部门现在也是“净土不净”。市纪委前一时期就查处了市民政局发生的贪污、挪用彩票款案件。目前教育领域违反国家“三限”规定收取超额“赞助费”“择校费”的问题比较普遍。群众说，现在没有哪个部门不知道搞“三乱”是违规违纪的，但明知违纪还照样搞，说到底还是利益驱动作祟，同时也存在有关部门和单位人员经费不足和监督不力等原因。中央讲“群众利益无小事”，要落到实处，就必须进一步加大治本力度，进行综合治理。

产生这些问题的主要原因，一是有的地方和单位的领导不能摆正经济建设与党风廉政建设的关系，不同程度地存在将经济建设与党风廉政建设割裂开来、对立起来的不正确认识，缺乏抓好党风廉政建设的思想动力；二是虽然各地各单位层层分解建立了党风廉政建设责任制，但在责任制检查考核和责任制追究的关键环节上还存在失之于软的问题，使一些地方和单位的领导缺乏抓好党风廉政建设的责任动力；三是有的领导不注重政治学习和思想修养，不能正确对待权力、地位、金钱、荣誉，思想道德防线脆弱，经不住来自方方面面的诱惑；四是监督制约机制不健全，缺乏对各级领导干部特别是“一把手”的有效监督制约，缺乏对权力部门及其工作人员的有效监督制约；五是有的纪检监察机关、检察机关及其他担负党风廉政建设和反腐败斗争重要任务的部门，工作力度不大，职能作用发挥不够，有的缺乏与时俱进、开拓创新精神，思想封闭，方法陈旧，效果不佳。

四　关于进一步加强和改进党风廉政建设的对策和建议

针对上述存在的问题，结合调研中广大群众提出的 14 个方面的意见、建议和市县两级纪检监察机关 9 个方面专题调研成果，就进一步加强和改进党风廉政建设提出如下意见。

（1）坚持用“三个代表”重要思想统领反腐倡廉工作。“三个代表”重要思想是我们党必须长期坚持的指导思想，要体现和贯彻到一切实际工作中去，包括反腐倡廉工作。实践证明，腐败是干扰、破坏改革发展的大敌，腐败不除，发展的路子就难以走正、走宽、走好。在反腐倡廉指导思想上必须坚持好以下两点。一是必须以“三个代表”重要思想统领党风廉政建设和反腐败斗争，把始终做到“三个代表”作为衡量反腐倡廉工作成效的根本标准。要牢牢把握和认真贯彻“三个代表”重要思想的根本要求，始终坚持与时俱进这个关键，更好地适应时代发展和社会进步的趋势；始终坚持党的先进性这个核心，坚定地维护党的先锋队性质和党的队伍的纯洁性；始终坚持立党为公、执政为民这个本质，把实现、维护和发展人民的根本利益作为反腐倡廉工作的出发点和归宿。二是围绕发展这个执政兴国的第一要务开展反腐倡廉工作，为实现全面建设小康社会的奋斗目标创造良好的政治环境。党风廉政建设和反腐败工作的本身并不是目的，目的是实现党的总路线、总任务服务。具体到当前，就要牢牢把握发展这个执政兴国的第一要务，围绕经济建设这个中心，维护和促进改革发展稳定的大局，为不断解放和发展社会生产力服务，为经济、政治、文化全面协调发展和加快推进现代化建设服务。为实现全面建设小康社会的奋斗目标和战略任务提供政治保证。

（2）确定新方法，把党风廉政建设和反腐败斗争作为全面建设小康社会的“助推器”来把握。调查中，广大党员干部一致认为，不能把党风廉政建设和反腐败工作仅仅认为是经济建设的“制动器”，而是经济建设的“助推器”，这种助推作用表现在五个方面。一是维护安定团结的政治局面，从创造稳定的政治环境方面推动小康社会建设。加强对党员干部执行党的政治纪律情况的监督检查，加大对破坏安定团结案件的查处力度，把各级干部的思想统一到建设小康社会上来，形成良好的政治环境。二是营造廉政环境，从创造良好的投资环境方面推动小康社会建设。进一步加强廉政法规制度建设，加大廉政宣传和监督检查力度，努力营造诚信、文明、廉洁的投资环境。三是加强效能监察，从创造良好的管理环境方面推动小康社会建设。积极开展事前、事中、事后的效能监察工作，为经济和社会的发展创造良好的社会环境。四是查办案件，着力纠风，从创造良好的市场环境方面推动小康社会建设。五是抓好源头治理，从创造良好的基础性环境方面推动小康社会建设。将治理腐败的关口前移，从直接掌管人、财、物审批权的机关和部门抓起，引入市场机制，从“闸口”上切断产生腐败的源头。

（3）切实维护群众利益，坚决查处严重损害群众利益的典型案件。这次调查、走访中，多数群众对少数领导干部以权谋私、弄虚作假、欺上瞒下等损害群众利益的行为深恶痛绝。因此，必须把维护群众利益、“群众利益无小事”贯穿于纪检监察各项工作中去。努力维护党和群众的根本利益。一是切实查处以权谋私、与民争利等损害群众利益的案件；二是坚决查处官僚主义、形式主义、欺上瞒下，不顾群众利益，大搞华而不实的“政绩工程”“形象工程”劳民伤财的案件；三是坚决查处享乐主义、极端个人主义，大搞奢侈浪费严重危害群众切身利益案件。对情节严重、影响极坏的典型案件要严查、严处、严惩不贷。只有这样，我们才能真正恪守纪委工作职责，才能真正实践“三个代表”重要思想，才能真正做到把“三个代表”作为反腐倡廉工作成效的根本标准。

（4）加大处罚力度，提高腐败“成本”，不让腐败分子占到任何便宜。在腐败现象仍然存在、党风和社会风气没有根本好转的地方或时期，如果对腐败打击不力，使腐败变成一种有极高效益的经营性行为，就会助长腐败。从经济学角度看，通过加大腐败“成本”使腐败变得无利可图以至彻底破产，是根除腐败现象的治本之策。

第一，增加腐败行为发现概率，是有效打击腐败现象的首要一环。目前有些地方腐败现象还比较严重，民愤极大，但受惩处的腐败分子为数不多，对腐败的打击力度不够。由于腐败行为的案发概率较低，腐败的风险不大，腐败分子的“风险意识”淡薄，形成了一种不正常的社会风气。因此，通过对反腐败工作的大力支持，扩大腐败发现概率，加大查处力度，消除腐败分子的侥幸心理，是反腐败斗争的当务之急。

第二，提高腐败“成本”，是严厉惩治腐败行为的有效途径。通过提高腐败成本抑制腐败，最便捷有效的途径是提高腐败的受惩成本。长期以来有些地方对腐败的打击力度不够，声势大、实绩小；检查严、处理宽；纪律处分多、刑事处罚少；不少腐败问题大事化小、小事化了、不了了之；腐败分子往往“难受一阵子，舒服一辈子”，其受惩成本实际上很低，不足以对腐败分子形成威慑。因此，增强对腐败分子的打击力度，加大其受惩成本，即依照法律和党纪政纪规定从重从快给腐败分子以严厉制裁，彻底清缴其非法所得，并处以几倍甚至几十倍的罚款，不让违纪违法者在经济上占到任何便宜，是当前形势下扼制和消除腐败现象的必要选择。

第三，加大对领导干部任中、离任审计，是遏制腐败先行发生的重要手段。根据多数群众的建议，在干部任中、离任审计中除正常的例行审计外，要加大对领导干部任中、离任时的个人财务审计，对其灰色收入明显超过正当收入的，要责令个人向组织说明，说不清楚的，按贪污受贿论处。

（5）研究职务消费行为，不断提高规范监督管理的科学性。调查中干部群众对领导干部的职务消费问题议论最多，意见也最大，积极推行用改革的办法来解决领导干部职务消费中存在的问题势在必行。一是要明确党政机关、国有企事业单位领导人员履行职务时相关的消费开支项目的范围、标准、程序等，并按照“因公必需、量力而行、勤俭节约、公开透明”的原则，严格执行。二是职务消费的内容、标准要规范。目前条件下，对领导人员职务消费的四项内容（通信工具费用、交通工具费用、差旅费用、有关接待应酬费用）等进行规范，并按照干部职务、任职年限、工作性质等确定一个标准、明确一个范围。三是逐步实现领导人员职务消费货币化的彻底改革。在费用限额、有偿使用、定额补贴的基础上逐步向货币化过渡，以货币形式定额包给个人，如取消领导固定汽车配置，实行交通费用定额包干，以货币化形式体现出来，将隐性支出变为显性支出。四是逐步实现党政机关公务员福利待遇工资化。结合公务员工资制度改革，党政机关不再开办各种福利性设施，也不再搞各种福利活动，全面推向社会。这样既增加机关公务人员收入的透明度，便于监督，又使人员得到精减，降低机关运行成本，减少国家财政开支。

（6）认真履行职责，切实搞好组织协调。协助党的委员会加强党风廉政建设和组织协调反腐败工作，是党的十六大党章对各级纪律检查委员会规定的主要任务，也是由纪检机关的地位和性质决定的，是与反腐败领导体制和工作机制相一致的。在工作中应当深刻领会组织协调反腐败职责的科学内涵。在党委的统一领导下，积极主动地组织协调反腐败工作。一是要更好地发挥纪委作为反腐败斗争中的枢纽作用，既要敢于协调，又要善于搞好组织协调，真正将各方面的力量整合起来，充分调动各方面的积极性，形成各行各业协同作战、相互配合的局面，形成全党动手反腐败的整体合力。二是要通过组织协调使各级纪检机关从那些思路已经清晰、条件已经成熟、能够放手让其他部门去完成的具体工作事项上解脱出来，腾出时间和精力用于抓好反腐败工作的落实，使反腐败工作真正落到实处。三是各级纪委要通过组织协调反腐败工作，全面掌握情况。针对全局性、倾向性问题及时提出对策和建议，通盘谋划战略任务，准确地分解到各个职能部门，充分发挥各自优势，不断提高反腐败工作的层次和水平。

（7）强化时代责任，严格执行党风廉政建设责任制。调查中，多数干部群众对进一步落实党风廉政建设责任制提出了意见和建议。针对当前落实党风廉政建设责任制过程中存在的薄弱环节，须进一步加大责任追究力度，使责任追究制度化。要正确理解责任追究的含义，建立抓责任追究的机制。对领导干部管辖范围内党风廉政建设方面发生重大问题的，不管是不是当事人、是否直接参与，只要负有“失教”“失管”“失察”“失究”“失误”中的任何一种责任，都要受到追究。在实际操作时，应做到“四个明确”。一要明确责任主体。应坚持“双追究”制，既追究责任单位分管领导的直接领导责任，又追究“一把手”的重要领导责任，解决究“小”不究“大”的问题；要坚持“上追一级”制，即在追究责任单位领导责任的同时，追究上一级领导班子分管或主要领导的责任，解决究“下”不究“上”的问题；要实行无限期追究制，不因领导干部职务变动、人员更替而放弃责任追究，解决究“近”不究“远”的问题。二要明确责任追究的程序。尽快建立起党委统一领导、纪检监察机关具体负责、组织人事部门积极参与的责任追究工作运行机制，切实解决“出了问题都管，又都不管”和“想追究就追究，不想追究就不追究”的问题，做到既不“漏追”，也不“错追”。三要明确责任追究的内容和量纪标准。要明细责任追究的内容，避免事事追究和事事都不追究现象的发生；要坚持量纪法定原则，将涉及责任追究事项、危害程度和量纪标准法规化，避免无所适从或畸轻畸重问题的发生。四要明确责任追究形式。在坚持采取组织处理和纪律处分两种追究的同时，对于问题较轻、尚构不成纪律处分又不宜进行组织处理的，应采取责令检查、通报批评、诫勉谈话等形式予以责任追究；对于应追究法律责任的，应尽快制定一套切实可行的移交程序和督察办法，确保法律追究落实到位。

在成安县高母营村“7·30”民主议政会上的讲话

（2003 年 7 月 30 日）

今天是我来高母营村参加的第三个民主议政日。从今天民主议政日质量看，在不断进步。高母营村的村务报告、财务报告讲得很好。讲话稿是越来越规范了，报告讲的事情很清楚，做的事情都讲到了、能说透，村民在议事方面发言非常踊跃。第一次我来的时候大家还有点不好意思，实际上有很多话要讲；第二次来的时候就不一样了；第三次就是这次，比上两次都强，踊跃发言，并且说出自己的心里话，这是农村民主政治建设进一步发展的表现。党的十六大以来，特别是近两年来，各级党委和政府都非常关心村民议事，发扬民主，大家的事情，大家做；大家的事情，大家管；大家的事情，大家来当家做主，逐步实现我们的村民自治，让我们自己来当家做主。我们的国家就是人民的国家，在共产党的领导下，充分发扬民主，最后实现经济发展、政治民主、精神文明，实现三个文明的协调发展，建设好我们的家园，建设好社会主义的国家。

从今天讨论的事情来看，主要集中在公益事业，几个村民都讲修路的问题、排水的问题等。今年报告中提出了几件了不起的事情，其中一个是防治非典。这方面，高母营村工作做得非常好，全村 3000 多人没有发生一例非典患者和疑似病例，保证了大家的身体健康和生命安全。现在，我们已经取得抗击非典战役阶段性胜利，也可以说是一个重大的胜利，非典疫情基本上得到了控制，并连续几十天在全国都没有发现新增疑似患者和病人，如果我们这样坚持下去，搞好卫生防疫，流行病就可以得到有效控制，我们对此是有信心的。取得非典防治的胜利是党和政府正确领导和决策的结果，也是大家共同努力、齐心协力的结果。非典的传染，对我们是个坏事，危害我们的身体健康，对社会生产、生活都带来很大的影响，但是它唤起了我们的精神，唤起大家团结奋斗，唤起了我们相互的团结、友爱、关心。从某种意义上说，凝聚了民心，使大家更团结，使大家在困难的时候，看到还要依靠我们的党和政府，还要依靠我们村民，依靠我们全社会的成员互相关心、互相爱护、团结奋斗。非典期间，我们基层党员干部走在了最前头，吃苦在前，危险、困难的时候走在前面，不顾自己的生命安危，不怕苦、不怕累，我市一些基层干部也由于过度劳累，倒在了自己的工作岗位上，有民警、乡镇干部、村干部、一般的党员干部。我市非典患者没有一例死亡，但是有的基层干部倒在了自己的工作岗位上，说明什么呢？说明我们的党员干部绝大多数在关键时刻还是为老百姓着想的，能够舍身为百姓，这充分体现了“三个代表”重要思想。我们要把宝贵的抗非典精神坚持下来、继续下去，要用防治非典的劲头来做好今后的每一项工作。经过非典的考验，应该说我们党员干部队伍经受住了考验，群众也经受住了考验，人与人之间的关系更密切、更亲切了。只要大家团结奋斗，没有战胜不了的困难，只要大家齐心协力，就没有干不成的事业。因此，咱们要拿出防治非典的精神，拿出团结奋斗的干劲来把今后的工作搞得更好。

刚才，支部书记也表了态，一些事情也给大家做了解释，也做了一些承诺，我也不多讲了。大家对发扬民主的认识程度越来越高，实际做得越来越认真，下面，我讲几点意见，供大家参考。

一　要把发展经济、提高人民的生活水平放在第一位

虽然非典给我们带来了一定的影响，但是非典过后还要集中精力抓生产、搞经济建设。要抓好大秋作物的管理，来弥补一些因非典造成的损失。还有农业税征收工作，从全国来看，农业税收还是比较低的，全国农业税只有几百亿元，财政收入已上万亿元了，农业税也是一笔支援国家建设的财力，但是更主要的是表现了我们的爱国心。我们都是国家的一员，都要为国

家做贡献，支持国家的建设、支持国家的国防、支持公检法的队伍、支持国家党政机关正常运转，更主要的是支持了我们的教育文化事业发展，培养接班人。还有一点就是秸秆禁烧。高母营村没有放一把火，这方面做得非常好。如果放了，那是直接侵害当地老百姓的利益。在市召开电视电话会上，我就讲，今年禁烧是特殊的一年，直接和防治非典联系起来了，防治非典空气需要清新，如果烧秸秆了，窗户打不开，不能流通空气，对非典防治十分不利，从这个意义上讲，更应该禁止烧秸秆。当前，要大力发展养牛、养羊，并与龙头企业联系起来，要和市场联系起来，成安县要搞好龙头企业的建设，构建营销体系建设，形成这么一个生产链条。

总体上说，非典过后要集中精力抓经济、抓生产，还要更注意关心生产、生活，提高效益，实现农业增效、农民增收，不断改善生活。这是中心任务，绝不能变。

二 非典过后要注意搞好环境卫生、家庭卫生和个人卫生

非典给我们留下了很多经验教训。对于农村卫生环境的改善，过去我们做了不少的工作，居住条件很有限，农家小院养猪、养羊、养鸡，成为污染源，这是祖祖辈辈形成的，一时还解决不了。因此，要搞好农家小院的环境卫生，勤打扫，条件好的可以搞沼气建设的示范户，投资大约是 2000 多元，搞沼气池养四头以上的猪，把这些猪粪等垃圾物放沼气池里，生产出沼气可以点灯、可以做饭、可以照明、可以烧水洗澡，同时，还可以用肥料施肥种菜。可以组织村民代表到临漳县参观，先搞几户示范。要搞经济小庭院，每户可以在庭院搞起来，可以先搞一部分，树立样板，让群众看到好处，自觉参与。这次防治非典中一个很大的功绩，就是切断传染源。通过搞卫生设施，打扫卫生，大家动手，切断传染源，之后避免大家被感染。

三 村民“两委”要下功夫做好农村公益事业

这次我没有听到有关学校的反映，说明解决得好，要继续做好。再一个

就是修路问题，这件事情非常重要，要把路修好，并要维护好，这是大家的事情，刚才有的村民讲得很好，大家的事情，要靠大家做，大家的路要靠大家管、大家走，要在修路、护路上下功夫。

四　要抓紧学习

高母营村是省委宣传部的文化示范工程，市委宣传部赠送了书架和书籍，成安县就你们村一个试点。希望你们充分利用好村宣传中心，学习知识，寻找致富的门路。

五　要做好村委会换届工作

村委会换届，受非典影响，时间向后拖了一点。县委换届已经结束，希望你们在新的县委的领导下，齐心协力致富奔小康。目前，县里人大、政协还没有开会，县里换届结束后，村里面换届也就要展开，希望你们好好地评（选）出自己的书记、村主任，把换届搞好，选好带头人，集中力量搞好生产建设。这里还有“一制三化”的问题，“一制三化”就是在党支部领导下的村民自治的运行机制，实现支部工作科学化、村委会工作法制化、监督程序化。规范要建立起来，选好领导班子，选好带头人。有了一个好的班子、好的带头人，那么我们就不愁致富奔小康。要想跑得快，全靠车头带，要带动起来，解决好这个问题。咱们民主议事，就是完善我们这个领导体制、领导机构，使它越来越完善、越来越科学、越来越民主、越来越有战斗力，带着大家把我们的村建设好。

通过村民议事，党支部、村委会“两委”干部也应该有所感悟，从村民的发言中可以看出对你们是非常信任的，同时对你们也是寄予厚望的，首先肯定了你们在防治非典期间带领全体村民战胜非典立下的汗马功劳，同时，也希望你们保持防治非典期间的那种精神、干劲、责任心，继续做好村里面的工作，要保持对百姓负责的精神、团结奋斗的精神，把大家凝聚到一起，团结干事。

最后，希望高母营村在党支部、村委会的带领下，在县委、县政府、镇党委、镇政府正确领导下，继续发扬防治非典的团结奋斗精神，抓住经济生产这个中心工作目标不放松，推动物质文明、精神文明、政治文明的全面发展，朝着更富裕小康迈进，希望你们一年比一年好，日子过得一年比一年红火。

深入贯彻“三个代表”重要思想全面完成今年后几个月党风廉政建设和反腐败各项工作任务

——在全市纪检监察工作会议上的讲话

（2003 年 7 月 31 日）

在全党兴起学习“三个代表”重要思想新高潮的时期和我市防治非典取得阶段性重大胜利的形势下，在各县（市、区）委党代会胜利闭幕，选举出新一届县（市、区）委、纪委领导班子，实现了新老交替的特殊时期，市纪委、市监察局召开这次全市纪检监察工作会议，主要任务就是总结今年以来尤其是 5 月下旬全市纪检监察工作调度会以来全市党风廉政建设和反腐败工作情况，传达贯彻全省纪检监察工作座谈会精神，动员广大纪检监察干部，兴起学习贯彻“三个代表”重要思想新高潮，推动今年后几个月党风廉政建设和反腐败各项工作任务的全面落实。刚才，四个县（市）介绍交流了今年以来的工作情况，其他县区也做了书面汇报，市纪委副书记夏鸣春同志传达了全省纪检监察工作座谈会精神。下面我讲四个问题。

一　今年以来全市党风廉政建设和反腐败工作取得了明显成效

今年以来，全市各级纪检监察机关认真贯彻落实中纪委二次全会和省、市纪委三次全会精神，在防治非典和县（市、区）换届等工作任务非常繁重的情况下，正确处理纪检监察工作和其他工作的关系，通过采取召开分片调度会、电视电话会，深入基层和关键部位检查督导、个别指导等措施，推动了党风廉政建设和反腐败各项工作的深入开展，取得了防治非典和反腐倡廉的双胜利。

（1）发挥职能作用，为防治非典工作顺利进行提供了坚强的纪律保证。今年 4 月中下旬以来，非典疫情突如其来，我市各级纪检监察机关按照省委、省纪委和市委的要求，立即紧急动员，迅速投入防治非典工作。一是向市、县两级防非办派驻纪检监察组，建立了快速反应机制。市、县两级共派出纪检监察干部 287 人，实行 24 小时受理群众举报，随时查办违纪违法案件，不定期对重点部位检查督导。不少纪检监察机关的领导同志多次深入公路、车站、医院、卫生防疫站、机关、学校、商场、乡、村等重点部位和关键环节检查督导防治非典工作；市纪委还承担了曲周县的防非督导工作；高考期间，市纪委又抽调 42 名干部向市区每个考点、各县（市、区）纪检监察机关抽调一大批干部向每个考场派驻了监察员。二是严肃查处防治非典工作中的违纪案件，确保了政令畅通。全市纪检监察机关在防治非典工作中共查处党员领导干部擅离职守、监管不力、失职渎职等违纪案件 79 件。对一些典型案件，进行了通报并公开曝光，有力地促进了各项防治非典措施的落实。市纪委还制发了《关于在查处防治非典违纪案件中严格掌握政策和标准的通知》，指导全市纪检监察机关严格按照《中国共产党纪律处分条例（试行）》《国家公务员暂行条例》等法规办案，确保了办案质量。三是组织开展专项检查，确保防非款项专款专用。组织对社会捐赠款物及财政拨款进行了专项检查，起草了《关于对防治非典型肺炎社会捐赠款物监督检查的实施意见》。检查上级拨入和市、县级安排的专款、专用物资价值共计 6877 万元。检查市、县两级接受的社会捐赠款物共计 2382 万元。对存在的管理不善等五个方面问题及时建议有关方面进行了纠正。组织对重要路段的监督检查，严格防范公路"三乱"问题的发生。组织对医药器材市场的监督检查，查处了一大批无证经营医疗器材、经营劣质药品等案件。开展了药品价格大检查，公开曝光了一批价格违法案件。市委、市政府对纪检监察机关在防非期间的工作予以高度评价，市委书记、市长、主管副市长等评价纪委监察局“受命于危难之时，使用及时，出剑有力，作用突出，应予表扬”。

（2）认真开展了“千家万户看党风”规模调研活动。为全面、准确地了解全市党风廉政建设现状，进一步推动全市党风廉政建设的深入开展和反腐倡廉工作的开拓创新，今年6～7月，全市纪检监察机关组织干部深入农村、企事业单位、机关、街道，开展了“千家万户看党风”规模调研活动。这次调研活动初步显露四个特点。一是领导重视程度高。各县（市、区）、市直各单位纪检组（纪委）都把此次调研活动列为今年工作的一个重点和“一把手工程”，主要领导同志为调研活动总负责人。二是调研活动规模大。全市共调研了企业161家，乡镇和街道办事处136个，机关事业单位256个，自然村、居民委员会和基层所站1030个。此次调研成为我市纪检监察机关有史以来组织的规模最大的一次调研。三是调研方法灵活多样。主要采取了民意问卷调查、召开座谈会、个别走访等形式。全市共发放党风廉政建设民意调查问卷2万份，召开座谈会786个，走访群众13600余人次。大名等县（市、区）还在电视台公布了“调研热线”，调研期间群众可随时通过热线就党风廉政建设问题谈看法、提建议。四是参加调研的人数多。全市纪检监察系统共有61名县级、330余名科级和610余名一般干部直接参加了调研。通过这次调研，主要取得了五个方面的初步成效：一是对全市党风廉政建设的总体状况有了更加客观、准确的估价；二是对这些年来全市党风廉政建设取得的成功经验有了比较全面、系统的总结；三是对当前党风廉政建设中存在的突出问题及原因，对群众反映强烈的热点、难点问题和突出的不正之风有了更加清楚的了解；四是对进一步加强和改进全市党风廉政建设、与时俱进地做好新形势下纪检监察工作的方向和重点有了更加明确的认识；五是纪检监察机关和广大纪检监察干部的作风得到进一步转变，使我们与广大人民群众的联系更紧了、感情更深了。总的来说，我们争取了更多的纪检监察工作的发言权，工作作风也开始转变。当然，调查研究的任务依然非常繁重，重就重在基础材料有了之后要研究，即对材料梳理、研讨，发现规律性的东西，找准问题，提出解决问题的有效办法，形成高质量的调研成果，以指导新世纪新阶段我市纪检监察工作。

（3）领导干部廉洁自律工作有了新的进展。今年以来，领导干部主动申报上交和退回收受非正常礼金、礼品、有价证券等。一些县区积极探索用制度规范领导干部廉洁从政的新路子。如邯郸县进行了集中招待试点。把县四套班子和县直机关的公务接待工作集中到机关食堂管理，改善了就餐环境，完善了就餐、采购等管理制度。复兴区进行了领导干部职务消费改革试点，主要是对乡局级单位公用移动通信工具进行货币化改革。邯山区进行了对领导干部八小时以外监督试点，把领导干部八小时以外活动监督管理纳入党的组织生活，与召开民主生活会、民主评议党员活动相结合。建立干部家属访谈制度，及时了解掌握领导干部八小时以外的活动情况。魏县实行了“五费统一管理”试点。即将县五大班子的招待费、会议费、电话费、汽车油修费、办公费开支，由县机关事务管理局统一管理，五大班子的各项经费管理实行“零基预算”，定额包干。

（4）查办案件工作继续保持强劲态势。从今年上半年查办案件工作的情况看，有四个特点。一是立案总数达到了省纪委核定的办案指导基数和要求。二是查办大案要案所占比率较高。三是直查案件数量和质量有所上升。四是乡镇纪委办案力度加大。对 4 起典型案件在全市进行了通报、公开处理，起到震慑作用，广大党员干部受到深刻的警示教育。

（5）纠风工作不断深入。在行风评议工作方面，我市重点建立并实行了“三对话三查访一互评”的“三三一”工作机制。关于“三对话”，一是窗口对话。6 月，市直参评部门以召开听证会的形式开展窗口对话交流活动。邀请部分服务对象、群众代表和监督员，让他们与参评部门就行风问题进行面对面的对话交流。二是热线对话。在市电台开通了“清晨行风热线”，从 5 月 19 日开始，安排 14 个与防治非典紧密相关的参评部门主要领导到市电台直播间接听热线电话，当场解答群众提出的问题。市、县两级行风评议办公室还设立了热线电话，受理群众对行风问题的监督举报。三是上下对话。参评部门领导班子成员通过深入基层明察暗访、召开职工代表会、座谈会、发征求意见卡等形式，广泛征求基层干部群众对本系统、本部门领导班子和领导干部作风的意见和建议，之后，领导班子以召开民主生活会的形式开展批评和自我批评，并召开全系统中层以上干部会，通报问题，进行“对号入座”。关于“三查访”，一是暗访。全市聘请评议代表312人，分为5个评议团、21个评议小组，深入参评部门的对外窗口单位进行了暗访。二是回访。主要是就行风问题整改情况，回访问题反映人，了解他们的满意程度。三是督访。主要是督访评议工作进展情况，尤其是评议问题整改落实情况、群众是否满意，对工作迟缓的单位进行重点督访。一个互评即“部门互评”，发动参评部门互相帮助，揭摆查找对方存在的行风问题，达到共同提高的目的。目前全市共查找和评议出部门存在的行风问题561条，已整改落实和向群众做出答复440条。各参评部门查处行风方面问题和案件68件，党政纪处分76人。治理公路“三乱”和教育乱收费、纠正医药购销中的不正之风、减轻农民负担等工作也都有了新的进展。

（6）源头治理工作取得了新的成效。按照市纪委三次全会部署，全市各级在反腐败工作中，继续加大治本抓源头的工作力度，推进了三项制度改革的深化。一是行政审批制度改革得到规范。今年以来，对照国家及省公布取消的事项，我市又公布取消了73项行政审批事项，公布取消行政审批事项总数达567项，占原有总数的50.6%。同时，加强了对保留审批事项的监督管理，对市政府26个重点部门保留的287个审批事项，从审批条件、时限、收费和监督四个方面进行了规范。二是财政体制改革继续深入。市本级自今年1月份开始，实现了财政集中支付。市本级120个预算管理单位全部实行了部门预算，提交市人代会审议的部门预算已达10个。同时，有6个县（市、区）进行了部门预算试点。“收支两条线”规定得到进一步落实。目前我市各级实行“票款分离”的单位已达1663个，占总数的95.13%。政府采购在进一步扩大范围的基础上，着重抓了技术的创新和应用。我市充分发挥与国家和省政府采购联网的优势，在抗非典期间成功地组织了两次网上招标采购。三是在干部人事制度改革方面加强了监督。积极推行了干部任用的公选、公推、公示，加大了对拟提拔干部的廉政把关力度。1~6月，市纪委共廉政审查拟提拔调整的县级干部98人，对其中的4人指出了廉政方面的问题。我市“引入市场机制，坚持体制创新，大力推进反腐败源头治理”的做法，得到省监察厅的充分肯定。

此外，对党员干部的监督、党风廉政宣传教育、执法监察、信访、审理等工作也都取得了明显成效。

回顾今年以来的工作，必须清醒地看到，受非典疫情和其他一些不利因素的影响，对照年初部署的任务和上级要求，有些工作还存在一些差距和不足。比如查办案件工作，市、县两级查处的重大典型案件数量不多，查处大案要案数量同比下降，市直单位纪检组（纪委）办案工作仍比较薄弱。有关县（市、区）要进行对号，迎头赶上来。我们要认真对照年初的工作部署，认真查找不足和差距，进一步采取措施，加大力度，确保今年反腐倡廉各项工作任务的全面落实。

二　在全市纪检监察系统迅速兴起学习贯彻“三个代表”重要思想新高潮，以全新的精神状态，推动反腐倡廉工作取得新成效

最近，党中央印发了《“三个代表”重要思想学习纲要》，并就在全党兴起学习贯彻“三个代表”重要思想新高潮发出了通知。中纪委、监察部和省纪委、监察厅也分别就在全国和全省纪检监察系统兴起学习贯彻“三个代表”重要思想新高潮做出部署。对此，全市广大纪检监察干部要从思想上引起高度重视，并迅速行动起来，积极投入学习贯彻“三个代表”新高潮中来。

首先，要充分认识学习贯彻“三个代表”重要思想的重大意义。胡锦涛总书记在“七一”讲话中指出：“‘三个代表’重要思想反映了我国最广大人民的共同意愿，体现了当今世界和中国发展的时代要求，显示了马克思主义科学理论的强大力量，是全党全国人民在新世纪新阶段继续团结奋斗的共同思想基础。要实现全面建设小康社会的宏伟目标，必须把学习贯彻‘三个代表’重要思想不断引向深入。”胡锦涛同志的论述，充分揭示了学

习贯彻“三个代表”重要思想的重大现实意义和深远历史意义。在新的历史条件下，坚持“三个代表”重要思想，就是真正坚持马克思列宁主义、毛泽东思想和邓小平理论；高举“三个代表”重要思想的旗帜，就是真正高举马克思列宁主义、毛泽东思想和邓小平理论的旗帜。只有站在这样的高度，我们才能充分认识学习贯彻“三个代表”重要思想的重大现实意义和深远历史意义，不断增强学习贯彻“三个代表”重要思想的自觉性和坚定性。“三个代表”重要思想是我们党必须长期坚持的指导思想，同时，理所当然也是反腐倡廉工作的根本指针，是做好反腐倡廉工作的根本要求和内在需要，是从源头上预防和治理腐败的根本途径，是检验反腐倡廉工作的根本标准。我们的一切工作都要在这一重要思想指导下来开展。都要在理论和实践上充分体现“三个代表”的根本要求。因此，纪检监察机关和广大纪检监察干部首先要带头学习贯彻“三个代表”重要思想，并按照党中央、中纪委和省纪委的要求，在全市纪检监察系统迅速兴起一个学习贯彻“三个代表”重要思想的新高潮，以使我们的认识达到新高度，实践取得新成效。通过学习，要从解决“两大历史课题”高度认识、找准纪检监察工作的历史方位；提高在推进党风廉政建设和反腐败工作中优化我市社会经济发展环境的自觉性；立足于党风廉政建设和反腐败斗争的需要，加强自身队伍建设。

其次，要严格把握学习标准。“三个代表”的本质是立党为公、执政为民。学习贯彻“三个代表”重要思想，必须牢固坚持立党为公、执政为民，这是衡量有没有真正学懂、是不是真心实践“三个代表”重要思想最重要的标志。具体要按照胡锦涛总书记的要求，做到“三个落实”。一是把学习贯彻“三个代表”重要思想落实到制定和实施方针政策的工作中去。作为地方纪检监察机关，就要把学习贯彻“三个代表”重要思想落实到执行党和国家的重大方针政策工作中去，一切以人民拥护不拥护、赞成不赞成、高兴不高兴、答应不答应作为衡量我们工作的根本标准，切实实现好、维护好、发展好最广大人民的根本利益。要坚持从群众中来、到群众中去的工作路线，倾听群众呼声，反映群众意愿，集中群众智慧，推进决策的科学化、民主化，创新发展思路，努力使我们的方针政策更好地体现人民群众的利益，使先进生产力和先进文化更快更好地发展起来，不断让人民群众得到实实在在的利益。二是把学习贯彻“三个代表”重要思想落实到我们的思想和行动中去。必须牢固树立全心全意为人民服务的宗旨和真心实意对人民负责的精神，做到心里装着群众，凡事想着群众，工作依靠群众，一切为了群众。要坚持权为民所用、情为民所系、利为民所谋，为群众诚心诚意办实事，尽心竭力解难事，坚持不懈做好事。要始终把群众的利益放在第一位，在各项工作各个环节都细心研究群众的利益，关心群众疾苦，体察群众情绪，做好新形势下的群众工作。要坚持深入基层、深入群众，特别是要到最困难的地方去，到群众意见多的地方去，到工作推不开的地方去，同那里的干部和群众一道，努力解决困难，化解矛盾，打开局面。要切实加强党风政风建设，改进领导方式和领导方法，转变思想作风和工作作风，坚决防止和克服形式主义、官僚主义，坚决维护人民群众的合法权益，始终与群众心连心、同呼吸、共命运。各级干部都要自觉接受监督，绝不脱离群众，绝不贪图安逸，绝不以权谋私。三是把学习贯彻“三个代表”重要思想落实到关心群众生产生活的工作中去。群众利益无小事。凡是涉及群众的切身利益和实际困难的事情，再小也要竭尽全力去办。在为群众办事方面，要多做雪中送炭的事，多解燃眉之急，切忌搞花架子，真正把事情办在老百姓的心坎上，真正使老百姓得到好处、得到实惠。

再次，要掌握正确的学习方法。新的时代呼唤新的理论，新的理论指导新的实践。这个新的理论就是“三个代表”重要思想；这个新的实践，就是全面建设小康社会，开创中国特色社会主义事业的新局面。如何用新的理论指导好新的实践，关键是学习领会好“三个代表”重要思想，而学习领会好“三个代表”重要思想，就必须要有科学得当的学习方法。在学习方法上，根据上级要求，结合我们的工作、思想实际，提出三条。一是坚持运用理论与指导实际工作相结合。学习的目的全在于运用。兴起学习贯彻“三个代表”重要思想新高潮必须坚持理论与实践的高度统一，尤其要运用理论着力解决反腐倡廉工作中的重大问题。包括反腐倡廉工作如何紧紧围绕发展这个党执政兴国的第一要务，更好地为全面建设小康社会服务的问题；

如何落实我们党代表先进文化前进方向的要求，以优良的党风影响、带动政风和社会风气的问题；如何更好地体现立党为公、执政为民的本质要求，实现好、维护好、发展好人民群众的根本利益问题；如何更好地履行纪检监察机关的职责和任务，在党的建设新的伟大工程中发挥积极作用的问题；如何保持与时俱进的精神状态，促进反腐倡廉理论和实践的不断发展问题等。各级纪检监察干部特别是领导干部都要通过学习理论，提高做好反腐倡廉工作的实际本领和水平，切实解决好党风廉政建设中存在的突出问题，不断取得党风廉政建设和反腐败斗争的新成果。二是坚持改造客观世界和改造主观世界相结合。“三个代表”重要思想是指导我们改造客观世界的思想武器，也是指导我们改造主观世界的思想武器。胡锦涛同志指出：“学习贯彻‘三个代表’重要思想，既要对事也要对人。对事，就是要用‘三个代表’重要思想来指导工作、推动社会实践。对人，就是要用‘三个代表’重要思想来武装头脑、指导自我修养。如果只对事不对人，或者只对人不对事，都不能真正学习贯彻好‘三个代表’重要思想。”我们要按照胡锦涛同志的要求，在学习贯彻“三个代表”重要思想的过程中，紧密联系自己的思想实际，坚定共产党人的理想信念，提高思想政治水平，加强道德品质修养，树立正确的世界观、人生观、价值观，树立正确的权力观、地位观、利益观，牢记“两个务必”，真正做到在改造客观世界的同时改造主观世界，寓改造主观世界于改造客观世界的过程中，用改造主观世界的成效来推进客观世界的改造。三是坚持学习理论与理性思考相结合。在兴起学习贯彻“三个代表”重要思想新高潮的过程中，我们每个同志都要认真思考和探讨反腐倡廉面临的新情况、新问题，根据变化着的国情和党情，准确把握时代特征和社会发展趋势，做深入系统的理性思考，在理论上不断扩展新视野，做出新概括，用发展着的理论指导反腐倡廉实践。理性思考从调研开始。我们要把大力开展调查研究作为理性思考的基础、前提和延伸，作为推进党风廉政建设和反腐败斗争向纵深发展的谋事之基和成事之道。我们两个月来开展的“千家万户看党风”规模调研活动就是一次集中的调研活动。调查研究是个经常性的工作，是一种工作方法，是在各个时期了解情况的最基本的途径。我们要将调查研究的好习惯、好作风、好方法贯穿于“三个代表”重要思想学习的高潮中，学会在调查研究中深刻理解和体会“三个代表”的精神实质，系统思考做好反腐倡廉三项工作和维护群众最根本利益的新思路、新办法，积极探索和掌握执政、发展社会主义市场经济和对外开放的条件下，腐败现象滋生的特点和规律，科学把握反腐倡廉的新形势、新趋势、新特点；探索依靠群众力量不断拓宽监督渠道，逐步形成及时发现、揭露、处理腐败问题的有效途径；探索建立教育、制度、监督三者并重、相互配套的惩治和防范体系。要站在全局和与时俱进的高度，对近年来制定的反腐倡廉制度、规定进行一次认真清理，需要废止的予以废止，需要调整的及时调整，需要补充的尽快完善，使我们的工作更加适应新形势的需要。

最后，要认真组织好学习活动。全市各级纪检监察机关要把学习贯彻“三个代表”重要思想当作当前和今后一个时期的一项首要政治任务来抓，切实加强领导，精心部署，周密安排。一是制定方案，周密部署。要按照上级要求，结合纪检监察工作实际，制定本系统、本单位的学习贯彻方案，并要专门进行安排部署，使每个纪检监察干部都要明确学习的重大意义、学习内容、方法步骤和基本要求。二是明确内容，深入研读。要认真研读党的十六大报告和党章，江泽民同志《论“三个代表”》《论党的建设》《江泽民论有中国特色社会主义（专题摘编）》等重要著作以及《“三个代表”重要思想学习纲要》，认真学习江泽民同志关于反腐倡廉的一系列重要论述。三是搞好自学，认真组织。学习以自学为主，研读原著为主。同时必须有组织、有计划地充分运用各种载体和形式搞好学习。各级纪检监察机关都要举办学习研讨班，组织领导干部系统学、深入学；要充分发挥学习中心组的作用，抓好集中学习，也可以利用其他行之有效的形式组织好学习。最近，市纪委理论学习中心组开展了一次扩大范围的集中学习研讨活动，中心组成员和各室主任、县级纪检监察员分别畅谈了学习收获和体会，效果很好。四是领导带头，率先垂范。各级领导干部要带头学好“三个代表”重要思想，做学习的表率，成为学以致用、用有所成的模范，推动反腐倡廉工作不断深入。

三　进一步明确任务，扎实推进今年党风廉政建设和反腐败各项工作任务的落实

对今年的工作任务，市纪委三次全会做了全面部署。今年5月下旬召开的纪检监察工作调度会，我们结合实际，提出了新的进一步的具体要求。通过两个月狠抓落实，有些工作比如调查研究已经取得了阶段性成果，有些工作取得了新的进展。当前要严格按照市纪委三次全会精神、调度会精神和这次会议新的工作部署，继续抓好落实。根据省纪委座谈会精神，结合我市当前的工作实际，对今年后几个月的反腐倡廉和反腐败工作提出如下要求。

（一）进一步落实廉洁自律各项规定，规范领导干部从政行为

规范领导干部行为要突出解决“不作为、乱作为、有作为”的问题。不作为是失职渎职；乱作为是违法乱纪；有作为才能工作到位、事业有成。要通过落实反腐倡廉工作措施，督促追究不作为，纠正制止乱作为，鼓励倡导有作为。市纪委三次全会对领导干部廉洁自律工作提出了一系列要求，要全面抓好落实，特别要抓好“三项工作”的落实，即领导干部不准利用职权违反规定干预和插手建设工程招标投标、经营性土地使用权出让、房地产开发与经营等市场经济活动为个人和亲友谋取私利；严格执行领导干部不准收受与其行使职权有关系的单位、个人的现金、有价证券和支付凭证的规定；继续落实领导干部配偶、子女从业的有关规定。此外，今后几个月，还要抓好以下三个方面的工作。（1）突出抓好制止各种奢侈浪费行为。按照省纪委的要求，当前，尤其要做到四点。一是严格控制出国（境）团组，压缩会议费、招待费等一般性支出，确保有限财力用到基础建设、重点项目和改善人民群众生活上。针对县（市、区）领导班子换届情况，要对领导干部办公用房、办公用具、交通和通信工具配备使用等问题提出明确要求，严格执行有关规定，防止出现新的浪费。要在全市范围内开展一次清车“回头看”，强化监督检查，严肃查处顶风违纪问题。

这项工作，昨天已召开了专门会议进行具体部署，要认真抓好落实。二是狠刹用公款大吃大喝歪风。这次“千家万户看党风”调研结果表明，公款吃喝仍然是当前城市居民和农民群众反映强烈的突出腐败现象。各级各部门要认真落实4月21日中纪委、监察部《关于坚决刹住用公款大吃大喝歪风的紧急通知》要求，深刻领会中央领导同志重要批示精神，强化制度和纪律约束，坚决遏制住用公款大吃大喝歪风。要切实加大监督检查力度，对公款吃喝风禁而不止的部门和单位，要严肃处理，公开曝光。要坚决防止非典疫情过后公款吃喝风反复抬头问题。三是不准搞脱离实际、沽名钓誉的各种“形象工程”、“政绩工程”和建楼堂馆所，对顶风违纪的要坚决予以查处。四是严格控制劳民伤财、毫无实际意义的各种节庆、达标评比活动。各县（市、区）和市直单位党政领导班子要对此进行一次自查，认真纠正存在的问题，并制定具体可行的防治措施。（2）做好完善廉政档案工作。目前我市廉政档案大多以文字档案管理为主，个别配备了微机，但没有规范化和形成网络。下一步要实行微机化、网络化和规范化管理。（3）大力推进国有企业领导干部廉洁自律工作。要通过加强对国有企业领导人员的思想教育、制度约束、民主监督、监督检查和执行纪律，促进“五不准”规定的落实。

（二）继续加大查办案件工作力度，集中突破一批大案要案

在确保办案总量与去年基本持平或略有上升的同时，各县（市、区）纪委监察局年内都要查处一至两起有影响有震动的大案要案，这是一个硬指标。年底前，都要召开一次以上公开处理会或新闻发布会，公开处理一批大案要案和典型案件。要继续坚持分级办案，认真查办本级党委管理干部中发生的违纪违法案件。要切实加强对查办案件工作的领导和组织协调。各级党委、政府要认真分析本地反腐败和办案工作形势，把办案工作纳入全局工作。对重大案件，党政主要领导要亲自过问，尤其对重要问题要及时做出明确批示，提出具体要求。积极支持纪检监察机关办案。对报请党委批准处理的案件，要及时研究批复。各级政府和主管部门要在财力上支持纪检监察机关，为办案提供必要的物资条件和工作条件。各级纪委要认真履行好组织协

调职责，善于与司法机关、行政执法机关和审计机关搞好配合，形成查办案件的整体合力。纪委书记要亲自抓案件的组织协调工作，直接指挥大案要案的查办。要实行“查审分开”，分管案件检查的领导不得同时分管案件审理工作，县（市、区）纪委换届后，在研究副书记分工时，要严格按照有关规定，保证“查审分开”的到位。要严格办案程序，严把办案质量关，确保所办案件经得起历史的检验。

要发挥查办案件的治本作用。按照省纪委的要求，要实现“三个延伸”。一是向警示教育延伸。注意选取一些典型案件，组织力量进行深入剖析，运用这些反面教材开展好警示教育。二是向专项治理延伸。针对案件中暴露的苗头性、倾向性问题，及时制定规范，开展专项治理。三是向完善制度和加强管理延伸。通过对案件进行剖析，查找腐败滋生的深层次原因，发现体制、机制、制度和管理上存在的弊端和薄弱环节，未雨绸缪，亡羊补牢，堵塞漏洞。

（三）深入开展纠正部门和行业不正之风工作，认真解决严重损害群众切身利益的问题

年内要继续抓好行风评议、医药纠风、治理教育乱收费、治理公路“三乱”和减轻农民负担工作。

民主评议行风工作要在巩固成果、提高水平、建立长效机制上下功夫。要把握好今年民主评议行风工作的主题，着力解决制约我市发展的思想障碍和体制障碍以及风气不正、效率不高的问题，唱响“树正气、讲团结、求发展”主旋律，把促进发展作为出发点和落脚点。要严格按照民主评议行风的方案进行，做到步骤不能少、程序不能减、工作不能虚、质量不降低，凡因非典影响造成步骤和环节没有进行的，下一步要采取措施，及时弥补，以确保行风评议的整体效果和质量。

继续纠正医药购销中的不正之风。重点做好三个方面工作。一是进一步整顿规范药品生产流通秩序和医药价格秩序，加大对违法违规行为的查处打击力度。二是县级以上人民政府、国有企业等所办的非营利性医疗机构都要对国家规定列入招标采购范围的药品实行集中招标采购。三是加强医德医风

建设，发现反面典型要严肃处理。

集中治理教育乱收费问题。要实行严格的责任制，凡出现乱收费的地方要坚决追究乱收费的学校、教育部门和当地领导的责任。严格规范学校收费行为，坚决禁止和纠正中小学超出省政府规定的收费项目和标准之外的收费问题。非义务教育阶段公办高中要严格执行择校生“三限”政策，即限分数、限人数、限钱数。严肃查处巧立名目收取赞助费、建校费和捐资助学费。坚决制止基层政府和部门的摊派和搭车收费，不准截留、挤占、平调学校按规定向学生收取的费用。各级纪检监察机关和行政主管部门要加强对教育收费情况的监督检查，发现典型案件公开处理。

执法监察工作要按照年初的工作部署和要求，继续针对土地市场、建筑市场、行政管理体制和机构改革中存在的问题，积极开展执法监察。要认真开展经营性土地使用权招标拍卖挂牌出让和土地管理情况的执法检查，突出检查“招、拍、挂”制度的落实、程序运行和土地有形市场建设情况，重点检查面应不低于 50%。要加强行政效能监察，确保政令畅通，促进行为规范、公正透明、廉洁高效的行政管理体系建设。同时，还要积极配合有关部门继续开展特大事故、打假、环境保护等专项治理活动，对涉及国债、社保资金管理使用和粮改过程中出现的违纪违法案件要进行调查处理。

减轻农民负担工作要严格执行农村税费各项规定，落实好中纪委二次全会提出的“四项制度”，切实加强对农民负担的专项治理。治理公路“三乱”重点抓好规范上路执收执罚人员的行为，研究从根本上解决公路“三乱”问题的办法和措施。

（四）继续加强源头治理工作

按照省纪委座谈会精神要求，今后几个月要重点抓好三项改革的深化。

（1）继续深化行政审批制度改革。主要是做好四个方面工作。一是对省公布取消、下放、改变管理方式的审批事项切实抓好落实。凡省公布取消的事项，原则上都要取消；对涉及修订地方法规和政府规章后公布取消的事项，尽快移交政府法制部门按照法定程序办理。同时搞好配套改革，分别将取消、下放、改变管理方式的事项移交编制部门和财政部门，由编制部门调整部门的“三定”方案；由财政部门清理收费项目，凡公布取消的审批事项，原收费项目一律取消。二是对拟保留的审批事项要加强监管。公开审批事项和程序，减少审批环节，规定审批时限和收费标准。推行“一门受理、一次告知、抄告相关、内部运作、限时办结”的并联审批模式，完善行政审批服务中心的服务功能，实行“窗口式办公”“一条龙服务”，达到“进一个门办好，在承诺日办结，交规定费办成”的目标。三是及时做好与国务院和省政府公布取消和改变管理方式的行政审批事项的衔接工作，凡是国务院、省政府决定取消的行政审批事项，我市要坚决予以取消，确保政令畅通。四是进一步规范并严格执行建设工程招标投标、经营性土地使用权出让、产权交易和政府采购四项制度，为已取消的行政审批项目引入市场机制创造条件。

（2）积极推进财政管理体制改革。主要是继续落实好“收支两条线”规定，实行执收执罚单位收支彻底脱钩，坚决查处乱收费、乱罚款、截留挪用、设立“小金库”等违纪违规行为。深化预算管理体制改革。建立预算执行的约束机制和公共财政监督体系。推进国库集中收付制度改革。今年年底之前，市、县都要实行国库集中收付制度。

（3）加强对干部选拔任用的监督。重点抓好对《党政领导干部选拔任用工作条例》贯彻落实情况的监督，严肃查处跑官、要官、拉票贿选等违反组织人事纪律的行为，坚决防止和克服用人上的不正之风。市、县都要建立组织、纪检监察、审计等方面参加的干部监督工作联席会议，进一步完善干部考察、评价制度。全面推行县级以下党政领导干部、国有企业领导人员经济责任审计，扩大县级以上党政领导干部经济责任审计试点范围，把经济责任审计结果运用到干部的任用和奖惩中。

（五）建立健全制约监督机制，强化对党员领导干部的监督

要突出抓好以下几项工作。一是建立健全并严格执行党的民主集中制的各项具体制度。凡涉及重大决策、重要干部任免、重要建设项目安排和大额度资金的使用，必须经集体讨论做出决定。认真落实市、县党政正职拟任人

选由上级党委全委会投票表决制度。二是深化“四公开”制度，使广大群众有更多的知情权、监督权和评判权。三是抓好领导干部述廉、评廉、考廉制度的落实。四是落实好纪委负责人同下级党政主要负责人谈话制度。各级纪委负责人要围绕加强党风廉政建设、保证廉洁从政等情况，同下级党政主要领导干部沟通思想、交换意见、研究问题，以便共同做好反腐倡廉工作。同时，对新任职的干部，要有针对性地提出廉洁自律的要求；对群众反映有不廉洁苗头的党员领导干部，要进行诫勉谈话，使他们少犯或不犯错误。五是完善民主生活会制度。生活会前上级纪委和组织部门要提前派人了解情况，对有问题不检查、不自我批评的，主要负责同志和到会指导的上级人员要指出问题，督促进行自我批评。生活会后，有关内容要在一定范围内通报，接受群众监督。

（六）继续提升党风廉政宣传教育水平

（1）认真开展好以“艰苦奋斗，廉洁从政”为主题的教育活动。关于开展这项活动，市纪委会同市委组织部、宣传部联合转发了省纪委的安排意见，各县（市、区）要按照意见要求，认真组织好活动。在主题教育活动中要按照省纪委要求，搞好“五个一”教育：上一堂国情课；走访一次贫困家庭；到革命传统教育基地接受一次教育；召开一次艰苦奋斗专题学习交流会；举办一场先进事迹报告会。前“四个一”，大部分县（市、区）已经开展，正在进行总结。下一步，没有开展的要继续认真开展好，已经开展“四个一”活动的，要重点举办好先进事迹报告会。

（2）把“三项教育”活动作为一项制度长期坚持下去。正面典型示范教育可通过组织先进事迹报告会等多种形式开展。最近，市委已经对去年以来评选的廉政典型进行了表彰，我们要广泛宣传他们的事迹，弘扬正气。反面典型警示教育要继续利用我市建立的警示教育网络组织现场教育，并注意剖析近年来纪检监察机关查处的典型案例，使干部党员引以为戒。党纪政纪条规教育要通过组织培训、知识竞赛、答卷考试等方式，丰富教育形式，提高教育效果。

（3）继续加大组织协调力度，建立和完善宣传教育大格局。近日，市纪委制定了《邯郸市有关单位负责人党风廉政建设宣传教育联席会议制度（试行）》和《邯郸市有关单位职能部门党风廉政建设宣传教育协调会议制度（试行）》，主要是建立由市纪委牵头，市委组织部、宣传部、党校、市文化局、广播电视局、新闻出版局以及报纸、电台、电视台主管领导和部门负责人参加的联席会议制度，加强对党风廉政宣传教育工作的协调，形成宣传教育的整体合力。各级党委都要建立党风廉政宣传教育大格局，加强有关单位之间的联系与合作，增强党风廉政宣传教育的整体效应。

四　加强领导，转变作风，开拓创新，狠抓落实，确保全年工作任务的完成

非典等特殊因素程度不同地影响了我市党风廉政建设和反腐败工作的进度。要抓紧后几个月的时间，以开拓创新的精神、务实高效的作风，确保今年各项工作任务的全面完成。

（1）认真落实党风廉政建设责任制，形成推进当前各项工作的强大动力。各级党委、政府要按照党风廉政建设责任制的要求，切实担负起反腐倡廉的责任。党政领导班子正职要负总责。结合这次县（市、区）换届，要根据领导干部职务和分工变动情况，及时调整党风廉政建设责任分工，防止出现责任空白。要认真落实党风廉政建设第一责任人半年报告制度，市纪委要加强对制度落实情况的督导，注意发现正反两方面的典型。年底前，市纪委将对各县（市、区）和市直部门落实责任制情况进行考核。要进一步改进和完善责任制考核办法，提高考核工作的针对性，努力做到科学、准确、全面。要认真研究探讨考核结果的使用问题，充分发挥责任制考核的作用。党风廉政建设责任制是推动党风廉政建设和反腐败工作的“牛鼻子”，各级纪委要协助党委认真抓好落实，推动反腐倡廉各项工作深入开展。

（2）转变作风，创新方法，迅速开创纪检监察工作新局面。参加这次会议的，有不少是刚到纪检监察机关工作的新同志。一方面，大家要迅速熟悉情况，进入角色，另一方面，要深入调查研究，尽快找到推进工作的突破口。在整体工作摆布上，既要整体推进，又要突出重点；既要确保年

内各项工作任务的全面落实，又要努力创出各地的工作亮点和特色。今年我市开展的“千家万户看党风”规模调研活动，经过全市纪检监察系统的共同努力，已经形成了邯郸的一项特色工作，受到了省纪委领导同志的充分肯定。我们正在进一步总结。各县（市、区）都要立足自己的实际，争取在年内创出一两项带有本地特色的亮点工作，在全市、全省甚至在全国叫响。

（3）切实加强纪检监察机关自身建设，进一步激发队伍的整体活力。纪检监察机关面临着不断发展变化的新形势、新任务、新要求，同时，也面临着腐蚀与反腐蚀的严峻考验。尽管我市的纪检监察队伍是一支好的队伍，但是还不能说是一支强的队伍。说好主要表现在政治立场坚定、组织纪律严明、专业经验丰富、工作任劳任怨、拉得出用得上。非典时期就是一个很好的验证。这是一支经过多年纪检监察工作实践培养锻炼出来的革命队伍。说不强主要表现在这支队伍的年龄偏大、文化偏低、结构不尽合理、工作（特别是办案工作）手段比较落后，适应新世纪、新阶段、新形势、新任务的要求还有比较大的差距。市纪委监察局机关全员的平均年龄是 46.1 岁，年龄显然是比较高的。19 个县（市、区）纪委领导班子，换届前平均年龄 46 岁。也存在年龄偏高、文化水平偏低问题。虽然这是由历史发展阶段形成的，也是职业上的要求，但从我们整个队伍状况来看，结构不合理的问题确实非常明显、非常突出。县（市、区）换届之后，19 个县（市、区）纪委常委平均年龄下降了 4.4 岁，现在平均年龄是 41.6 岁，还是有成效的。19 个县（市、区）都要算算账，特别是市、县两级纪委、监察局的“一把手”，都要认真考虑队伍建设问题。这是一个紧迫的任务，必须严肃地提出来。对上，我们要对得起党组织，要对得起党的事业；对下，要对得起同志。我们必须前赴后继、百折不挠、坚持不懈地做这项工作，要以对组织、对同志、对我们党的纪检监察事业高度负责的精神，亟待从组织、思想、作风以及知识结构上加强自身队伍建设。具体地说，要抓四个方面建设。一是加强组织建设。随着县（市、区）换届和市直机构改革，要搞好干部选拔、任用和交流。完成好内设机构改革，理顺工作关系，使老同志得到合适的安排，抓紧选拔一批年纪比较轻、文化水平比较高、有一定实际工作经验的同志，充实到各级纪检监察干部队伍中来，形成合理的梯队结构，使我们的事业能够继往开来。二是加强思想作风建设。要在全市纪检监察系统迅速掀起学习“三个代表”重要思想新高潮，认真把“三个代表”重要思想学习好、贯彻好、实践好，用“三个代表”思想武装头脑、指导工作实践。使纪检监察干部树立起正确的世界观、人生观、价值观，抵御住金钱主义、享乐主义、极端个人主义的诱惑，自觉肩负起新世纪、新阶段反腐倡廉的历史重任，当好维护党的健康肌体的坚强卫士。继续开展好“千家万户看党风”规模调研活动，利用调研成果，争取对全市纪检监察工作更多的发言权和主动权；利用调研方式方法，使纪检监察干部更贴近实际、贴近基层、贴近群众，转变思想作风、工作作风、学风、领导作风和生活作风，更好地服务于基层、服务于群众。要建立和完善各项规章制度，逐步实现用制度管人，加强干部队伍管理，不断规范纪检监察干部的思想和行为。三是加强业务知识建设。面对县（市、区）换届人事变化较大的情况，纪检监察业务培训就显得非常重要、非常急迫，一定要抓好各级纪检监察干部的培训。从长远看，要创建学习型机关，建立完善的学习制度，制订学习计划，选择学习内容，明确固定学习日，实现领导干部带头学、集中学与自己学相结合，形成学习纪检监察业务知识的浓厚氛围。要用两三年时间，使机关全员熟练掌握相关岗位业务知识和技能技巧，培养一批业务尖子人才，不断提高纪检监察工作质量和工作水平。四是加强信息手段建设。在积极争取财政支持并在财力允许的条件下，建立微机化管理领导干部廉政档案库，并在干部奖惩、任用、处理上充分利用廉政档案库。添置查办大案要案录音录像监控设施，更换、增添宣教电化设备，逐步提高我市纪检监察工作的信息化程度。上述四个建设都是默默无闻的基础性工作，大家一定要扎扎实实地做好，为纪检监察工作增添更大的后劲和活力。

同志们，今年只剩下 5 个月时间了。新到任的县区纪委书记一定要尽快交接工作，快速进入角色，抓紧时间，集中精力，努力工作，圆满完成今年各项工作任务指标。各县（市、区）委副书记、纪委书记要摆布好兼任工作问题，要保证用主要精力做好纪检监察工作。同时，要高度重视全市纪检监察干部队伍建设。我坚信，在市委和省纪委的正确领导下，通过坚持不懈的努力，我们一定会建立起一支“政治坚强、公正清廉、纪律严明、业务精通、作风优良”的纪检监察干部队伍，为我市实施发展这一执政兴国的第一要务保好驾、护好航，为全面建设小康社会和加快现代化建设步伐提供坚强有力的政治保证和纪律保证。

在市扶贫开发领导小组扩大会议上的讲话

（2003 年 8 月 7 日）

这次会议是市委、市政府扶贫开发领导小组调整后的第一次全体会议，也是扶贫开发工作进入新阶段的第一次扩大会议。会议的主要目的是贯彻全省扶贫开发工作经验交流会精神，学习冀发〔2003〕11 号文件，研究制定新形势下我市扶贫开发工作的新思路、新举措，切实加大扶贫开发工作力度，提高扶贫开发工作成效，加快贫困地区脱贫致富步伐。

刚才，郝巍吏同志传达了全省扶贫开发工作经验交流会精神和省委、省政府《关于加大对扶贫开发工作重点县（区）支持力度的意见》，李俊周同志通报了我市第一批 318 个扶贫重点村扶贫开发规划有关项目完成情况及今后两年的目标任务。有关部门为做好下一步工作，紧密联系邯郸实际，就贯彻全省会议精神，认真查找存在的问题，积极出主意、想办法，做了很好的发言。冀发〔2003〕11 号文件是一个非常好的文件，讲了 33 条，内容很实，富有创意，符合河北的实际情况。市扶贫办“一边做调研规划，一边以动为先”的思路很好，我们一定要搞好调研和规划，完善各项工作的目标措施，同时，要抓紧时间行动起来。下面，为了更好地贯彻全省会议精神，推动全市的扶贫开发工作，我再讲几点意见。

一 站在全面建设小康社会的高度，充分认识新时期扶贫开发工作的重要意义

这个题目我们已经讲了好多年了，之所以现在还要强调，是因为形势和

任务、工作的指导思想和基本途径都发生了比较大的变化。党的十六大提出，在完成三步走战略前两步的基础上，要实施第三步社会经济发展战略，第三步战略的前二十年就是要实现全面建设小康社会的宏伟目标，这个目标惠及全国十几亿人，对于邯郸就是惠及850万人口，这是实现现代化建设第三步战略目标必经的发展阶段。新的发展阶段关键是要完善社会主义市场经济体制和扩大改革开放，为第三步目标即本世纪中叶建成社会主义现代化国家奠定更加雄厚的物质基础做准备，也是在总体小康水平向更富裕小康生活目标、生产目标转变的关键性的步骤。从全国到全市，人们已经形成一种共识，那就是全面建设小康社会重点在农村，难点在贫困县；没有农村的小康，就没有全国的小康；没有农村的现代化，就没有全国的现代化。对于邯郸来说，全面建设小康社会是我们既定的目标。市第六次党代会和随后召开的两次人民代表大会都特别强调了扶贫开发问题，强调了农业、农村、农民问题和小康的整体目标问题。到20世纪末我们建设整体小康的目标已基本完成。我们作为跨世纪的领导干部，在做着跨世纪的大事，要解决20%人口的温饱问题。从全面建设小康社会总要求上来看，已经实现的小康只能是低水平的、不全面的、发展很不平衡的小康，还有相当一部分农村、农民仍处在贫困状态，所以全面建设小康社会重点在扶贫上，重点在加快贫困地区群众脱贫致富上。这是全面建设小康社会的题中应有之义。同时应该看到，与原来的扶贫攻坚相比，新时期的扶贫开发工作是在我国社会主义市场经济体制基本建立、现代化进程加快、小康社会全面启动并且我国加入了世贸组织的背景和体制下来组织进行的。过去扶贫是解决大量贫困人口的温饱问题，改革开放之初我国有三四亿的贫困人口，现在大部分人的温饱问题已经解决。新阶段的扶贫工作叫作扶贫开发，一方面就是要解决几千万人的温饱问题，同时还要使这些人口开始走向富裕。从数字统计口径上来看，许多人口不是揭不开锅、吃不上饭，为什么还要扶持呢？因为他们距离富裕小康生活水平有距离，还有差距。因此，扶贫开发工作提高了扶贫的档次和标准，我们要充分认识新时期扶贫开发工作的重要意义。

首先，这是贯彻党的十六大精神的重大任务。党的十六大报告指出：“继续大力推进扶贫开发，巩固扶贫成果，尽快使尚未脱贫的农村人口解决温饱问题，并逐步过上小康生活。”解决温饱问题和过上小康生活，这是我们下一步扶贫的基本标准和具体要求。从我市来说，850万人口，有70%的人口在农村，全面建设小康社会任务显得更加艰巨和繁重。新中国成立50多年来，特别是改革开放20多年来，我市的农业和农村经济有了很大的发展，邯郸市总体上达到了小康水平。在人们的观念里，在河北省，邯郸是位于全省前列的。我们现在很多同志也是这样认为。这个认识有它的积极作用，能鼓舞士气。与晋、冀、鲁、豫周边几个地市比，我们很多指标也是靠前的，但从最近召开的全市经济形势分析会上，再加上我们正在运筹着的农业农村经济形势分析会，从对一些基本数字的比较看，现在我们有了一些新的认识。那就是我们整体的社会经济目标，也包括我们农业农村的经济目标，如固定资产原值、工业产值、工业增加值、经济总量等指标在全省11个地市或在晋、冀、鲁、豫周边的地市中，我市处在前列，但是在新的反映发展水平和发展速度的统计指标上、在反映劳动生产率的人均指标上，我市有好多项目就比较落后。大体的概念是，我市一些综合指标排在全省的前三四名，但是经济发展速度指标和人均指标大都在倒数三四名。这是一个很大的差距，对我们提出了严重的警示。我们思想上不能光盯着那些既定的指标，最重要的是动态的、增长的、人均的指标，因为它反映了实际的增长速度。如果掉以轻心、故步自封，势必要落后，终究要被超过。促进经济发展的因素很多，一是基础的条件，二是现实的、最活跃的经济因素的聚集。别的地区发展了，我们不发展，或者说别的地区发展快，我们发展慢，这都意味着机遇被别人抓走了，很多生产要素流到别的地方去了。现在我们的周边城市，河北省11个地市都在寻找商机，都在寻找加快发展的机会，都在吸纳新的人力、物力、财力到自己的地方来，加快本地的发展，提高自己的发展水平和经济运行质量。从全面建设小康社会宏伟目标以及加快经济发展水平的要求方面，再看我们的扶贫工作，既要看到成绩，更要看到差距，千方百计地采取得力措施，才能把党的十六大提出的全面建设小康社会的目标落到实处。对贫困群体来说，没有解决温饱问题，特别是那些困难户，生老病死造成困难，鳏寡孤独丧失了劳动能力，这样的贫困人口依然存在，就全市来讲，我市还有5个扶贫开发重点县、707个重点村和42.5万贫困人口，

16.8 万人口需要重点扶持，全市有 10.2 万人口发生饮水困难，扶贫工作的任务很重，压力很大，这是一个基本市情。全面建设小康社会，做好扶贫开发工作就显得尤为重要。

其次，推进扶贫开发是直接实践“三个代表”重要思想的具体体现。必须解决贫困人口的生活问题，让他们走向富裕，那就是代表了最广大人民群众的根本利益。当前全国正在兴起学习贯彻“三个代表”重要思想的新高潮。胡锦涛总书记一再强调，“三个代表”重要思想最核心、最本质的是坚持立党为公、执政为民，必须把最广大人民群众的根本利益实现好、发展好、维护好。困难群众是最需要关心的群体，为最广大人民群众谋利益，首先要为困难群众谋利益。各级党委和政府，特别是党员领导干部，必须在思想上有明确的认识。学习实践“三个代表”重要思想，扶贫就是最直接的工作，我们要把落实“三个代表”重要思想贯穿到扶贫工作中去。能不能富有成效地帮助群众排忧解难，是衡量领导干部群众观点强不强、工作作风实不实、实践“三个代表”重要思想好不好的试金石。

最后，推进扶贫开发工作是促进农民增收、实现共同富裕的治本之策。最终实现共同富裕是社会主义的本质要求，增加农民收入、缩小城乡差距，是当前解决“三农”问题的核心。发达地区和通过勤奋劳动与合法经营先富起来人们的发展活力必须保护。对欠发达地区以及比较困难的群众更要高度重视和关心，只有这样，才能充分体现社会主义制度的优越性。发展生产力是社会主义根本任务，我们不能心思集中在发展经济上而忘了群众利益，我们的口号有两个，一个是允许一部分人通过合法劳动先富裕起来，另一个是要走向共同富裕。并且先富起来的人、先富起来的地区要帮助贫困地区富裕起来，这是社会主义的本质。西部大开发，就是全国性的贯彻落实发达地区帮助贫困落后地区、走共同富裕道路的大战略。扶贫工作也是贯彻先富帮后富、最后实现共同富裕的根本要求和实际步骤，对此大家要有清醒的认识。目前看，我市（县）区之间发展是很不平衡的，农民收入增长缓慢，特别是贫困地区经济发展滞后，农民增收渠道狭窄，甚至有些已经脱贫的地方仍有返贫的可能。各级各部门尤其是扶贫开发领导小组成员单位都要认真地思考这个问题，增强使命感，在缩小城乡差别和工农差别、解决“三农”

问题和扶贫开发工作上要动实招，认认真真地来做这个事情。引导农民学会利用市场，调整产业结构，发展生产，广开就业门路和增加收入，促进贫困地区农民增收，逐步缩小贫富差距，缩小地区差别。一定要从全局的、战略的高度，本着对百姓负责的精神，重新认识新时期扶贫开发工作的紧迫性、艰巨性、长期性，把这项工作摆在更加突出的位置，既要有形势逼人的紧迫感和忧患意识，又要树立长期奋斗的思想；既要对存在的困难有足够的估计，又要保持昂扬向上、奋发有为的精神状态，开拓创新，艰苦奋斗，努力完成新时期扶贫开发的各项任务，不辜负上级党委的重托，不辜负贫困地区广大农民群众的期盼。

二　明确工作思路，准确把握新时期扶贫开发工作的基本要求

当前，扶贫开发工作已进入了新的发展阶段，从国家、省到市、县都制定了扶贫开发十年发展纲要，任务目标已经明确，新形势、新任务为我们做好新阶段的扶贫开发工作提出了新的更高的要求。做好新时期的扶贫开发工作，必须坚持开发式扶贫这一基本方针，对这一点我们一定要正确把握。由扶贫攻坚到扶贫开发，两字之差，但这是工作思路上的一个大转换、工作方式方法的大变革。肩负着扶贫任务的领导同志和部门要跟着转变。有什么差别呢？过去的扶贫攻坚主要是解决温饱问题，输入性比较强，注血、输血方法比较突出，扶贫方式为捐资、捐物，主要是解决吃饭问题。开发式扶贫就是要以经济建设为中心，引导贫困地区群众在国家必要的帮助和扶持下，以市场为导向，调整经济结构，开发当地资源，发展商品生产，改善生产条件，走出一条符合实际、有自己特色的发展路子，通过发展生产力，提高贫困农户自我积累、自我发展的能力，推进贫困地区经济的跨越式发展和社会全面进步，突出表现为造血型的扶持。从解决温饱到逐步走向富裕，由输血为主转向造血为主，由扶贫攻坚转向扶持开发，帮助贫困群众逐步地实现自强自立。这就要求我们从资金、人力、物力的投向上，要逐步转变方式方法。坚持开发式扶贫，要重点把握以下几点。

（1）坚持开发式扶贫，必须以发展为主题。发展是解决一切问题的关键，是彻底摆脱贫困的根本出路。要牢固树立发展的观念，坚持发展是硬道理，切实把发展作为贫困地区脱贫致富、富民强县的第一要务，进一步解放思想，更新观念，破除制约贫困地区经济发展的“等、靠、要”依赖思想、不富也安的小农意识、自给自足和封闭保守的自然经济意识，要坚持以经济建设为中心，牢牢扣住发展这一主题，全面推进贫困地区各项事业发展。

（2）坚持开发式扶贫，必须注重增强贫困地区自我造血功能，走产业化扶贫之路。冀发〔2003〕11 号文件讲了许多扶贫的方式，如产业扶贫、行业扶贫、生态扶贫、科技扶贫、社会扶贫、政策扶贫，在我们邯郸针对性很强，适用性也很强。产业扶贫是造血的办法，实施产业化扶贫，推进农业产业化经营，有利于改变传统的就生产抓生产、就农业抓农业、就扶贫抓扶贫的工作模式，而且有利于从整体上提高贫困地区的经济素质，增强贫困地区的造血功能和抗御市场风险的能力，形成各具特色的区域经济格局，真正实现由“救济式扶贫”到“开发式扶贫”的转变。扶贫部门要把加快发展贫困地区经济同扶贫开发有机结合起来，着力完善产业化扶贫机制，努力提高贫困地区农业产业化经营水平。产业结构调整和产业化经营是密不可分的，但又是各有侧重的，产业化经营侧重于组织农民进入市场，在贫困地区这个任务更大。为什么他贫困？除了自然条件差以外，主要是观念和市场化程度的问题，群众不敢进入、不会进入市场。要发展特色经济和名特优产品及绿色食品，狠抓支柱产业的培植，形成特色产业和市场竞争优势。发展农村经济要注重培育市场竞争优势，调整产业结构，搞好产业化经营，提高竞争力。入世以后，经过三五年的保护期后，很多产品都要参与国际市场竞争，没有竞争能力，很难参与国际市场竞争。因此，要坚持把扶持龙头企业作为扶持贫困地区加快发展的关键举措来抓，通过发展龙头企业，增强其辐射带动能力，围绕资源开发上项目，围绕特色农业搞加工，围绕壮大龙头带动农民致富。所谓特色，不是再像过去搞一村一品了，而是几个村、几个乡镇，甚至一个县，或者是几个县联合搞一品，目的是突出特色又扩大规模，提高了竞争能力。上个星期，内蒙古自治区通辽市主管农业的副书记带领学习考察团到我市永年县参观县域经济发展，给市委、市政府提建议、谋思路。通辽种植玉米有很大的优势，产量高，质量好，他们就想办法在这个方面做文章，与廊坊霸州莲花味精厂搞联营，在扩大规模时莲花味精把新厂建在通辽。味精的主要原料是玉米，我们的玉米也很多，为什么我们没有去做呢？一个几十万吨的味精厂可以消化几亿斤的玉米，这是发展的实际意义。各地要在壮大龙头上下功夫，贫困地区要这样做，整个农村也要这样做。政府要帮助搞好市场建设，增强服务能力，要抓好信息、技术等要素市场建设，完善农村社会化服务体系，强化产前、产中、产后服务，引导农民走集约化、专业化生产的路子。贫困地区的工业基础和龙头项目非常薄弱，有历史原因，也有自然条件原因，但不绝对是自然条件原因，还有一个生产力布局问题。昨天市委农业产业化龙头项目观摩会上，张力同志讲，前几年农村办了一批企业，都是深宅大院式的，各家各户或几家联合起来办厂，布局不合理，基础设施薄弱，污水横流，没有形成规模和体系。想大发展时受到许多瓶颈制约，离开本地，近的到县城，远的到省城、北京或发达地区发展。如果几个村、几个乡镇甚至几个县搞好科学布局，规划出工业园区，建设好几通、几平等基础设施，做好产前、产中、产后服务，那就形成园区了，厂商就不至于走了，这是生产力布局的问题。贫困地区的发展要注意这一点，形成区域，形成规模，特别要注意生产力布局问题。涉县搞了一个八平方公里的城区建设，如果搞得好的话，可以采用搬迁的方式，让那些最贫困、生存条件恶劣地方的老百姓搬下来，制定些优惠政策，比如减免税和贷款，让他租个门店，群众一下山，就可以脱贫。同时，县城的人口增加了，促进县域经济的发展，进一步发展就可能变成一个小型城市。

（3）坚持开发式扶贫，必须以改善贫困地区生产生活条件为重点，切实加强贫困地区的基础设施建设。要坚持把加快贫困地区的基础设施建设作为推动贫困地区发展和群众脱贫致富的战略性举措来抓，着力改善贫困地区的发展环境和生活条件。要大搞农田水利基本建设，努力改善贫困人口的基本生存条件。积极扶持有条件的干旱地区打水井、建水窖、修引水渠、扩大灌溉面积，解决人畜饮水困难。要进一步加强交通、通信、电力等基础设施建设，改变贫困地区信息闭塞、文化落后的状况，夯实贫困地区脱贫致富的基础。

（4）坚持开发式扶贫，必须注重扶贫开发与生态环境建设相结合，绝不能以牺牲环境为代价搞扶贫。这是一个长远的问题，要抓住国家加强生态环境建设的机遇，治理水土流失，培植林业资源，着力抓好人工造林、封山育林、退耕还林等工程建设，努力实现贫困地区生态良性循环和经济社会的可持续发展。

（5）坚持开发式扶贫，必须注重发动社会力量，大力实施对口帮扶工程。扶贫济困、互助互爱，是中华民族的优良传统，是社会主义制度的优越性，是做好扶贫工作的强大支撑力。因此，要在各级各部门和广大干部群众当中大力弘扬中华民族的传统美德，大力开展先进带后进、富裕帮贫困的对口支援活动，动员社会各界大力支持扶贫开发，不断为扶贫开发工作增添新力量。应该说，市直机关的扶贫也是不平衡的，我们的成员单位做得还是不错的，有的扶贫帮扶单位工作是比较落后的，人不在那待，事也没有干，几年过去之后，面貌依旧，这是不行的。我们必须把扶贫任务落实到人头上。

三　加大工作力度，狠抓扶贫开发各项措施的落实

第一，要切实把思想认识统一到省扶贫开发工作精神上来。为加大对贫困地区扶贫力度，省委、省政府专门制定了《关于加大对扶贫开发工作重点县（区）支持力度的意见》，提出了关于产业扶贫、行业扶贫、生态扶贫、科技扶贫、社会扶贫、政策扶贫和落实扶贫责任制 7 个方面 33 条政策措施。这个意见内容丰富，措施具体，政策明确，针对性和可操作性都很强，充分说明了省委、省政府对扶贫开发工作的高度重视和坚强决心。特别是分管扶贫的冯文海、宋恩华同志对邯郸更加深爱一层，非常关心邯郸发展。在省扶贫会上，恩华同志专门到邯郸组来看望大家，并且提出了具体的扶贫工作思路。我们应该把这件事做得更好，对于扶贫政策，各部门要认真研究，要用足、用好政策。

第二，要正确认识扶贫开发工作面临的新机遇。冀发〔2003〕11 号文件的下发和执行，为我们扶贫工作提供了新的机遇。一是国家、省今后每年将加大对交通、水利、教育、卫生、文化等农村基础设施的投入，为改善贫

困地区生产、生活条件提供了机遇，特别是困惑多年的行路难问题将得到有效解决；我们说行业、部门扶贫实际是理顺了工作机制，把这个事情交给部门来做，对口有很多方便之处，大家一定要进入角色，认真做这件事。二是国家、省关注农民增收问题，加快建设一批农民当年增收的种、养业项目，为农村结构的调整提供了机遇；三是退耕还林，生态家园的建设，将在改善环境、促进农村经济协调发展方面起到积极的作用。机遇对全省每个市、每个部门都是平等的，但能否抓住机遇并利用机遇加快发展是靠胆识和智慧的，各部门要把握好这个机遇，一是要了解下情，我们的重点县、重点村，现在是什么底子，怎么发展，当前需要解决什么问题等要做到心中有数。今天会上市扶贫办给大家提供了一个基本情况，有些情况还需要做细，扶贫办和各部门抓紧时间结合部门特点、行业特点搞些调查研究，重点是分析研究些问题，同时要动员力量直接去摸情况，最大限度地组织人员下去把情况搞实。首先要在数字上落实，我分管扶贫工作后给扶贫办派了一个任务就是把707个村都在地图上标出来，距离县城有多远，距离邯郸市有多远，存在什么问题，数字要详细。如果基本的数字、基本的任务都不清楚，还怎么去做？我们不能自己糊弄自己，更不能糊弄百姓。扶贫任务尽管大，但还是要认真去做，不管哪个部门要把工作搞实，最后取得一个实实在在的效果。二是要吃透上头。冀发〔2003〕11号文件就每项资金用途都说得很清楚，具体到我市列入省盘子的有多少，必须做到心中有数，积极争取。省里确定的各项资金不是平均分配，根据这几年扶贫资金的投放情况看，主要是依据贫困人口的多少、农民人均收入进行分配的，再加上争跑项目等主观因素，我市在全省占到中等偏上水平。这次会议要求，各部门从省直争取到的资金，必须保持在中等偏上的水平，要力争取得更多一些。吃透上头关键是要多跑、多沟通。各部门从现在开始，要做好项目审批的准备工作，建立扶贫项目库，带着项目、带着有关部门抓紧跑、抓紧运作，力争取得好的效果。扶贫办要抓紧协调、抓紧行动起来，以动为先。特别是以工代赈资金一年压一年，不仅今年下半年的要谋划，明年的工作也要抓紧谋划。

第三，要尽快研究和制定出本部门支持扶贫开发工作重点县及重点村的意见。我市有4个国家扶贫开发工作重点县、1个省扶贫开发工作重点县、

707 个在省备案的扶贫开发工作重点村，其中有 155 个重点村、8.7 万贫困人口分布在 9 个非重点县，分别占全市重点村和贫困人口总数的 22%、20%。这次省出台的冀发〔2003〕11 号文件支持的对象仅限 5 个扶贫开发工作重点县，其实质在于加大支持力度，带动贫困地区经济和社会的全面发展。对于省里定了的事情，重点是抓落实。我们非贫困县的重点村，也必须仿照省里的做法，做好市级财政盘子的预算，各部门也要加强对重点村的支持力度。这次会议以后，我市要制定支持扶贫开发工作重点县及重点村的意见，然后提交市委、市政府研究通过。目前市扶贫办根据《邯郸市农村扶贫开发规划（2001－2010 年）》要求，结合扶贫重点村实际情况，对我市第一批贫困村基础设施建设情况进行了摸底统计，统计表已发给大家，希望各部门按照冀发〔2003〕11 号文件精神要求，结合本部门实际，尽快制定出本部门支持扶贫工作重点县及重点村的目标、任务、责任，目标任务务必具体、详细，具有可操作性。8 月下旬后，根据情况召开调度会，对各部门制定的实施意见进行协调和整合。在此基础上，召开全市扶贫开发工作会议，对新阶段的扶贫工作进行再动员、再部署。希望各部门进一步增强责任感和紧迫感，集中人力、集中时间，制定出新时期扶贫开发工作意见，为全市扶贫开发工作会议的召开做好准备。

四　加强组织领导，改进工作作风

扶贫开发是关系贫困群众生存和发展的大事，是我们党在贫困地区实践“三个代表”的具体行动。各级各部门，一定要加强组织领导，切实改进工作作风，把好事办好、实事办实。一是切实落实扶贫工作责任制。中央明确要求，扶贫开发关键在县。各贫困县的县委、县政府是扶贫开发工作最直接的组织者。书记、县长是第一责任人，扶贫办要针对有关县的实际情况，认真制定对扶贫县具体可行的扶贫计划，进一步明确扶持的具体任务和措施，并加大组织协调和督促检查力度，确保扶贫开发的各项政策措施落到实处。二是进一步抓好社会帮扶。各帮扶单位要进一步强化部门责任，切实把社会帮扶摆上部门工作重要议事日程，做到工作有人抓、事情有人管；党委或党组，每年至少要专题研究一两次扶贫工作；班子成员要定期到帮扶点调查研究，现场办公，解决存在问题。三是切实改进工作作风。我们从事扶贫开发工作的同志，面对的是全社会最贫困的群体，要时刻牢记“两个务必”，忠诚实践“三个代表”，大力弘扬艰苦奋斗、求真务实的精神，心系农民群众，带着感情做好扶贫开发工作。今年政府工作报告中 16 件实事的第一条就是 9.8 万人要稳步脱贫，还有一句话叫不反弹，这不仅是个数量概念，还是一个质量概念，稳定脱贫不反弹，就是要扑下身子，扎实工作，真正为群众办好事、办实事，让群众感到党和政府的温暖。四是解放思想，振奋精神，以良好的精神状态做好扶贫开发工作。扶贫开发是一项长期的工作，是一项艰巨的任务，各级各部门一定要按照“树正气、讲团结、求发展”的要求，进一步增强搞好扶贫开发、尽快摆脱贫困的紧迫感和责任感，进一步坚定早日摆脱贫困的决心和信心。特别是面对新形势、新任务，要把解放思想放在更加突出的位置，在解放思想中统一思想、凝聚力量、振奋精神，在解放思想中破除障碍、与时俱进、开拓创新，在解放思想中找准路子、加快发展，为实现全面建设小康社会的宏伟目标做出新的、更大的贡献。

多措并举迎难而上全面完成今年农业农村工作的各项任务

——在全市农业农村工作电视电话会议上的讲话

（2003 年 8 月 18 日）

刚才，我们收听收看了全省农业农村工作电视电话会议，听取了省委副书记冯文海、副省长宋恩华同志的重要讲话，希望大家要认真学习、深刻领会、抓好落实。下面根据这次会议要求，结合我市实际，就克服非典影响、促进全市农民增收，讲以下四点意见。

一　认真分析形势，提高思想认识，增强做好农民增收工作的信心和决心

今年以来，我市各级各部门认真贯彻党的十六大和中央、省农村工作会议精神，全面落实党中央、国务院的各项工作部署，按照市委、市政府继续打好农业增效、农民增收攻坚战的总体要求，紧紧把握农民增收这一农村工作的中心任务，全面实施“158 增收战略”，全市农业和农村经济总体上开局良好，运行平稳。据市统计局对全市 1780 个农户抽样调查，今年第一季度全市农民人均现金收入 593 元，比去年同期增加 32 元，增长 5.5%。但进入 4 月份以来，非典型肺炎疫情对农业和农村形成了很大冲击，使农民增收遇到了新的困难。尽管非典疫情没有改变农业和农村经济稳步发展的基本

态势，但对近几年已成为农民收入增长主要来源的畜牧业、农村二、三产业和劳动力外出务工，产生了明显的不利影响，使我市农民收入增速呈现阶段性减缓趋势。据市统计局统计，今年上半年全市农民人均现金收入 1145 元，比上年同期增加 47 元，增长 4.3%，增速比上年同期下降 0.1 个百分点，其中第二季度农民现金收入 565 元，比上年同期增加 28 元，增长 5.2%，增速比第一季度低 0.3 个百分点。一方面我市农民收入增速减缓不容忽视。另一方面上半年我市农民人均现金收入 1145 元的绝对值，与全国上半年农民人均现金收入 1158 元和全省的 1216 元的绝对值相比，分别相差 13 元和 71 元；上半年我市农民人均现金收入增幅 4.3%，与全省的 5.2% 相差 0.9 个百分点，这么大的差距，与我市所处地理位置、区位优势、交通发达的条件等是极不对称的，很值得我们认真反思和警觉。另外，下半年农民增收形势也很不乐观，就全国整体形势讲，主要是这两年支持农民收入增长的“亮点”受到严重影响，短期内还难以恢复增长动力，农民外出务工收入难以较快增长，畜牧业收入增长难度加大，农产品出口形势严峻。同时，自然灾害造成的损失也比较大。从我市情况看，6 月以来，我市先后有 14 个县（市、区）遭受暴风冰雹自然灾害。同时二、三产业新上项目很少，发展后劲不足，难有大的发展；农产品受非典影响外销受阻，使农产品卖难问题更加突出。这些情况表明，农民增收的基础非常脆弱，受宏观经济影响非常大，不迅速采取有针对性的措施进一步加大工作力度，今年全市农民增收 3.5% 的目标就要落空。但我们应该看到，目前促进农民增收也有不少有利因素，党中央、国务院和省委、省政府高度重视农民增收工作，最近国务院专门制定了《关于克服非典型肺炎疫情影响促进农民增加收入的意见》，对促进农民增收提出了 18 条具体措施；今天省委、省政府又专门召开农业、农村工作电视电话会，对农民增收工作进一步安排部署；就我市来讲，市委书记张力同志非常关心农民增收工作，在最近召开的全市进一步扩大开放、优化经济发展环境暨加快民营经济发展广播电视大会上对农民增收工作提出了明确要求。所有这些都为我们做好农民增收工作提供了有利条件。希望各级各部门进一步解放思想、更新观念，认真落实各种有效措施，多管齐下，确保实现或超额完成今年的各项工作目标。

二　采取有效措施，千方百计增加农民收入

面对下半年农民增收难的严峻形势，各级各部门要统一思想，高度重视，积极行动起来，采取切实有效的措施，努力实现农民收入的稳定增长。

（1）大力推进农村经济结构调整，靠提高效益增收。当前，农村经济中存在的种种问题，很大程度上是由农业和农村经济结构的不合理造成的。在农村一、二、三产业发展上，一、二产业比重缓慢下降，第三产业比重缓慢增长，农村二、三产业发展严重滞后；在农产品生产上，粮经结构不合理，低效作物多，效益性经济作物少；农作物品种结构不合理，低品质作物多，优质作物少；同时，还存在季节性结构不合理问题。生产的产品大路产品多，特色产品少，有特色的无规模，有规模的效益较差。在农产品加工上，粗加工多，精深加工产品少，知名产品更少，农产品附加值低。因此，发展农村经济，调整农业结构，就必须放宽思路，打破传统的途径单一、偏重粮棉种植的不合理结构，下决心调大、调强、调特，以非农产业的发展带动农业产业升级。坚持第一产业增效靠加工，第二产业突破靠项目，第三产业发展靠带动，通过发展第二产业，促进第一产业，带动第三产业，逐步解决农民增收难的问题。在优势产业布局上，要下大力培育并逐步形成“一环六带”区域经济格局，一环即环邯郸市区周围的城郊高效农业；六带即蔬菜生产带、蛋鸡养殖带、特色种植带、瘦肉型猪养殖带、玉米制种带和干鲜果品生产带。在种植业上，要减粮食、稳棉花、扩蔬菜、增油料、优杂粮、种饲料，大力发展饲料产业，由粮经二元结构向粮、经、饲三元结构转变。要突出发展无公害、绿色和有机农产品，并逐步实现标准化、品牌化经营，促进产品上档升级。大力调整种养业结构，把畜牧业作为农业第一主导产业，坚持不懈地抓下去，不断提高畜牧业占农业的比重和对农民增收的贡献率。我们搞的沿高速公路两侧饲料玉米种植示范，既是禁烧的一大举措，也是在调整种植结构，市委、市政府领导对此项工作极为关注，张力书记对秸秆饲料化工程建设做过重要批示，并在8月6日

召开的农业产业化龙头项目观摩会上进行了再强调，各级各部门要明确责任，用好补贴资金，做好青贮、销售与使用工作。

（2）大力发展农业产业化经营，靠龙头企业带动增收。农业产业化既是一个发展问题，也是一个改革问题，它通过公司加基地的经营模式，在更大范围和更高层次上优化配置了农业资源，实现了公司和农户的“双赢”，代表了当前农村先进生产力发展方向。目前，我市农业产业化存在的一个重要问题在于，大型龙头企业数量少，现有龙头企业规模小，辐射带动农户的能力有限，很难通过利益联结机制来组织农户闯市场。因此，要把推进农业产业化作为新阶段农村工作的一件带有方向性和全局性的大事来对待。按照产业带—产业园区—核心龙头企业配套推动的思路，落实好有关政策，加大扶持力度。一要吸引“三资”建龙头。把民间资本、工商资本、国外资本吸引到农业产业化经营中来。鼓励和引导个体生产、加工、运销专业大户和民营企业、各种能人领办龙头企业；鼓励和引导大中型工商企业、外资企业进入农业领域，创办龙头企业。二要整合资源壮龙头。要打破所有制界限、地域、行业界限，坚持国家、集体、个人一起上，千方百计扩大龙头企业规模，增强带动能力。积极引进国内外资金、技术和先进管理经验。加快现有龙头企业嫁接改造，提升技术水平和产品开发能力。要利用和依托现有的优势龙头企业、名牌产品，通过企业并购重组，积极开展资本运营，整合现有资源，发展一批大型企业集团。力争经过几年的努力，形成一批经营规模大、经济效益好、外向度高的全国、全省知名龙头企业。三要抓好龙头项目建设。7 月中旬，在全省农业工作座谈会上，宋恩华副省长指出要围绕农业基础设施、农产品布局、农产品加工等 7 个方面抓项目。8 月 6 日，在鸡泽召开全市农业产业化龙头企业项目观摩会上，市委书记张力、市长聂辰席同志针对项目建设做了重要讲话。在本月 12 日召开的全市进一步扩大开放、优化经济发展环境暨加快民营经济发展广播电视大会上，又对项目建设提出了明确要求，可见省、市领导对农业项目工作的重视程度。因此，各县（市、区）要强化项目建设意识，提高认识，摆上位置，主动出击，积极谋划一批在全市具有较强辐射带动力的农业龙头项目，要以项目为载体，广开门路，多渠道争取项目资金，尤其要主动争取上级政策性项目扶持资金，全力促成重点龙头项目建成投产。要加大农业的对外开放力度，充分利用新闻媒体和网络等手段，组织龙头企业参加各种形式的发布会、洽谈会、招商会、交易会等，加大对项目的宣传和推介。四要抓好农产品基地建设。把培育特色产业区作为农业产业化经营的基础工作来抓，发挥比较优势，突出骨干品种，集中连片发展，不断扩大规模，确保为龙头企业提供符合标准要求的优质农产品。要积极探索龙头企业、基地、农户之间的利益联结机制，通过合同契约、服务纽带和产权联结，把三者利益联系在一起，做到利益共享、风险共担。五要千方百计搞好农产品销售。要认真实施“走出去”战略，农产品销售收入是大多数农民的主要收入来源，只有把农产品卖出去，并且卖个好价钱，才能实现农民增收，才能保持农村经济的持续、健康发展。要进一步加强农产品市场体系建设，积极发展连锁、超市、配送、电子商务等现代流通方式，加快建设农产品运销“绿色通道”，充分发挥农村经纪人队伍在农产品销售中的作用，努力开拓农产品销售的新渠道和新领域。同时，要发挥比较优势，努力扩大农产品出口。

（3）大力发展民营经济，靠新的经济增长点促农民增收。当前民营经济正逐步成为地方经济发展的主力之一，成为各级财政的支柱，成为农民就业的主渠道。从中央到地方都为民营经济发展创造着良好的环境。8 月 12 日召开的全市进一步扩大开放、优化经济发展环境暨加快民营经济发展广播电视大会又对民营经济的大发展进行重大部署，市委、市政府正在陆续出台一批支持民营经济发展的重要文件，已经把发展民营经济作为推进全面建设小康社会的战略举措来抓。各级各部门要紧抓机遇，一是消除一切歧视民营经济发展的思想观念，废除一切不利于民营经济发展的政策规定，放手、放胆、放活，鼓励、支持民营企业发展。二是加大扶持力度，重点扶持、培育一批科技含量高、生产规模大、竞争能力强、发展潜力好的民营企业。尤其要扶持一些涉足农村第三产业、农产品加工业和劳动密集型工业的民营企业，促使其更多地吸纳农村富余劳动力。三是教育引导广大民营企业家克服小进则满、小富即安的思想，树立大发展、快发展的雄心壮志，敢于抢夺技术制高点、敢于占领国际新市场、敢于实现发展的大跨越，把企业做强、做大。四是抓好园区建设，对现有的民营经济园区，要进一步完善基础设施，积极招商引资，引导企业进园，不断扩大规模。要提升民营企业管理水平和创新能力，加快推进民营企业升级晋档，增强可持续发展能力。五是进一步提高乡镇企业和农业的关联度，把发展农产品加工业作为乡镇企业再次创业的突破口，大搞粮油加工、土特产加工、畜产品加工、水产品加工、蔬菜包装加工等，以提高乡镇企业的整体效益。

（4）搞好劳务输出，直接增加农民收入。2002 年，我市农民外出务工使农民人均增收 43.5 元，占当年农民增收总量的 42%。受非典影响，预计今年上半年农民工资性收入将比上年同期人均减少 2 元，下降 0.4%。据统计，我市农村现有富余劳动力约 130 万人，非典前我市农民外出务工人数约 53 万人，非典期间农民工返乡人数约为 20 万人，非典过后组织农民工返城的任务很艰巨，一些制约因素不容忽视。首先，非典还在一定程度上影响到农民的外出务工，一些农民还存有对非典惧怕的阴影，外出打工顾虑多，甚至有些人宁可少挣钱，也要在家求安稳，农民外出创业的劲头不足。其次，信息不灵，农民外出务工有很大盲目性，大都还是靠本乡、本村熟人带出去，农民选择外地就业的信息和途径仍然很少。再次，外出务工人员自身的技能、文化素质与市场需求不相适应。据调查，我市外出务工人员以初中以下文化程度居多，约占 80%，高中以上文化程度的约占 20%，绝大多数没有经过专业技术培训，拥有职业资格证书的更是寥寥无几。最后，外出务工人员就业圈存在局限性。外出务工人员在省内和京、津、晋华北地区的居多，去东南沿海开放地区打工的很少。因此，我们要切实做好农民外出务工就业的组织、指导和服务工作。一是提高认识，加强领导，建立健全劳务输出服务体系。县委、县政府要真正把劳务输出工作放在调整农村经济结构、转移农村富余劳动力、发展壮大县域经济的战略高度来抓，建立起县、乡、村三级劳务输出机构。要像魏县那样，在北京、天津、石家庄、上海、广州、深圳等大城市设立劳务输出办事处，为外出务工人员提供就业信息、解决外出务工人员遇到的困难和问题，在市内形成上下贯通的劳务输出网络体系。二是制定政策，优化服务，为劳务输出保驾护航。为外出务工人员提供全方位的服务，要免费办理外出务工所需要的各种证件；要定期不定期地通过新闻媒介向农村发布劳务输出信息，提高外出务工人员就业的针对性和保障性；要向外出务工人员提供小额贷款，解决务工所必需的一些费用；要进行跟踪服务，解决外出务工人员遇到的困难，尤其是劳动纠纷，要积极妥善解决，维护务工人员的合法权益。三是强化培训，提高素质，增强外出劳务人员的竞争力。要大力发展“订单劳务”，根据用工合同，制订培训计划；鼓励外出务工人员参加相应的职业资格培训，确保他们外出务工有一技之长，提高其就业率，推动劳务输出由体能型向智能、体智结合型方向发展。

（5）搞好农业基础设施建设，为农民增收办实事。市委、市政府在2003年主要工作目标中，确定了今年要为群众办好16件实事。其中，涉及农村方面的7件。办好这些实事，对改善我市农业生产条件和农民生活水平、增强农业抵御自然灾害能力、促进农民增收、确保农村稳定具有重要意义。因此，各级党委、政府要高度重视，切实抓好。一要切实解决个别农村的人畜饮水困难。在山丘区要继续推行“一户一窖、一村一池、3~5个村一眼机井”的解困工程标准。在东部平原苦水区和氟病区要按照打配深机井和集连片建供水站的方法来解决，有条件的地方争取实现户户用上自来水。各级各部门要按照标准和任务，加大投入，加紧施工，尽快完成任务。二要按照省委提出的文明生态村要求，搞好生态家园富民工程建设。全年任务是帮助农民建沼气池3.5万个，1~6月，已建1.88万个，占任务量的53%。进度慢的地方，要落实资金，加快进度。三要按时完成征地拆迁等项工作，搞好滏阳河治理工程。四要搞好退耕还林，加快水土保持生态环境建设。最近，市委书记张力率团到邢台参观学习了他们山丘区农业开发工作，有任务的县（市、区），一定要学习前南峪人艰苦奋斗的精神，克服急功近利思想，科学规划，坚韧不拔，搞好我市的山丘区开发治理。其他工作，如秸秆饲料化工程、无公害蔬菜社区配送、一村一名大学生工程、“三农”问题电视栏目等要加快进度，确保年底前完成。

三　继续深化农村改革，靠完善政策增收

党的政策是调动农民积极性和创造性的有力武器。农村改革是加快农村

经济发展、增加农民收入的强大动力。各县（市、区）都要按照市委、市政府的安排部署，一项一项地落实到位，真正让农民群众在落实政策和深化改革中得到实惠。

第一，认真贯彻执行农村土地承包政策，切实维护农民的合法利益。土地问题是农村问题的核心，是保障农民权益、促进农业发展、保持农村稳定的制度基础，土地政策是党在农村各项政策的基石，是抓好政策落实的重点。总的来讲，我市贯彻落实党的农村土地承包政策和法律法规的情况是好的，农民群众是比较满意的。但也必须看到，我们的工作中仍存在不少问题，因此，必须进一步完善土地征用制度，认真贯彻实施《农村土地承包法》，加强对土地承包和流转的指导，切实维护农民的合法权益。有些县（市、区）违背依法、自愿、有偿的原则，强行搞土地流转和“规模经营”，损害了农民的利益，甚至造成有些农民失地失业，给社会稳定带来很大影响，因此，各级党委、政府及有关部门，要进一步提高对农村土地问题的认识，不折不扣地贯彻落实党的各项农村土地承包政策和法律法规，依法加强征地管理，严格监督检查，既要保护好耕地，又要保护好农民的切身利益，要严格按照有关法律和规定，给予合理的补偿和妥善安置，防止有些地方农民既失地又失业现象的发生。下半年，各县（市、区）要集中力量对农村土地政策执行情况进行一次大检查，市里要抽查，通过督导检查，严肃查处各种侵害农民权益的违法违纪案件，切实维护好农民的土地承包权益。

第二，继续深化农村税费改革，切实巩固和发展改革成果。今年是我市全面推行农村税费改革试点工作的第二年，从今年的夏征来看，总体情况要好于去年。但是，在一些地方仍然存在一些不容忽视的问题。一是有的地方宣传解释政策不深入，执行政策不到位，税费征收程序不规范，由此引起群众不满，个别地方还引发了群体性事件；二是乡村债务、税费尾欠等一些遗留问题，给征收工作造成了一些困难；三是一些地方配套改革力度不大，特别是在减人、减事、减支方面还不到位；四是不少地方出现了松劲思想，工作力度明显减弱。应该看到，农村税费改革是一项长期的复杂的系统工程，不可能一蹴而就，这些问题的存在，也进一步说明了农村税费改革还远远没有结束，改革的任务还很重，工作绝不可放松。各级党委、政府要进一步提高对农村税费改革长期性、艰巨性和复杂性的认识，对已经取得的成绩，绝不能估计过高，对存在的问题绝不可掉以轻心。要坚决克服松劲麻痹思想，坚持做到领导重视程度不能降、机构人员不能撤、工作推动力度不能减，确保各项改革政策不折不扣地落实到农户。要进一步加大对农村税费改革政策的学习和宣传力度，让广大基层干部和农民群众，更加了解政策，更好地执行政策。要结合当地实际，把解决农村历史遗留问题与深化农村税费改革结合起来，加快推进各项配套改革，积极研究探索逐步化解乡村债务的有效办法，坚决防止新债发生。要进一步规范农业税征管工作，不能搞突击清欠，防止激化矛盾，任何情况下都不得动用公安、司法、组织“小分队”上门收税，坚决防止发生群体性事件，杜绝恶性案件。

第三，全面落实农村各项减负政策，切实减轻农民和农村基层负担。农村税费改革后，农民负担虽然得到明显减轻，但是在一些地方、一些方面，仍然存在一些加重农民和农村基层负担的现象和苗头。因此，各县（市、区）要结合农村税费改革后出现的新情况，尽快健全和完善农民负担监督管理机制，进一步加大专项治理力度，从源头上做好治理工作，防止农民负担反弹。下半年，全市要把治理党政部门报刊散滥和利用职权发行作为减负工作的重点，认真落实农村基层报刊征订费用限额制。省委、市委都已下发了文件，对村级报刊订阅费用标准，已经有了明显规定；乡镇和中小学报刊订阅费用，省里正在研究制定标准。在 2004 年度报刊订阅过程中，要一律严格执行规定的订阅标准。任何单位和部门都不得突破标准上限，要严厉查处党政部门继续利用职权发行。同时，还要继续全面落实涉农税收、价格和收费“公示制”、贫困地区农村义务教育收费“一费制”、违反农民负担政策“责任追究制”。要加强对农村“一事一议”筹资筹劳的监督管理，切实防止农村超限额筹资筹劳。要研究建立防止农民负担反弹的长效机制，从制度上坚决制止和防止各种手段和名义向农民的乱收费、乱集资，这个问题中央和省委、市委三令五申，各级、各单位一定要认真贯彻落实。

四　切实加强领导，确保今年农业农村工作任务的完成

在农业农村工作中，贯彻“三个代表”重要思想，最根本的一点就是要不断增加农民收入，使广大农民尽快富裕起来。各级各部门要自觉按照立党为公、执政为民的要求，认真贯彻落实中央和省、市已经确定的各项政策措施，把农民增收工作摆到更加突出的位置，加大力度，抓出成效。

一是进一步转变工作作风。从现在到年底只有4个月的时间了，完成农村工作的各项目标，时间紧、任务重，因此特别要求各级领导干部和有关部门要大力弘扬艰苦奋斗、求真务实的精神，紧密联系农村工作实际，不说空话、不说大话、不说假话，不搞形式主义，针对农业和农村工作的新情况、新问题，拿出真招数，深入基层、深入农村解决农村工作中出现的现实问题，真正做到全心全意为农民群众谋利益。

二是切实转变政府职能。在支持农业、农村经济发展上，各级各单位都有着义不容辞的责任。农、林、牧等涉农部门要加强对农民增收的具体指导，谋划具体项目，为农民提供优质服务；计划、财政等综合经济部门要认真谋划农村经济和社会发展战略，增加对农村经济社会发展的资金和项目投入，加大对农业的支持力度；商贸、金融、扶贫、科技、教育等有关部门也要自觉树立全局观念，切实转变职能，认真履行职责，更多地关注农村、关心农民、支持农业，形成做好农业农村工作的强大合力，在推动农业增产、农民增收上发挥部门的应有作用。

三是要狠抓各项政策措施的落实。这次会后，各县（市、区）和市直有关部门要立即行动起来，认真贯彻落实中央有关农民增收方针政策和省、市的决策部署，从当地实际出发，研究制定具体意见措施，千方百计增加农民收入。要尽快对落实党的农村政策的情况，特别是对三项政策的落实情况进行一次认真的自查自纠，对自查中发现的问题，要及时加以研究解决，确保政策落实到位，以优异的成绩迎接中央、省里的检查和指导。对因工作不力，在上级检查中给全市造成不良影响的地方，要严肃追究当地主要领导和

主管领导的责任。在中央检查组到来之前，省、市将派出督导组，对有关情况进行一次抽查，指导和帮助各地抓好落实。

做好农业农村工作，增加农民收入，任务艰巨，责任重大。我们要紧密团结在以胡锦涛同志为总书记的党中央周围，全面贯彻“三个代表”重要思想，高扬树正气、讲团结、求发展的主旋律，进一步坚定信心，振奋精神，开拓创新，扎实工作，不断开创我市农业农村工作新局面，为全面建设小康社会做出新的更大的贡献。

在全国、全省村务公开电视电话会议结束后的讲话

（2003 年 9 月 2 日）

刚才，在全国电视电话会上，回良玉副总理、何勇书记做了重要讲话，中央和国家机关有关部门的领导对推进村务公开工作进行了总结、安排部署；省委副书记冯文海同志就贯彻落实全国会议精神、进一步推进我省农村基层民主政治建设工作讲了很重要的意见。各县（市、区）一定要深刻领会会议精神，认真传达贯彻落实。下面，结合我市实际，就贯彻落实好全国、全省会议精神，努力做好我市村务公开和农村基层民主政治建设工作讲三点意见。

一　要认真学习、深刻领会好这次会议精神，进一步提高对农村基层民主政治建设工作重要性的认识

全国、全省电视电话会议是专题部署农村基层民主政治建设工作的一次重要会议，会议明确了当前和今后一个时期，全国、全省村务公开和农村基层民主政治建设的工作任务，就是要以“三个代表”重要思想为指导，全面贯彻落实党的十六大关于发展社会主义民主政治、建设社会主义政治文明的一系列重大部署，以健全村民自治组织和民主管理制度，保证人民群众依法直接行使民主权利为重点，以健全民主制度，丰富民主形式，扩大公民有序的政治参与，保证人民依法实行民主选举、民主决策、民主管理、民主监

督和基层民主更加健全为目标，扎实工作，与时俱进，不断开创村务公开和农村基层民主政治建设新局面。我市各级党委、政府和有关部门，要紧紧围绕上述工作任务，统一思想，提高认识，加大力度，深入推进。我市推行农村基层民主政治建设工作起步较早，已推行了八年，特别是近几年来在各级党委、政府的努力下，取得了很大的成绩，在全省创出了民主议政日制度、“一制三化”工作运行机制和实行农村财务管理“双委制”、推行会计电算化等先进经验。但是，我市农村基层民主政治建设工作总体进展情况与党的十六大提出的奋斗目标相比，与中央和省委的要求相比，与广大农民群众的企盼相比，还有明显的差距与不足。这里边有领导的认识问题，有领导方法和工作方法的问题，同时也有基层干部的素质问题。这几方面问题交织在一起集中反映出我们工作不够深入。因此，全市各级党委、政府要进一步提高认识，正视不足与差距，把思想认识统一到党的十六大精神上来，站在推进农村基层民主政治建设就是实践“三个代表”重要思想、就是维护农民根本利益、就是为全面建设小康社会提供政治保障的高度，加大领导力度和工作推动力度，切实把推进农村基层民主政治建设作为全面建设小康社会的重要目标和发展社会主义民主政治的基础性工作来抓，并毫不动摇地长期坚持下去。只有这样，我市的农村基层民主政治建设才能不断深入、不断前进。

二　抓住重点，努力创新，使我市农村基层民主政治建设工作有更大突破

（1）进一步深化村务公开，全面推行农村党务公示，不断创新农村民主监督制度。今天中央、省委对搞好农村村务公开和民主管理工作进行了专题部署，提出了明确要求，我们要以这次会议为契机，与时俱进，开拓创新，努力把村务公开工作提高到一个新水平。一要切实加强村务公开阵地建设。目前一些村的村务公开栏失修、破损比较严重，周围环境脏、乱、差，影响公开，有碍观瞻。要抓紧检修、整治，确保公开栏始终保持完好状态，严格按照“五规范一满意”（公开的阵地、时间、内容、程序、管理规范和群众满意）的要求，确保村务公开率有明显提高。村集体经济实力强，村

里来往账目较多，公开栏容不下的村和样板村都要实行“一表一卡”入户。有条件的地方，可以实行网络公开、电子触摸屏公开，也可以用有线电视公开，使公开更加深入、广泛。二要不断充实村务公开的内容。要在原定12项公开内容的基础上，突出抓好村里重大事情和村民关注问题的公开，特别是对于税费改革后农民的纳税情况、兴办公益事业“一事一议”筹资筹劳情况、粮食补贴情况、村级债权债务情况等，必须一一向群众及时公开，接受群众监督。三要继续严格执行村务公开审批表制度。村务公开审批表工作，要严格按程序进行，工作人员要认真填写，民主理财小组要真正把关，有关责任人要签字盖章，按要求上报审批。四要抓好公开和民主议政日议决事项的落实。农村公开事项、议决事项不落实是群众反映的热点问题，也是影响民主议政日深入开展的主要问题之一，必须要注意认真解决这个问题。今年广平县对农村民主议政日议决事项实行了“公开承诺跟踪督办”制取得了明显成效，他们的做法受到了省委、市委领导的好评，各县（市、区）要认真借鉴广平的做法，确保公开和民主议政日议决的事项落到实处。五要在抓好试点的基础上，全面推行农村党务公示制度。对党组织活动的情况、议定的事项、形成的决议，党支部成员的工作目标及完成情况、党员作用发挥情况、发展党员情况等进行公示，充分发挥党内民主对人民民主的示范带动作用，做到农村党务公示与村务公开同时进行、相互促进。

（2）以第六届村委会换届选举为契机，认真落实民主选举制度。目前，我市第六届村委会换届选举工作已经全面展开，各县（市、区）要切实加强组织领导和具体指导，进一步完善和落实民主选举制度，确保换届选举工作的健康顺利进行。要造舆论、造声势，广泛深入地宣传有关法律法规，使广大农村干部群众真正认识村委会换届选举的重要性。要认真研究制订周密详细的工作计划和实施方案，自觉维护法律法规的权威，严格遵守村委会选举的程序和步骤，加强对换届选举工作的指导和监督检查，切实保障广大村民在选举各个环节中的民主权利，使村委会换届选举真正体现农民群众的意愿。各有关部门要协调联动、密切配合、掌握情况，确保换届选举工作顺利开展。要认真落实中央和省委提出的“四个提倡”，即提倡把村党支部领导班子成员按规定程序推选为村委会成员候选人，通过选举兼任村委会成员；

提倡党员通过法定程序当选村民小组长、村民代表；提倡拟推荐的村党支部书记人选，先参加村委会的选举，获得群众承认以后，再推荐为党支部书记人选；提倡村委会中的党员成员通过“两推一选”的方法，兼任党支部成员。要通过这次村委会换届，尽可能多地实现村党支部书记与村委会主任一人兼和“两委”成员交叉任职、相互兼职。完成换届选举后，各村要及时依法建立健全村民会议、村民代表会议、村民小组、民主理财小组等村民自治组织，明确职责，充分发挥作用，为搞好村民自治提供组织保证。

（3）进一步完善“两会”制度，切实规范村级民主决策机制。村民会议和村民代表会议是村级民主决策的基本制度，也是衡量农村基层民主政治建设工作和村民自治水平的一项重要标志。各地要把完善村民会议和村民代表会制度、规范村级民主决策机制作为今后深入推进农村基层民主政治建设的一项重点工作来抓。尽管我市各地都建立了“两会”制度，但在执行过程中一些地方还存在“两会”制度不完善、民主决策不规范、村民会议制度不落实和借种种理由以“两委”联席会代替村民代表会、以村民代表会代替村民大会等问题。各县（市、区）要结合这次村委会换届选举，认真抓好农村“两会”制度的完善，进一步提高村级民主决策水平。要根据《村民委员会组织法》和《河北省村级民主管理条例》的有关规定，对村民会议和村民代表会议的组成、职责权限、召开时间、议事规则、决策程序、组织领导，对村民代表的条件、名额比例、产生办法、任期及权利义务等进行逐项对照检查，对没有明确规定的要制定出实施细则加以完善，对执行不好的要认真改正，真正做到村里的大事由全体村民做主。逐步建立起农村党组织领导的比较规范的并且能深入了解民情、充分反映民意、广泛集中民智、切实珍惜民力的村级民主决策机制。

（4）逐步规范农村“三资”管理，进一步完善村级民主管理制度。农村集体资金、资产、资源的管理，是村务管理的核心问题，也是农民最关注的问题。要把农村“三资”管理作为村务管理的重点和村级民主决策的重要内容。从去年开始，我市在农村推行财务管理“双委制”和会计电算化。目前，全市农村基本上实行了财务管理“双委制”。今后要在巩固、提高农村财务管理“双委制”的基础上，进一步向农村“三资”的统一管理进行深化和发展，逐步建立健全农村“三资”的经营、管理、保护、使用、评估、审计、登记、公开等在内的一整套规章制度，把“三资”管理纳入法制化轨道。年底前，全市农村都要建立起集体资产资源的台账，对集体资产、资源的种类、数量、价值、承包经营方案、承包者、承包年限、承包金额及缴纳情况等，要登记清楚，并向村民公开，接受群众监督。《村民自治章程》是村级民主管理的主要形式。村委会换届后，要根据有关法律和政策规定，按照合法适用、简便易行的原则和村民会议讨论通过的程序，对村级组织的职能及工作程序、村民的权利义务以及经济管理、社会治安、村风民俗、婚姻家庭、计划生育等方面的要求做出更加明确具体的规定，为村级民主管理规范化提供可靠的制度保证，充分体现村民的自我管理、自我教育、自我服务，进一步提高村务管理的制度化、规范化水平。

三　加强组织领导，进一步提高我市农村基层民主政治建设的整体水平

党的十六大指出，扩大基层民主，是发展社会主义民主的基础性工作，是全面建设小康社会的政治保障。各级党委、政府要站在贯彻党的十六大精神、实践“三个代表”重要思想、建设社会主义政治文明的高度，充分认识推进农村基层民主政治建设的重要意义，把农村基层民主政治建设纳入全面建设小康社会的总体工作部署，列入重要议事日程，真正做到思想认识、领导精力和工作落实三到位。要按照省委、市委的要求，把这项工作作为在新形势下加强农村工作和民主政治建设的一件大事来抓，定期进行研究，认真安排部署，精心组织实施。各级农村基层民主政治建设领导小组及其办公室要充分履行好“组织领导、综合协调、总体谋划、督促检查”的职能，及时解决好存在的问题，切实提高指导农村基层民主政治建设的水平。农村基层民主政治建设领导小组各成员单位要各司其职、各负其责、相互配合、齐抓共管，促进全市农村基层民主政治建设深入发展。要强化督促检查，狠抓落实。今后市对村务公开和基层民主政治建设的督查，要多采取一些事先不打招呼、随机抽查暗访的方式进行，必要时可请新闻单位参加。对农村基

层民主政治建设的督查，要重在察实情、察民意、察实效，要逐步改变只听领导汇报、不深入基层听取群众反映的做法。县、乡也都要坚持对村务公开的定期抽查和全面检查制度，发现问题及时解决，对民主政治建设落后的乡、村，要集中时间、集中精力，进行综合治理，下大力量抓实、抓好、抓出成效，确保群众满意。凡是县里工作不认真、查处不到位，经群众举报，调查核实后，市里要直查直处。

要认真搞好农村基层民主政治建设专题培训。新形势、新任务对各级负责农村工作的领导干部和农村基层干部提出了新的更高的要求。为使从事农村工作的广大干部进一步提高政治业务素质、增强民主意识和法制观念、增强领导能力和本领、掌握做好农村工作的主动权，根据省委的要求，最近市要对各县（市、区）农村基层民主政治建设办公室主任和乡镇领导干部进行一次集中培训。村委会换届结束后，县（市、区）要对新调整的和新当选的村“双委”领导进行一次农村基层民主政治建设专题培训。

要深入开展村务公开、民主管理示范活动，充分发挥先进典型的示范带动作用。各县（市、区）要在抓好省级示范单位的基础上，今年再抓 5 ~ 10 个先进村典型。示范活动重点在规范管理、制度创新上下功夫、求突破，在丰富民主形式上创造新经验。要及时发现、认真总结推广示范活动中创造出的好经验、好做法，切实发挥好示范带动作用，推动全市农村基层民主政治建设整体水平的提高。

现在已进入 9 月份，距年终只有 4 个月的时间了。希望各县（市、区）要以这次会议为契机，对前八个月的工作进行认真总结，找出差距和不足，按照中央和省委、市委部署，进一步加大工作力度，圆满地完成好今年的各项既定目标任务，以实际行动认真贯彻落实党的十六大精神，为全面建设小康社会、努力开创我市农业农村工作新局面做出更大贡献！

在全市秋季秸秆综合利用和禁烧现场动员会上的讲话

（2003 年 9 月 6 日）

刚才，部分县（市、区）、市直单位的主要负责同志发言，介绍了自己的工作情况，并且做了表态发言，讲得很好，有经验、有办法，曹副市长对全市秸秆综合利用和禁烧工作做了全面的部署，讲了非常好的意见，提出了邯郸市秸秆综合利用和禁烧工作的五项技术措施、四项行政保证措施，讲得很具体，针对性也很强。希望同志们认真领会今天的会议精神，下大力气认真抓好禁烧措施的落实，确实完成全市人民关注的这件大事，真正让市委、市政府放心，让人民群众满意，这次会后，大家要抓好落实。现在距年底只有 4 个月时间，各项任务都很繁重，所以我们一定要认真地做好这项工作。下面我再强调几点。

第一，各级各部门务必要高度重视这项工作。关于秸秆综合利用和禁烧工作，市委、市政府的主要领导同志都亲自抓、亲自过问，张力同志亲任指挥部政委，辰席同志担任指挥长，我们分管农口的市委、市政府的领导同志都参加了指挥部的工作。因此，市委、市政府对这项工作的重视程度是可想而知的，秸秆综合利用和禁烧工作干好了是好事，干砸了就是一个影响极坏的坏事，它直接关系我们各级党委、政府在人民群众中的形象，它直接关系人民群众的切身利益。当然，从目前的条件下看，这项工作困难很大，任务繁重，特别是秋收后，农作物留下的秸秆量非常大，所以要求我们各级各部门绝不可掉以轻心、麻痹松劲，应该统一思想、集中时间、集中精力、集中人力、集中物力、知难而上、迎难而进、互相配合、协调作战，做好这项工作。特别各县（市、区）换届之后，分管农业的领导同志调整了一大批，变动较大，希望我们的新老同志都要扎实工作，要打好这个硬仗，我们上上下下面临的任务重大。希望同志们能经得起这场考验，能够打一个漂亮仗。

第二，以动为先，早谋划、早部署、早落实。秋收马上就要开始，各级各部门要利用秋收前这一段有限的时间，围绕全市的工作部署，结合本地本部门的实际，认真地理一下工作的头绪，理清工作思路，抓紧落实工作方案，拿出具体的办法。尤其在秸秆饲料化工程和秸秆草块饲料项目建设上，对各个关键的环节，要一项项地细化，一项一项地落实。从今年夏季、秋季禁烧工作情况看，有信心、有决心，只要思想到位、工作到位、措施到位，禁烧工作不是不能做到的。今年夏收，天气十分炎热，秸秆容易燃烧，但是从全市来看，整个的禁烧工作基本控制了局面，这是我们各级党委、政府、各级干部群众思想到位的结果，秸秆禁烧与防治非典结合到了一起，思想到位，工作方法到位，从这些情况来看，不是做不到，是可以做到的，关键是做不做、怎么做。从永年县介绍的情况、会上发的材料来看，永年作为邯郸的北大门，在全市禁烧工作中位置特殊。今年永年县秋季禁烧工作的谋划搞得比较细致，政府发了公告，玉米秸秆发了放倒证，而且还有公证书，县委、县政府搞了实施意见，这些工作如果认真地抓好落实，永年今年秋天可以做到不点一把火、不冒一股烟。邯郸县刚才也讲了，挨罚的钱还不如拿过来做好工作，至少效益是全面的，群众是拥护的，同时从经济效益特别是生态环境效益上，也是良好的。磁县的主管同志也表了态，希望秋季禁烧工作迎头赶上来，承诺一定要认真做到。我看大家如果都能够这样做，好好地总结一下我们禁烧工作上的经验，查找不足，借鉴外地的成功做法，今年的秋季秸秆综合利用和禁烧工作我们一定能打一个胜仗。

第三，坚持“疏、堵”两手抓，两手都要硬。秸秆综合利用是“疏”，禁烧是“堵”。鉴于现状，必须要疏堵结合。在目前秸秆还不能保证完全综合利用的情况下，还必须采取必要的行政手段、法律手段、经济手段去堵。堵，不是消极地去堵，也不是说靠行政命令、与群众造成对立，所以我们很多工作要运用“三个代表”重要思想，换个方位去考虑问题，要站到人民群众的根本利益上来思考问题，不要造成对立，要研究工作方法，研究措施，工作要有手段。一是要有声势，利用各种手段，特别是新闻媒体宣传手段，让群众明白焚烧秸秆的危害、综合利用的好处，要算一笔账，算经济账、算生态账，讲清道理。二是要加快解决综合利用的途径和办法，今天我们参观的几个点，很多都是反映秸秆综合利用的问题，青贮、压块饲料、秸秆打捆，现在看起来这个出路、途径不是个问题，压块饲料的市场在内蒙古供不应求，要保持好渠道，搞好组织管理。如果组织好、管理好，秸秆能够消化，农民能够增收。三是要落实责任。要将秸秆综合利用和禁烧的任务细化分解，做到人人头上有任务、有压力、有责任，连奖连罚。四是要严督细查、奖罚分明。对发现的问题，该曝光的曝光，该经济处罚的经济处罚，该行政处分的行政处分，该法律制裁的法律制裁，决不手软，决不姑息迁就。我们领导同志不要在这些问题上挨处分。处分一个同志，作为领导机关、作为领导者心里都是很痛心的。特别是在工作中挨处分，我们更痛心。我们在实际条件下无能为力，这是另一个问题，通过自己的努力可以做，而不做，去渎职、失职，这又是一个问题。作为领导，我们思想上要到位，努力做好这项工作。对工作成绩突出的要兑现奖励，以鼓励先进、鞭策落后。

同志们，搞好秸秆综合利用和禁烧工作，各级各部门领导责无旁贷，只能抓好，没有退路。我们要本着对党、对社会、对人民高度负责的精神，团结一心，齐心协力，扎实工作，要发扬非典时期那种对人民、对工作高度负责的精神，努力使今秋的秸秆综合利用和禁烧工作有新的突破。

以“三个代表”重要思想为指导扎实推进和深化我市行政审批制度改革工作

——在全市行政审批制度改革工作电视电话会议上的讲话

（2003 年 9 月 15 日）

刚才，在全省行政审批制度改革工作电视电话会议上，常务副省长郭庚茂传达了省委、省政府主要领导对行政审批制度改革工作的批示精神，并对做好下一步的改革工作进行了动员和部署。省委副书记、省纪委书记张毅做了重要讲话。省委、省政府领导的批示和讲话，站在贯彻落实“三个代表”的高度，体现了立党为公、执政为民的本质要求，对推进和深化行政审批制度改革工作具有极其重要的指导意义，我们要深刻领会，坚决贯彻落实。省直三个部门和石家庄、保定两市在会上介绍了经验，我们要认真学习、借鉴。下面，结合我市实际讲三点意见。

一　深刻认识深化行政审批制度改革的重大意义

行政审批制度改革工作，是一项事关改革和发展全局的系统工程，是当前各级党委、政府贯彻落实“三个代表”要求的具体体现。

首先，深化行政审批制度改革，体现了立党为公、执政为民的要求。学习贯彻“三个代表”重要思想必须以最广大人民的根本利益为出发点和落脚点。抓好行政审批制度改革工作，是各级党委、政府坚持立党为公、执政为民、全心全意为人民服务的具体实践。行政审批是政府管理经济和社会的重要权力和手段，但多年以来，过多过滥的行政审批，不仅制约了市场机制的建立和市场体系的发展，还直接影响了政府的高效运作和公正廉洁，损害了政府在人民群众中的形象。只有彻底地进行改革，坚决取消那些不符合政企分开、政事分开原则，坚决取消妨碍市场开放和公平竞争、容易出现以权谋私和诱发腐败的行政审批项目和审批程序，才能真正建立起廉洁、勤政、务实、高效的政府，营造有利于各阶层、各群体在公开、公平、公正的市场环境中竞争的良好氛围，激发人民群众的活力和潜力，使其价值和利益真正得到实现，才能顺民意、得民心，才能密切党群、干群关系，才能保持党和国家政权的巩固。

其次，深化行政审批制度改革，是转变政府职能，优化经济发展环境的要求。行政审批在我国的社会和经济生活中发挥过重要作用。但是随着改革的深入发展，这一政府管理社会和经济方式暴露一些问题，已愈来愈不适应建立社会主义市场经济的需要。实行行政审批制度改革，实质上是政府机关的一场自我变革、自我完善，是为建立现代行政管理体制而破旧立新的一项艰巨工程；是推进政府职能转变，使其适应建立社会主义市场经济体制需要的一项根本性、战略性措施。因此，我们必须在管理体制、管理机制、管理制度和管理方式上进行一次大的“手术”，把那些政府不该管、管不好、管不了的事项剥离出去，使政府集中精力搞好经济调节、社会管理、市场监管和公共服务，逐步建立起有限政府、责任政府、服务型政府，提高办事效率，提高行政水平，为发展经济创造良好的环境。

最后，深化行政审批制度改革，是从源头上预防和解决腐败问题的治本之策。行政审批是政府管理社会和经济的重要权力和手段，但由于体制、机制上存在漏洞，其不仅没有发挥应有作用，反而出现了一些政府权力部门化、部门权力个人化、个人权力利益化的腐败现象。改革行政审批制度，就是要从体制、机制、制度和管理上解决在“权、钱、人”方面存在的腐败问题。2002 年，中央进一步提出了要坚持标本兼治、综合治理、注重从源头上预防和解决腐败问题的反腐败工作基本思路，要求各地区、各部门扎扎实实地抓好行政审批制度改革，坚决取消那些不合理的审批事项，健全后续监管制度，并把实行经营性土地使用权招标拍卖挂牌出让、建设工程项目公开招标投标、企业产权交易进入市场、政府采购四项制度作为行政审批制度改革的重要内容。党的十六大把深化行政管理体制改革写进了工作报告，强调要建立"行为规范、运转协调、公正透明、廉洁高效"的行政管理体制。今年二月，胡锦涛总书记再次强调，要以行政审批制度改革为突破口，进一步深化体制改革，建立健全防范腐败的体制、机制，从源头上预防和解决腐败问题。这充分说明了行政审批制度改革是从源头上防止行政权力滥用的一项治本之策。

二　锲而不舍地抓好下一阶段的行政审批制度改革工作

我市于2000年在全省率先开展了行政审批制度改革，三年多来，已先后分四批公布取消行政审批事项500余项，削减幅度达50%以上。近期对照新的规定，结合对上衔接，还将有一批行政审批项目提交市政府审定后公布取消。各县（市、区）也相继公布取消了一批审批项目，做了大量工作。同时，改革的后续监管和规范工作也正陆续展开。总的来看，我市的行政审批制度改革工作保持了健康发展的势头，成绩是应当肯定的。但是，我们必须清醒地看到，目前取得的成绩仅仅是初步的、阶段性的。与今天在全省会议上发言的省直部门和兄弟市相比，还有一定的差距，按照省里的要求，还有大量后续工作要做。

（一）积极主动地做好对上衔接工作

十届全国人大常委会第四次会议通过的《行政许可法》将于2004年7月1日起实施。这是一部对政府行政审批进行法定规范、进一步推动政府职能转变的法律。因此，我们在扎实推进行政审批制度改革的同时，要认真做好《行政许可法》实施前的准备工作。各级政府部门都要对照即将实施的《行政许可法》，对目前仍然保留的行政审批项目逐项进行严格审核。凡是不符合规定设立的审批事项，要坚决予以取消；对需要提请人大、政府修订法规、规章后取消的事项，要抓紧运作，限时办结，及时向社会公布。同时，要切实抓好国家、省和本市已公布取消、下放和改变管理方式的审批事项的衔接工作，真正把行政审批制度改革工作抓实、抓到位。

（二）切实理顺政府部门的审批职能

《行政许可法》明确规定，实施行政许可，应当遵循便民原则，需要行政机关多个内设机构办理的事项，该行政机关应当确定一个内设机构统一受理行政许可申请、统一送达许可决定。依法应由两个以上政府部门许可或审批的，政府可以确定一个部门受理申请并转告有关部门分别提出意见后统一办理，或组织有关部门联合办理、集中办理。去年，在市级机构改革中，我市曾就此进行了积极探索，在十多个部门专设了“行政审批协调处”。但现在看来，这一措施落实得不够到位，有些部门走了过场。对此，有关部门要采取有力措施继续抓好落实，以便为全市改革起到示范作用。同时，编制部门要按照《行政许可法》确定的原则，结合机构改革及审批事项的削减，修订“三定方案”，调整和理顺部门之间的审批职能，切实解决职能交叉、权责脱节和多头审批问题。

（三）扎实有效地做好后续监管工作

对取消审批后仍需加强管理的事项，要切实加强后续监管，防止管理脱节，绝不能因为审批项目取消而放弃或削弱监管职责，这是行政审批制度改革的一条基本原则。我们应学会并善于运用经济和法律手段履行监管职能，把该管的事情管住、管好。对取消审批后能够通过市场机制解决的事项，要运用市场机制进行调节，政府部门要规范运作程序、加强市场监管。对取消审批后由企业自主决定的事项，要通过建立现代企业制度、落实企业经营自主权、完善法人治理结构的方式，实现对企业的间接监督管理。对取消审批后转为日常监管的事项，要采取加大事中检查、事后稽查等办法，保证相关管理措施落实到位。对改变管理方式移交行业组织和社会中介机构管理的事项，要结合事业单位机构改革，进一步明确规范各类行业组织和社会中介机构的地位、作用、职能、内部组织制度及运作方式，积极探索政府部门依法监管的模式和方法，确保其依法独立、规范、公正执业。

（四）建立规范透明的审批程序

改革行政审批制度，目的就是要把行政审批纳入规范化、法制化的轨道。只有让审批的规定明晰了、每一个环节衔接好了、交叉重复减少了，只有使审批者有章可循、被审批者心中有数，审批过程才会方便快捷。审批程序的公开，有利于对审批过程的监督。对保留的审批事项，各部门都要逐项制定操作性强、透明度高的审批操作流程，最大限度地减少审批人的自由裁量权。

（五）健全完善审批监督和责任追究体系

要加强对审批权力的监督制约，尽快建立健全审监分离和审批人员定期轮岗、审批回避及审批公示等制度，提高行政审批的公开性和透明度，为公众监督提供便利条件。各行政审批机关也要采取措施，及时公布所有审批管理方面的政策规定，定期发布有关信息，做到人所共知，使审批者自觉遵守审批的规定，按照审批程序办事，接受社会和群众的监督。同时，审批机关还应自觉接受人大、政协、行政监察机关、司法机关以及新闻媒体的监督，形成多元化的外部监督体系。实行行政审批公开承诺，是强化自我约束、接受监督、规范审批行为的有效措施。对省里要求向社会做出公开承诺的内容，全市各级、各部门都要高度重视。承诺的方法以方便公众监督为宜，同时必须做到有诺必践、取信于民。要按照“谁审批，谁负责”的原则，健全完善审批责任制，明确审批部门和审批人应负的责任，做到责权统一。要建立严格的责任追究制，对不按规定的条件、程序进行审批，甚至滥用职权、徇私舞弊，以及由只审批不监督或者监督不力造成严重后果的，要追究行政审批直接责任人和主管领导的党政纪责任或法律责任。省纪委、监察厅即将印发《行政审批过错责任追究办法》，各级各部门要依照此办法的有关规定，结合本地、本单位实际，制定具体的实施意见，为改革提供纪律保证。

三　进一步加大对行政审批制度改革的组织领导和协调力度

行政审批制度改革涉及公共权力的再分配，涉及部门权力和利益的再调整，事关改革、发展、稳定的大局。对这样重大的改革工作，必须强化组织领导和协调监督。要充分发挥市、县两级行政审批制度改革领导小组的作用，定期召开例会，研究、协调、解决工作中的问题。同时，各级、各部门的“一把手”必须切实担负起领导职责，亲自督促检查，经常协调解决问题，保证行政审批制度改革的政策措施落到实处。各级审改工作办公室要加强对改革的指导、检查和协调工作，对存在的问题要督促限期整改，对违反规定的要及时纠正。省政府已经决定，下个月要在全省开展“行政审批督、访、行”活动，此次活动重点突出、目标明确，时间已非常紧迫，各级、各部门务必要做好查缺补漏工作。要实行迎检工作责任制，哪里出了问题哪里负责。凡因工作不力或弄虚作假、损害了邯郸改革声誉的，要严肃追究责任。各级纪检监察机关要认真履行监督检查和协调督导的职能，积极参与配合做好行政审批制度改革工作。对这次会后仍然对行政审批制度改革工作不重视、不积极、行动迟缓的，对群众反映强烈的问题拖着不办的，要严肃追究有关领导者的责任；对有问题不能自查自纠及对已经取消的审批事项继续审批的，要发现一起、查处一起；对搞上有政策、下有对策、顶风违纪的，要严肃查处、公开曝光。

行政审批制度改革推进了政府职能的转变和管理体制、管理模式、管理制度的创新。各级党委、政府和有关部门一定要坚持以“三个代表”重要思想为指导，进一步解放思想，与时俱进，大力推进行政审批制度创新。要把行政审批制度改革与推行政务公开相结合，与行政效能建设和行风评议相结合，与政府机构改革相结合，与推进实行相对集中行政处罚权和开展综合行政执法试点相结合，与优化经济发展环境相结合，与学习、宣传、贯彻《行政许可法》相结合，确保各项改革任务落到实处，以深化改革的实际行动促进政府职能的转变，为加快我市经济发展做出积极的贡献。

把握立党为公、执政为民根本 牢牢树立反腐倡廉服务第一要务的指导思想*

（2003 年 9 月 16 日）

最近，按照中纪委和省纪委统一部署，我们认真组织学习了“三个代表”重要思想。在学习过程中做到“三个结合”，取得初步成效。一是结合开展“千家万户看党风”规模调研活动，提高了对“三个代表”思想重要意义的认识；二是结合走出去，到南方参观考察学习，加深了对“三个代表”重要思想科学内涵的理解；三是结合纪检监察工作实际学习，增强了对以“三个代表”重要思想统领纪检监察工作的自觉性、主动性。通过学习，进一步认识到，学习好、贯彻好、落实好“三个代表”重要思想，把握立党为公、执政为民根本，首先是牢牢树立反腐倡廉服务第一要务的重要指导思想。具体讲，用“三个代表”重要思想指导纪检监察工作实践，实现纪检监察工作在指导思想上的与时俱进，要做到“五个坚持、五个突破”。

一　坚持为第一要务服务的指导思想，在优化经济发展环境上实现新突破，落实立党为公、执政为民的要求，关键是要抓住发展不放松

邯郸是老工业基地，改革开放以来，邯郸的经济建设和各项社会事业都

* 本文为“全省纪检监察系统学习贯彻‘三个代表’重要思想理论研讨会”交流材料。

取得了很大的发展，顺利实现了现代化建设第一步和第二步战略目标，人民生活整体上达到了小康水平。但横向比较，还存在明显的差距。从省内看，人均水平只排在全省第八；从周边的城市看，我市经济总量第一，但人均水平和发展速度都不占优势。从我们自身看，经济结构不合理，经济发展很不平衡，老工业基地的优势正在失去，县域经济比较薄弱。市委、市政府、全市人民感到了危机，感到了压力。振兴邯郸，加快发展，重新崛起，再创辉煌，是全市 850 万人民的强烈愿望，是市委、市政府的第一要务，也是各级干部的神圣职责。8 月 12 日全市召开百万人广播电视大会，动员全党、发动全民，朝气蓬勃谋发展，为实现邯郸复兴而努力奋斗。纪检监察机关要在新时期、新阶段找准历史方位，把营造良好的经济发展环境作为第一职责、第一目标，通过加强党风廉政建设和深入开展反腐败斗争为加快发展提供政治保证，千方百计为第一要务排阻清障、保驾护航。一是强化为第一要务服务意识。作为纪检监察机关必须坚持大开放、大发展的指导思想，进一步转变观念，努力实现“四个转变”。首先，认识上由低到高的转变。要把纪检监察工作放在深化改革、加快发展、扩大开放、保持稳定的大局中去审视、去把握，做到认识上高站位、部署上摆好位、落实上抓到位。其次，谋划上由短向长的转变。坚决克服“治理环境一阵风，有时紧，有时松”的短期行为，努力建立和完善治理经济发展环境的长效机制。再次，节奏上由慢向快转变。正确处理反腐败斗争与经济建设的关系，努力使纪检监察工作与经济建设步调一致，做到节奏上合拍、思路上超前、行动上靠前，当好经济发展的“清道夫”“先行官”。最后，目标上由小向大的转变。纪检监察机关要主动深入经济建设第一线和市场经济新领域，及时发现和解决党风政风方面存在的影响经济发展的问题，围绕“大环境、大开放、大发展”这个主题，努力做好服务第一要务这篇大文章。二是抓好廉洁自律，规范领导干部从政行为，优化廉政环境。领导干部特别是单位“一把手”，在作风建设和优化环境中能产生巨大的感召力。因此，纪检监察机关要用发展的眼光维护党纪国法的严肃性，要加强对党员干部廉洁从政的教育和监督。使各级党员干部带头顾大局、谋发展、比贡献，带头正作风、讲服务、比效率。同时，身体力行党风廉政建设和优化环境的各项政策规定，廉洁自律，率先垂范，言传身教，管好身边和下属工作人员，坚持讲党性、讲原则，积极与不良风气和损坏环境的人和事做坚决的斗争。三是严惩腐败，着力纠风，优化法制环境。针对当前经济领域内腐败问题时有发生的现状，进一步加大查办案件力度，清除腐败问题对经济发展的干扰；针对一些执法机关和管理部门过于强调自身利益的现状，进一步纠正部门和行业不正之风，加强对行政职能部门的管理。督促行政部门加强自我管理和约束，规范程序，促进行政部门依法行政；针对工作中存在的违法行政现象，进一步建立和完善公共程序运行，以"权、钱、人"为重点，规范政府行政职能。四是建立约束机制，优化社会环境。首先要维护一个平等竞争的经济秩序，营造公开、公正、公道、公平的社会氛围。其次要建立执政为民的工作体制，营造为民、爱民、惠民、富民的社会氛围。最后要营造一个诚实守信的信用体系，营造顺心、放心、安心、定心的社会氛围。作为纪检监察机关，要协调有关部门建立信用约束机制，在社会建立诚实守信的制约监督机制，引导广大生产经营者自觉遵守市场经济规则，不断规范市场交往中的财产关系、信用关系和契约关系，为经济发展铺好"快车道"。五是强化效能监察，创造良好的服务环境。借鉴深圳、珠海等城市纪检监察机关的先进经验，花大力气上规模、上层次、上水平，充分发挥行政监察职能，积极推进行政审批制度、财政制度和干部人事制度三项制度改革的深入进行，推进《行政许可法》等法律法规的贯彻落实，促进政府"减权""提速"、转变职能。要加强对行政机关及其工作人员工作效率、工作作风和工作纪律等方面情况的监督检查，纠正乱作为、督促不作为、鼓励有作为，解决部门中存在的门难进、脸难看、事难办、推诿扯皮、效率低甚至失职渎职等问题。要把优化经济发展环境作为奖优罚劣和使用干部的重要依据，做到"思想不通换脑子、工作不力腾位子、影响发展摘帽子"。切实促进机关工作人员转变工作作风、提高工作效率，为经济发展提供优质高效的服务。

二　坚持维护人民群众根本利益，在着力解决群众反映强烈的问题上实现新突破

坚决纠正不正之风，着力解决发生在群众身边的、群众反映强烈的问

题。人民群众往往是从身边看得见、摸得着的事情来评判党风政风及党和政府形象的。一些不正之风看似"问题不大"，但影响很坏，严重损害党群、干群关系，损害党和政府的形象。从我市最近开展的"千家万户看党风"规模调研情况看，被调查群众反映比较集中的问题依次是司法机关执法不公、行政执法机关作风粗暴、教育乱收费，分别占总数的46.94%、43.77%和28.9%。执法执纪部门中存在的最突出问题分别是执法不廉占29.55%、执法不严占27.57%、执法不公占26%；综合管理部门存在的最突出问题依次是办事效率低，门难进、脸难看、事难办和收费不按规定，分别占总数的44.96%、26.29%和20.87%；群众认为目前乱收费、乱罚款、乱摊派的"三乱"问题仍然比较突出的行业和领域是交通运输行业占33.05%、教育领域占25.30%、医药卫生行业占22.65%。其中教育乱收费成为近年来群众反映比较强烈的一个新热点。纪检监察机关要认真落实胡锦涛同志提出的"群众利益无小事"的要求，以高度的政治责任感，采取切实有力的措施，对这些发生在群众身边的、群众反映强烈的不正之风进行认真治理和坚决纠正。当前要重点解决好群众看得起病、上得起学、打得起官司的问题，维护好广大群众的切身利益。

严厉查处严重侵害群众利益的违纪违法案件，把腐败分子侵占的利益归还给人民。腐败的直接表现就是对人民利益的漠视、侵害和剥夺，人民群众是腐败的最大受害者。查办违纪违法案件，严惩腐败分子，是纪检监察机关维护广大群众利益的最直接和有效的手段。一是切实查处以权谋私、与民争利等损害群众利益的案件；二是坚决查处官僚主义、形式主义，欺上瞒下，不顾群众利益，大搞华而不实、劳民伤财的"政绩工程""形象工程"案件；三是坚决查处享乐主义、极端个人主义，大搞奢侈浪费，严重损害群众利益的案件。对情节严重、影响极坏的典型案件，一定要严查严处，公开曝光，让广大群众更多地感受到反腐败斗争的成效和改革开放带来的实惠。

三　坚持标本兼治、注重治本，在全面构建防腐保廉机制上实现新突破

加大从源头上预防和治理腐败的力度，逐步铲除滋生腐败现象的土壤和

条件，迫切要求我们从实际出发，通过着力深化改革和体制创新，探索出一条以建立结构合理、配置科学、程序严密、制约有效的权力运行机制为核心，以规范事权、财权、人事权，建立行政服务中心、会计核算中心、招投标中心和经济发展环境投诉中心为主要内容，既符合社会主义市场经济要求，又具有特色的从源头上预防和治理腐败的路子。

（1）规范事权，建立行政服务中心和招投标中心，构筑适应社会主义市场经济发展要求的行政审批体制和运行机制。为了从源头上预防和治理腐败，必须从规范事权、改革行政审批制度入手，构筑适应社会主义市场经济发展要求的行政审批体制和运行机制。从社会主义市场经济条件下的政府职能定位出发，切实改革和完善政府管理方式和手段，推进行政审批制度改革，大幅度减少审批事项和环节，规范审批行为，充分发挥市场配置资源的基础性作用，把政府的职能从过去主要依靠行政审批实施管理转到搞好经济调节、社会管理、市场监管、公共服务、营造公平竞争的市场环境上来。凡可以用市场机制运作代替行政审批的事项，采取公开招投标、拍卖等方式进行。对保留的审批、核准事项，简化审批程序，缩短办事期限，制定科学、规范、高效的操作规程，形成有效的审批约束机制和事后监管机制。在推进审批制度改革的同时，为解决多头审批及“暗箱操作”等问题，创办行政服务中心。中心把各职能部门的审批办证业务集中起来，实行“一站式审批”“窗口式办文”“一条龙服务”，做到“进一家门办成、盖一次章办好、收规定费办完、按承诺日办结”。对可以用市场机制替代行政审批的项目，如建设工程项目交易、政府采购、经营性土地使用权出让等实行市场化改革，建立招投标、拍卖及采购中心等，对这些项目公开招标、拍卖，减少寻租和权钱交易的可能性。

（2）规范财权，建立会计核算中心，构筑科学规范的财政管理体制和运行机制。为了规范财权，结合财政管理制度改革，建立会计核算中心，将政府直属各部门的预算内、外资金全部纳入会计核算中心，实行单一账户、集中支付，强化对工资发放、经费报销以及福利分配等所有预算内、外资金的统一核算和统一管理，实现政府对财政资金特别是预算外资金全方位、全过程的监管。

(3) 规范人事权，建立健全科学的干部选拔任用和管理监督机制。历史表明，吏治腐败，危害极为严重。解决这一问题，最根本的是深化干部人事制度改革，扩大干部工作中的民主和群众参与程度，加强对干部选拔任用全过程的监督。为此，要努力完善干部选拔任用和监督管理机制，建立健全干部选拔任用各个环节的具体制度，规范权力运行。一是完善干部民主推荐制度，凡未经民主推荐和多数群众不赞成的，一律不提拔任用。二是改进考核考察办法，采取考察预告制、考察工作责任制及注重对干部八小时以外情况的考察等措施，提高识人的准确性，为干部选拔任用提供可靠依据。三是强化廉政鉴定，在提交党委常委会讨论之前，由纪检监察机关对拟提拔任用的领导干部进行廉政鉴定，实行干部提拔任用党风廉政"一票否决"，防止"带病"上岗。四是全面实施干部提拔公示制度，凡拟提拔及转任的领导干部通过新闻媒体公布，加强群众对干部的任前监督。五是推行无记名投票决定重要干部制度，不断提高干部任免的民主化水平。六是疏通出口，积极探索干部"下"的途径和办法。

(4) 拓宽监督渠道，建立经济发展环境投诉中心，构筑反腐败源头治理保障机制。经济发展环境特别是软环境的好坏，对一个地方经济建设的影响很大。由于多方面的原因，一些党政机关还存在吃拿卡要、办事效率不高等问题。加上现有的监督指向单一、渠道不畅，且监督机构之间协调不够，影响了监督的整体效能。为解决这一问题，应着力构筑反腐败源头治理保障机制，建立优化经济发展环境投诉中心（廉政投诉中心），以经常性、制度化的公众监督来保证党政机关的高效廉洁，做到廉政与勤政一起抓、两手硬，并把廉政投诉与市、县长公开电话、政府电子信箱、专项投诉活动等紧密结合起来。各市、县优化经济环境中心、经济发展环境投诉中心（廉政投诉中心）要认真负责地受理人民群众和经济主体对党政机关及其工作人员的投诉，严肃查处各种阻碍经济发展的行为，促进党政机关的廉政勤政建设和经济发展环境的改善。

(5) 建立反腐保廉立法协调工作体系。借鉴深圳等地的经验，进一步加强反腐保廉的立法协调工作，从源头上预防和解决腐败问题。一是加强各部门的法规、规章和规范性文件制定过程中的沟通和协调，把反腐败寓于各项法规、重要政策和措施之中，将预防腐败与法制建设有机结合起来，防止和克服部门立法保护主义，提高质量，不断创新反腐保廉的法制化过程。二是要把反腐保廉的法制化与重大决策和经济工作有机结合起来，有关反腐保廉的内容能与法规、规章、规范性文件一同出台的，原则上不单独出台，把党对反腐保廉的意志变为政府工作的重要内容，一起部署、一起落实、一起见成效，解决文件多、执法效果差及反腐保廉措施滞后问题。三是加强沟通和联系，纪委应将每年反腐保廉立法项目提交人大和政府，人大和政府应将每年立法计划草案告知纪委。在法规、规章、规范性文件的起草过程中，涉及反腐保廉内容的，纪委可派人参加。人大、政府有关部门起草的法规、规章、规范性文件草案征求意见稿，应抄送纪委以征询反腐保廉方面意见。政府拟出台的重大改革措施或重大投资项目的决策，凡与反腐保廉有关的，应与纪委沟通和联系。对于纪委提出的急需出台的反腐保廉专项法规、规章，人大、政府应予支持，优先制定。

四　坚持全面履行职责，在组织协调的权威性、指导性、有效性上实现新突破

党的十六大通过的新党章明确规定，协助党的委员会组织协调反腐败各项工作是各级纪律检查委员会的主要任务之一。这既是由纪检机关的地位和性质决定的，也是形势发展的迫切需要。我们要在工作中深刻领会组织协调反腐败职责的科学内涵，在各级党委的统一领导下，站好位置，强化指导，扎实有效地组织协调好反腐败工作。

一要敢于协调，增强组织协调的权威性。组织协调反腐败工作是《中国共产党章程》赋予纪律检查机关的神圣职责，所有部门在反腐败工作中都必须服从纪委的组织协调。各级纪委要充分发挥在反腐败工作中的枢纽作用，大胆履行这项职责。要建立健全组织协调机构，完善工作制度，明确协调的范围、内容、方法、程序和要求，通过规范的工作机制，真正将各方面力量整合起来，形成各行各业协同作战、相互配合的反腐败整体合力。要在组织协调中牢牢抓住党风廉政建设责任制这个反腐败工作的龙头，将二者有

机地统一起来，对那些不配合、不服从组织协调的单位和个人，要严格责任追究，以保证组织协调的权威性。

二要善于协调，增强协调的有效性。积极开展能动协调，促进同级党委、政府履行职责。在服从党委统一领导的前提下，主动协调同级党委、政府及其领导同志，恪守党风廉政建设责任，积极支持、认真抓好反腐败工作；努力开展效率协调，促使相关工作机构发挥职能作用。如协调司法机关和公安等执纪执法部门认真抓好大案要案的查处，协助各级政府及有关部门加快三项制度改革，开展源头治理等；大力开展督导协调，促进下级党委及其主要领导抓好工作落实。如直接向下级党委及其主要领导批办案件，实行党风廉政建设第一责任人半年报告制度等。

三要努力强化组织协调工作的指导性。要通过组织协调，帮助指导有关单位和部门提高对党风廉政建设和反腐败工作重要性的认识，提高落实党风廉政建设责任制的自觉性；通过组织协调，全面掌握反腐败工作整体情况，针对全局性、倾向性问题及时提出对策和建议，通盘谋划战略任务，准确分解到各个职能部门，充分发挥各自优势，不断提高反腐败工作的层次和水平；通过组织协调，使各级纪检机关从那些思路已经清晰、条件已经成熟、能够放手让其他部门去完成的具体工作事项上解放出来，腾出更多的时间、精力用于抓好反腐败工作落实，使反腐败工作真正落到实处。

五　坚持改革创新、奋发有为，在全面提高纪检监察干部队伍素质上有新突破

深入开展党风廉政建设和反腐败斗争，需要有一支高素质的纪检监察干部队伍。从我市纪检监察干部队伍的整体来看，是一支政治立场坚定、组织纪律严明、职业经验丰富、工作任劳任怨、拉得出用得上的队伍。但又不能说是一支很强的队伍，主要表现在年龄偏大（全委干部平均年龄达到了46.7岁，30岁以下的只有一人）、文化偏低、队伍结构不尽合理、工作（办案）手段比较落后，适应新形势、新任务、新要求还有较大差距。这一问题带有一定的普遍性。亟待从思想组织作风及知识结构上加强纪检监察干

部队伍自身建设，以适应新形势、新任务的需要。

（1）加强思想建设。用“三个代表”重要思想武装纪检监察干部的头脑。

（2）加强干部组织建设。搞好干部交流。要通过改革，完成内设机构建设，理顺工作关系，加强内部管理。选拔一批年纪比较轻、文化水平比较高、有一定实际工作经验的同志，充实到市纪检监察干部队伍中来，形成知识结构、梯队结构。

（3）加强业务知识建设。创造学习型机关，建立完善学习制度，制订学习计划，选择学习内容，明确固定学习日。实行领导干部带头学、集中学与自己学相结合，形成学习纪检监察业务知识的浓厚氛围。用最短时间，使纪检监察机关干部熟练掌握相关岗位业务知识和技能技巧，培养一批业务尖子人才，不断提高纪检监察工作质量和工作水平。

（4）加强信息手段建设。在积极争取财政支持并且财力允许的条件下，实现领导干部廉政档案库微机化管理。购置查办大案要案录音、录像监控设施。更换、增添宣教电化设备。逐步提高纪检监察机关工作的信息化程度。

坚持廉洁自律　不断提高拒腐防变能力

——在全市县级干部贯彻学习“三个代表”重要思想轮训班上的讲课提纲

（2003 年 9 月 25 日）

今天，给大家讲一讲有关党风廉政建设方面的情况。今天在座的都是换届后重新任命或新走上领导岗位的党政“一把手”。市委把大家集中在一起，集中学习培训，体现了市委、市政府对同志们的关心、爱护，希望大家在这段时间里，认真学习，在学习经济理论的同时，还要学习马列主义、毛泽东思想、邓小平理论，按照“三个代表”的要求，努力提高思想政治素质，牢固树立正确的世界观、人生观和价值观，坚定共产主义远大理想，坚定建设中国特色社会主义的信念，不断加强党性锻炼，正确对待权力、地位和自身利益，只有这样，才能在纷繁复杂的社会环境中明辨是非，才能经受住名、利、色的考验，才能在政治斗争的考验面前站稳立场，立党为公、执政为民，认真负责地履行党和人民赋予的重任。

今天我要讲的题目是：“坚持廉洁自律　不断提高拒腐防变能力。”我主要分四个方面来讲：一是当前的形势和任务；二是认真实践“三个代表”，坚持立党为公、执政为民；三是以深化改革为动力，建立有效的权力制约机制；四是落实党风廉政建设责任制，发挥第一责任人作用。

现在我先讲第一个问题。

一　当前的形势和任务

（一）围绕发展这个执政兴国第一要务开展党风廉政建设和反腐败工作

发展是我们党执政兴国的第一要务，是全党工作的大局。我们必须紧紧围绕第一要务来开展党风廉政建设和反腐败斗争，绝不能把两者对立起来。就我市而言，改革开放以来，邯郸的经济建设和各项社会事业都取得了很大的发展，顺利实现了现代化建设第一步和第二步战略目标，人民生活整体上达到了小康水平。但辉煌代表过去，横向比较，还存在明显的差距。从省内看，人均水平只排在全省第八；从周边的城市看，我市经济总量第一，但人均水平和发展速度都不占优势。从我们自身看，经济结构不合理，经济发展很不平衡，老工业基地的优势正在失去，县域经济比较薄弱。发展缓慢是造成我市经济落后的主要因素，发展缓慢的原因很多，其中环境不优是一个重要原因。发展环境方面存在的许多问题，往往与腐败和不正之风联系在一起，实际上是一个党风政风问题，如果解决不好，就会影响全市全面建设小康社会奋斗目标的实现。因此，要把优化环境作为抓发展的第一竞争点，下大力常抓不懈。抓发展就要抓环境，比发展就是比环境。环境是发展的第一竞争点，环境出效益，环境是生产力，环境也是衡量各级干部执政能力和工作作风的“试金石”。要振兴邯郸经济，形成新的比较优势，就必须坚持不懈抓环境。张力同志一再讲：“谁破坏邯郸的发展环境，砸邯郸的牌子，我们就砸谁的饭碗！”振兴邯郸，加快发展，重新崛起，再创辉煌，是全市850万人民的强烈愿望，是市委、市政府的第一要务，也是我们各级领导干部的神圣职责，这就需要我们务必始终保持清醒的头脑，自觉把党风廉政建设和反腐败斗争同经济、政治、文化等方面的建设和改革有机结合起来，坚持聚精会神搞建设、一心一意谋发展不动摇，坚持旗帜鲜明、坚定不移地推进反腐倡廉工作不动摇。从深化改革、严格管理、加强监督入手，探索从根本上解决发展环境不优的新路子，努力为发展营造规范文明的法制环境、诚实守信的信用环境、优质高效的服务环境和宽松和谐的创业环境。

（二）全市党风廉政建设总体状况

今年6~7月，市纪委在全市搞了一次“千家万户看党风”规模调研活动，调查显示，近年来我市各级党委和政府，不断加大党风廉政建设和反腐败工作力度，取得了比较明显的成效，党风廉政建设总体状况是好的。一是人民群众对党风廉政建设的满意度较高。调查中有39.40%的群众对近年来全市党风廉政建设取得的成效表示满意，38.61%的群众认为比较满意，满意和比较满意率达78.01%。二是人民群众对党风廉政建设和反腐败斗争的信心较强。有80.6%的被调查群众表示，对通过开展党风廉政建设和反腐败斗争逐步遏制腐败现象有信心或较有信心；在“如果你掌握一些涉及腐败问题的线索将如何做”的调查中，66.93%的群众选择了积极举报。三是各级领导对党风廉政建设工作比较重视。有86.92%的被调查群众认为所在单位领导班子对党风廉政建设是重视和比较重视的，90.18%的被调查群众认为所在单位党政领导班子党风廉政建设抓得很紧或抓得较紧。四是各级各部门廉政制度建设普遍加强。调查显示，94.32%的群众认为所在单位的党风廉政制度是健全或比较健全的，79.76%的群众认为政务公开、厂务公开、村务公开“三公开”制度能够得到有效落实。五是领导干部廉政状况总体较好。有86.14%的被调查群众认为所在单位领导干部能够执行廉洁自律的有关规定，81.74%的被调查群众认为多数领导干部比较廉洁。这些调查结果表明，近年来我市党风廉政建设和反腐败斗争的措施是有力的，工作是扎实的，效果也是明显的。

（三）当前我市党风廉政建设和反腐败工作中存在的突出问题及原因分析

在肯定成绩的同时，我们也要清醒地看到，党风廉政建设和反腐败工作仍有一些不尽如人意的地方，与人民群众对我们工作成效的期望还有一定的差距，主要表现在六个方面。（1）领导干部公款大吃大喝、挥霍浪费、违反规定购买使用小轿车等问题久刹不绝。（2）司法领域的腐败现象。（3）弄虚作假、欺上瞒下的浮夸作风。有个别领导干部热衷于搞“数字游戏”“形象工程”“政绩工程”，做工作、办事情只为迎合上级领导的“口味”、迎接上级的检查考核，不考虑本地本单位实际，不顾及广大人民群众的利益。（4）体制、机制的不健全与不适应，使对党员领导干部的监督仍然比较薄弱。不少党员干部指出，有的干部为什么犯错误，其中一条就是党内民主集中制制度不健全，对这样的领导干部监督制约不力。（5）国有企业违纪案件以占有企业债权、股权的方式侵吞国有资产为新特点。（6）不正之风仍然是群众反映强烈的热点问题。当前乱收费、乱罚款、乱摊派问题仍然比较突出。群众说，公路“三乱”问题尽管年年抓、集中治，但总是像割韭菜，割了一茬，过一段时间又长出一茬。如市纠风办上半年刚查处了4起公路“三乱”案件，7月份又发生了4起违规上路查车现象。再就是教育部门乱收费问题。

产生这些问题的主要原因，一是个别地方和单位的领导不能摆正经济建设与党风廉政建设的关系，不同程度地存在将经济建设与党风廉政建设割裂开来、对立起来的不正确认识，缺乏抓好党风廉政建设的思想动力；二是虽然各地各单位层层分解建立了党风廉政建设责任制，但在责任制检查考核和责任制追究的关键环节上还存在失之于软的问题，使一些地方和单位的领导缺乏抓好党风廉政建设的责任动力；三是个别领导不注重政治学习和思想修养，不能正确对待权力、地位、金钱、荣誉，思想道德防线脆弱，经不住来自方方面面的诱惑；四是监督制约机制不健全，缺乏对各级领导干部特别是“一把手”的有效监督制约，缺乏对权力部门及其工作人员的有效监督制约。

（四）进一步增强做好党风廉政建设和反腐败工作的责任感

从我市总体上看，各级党政领导抓党风廉政建设的力度在不断加大，但仍有个别领导干部对反腐败斗争缺乏正确的认识。有的谈到反腐败斗争的长期性就掉以轻心，工作缺乏紧迫性；有的谈到反腐败斗争的复杂性就信心不足，工作缺乏一抓到底的恒心和韧性；有的甚至把反腐败与经济建设对立起来，认为反腐败分散了干部精力，影响了地方和单位的形象，不利于经济发展。这些认识和做法都是片面的、错误的、十分有害的。各级党组织和党员干部特别是领导干部，要坚决按照胡锦涛同志的要求，从关系党和国家生死存亡的高度，统一对反腐败斗争的认识，增强搞好反腐倡廉工作的责任感和紧迫感。当前和今后一个时期，要围绕立党为公、执政为民要求，重点做好以下几方面的反腐倡廉工作。在领导干部廉洁自律方面，要进一步落实廉洁自律各项规定，规范领导干部从政行为，特别要抓好“三项工作”的落实，即领导干部不准利用职权违反规定干预和插手建设工程招标投标、经营性土地使用权出让、房地产开发与经营等市场经济活动为个人和亲友谋取私利；严格执行领导干部不准收受与其行使职权有关系的单位、个人的现金、有价证券和支付凭证的规定；继续落实领导干部配偶、子女从业的有关规定。除此之外，还要抓好制止各种奢侈浪费行为，严格控制出国（境）团组，压缩会议费、招待费等一般性支出，确保有限财力用到基础建设、重点项目和改善人民群众生活上；狠刹用公款大吃大喝歪风；不准搞脱离实际、沽名钓誉的各种“形象工程”、“政绩工程”和建楼堂馆所；严格控制劳民伤财、毫无实际意义的各种节庆、达标评比活动。大力推进国有企业领导干部廉洁自律工作，要通过加强对国有企业领导人员的思想教育、制度约束、民主监督、监督检查和执行纪律，促进“五不准”规定的落实。在查办案件方面，要继续加大力度，年底前全市要突破一批大案要案和典型案件。在纠正部门和行业不正之风方面，要继续突出抓好民主评议行风工作，着力解决发生在老百姓身边的严重损害群众切身利益的问题，治理教育乱收费，纠正医药购销中的不正之风，减轻农民负担和治理报刊散滥和强行发行的问题。在源头上预防和治理腐败方面，要继续加大推行三项制度改革的力度，特别是行政审批制度改革，不仅要“伤及皮毛”，而且要“动其筋骨”，真正把应削减的项目减下来。在对领导干部监督方面，要加大力度，加快步伐，认真执行党的民主集中制制度，建立领导干部述廉、群众评廉、组织考廉制度，实行上级纪委负责人对下级党政主要负责人谈话制度。在党风廉政教育方面，要努力构建大宣教格局，不断提高宣教效果。在落实党风廉政建设责任制方面，要加大责任考核和责任追究的力度，对不履行职责，造成严重后果的要坚决追究有关领导的责任。真正从源头上预防腐败现象的发生，优化经济发展环境，加快我市全面建设小康社会奋斗目标的实现。

二　认真实践“三个代表”，坚持立党为公、执政为民

胡锦涛同志“七一”讲话深刻论述了“三个代表”重要思想的本质，这就是立党为公、执政为民。牢牢把握立党为公、执政为民，这是衡量有没有真正学懂、是不是真心实践“三个代表”重要思想最重要的标志。

（一）坚持立党为公、执政为民，切实维护群众利益

“三个代表”重要思想不仅提出了坚持立党为公、执政为民的根本要求，而且指明了实现立党为公、执政为民的根本途径。坚持立党为公、执政为民，必须落实到党和国家制定和实施方针政策的工作中去。抓住这个环节落实立党为公、执政为民的要求，坚持用人民拥护不拥护、赞成不赞成、高兴不高兴、答应不答应来衡量我们的一切决策，就能在全局上把握住贯彻“三个代表”重要思想的根本出发点和落脚点。坚持立党为公、执政为民，必须落实到各级领导干部的思想和行动中去。心里装着群众，凡事想着群众，工作依靠群众，一切为了群众，坚持权为民所用、情为民所系、利为民所谋，为群众诚心诚意办实事、尽心竭力解难事、坚持不懈做好事。这是贯彻“三个代表”重要思想、实践党的全心全意为人民服务根本宗旨的必然要求和具体体现。坚持立党为公、执政为民，必须落实到关心群众生产生活的工作中去。要围绕人民群众最现实、最关心、最直接的利益来落实，努力把经济社会发展的长远战略目标和提高人民生活水平的阶段性任务统一起来，把实现人民的长远利益和当前利益结合起来。群众利益无小事。凡是涉及群众的切身利益和实际困难的事情，再小也要竭尽全力去办。一些领导干部并非不懂立党为公、执政为民、群众利益无小事的道理，而是缺乏深入基层、深入群众、大搞调查研究的意识，整天忙于开会、应酬、搞政绩工程；有些干部也想下基层，也想多给群众办些实事，但想到进村入户要“晴天一身汗，雨天两脚泥”，想到进厂房、下街道要摸情况、搞调研，就觉得太

苦太累，就有了畏难情绪，于是乎“坐着车子转，隔着玻璃看，中午吃顿饭，拍拍肩膀好好干”。作风漂浮，就会日益脱离实际，脱离群众，对上欺瞒，对下糊弄，成了高高在上的“官老爷”，“关心群众利益”也便成了一句空话。

坚持立党为公、执政为民，一是要搞活一方经济，带富一方百姓，把发展经济列为头等大事，净化社会环境，优化投资环境。二是要关心群众疾苦，维护群众利益，切实解决群众的困难。要从思想上改变一些干部漠视群众利益、把群众困难看成“小事”的错误观念。中小学乱收费、医疗行业“红包”现象、公路“三乱”等问题看似生活中的“小事”，实则件件事关群众的切身利益，有的甚至牵涉他们的健康状况、工作前途乃至生命安危，绝不可小视。人民群众往往是从身边看得见、摸得着的事情来评判党风政风及党和政府形象的。一些不正之风看似“问题不大”，但影响很坏，严重损害党群、干群关系，损害党和政府的形象。从我市最近开展的“千家万户看党风”规模调研情况看，被调查群众反映比较集中的问题依次是司法机关执法不公、行政执法机关作风粗暴、教育乱收费，三类问题分别占调查人数的46.94%、43.77%和28.9%。执法执纪部门中存在的最突出问题分别是执法不廉占29.55%、执法不严占27.57%、执法不公占26%；综合管理部门存在的最突出问题依次是办事效率低，门难进、脸难看、事难办，收费不按规定，分别占总数的44.96%、26.29%和20.87%；群众认为目前乱收费、乱罚款、乱摊派的“三乱”问题仍然比较突出的行业和领域是交通运输行业占33.05%、教育领域占25.30%、医药卫生行业占22.65%。其中教育乱收费成为近年来群众反映比较强烈的一个新热点。在今年年初召开的中纪委二次全会上，吴官正同志明确提出，要以解决发生在老百姓身边的、严重损害群众切身利益的问题为重点，纠正部门和行业不正之风，切实治理这些不被重视的“小腐败”。查处腐败，就是维护群众切身利益。近年来，在中央雷霆万钧的反腐声势下，从1997年10月至2002年9月，全国受到查处的厅（局）级干部达2422人，省（部）级干部达98人。吴官正同志在多种场合指出，这些不正之风看似“小腐败”，但直接侵害普通老百姓利益，一定要下大力治理。

（二）坚持立党为公、执政为民，树立正确的权力观

胡锦涛同志指出，只有一心为公，立党才能立得牢；只有一心为民，执政才能执得好。关键是要坚持做到权为民所用、情为民所系、利为民所谋。做到权为民所用，就必须正确看待和运用手中的权力，始终以党和人民的事业为重，为人民掌好权、用好权，用人民赋予的权力服务于人民、造福于人民，绝不以权谋私。对领导干部来讲，真正做到立党为公、执政为民，绝不是一件容易的事情，需要有很高的觉悟、很高的水平。首要的问题，就是如何对待权力、如何使用权力。权力来自人民，执政为了人民。如何树立正确的权力观，使用好手中的权力，努力践行"人民利益高于一切"的准则，既是每个领导干部都必须认真对待的问题，也是关系进一步巩固我们党的执政地位的一个重大课题。要牢固树立正确的权力观，就必须正确处理好四个关系，经得住各种考验，不使党和人民赋予的权力变形、扭曲和失误，确保手中的权力全心全意为人民谋利益。

首先，要正确处理好个人权力与民主集中制的关系。党章明确规定："党员个人服从党的组织，少数服从多数，下级组织服从上级组织，全党各个组织和全体党员服从党的全国代表大会和中央委员会。"这是我们党和国家的根本组织制度和领导制度，是党在长期的革命和建设实践中，确立的一个使权力运作造福人民，同时又防止权力腐败的有效原则。"一把手"行使权力时就必须坚持民主集中制，充分发扬民主，广泛听取班子其他成员和人民群众的意见。切不可因为自己是"班长"，在做出决策、行使权力过程中起核心作用就搞特殊，把自己凌驾于组织之上，独断专行，搞"一言堂"，个人说了算。

其次，要正确处理好权力与物质利益的关系。我们党的性质、宗旨和肩负的历史使命，决定了我们共产党人掌权，就意味着付出，意味着奉献，而绝不是索取。应该看到，作为一个领导干部，党和人民在赋予其权力的同时，也给予了相应的待遇。俗话说，知足者常乐，作为手中掌握一定权力的"一把手"更应该正确对待权力与物质利益的关系，把物质利益看得更淡一些，把金钱看得更谈一些，绝不能把权力与享受挂起钩来、热衷于追逐不应

该属于自己的个人私利，甚至不惜利用自己的地位、职权、影响去竭力维护和扩大个人私利。我们时刻都要警醒自己，时刻都要绷紧拒腐防变这根弦，牢记“党和人民利益高于一切”的原则，不为贪念所动，不为钱财所惑，经受住权与钱的考验，保证手中权力百分之百为党和人民谋利益，切实防止权力腐化变质。

再次，要正确处理好监督与被监督的关系。“一切有权力的人都爱滥用权力，这是万古不变的经验。”权力需要监督，缺乏监督、不受监督的权力必然会导致腐败，这是不争的事实。特别需要强调的是，造成领导干部尤其是“一把手”权力未能有效监督的一个重要原因，就是作为被监督者的领导干部，不能正确处理好监督与被监督的关系，这是非常危险的。要想正确行使手中权力，保证权力不异化，就必须诚心诚意接受人民群众的监督，正确处理监督与被监督的关系。强化被监督的意识，提高接受监督的自觉性和主动性。作为一个领导干部，无论权力多大、地位多高，都要把自己置于党组织和人民群众的监督之下，自觉接受监督。同时，还要把监督看成是对自己真心的爱护，对自己善意的提醒，对自己真诚的对待，主动和乐于接受监督，以利于集思广益、取长补短、克服缺点、少犯错误，确保权力的正确运用。

最后，要正确处理好做人与做官的关系。中国有句老话：“做事先做人。”的确，学会做人是成事之道，人品、人格是谋事之基。我们领导干部是以“人”的身份在人世间生活，首先从本质上讲是“人”，领导干部解决的首要问题就是学会做人，如果连做人都不会，怎么能当好官呢？正所谓：“其身正，不令而行；其身不正，虽令不从。”讲的就是这个道理。我国古代就有“修身、齐家、治国、平天下”的说法，伦理思想家把修养看作治理国家、培养人才的重要手段和人品人格的基础。领导干部只有思想境界提高了，才能将个人的名誉、地位、利益等问题想得透、看得淡，才能自觉地尽最大努力去为国家富强和人民幸福勤奋工作，而不会斤斤计较个人得失，更不会利用手中权力去谋取私利。人的一生有长有短，人生的价值在于对社会的奉献。在党和人民给我们授予“官位”、赋予我们权力的同时，也相应给予了我们责任，要我们运用权力更好地为人民服务。作为领导干部一定要强化权力的责任意识，要知道权力是一种责任、领导就是服务，只有把权力用于为人民谋利益，才是把握了权力的本质内涵和真谛。

（三）坚持立党为公、执政为民，发扬艰苦奋斗的优良传统，永葆共产党人的政治本色

一个没有艰苦奋斗精神做支撑的民族，是难以自立自强的；一个没有艰苦奋斗精神做支撑的国家，是难以发展进步的；一个没有艰苦奋斗精神做支撑的政党，是难以兴旺发达的。全面建设惠及十几亿人口的更高水平的小康社会，把我国建设成为富强民主文明的社会主义国家，需要进行长时期的艰苦奋斗。这是我们党坚持立党为公、执政为民、始终成为中国特色社会主义事业领导核心的必然要求，也是我们贯彻“三个代表”重要思想的必然要求。艰苦奋斗体现了积极进取的人生态度和甘于奉献的牺牲精神，反映了共产党人对人民负责、对历史负责的高尚情操和英雄气概，是知难而进、开拓进取的强大精神动力。

艰苦奋斗作为我们党的优良传统和作风，主要体现在以下五个方面。一是艰苦创业。为了实现党的崇高事业，始终代表最广大人民群众的最根本利益，就是要艰苦创业，不畏艰难、不怕险阻、勇于开拓、善于进取，一步一步地干出人民满意的业绩。二是艰苦朴素。艰苦朴素是艰苦奋斗在生活作风上的体现，要坚持节俭朴素，不讲排场摆阔气，不奢侈浪费，不搞形式主义，勤俭办一切事业。今天强调艰苦朴素就是要共产党人保持本色，做到国家越是发展得比较好，生活水平越是得到改善，越要艰苦俭朴，越要勤俭办一切事业。在工作上，都要从本地的实际出发，充分尊重客观条件、客观规律，以务实的思路、务实的作风、务实的措施来推动地方的经济发展，不能脱离实际、违背人民意愿、沽名钓誉、好大喜功。在生活上，要以老一辈无产阶级革命家为榜样，深怀亲民、爱民、为民之心，一心一意为人民，而不是一门心思追求物质享受和一己私利，真正做到立党为公、执政为民。在思想上，要用艰苦朴素筑起一道拒腐防变的牢固防线。三是艰苦耐劳。艰苦耐劳是艰苦奋斗在工作态度上的体现，要勇于面对困难，知难而进，迎难而上，并善于在困难中突破和超越。中国共产党人历来有艰苦耐劳的光荣传

统。为什么共产党人特别能吃苦、特别能战斗？有人说共产党员是用特殊材料制成的，这种特殊“材料”就是艰苦耐劳的精神，就是“一不怕死，二不怕苦”的革命意志。必须大力提倡艰苦奋斗精神和作风，增强忧患意识，居安思危，牢固树立为党和人民的事业长期艰苦奋斗的思想。每一个党员干部都要以艰苦为荣、以奉献为乐。四是艰苦深入。艰苦深入是艰苦奋斗在工作作风上的体现，也是党的群众路线的具体体现。要坚持深入基层、深入群众、深入实际，了解实情，反映民意，为人民群众办好事、办实事。只有艰苦深入，才能保持同人民群众的血肉联系，才能得到广大人民群众的支持和拥护。越是改革开放和发展社会主义市场经济，越要坚持艰苦深入，越要密切联系群众，越要一切为了群众。五是艰苦奋进。艰苦奋进是艰苦奋斗在精神状态上的体现，要坚定理想信念，紧紧围绕党的奋斗目标，昂扬向上，与时俱进，开拓创新，奋发图强。我们必须清醒地看到激烈的国际竞争给我们带来的严峻挑战，清醒地看到我们肩负任务的艰巨性、复杂性，增强紧迫感和忧患意识，牢固树立为党和人民的事业长期艰苦奋斗的思想。

坚持发扬好艰苦奋斗精神，一是要解决好党员干部的世界观、人生观和价值观问题。要不断加强马列主义、毛泽东思想、邓小平理论和“三个代表”重要思想的学习，提高思想政治素质，并在实践中自觉地加强党性锻炼，树立正确的世界观、人生观和价值观。二是要教育广大党员干部牢记党的宗旨，坚定理想信念。只有宗旨明确、信念坚定，艰苦奋斗精神才能从根本上得到弘扬。三是要保持密切联系群众的作风。要进一步转变机关作风，提高为人民服务的水平，帮助人民群众解决实际困难，保持党和人民群众的血肉联系。四是要增强事业心和责任感。艰苦奋斗就是要干事业、出成绩、讲奉献，党员干部要对党和人民的事业深怀热爱之情，负起为民之责，干出业绩，多做贡献。党员干部特别是领导干部应该自觉把艰苦奋斗作为工作和生活的标尺，自我检查，自我监督，自我反省，保持艰苦创业的闯劲，培育艰苦朴素的情怀，增强艰苦耐劳的毅力，发扬艰苦深入的作风，保持艰苦奋进的斗志，做到政治坚强、本色不变。五是要把弘扬艰苦奋斗精神和坚持发扬开拓创新、诚信守法、务实高效、团结奉献的精神结合起来，紧紧围绕“创新发展，更上一层楼”这个主题，以身作则，做出表率，树立榜样，使艰苦奋斗精神成为一种新的时代精神，成为我们全面建设小康社会的强大精神力量。

三　以深化改革为动力，建立有效的权力制约机制

权力过于集中，缺乏有效的监督制约，是导致权力失控、滋生权钱交易等腐败现象的深层次原因之一。加大从源头上预防和治理腐败的力度，逐步铲除滋生腐败现象的土壤和条件，迫切要求我们从实际出发，通过着力深化改革和体制创新，探索出一条以建立结构合理、配置科学、程序严密、制约有效的权力运行机制，以规范事权、财权、人事权，要结合政府机构改革，合理调整权力结构，尤其是对管权、管钱、管人等容易产生腐败的部门进行权力的适度分解，把决策权与执行权分开，将资金调拨权与使用权分离，形成权力制约的格局。

（1）规范事权，建立行政服务中心和招投标中心，构筑适应社会主义市场经济发展要求的行政审批体制和运行机制。为了从源头上预防和治理腐败，必须从规范事权、改革行政审批制度入手，构筑适应社会主义市场经济发展要求的行政审批体制和运行机制。从社会主义市场经济条件下的政府职能定位出发，切实改革和完善政府管理方式和手段，推进行政审批制度改革，大幅度减少审批事项和环节，规范审批行为，充分发挥市场配置资源的基础性作用，把政府的职能从过去主要依靠行政审批实施管理转到搞好经济调节、社会管理、市场监管、公共服务，营造公平竞争的市场环境上来。凡可以用市场机制运作代替行政审批的事项，均采取公开招投标、拍卖等方式进行。对保留的审批、核准事项，简化审批程序，缩短办事期限，制定科学、规范、高效的操作规程，形成有效的审批约束机制和事后监管机制。在推进审批制度改革的同时，为解决多头审批及“暗箱操作”等问题，创办行政服务中心。中心把各职能部门的审批办证业务集中起来，实行“一站式审批”“窗口式办公”“一条龙服务”，做到“进一家门办成，盖一次章办好，收规定费办完，按承诺日办结”。对可以用市场机制替代行政审批的项目，如建设工程项目交易、政府采购、经营性土地使用权出让等实行市场

化改革，建立招投标、拍卖及采购中心等，对这些项目公开招标、拍卖，减少权力寻租和权钱交易的可能性。

（2）规范财权，建立会计核算中心，构筑科学规范的财政管理体制和运行机制。为了规范财权，结合财政管理制度改革，建立会计核算中心，将政府直属各部门的预算内、外资金全部纳入会计核算中心，实行单一账户、集中支付，强化对工资发放、经费报销以及福利分配等所有预算内、外资金的统一核算和统一管理，杜绝“小金库”、“账外账”和福利待遇分配不公等现象，实现政府对财政资金特别是预算外资金全方位、全过程的监管。

（3）规范人事权，建立健全科学的干部选拔任用和管理监督机制。历史表明，吏治腐败，危害极为严重。解决这一问题，最根本的是深化干部人事制度改革，扩大干部工作中的民主和群众参与程度，加强对干部选拔任用全过程的监督。为此，要努力完善干部选拔任用和监督管理机制，建立健全干部选拔任用各个环节的具体制度，规范权力运行。一是完善干部民主推荐制度，凡未经民主推荐和多数群众不赞成的，一律不提拔任用。二是改进考核考察办法，采取考察预告制、考察工作责任制及注重对干部八小时以外情况的考察等措施，提高识人的准确性，为干部选拔任用提供可靠依据。三是强化廉政鉴定，在提交党委或常委会讨论之前，由纪检监察机关对拟提拔任用的领导干部进行廉政鉴定，实行干部提拔任用党风廉政“一票否决”，防止“带病”上岗。四是全面实施干部提拔公示制度，凡拟提拔及转任的领导干部通过新闻媒体公布，加强群众对干部的任前监督。五是推行无记名投票决定重要干部制度，不断提高干部任免的民主化水平。六是疏通出口，积极探索干部“下”的途径和办法。

（4）拓宽监督渠道，建立经济发展环境投诉中心，构筑反腐败源头治理保障机制。经济发展环境特别是软环境的好坏，对一个地方经济建设的影响很大。由于多方面的原因，一些党政机关还存在吃拿卡要、办事效率不高等问题。加上现有的监督指向单一、渠道不畅且监督机构之间协调不够，影响了监督的整体效能。为解决这一问题，应着力构筑反腐败源头治理保障机制，建立优化经济发展环境投诉中心（廉政投诉中心），以经常性、制度化的公众监督来保证党政机关的高效廉洁，做到廉政与勤政一起抓、两手硬，并把廉政投诉与市、县长公开电话、政府电子信箱、专项投诉活动等紧密结合起来。各市、县优化经济环境中心、经济发展环境投诉中心（廉政投诉中心）要认真负责地受理人民群众和经济主体对党政机关及其工作人员的投诉，严肃查处各种阻碍经济发展的行为，促进党政机关的廉政勤政建设和经济发展环境的改善。

（5）建立反腐保廉立法协调工作体系。进一步加强反腐保廉的立法协调工作，从源头上预防和解决腐败问题。一是加强各部门的法规、规章和规范性文件制定过程中的沟通和协调，把反腐败寓于各项法规、重要政策和措施之中，将预防腐败与法制建设有机结合起来，防止和克服部门立法保护主义，提高质量，不断创新反腐保廉的法制化过程。二是要把反腐保廉的法制化与重大决策和经济工作有机结合起来，有关反腐保廉的内容能与法规、规章、规范性文件一同出台的，原则上不单独出台，把党对反腐保廉的意志变为政府工作的重要内容，一起部署、一起落实、一起见成效，解决文件多、执法效果差及反腐保廉措施滞后问题。三是加强沟通和联系，纪委应将每年反腐保廉立法项目提交人大和政府，人大和政府应将每年立法计划草案告知纪委。在法规、规章、规范性文件的起草过程中，涉及反腐保廉内容的，纪委可派人参加。人大、政府有关部门起草的法规、规章、规范性文件草案征求意见稿，应抄送纪委征询反腐保廉方面意见。政府拟出台的重大改革措施或重大投资项目的决策，凡与反腐保廉有关的，应与纪委沟通和联系。对于纪委提出的急需出台的反腐保廉专项法规、规章，人大、政府应予支持，优先制定。

四　落实党风廉政建设责任制，发挥第一责任人作用

党的十六大报告要求各级党委“认真落实党风廉政建设责任制”。党风廉政建设的责任主体为各级党政领导班子及其成员。各级党委（党组）对本地区、本部门、本单位的党风廉政建设负全面领导责任。各级政府（行政）领导班子对本级政府（行政）及其职能部门的党风廉政建设负全面领

导责任。各级党政领导班子中的正职为本地区、本部门、本单位党风廉政建设第一责任人。党风廉政建设责任制所规定的各项责任，是各级领导班子、领导干部在党风廉政建设中必须担负的重大政治责任，特别是“一把手”，要以身作则，身体力行，充分发挥县（市、区）委领导班子、领导干部的“龙头”作用，靠领导干部以身示范，形成党风廉政建设的良好氛围。

一是要带头廉洁自律，秉公办事，以身作则。这是领导干部必备的品格。中国的历史揭示了这一条真理：在严厉和廉洁之间，廉洁比严厉重要；在能力和公心之间，公心比能力更重要。特别是“一把手”时时要以身示范，模范地遵守廉洁自律的若干规定，树立一个公正廉洁的形象。现在有些地方腐败现象仍在滋生蔓延，原因固然是多方面的，但是这些地方的“一把手”没有认真履行好第一责任人的责任，带头作用发挥得不好则是重要的原因。在一个地区，“一把手”的表率作用是非常重要的。越是离基层和群众近，越是要堂堂正正地做人，清清白白地从政，这样，才有资格旗帜鲜明地反对和抵制一切消极腐败现象。在对待廉洁问题上，必须做到，凡是中央和省委、市委要求我们做的，群众希望我们做的，就要带头坚决做到；凡是中央和省委、市委不准做的，群众不愿意我们做的，就坚决不做。实践证明，领导者自身不廉洁，反腐败就不可能得力。如果不严格要求自己，总有一天要出问题。领导干部要坚持廉洁自律原则，严格把握法与非法的界限，要慎初、慎微、慎权、慎欲、慎独、慎言、慎交，要廉洁清白，为人民掌权，绝不能以权谋私。

二是要带好班子，管好队伍。“一把手”要当好“班长”，一方面，必须带好班子，一个地方经济、社会发展如何，党群、干群关系怎样，干部、群众的精神状态是饱满还是低垂，一个重要的决定因素就是这个地方有没有一个团结、实干、权威的领导班子。可以这样说，班子建设是“牛鼻子”，是“总开关”。因此把班子带好、建设好是党政“一把手”的首要职责。在带好班子的过程中要把握好政治方向，抓好团结，坚持民主集中制，并以身作则，做好表率。同时，要善于出主意、抓大事，并且用好人、带好队伍，对班子成员要合理分工、合理授权，用制度管人，公正用人，在生活上关心人。党政“一把手”在工作中要建立重大问题议事规则，使各项管理工作逐步走向规范化、制度化和程序化的轨道，在重大决策前要沟通思想、统一认识，要顾全大局，不争个人高低，不搞无原则纠纷，不凭个人意气用事，一心一意，互相关心，互相帮助，同舟共济。另一方面，要管好队伍，上级党政正职对下级党政正职负有重要的推荐、考察、监督、管理责任，对其在选人用人、重大决策、廉政等方面发生的问题，及时打招呼提醒、谈话批评或提出处理意见；对推荐、考察“一把手”失察的，要负连带责任。要从有利于教育、挽救干部出发，对那些存在这样、那样问题的干部主动做到教育“关口前移”，常下“毛毛雨”，早打防疫针，要求他们既要把住大节，又要管住小节，从点滴做起，堂堂正正做人，清清白白做“官”，自觉做到廉洁自律、拒腐防变。

三是要管好配偶子女和身边工作人员。领导干部的家风如何，绝不仅仅是个人的私事。修身齐家是领导干部的必备素质。如果领导干部的家属子女和身边工作人员违法乱纪，即使他们本人能够廉洁自律，那也负有不可推卸的责任。出现这种情况，他们说话就会不灵，办事就难以挺直腰杆，形象就会大打折扣。加强对领导干部身边工作人员的管理，是开展党风廉政建设的应有之举，也是加强领导干部廉洁自律的一个重要举措，必须引起各级领导干部的重视。

最近，四川、湖北相继做出规定，严管领导干部身边工作人员。四川省委办公厅制定了《关于加强对领导干部身边工作人员管理监督的暂行规定》和《领导干部身边工作人员行为规范》，对领导干部身边工作人员的选拔配备、日常管理、年度考核、晋级提职、工作调整等做出了明确规定，并将八种行为视为严重违纪违法，这些行为包括：以自己的特殊工作条件或借领导机关、领导干部的名义办私事、谋私利；超越自己的职责权限干预干部选拔、人事安排、政务决策与管理等党政事务；自作主张代领导干部答复处理问题、未经领导同意擅自批示文件、在传达领导批示时夹杂个人意见、在安排新闻报道时向新闻媒体提出违反规定的要求；插手任何形式的经营活动，特别是插手与领导职权有关的工程项目承包和物资采购活动，或从事有偿中介活动；泄露、传播组织尚未公开的信息，泄露领导干部在讨论工作过程中的各种意见或参加重要会议及活动时尚未公开发表的讲话等。对有上列行为之一的领导干部身边工作人员，情节较轻的，给予批评教育或组织处理；情节较重的，按照党纪政纪的有关规定给予处分；触犯刑律的，移送司法机关依法处理。

湖北省委办公厅出台了《关于加强对省级领导干部身边工作人员教育管理的暂行规定》，要求领导身边工作人员做到“十不准”，即不准有同中央和省委不一致的言行；不准插手人事问题；不准接受与领导同志工作有关的单位或个人的礼金、有价证券、贵重物品和在下属单位、企业报销各种费用、长期借占各种设备；不准接受事先未经批准的与领导同志工作有关的单位或个人的宴请；不准插手工程招投标、经营性土地使用权出让、房地产开发与经营等市场活动，以及利用工作岗位的影响为个人、亲友谋取任何私利；不准干预司法机关、行政机关、纪检监察机关公正执法、执纪；不准向领导同志提供假情况、假数据，或隐瞒、歪曲事实真相；不准授意基层为领导安排违反规定的接待活动；不准为领导及领导的配偶、子女、亲友谋取不正当利益；不准泄露党和国家的秘密。

四是要做到“五个亲自”。作为一个地方的党政“一把手”和党风廉政建设第一责任人，要做到亲自组织分解每年党风廉政建设的主要工作任务，明确领导班子每个成员的具体责任和各牵头部门、协办单位的工作目标及任务要求；每年至少要亲自主持召开两次领导班子专题会议，研究和安排本地区、本部门、本单位的党风廉政建设工作；亲自解决一个至两个群众反映强烈的热点和难点问题；亲自听取有关党风廉政建设工作的专题汇报，对需要追究的要落实责任追究；亲自组织召开本级领导班子民主生活会，至少参加一个下属单位领导班子民主生活会。

五是要严格责任追究。贯彻落实党风廉政建设责任制，关键在于严格执行责任追究，把党风廉政建设责任制作为一项政治纪律认真执行。对那些本地区、本部门出现重大经济损失的；本地区、本部门发生重大事故和恶性事件的；本地区、本部门的不正之风严重，群众反映强烈，长期得不到治理的；领导干部配偶、子女利用该领导干部职权和职务上的影响获取非法利益、造成恶劣影响的；对自己职责范围内的反腐败工作敷衍塞责、不抓不管，以致屡屡发生大案要案、造成恶劣影响的；对选拔任用领导干部违反有关政策和规定、用人失察的，要重点进行责任追究。各级领导干部只有以高度的政治责任感，自觉遵守和执行党风廉政建设责任制，才能真正形成全党动手抓党风廉政建设的局面，保证反腐败各项任务的落实，为地方的经济发展创造良好的政治和社会环境。

最后，希望大家在今后的工作岗位上以优良的作风和卓有成效的工作，带领广大干部群众不断开创工作的新局面，不辜负市委、市政府和全市父老乡亲的厚望！

与时俱进开拓创新坚持不懈地开展民主评议行风活动

——在全市民主评议行风工作座谈会上的讲话

（2003 年 9 月 28 日）

这次全市民主评议行风工作座谈会，是经市纪律检查委员会常务委员会决定召开的。主要目的是传达贯彻全省民主评议行风工作座谈会精神，总结今年以来全市民主评议行风工作，交流情况，推广经验，进一步动员各级各参评部门统一思想、坚定信心、强化措施、狠抓落实、持之以恒地把后几个月的民主评议行风工作抓紧、抓好、抓出成效。刚才，大家参观了邯郸县的鑫磊集团和国税服务大厅两个行风评议点，3 个县（市、区）和 3 个市直参评部门介绍了开展民主评议行风活动的做法和经验。刚才文生主任讲了，我和他有同感，大家的发言都很好。讲出自己的特点，讲出自己的基本做法，也讲出了今年的工作思路。因时间关系，其他单位就不在大会上发言了，材料都已提供给大家，会后要认真地看一看。这些单位的做法应该说各有特色，希望同志们能相互学习借鉴，取长补短，共同提高，把民主评议行风工作搞得更扎实、更深入、更富有成效。下面，我就搞好下一步的行风评议工作，讲四个问题。

一　总结经验，坚定信心，进一步把民主评议行风工作推向深入

按照省委、省政府和市委、市政府的统一部署，今年我市在 55 个部门

和行业中开展了以“树立行业新风，优化发展环境”为主题的民主评议行风活动。这项活动在市委、市政府的领导下，在社会各界大力支持帮助下，在广大群众广泛参与下，通过各级各部门共同努力，取得了良好的社会效果，在去年的基础上继续向纵深发展。我们的经验在最近召开的全省民主评议行风工作座谈会上做了介绍，概括起来讲，主要有以下几个特点。

（1）领导重视，评议力度不断加大。各级把民主评议行风作为一项重点工作，摆在突出位置来抓，主要领导经常听取汇报、做出指示、召开同级常委会议进行研究。市、县两级分别成立了党委副书记、纪委书记任组长，人大、政府、政协主管领导任副组长的领导小组，对民主评议行风工作进行具体指导。在全市民主评议行风动员会上，市委书记张力同志、市长聂辰席同志分别做了重要讲话，市纪委对全市行风评议工作多次进行调度。各县（市、区）党政主要领导分别对行风评议工作进行动员部署。县级班子换届后，邯郸县、丛台、复兴等县（市、区）都组织了大规模的上街宣传活动，县（市、区）领导走上街头进行宣传。市直各参评部门把行风评议作为一项牵总工作来抓，成立了由“一把手”任组长的行风建设领导小组，结合本部门工作实际开展评议活动，以行风评议为龙头推动和带动各项工作开展。参评部门“一把手”通过电台、报纸等新闻媒体公开本部门承诺，目前已有 23 个部门“一把手”到电台直播间接听“清晨行风热线”，19 个部门“一把手”带队上街举行大规模的宣传活动。“清晨行风热线”已经被全国广播电视系统评为优秀栏目，河北省仅此一家。

（2）运作科学，评议程序不断规范。为使评议工作程序化、规范化，有方法、有步骤、有秩序地开展行风评议活动。我市在认真调查研究的基础上制定了《2003 年民主评议行风运作规程》，将评议活动分为 7 个阶段 45 道程序，每道程序都明确了具体的时间、内容、方法、措施，使参评部门对行风评议工作的程序和步骤一目了然，既易操作又保证了有序地运行。还制定了《邯郸市评议代表活动安排意见》，对评议代表的工作行为和工作程序进行规范，使评议代表有组织、有目的、有针对性地对参评部门的行风进行评议。各县（市、区）结合本地实际制定具体的工作规范，将工作进行细化，将任务进行分解。肥乡县制定 21 条评议纪律对参评部门、行评办、评议代表的工作行为进行规范；峰峰矿区制定参评部门工作人员行为守则，对参评部门人员的工作行为进行规范。市直参评部门根据本部门业务工作特点，不断完善评议程序。移动公司制定了《服务质量考评办法》，把评议与业务工作有机地结合起来，推动行风建设与业务工作相互促进、共同发展。规范化地评议行风是我市在全省发言的重点内容，在省里比较靠前。

（3）措施得力，评议方法不断创新。各地各部门在实践中不断完善评议制度、强化评议措施、改进评议方法，卓有成效地开展评议工作。一是宣传力度进一步加大。在非典时期各级各部门采用召开电视电话会、小型座谈会的形式分批分片对行风评议工作进行动员部署。参评部门通过举行大规模的上街宣传、设立宣传牌等活动，利用报纸、电台、电视台、网站等新闻媒体进行宣传。如，市交通局在公路干线上设立宣传牌，在出租车、长途汽车上张贴宣传标语；市水利局、环保局在网站上设了行风评议网页。二是征集意见进一步广泛。参评部门通过召开领导班子民主生活会、干部职工会、老干部座谈会、设立投诉受理站、发放征求意见卡等多种形式深入开展自查活动，广泛征集群众意见。市工商局、电力公司、通信公司组织人员深入基层单位进行暗访，深入查找问题；市地税局开通了“行风流动投诉车”，在市区内巡回受理群众投诉。为帮助参评部门把问题找准、找实、找深、找透，市行评办组织了互评活动，征集到问题和意见、建议 347 条。三是工作责任进一步落实。为确保行风评议工作落到实处，各级各部门加大了考核力度，落实工作责任。市司法局局长与各县（市、区）司法局局长签订了行风评议责任状；市审计局把行风评议任务进行分解，把责任落实到领导和个人；中行邯郸分行把责任与目标进行分解，把各项任务分解到各部门、落实到人；市技术监督局制定奖惩措施，对连续两年排位在后 3 名或综合得分 75 分以下的单位，对局长、主管副局长和分管工作出现问题的副局长予以诫勉，其他班子成员年度考核一律不得评为优秀等次。

（4）注重整改，评议成果不断扩大。在评议中参评部门针对问题不回避、不袒护、不推诿，扎扎实实进行整改落实，使行风评议工作取得了较为明显的成效，得到广大人民群众的赞同和认可。一是优化了经济环境。参评部门紧紧围绕经济的发展，在转变职能、改进作风、提高效率上下功夫，主动为企业办好事、办实事，解决了一大批影响和阻碍经济发展的问题，促进了全市经济发展环境的改善。二是密切了干群关系。参评部门对关系人民群众切身利益的问题，认真加以解决，得到了群众的拥护，进一步密切了党群、干群关系。三是改变了部门形象。在行风评议中参评部门坚持标本兼治、纠建并举的原则，注重队伍和制度建设，规范了从政行为，增强了依法行政的意识和为群众服务的观念，有力地改善了行业形象。四是推进了各项工作。通过行风评议这个总“龙头”带动，促进了其他各项纠风工作的开展，也促进了党风廉政建设和反腐败工作的不断深入。

从近几年的实践来看，通过开展民主评议行风工作有力地推进了部门和行业作风的转变，有力地推进了群众反映问题的有效解决，有力地推进了各项工作的开展，得到各级领导的认可，受到广大人民群众的拥护，显示了民主评议行风活动强大的生命力。对于民主评议行风工作，河北省在全国是搞得比较早的，邯郸市在河北省也是比较早的。国务院纠风办对河北的纠风工作非常重视，省里召开了几次行风评议工作会议，国务院纠风办的领导都出席了会议。最近在保定市召开的全省民主评议行风工作座谈会上，国务院纠风办的胡玉敏副主任又出席会议并做了重要讲话。下一步我们要继续发扬成绩，继续努力，乘势而上，奋力拼搏，要把这项工作推向深入，确保取得更加明显的效果。

二　统一思想，深化认识，锲而不舍地把民主评议行风工作开展下去

今年的民主评议行风工作虽然取得了明显的成绩，但我们必须清醒地看到，当前在行风评议中还存在一些不容忽视的问题。比如，有的单位或一些同志在思想认识上出现动摇，甚至出现厌战情绪；有的工作标准不高，创新意识不强，缺乏主动进取精神；有的工作力度不大，措施不具体，在解决实际问题上下力量不够，甚至回避矛盾，对一些问题姑息迁就；等等。这些问题严重制约着行风评议工作的开展，我们一定要高度重视，要从关系党执政兴国第一要务和民主政治建设的高度，充分认识开展民主评议行风工作的重

要意义，增强抓好这项工作的自觉性，切实采取有力措施解决存在的现实问题，确保全市民主评议行风工作健康顺利开展。从发言的几个单位和典型材料情况来看，我们民主评议行风的标准，最终落实到了解决实际问题上。我们发言的一个最突出的特点，或者明显的成效，应该是把行风评议工作与本单位实际工作挂起钩来，既包括业务工作、本身职能工作，也包括自身队伍建设、作风转变工作。刚才也看到几个发言单位的好做法，突出的一点，就是解决问题。评行风评了半天，热热闹闹，兴师动众，又花钱，又花物，又消费精力，最后不解决问题，不管用，那是走了过场，本身就是没有搞好自身的作风建设。因此这里也用得着，以好的作风、好的行风来对待行风评议的问题，突出的标志是要解决问题，要解决自身的问题，解决思想作风问题，切实有一个新的转变，使群众办事绝对方便了、执法公正了、效率提高了，那才是最后的结果。因此，随着行风评议的深入，在这些问题上要深化。还有一个问题是，这次全省民主评议行风工作座谈会上，也有一些地市介绍了他们好的做法和经验。现在看起来要对明年的工作也开始谋划了。行风评议承诺的这些单位，他们这些部门动手早，我们主要抓的是市、县两级评议问题，市直机关在这一方面功夫下的不小，县直机关也都参评了。很多地区已经下延了，有的地方已延伸到站所和基层单位。我们条件成熟的县或者是一些单位要考虑参评部门下延的问题。同时，评议代表的代表面要逐步扩大。比如，民营经济这一块评议代表我们也有，但比重还比较小。今后要重点发展民营经济，要加大民营经济代表的比重，让他们参与进来，这些问题都需要考虑。具体如下。

（1）民主评议行风是贯彻“三个代表”重要思想的具体体现。“三个代表”重要思想的本质是立党为公、执政为民，学习贯彻“三个代表”重要思想必须以最广大人民的根本利益为根本出发点和落脚点。我们要实现人民的愿望、满足人民的需要、维护人民的利益，就必须以人民群众拥护不拥护、赞成不赞成、高兴不高兴、答应不答应作为衡量一切工作的标准。民主评议行风把知情权、参与权、选择权、监督权交给群众，把群众反映强烈的问题作为工作着力点，人民群众赞成的我们就肯定和提倡，人民群众不满意的我们就坚决纠正，从而把立党为公、执政为民的要求具体地、深入地落实到工作中去。这一点上更需要领导干部深化认识，我们一开始起步的时候，直接目的和手段就是想把民主评议行风作为纠正部门和行业不正之风特别是执法执纪、经济综合管理部门要转变作风来入手的。从这个意义来说，行风评议就成了一种手段、一个办法、一个途径，成了工具体。但是在深化认识上，要进一步认识到，民主评议行风本身就是民主评议行风政治建设的重要内容，让人民群众广泛地参加社会事务的管理。昨天，收听了一个关于加强基层民主政治建设的电视电话会。中央政治局常委、中央纪委书记吴官正，国务委员、国务院秘书长华建敏分别做了重要讲话，中央书记处书记、中央纪委副书记何勇同志主持会议，重点强调了加强农村民主政治建设。行风评议本身也是民主政治建设的内容。最近，中国人权学会领导来邯调研，调查人权问题、民族宗教问题、维权问题。过去讲是“两手抓”，一手抓物质文明，一手抓精神文明。现在应该是三手抓，还要抓政治文明。经济繁荣、政治民主、精神文明那才叫社会主义现代化国家，这才是一个完整的概念。我们的小康社会，经济要发展，同时也要有政治文明、精神文明，这才是全面内涵的小康社会。观念要深化，不仅仅作为一个手段，而是一项内容，他本身就是民主政治建设过程。我们目前一个时期请人民群众监督我们公正执法、公正管理、提高工作效率，这是一个直接关系。但是最终目的是让人民群众参与社会管理、发扬社会主义民主。因此深化就深化在这一点，参评单位范围也要逐步扩大，这是我们共产党人在搞民主政治建设的一个实效过程。

（2）民主评议行风是社会主义民主政治建设的重要内容。发展社会主义民主，建设社会主义政治文明，是全面建设小康社会的重要目标。我们党历来重视社会主义民主政治建设，领导和支持人民当家做主，最广泛地动员和组织人民群众，依法管理国家和社会事务，管理经济和文化事业，维护和实现人民群众的根本利益。民主评议行风是社会主义民主政治建设的重要内容，体现了人民当家做主的民主权利，其意义和影响是深远的。

（3）民主评议行风是把党风廉政建设与为经济建设服务结合起来的有效载体。社会主义的根本任务就是解放和发展生产力，发展是硬道理，发展是党执政兴国的第一要务，各项工作都要为经济建设服务。民主评议行风就是把党风廉政建设与为经济建设服务结合起来的有效载体。通过民主评议行风能够着力解决影响经济发展和人民群众反映强烈的突出问题，促进政府职能转变，改进行业作风，优化发展环境，推动经济发展。

（4）民主评议行风是推动廉政、勤政建设的重要措施。民主评议行风坚持了党政统一领导，调动了部门解决不正之风问题的积极性，体现了群众的支持和参与，直接推动了纠风各项工作的开展，对整个党风廉政建设和反腐败工作起到了有力的促进作用。同时，通过民主评议行风改善了行政管理，转变了机关作风，提高了工作效率，又大大促进了勤政建设，真正使行风评议工作收到廉政、勤政双促进的效果。

三　精心组织，周密安排，高标准高质量完成下一步评议任务

（1）发挥评议代表作用，进一步做好征集群众意见工作。评议代表是评议工作的主力军。要利用其活动范围广、与群众联系多、接触多的优势，充分发挥这支队伍的作用，进一步做好群众意见征集工作。一是要继续走访群众征集意见。组织评议代表深入企业、农村、机关、学校、街道、个体工商户、集贸市场等场所，采取发放征求意见卡、召开座谈会等形式，深入广泛地征集群众意见，对参评部门整改情况和出现的新问题进行调研。二是要设立投诉站现场受理群众投诉。在市行评办的统一组织下，10 月中旬利用两天时间，由各评议团组织评议代表走上街头，在市区繁华街道设立 13 个投诉受理站，现场受理群众的投诉，接受群众咨询，宣传评议内容。三是组织暗访活动深入查找问题。10 月中旬，各评议小组要按照《邯郸市评议代表分组评议安排表》的安排，采取分组对照、各有侧重的方法，组织评议代表采取事前不通知、不打招呼，事后不交换意见的方式，以普通群众的身份，深入参评部门的基层站所、窗口单位，有重点、有目的地进行暗访，深入了解参评部门存在的问题。

（2）采取切实可行措施，参评部门进一步做好整改工作。整改落实、解决问题是行风评议的重点环节，也是群众对参评部门工作是否满意最直接

的体现。因此，各参评部门要始终把行风问题的整改落实贯穿于整个评议活动的始终，常抓不懈。各参评部门要畅通群众反映问题的渠道，热线电话要保证有人值班，投诉信件要及时拆看。各单位要站在实践“三个代表”的高度，带着感情做好投诉受理工作，对上访的群众要热情接待，对群众投诉的问题要热情受理、认真记录、尽快调查核实，并将调查结果及时向群众反馈，给群众一个满意的答复，让群众满意，让群众高兴。各参评部门在解决问题时不要就事论事，要深入研究问题的原因和症结，对存在问题要举一反三，制定切实可行的整改措施。对违法违纪问题，要不回避、不护短，要严肃进行处理。

（3）周密安排部署，集中精力开好行风评议听证会。听证会是参评部门与群众直接沟通交流的有效形式，是督促参评部门整改问题的有效措施。6 月份参评部门以听证会的形式举行了窗口对话交流会，社会群众面对面评议参评部门的行风。9 月底参评部门整改工作结束，即将转入听证考核阶段。为检验参评部门的整改情况，10 月份要组织召开行风评议听证会，让参评部门与评议代表就行风问题进行面对面交流。听证会由市、县两级行评办具体负责组织，党委、人大、政府、政协和纪委的主管领导参加。听证会按照参评部门的职能和类别划分，分场次召开。听证会上，由参评部门主要领导简要报告今年以来行风建设的工作情况，然后由评议代表就行风问题和整改情况进行提问或质询，参评部门领导当场予以解答，对暂时无法解答的问题明确时限，限期给予答复。按照省行评办的要求，参加听证会的评议代表实行轮换制，一般在召开听证会的前一天从评议代表库中随机抽取，并严格保密。今天主管领导都来了，一定要把这件事情组织好。

（4）完善评价体系，切实抓好综合评议工作。评议结果是评价参评部门行风状况的重要标准。综合评议阶段要汇总各项测评结果，计算出参评部门的得分。这个阶段的工作比较关键，各级行评办要以对党的事业和人民群众高度负责的态度，科学严密地组织好综合评议工作。前两天电力系统党委换届，省电力公司的纪委书记来了，和我谈了行风评议工作情况。现在省里的部门将行风评议与奖惩已经挂钩了，省里垂直管理的部门基本上也挂钩了。对干部的使用、工资、奖金、奖励、奖惩都挂钩了。有些部门自己也挂起钩来，今天介绍经验的几个单位，也逐步地在做到这一点。越是在这个时候，评价体系、评议工作越要搞准确。体系不准确，评价工作不细致、不准确，也就很难把工作落实。如果不准确的结果再挂钩的话，就容易出现新的不公平。把其搞准是一个非常好的激励机制，就和我们刚开始评先进是一个道理，刚开始我们公务员，搞优秀、称职、基本称职、不称职几个档次，有的在评优秀时轮着评，一个单位里今天是他，明天是他，后来想到三年优秀一级工资，刚开始不挂钩，评优秀就评吧，最后有的同志讲了这样评不严肃。以后要把这种很成系统、很成规模的评价，都要与提拔使用、工资奖励挂钩。因此，评价工作要做得非常认真，客观公正，开始时和奖金、工资挂钩，以后就要和职务挂钩。要不拿什么说事啊？到评职称的时候，到提工资的时候、提干的时候，谁认定自己干得不好啊？都觉得自己干得不错，可是我们使什么做评价啊？我们这个评价体系过去比较弱，一到真挂钩的时候，我们自己觉得评定底气不足。因此，这个一定要加强，把它搞准，将来就用它说事。不要平时仅靠投票，投票的结果只能说明一时，说明不了全部问题，有时候是不客观的，有的也不一定了解全面。在推荐干部时也是这个问题，到最后就投票吧，投几票，有时候他比他多一票、多两票也不一定优秀多少，要看平时工作怎样，干了哪些工作，干了哪些事情，干成了哪些事情，工作上要考察这些事情。考察后做成一百分、一千分，这一年的工作主要做的是什么，完成了几个，有几个没有完成，出现了什么大的漏洞和失误，有的没有出现。这样才能解决干部考核的实际问题，这样用的干部人们都服气。在座的咱们都是主管领导，一定要认认真真地做，把基础工作打实，然后向党委、政府和局里的决策层提供坚强有力的干部考核根据，完全按这个说事。这几年，我们搞市直机构改革和县级班子换届选拔干部，我们把大量的成果都引用进来了。有的在考核干部时，把这个东西拿过来，我们看看几年了，三年考核怎么样，群众投票怎么样，综合起来考虑，不要简单地就后边几张票来定。有时一个单位没几个人，有的喝了一桌酒席，喝晕糊了，票就多了，未喝酒席的票就不多了。甚至不打电话、不打招呼，就表示没想法。本来这个同志很公道，不打招呼，也不请客，别人认为他是不是没有想法，把思想都扭曲了。这时候组织部门要提供这样的平台，提供这样的机会，提供一个公开、公正的尺度，进行科学组织，实事求是评价，客观地评价干部。有的还觉得，没给我打电话，并不意味着不给别人打电话，是不是离我远了，不是我的人，你的人呀、他的人呀，这种不正之风一下子都来了。本来是很公道的干部，往往处在这样一个尴尬的境地，这与党风、政风不正有关系。同时，与我们机制、制度不健全、不科学更有直接关系。我们通过制度，通过机制，逐步地把这些事情做通，然后让这些同志，不要把更多的精力放在去打电话、请客、请吃、请喝上，而是集中精力、踏踏实实干好自己的本职工作。这次我们组织市、县两级纪检干部到广东、福建、江苏、浙江等考察一下，学了不少好经验。现在一些发达的东南沿海地区，已经把工资收入分配和预算外资金全部统管起来，然后按照大伙的工作情况，统一发放工资之外的岗位津贴、补贴、奖金。只要是这个干部的级别，不管你在哪里工作，都是一样的，所谓的差距，就是岗位工作干得不好的，对工资、奖金有说头。在全省民主评议行风工作座谈会上我就介绍了这个情况，今天咱们可能不具备这种条件马上做到这一点，但是，今天发达地区这样做，肯定是明天我们将要做到的，逐步做到这一点。制度管人、管事，体制管人、管事，规范、公平、合理，使大家服气。你工作没有本事，没有那么多的知识水平，没有那么多的能力，干不好工作，每个人在这都是服气的，一比较，我比他还强，能力也行，就是不给我这个机遇，这就不公平了。因此，我们的行风评议工作虽然不能解决全部问题，但大家都这么认认真真的，终究要解决最根本的问题。要科学严密地组织综合评价工作，形成制度管人、管事体系的重要组成部分，效果已经出现了。具体地说，一是要搞好日常考核。从 11 月中旬开始，各级行评办依据评议内容，采取听取部门工作汇报、查阅部门工作资料、召开服务对象座谈会等渠道了解掌握情况，结合平时掌握的情况，实事求是地给参评部门打分。各级行评办要结合实际，制定出具体的考核细则，建立相应的工作档案，做到考核有据。二是要搞好问卷测评。今年省行评办分配我市测评问卷 1 万份，市行评办依据人口和经济状况分配到各县（市、区）。问卷测评工作由市、县两级共同组织，县（市、区）组织问卷测评时，市行评办派人参加。测评问卷由群众当场填写、当场收缴、当场密封，由市行评办统一汇总统计。为保证问卷测评工作公正、公开地进行，各地在组织问卷测评时，要请新闻媒体配合对测评工作进行现场监督和广泛宣传。三是要搞好领导直评。领导直评由市行评办统一组织，12 月份利用召开县（市、区）委书记、县（市、区）长参加的会议时机，以问卷的形式让各（市、区）区党政主要领导直接评议市直参评部门。四是要搞好综合计算。市行评办组织人员在封闭的环境下，对日常考核、问卷测评、领导直评等项分数进行汇总统计，然后通过设计好的程序，利用微机直接计算出市直参评部门的最终得分。各级参评部门的最终排名不允许出现并列的情况。

四　加强领导，严肃纪律，确保行风评议工作目标的实现

今年的民主评议行风工作要想取得明显的成效，就要进一步创新工作思路，完善领导体制，强化工作措施，严肃评议纪律，狠抓任务落实，确保各项评议工作目标的实现。

（1）加强领导，明确责任。要坚持和完善党委统一领导，党政齐抓共管，部门各负其责，纪检监察组织协调，人大、政协支持，群众广泛参与，新闻媒体配合，条块紧密结合，纠、评、建相互促进的民主评议行风领导体制和工作机制。各级党委、政府要切实加强领导，党政主要领导要亲自抓，分管领导要具体抓，及时解决工作中遇到的重大问题。各参评部门要把民主评议行风工作摆上重要日程，作为“一把手工程”来抓，进一步明确责任，做到组织领导到位、工作措施到位、整改落实到位。各参评部门对前一阶段的工作要进行一次“回头看”，找准工作中存在的问题和不足，制定改进措施，切实抓好落实。各级纪检监察机关和纠风办要进一步搞好民主评议行风工作的组织协调，加大督促检查力度。

（2）突出主题，抓住重点。行风评议活动要紧紧围绕着促进经济发展这个主题来开展，突出优化经济发展环境，着力消除制约我市发展的思想障碍和体制障碍。在优化经济发展环境上牢牢抓住“四个突破口”。一要以改进作风、反对官僚主义为突破口，切实解决门难进、脸难看、事难办的问

题。二要以转变政府职能、建立服务型政府为突破口，切实解决多头审批、效率低下的问题。三要以建设“诚信邯郸”、光大邯郸形象为突破口，切实解决言而无信、履约率低的问题。四要以健全制度、加强管理、严肃纪律为突破口，切实解决吃拿卡要、牟取私利的问题。各级各部门要围绕“四个突破口”，认真分析研究，有针对性地采取措施，进一步加大工作力度，确保这些方面问题切实得到有效解决。民主评议行风工作重点解决制约经济发展和严重损害群众根本利益问题，要通过民主评议行风促进老百姓身边问题的解决，认真纠正一些基层站所和“窗口单位”存在的门难进、脸难看、事难办和有些执纪执法部门工作人员存在的要威风、搞特权、刁难群众的问题。

（3）注重效果，搞好结合。行风评议在解决制约经济发展和严重损害群众根本利益问题的同时，还要紧紧围绕全市的大局和重点工作来开展。在具体工作上要努力做到“四个结合”，一是要与市委、市政府确定的全年重点工作相结合。刚刚闭幕的市委六届四次全会，对加快邯郸改革和建设、全面建设小康社会提出了具体目标。开展民主评议行风活动要紧紧围绕市委的重点工作，着眼于这些战略举措的落实。二是要与弘扬“树正气、讲团结、求发展”的主旋律相结合。今年省委、市委提出唱响“树正气、讲团结、求发展”主旋律的要求，与民主评议行风活动的目的是完全一致的，都是为了加快发展。开展民主评议行风活动要充分体现市委的要求，注意把两个活动有机地结合起来，推动工作上水平、上台阶。三是要与推进各项改革相结合。继续推进行政审批制度改革、财政管理体制改革和干部人事制度改革。四是要与纠建相结合。以评促纠、以评促建，推进纠风工作不断上层次、上水平。

（4）完善措施，改进方法。民主评议行风工作也要坚持与时俱进原则，评议方法和评议措施也要随着工作的深入而不断地进行调整和创新，提高工作层次和水平。在改进评议方法措施中具体工作要把握好四个原则。一是化繁就简、便于操作原则。对于被实践证明行之有效、便于操作的做法要坚定不移地坚持，对于程序繁杂、不易操作、效果不明显的工作要舍弃和改进。这样既可克服形式主义、增强评议的实效性，又可减轻评议组织者和参评部门不必要的负担。二是广泛参与、体现民意的原则。各级各部门要继续动员社会各界群众广泛参与到行风评议工作中来。在问卷测评上要照顾到各界人员，体现广泛性。当前，民营企业是经济发展的重要部分，参评部门为企业的服务情况，民营企业了解得最直接，感受得最深刻，在问卷测评中要加大民营企业的比重。三是相互借鉴、强化监督的原则。加大参评部门的互评力度，使参评部门相互学习、相互借鉴、相互监督。体现评议的公正性和实效性。四是激励先进、鞭策后进的原则。按照规定，评议结果要连续两年计算，综合进行运用。对连续两年被评为优秀和不达标的单位都要有个明确的说法，按照有关规定，该免评要免评，该调整领导班子的要向党委建议调整。

（5）严肃纪律，落实责任。民主评议行风必须要以好的作风和铁的纪律做保证，否则评议就失去公正、失去作用、失去意义，甚至会产生一些负面影响。对这一点各级各部门必须引起高度注意。各参评部门在评议过程中要把功夫下在整改上，下在实实在在解决实际问题上，不准拉选票、不准请客送礼、不准弄虚作假，对于通过不正当手段影响和干扰评议的，要实行“一票否决”。各级行评办的工作人员和评议代表要坚持原则，认真负责，严格遵守评议纪律，不得接受参评部门的宴请、馈赠和娱乐活动，不得诱导群众评议，不得修改评议资料，更不得借评议之机谋取私利，一经发现要严肃处理，决不姑息迁就。

同志们，今年后几个月的评议工作任务很重，各级各部门要认真贯彻全省民主评议行风工作座谈会精神，按照全市民主评议行风工作动员会和这次座谈会的部署，继续加大工作力度，强化措施，狠抓落实，以改革创新的精神、锐意进取的斗志、良好的工作作风，卓有成效地开展评议活动，确保各项任务落实。以行风评议的实际效果，进一步优化经济发展环境，为全面建设小康社会做出积极的贡献。

在全市农民专业合作经济组织建设电视电话会议上的讲话

（2003 年 9 月 28 日）

这次会议是市委、市政府研究确定召开的，会议的主要任务，是贯彻落实全省农民专业合作经济组织建设工作会议精神，认真总结我市近年来农民专业合作经济组织的发展经验，分析农民专业合作经济组织的发展形势，进一步理清思路、明确任务，解决好当前我市农民专业合作经济组织工作存在的问题，推进农民专业合作经济组织健康快速发展。以上有 5 位同志做了典型发言，讲得都很好。下面，我讲四个问题。

一　进一步提高对发展农民专业合作经济组织的认识

今年中央农村工作会议要求，根据需要积极发展农产品行业协会和农民专业合作经济组织，建立健全农业社会化服务体系，提高农民进入市场的组织化程度。最近，胡锦涛总书记、温家宝总理、回良玉副总理，都分别对发展农民专业合作经济组织做出重要批示，强调要把发展多种形式的农民专业合作经济组织作为深化农村改革的一项重要内容，认真总结国内的经验，积极探索新的发展路子。3 月 1 日修订实施的《农业法》规定："国家鼓励农民在家庭承包经营的基础上自愿组成各类专业合作经济组织。"赋予了农民专业合作经济组织以法律地位。省委、省政府在 8 月 31 日召开的全省农民专业合作经济组织建设工作会议上，明确提出将加快发展农民专业合作经济组织，作为我省全面开创农业农村工作新局面的一项重要部署，作为全面建设小康社会的一个重要抓手来抓。这些都表明，发展农民专业合作经济组织具有非常重要的意义，这是破解“三农”难题的重要抓手，也是当前农业和农村工作中的一项重要战略措施。

第一，发展农民专业合作经济组织是提高农民组织化程度的需要。面对我国农业结构进行战略性调整和加入世贸组织的新形势、新要求，以及我国农业农村经济发展中家庭承包经营的基本制度不可改变的现实，如何把我市农村分散经营的千家万户组织起来，共同面对国内、国际两大市场，是一个事关长远的战略问题，也是当前我市农业和农村经济发展中所急需解决的一个现实问题。农民专业合作经济组织是农民在家庭承包经营基础上，以适应农业专业化、区域化、商品化生产为基础，以合作服务为纽带，以加快发展、共同致富为目的，以自我服务、自我发展、自我保护为特点，具有广泛的适应性和发展活力。它是农业生产者为更加有效地进行自我保护和发展而组织起来的经济组织，能有效弥补和克服农户分散、农业相对弱势的弊端，并且为农业生产和经营提供多方面的服务，推动农业经济发展和进步。通过发展多层次、多领域、多种形式的农民专业合作经济组织，能够较好地把农村分散经营的农户联合起来，提高民主决策水平，合理组织生产，搞好相关服务，共同抵御和防范自然与市场两大风险，以实现小生产与大市场的有效对接。为此，必须紧紧抓住提高农民组织化程度这一着力点，搞好农民专业合作经济组织的建设。

第二，发展农民专业合作经济组织是优化配置农村生产要素的需要。农民自愿联合起来，结成农民专业合作经济组织，组建过程本身就是一个由弱变强的过程，就是按照市场化原则对农村各种生产要素进行重新组合、优化配置，使其发挥更大效益的过程。从宏观效果来看，农民专业合作经济组织可以打破所有制、区域和行业界限，紧紧围绕某项专业生产、经营或专业服务实现生产要素在更大范围、更广领域的流动组合。从微观效果来看，通过合作服务，开展加工、购销，不仅有利于初级农产品价值的顺利实现，而且有利于降低生产和交易成本，拓展利润空间，扩大农民增收的机会；通过行业自律，有利于规范行业行为，避免恶意竞争，稳定生产，促进发展。一句话，它可以解决许多社区组织“统”不了、国家经济技术部门“包”不了、一家一户“办”不了的事情，是市场经济条件下农村经济发展的一种必然选择。

第三，发展农民专业合作经济组织是提高农业产业化经营水平的需要。农业产业化与农民专业合作经济组织，都是农业专业化、商品化发展的必然产物，都是在家庭承包经营基础上的组织创新和制度创新，它们是在市场经济条件下相伴而生的，农业产业化是农民专业合作经济组织发展的动力和基础，农民专业合作经济组织是农业产业化的有效载体，它们在发展农村经济的过程中相互依赖、相互促进，共同完成农业现代化的历史使命。农业产业化是农民增收的重要途径。龙头、基地、农户是构成农业产业化的三要素，其中龙头企业是农民参与农业产业化经营的主要带动力量，而农民专业合作经济组织是连接三要素的有效组织形式。当前，“龙头、基地、农户”之间联系的不紧密或利益分配不合理，龙头企业在同千家万户农民打交道时也存在不少困难，原因就是缺乏联结机制和不适应的利益分配机制，导致产业规模不大、活力不强、效益不高。通过专业合作经济组织，就能在龙头企业与农民之间架起一座桥梁，既保证龙头企业需要的农产品数量和质量，又能使农民有了维护自身经济利益的代言人，真正把产业化的三要素紧密联结为一体。事实证明：产业化水平越高，农民专业合作经济组织发展的动力就越大，基础就越牢；而农民专业合作经济组织发展得越快、越强，又为产业化经营的进一步提升提供了组织上的保证。

第四，发展农民专业合作经济组织是提高农产品市场竞争力的需要。我国加入了世贸组织，农产品在国际市场竞争力弱的问题比较突出。特别是在买方市场和开放市场新形势下，必须要有一批竞争力比较强的市场竞争主体才能确保农产品具有较强的市场竞争力。千家万户分散的小生产经营，其农业组织化程度低，市场竞争力弱，难以适应并驾驭千变万化的大市场。农业承担着自然和市场两大风险。而在市场经济条件下，市场风险比自然风险要大得多。农业是个弱质行业，农民是弱质群体，如何解决弱质行业和弱质群体进入市场、增强其应对市场能力的问题，是发展农业、富裕农民必须应对的重大问题。农民面对加入世贸组织的新形势和国际农产品市场的竞争压力，除了增加农业技术投入和基础设施投入，还必须完善组织形式，改革管理方法，提高自身的组织化程度，走联合与合作的路子。依靠农民专业合作经济组织，使大量农户联合起来，共同从事农业生产经营和农产品加工，可以形成规模种植、批量加工，更好地满足经销商的要求，形成市场优势和品牌优势，把生产与市场紧密地联系起来。通过农民之间的合作和联合，可以在国际市场上形成一种与工商企业和国际商业集团抗衡的力量，在市场经济中建立起相互制衡的机制，改变单个农户在国际市场竞争中的弱势地位。通过依靠农民专业合作经济组织，规范农产品市场，规范农产品的生产和经营，提高农产品的质量，实现农业生产的标准化、专业化、品牌化和基础化，提高农业规模效益，增强农业国际竞争力。

概括地讲，20 世纪 50 年代，党和政府号召农民组织起来，主要是解决农民个体分散经营问题，实现农业集体化和合作化；今天，我们号召农民组织起来，主要是解决农户分散经营与大市场的矛盾，组织农民闯大市场、闯国内市场、闯国际市场的问题。进一步推进农业的发展，实现农业增效、农民增收，从这个意义上讲，农业产业化与组织化是发展农村经济的车之两轮、鸟之两翼。

二 正确估价我市农民专业合作经济组织的现状

我市农民专业合作经济组织建设起步较早，可以向前追溯到 20 世纪 80 年代末。以农协建设特别是专协建设为标志，我市开展了对农民专业合作经济组织的探索和实践。经过不断完善和发展，农民专业合作经济组织建设取得了一定成绩，特别是近五年来发展较快。尤其是农协（试验区）组织建设得到了进一步巩固和加强。截至目前，全市共有农民专业合作经济组织 1168 个，入会农户 24.7 万户，资产总额 9.5 亿元，涉及蔬菜、林果、花卉、花生、草莓等 16 个产业。这些农民专业合作经济组织按产业划分，属于种植业的有 598 个、养殖业的有 214 个、渔业的有 2 个、其他行业的有 354 个；按组织类型划分，属于专业协会的有 526 个、专业合作社的有 509 个、专业联合社的有 39 个、专业联合会的有 94 个。服务领域已由产前、产中服务发展到产后加工、销售服务；由一般性的生产服务发展到科技、信息等方面的服务；由种植业服务发展到养殖、加工等诸多产业的服务；由社区服务发展到跨区域的专业化、系列化、社会化服务。农民专业合作经济组织的发展，为搞好农产品加工购销注入了新的活力，为农村科技创新、组织创新和深化农村改革探索了新的路子、积累了宝贵的经验，正在成为推进农业结构战略性调整、发展农业产业化经营的重要组织载体和新的生力军，成为带动我市农民增收的一种新形式。

我市农民专业合作经济组织建设虽然取得了一定成绩，但从整体来看，仍然处于起步阶段。不少地方发展的社会氛围还没有真正形成，广大农民尤其是一些主管农业和农村工作的领导干部对发展农民专业合作经济组织的重要性、必要性和紧迫性认识不够，对农民专业合作经济组织的相关知识知道甚少；一些县、乡党委和政府还没有把这项工作列入议事日程，发展思路不明确，整体规划不具体，一些具体政策措施还没有真正到位，发展农民专业合作经济组织仍然是部门行为，甚至个别地方部门之间也相互推诿，形成了谁都不管的局面；不少地方的发展还没有真正迈开步子，农民专业合作经济组织不仅数量少，而且实力很弱。加上规章制度不健全，因而对农户的带动能力不强。具体表现在四个方面。一是区域发展很不平衡。据调查统计，全市 19 个县（市、区）中建立农民专业合作经济组织 100 个以上的只有 3 个县，50 个以上的有 9 个县（市），而 10 个以下的则有 5 个县（区），特别是市内三区一个也没有。二是规模小。在全市 1168 个农民专业合作经济组织中，有一定带动和辐射能力、资产总额在 1000 万元以上的仅有 18 个，占 1.6%，而资产总额在 10 万元以下的有 576 个，占 49.3%。同时还有 91 个没有资产，基本上是空口说白话，没啥服务手段。三是发展尚未规范。在全市 1168 个农民专业合作经济组织中，在工商和民政部门注册的仅有 429 个，占总数的 36.7%。不少农民专业合作经济组织没有章程制度，没有资产设备，缺少服务设施和手段，只有一块牌子和几个人，随意性很大，很不规范。四是功能不完善。从总体上看，大多数农民专业合作经济组织的服务领域只停留在产前提供化肥和良种等生产资料、产中技术指导等环节上，真正把经营触角延伸到产后加工、销售等环节的并不多。

三　理清发展农民专业合作经济组织的思路和重点

第一，必须坚持党的领导和“三民”的指导思想。坚持党的领导，是因为中央一再强调，“党管农村工作是我们党的一个传统，也是一个重大原则”。党的利益同广大农民的利益息息相关。我国农村改革开放20多年的伟大实践证明，进行农村重大体制创新、机制创新，都不能离开党的领导。发展农民专业合作经济组织，是深化农村改革的一项重要内容，只有在各级党委、政府的正确引导、扶持和帮助下，才能持续、健康、快速发展。要把充分调动、发挥农民的积极性、创造性同正确发挥党和政府的政治优势、宣传优势很好地结合起来，努力做到积极引导而不包办、大力支持而不乱加干预、热情服务而不与民争利。发展农民专业合作经济组织必须坚持“民办、民管、民受益”的原则，之所以强调“民办”就是说，只有发动引导农民自己来办，办起来的合作组织才符合农民的意愿，才有生命力；之所以强调“民管”，就是说只有农民自己的事自己管，才是真正的当家做主；之所以强调“民受益”就是说，兴办农民专业合作经济组织必须以农民受益为目的。因此，发展农民专业合作经济组织必须以鼓励、支持农民自己兴办为基本出发点和首要着眼点，必须切实依法保护农民的利益，真正做到入会（社）农民利益共享、风险共担，通过合作经营、合作服务，获得更大的收益。任何部门和个人，不能随意侵害合作组织的利益。由于种种原因，我市农民专业合作经济组织真正属于农民自办自管的还不够多，相当一部分是“官办”或“官民合办”，无论何种性质，下一步都要千方百计为农民搞好服务，逐步向“民办”过渡，尽快解决好“官办的好办不管用，民办的管用不好办”这一突出问题。为此，在稳定和完善家庭承包经营的基础上，把农民专业合作经济组织办成农民自我合作、自我服务、自我管理的“自愿、自主、自治、自律”的农民自己的组织。

第二，坚持“放手发展、不拘一格”的多种发展形式。坚持因地制宜、因业制宜、形式多样的指导思想，努力打破制约我市农民专业合作经济组织发展的各种思想障碍、政策障碍和体制障碍。不管它叫什么名字，无论采取哪种形式、处于哪个层次，也无论规模多大、覆盖范围多大，只要有利于将农民组织起来、有利于产销衔接、有利于农业结构调整和农民增收都应一视同仁，积极鼓励，支持发展。做到“三个不限”，即不限形式、不限主体、不限速度和规模。一是不限形式。在发展上既可以兴办以技术、信息服务为主的非实体型的，也可以兴办以发展生产、加工、销售等经营活动为主的实体型的；既可以生产、加工、销售等某个环节的联合兴办，也可以集生产、加工、销售为一体整体兴办；既可以按行业兴办，也可以按跨行业、跨区域兴办。总之，只要能把农民联合起来，为农民提供所需要的服务，解决生产经营上的困难，促进农民增收，就要大力支持兴办。二是不限主体。在现阶段，组建农民专业合作经济组织既可以依托现有农村社区合作组织兴办，也可以由农村经营大户或农村能人牵头兴办；既可以依托国家有关经济技术部门兴办，也可以由具有技术专长的专业技术干部牵头兴办；既可以由龙头企业、批发市场等企业兴办，也可以自己创办农业公司再兴办基地的专业协会。三是不限速度和规模层次。因地制宜，视条件和能力，能办大的就办大的；办不了大的，小的也可以。在层次上既可以办微观层面的，如乡、村范围的，也可以跨区域办更大范围内的辐射全市乃至其他省、市的行业协会组织。

第三，坚持“入会自愿、退会自由、民主管理和利益返还”的原则。发展农民专业合作经济组织必须坚持的几个原则。一是农民自愿。农民入会（社）自愿，退会自由，有自由选择加入政策法规允许的各类专业合作经济组织的权利，任何组织、任何人都不得强迫干预农民的自由选择权。二是民主办会。农民专业合作经济组织在经营管理上实行民主选举、民主决策、民主管理、民主监督，任何组织和个人不得干预其经营管理的自主权。三是坚持农民受益。农民专业合作经济组织对内不以赢利为目的，对外则追求最大效益。四是坚持民主管理的原则。在明确协会（合作社）会（社）员权利、义务的同时，选举产生理事会和监事会，重大事项由最高权力机构——会员大会表决通过。五是坚持利益返还的原则。就是合作组织每年的经营利润，在留足发展资金、风险基金后，按照参与合作经营、合作服务的数量，全部向合作组织成员返还。这是合作经济组织与一般企业的本质区别，也是各类农民专业合作经济组织发展的动力和活力所在。盈利如何返还，返还多大比例，要由社员大会或社员代表大会民主讨论决定。

第四，坚持“边发展、边规范”和“在发展中规范，在规范中发展”的工作方针。我市农民专业合作经济组织建设还处于初期发展阶段，不能一开始就要求他们那么规范，那样是不现实的，不仅不能促其发展，还会影响其发展。有的地方农民专业合作经济组织还是空白，更谈不上规范的问题。因此，要先发展后规范，边发展边规范，在发展中求规范。对合作经济组织有了一定发展、具备一定基础和条件的，要积极引导其向实体化、规范化、制度化方向发展，以规范促发展。

第五，坚持发展农民专业合作经济组织与农业产业化经营相结合。农民专业合作经济组织与农业产业化经营有着内在的联系。在具体工作中，一定要把这两项工作很好地结合起来，一同规划部署，一同组织推动，一同督导帮扶。要引导龙头企业进一步规范与农民的利益关系，建立健全有效的利益联结机制，让农民从中得到更多的实惠。要大力发展农民专业合作经济组织，进一步延伸产业链条，搞好产销衔接，优化农业结构，促进农产品销售和加工转化，不断提升农业产业化经营水平，提高农民进入市场的组织化程度和农业综合效益，实现龙头企业、专业合作组织和农户的共同发展。

第六，积极组建农产品行业协会，实行行业自律。在农民专业合作经济组织发展比较充分的地方，要积极引导其拓展联合，加快培育发展区域性的产销联合会，组建农产品行业协会，为推进农业结构的战略性调整、增加农民收入而发挥积极作用。对已有的农产品行业协会，围绕充分发挥“行业自律、信息服务、维护成员权益”等作用，进行合理调整和改组、改造。当前，抓紧围绕畜牧、蔬菜和林果三大产业，抓好农产品行业协会试点。市畜牧、农业、林业等部门要抓紧出台农产品行业协会试点意见和示范章程，指导试点工作规范运行。

四　切实加强对发展农民专业合作经济组织的领导

第一，建立组织，摆上位置。市里确定成立发展农民专业合作经济组织领导小组。由主管副书记任组长，市委、市政府有关领导任副组长，市直农业及涉农部门主要领导为成员，领导小组下设办公室，设在市农协总会。办公室的主要职责是负责农民专业合作经济组织工作的综合协调、指导服务。同时各县（市、区）也要成立相应组织机构，从而在全市上下形成发展农民专业合作经济组织的组织体系。各级要把发展农民专业合作经济组织当作一件大事，列入重要议事日程，制定确实可行的发展措施。各县（市、区）委、政府主要领导要亲自抓，主管领导要具体抓，及时解决好发展中存在的问题。

第二，部门联动，形成合力。发展农民专业合作经济组织是一项系统工程，涉及方方面面，需要多部门通力合作、协调联动、统筹规划。市委、县（市、区）委农村工作部门，要不断研究新情况、解决新问题，加强对农民专业合作经济组织建设工作的综合协调，搞好指导和服务。各级农协要制定好本地农民专业合作经济组织的发展规划，有组织、有计划地做好农民专业合作经济组织的发展工作。农业、林业、畜牧、乡企、科协、供销等部门要抓好本系统、本行业的农民专业合作经济组织建设，提高指导和服务水平。财政部门每年都要安排一定的专项资金，用于资助重点农民专业合作经济组织建设。各级税务部门在落实好上级制定的税收优惠政策的同时，积极研究各项税收支持政策。金融部门要调整信贷方向，适度增加规模，积极提供信贷资金支持。工商、民政部门不断改进登记办法，降低收费标准，为各类农民专业合作经济组织的登记注册搞好服务。其他有关部门，也要积极配合做好工作。

第三，抓好典型，示范带动。我市农民专业合作经济组织起步较早，已经探索出了一些成功经验。为此，要做好典型经验的总结推广工作，发挥典型示范引路的作用。通过选树一批典型，推广成功经验，使广大农民亲身体会或亲眼看到参加农民专业合作经济组织的实惠，辐射带动更多的农民积极主动地参加到合作组织中来，从而带动农村经济的健康发展。市重点培育涉县机井协会、磁县养猪协会、成安草莓协会、涉县王金庄花椒专业合作社、武安市午汲薯制品专业合作社、永年县小龙马蔬菜研究会等 10 个农民专业合作经济组织。同时，每个县（市、区）要抓好 2 ~ 3 个规范化发展的典型，引导和推动我市农民专业合作经济组织的健康发展。

第四，搞好培训，提高素质。做好农民专业合作经济组织工作，需要有一批熟悉农民专业合作经济组织合作政策和合作实践的带头人、明白人，这就必须下大力搞好培训工作。一方面要积极培训农民专业合作经济组织的负责人和新生骨干力量，提高他们办好合作组织的本领；另一方面要对各级领导和主管部门的干部进行培训，使他们尽快熟悉合作理论、合作政策，真正弄清什么是农民专业合作经济组织，为什么要加快发展，以及如何加快发展，提高他们的工作指导水平。从现在起，市培训市直农产品行业协会负责人、县（市、区）重点农民专业合作经济组织和有关产业化龙头企业负责人。县（市、区）培训乡镇、村干部和县农民专业合作经济组织负责人。通过培训，调动各级发展农民专业合作经济组织的积极性。培训方法要灵活多样，切实重视实效。加快发展农民专业合作经济组织工作是当前一项十分重要、十分紧迫的工作。各级党委和政府要以“三个代表”重要思想为指针，加强领导，统一认识，理清思路，积极探索，扎实推进农民专业合作经济组织的发展，为繁荣我市农业和农村经济、全面建设小康社会做出新的贡献。

在全市农村基层民主政治建设现场调度会上的讲话

（2003 年 9 月 29 日）

这次会议的主要任务是认真贯彻落实全国村务公开电视电话会、全省农村基层民主政治建设电视电话会精神，分析当前我市农村基层民主政治建设面临的形势，总结交流经验，对下一步的工作做出安排部署。今天上午，我们参观了广平县农工委、广平镇、南关村的“公开承诺跟踪督办”制的开展情况，听取了广平县委对农村民主议政日议决事项实行“公开承诺跟踪督办”制情况的经验介绍，武安市、磁县、矿区做了发言，其他县区也都对今年以来农村基层民主政治建设工作进展情况以书面形式进行了总结交流。这对于进一步推进我市基层民主政治建设工作很有借鉴意义，希望大家相互学习、取长补短，认真查找工作中的差距和不足，采取切实有力措施，努力把我市的农村基层民主政治建设提高到一个新水平。下面，我再强调三点。

一　牢固树立持之以恒、常抓不懈的思想，以更加扎实的工作，把我市农村基层民主政治建设提高到一个新水平

今年以来，各级党委、政府认真贯彻落实中央和省委、市委关于加强农村基层民主政治建设的工作部署，从本地实际出发，在巩固前几年工作成果的基础上，积极探索进一步抓好农村基层民主政治建设的新路子、新途径，

取得了新的成效。从大家汇报的情况和我们平时掌握的情况来看，全市农村基层民主政治建设形势总的是好的，发展是健康的。主要体现在两个方面：一是全市广大农民群众和基层干部的民主法制意识得到了进一步增强，参与民主管理、民主决策的积极性更加高涨；二是农村民主选举、民主决策、民主管理、民主监督的各项制度得到了进一步健全和落实，有力地推动了农村和农业工作的开展，促进了全市农村的改革、发展和稳定。在充分肯定成绩的同时，我们也必须清醒地看到，我市农村基层民主政治建设工作总体进展情况与党的十六大提出的奋斗目标相比，与中央和省委、市委的要求相比，与广大农民群众的企盼相比，还有明显的差距与不足，仍然存在一些不容忽视的问题。突出表现在：有些地方的领导同志对农村基层民主政治建设认识不到位，重视程度低，工作积极性不高，把这项工作看成负担，嫌麻烦，对村务公开产生了厌倦松劲情绪；有些地方由于指导不力、管理不善，村务公开内容、程序不规范，质量不高，甚至流于形式，个别地方甚至搞假公开、不公开；有的村规章制度不健全、不完善，甚至有制度不坚持、不遵循；等等。这些问题虽然发生在少数地方，但危害很大，不同程度地影响了农村基层民主政治建设的进程，影响了党和政府在群众中的形象。对此，各级党委、政府一定要给予高度重视。要充分认识到加强农村基层民主政治建设、深入推进村务公开，是全面建设小康社会的重要目标和发展社会主义民主政治的基础性工作，是从根本上维护、发展和实现广大农民群众根本利益的重要途径，是落实“三个代表”重要思想的具体体现，要进一步增强做好工作的自觉性和责任感，坚持做到持之以恒、常抓不懈。昨天，我们开了两个会，一个是行风评议会，还有一个是建立农村专业经济组织会。在行风评议会上，就民主政治建设，我讲了一个观点，行风评议一入手时，是为了解决执法执纪部门和经济综合管理部门的作风问题，转变作风，服务基层，服务群众。我们农村基层民主政治建设已经搞了八年了，开始也是解决农村群众最关心的问题，像修桥修路、浇地、办电、建学校、危房改造等很具体的问题，这里面是通过一个个直接的手段、途径、办法来解决实际问题的，也确实逐步收到很好的成效。我在一个村里参加了几次民主议政活动，感觉到每一次群众民主议事、议政的水平和质量都在提高，他所提出的内容正逐步由生产、生活的一些具体琐事，开始转向关心村里方针大计问题、长期发展问题、根本性的问题，所以，尽管我们起步是从一个个手段、解决办法开始，最终落脚点是在建设民主政治上面。我们是社会主义国家，是民主共和国，那么，民主政治建设本身，在一个时期，在解决群众的实际问题上，或者是在推动经济建设时期，表现为一个个途径、手段，但是对于建设社会主义现代化强国，对于全面建设小康社会来说，就是一个很重要的内容。因此党的十六大明确提出来，要全面建设小康社会，并且，把社会主义现代化强国的内涵解释成三个方面，三手抓，过去我们讲，一手抓物质文明，一手抓精神文明，现在又充实为还要抓政治文明，所以社会主义现代化强国是三个方面组成的，就是经济繁荣、政治民主、精神文明，这才是一个完整的社会主义现代化强国的含义。我们在实施两个战略步骤完成任务之后，第三步走又有它的具体内容，就是用 20 年的时间，把建立比较完善的社会主义市场经济体制充实为社会主义民主政治，要有一个完善建设的过程，这三个方面才是一个完整的社会主义现代化强国的含义。因此我们现在无论是在城市搞部门纠风，还是在农村搞民主议政议事，都是社会主义民主政治建设的一个重要内容，尽管有的时候，表现为一个途径、手段，而在最根本的意义上它表现为内容，社会主义现代化成果的内容，全面建设小康社会的内容，所以在这一点上，在学习“三个代表”重要思想过程里面，在谋划工作思路的时候，要充分地深化对民主政治建设的认识。

二　抓住重点，强力推进，使我市农村基层民主政治建设实现更大突破

近几年来，我市在基层组织建设和民主政治建设上创造出了不少好的经验和做法，特别是武安市“一制三化”经验，在全省得到推广。2002 年河北省委把推广“一制三化”确定为全省党建工作的重点，省里在武安开了现场会。但在实际工作中，对于“一制三化”的推进，无论是广度还是深度都还存在一定的差距。因此，当前，加强基层民主政治建设要与“一制三化”结合起来，突出抓好以下四项工作。

第一，切实抓好村务公开规范化、制度化建设，不断提高村务公开的质量和水平。我市全面推行村务公开工作已经八年，取得了一定成绩，对推进农村基层民主政治建设起到了积极作用。但从今年组织的两次督查情况看，仍然存在许多不容忽视的问题。一是部分村的公开栏防雨罩破旧、窄小，起不到防雨作用；二是有相当数量的公开栏硬件建设标准低，版面上的标题、栏目不清楚，还有的用粉笔书写，内容不能长时间保持；三是部分村财务管理长期混乱，记账不规范，财务公开没有做到逐笔逐项，特别是对群众关心的财务开支、补贴费用等，有的只是笼统写个总数了事；四是有的公开栏建在村委会院内，有的移动公开栏没有放在显著位置，不便于群众观看；五是部分村公开档案资料不全，签字审批手续不完备，“一盒两本”太简单。总体上说，这是一个现象，但最基本的一条就是，是不是我们真正做到把村里的财务、政务和群众关心的事情，真正地公开在全体村民面前，别的都是手段、都是办法，最重要的是需要公开的内容要真正公开在群众面前，让群众知道，要从根本上解决这个问题，这是一个认识问题。我们这些栏目的设置，一些基础性的问题，由于每个村的经济状况、条件不同，也不可能要求千篇一律，有的条件好用不锈钢、铝合金、有机玻璃，这更好，可是如果有的条件不具备，可以不用不锈钢、有机玻璃。今天我们看的南关村，它的规格就不是很高，用油漆把栏目写清楚，还可以防雨，关键我们思想上要到位，要真正地公开，不是流于形式，不是应付检查，要做到这一点。因此，今后村务公开工作一定要把解决公开标准低的问题作为工作重点，着力在巩固完善规范管理和制度创新上下功夫。一是切实加强村务公开的阵地建设。村务公开阵地是展示村干部工作风貌的一个窗口，从这上面可以反映出“两委”成员的精神状态和工作作风，各级一定要注意抓好这个硬件建设。对村务公开栏年久失修、破损严重、周围环境脏乱差的，要抓紧检修、整治，确保公开栏始终保持完好状态。在此基础上，严格按照“五规范一满意”（公开的阵地、时间、内容、程序、管理规范和群众满意）的要求，着力提高村务公开率。村集体经济实力强、村里来往账目较多、公开栏容不下的村、样板村，都要实行“一表一卡”入户。有条件的地方，可以因地制宜拓宽村务公开的渠道，使公开更深入、更广泛。二是要不断充实村务公开的内容。要在原定12项公开内容的基础上，突出抓好村里重大事情和村民关注问题的公开，特别是对税费改革后农民的纳税情况、兴办公益事业筹资筹劳情况、粮食补贴情况、村级债权债务情况等，必须一一向群众公开，接受群众监督。三是继续严格执行村务公开审批表制度。对于村务公开审批表，工作人员要认真填写，民主理财小组要真正把关，有关责任人要签字盖章，按要求上报审批。四是切实抓好公开和民主议政日议决事项的落实。农村公开事项、议决事项不落实是群众反映的热点问题，也是影响民主议政日深入开展的主要问题之一，必须认真解决。议事最终的结果是要办事，议事不办事还是流于形式。今天，大家对广平县对农村民主议政日议决事项实行“公开承诺跟踪督办”制的情况进行了参观学习。他们抓落实的做法抓得准、抓得好，受到了省委、市委领导的好评。议事要办事，同时要形成一个制度，形成一套体制，这是广平经验的精华所在。各县（市、区）都要认真借鉴，确保公开和民主议政日议决的事项落到实处。五是在抓好试点的基础上，全面推行农村党务公示制度。村务公开党务公示，这是一个创新，大家要认真地研究和探索。要对党组织活动的情况、议定的事项、形成的决议、党支部成员的工作目标及完成情况、党员作用发挥情况、发展党员情况等进行公示，充分发挥党内民主对人民民主的示范带动作用，使农村党务公示与村务公开相互促进。

第二，切实搞好第六届村委会换届选举，认真落实好民主选举制度。目前，我市第六届村委会换届选举已进入攻坚阶段，剩下的多数是有问题的“老大难”村。如果我们稍有不慎，对一些问题处理不当，就会引发和激化新的矛盾，埋下不稳定隐患。对此，各级领导一定要给予高度重视，切实加强组织领导和具体指导，保障广大村民在选举各个环节中的民主权利，使村委会换届选举真正体现农民群众的意愿。完成换届选举后，要及时指导各村依法建立健全村民会议、村民代表会议、村民小组、民主理财小组等村民自治组织，为搞好村民自治提供组织保证。广平县议事办事充分发扬农村基层民主，这个效果就充分地体现在村委会换届上。广平县全部换届结束，没有出现一个村换不下去的，也没有因为换届出现上访事件，所以他们的议事办事、公开承诺、跟踪督办的做法，在换届上已经得到充分体现。群众的事情，在我们的日常工作里面，似乎很多都是小事情，但是小的事情不按大事来办，往往就会酿成大事情，如果长期得不到解决，特别是在村委会换届的时候，就容易激化矛盾。如果这个时候工作做得好，就能够化解矛盾。因此化解农村工作矛盾，一定要把握好机会，这是值得认真对待、认真研究的，这也是对我们各级党组织的一个考验，对我们驾驭工作全局的考验，是对我们应对复杂局面、解决矛盾的一个考验。因此在这个时候，抓好农村基层民主政治建设，既是一个重要的途径，也是一个重要的内容，尤其是一个难点村进行换届的时候，一定要把握好、指导好，要遵循基层民主政治建设的原则、规律，认真做好工作。

第三，要进一步完善以村民会议和村民代表会议为主要形式的村级民主决策制度。村民会议和村民代表会议是村级民主决策的基本制度，也是衡量农村基层民主政治建设工作和村民自治水平的一项重要标志。各县（市、区）要把完善村民会议和村民代表会制度、规范村级民主决策机制作为今后深入推进农村基层民主政治建设的一项重点工作来抓。现在，我市不少农村还存在“两会”制度不完善、民主决策不规范、村民会议制度不落实和借种种理由以“两委”联席会代替村民代表会，以村民代表会代替村民大会等问题。有的地方群众来访，反映干部不民主，村里修路、盖办公楼或办其他公益事业不同群众商量，基本上没有开过村民大会，不管什么事，村“两委”的几个人一商量就定，造成决策屡屡失误，群众意见很大。各县（市、区）要结合这次村委会换届选举，认真抓好农村“两会”制度的落实、完善，进一步提高村级民主决策水平。要根据《村民委员会组织法》和《河北省村级民主管理条例》的有关规定，对村民会议和村民代表会议的组成、职责权限、召开时间、议事规则、决策程序、组织领导，对村民代表的条件、名额比例、产生办法、任期及权利义务落实情况等，逐项进行对照检查。对没有明确规定的，要制定细则加以完善；对执行不好的，要认真改正，真正做到村里的大事由全体村民做主，逐步建立起农村党组织领导的比较规范的、能深入了解民情、充分反映民意、广泛集中民智、切实珍惜民力的村级民主决策机制。今后，凡是涉及农民利益的重大村务、兴办公益事业、“一事一议”事项，必须召开村民大会、村民代表会研究。大多数群众赞同办的事情，要抓紧办，坚决办好；对分歧大的事情，要注意搞好沟通，慎重对待；大多数群众反对办的，一定不要办。

第四，要逐步规范以村民自治章程为主要形式、以“三资”管理为重点的村级民主管理制度。农村集体资金、资产、资源的管理，是村务管理的核心问题，也是农民最关注的问题。对这一问题，市委、市政府一直很重视。从去年开始，在农村推行财务管理“双委制”和会计电算化。目前，全市农村基本上实行了财务管理“双委制”。今后要在巩固、提高农村财务管理“双委制”的基础上，进一步向农村“三资”的统一管理深化和发展，逐步建立健全农村“三资”的经营、管理、保护、使用、评估、审计、登记、公开等在内的一整套规章制度，把“三资”管理纳入法制化轨道。年底前，全市农村都要建立起集体资产资源的台账，把集体资产、资源的种类、数量、价值、承包经营方案、承包者、承包年限、承包金额及缴纳情况等登记清楚，向村民公开，接受群众监督。村委会换届后，各级都要根据有关法律和政策规定，按照合法适用、简便易行的原则和村民会议讨论通过的程序，指导各村对村级组织的职能及工作程序、村民的权利义务，以及经济管理、社会治安、村风民俗、婚姻家庭、计划生育等方面的要求做出更加明确具体的规定，为村级民主管理规范化提供可靠的制度保证，推动全市农村村务管理制度化、规范化水平有一个大的提高。

三　加强领导，狠抓落实，确保我市农村基层民主政治建设再创新局面

扩大基层民主，是发展社会主义民主的基础性工作，是全面建设小康社会的政治保障。省委要求，力争经过 3 ~5 年的努力，建立起一套比较规范的保障村民四项民主权利的村级民主制度体系，任务相当艰巨。各级一定要站在贯彻党的十六大精神、实践“三个代表”重要思想的高度，把这项工作作为在新形势下加强农村工作和民主法制建设的一件大事来抓，纳入全面建设小康社会的总体工作部署和战略目标，定期进行研究，认真安排部署，精心组织实施。各级农村基层民主政治建设领导小组及其办公室要充分履行

好“组织领导、综合协调、总体谋划、督促检查”的职能，及时解决好存在的问题，切实提高指导农村基层民主政治建设的水平。农村基层民主政治建设领导小组各成员单位要各司其职、各负其责、相互配合、齐抓共管，确保全市农村基层民主政治建设各项工作措施逐一得到落实。工作落实没落实，主要看什么？要看工作有没有规划，也要看制度是否健全，更要看抓工作的力度大不大、工作质量高不高、各项制度运作规范不规范，特别要看效果、看群众满意不满意、积极性是不是得到了充分发挥。省委将于10月中旬对村务公开和基层民主政治建设进行全省大联查。市里初步定于10月13日开始进行全市大联查，每个县（市、区）检查一天，各县（市、区）农村基层民主政治建设办公室主任参加。联查采取随机抽查的方式进行，每个县抽查2个乡镇，每个乡镇看2个村，每个村走访5个农户，重点查阵地建设情况，查村务公开的质量，查档案管理，听取群众的反映，重在察实情、察民意、察实效。对这次大联查中查出问题的单位，要通报批评，并记录在案，作为年终考评的依据。对在全省联查中出了问题、拖了全市后腿的，要坚决给予直查直处，决不姑息迁就。县、乡也要坚持对村务公开定期抽查和全面检查制度，发现问题及时解决，确保群众满意。

同志们，农村基层民主政治建设，是发展社会主义民主政治，建设社会主义政治文明的基础性工作，是社会主义民主最广泛的实践。我们一定要站在贯彻党的十六大精神、实践“三个代表”重要思想的高度，坚持基层民主政治建设与农村物质文明建设、精神文明建设协调推进，与基层党组织建设及其他各项工作紧密结合，特别是要与全面建设农村小康社会和文明生态村建设紧密结合，努力做到组织领导进一步加强、安排部署更加细致、推进实施更加有力，坚持党的领导、人民当家做主和依法治国的有机统一，不断开创农村基层民主政治建设新局面，为我市全面建设小康社会、加快推进社会主义现代化做出新的更大贡献！

学习“三个代表” 坚持反腐倡廉 为发展这一执政兴国第一要务保驾护航*

（2003年10月15日）

一周来，自己参加了全省第三期市厅级领导干部学习贯彻“三个代表”重要思想轮训班，重温了江泽民同志“三个代表”重要思想，学习了胡锦涛同志“七一”讲话，听取了省委领导、专家学者的报告，思想认识上有了新的提高。下面联系自己思想工作实际，主要结合所负责的纪检监察方面工作，谈些学习体会。讲三个问题。

一 从解决“两大历史课题”高度认识找准纪检监察工作的历史方位

（1）三个重大课题。中国共产党人把21世纪的“三个重大课题”带入了21世纪。我们党在实现十六大提出的全面建设小康社会的征程中，将长期面对这三个重大课题：一是科学判断和全面把握国际形势的发展变化，抓住和利用好重要战略机遇期，牢牢掌握加快我国发展的主动权；二是科学判断和全面把握我国将长期处在社会主义初级阶段的基本国情，推动物质文明、政治文明和精神文明协调发展，不断增强综合国力，逐步实现全体人民

* 本文是周文夫在全省第三期市厅级领导干部学习贯彻“三个代表”重要思想轮训班上的发言，刊载于《河北党校报》2003年11月1日第3版。

的共同富裕；三是要科学判断和全面把握我们党所处的历史方位和肩负的历史使命，加强和改进党的建设，使党始终成为团结带领人民建设中国特色社会主义的领导核心。能否始终解决好这三个重大课题，关系我们党和国家的前途和命运的好坏，关系我国社会主义现代化建设宏伟大业的成败。

（2）两个历史性课题。如何解决好以上“三个重大课题”，保证全面建设小康社会和社会主义现代化建设顺利进行，就我党作为执政党自身而言必须以改革的精神加强和改进党的建设。进一步讲，需要正视和解决好两大历史课题，即党在改革开放和社会主义市场经济条件下，一要不断提高党的领导水平和执政能力，二要增强拒腐防变和抵御风险的能力。我们党 82 年领导中国革命和建设的实践经验，以及苏联、东欧剧变的沉痛教训，都充分说明了这一切。

（3）纪检监察任务。拒腐防变是党章赋予纪律检查委员会的主要任务之一。进入新世纪新阶段，党风廉政建设和反腐败工作面临新机遇，又遇到新的挑战（国际、国内、党内）。腐败现象易发多发的土壤和条件尚未消除，重大违纪违法案件一再发生，有些不正之风还比较突出，腐败问题仍然是人民群众十分关注的问题，反腐败斗争的形势依然严峻。胡锦涛同志在“七一”讲话中深刻指出，讲“三个代表”是“本”“基”“源”，说到底就是人民群众的支持和拥护。人心向背，是决定一个政党、一个政权盛衰的根本因素。因此，纪检监察机关一定要肩负起历史使命，坚定信心，发奋工作，旗帜鲜明、毫不动摇地推进党风廉政建设和反腐败斗争，开创党风廉政建设和反腐败工作的新局面。进而为全面建设小康社会和社会主义现代化建设保驾护航。

二 在推进党风廉政建设和反腐败工作中优化发展环境

白克明同志在轮训班开班典礼讲话中指出，为全面建设小康社会而奋斗，就是为做到“三个代表”而奋斗。要实现“三步走、翻两番”的奋斗目标，对目前我省发展现状必须有两个清醒认识，一是要清醒地认识我们现有的发展基础；二是要清醒地认识我们所处的发展环境。道理讲得非常深刻。常言道，环境是第一竞争点。由此我认为，“清醒地认识发展环境”的意义至少有二，一是增强发展的紧迫感；二是增强优化环境的自觉性。

因此，我进一步认为，从宏观和发展的意义上讲，纪检监察工作也正是创造、优化发展环境的工作。我国实行改革开放26年来，纪检监察工作已形成了党风廉政建设、查处大案要案、纠正部门和行业不正之风三项工作格局。从发展的意义上看，“三项工作格局”皆环境。譬如，加强党风廉政建设，搞好源头治理，对共性的、苗头性的问题，早打招呼、早提醒、早采取措施，就会使我们的领导干部少犯错误或不犯错误，以保证各级领导层保持坚强有力的领导力量。又如，及时查处大案要案，严惩腐败分子，就会保持党的健康肌体，维护党和政府的良好形象，将大大提高广大干部群众投身全面建设小康社会的凝聚力、战斗力。再如，通过纠正部门和行业不正之风，可以促进政府部门转变职能，提高办事效率，改善服务态度和工作作风。这一切工作都能做得好，归根结底，将会从根本上改善和优化本地区的经济社会发展环境，推动经济跨越式发展和社会全面进步。

当然，党风廉政建设和反腐败工作涉及方方面面，纠正部门和行业不正之风关系千家万户，因此，必须坚持整体推进、重点突破。一是抓好廉洁自律，规范领导干部从政行为；二是加大办案力度，从速严厉惩处腐败分子；三是深化纠风工作，着力解决群众反映突出问题；四是创新体制、机制、制度，推进源头预防和治理腐败；五是标本兼治、综合治理，优化经济社会发展环境。

三 立足于党风廉政建设和反腐败斗争需要加强纪检监察干部队伍建设

积极开展党风廉政建设和反腐败工作，需要有一支优良的纪检监察干部队伍。江泽民同志对我们的纪检监察干部队伍曾提出过十分具体的要求。

我市有一支好的纪检监察干部队伍，但还不能说是强的队伍。说好主要好在政治立场坚定、组织纪律严明、职业经验丰富、工作任劳任怨、拉得出用得上。这是一支经过多年纪检监察工作实践经验培养锻炼出来的革命队伍。说不强主要表现在年龄偏大、文化偏低、队伍结构不尽合理、工作（办案）手段落后，适应新形势、新任务、新要求还有较大差距。这些问题需要认真加以研究，亟待从组织、思想、作风及知识结构上加强纪检监察干部队伍自身建设。今年以来，我们在队伍建设上集中做了三件事，一是开展了“千家万户看党风”规模调研活动，争取对纪检监察工作更多的发言权、主动权，同时改进纪检监察干部的作风；二是组织市、县两级纪委监察局主要领导干部，分三批到东南沿海发达地区学习考察，开阔视野，增长知识，转变观念，解放思想；三是对干部队伍开始着手进行交流和调整，已经收到初步效果。但很明显，带好这支队伍、管好这支队伍、用好这支队伍，今后还有大量艰苦、细致的工作要做。

（1）加强思想作风建设。要在全市纪检监察系统迅速掀起学习“三个代表”重要思想新高潮，认真把“三个代表”重要思想学习好、贯彻好、落实好，用“三个代表”思想武装头脑，指导纪检监察工作实践。使纪检监察干部树立起正确的世界观、人生观、价值观，抵御住金钱主义、享乐主义、极端个人主义的诱惑，自觉肩负起新世纪新阶段反腐倡廉的重大责任，当好维护党的健康肌体的坚强卫士。充分运用好“千家万户看党风”规模调研活动和东南沿海学习考察的成果，把握全市党风廉政建设和反腐败工作的主动权，完成好今年的工作，谋划好明年的工作；使纪检监察干部更贴近实际、贴近基层、贴近群众，转变思想作风、工作作风和生活作风，更好地服务于大局，服务于基层，服务于群众。要建立和完善各项规章制度，逐步实现用制度管人，不断规范纪检监察干部的思想和行动。

（2）加强组织机构建设。搞好干部交流和调整。完成内设机构改革，理顺工作关系。选拔一批年纪比较轻、文化水平比较高、有一定实际工作经验的同志，充实到市纪检监察干部队伍中来，形成梯队结构。

（3）加强业务知识建设。创建学习型机关，建立完善学习制度，制订学习计划，选择学习内容，明确固定学习日。实行领导干部带头学、集中学与自己学相结合，形成学习纪检监察业务知识的浓厚氛围。用两三年时间，使机关全员熟练掌握相关岗位业务知识和技能技巧，培养一批业务尖子人才，不断提高纪检监察工作质量和工作水平。

（4）加强信息手段建设。在积极争取财政支持并且财力允许的条件下，建立微机化管理领导干部廉政档案库。添置查办大案要案录音录像监控设施。更换、增添宣教电化设备。逐步提高我市纪检监察工作的信息化程度。

总之，经过对“三个代表”重要思想的深入学习，使自己对于进一步搞好党风廉政建设和反腐败工作，更加坚定了信心、增强了决心。我们相信，在省委、省纪委和市委的正确领导下，通过坚持不懈的努力，我们一定能够建立起一支“政治坚强、公正清廉、纪律严明、业务精通、作风优良”的纪检监察干部队伍，开创党风廉政建设和反腐败工作的新局面，为我市实施发展这一执政兴国第一要务保好驾、护好航，提供坚强有力的政治保障和纪律保证。

在全市纪检监察领导干部外出学习考察汇报交流会议上的讲话

（2003 年 10 月 27 日）

经市委同意，我市纪委、监察局组织市、县两级纪检监察系统的领导干部，从 8 月 19 日 ~9 月 26 日历时一个多月时间，分别由市纪委领导带队，先后分三批赴广东、江苏、浙江、福建四省十市，围绕如何做好新时期党风廉政建设和反腐败工作，进行了比较深入的学习参观考察。粤、闽、江、浙是我国改革开放的前沿地带，是经济发达地区，他们的纪检监察工作也创出了许多宝贵经验。我们参加考察的同志一路边走边看边听边议，感触很深，收获很大，真可谓“千山万水取真经”，不虚此行。刚才，徐数、风明、玉凤三位带队的领导同志分别汇报了各团的学习考察情况，三名同志谈了自己外出学习考察的体会，大家也观看了录像片，讲得都很好！下一步我们要充分利用好外出学习考察的成果，学习推广好外地的先进经验，扎扎实实地抓好当前和今后一个时期我市的党风廉政建设和反腐败工作。下面，我再讲几点意见。

一　外出学习考察的初衷

面对改革发展不断深入的新形势，面对党风廉政建设和反腐败斗争力度逐步加大的新局面，面对县（市、区）换届后纪检监察领导班子和干部队伍人员变动较大的新情况，如何用“三个代表”重要思想做指导，搞好我市的党风廉政建设和反腐败工作，这无疑是摆在我市各级纪检监察机关面前的一个重大课题。市纪委常委会经过反复的调查研究和深入的理性思考，提出了适应新形势、新局面、新情况创造性地开展我市党风廉政建设和反腐败工作的新思路。为达到这一要求，采取了三条主要措施：第一是组织学习“三个代表”重要思想，用“三个代表”思想武装头脑、指导工作、规范行为；第二是开展“千家万户看党风”规模调研活动，认真研究、全面了解我市的党风廉政建设具体情况，掌握搞好工作的发言权和主动权，增强工作的针对性；第三是学习考察先进地区的工作经验，借石攻玉，丰富我们的经验，改进工作方法和提高工作水平。

思路明确之后，扎扎实实地抓了落实。首先在全市纪检监察系统组织开展了掀起学习贯彻“三个代表”重要思想新高潮活动。在学习中，全市纪检监察机关和广大纪检监察干部坚持集中学与自学相结合、学习原著与进行系统深入的理性思考相结合、学习理论与促进当前的反腐倡廉工作相结合，市纪委理论学习中心组带头学习，并结合干部队伍自身建设情况、工作思想情况，认真解决存在的突出问题。通过学习活动，对“三个代表”重要思想的理解更加准确、完整、系统、深刻，用“三个代表”重要思想指导反腐倡廉工作实践的能动性、自觉性进一步提高。在学习贯彻“三个代表”重要思想的同时，从6月初开始，我们用两个月的时间，在全市范围内开展了一次“千家万户看党风”规模调研活动。全市共组织了包括61名县级干部和330名科级干部在内的1000多名纪检监察干部参与了调研活动。通过调研，使我们对全市党风廉政建设状况有了更加客观、准确的估计，对近年来取得的基本经验有了比较全面、系统的总结，对群众反映强烈的热点、难点问题和不正之风有了更加清楚的了解，对加强和改进党风廉政建设、与时俱进地做好新形势下纪检监察工作的方向和重点有了更加明确的认识，同时，纪检监察机关的干部作风也得到进一步转变。

在这样的情况下，为了进一步振奋精神，开阔视野，解放思想，提升我们的自身素质和工作水平，更好地围绕我市改革发展稳定的大局做好反腐倡廉工作，我们组织开展了这次外出学习考察活动。其初衷是三句话：开阔视野，增长知识，广交朋友。通过刚才六位同志的情况介绍和观看录像资料，大家可以看到，我们的初衷得到了实现。

二　外出学习考察的收获

这次学习考察活动分三批进行，每批只有十几天的时间，虽然时间短，但由于计划周密、组织严谨、安排紧凑，我们的学习考察活动取得了圆满的成功，达到了预期的目的。

首先，解放了思想，开阔了眼界。广东、福建、浙江、江苏四个沿海省份是我国经济发达的地区，尤其是广东的深圳、珠海、汕头、福建的厦门是中国改革开放的窗口和实验场，同时也是党风廉政建设的“试验场”。南方不少省市改革起步早，城乡经济十分活跃，非公有制经济发展异常迅猛，由计划经济体制向社会主义市场经济体制转变的进程较快，原有体制、机制与市场经济发展要求不相适应的问题暴露得早，而它们不等、不靠，看准了就大胆试、大胆干，抓住突出矛盾创造性地解决问题，对此，我们深有感触，也深受启发。比如，广东省各地市和省直机关，着眼于减少和避免职务消费中的腐败问题，对职务消费进行了大胆的改革和尝试。深圳市实行统一的公务员岗位津贴制度，对全市机关事业单位现行的各种津贴、补贴，除保留特区和住房补贴项目外，其余根据各种津贴、补贴的性质特点，归并简化为物价补贴和岗位津贴。将公务人员在公务活动中发生的部分费用计入工资，以货币形式发放给个人。明确规定，实行统一的岗位津贴制度，任何单位和个人不能再以任何名义自行发放其他津贴、补贴和物品。这些改革措施对职务消费中的不正之风问题起到了有效的遏制作用。又如广东“三市”的高开区管理模式已由封闭式管理转向了开放式管理。这些经验，确实使外出学习考察的同志大开了眼界。通过耳闻目睹先进地区经济和社会飞速发展的现实，学习考察这些先进的工作经验，我们一方面进一步增强了对“三个代表”重要思想的深刻理解，切实感受到发展这个执政兴国第一要务的极端重要性，更加增强了为改革发展稳定大局服务的自觉性、坚定性。所到四个省份十个市，人们有一个普遍的印象，那就是这些地方的经济实力及总量远远地超过了我们。邯郸是内陆市，但我省不是内陆省份，我们还算是沿海开放省份，但是我们的发展速度比这些地方差很多。深圳市有户籍的人口130多万人，常住的流动人口约有四五百万人，加在一起，六七百万人，深圳市的财政收入是300多亿元。我们邯郸是850万人口，城镇人口和深圳有户籍的人口差不多，也近130万人，全部财政收入2002年是53亿元，只是深圳的六分之一，这是多大的差距啊。经济总量的差别反映在各个方面，一个对外宣传、纠风工作就有几十万元、上百万元的拨款。我们是做不到的。由此可见，关键还是发展，发展是硬道理。另外，进一步坚定了用深化改革的办法解决反腐倡廉热点难点问题的信心和决心，增强了敢为人先、大胆改革创新的气魄和勇气。

其次，学到了经验，找到了不足。在这次学习考察活动中，不少同志认真听取先进地区的经验介绍，仔细观摩一些工作的开展情况，并深入高新园区、工厂、企业和农村实地察看有关情况，研究它们工作中的一些具体措施和方法、步骤，做到了手、眼、耳并用，如饥似渴地学习、取经。通过学习考察活动，我们切实学到了先进地区在党风廉政建设和反腐败工作中一大批宝贵的经验。比如，广东深圳、珠海、汕头政府的采购中心、土地房产交易中心、财政集中支付中心、会计结算中心和建设工程交易中心建设的经验，推行职务消费货币化的经验，开展财政集中支付、行政审批制度改革、网上采购和干部人事制度改革的经验；江苏南京、苏州和浙江宁波、温州开展行风评议末位淘汰一票否决的经验，围绕经济发展热点查处新经济领域案件的办案工作经验以及开展党风廉政宣传教育的经验；福建福州、厦门、泉州注重反腐保廉机制建设的经验，开展效能建设的经验，推行“阳光工程”开展源头治理的经验以及注重队伍建设的经验；等等。这些经验，若与我市反腐倡廉工作的具体实际相结合，必然能够有效促进我市党风廉政建设和反腐败各项工作的开展。通过学习对照先进地区的经验，我们也深感原来思想不够解放、眼界不够开阔、思路不够宽广、理性思考欠缺，虽然做了很多工作，但仍有许多工作还不很规范、不衔接、不统一，而且不成规模、不成系统，临时性、应付性比较多，特别是在纪委的协调组织和宏观指导上有较大的差距。这对于我们纠正自身存在的不足，进一步改进工作无疑有着积极的意义。

最后，理清了思路，明确了目标。通过学习考察，三个考察团共形成50份学习考察报告。在对这些考察报告进行归纳、综合的基础上，进一步形成了改进和加强我市反腐倡廉工作新的思路，明确了新的目标。结合学习外地经验，要创造性地开展我市的党风廉政建设和反腐败工作，特别是应在以下几个方面进行探索。要规范事权，建立行政服务中心，构筑适应社会主义市场经济发展要求的行政审批体制和运行机制；规范财权，建立会计核算中心，构筑科学规范的财政管理体制和运行机制；规范人权，建立健全科学的干部选拔任用和管理监督机制；拓宽监督渠道，充分发挥已经建立的“经济发展环境投诉中心”的作用，构筑反腐败源头治理保障机制；立足实际，大胆探索，科学推进领导干部职务消费货币化改革；与时俱进做好反腐败组织协调工作；围绕经济建设，发挥综合效应，讲究办案策略，不断改进和加强查办案件工作；增加刚性指标，注重结果运用，突出解决问题，继续完善和深化行风评议工作；提高素质，加快交流，切实加强纪检监察干部队伍自身建设。市、县两级和市直纪检监察机关都要借鉴外地经验，结合本地、本单位的具体实际，积极探索新形势下开展反腐倡廉的新办法、新途径，推动各项工作向纵深发展。

三　外出学习考察成果的应用

首先，要结合外出学习考察深入学习贯彻好“三个代表”重要思想。“三个代表”重要思想是我们党必须长期坚持的指导思想，是方向、是旗帜、是行动的指南，是指导纪检监察工作的强大思想武器。深入学习贯彻“三个代表”重要思想不仅是全市纪检监察机关和广大纪检监察干部加强思想政治建设的必然要求，也是深入开展党风廉政建设和反腐败斗争、全面完成今年反腐倡廉工作任务的重要保证。我们的工作与发达地区相比，主要差距首先就差在解放思想不够上，存在所谓的“思想障碍”。解除“思想障碍”，主要靠把“三个代表”重要思想学习好、贯彻好、落实好。学习贯彻“三个代表”重要思想绝不是突击一阵子的事情，必须坚持常抓不懈，并不断引向深入。学习贯彻“三个代表”重要思想，要发扬优良的学风，坚持正确的学习方法，要坚持与思想和工作实际相结合，在真学、深学、学深、学透上下功夫。所谓真学，就是认认真真、扎扎实实地学，全面系统地精读原著；所谓深学，就是要通过学习，领会精神，把握实质，并把立党为公、执政为民的要求贯彻到执纪工作的具体行动中去。要用“三个代表”重要思想武装头脑，想问题、办事情都要考虑是否符合“三个代表”的要求。要用“三个代表”重要思想指导反腐倡廉工作新的实践，使我们的反腐倡廉工作更加适应时代发展的需要，提高服务改革发展稳定大局的自觉性和坚定性，提高与时俱进做好本职工作的本领和能力。

其次，要把学到的外地先进经验，运用到具体的工作中去。外出学习考察活动结束了，但是我们转化学习考察成果的工作还远没有结束。我们学习考察外地先进经验，根本目的是改进和提高我们自己的工作。这次会议之后，各县（市、区）、市直各单位和市纪委各厅室都要对过去的工作进行认真的总结和反思，看看我们在哪些方面做得比较好，需要继续坚持和发扬；在哪些方面做得不够好，需要学习借鉴外地先进经验予以改进和提高。换言之，像这样有领导、有组织的规模学习考察活动必须是要见到效果的。要研究制定使外地经验在我市开花结果的具体措施，通过落实这些措施，促进我市各项工作有一个新的起色，具体要在以下几个方面取得新突破。在领导干部廉洁自律方面，要以反对奢侈浪费为重点，通过三廉监督这种有效的载体，认真抓好领导干部和国有企业领导人员廉洁自律各项规定的落实，主要是严格控制出国（境）团组、压缩会议费和招待费等一般性支出，狠刹用公款大吃大喝歪风。在查办案件方面，要继续加大力度，年底前全市要突破一批有震动、有影响的大案要案和典型案件，并公开处理。同时要保证全年案件总量稳中有升目标的实现。在纠正部门和行业不正之风方面，着力解决发生在老百姓身边的严重损害群众切身利益的问题。治理教育乱收费、纠正医药购销中的不正之风、减轻农民负担、治理报刊散滥和强行发行的问题，市纪委要组织力量对这几项工作一项一项地进行检查，确保每项治理都要落到实处、收到实效。民主评议行风工作要紧密结合我市实际，在巩固成果、提高水平、建立长效机制上下功夫，年内要在这方面实现突破，拿出成果。

在优化发展环境方面，着力解决制约我市发展的思想障碍和体制障碍以及风气不正、效率不高的问题，把导向锁定在为优化发展环境出实招上，抓好各部门出台的优化发展环境措施的落实。在源头治理方面，要继续紧密配合市委、市政府关于深化行政审批制度改革的一系列举措，加大监督力度，落实行政审批过错追究制度和投诉举报办法，及时处理对行政审批过错行为的投诉举报，对重要的投资项目实行全程监督，确保“一站式”审批真正落实到位。要进一步规范并严格执行建设工程招标投标、经营性土地使用权出让、产权交易和政府采购四项制度，为已取消的行政审批项目引入市场机制创造条件。认真落实中央最近出台的《党政领导干部选拔任用工作监督检查办法（试行)》和省委六届四次全会提出的具体要求，市及各县（市、区）都要建立组织、纪检监察、审计等机关和部门参加的干部监督工作联席会议，进一步完善干部考察、评价制度。在党风廉政教育方面，要努力构建大宣传格局，丰富形式，充实内容，加大组织协调力度，不断提高教育效果。

最后，要在努力完成今年各项工作任务的基础上，认真谋划好明年的工作。年初召开的市纪委三次全会对今年的党风廉政建设和反腐败工作做了全面部署，要对照全会部署，仔细“盘点”今年以来的各项工作，总结今年工作的基本经验，查找工作中存在的薄弱环节和问题，有针对性地采取措施予以加强。在此基础上，还要对明年工作进行认真谋划。今年的工作时间紧、任务重、头绪多。但是，只要我们振奋精神，转变作风，群策群力，创造性地开展工作，狠抓工作落实，就一定能够圆满完成各项工作任务。要充分调动和发挥全体干部的主动性、创造性，坚决克服干部队伍中存在的惰性和工作低标准的问题，克服一味强调客观原因的畏难情绪，勤奋敬业，奋勇争先，坚持高标准、严要求，树立干一流工作、创一流业绩的思想，以饱满的政治热情和昂扬的精神状态全身心地投入工作。各级领导干部都要强化责任意识，恪尽职守，勇于负责，不回避难题，不推卸责任。要实行压力层层传递，形成一级抓一级、层层有责任、人人有压力的工作机制。各级各部门负责同志都要亲自督导、亲自检查，确保各项工作扎实有效地推进，力争使自己分管和负责的工作都能创出带有本地特色的亮点来，在全市、全省甚至全国争得位次，产生影响。

关于谋划明年工作，中纪委、省纪委都在搞调研，有的调研组已经到了我市和一些县等基层单位，都在思考这些问题。总的指导思想，中央十六届三中全会、省委六届四次会议都是有明确规定的，希望大家在学习贯彻中央十六届三中全会、省委六届四次全会精神和学习“三个代表”重要思想的同时，要结合本地、本单位实际，谋划好明年的工作思路。我上面讲的，有的是要完成的，有的是我们谋划明年工作的基本内容。通过我们自己搞“千家万户看党风”调研，成果已经出来了，要选择适当的时间，在一定的范围内进行交流。今天我们交流了外出考察的经验，再结合我们学习“三个代表”重要思想的收获，联系我们邯郸纪检监察工作的实际，应该能够理出更清晰的工作思路，推动当前和今后一个时期我市的党风廉政建设和反腐败工作。如果说有一些创意的话，下步要在源头治理、反腐保廉、保驾护航这些方面有所创新，也可以说是建立反腐保廉体系，实施保驾护航工程。通过学习考察了解到，深圳市在反腐保廉、源头治理方面做了大量的工作，其他9个市都在这些方面有亮点。通过“千家万户看党风”的调查研究，显示出我们在源头治理上任务是很重的。最近又接待了省纪委的反腐倡廉成果展览，大家看了以后很受启发，但是又感觉很不解渴，因为就我们河北省来说，一些党政领导干部包括一些高级、中级干部，近几年出了不少问题，把这些东西归结起来教育大家会有更多的启发。这些问题也给我们敲响了警钟：为什么出了这么多的问题？当然首先是这些领导干部理想信念的堤坝崩溃了。他们不是立志做大事，而是立志做大官。如果当不成大官，理想信念就动摇了，就开始捞钱、信佛，放弃了共产主义的理想信念。如果从源头上建立预防体系，就会大大地减少一些干部犯错误的机会。因此，谋划明年工作要从建立反腐保廉体系、实施保驾护航工程方面动点心思。在参加省委组织的市（厅）级干部轮训学习期间，我也在思考一个问题，纪委多少年来形成了一个比较规范的三项工作格局，这三项工作格局皆是发展的关键，如果三项格局搞得好，就会优化一个地区最基本的经济社会发展环境。评议行风的时候，要求部门工作人员要态度和蔼、提高效率、搞好服务，这是非常必要的，但是最基本的环境还是规范办事程序、规范办事制度。如果外商来投资，看到资金的拨付制度、土地审批制度都不健全，谁也不敢拿着成千上万的资金、数亿的资金到你这里来“打水漂”。最近收到一个信访件，一个外地干餐饮业的老板，想在我市某繁华地段搞几个像样的餐馆，刚动起来，就受到党政机关一些人员的指责，不能在这个地方开饭店。你说人家还敢在这个地方继续投资吗？无序的市场经济秩序是很难让投资者在这里下决心的。这是最根本的环境。我们落实反腐败三项工作格局都是要创造邯郸社会和经济发展的环境，有了一个规范合法的经济发展秩序，这是最要紧的。有了这个最基本的程序、建立在法律基础上的程序，才能够吸引外资，才能够优化内部资源，才能够调动大家的积极性，来加快和推动社会经济的发展，增加经济总量，改善全市人民的物质文化生活水平。全市的经济发展环境和我们纪检监察机关的工作是密不可分的。不是等出了问题之后，才查处和解决问题，树立党和政府的形象，在某种意义上，这是表象，纪检监察工作最要紧的就是创造优良的经济社会发展环境，所以纪检监察工作要为发展这个执政兴国的第一要务服务。同时，随着市场经济发展的不断深入，对外开放的力度不断加大，纪检监察工作还要更多地进入社会经济执纪执法领域，参与市场经济的有序运作。我们肩负着更加繁重的任务，要加强学习，充实自己，胜任工作。通过这次学习考察，大家明显地看到，深圳、珠海、汕头、厦门以及江、浙等地区的观念有很大的变化。深圳市提出要严惩“闯红灯”者，“见了红灯绕着走、见了绿灯快步走”这也是深圳市前几年提出来的。对此，深圳的同志解释说，前几年计划经济的条条框框比较多，不闯红灯，干不成事业；现在市场经济已经开始成熟，闯红灯，也干不成事业，必须要严格地执纪执法。我们考察的时候，我市高新技术开发区刚刚实行封闭式管理，人家已经开放式管理了，全部开放了。这个差别是很大的。对这些问题，希望大家深入思考，谋划出我市纪检监察工作一个好的思路来。

同志们，这次会议是外出学习考察汇报交流会，也是今后两个月工作的动员和鼓劲会。希望大家要以“三个代表”重要思想为指导，以这次会议为契机，振奋精神，再鼓干劲，把外地的先进经验运用到我们的实际工作中去，转化为我们的工作能力和工作水平，确保高质量、按时效完成年内各项工作任务，同时谋划好明年的工作思路，为明年进一步做好全市纪检监察工作打下良好的基础。

理清思路　突出重点　强化责任　努力把我市扶贫开发工作推向新阶段

——在全市扶贫开发工作会议上的讲话

（2003 年 11 月 7 日）

这次全市扶贫开发工作会议是市委、市政府研究决定召开的一次非常重要的会议，会议的中心议题是认真贯彻落实全省扶贫开发工作经验交流会精神，总结回顾我市扶贫开发工作所取得的成绩，分析存在的问题，进一步解放思想、理清思路、明确目标、强化责任，加大力度，努力把我市扶贫开发工作提高到一个新水平。刚才，涉县、武安、市纪委、市农科院介绍了他们在扶贫工作中的经验和做法，市水利局、交通局、教育局根据邯发〔2003〕20 号文件要求，结合本部门行业优势就如何做好新时期的扶贫开发工作做了表态发言，这些部门思路明、决心大、措施硬，讲得都很好。希望与会单位要认真学习借鉴好的经验，同时按照邯发〔2003〕20 号文的要求，结合本单位实际，扎实做好下一步的扶贫开发工作。一会儿，张力同志还要做重要讲话。下面，我先就贯彻落实全省扶贫开发工作经验交流会议精神、加大我市扶贫开发工作力度讲五点意见。

一　客观分析我市扶贫开发工作所取得的成绩与存在的问题，进一步增强做好扶贫开发工作的紧迫感

2001 年国务院制定《中国农村扶贫开发纲要（2001－2010 年）》以来，

我市各级各有关部门也都根据实际情况制定了扶贫工作的10年规划。去年是我市实施10年扶贫开发规划的开局年、起步年，在市委、市政府的正确领导下，在社会各界的大力支持下，经过全市上下共同努力，我市扶贫开发工作取得了显著成效，突出表现在四个方面。一是如期完成了9.8万贫困人口的脱贫任务目标。二是进一步加大了贫困地区的基础设施建设力度。去年我市各有关部门积极跑省进京，跑项目争资金，经过努力，共争取中央和省扶贫资金11167万元，其中财政发展资金2252万元，以工代赈资金2115万元，扶贫信贷资金6800万元，扶贫资金的投入，大大加快了贫困地区基础设施建设进程，为贫困地区群众脱贫致富奠定了坚实的基础。据统计，全市第一批318个重点村2002年共打井151眼，修防渗渠2.4万米，建水池、水窖170个，铺设乡村道路280公里，建沼气池700个，修建校舍、卫生室390间，开发荒山8100亩，这些基础设施的建设，有效地改善了贫困地区发展环境，同时加快了贫困地区农业结构调整步伐。三是扶贫三大工程初见成效。在加大扶贫投入的基础上，认真研究新时期扶贫开发方向和思路，遵循市场经济规律，结合我市客观实际，提出了在全市启动科技扶贫示范工程、城乡共富工程和人才素质工程三大扶贫工程，全市已初步启动建设较大规模的高标准扶贫科技示范园区8个，为我市扶贫开发提供了一个集培训、种植、养殖、加工为一体的高科技示范操作平台；城乡共富工程已初步在各地形成气候，一大批企业家、城镇下岗职工和有志于家乡扶贫事业人士纷纷到农村开辟就业门路，承包荒地荒山、上项目、办实体，扶持家乡事业的发展；人才素质工程开展以来，迅速在全市贫困地区掀起了学习、培训、岗位练兵的热潮。通过办培训班、举办农民夜校、外出参观考察、现场观摩，使广大群众科技文化素质普遍得到提高，同时更新了观念，增长了见识，掌握了一技之长，在增加创收门路和农业结构调整中发挥了积极作用。四是对口帮扶工作再次取得喜人成绩。去年帮扶单位共为贫困村投入资金773.9万元（含物资折款），帮助引进资金1205.8万元，各级帮扶单位为帮扶村做了大量实实在在的工作，有效地促进了贫困地区群众生产生活条件的改善，受到当地干部群众的热烈欢迎。

今年以来，特别是在上半年防治非典期间，全市扶贫系统广大干部职工面对这一突发事件，坚持“两手抓、两不误”的原则，认真谋划，积极应对，围绕全年任务目标，抢时间、搞谋划、调盘子，努力把非典造成的影响降到最低，使全市的扶贫开发工作继续向前发展，这些成绩的取得，凝聚了我市广大扶贫工作者的辛勤与汗水，是广大扶贫工作者默默无闻、无私奉献的结果。在此，我代表市委、市政府对辛勤工作在扶贫一线的同志们和在对口帮扶工作中尽职尽责、做出突出贡献的单位表示衷心感谢。

在充分肯定成绩的同时，还应该看到我们工作中存在的问题，这些问题突出表现为，对照省委、省政府的要求，与贫困地区群众的期盼相比，我们的思想和行动上还存在一些不适应。一是有些单位不能站在全面建设小康社会的高度充分认识新时期扶贫开发的紧迫性、艰巨性和长期性。应该看到，在新时期扶贫开发中，我市还有 4 个国家扶贫开发工作重点县、1 个省扶贫开发工作重点县、707 个扶贫开发工作重点村。截止到去年年底，全市还有 42.5 万贫困人口，占全市农村人口的 6.2%，其中农民人均纯收入在 625 元以下的未解决温饱人口 16.8 万人，人均纯收入在 626～820 元的低收入人口 25.7 万人，全面建设小康社会，尽快使这些人口摆脱贫困面貌，我们还面临着相当艰巨的任务，对此我们必须有一个清醒的认识而不能盲目乐观。特别是伴随着一些不确定因素的出现，有些已经脱贫的地区由于种种原因仍有返贫的可能，因此扶贫将会是一项长期而艰巨的任务。二是不能正确理解新时期扶贫开发工作的基本要求，有的地方和部门，在实际工作中观念守旧，思路不清，只重扶贫，不重扶智；只重给钱、给物，不重长期脱贫，没有把扶贫工作真正落实到以开发为主的重点上来。三是不能从实践“三个代表”要求出发增强新时期扶贫开发的责任感。特别是还有个别市直对口帮扶单位，把对口帮扶看作分外事，存在“帮不帮都一样，扶不扶无所谓”的思想，没有把贫困群众的根本利益放在心上。这些问题的产生，既有在新形势下对贫困地区贫困状况认识不够的一面，更有随着我们经济条件的改善，思想上不愿艰苦、工作上不愿奋斗的一面。扶贫工作做好做不好，从这件工作本身来讲，反映了我们的认识问题、方法问题与能力问题，但从根本上说反映了我们对贫困地区群众的态度问题、对人民群众的感情问题和领导干部的作风问题。党的十六大报告指出，“推进党的作风建设，核心是保持党同人民群众的血肉联系”，作为各级领导干部，保持同人民群众的血肉联系，就是要把人民利益放在首位，关心群众疾苦，体贴群众冷暖。常怀爱民之心，恪守为民之责，多办利民之事。对贫困地区的群众，要有一种寝不安席、食不甘味的使命意识，有一种群众不脱贫、队伍不撤离的坚强斗志。因此，从实践“三个代表”重要思想的高度、从牢记两个务必的高度出发，我们必须充分认识新时期扶贫开发工作的重要意义，把扶贫开发工作摆在更加重要的位置，既要有形势逼人的紧迫意识，又要树立长期奋斗的工作思想；既要对存在的困难有足够的估计，又要保持昂扬向上、奋发有为的精神状态。与时俱进，开拓进取，努力完成新时期扶贫开发艰巨而光荣的任务。

二　明确新时期扶贫开发工作的基本思路，准确把握扶贫开发工作的基本要求

新时期的扶贫开发工作是在我国全面建设小康社会、进一步完善社会主义市场经济体制条件下进行的，与原来的扶贫工作相比，其内涵、形式、工作目标和方法都发生了很大的变化。结合我市的实际情况，当前和今后一段时间，我市扶贫开发工作的基本思路和基本要求是坚持一个方针、把握五项原则、推进三大工程。

坚持一个方针，就是要坚持开发式扶贫，这是做好新时期扶贫开发工作的基本方针。开发式扶贫就是要以经济建设为中心，引导贫困地区群众在国家必要的帮助扶持下，以市场为导向，调整经济结构，开发当地资源，发展商品生产，改善生产条件，走出一条符合实际的、有自己特色的发展路子。通过发展生产力，提高贫困农户自我积累、自我发展的能力，推进贫困地区经济跨越式发展和社会全面进步。从我市来看，经过“八七”扶贫攻坚，凡是资源状况较好、有条件搞开发的地方，基本上实现了温饱的目标。目前剩余的42.5万贫困人口大都在西部山区、丘陵地区和东部黑龙港流域苦水区，解决温饱、巩固成果难度很大。这就要求我们必须进一步改变一些地方扶贫开发工作“治标措施多、治本措施少”“‘输血’多、‘造血’少”的传统做法，更加注重增加贫困地区的造血机能，通过产业

开发来促进贫困地区脱贫致富，使贫困地区的脱贫致富建立在具有良好的产业基础之上。

把握五项原则，一是必须以发展为主题。发展是解决一切问题的关键，是彻底摆脱贫困的根本出路。要牢固树立发展的观念，切实把发展作为贫困地区脱贫致富、富民强县的第一要务，进一步解放思想、更新观念，破除制约贫困地区经济发展的“等、靠、要”思想，破除“未富也安”的小农意识和自给自足、封闭保守的自然经济意识，以经济建设为中心，全面推进贫困地区各项事业的发展。二是必须以治本为目标。坚持标本兼治，以治本为主，变“输血”为“造血”，培育贫困地区自我积累、自我发展的能力。着力抓好基础设施建设，大力改善生产生活条件；抓好科技、文化、教育、卫生等事业，努力提高贫困群众的科技文化素质，增强他们发展经济、脱贫致富的能力；加强基层组织建设，为贫困乡村农民脱贫致富提供坚强有力的组织保障。三是必须以产业开发为重点。以市场为导向，发挥比较优势，加快结构调整，培育优质特色产业，促进经济结构演进升级，提高竞争能力，带动贫困群众脱贫致富。四是必须以改革开放为动力。改革开放是解决贫困地区经济和社会发展中各种难题的重要途径，一改出效益，一引解千愁，一放出活力。要把民营经济作为县域经济发展的主体力量，培育壮大，坚决冲破一切妨碍发展的思想观念，坚决改变一切束缚发展的做法和规定，坚决革除一切制约发展的体制和机制弊端，营造一个发展的良好环境。要利用自身优势，大力引进项目、资金、人才、技术，努力改变处于不利的竞争地位，全力创造“洼地效应”，借助外力，发展自己。五是必须以自力更生为基础。帮扶是外因，自力更生是内因。贫困地区要摆脱贫困、实现富裕，最根本的是靠自身努力奋斗、艰苦创业。要树立自立自强、扎实苦干、不等不靠的思想观念，充分发挥主动性、创造性，依靠自身的力量，发奋图强，苦干脱贫。

推进三大工程，一是要大力开展扶贫科技示范工程。就是要加大科技扶贫力度，拓宽科技扶贫领域，在我市形成县有扶贫科技示范园、乡有扶贫科技示范村、村有扶贫科技示范户的多层次的扶贫科技示范体系。特别是5个扶贫开发工作重点县都要有1～2个科技示范园，不断扩大规模，提高档次，把科技示范园做大、做强。要以示范园为基地，以现场示范、现场观摩、现场培训方式，向贫困地区农民传授实用技术，推广新品种，把新的科研成果转化为生产力，促进产业结构调整，促进农业增效、农民增收，提高扶贫开发效果。二是要着力推进城乡共富工程。城乡共富工程领域很广，内容很多，各县要进一步解放思想，拓宽思路，及时培树典型，总结经验，通过开展城乡共富系列活动，把社会上潜在的、一切可以调动的积极因素调动起来，号召社会上有志于扶贫事业的各界人士投身于扶贫事业中。市扶贫办要尽快建立城乡共富促进会，以组织为依托，制定相应优惠政策，健全良好的运行机制，加强舆论宣传，形成浓厚的扶贫济困氛围。三是要全力实施人才素质工程。当代科技快速发展，经济的竞争已不是量的竞争，而是质的竞争，是科技含量的竞争和人的素质竞争，人的因素是干好一切事业的决定因素。贫困地区之所以贫困，除自然条件恶劣这一客观原因外，重要的还是人的素质问题。因此，各县各部门必须以人才素质工程建设为核心，加强基础教育，加大科技培训力度，把科技培训同科技示范园区建设结合起来，把科技培训同岗位练兵、劳务输出结合起来，把科技培训同产业开发结合起来，切实将扶贫开发转移到依靠科技进步和提高农民素质轨道上来，不断增加贫困地区经济发展的内在动力。

三　突出扶贫开发工作重点，进一步提高扶贫资金使用效益

扶贫资金是国家为扶持贫困地区加快发展、帮助贫困人口脱贫致富的专项资金，是扶贫开发的重要物质保证。国家和省逐年加大对贫困地区的投入力度，充分体现了党和政府对贫困群众的关心和支持，这些钱来之不易，必须用好、用出效益，最大限度地提高扶贫资金利用率。从这些年我市扶贫资金管理使用情况看，成绩是主要的，总体效益是好的，但也确实存在不少问题，主要表现在以下几方面。一是资金使用分散、点多面大。扶贫资金有限，“撒芝麻盐”式的投放，形不成整体效益。二是资金到位晚、拨放慢。近两年受新时期扶贫开发计划、政策调整的影响，本身到达我市的时间就比

较晚，加之个别县扶贫项目筛选准备工作不到位和县领导主观方面的原因，致使扶贫资金跨年度使用，影响了季节效益和时间效益。三是一些县只重视争项目、争资金，轻管理、轻效益，争项目、跑资金的路子是对的，多为贫困地区办好事是要鼓励的，但是一定要把好事办好、实事办实，真正使贫困地区群众受益。以上这些问题不同程度地影响了扶贫资金的效能，因此，改革资金使用办法，调整资金使用方向，提高扶贫资金使用效益，势在必行。按照新时期全省扶贫开发工作总体思路要求，在国家加大对贫困地区基础设施建设投入的基础上，从今年开始，财政扶贫资金要由过去扶持基础设施项目为主转到以扶持产业开发为主上来，把财政扶贫资金变成“周转金”，滚动使用，集中扶持产业开发，解决以往财政扶贫资金使用分散、“撒芝麻盐”的问题。根据省扶贫工作会议精神和冀发〔2003〕11 号文件要求，我市决定在 707 个扶贫工作重点村扶持三大产业和移民搬迁项目。一是大力发展以“周转畜”为主的畜牧业。从今年开始，市把以舍饲养羊、养牛等为主的畜牧业作为贫困地区支柱产业进行扶持，每年从省下达的财政扶贫资金计划中切出一块，以畜代资、放母还羔、循环使用、滚动扶贫。“周转羊”在我市的馆陶、肥乡、邱县等地方已有所尝试，有成功的经验，也有失败的教训，要总结经验，完善管理机制，力争经过几年的周转发展，使以“周转畜”为主的畜牧业成为贫困地区群众解决温饱、增加收入的主导产业。二是大力发展以“周转棚”为主的设施农业。以棚室为主的设施农业科技含量高、比较效益高、投资少、见效快，既易于在贫困农户中推广，又符合现代农业发展方向。市扶贫办要尽快会同市财政、农业、畜牧等部门分别认真研究制定“周转畜”“周转棚”的实施意见和资金使用管理办法。对于“两个周转”实行项目、资金、责任三到县，县长是第一责任人，因此，各县（市）要认真研究，稳妥推进，根据全市产业发展布局，结合当地实际来搞，适宜周转什么就周转什么，鸡、猪、兔、牛、食用菌、蔬菜等都可以周转，要选择有基础产业、村风好、班子好、群众愿望强的村先行试点，在试点的基础上，不断完善机制，逐步推开。在“两周转”运行中，各县都要把周转项目的有关资料输入微机，建立好周转台账。这里需要强调的是，“周转畜”“周转棚”的实质是强调财政扶贫资金的周转滚动使用，“周转畜”“周转棚”要结合产业结构调整，从本地的实际出发，发展多种特色产业，但必须做到资金到户、周转使用、当年脱贫。各有关县要与市、县的10年扶贫开发规划相衔接，立足本地实际，搞好规划制定和项目申报工作。各级各有关部门要搞好信息、技术、销售等服务，促进优势特色产业健康发展。三是大力发展劳务输出业。从根本意义上说，只有减少农民，才能富裕农民。从现实看，每输出一个劳动力，就可以实现一户脱贫。劳务输出是贫困农民脱贫致富的有效途径，是不用政府花钱就能解决温饱的重要门路。魏县2002年输出民工18万人次，有2万余人实现脱贫。要把劳务输出作为一个产业，切实抓好。要拓宽输出领域，主攻京津，盯住沿海，抓住省内，拓展国外。要搞好对输出人员的培训，提高其必备的技能。充分发挥政府职能作用，搞好服务，重点县可在集中输入地城市设立办事处，加强与用工单位联系，为进城农民工排忧解难，保护好他们的合法权益。去年市扶贫办和市劳动社会保障局协调配合，密切合作，共向京津等地培训输出劳务2000多名。从近一年来的情况看，这些输出去的劳务工，工作环境好，收入高，有的已经使全家脱了贫，从扶贫角度来说效果很明显，今后要继续合作，共同抓好。今年，受非典疫情的影响，我市贫困地区劳务输出严重受阻，给农民增收带来困难。当前和今后一个时期，各县、市一定要抓住机遇，精心组织，周密安排，搞好服务，尽快帮助他们进城务工。四是搞好移民搬迁。当前，我市尚有2286人生活在自然条件恶劣的生态敏感区，主要集中在涉县、武安和磁县的扶贫重点村中，由于缺乏基本的生产生存条件，这部分特困人口是扶贫开发工作中最难啃的硬骨头，把这部分人口搬迁出来，是加快这些特困人口脱贫致富的治本之策。涉县近年来多方筹措资金，实施对缺乏生产生存条件的特困人口搬迁，积累了宝贵的经验。要按照“搬得出、稳得住、能致富”的要求，在确保两通（通路、通信），解决三难（吃水难、上学难、就业难）条件下，坚持群众自愿、政府推动、循序渐进、注重实效的方针，进一步加大投入，加快移民搬迁步伐。对需搬迁的2286个特困人口，在2010年前基本完成搬迁任务。各有关县（市）在切实用好省移民搬迁专项资金外，要多渠道筹措资金，并在实际工作中精打细算，少花钱、多办事。这项工作由市发展计划委员会牵头，市政局、市扶贫办等有关部门积极配合。市和有关县要深入调查，摸清底数，抓紧编制移民搬迁规划，做到任务目标明确，把搬迁任务分解到村、到户。各有关县（市）要加强对这项工作的领导，制定优惠政策，精心谋划组织，实施项目管理，确保搬迁规划的顺利实施。

以工代赈资金是专项扶贫资金的一部分，要结合我市扶贫规划，集中用于全市重点县、重点村改善基础设施，特别是群众的生产生活条件。我市每年有6000多万元的信贷扶贫资金，这是扶贫资金的大头，用好这部分资金，对于解决贫困群众温饱、增加收入至关重要。从我市近年来扶贫信贷资金运行情况看，这部分资金在使用上不是太好，省下达的信贷额度有的县没有得到充分利用。从目前的情况看，扶贫信贷资金应该重点扶持既能富民又能富县的产业化龙头企业和中介服务组织，这样既可以解决农行服务网点少、人员不足、资金到户难的问题，也可以通过扶持龙头企业，实现扶贫效益到户。各重点县要按照信贷扶贫资金使用要求，积极谋划项目，为扩大信贷扶贫资金使用规模创造条件。市扶贫办和邯郸农行要对此项资金专门研究，拿出切实可行的意见。要积极学习借鉴外地的先进经验，因地制宜地推广小额信贷扶贫，并与“周转畜”“周转棚”等项目建设结合起来。

要加强扶贫资金和项目的管理。各有关县（市）对扶贫项目要提前运作，早考察、早筛选、早审核，提前编制年度项目规划，市各有关部门要认真把关，按时报省审批，加快项目实施进度，畅通资金报账制渠道，及时全额报账到位。要建立资金捆绑使用机制，各县要按照“统一规划，统筹安排；渠道不乱，性质不变；相对集中，配套使用；确保效益，各记其功”的原则，统筹安排、捆绑使用扶贫资金，形成合力，每年办好几件扶贫开发的实事、大事。继续实行扶贫资金使用公示制，提高资金使用的透明度。今年各县都要在新闻媒体上、扶贫重点村都要在公开栏上公示扶贫资金的分配使用情况，增加透明度，接受舆论和群众监督，严格实行扶贫资金项目全程监督监测管理。要进一步加强对扶贫资金的审计监督，市审计局要与市扶贫办、财政局等有关部门一起，定期组织对扶贫资金的全面审计和检查，认真解决挤占、挪用的问题，对贪污、挥霍扶贫资金的，必须严厉查处，并追究有关领导的责任。

四　夯实扶贫工作基础，大力开展行业扶贫，加大贫困地区基础设施建设力度

加强基础设施建设，是贫困地区解决温饱、脱贫致富的重要前提。这些年我市贫困地区基础性设施有了极大改善，涉县基本实现了村村通路，且路面全部得到了硬化，在吃水困难村，村村建了水池，在东部苦水区也基本解决了吃水问题。全市已经实现了村村通电、通邮、通广播电视，各级各部门都做了大量卓有成效的工作。但是，改善贫困地区生产生活条件的任务依然很重。市委、市政府决定到 2005 年，全市在 707 个重点村中继续加快路、讯、电等各项基础设施建设，尽早使贫困村实现“两通”（通路、通电话），解决“三难”（饮水难、上学难、就医难），落实“一救助”（对农村特困户给予救济），把贫困地区基础设施建设提高到一个新的水平。

基础设施建设重在投入，光靠扶贫办一家很难完成扶贫任务，需要各部门、各方面共同努力。刚才我讲财政扶贫资金重点转向扶持三大产业开发和移民搬迁工程上来，并不是说基础设施建设就不用搞了，而是主要依靠各有关行业部门来承担这项任务，因此，相关行业部门在这方面的任务更重、责任更大了，对贫困地区的扶持力度必须进一步加大。今后，发展计划、财政、交通、水利、电力、电信、教育、卫生、民政等部门要进一步明确责任，加大对贫困地区的倾斜力度，抓好《邯郸市农村扶贫开发规划（2001－2010年）》中确定的交通通信、人畜饮水、农田水利基本建设、文教卫生、计划生育、生态建设、科技开发等扶贫项目建设。发展计划部门：协调有关部门抓好对重点县和重点村基础设施项目所需资金的筹措、管理。交通部门：抓好对涉及扶贫重点县的国、省干线建设，加大贫困乡、重点村道路建设力度，争取到 2005 年实现扶贫县乡乡通油路、重点村通公路。电力部门：继续实施好“光明工程”，解决好 707 个重点村生产用电问题。电信部门：加快农村固定通信和移动通信建设的步伐，力争到 2007 年 90% 以上的贫困村实现村村通固定电话或移动电话。水利部门：要解决好重点村人畜饮水困难问题，在西部山区抓好集雨工程和东部苦水区节水工程建设。教育部门：抓

好重点村中小学现有危房改造和布局调整工程，到 2005 年，全部消除中小学现有危房。卫生部门：按照市委、市政府关于加强农村卫生工作的要求，加大对重点村卫生扶贫的力度，到 2007 年使重点县乡镇卫生院达到国家要求标准，使 707 个重点村卫生室条件得到进一步改善，使贫困村缺医少药、群众看病难状况有明显好转。民政部门：对重点村特困户给予救济，保障他们的基本生活。科技、文化等部门也要结合各自职能，为贫困地区社会事业的发展献计出力。

需要特别强调的是，各有关县、乡、村切忌存有“等、靠、要”的思想，要积极同有关部门搞好配合，增强工作主动性，扎实做好各项基础工作，用足、用好上级制定的各项优惠政策，配合有关部门共同搞好基础设施建设。

五　继续开展对口帮扶，组织社会力量参加扶贫开发

共同富裕是中国特色社会主义和全面建设小康社会的本质要求，扶贫开发是实现共同富裕的重要手段，对口帮扶是扶贫开发的重要内容。我市开展对口帮扶十几年来，各单位都能按照市委、市政府的要求，积极开展扶贫济困活动，帮助贫困村打井、修路、建学校、送科技、定规划、谋发展，做了大量实实在在的好事，解决了贫困村自身难以解决或当前解决不了的问题，为贫困地区的经济发展、社会进步、人民生活改善做出了很大贡献，进一步密切了党群、干群关系，可以说没有对口帮扶单位和社会各界的大力帮扶，我市扶贫开发就不会取得今天这样的成果。对此，老区人民、贫困地区人民会永远铭记大家的功绩。同时，我还要强调提出对口帮扶工作中也存在一些不尽如人意的问题，比如，有的单位主要领导认识不到位，重视不够，大局意识不强，政治观念模糊，认为对口帮扶是可做可不做的事情；有的单位工作力度不大，只是派人到村上走一走、看一看，没有解决多少实质性问题。对此，各有关单位要认真来一次回头看，把对口帮扶工作搞上去。

大力开展对口帮扶是党中央、国务院在扶贫开发工作中，针对我国国情及面临的形势与任务采取的重大举措，各帮扶单位都要按照市委、市政府两

办《关于进一步调整和加强对口帮扶工作的通知》要求，高质量完成帮扶工作。各级帮扶干部要真正扑下身子，为贫困村办实事。中央党校是党中央、国务院安排对口帮扶我市大名县的中直对口帮扶单位，他们从“八七”扶贫攻坚期间至今，扶贫工作队不撤，帮扶力度不减，特别是今年非典期间帮扶干部没有离开岗位一天，他们以扶贫济困为己任、牢记党的宗旨、深怀爱民之心、恪守为民之责的精神值得我们学习。各帮扶单位要进一步强化部门责任，切实把社会扶贫工作摆上部门工作的重要议事日程，做到工作有人抓、事情有人管，党委或党组每年至少应专题研究一两次扶贫工作，班子成员要定期到帮扶点调查研究，现场办公，解决存在的问题。要把对口帮扶与培养锻炼干部、改进工作作风紧密结合起来，对成绩突出的，要大力表彰、重点培养、提拔重用。各单位对下去的同志要多关心，及时帮助他们解决生活和工作中遇到的困难，消除他们的后顾之忧。在实际工作中，要拓宽帮扶领域，深化帮扶内容，提高帮扶效果。各帮扶单位除继续给贫困村送钱、送物、打井、办电、助学、建校外，切实做到“五帮”。一帮转变观念。观念一变路子宽。要积极引导贫困群众树立市场意识、开放意识、科技意识、效益观念。二帮找路子。路子通百业兴。要深入调查研究，从实际出发，找准制约当地经济发展的症结，因地制宜选准脱贫路子，扎扎实实搞开发。三帮提高创业能力。治穷先治愚。要帮助提高贫困群众的文化水平、创业能力、致富本领。四帮推广技术。要致富靠技术。要采取多种形式开展对贫困地区干部群众的实用技术培训，使他们能够及时掌握先进的生产技能和技术。五帮建好班子。帮钱帮物还要帮助建好一个支部。要按照省委提出的“五个好”的要求，配合当地党委加强农村基层组织建设，帮助群众选好脱贫致富的带头人，为群众留下一个永不撤走的扶贫工作队。市扶贫办要会同有关部门加强对帮扶工作的督促检查和考核验收，注意总结经验，宣传帮扶工作中的先进典型，不断把对口帮扶工作推向深入。

在做好我市对口帮扶工作的同时，要做好对口帮扶承德市围场县的扶贫工作，这是省委、省政府对全省对口帮扶工作的安排部署。根据我市实际，市委、市政府将这项工作安排给了丛台区、邯山区、复兴区和矿区，希望这四区领导要给予高度重视，不辜负市委、市政府对你们的重托，切实把这项工作做好。新时期扶贫开发工作任务艰巨而繁重，各级各部门一定要站在全面建设小康社会的高度，认真实践“三个代表”重要思想，牢记立党为公、执政为民的宗旨，时刻把贫困地区群众生产生活的改善挂在心上，团结一心，扎实工作，努力肩负起新时期扶贫开发赋予我们的重大历史责任，推动全市扶贫开发工作进入一个新阶段。

廉洁勤政　公正执法
做一名人民群众满意的政法干警

——在全市政法干部培训中心首次培训班上的讲话

（2003 年 11 月 10 日）

今天很高兴在这里与大家见面，谈谈政法系统的领导干部应如何坚持立党为公、执政为民，保持和发扬艰苦奋斗的光荣传统，做到清正廉洁、公正执法的问题。这是我任市纪委书记以来第一次与广大政法干警的廉政谈话，也是我们相互之间的一次谈心、交心，同时也是我们共同参与的一次警示教育活动。希望我的讲话能够使大家的思想有所触动，对大家进一步提高对党风廉政建设重要性的认识、增强廉洁勤政的主动性和自觉性有所促进。今天我主要讲三个方面内容：一是认清形势，进一步提高对党风廉政建设和反腐败斗争重要性、必要性的认识；二是筑牢拒腐防变的思想道德防线，努力搞好廉洁自律；三是坚持立党为公、执政为民，正确认识和行使手中的权力。下面先谈第一个问题。

一　认清形势，进一步提高对党风廉政建设和反腐败斗争重要性、必要性的认识

陈云同志讲，党风问题是关系党的生死存亡的大问题。我们党历来注重党风廉政建设，把其放在事关党的生死存亡的高度，下力抓、认真抓。特别

是十三届四中全会以来，全党更是进一步加大反腐倡廉工作力度，取得了显著成效。正确认识党风廉政建设和反腐败斗争的形势，对于统一全党思想、坚定广大干部群众的反腐败信心、进一步做好新的历史条件下的反腐倡廉工作至关重要，对增强大家的廉洁勤政意识、提高拒腐防变能力十分必要。正确看待和认识反腐败斗争形势，要注意把握好以下三点，即要用全面的观点看成效，要用辩证的观点看问题，要用发展的观点看前景。

（1）要用全面的观点看成效。从总体上，这些年来，经过全党全社会的共同努力，党风廉政建设和反腐败斗争确实取得了明显成效。这是我们切身的感受，也是广大群众的共识。据国家统计局2002年在全国30个省、区、市随机入户调查，73.5%的群众对反腐败工作表示认可，69.1%的群众认为腐败现象已经在一定范围内得到遏制。这些成效突出表现在三个方面。一是我们党高度重视，制定了正确的党风廉政建设和反腐败斗争的路线、方针、政策。看反腐败斗争形势，首先要看反腐败的路线、方针、政策是否正确，包括是否有理论指导、是否符合现阶段基本国情、是否能够代表最广大人民群众的利益。这是决定反腐败斗争成败的关键，也是判断反腐败形势的一个决定性因素。改革开放以来，我们党一直把反腐败作为关系党和国家生死存亡的大事来抓。党的第二代和第三代领导集体都反复强调，要坚持“两手抓，两手都要硬”的方针，在整个改革开放过程中都要坚持不懈地开展反腐败斗争。特别是党的十四大以来，以江泽民同志为核心的党中央坚持以邓小平关于党风廉政建设和反腐败斗争的指导思想、基本原则、工作格局、领导体制和工作机制，做出了一系列重大决策，主要包括：在中国共产党的领导下，坚持以邓小平理论和“三个代表”重要思想为指导，认真贯彻“两手抓，两手都要硬”的方针；反腐败斗争必须紧紧围绕经济建设这个中心，服从和服务于改革、发展、稳定的大局；确立了领导干部廉洁自律、查办违纪违法案件、纠正部门和行业不正之风的反腐败三项工作格局，坚持关口前移，牢固树立思想道德和党纪国法两道防线；形成了战略上总体规划、战术上分阶段部署、不断取得阶段性成果、积小胜为大胜的工作路数；采取了加强教育、健全法制、强化监督，通过深化改革不断铲除滋生腐败的土壤和条件，标本兼治、综合治理的对策；建立了党委统一领导、党政齐抓共管、纪委组织协调、部门各负其责、依靠群众的支持和参与的反腐败领导体制和工作机制。这些方针、原则，有效地推动了反腐败斗争深入开展，被实践证明是完全正确的，符合我国现阶段基本国情和广大人民群众的愿望，是行之有效的。二是反腐败斗争的各项工作确实取得了明显成效。在领导干部廉洁自律方面，中央制定了《中国共产党党员领导干部廉洁从政若干准则》《关于党政机关厉行节约制止奢侈浪费行为的若干规定》等一系列有关领导干部廉洁自律的制度、规定，并不断强化措施，加强对廉洁自律各项规定落实情况的监督检查，重点问题进行专项清理。如开展了对违反规定收受现金和有价证券、违反规定购买小汽车、干部“走读”等问题的专项清理。从而使广大干部的廉洁从政意识得到增强，从政行为得到规范。查处违纪违法案件是打击腐败分子的最有力的手段，也是人民群众衡量反腐败斗争是否深入、是否有成效的一个重要标志。这些年来，各级纪检监察机关和政法机关，不断加大查办违法违纪案件力度，查处了一大批违法违纪案件。特别是查办了一批职务高、金额大、影响广的大案要案。据统计，从1992 年 10 月至 2002 年上半年，全国纪检监察机关立案 150 多万件，有 151 万多人受到党政纪处分，25.9 万多人被开除党籍，其中涉及县处级干部 4.9 万多人、地厅级以上干部 4100 多人。这当中也包括相当一部分政法部门的违纪违法案件。统计数字表明，1998 年至今，全国共查处政法部门的违法违纪案件 6.4 万多件。在纠正部门和行业不正之风方面，开展了治理公路“三乱”、医药购销中的不正之风及教育乱收费等工作，取得了初步成效。特别是开展了民主评议行风活动，发动广大群众评议行业风气，确实对转变干部作风、纠正不正之风发挥了很好作用，群众很欢迎。此外，党的十五大以后，中央进一步加大了从源头上预防和治理腐败的力度，积极推进和深化行政审批制度、财政管理制度和干部人事制度改革，进一步规范事权、财权和人事权，使多年来群众反映强烈的一些腐败问题逐步得到解决。反腐败斗争正在逐步从侧重遏制转到标本兼治、逐步加大治本力度的轨道上来，并呈现向纵深发展的良好态势。三是党风廉政建设和反腐败斗争维护和促进了改革、发展、稳定的大局。前些天，我在全市纪检监察机关外出学习考察汇报会上谈道，反腐败工作三项格局，每一项都是为经济建设这个中心、为发展这个执政兴国第一要务服务的。事实也确实如此。我们在深圳、珠海、厦门等沿海发达地区考察时，那里的同志都深有体会。他们说，经济发展需要良好的环境，党风廉政建设和反腐败斗争确实为经济发展创造了良好环境。这也是党风廉政建设和反腐败斗争取得突出成效的一个非常重要的方面。

从我市党风廉政建设的情况来看，这些年来，我市也和全国一样，党风廉政建设和反腐败斗争取得了比较明显的成效。我市的查处违法违纪案件工作连续十年名列全省纪检监察系统前茅，查处了一批在全市乃至全省比较有影响的大案要案。领导干部廉洁自律、纠正部门和行业不正之风以及推行三项制度改革、深化源头治理等工作，也都取得了较大成效，受到中纪委、省纪委的肯定和好评，也得到广大人民群众的认可。今年6、7月间，市纪委在全市搞了一次“千家万户看党风”规模调研活动，调查显示，我市党风廉政建设的总体状况是好的，人民群众满意度较高。调查中有39.4%的群众对近年来我市党风廉政建设取得的成效表示满意，38.61%的群众认为比较满意，满意和比较满意率达78.01%。群众对反腐败斗争取得的成效比较满意，因而对进一步开展反腐败斗争表示出的信心也比较强，有80.6%的被调查群众表示对通过开展党风廉政建设和反腐败斗争逐步遏制腐败现象有信心或较有信心。

（2）要用辩证的观点看问题。虽然反腐败斗争取得了明显成效，但用辩证的观点来看，也存在一些问题和不足。关于这方面中纪委在向党的十六大工作报告中是这样说的：我们也清醒地看到，党风廉政建设和反腐败工作还存在一些不足，同党中央的要求和人民群众的期望还有差距。反腐败斗争的形势依然比较严峻。有些腐败现象仍然突出，有的甚至还在滋生蔓延。有的地方和部门乱收费、乱罚款、乱摊派问题还相当严重。一些党员干部的形式主义、官僚主义作风和弄虚作假、铺张浪费行为相当严重。党风廉政法规制度建设相对滞后。一些地方和部门的领导干部没有认真执行党风廉政建设责任制，致使有些反腐败任务没有得到落实。党内监督特别是对领导干部的监督还比较薄弱，有的领导干部存在好人主义等庸俗作风，执纪执法偏宽偏软，瞒案不报、压案不查的问题时有发生。这是就全国来讲的。从我市情况看，广大群众主要对党风廉政建设中存在的以下几方面问题反映较为强烈，其中一些就涉及我们政法机关和政法干警。一是公款大吃大喝、挥霍浪费。这个问题是群众反映最为强烈的一个问题。在“你认为当前领导干部在廉政方面存在的最突出问题是什么”的调查中，选择公款大吃大喝、挥霍浪费的达 57.53%，居第一位。群众反映，一到中午和晚上吃饭时间，各大饭店门前就停满了各种各样的小轿车，这些车大多数是公车，其中又以党政机关和执法执纪部门的居多。二是司法领域的腐败现象和不正之风。这次调查中，社会各界群众特别是基层群众对司法腐败切齿痛恨。在“你认为当前最严重的不正之风是什么”的调查中，有 46.94% 的群众选择了司法机关执法不公、执法不廉和执法不严，居首位。在这“三不”当中，按群众反映强烈程度排序，依次为执法不廉占 29.55%、执法不严占 27.57%、执法不公占 26%。从公、检、法几部门来看，群众对法院系统存在的腐败现象和不正之风反映最为强烈，突出表现为办人情案、金钱案、糊涂案。有的事实清楚、问题简单、对错明了的案子，因为一些法官的徇私枉法，竟然做出了颠倒黑白的判决。有的将案件东拖西拖，推来推去，几年、十几年没有结论，成了“马拉松官司”，使打官司的人耗尽了财力、耗尽了精力，也耗尽了信心，严重影响了人民群众对党的信任、对法律的信任。近年来，我市也查处了一批政法干警的违法违纪案件，惩处了一些害群之马。三是乱收费、乱罚款、乱摊派的“三乱”问题仍然比较突出。其中群众反映最多的还是公路“三乱”问题。群众说，公路“三乱”问题尽管年年抓、集中治，但总像割韭菜，割了一茬，过一段时间又长出一茬。如市纠风办上半年刚查处了 4 起公路“三乱”案件，7 月份又发生了 4 起违规上路查车的事。这里面既有有关部门和单位教育管理不够的问题，也有体制上的原因。这个问题我们将在认真调查研究的基础上，拿出一个综合治理的对策和方案。四是弄虚作假、欺上瞒下的浮夸作风。现在我们有些干部工作作风很不深入，有的甚至弄虚作假、欺上瞒下，热衷于搞“数字游戏”“形象工程”“政绩工程”，做工作、办事情只为迎合上级领导“口味”，迎接上级的检查考核，不考虑本地、本单位实际，不顾及广大群众的利益。以上这些问题不仅严重影响党和政府及政法机关、政法干警在人民群众中的形象，也破坏了经济发展环境，影响了全市的改革、发展、稳定，必须引起我们的高度重视。张力同志多次讲："谁破坏邯郸的发展环境，砸邯郸的牌子，我们就砸谁的饭碗!"对那些害群之马，我们一定要严厉惩处，决不姑息迁就。

（3）要用发展的观点看前景。对反腐败工作中产生的这些问题，一些同志感到不解和困惑，有的还存在一些错误的认识，认为"腐败越反越多"。这些同志之所以会有这样的困惑和认识，主要是他们对腐败现象产生的根源、特点和规律还不够了解。腐败现象是阶级社会的产物，是社会发展过程中的一个顽症，古今中外概莫能外。18 世纪的英国，19 世纪的美国都曾出现过腐败严重高发的情况，即使是在一些发达的资本主义国家也是丑闻不断、腐败不止，在某些方面甚至比我们还严重。我国的改革开放政策是在国内外形势发生巨大变化的情况下实施的，由于我们没有经验可借鉴，特别是在建立社会主义市场经济体制过程中，对市场经济的运作程序和规则不够了解，新的改革政策出台后，相应的制度和措施不到位，腐败现象在一定时间里和一定程度上易发、多发。进入新世纪新阶段，党风廉政建设和反腐败斗争面临着新的机遇，又遇到了新的挑战。我们既置身于世界多极化和经济全球化的时代潮流之中，又面临西方发达国家在经济、科技、军事等方面占优势的压力和敌对势力对我国实行"西化""分化"的图谋。我国正处在政治、经济、文化建设和体制改革的过程中，诸多社会矛盾相互交织。加入世界贸易组织后我国的对外开放进一步扩大，在更大范围和更深程度上参与国际竞争。这些因素的存在，又给解决腐败问题增加了复杂性。因此，我们要增强忧患意识，充分认识反腐败斗争的长期性、艰巨性、复杂性。同时我们也应充分看到深入推进反腐败斗争所具有的有利条件：有邓小平理论和"三个代表"重要思想的正确指导，有以胡锦涛同志为总书记的党中央的坚强领导，有新中国成立以来特别是改革开放以来创造的较好物质基础，有这些年来开展反腐败斗争的成功经验，有一支在经受各种考验中不断得到锻炼提高的党员干部队伍和广大人民群众的积极支持和参与。我们一定要努力坚定反腐败斗争信心，增强工作的责任感、使命感、紧迫感。同时，要从我做起，廉洁勤政。我们坚信，在党中央的坚强领导下，我国的反腐败斗争一定能够不断推向深入，直至取得最后的胜利。

二　筑牢拒腐防变的思想道德防线，努力搞好廉洁自律

改革开放特别是十三届四中全会以来，我们党领导人民取得了巨大成就，社会、经济、人民生活发生了巨大变化。我们党已经从一个领导全国人民为夺取全国政权而奋斗的党，成为一个领导人民掌握政权并长期执政的党；已经从一个在受到外部封锁状态下领导国家建设的党，成为在全面改革开放条件下领导国家建设的党。党在拥有重大历史机遇的同时也面临着严峻的挑战，面临着执政和改革开放的考验，我们的党员干部特别是领导干部也会面临更多的诱惑。我常说，从某种意义上讲，领导干部是一个危险的职业。因为领导干部是各种腐败分子和别有用心的人拉拢腐蚀的重点。政法战线的领导干部更是一个危险的职业，因为你们不仅要每天与各种犯罪分子进行面对面的斗争，面临着流血牺牲，而且还要面对这些犯罪分子及其他别有用心的人的拉拢腐蚀。你稍不注意、一不留神、略有放松，就可能被拉下水。有的干警面对犯罪分子的子弹尖刀，面对随时可能发生的流血牺牲，敢于挺身而出，表现出了大无畏的英雄气概，但在金钱、美色等糖衣炮弹面前往往吃了败仗，成为俘虏。如何筑牢拒腐防变的思想道德防线，做到在各种诱惑面前不为所动，保持清正廉洁呢？我认为应当牢记“三句赠言”，把握“七慎”原则。我在省里工作时听说过这样一件事：一位几十年严于律己、德高望重的老同志要退休了，继任领导要他谈谈几十年的工作经验和体会，留下点赠言寄语。老同志就赠给这位新领导三句话，即“政治上跟党走，经济上不伸手，生活上不丢丑”，并深情地说，“如今世事复杂，诱惑多多，但只要牢记并自觉实践这三句话，就不会犯错误”。这位老同志三句赠言，看起来很通俗、很平淡，但细细琢磨感到道理十分深刻。

“政治上跟党走”，讲的是政治立场和方向要坚定。江泽民同志反复强调，领导干部一定要讲政治，这是具有很强现实性的。讲政治的一个重要衡量标准，就是看是否听党的话、跟党走。听党的话一方面是对党的路线、方针坚信不疑，另一方面还要提高讲政治的能力，切实增强政治鉴别力和政治

敏锐性，善于从讲政治的高度处理问题，只有这样才能始终保持政治上的坚定和清醒，经受住任何政治风浪的考验。做到政治上跟党走，必须树立坚定的理想信念，树立正确的世界观、人生观、价值观。理想信念是人生的“方向盘”、前进的“航标灯”，如果理想信念动摇了，航向出现偏差，你的人生之舟驶得越快越久，离党和人民的距离就越远。甚至心怀异志、离心离德，最后走向违纪的泥潭、犯罪的深渊。

“经济上不伸手”，讲的是要经受住金钱和物质利益的考验。奉公守法是每个共产党员特别是领导干部最起码的行为准则，也是领导干部作风中最重要的组成部分。领导干部如果不能廉洁自律，见钱就要，见利就贪，甚至以权谋私、行贿受贿，不仅会丧失自己的人格，而且会使国家和人民的利益受到损害。一些单位的工作没有做好，群众怨声载道，往往不是单位领导能力差和水平低，而是因为他们手太长，不廉洁，所以腰杆不硬，对下属没有号召力，导致单位内部秩序混乱、矛盾成堆、工作陷于瘫痪。

“生活上不丢丑”，讲的是注重日常生活的道德修养。江泽民同志指出，“领导干部无论在工作上还是日常在生活中，都要严格要求自己，时刻注意检点自己的行为，以高尚的道德情操，为广大党员干部树立好的榜样”。相对来说，日常生活是道德修养容易放松的地方。在现实生活中，生活作风的失足、道德上的堕落没有一条严格的界线，一些人政治上蜕化变质的前兆就是生活作风上的腐化堕落。如此看来，以上三句话并没有过时，在今天仍然具有很强的针对性和警示作用。每个共产党员特别是领导干部，都应牢记不忘，并躬身实践。

在牢记“三句赠言”的同时，我们还应在工作和生活中，在各种诱惑面前注重把握“七慎”原则。

（1）慎始——谨防“第一次”。人生贵善始。一位领导同志说过，“加强官德修养，保持自身廉洁，关键在于第一次。把好了第一次，就能在各种腐蚀诱惑面前立于不败之地”。此话很有道理。第一道“防线”被冲破了，往往会“兵败如山倒”；第一道“闸门”一旦打开，欲望的“洪水”就会一泻千里。可见，在“不义之财”面前慎重对待“第一次”，果断拒绝“第一次”，对各级领导干部来说，是至关重要的。可是，现实生活中不能正确对待“第一次”，不能断然挡住“第一次”的人却屡见不鲜。在市场经济条件下，各级领导干部一定要时刻把握住自己，认认真真地对待生活中的每个“第一次”。警惕了“第一次”，就能累积成“每一次”，牢固的思想道德防线就不会被突破，不正之风和腐败现象就找不到可乘之机。在廉洁与腐败、正义与邪恶的较量中，我们就能立于不败之地。

（2）慎微——谨防小恶积大恶。有些党员干部和政法干警认为，自己辛辛苦苦干工作，收一点拿一点、捞一点占一点、吃一点喝一点、玩一点乐一点，是人之常情，是小节，无伤大雅；有的认为只要不犯大错误、不搞大腐败，犯点小错误、有点小毛病，组织上也会宽容、原谅；还有的认为别人恣意腐败尚能逍遥法外，自己捞点蝇头小利，不足挂齿。正是这种小节无害的心理，使他们渐渐放松自我约束，滋长了放任心理。于是，今天占一点，明天捞一点，后天又贪一点，最后越陷越深，难以自拔。小节不保终累大德。真正的廉洁自律，不但能够拒绝数额巨大的不义之财，对于不符合原则的“小意思”也能明察秋毫，拒之门外。“不以恶小而为之，不以善小而不为。”从一些典型案件中，可以看到腐败分子一开始对数额较大的不义之财还能保持高度警惕，但遇到小恩小惠则因小而笑纳，把这些看成是生活小节。这种宽容带来的物质实际上是一种“兴奋剂”，他刺激着当事者越干越想干，越干越敢干，最后不能自拔。一些心术不正的人也往往是以小试之，投石问路，察言观色，一旦时机成熟，便重礼相送。如果掌权者不警觉，就容易被人拉下水。

（3）慎欲——谨防纵欲无度。人有七情六欲，领导干部、政法干警也不例外。有的干部之所以在权、钱、色等的诱惑下坠马，究其根源无不是为欲所困、为欲所害，当官欲、权力欲、金钱欲、美色欲、名利欲、占有欲、享受欲太盛。

“无理则欲滥，无欲则理废。”人欲是生理现象和社会现象，企图窒欲、灭欲不可能，亦不可取；而纵欲又为害无穷；唯一正确的办法是以理导欲、以理制欲。所谓以理导欲、以理制欲，就是通过理性把欲求控制在“无过无不及”的程度，“非理之财莫取，非理之事莫为”。以理导欲、以理制欲要把好节欲与纵欲的关口。追求个人欲望的实现，千万任性不得、放纵不得，不能违背党纪国法，不能违背官德原则。适度为利，失度成害。做到节而不过，遂而不纵，谨防伤身败德。以理导欲、以理制欲要处理好民欲与己欲的关系。不仅要坚持与民同欲，同甘共苦，而且要把“体民之情，遂民之欲”作为应尽的责任和义务，热心地为群众排忧解难、谋利造福，把个人的欲求置于群众欲求之下，做到“先天下之忧而忧，后天下之乐而乐”。

（4）慎独——谨防自我放纵。党纪政纪是建立在高度自觉基础之上的，光靠强制很难保证一个人不犯错误。有的同志往往在公开场合、集体活动中，在有人监督的时候，能够按章办事，严格要求自己，而在远离组织、无人监督的时候就放松了对自己的约束，放任自己，结果犯错误。因此，每个党员干部都应不断加强自我修养，做到“慎独”。

做到“慎独”最重要的是认真地、自觉地坚持江泽民同志反复强调的“四自”。一要自重。对自己的人格、自己的言行、自己的名誉非常珍重，不失于轻浮流俗，不狂妄自大，不自轻自贱，待人处事与自己的身份相符。二要自省。就是要加强党性修养，养成“每日三省吾身”的习惯，经常反思自己的行为，检点自己的作风，坚持真理，修正错误。三要自警。应该时时处处用党的纪律和国家的法律法规来约束自己，警告自己不要有任何越轨的举动，真正做到抵得住诱惑、耐得住寂寞、守得住清贫。四要自励。各级干部无论身处顺境还是身处逆境，都要像毛泽东同志所倡导的那样，坚持过去革命战争时期那么一股劲、那么一种革命精神，兢兢业业做好工作。

（5）慎友——谨防被朋友拉下水。近朱者赤，近墨者黑。我们的党员干部特别是政法干警在交友方面一定要慎之又慎。作为领导干部要多交益友、挚友、净友，莫交损友、佞友、酒肉朋友，更不要傍“大款”，不要谁有钱就看重谁、亲近谁。你看重是大款腰包中的钱，他亲近的是你手中的权，以钱换权、以权牟钱，心照不宣。有朝一日，一旦你手中没有了权，满座高朋就会因“兰陵曲尽”而作鸟兽散。不当交友还是腐败的助推器。

（6）慎平——谨防坦途翻车。人们常常见到这样的情形：有人行船，渡过了无数个激流险滩，却在开阔平坦的水面上沉舟翻船；有人行车，顺利通过了崎岖的山间小道，却在宽阔的高速公路上车毁人亡。究其原因，是他们在困境、险境、恶境之中谨慎小心、格外警惕，而在顺境、佳境之中怠心懈志、忘乎所以。因此，愈是个人成长、进步顺利的时候，愈是要保持清醒的头脑，不能见喜忘忧、自松其绑，而只能履平防险、浅水深防。为此，一要“有病早防”。一些违法犯罪分子当戴上冰冷的手铐时，当被押赴刑场告别人世时，大都会发出追悔莫及的哀号。要避免此类情况的发生，就必须“见危于无形，防祸于未萌”，不间断地学习改造，增强思想上的免疫力和抵抗力。二要“人病我防”。要从犯错误或犯罪者身上吸取反面的教训，引为鉴戒，省己律身。三要“小病大防”。见微知著，小病大防，这是古今志士仁人修身养性、终成大器的共同经验。在周总理、陈毅等老一辈革命家的生涯中，都曾有过闻过即改、小题大做的感人事例。陈毅同志曾把“满招损，谦受益。莫伸手，终日乾乾，自强不息”17个字作为自己的砚铭，终生警示自己。

（7）慎终——谨防晚节不保。善始不易，善终更难。要做到善始善终、始终如一，一是要防止灰暗心理的滋生。从一些领导干部由红变黑的蜕变过程中来看，堕落无不起始于心理的失落、失衡、失制。有的人盲目地同大款攀比，同强占狂贪的暴富者攀比，因而攀出了“羞涩”感，比出了“吃亏”感，继而攀出了补偿心理，企图通过勤“捞”来弥补“损失”。有的人自以为手段高明，无人知晓；或自恃德高望重，无人猜疑；或抱着“冒险一次，享受一生”的念头，不惜赌上政治前途和身家性命，来个狮子大张口，到头来伸手必被抓，赔进了自己的晚节。二是要防止心力的懈怠。人生的历程，有如流水中行船，山丘中跋涉，心志一定要专一，心力一定要坚毅，稍一松懈，就难逃触礁翻船、失足落崖的厄运。心力懈怠的一突出表现是“有权不用，过期作废”的心理，有的干部临近退休、退职之时，不是留恋工作，而是迷恋权力；不是重晚节，而是重晚利，利用即将离手的权力之柄，拼命地为自己贪钱敛财，以图富度晚年、享受余生，而栽在最后一站再也起不来了。原沧州市委书记薄绍铨在他的《忏悔录》中就写道：“这些年来，社会上出现了重权、钱，轻人情的现象，人与人之间的关系往往以权、钱维系。对有权或有钱的，周围总有一批人围绕，鞍前马后，百般讨好。一旦失去它就会受到冷落。我也看到一些离退休的老同志，工作时辛辛苦苦，离开工作岗位后，尽管组织上照顾，但因种种原因，家境并不甚好。面对这样的现象，我没能从正面学习这些老同志的奉献精神，而是受负面影响大，想自己早晚有一天退休，要存些钱，以便安稳度过晚年。私欲滋生、膨胀后，廉洁的闸门就关不住了，腐败随之而来。”三是要防止革命意志衰退。做到“活到老，学到老，改造到老”。且莫人老了，功高了，位尊了，背上各种包袱，作茧自缚，自毁其身。我想只要我们牢记以上所说的“三句赠言”，注意以“七慎”原则规范自己的言行，我们的拒腐防变能力就一定会有很大提高，在与腐败现象、腐败分子的斗争中就能立于不败之地。

三　坚持立党为公、执政为民，正确认识和行使手中的权力

立党为公、执政为民，是“三个代表”重要思想的本质。政法机关、政法干警践行“三个代表”，必须牢牢把握立党为公、执政为民这个根本，努力做到公正执法、文明执法、廉洁执法，只有这样才能履行好自身的神圣职责。

坚持立党为公、执政为民，首先必须要树立正确的权力观。所谓权力观，是指人们对待权力问题的基本看法和态度，包括对权力来源的看法，对权力性质的认识，对如何使用权力的基本态度，等等。一般来说，权力观是掌权者的世界观、人生观、价值观的集中体现。江泽民同志要求党员干部要牢固树立马克思主义世界观、人生观、价值观，牢固树立正确的权力观、地位观、利益观。在世界观、人生观、价值观中，世界观是基础，是起决定作用的，有什么样的世界观，就有什么样的人生观、价值观。在权力观、地位观、利益观中，权力观是基础，是起决定作用的，有什么样的权利观，就有什么样的地位观、利益观。在这“六观”中起决定作用的有“两观”，一个是世界观，另一个是权力观。树立正确的权力观必须明确以下几种认识。

（1）权力是一种信任。是党和人民的高度信任。党和人民把一定的权力托付给我们，这既是对我们社会价值的充分肯定和更高期望，也是我们对党和人民的信赖做出的一种信誉承诺。因此，我们的各级干部在掌握一定的权力后，必须信守为人民掌握和行使权力的承诺，不辱使命，不负重托，努

力为人民服务，真正做到仰不负党，俯不愧民。作为政法系统的领导干部，权力相对来说更大一些，既有维护国家法律的执法权，又有单位内部的领导和管理权。你们代表着党和国家的形象，人民群众对你们看得很重。因此大家应当更努力地工作，切莫辜负了人民群众对我们的信任。

（2）权力是一种责任。我国宪法规定：中华人民共和国的一切权力属于人民。权力意味着为人民服务的义务和责任。有一份权力，就有一份义务、一份责任；多一份权力，就多一份义务、一份责任。职务越高，权力越大，责任就越大，应尽的义务也就越多。如果我们只讲权力，淡忘责任，放弃义务，就必然会导致权力滥用、以权谋私。因此，各级领导干部应当把对上级负责与对下级负责、对党负责与对人民负责统一起来，时刻把人民群众的安危冷暖放在心上，真正做到权为民所用、情为民所系、利为民所谋。

（3）权力是一种奉献。我们手中的权力属于公共权力。公共权力的特性决定着这种权力只能用来管理社会，为人民谋利益，为公众服务，除此以外，再也不可能谋求自身的特殊利益。因而，我们行使权力的过程，是一种奉献和付出的过程，绝不能把人民赋予的公共权力，变成谋取个人或少数人私利的工具。每个党员干部都应当为党的事业、为肩负的重任而“自重”，为坚持真理、修正错误而“自省”，为保持操守、拒腐防变而“自警”，为奋发有为、先忧后乐而“自励”，把掌权、用权寓于对人民、对事业、对社会的奉献之中。

正确认识权力、正确行使权力要特别注意处理好三个关系，首先，要正确处理好个人权力与民主集中制的关系。党章明确规定：“党员个人服从党的组织，少数服从多数，下级组织服从上级组织，全党各个组织和全体党员服从党的全国代表大会和中央委员会。”这是我们党和国家的根本组织制度和领导制度，是党在长期的革命和建设实践中，确立的一个使权力运作造福人民同时又防止权力腐败的有效原则，各级领导干部必须严格遵守。但是有些领导干部就是不认真执行党的民主集中制，总想把自己凌驾于班子之上、凌驾于组织之上，这样必然会造成权力的滥用。其次，要正确处理好监督与被监督的关系。一切有权力的人都爱滥用权力，这是万古不变的经验。权力需要监督，缺乏监督、不受监督的权力必然会导致腐败，这是不争的事实。

特别需要强调的是，造成领导干部权力未能有效监督的一个重要原因，就是被监督者不能正确处理好监督与被监督的关系。有的同志一听说要监督，心里就不舒服，认为是组织上对他过不去，甚至还有抵触情绪，这是非常危险的。要正确行使手中权力，保证权力不异化，就必须正确处理监督与被监督的关系，强化被监督的意识，把监督看成是组织和群众对自己真心的爱护、对自己善意的提醒、对自己真诚的对待，努力提高接受监督的自觉性和主动性，自觉地把自己置于党组织和人民群众的监督之下。最后，要处理好对待自己与正确对待同志及组织的关系。一个人最难认识的是自己，最难战胜的还是自己。人总有优缺点，关键是如何正确对待。能正确对待自己的人，任何时候都能摆正自己的位置，有了成绩，认为是集体智慧的结晶，个人只不过是“沧海一粟”而已；有了缺点，也不加掩饰，更不揽功诿过，视名利淡如水，看事业重如山。而不能正确对待自己的人，则有了一点成绩便自高自大，总以为自己了不起，目无组织，胸无人民；更受不得半点委屈，有一星点不如意，便牢骚满腹，对组织不满，对党不满。于是开始利用手中权力，争名于朝，争利于市，最终必是栽跟头、犯错误。作为党的各级领导干部，不但要能正确对待自己，而且要正确对待同志和组织。要客观地看待自己周围的同事，善于学习别人的优点，要有容人容事的宽广胸襟。同事之间、班子成员之间，一定要做到互相信任、互相支持、互相谅解。要正确对待组织，一个人的成长进步，自身的努力固然重要，但也离不开组织的培养、关怀和支持。因此，我们任何时候都不能居功自傲，不能把成绩当成向组织讨价还价的资本。以上就是我今天要和大家谈的主要内容。今天在座的都是政法战线上的领导干部，相当一部分还是单位“一把手”，所以最后我想再强调一点，那就是我们的各级领导干部在认真搞好自身廉洁自律的同时，切忌不要忘了落实好党风廉政建设责任制，切实履行好责任制赋予我们的职责，努力抓好班子、带好队伍，管好家属子女和身边的工作人员。这里我就不展开讲了。

最后，我衷心地希望大家能够在纷杂的世事面前，始终保持一个平和的心态，做到廉洁一生、平安一生、健康一生、快乐一生！

在市直参评部门行风评议听证会上的讲话

（2003 年 11 月 12 日）

这次行风评议听证会是我市民主评议行风工作运行到关键时刻召开的一次重要会议。主要目的是通过这种面对面的评议形式来检验参评部门整改情况，督促参评部门认真查找不足，进一步做好整改落实工作，推进行风评议工作向纵深发展。今天上午市检察院、市法院、市公安局、市工商局等 16 个参评部门就行风问题接受了评议代表的提问和质询，参评部门领导对有关情况当场进行了解答。今天的听证会开得很好、很成功，气氛热烈又很有秩序，评议代表提问质询问题有理、有据、有节，参评部门领导解答问题态度诚恳，提出的改进措施比较具体。这次听证会必将对参评部门行风建设和评议工作深入开展起到有力的促进作用。下面，我就如何抓好下一步行风评议工作讲三个问题。

一 措施有力，运作规范，我市民主评议行风工作取得明显的阶段性成果

今年以来，在市委、市政府的领导下，在各级各参评部门的共同努力下，在新闻媒体的大力配合下，在广大人民群众的支持和参与下，经过各方面的共同努力，全市民主评议行风活动在去年的基础上继续向纵深发展。

（1）运用小规模的宣传发动方式，营造行风评议的大氛围，调动各阶层抓行风的积极性。4 月 22 日全市民主评议行风总结表彰暨动员大会后，

非典疫情奔袭而至，一场防治非典的攻坚战在全市上下打响。在此形势下，全市各级各参评部门把民主评议行风工作紧紧抓在手上，干劲没有松，力度没有减，利用各种小规模的宣传发动方式，营造行风评议大氛围，调动社会各界群众参与和支持行风评议的积极性。一是分层次动员。各级各参评部门及时召开领导班子会议，传达省、市民主评议行风工作动员大会精神，认真学习省市领导讲话和民主评议行风工作方案，结合实际分析研究本地本部门行风评议工作，进一步统一思想，提高认识，制定措施，明确责任。在此基础上，领导班子成员分头下去召开中层干部会，对行风评议工作进行动员部署。然后再召开职工代表座谈会对行风评议工作主要精神进行传达贯彻、宣传动员。二是分类别动员。各级各参评部门把党员干部、评议代表、行风监督员、执法执纪岗位的工作人员分成四种类型，分别召开座谈会、征求意见会、对话交流会、党日活动会等多种形式会议进行宣传发动，按照不同的岗位及分工情况，分别提出要求，做出安排。三是视频会动员。为抓好系统的行风建设工作，不少参评部门召开视频会议对行风评议工作进行动员部署，确保了省、市民主评议行风会议精神能够及时地得到传达贯彻，调动了基层单位抓行风的积极性。四是利用媒体宣传。各级各参评部门通过新闻媒体宣传行风评议工作方案、承诺，报道行风评议工作指导思想、方法步骤及评议范围、评议重点等内容。还利用宣传栏、宣传标语、行评简报、向社会发放公开信、征求意见卡等多种有效形式对行风评议工作进行宣传动员。通过采取不同形式的宣传动员，营造了行风评议的浓厚氛围，不仅调动了参评部门抓行风的主动性，也调动了社会各界群众参与的积极性。各级各部门一手抓非典防治，一手抓行风评议工作，做到相互促进、两不耽误，保证了行风评议工作正常的运行。

（2）运用立体评议方式，开展全方位的评议活动，查找出一批突出的行风问题。一是搭起内部自评沟通的平台，认真开展自查自评。参评部门召开三个会议深入进行自查自评，即召开领导班子民主生活会，领导班子成员集体查找本部门及本人存在的突出问题；召开中层干部会议，深入查找机关、处室、个人存在的问题；召开全体干部职工大会，共同查找本部门及工作人员中存在的突出问题。各参评部门还普遍开展了“下评上”“上评下”

活动，上下联动找问题。参评部门领导深入下属单位、深入基层、深入服务对象中进行座谈走访，让下级对上级机关进行评议，还通过下发信函的方式，对下属部门进行评议。通过自查自评，参评部门共查找出执法执纪、工作作风、服务质量、廉洁自律、承诺兑现、自身建设等12个方面825个问题，为扎实整改问题打下了基础。二是架起与群众沟通的桥梁，请群众“评头论足”。在评议中开展“三对话”活动，让群众广泛参与评行风。参评部门以召开听证会的形式举行窗口对话交流活动，邀请部分服务对象、评议代表、监督员和群众，让他们与参评部门领导就行风问题进行面对面的交流对话。在市电台开通了“清晨行风热线”，参评部门领导轮流到市电台直播间接听热线，现场解答群众提出的问题，与人民群众通过热线进行交流对话。自今年5月份开通以来，共有27个部门在直播间接听热线，受理问题和咨询300多个，解决落实事项280多个，“清晨行风热线”的开通受到了群众的好评。邯郸人民广播电台《清晨行风热线》栏目荣获“第三届新闻名专栏”称号，与中央电视台的《今日说法》等38个栏目一同获奖。参评部门领导班子成员深入基层进行暗访，面对面与基层干部职工交流对话，解答基层群众提出的问题和建议。三是建立与相关部门沟通的渠道，深入开展同级互评。市行评办印制6000份参评部门互评表，按比例下发到各参评部门。参评部门将互评表分发到本部门机关科（处）及下属单位填写意见，帮助其他54个参评部门查找问题。市行评办对各参评部门提出的问题进行梳理汇总、归纳分类，将3类109条意见和建议反馈给参评部门。重点问题以督办卡的形式转有关部门进行调查处理。各参评部门发出信函9800封向同级参评部门征求意见。四是给足评议代表活动的空间，帮助参评部门把问题评深议透。逐步建立完善了评议代表例会、分组调研、专家评议、重点督访、投诉受理等工作制度，从制度上来规范评议代表的活动行为。组织评议代表积极深入各部门调研、参加部门的座谈会、对话交流会、新闻发布会、现场观摩等一系统的活动，组织评议代表走访企业和个体工商户征集意见，共征集意见和建议1384个，转部门整改重点问题176个。五是召开行风评议新闻发布会，让人民群众监督评议。10月份市直参评部门先后分别召开了行风评议新闻发布会。由各部门邀请国家、省、市各新闻单位记者、部分评议代表、服务对象、行风监督员、社会群众代表等方面的人士参加，各参评部门“一把手”通过新闻媒体向全社会公布本单位今年以来的行风评议活动情况。各新闻单位记者分别就有关部门提出询问，部门领导逐个进行解答。市直55个参评部门共接受解决记者提问469个。通过新闻媒体向社会公布，增强了行风评议工作透明度，方便了广大群众对行风评议工作的监督。

（3）用查纠建并举的方式，狠抓问题的整改落实，解决了一批行风方面的突出问题。参评部门对自查自评的问题，在归纳梳理、内部通报、问题公示的基础上，采取查纠建并举的措施抓整改。一是参评部门不推诿、不回避，认真解决了一批群众反映强烈的问题。参评部门共制定整改措施683条。对165名责任人进行了处理。二是结合纠风专项治理查处一批行风问题。各级各参评部门把行风评议与其他纠风专项治理工作相结合，严肃查处行风方面的问题，推进行风评议工作的深入开展。今年以来，查处教育乱收费案件46件，问题128件，涉及金额660.2万元；查处公路“三乱”案件44件，党政纪处分37人；查处加重农民负担案件35件，党政纪处分36人；查处医药购销中的违纪违法案件93件，涉及金额66.4万元。通过查处不正之风问题，有力促进部门和行业的行风建设。三是分级负责，上下联合，认真纠正一批不良风气。今年以来，各级各参评部门共受理有关行风方面的问题2125件，都进行了认真的调查核实和处理，收到了良好的社会效果。市行评办受理群众有关行风方面问题的投诉举报125件，对其中5起案件组织人员进行认真查处，对其余120件转有关县（市、区）和市直参评部门进行调查处理，目前已有98件上报了处理结果，群众对处理结果都比较满意。四是针对薄弱环节，建立健全一批加强行风建设的规章制度。各参评部门针对问题举一反三，从源头上查找原因，根据本部门工作实际，制定和完善转变职能、改进作风、服务经济、加强行风建设、严格执法执纪、严格内部管理等8个方面161项规章制度，有效遏制了不正之风。

（4）用典型引路的方式，实行强有力的领导，推进行风评议工作全面发展。为推动行风评议工作深入开展，先后3次组织现场观摩交流活动，用好的做法、典型经验指导工作开展。6月份，在防治非典第三战役结束后，及时组织召开了市直参评部门调度观摩会，市领导和与会人员参观了公安局行风展示牌、地税办税大厅、交通局文件规范管理等内容，6个单位介绍了行风评议工作的做法；7月份，在磁县召开县（市、区）行风评议工作调度交流会，与会人员参观了磁县工商局办事大厅等4个服务窗口，各县（市、区）相互交流了行风评议工作做法和经验；9月份，召开了全市行风评议工作座谈会，与会人员参观了鑫磊集团、邯郸县国税局办税大厅，6个单位介绍了经验。通过用典型引路，参评部门相互借鉴经验，互相学习，共同提高，激发了工作热情，不断改进和完善抓行风评议工作的方法和措施，推进了评议工作全面发展。

为加大领导力度，提供有力的组织保障，在工作中我们建立规范了行风评议领导机制。一是建立评议领导机构。从市委、市政府到各县（市、区）、各参评部门层层建立健全了行风评议工作领导小组，下设办公室。明确了领导小组各成员的职责，实行分工负责，达到了个个身上有担子、人人身上有指标。二是实行领导接访受理投诉制度。各县（市、区）和市直各参评部门领导在市区、县城繁华大街设立投诉站亲自受理群众投诉，现场解答群众提出的意见，解决群众提出的问题。三是部门领导承诺制度。各参评部门“一把手”在电台、电视台、报纸、各种会议上向社会各界公开本单位今年行风建设要达到的目标及具体承诺事项。四是领导督查制度。参评部门采取自我揭短式的暗访活动，深入基层、深入群众对本系统开展行风评议情况、整改情况进行督查。领导机制的进一步规范大大增强了各级领导抓评议的主动性、自觉性，形成了齐抓共管、强力推进的整体合力。

二　突出重点，整体推进，切实把后两个阶段的评议工作抓实、抓好、抓出成效

今年的行风评议工作共分七个阶段，下一步还有综合评议、总结表彰阶段，这两个阶段的工作非常重要，各级各参评部门要对这两个阶段工作高度重视，认真对待，精心安排，严密组织，高标准高质量完成各项评议任务，为今年的行风评议工作画上一个圆满的句号。

（1）认真搞好“回头看”，进一步抓好整改落实。广大群众对今年的行风评议工作非常重视，只有将群众反映的问题解决好，让群众满意，让群众高兴，群众才会对行风工作认可。因此，各参评部门要把整改问题贯穿于全年工作的始终，对存在的问题真纠实改。会后，各参评部门要召开领导班子会议，对今年的行风评议工作来个“回头看”，进行客观真实的总结，既要总结经验，肯定成绩，又要对照市委、市政府的要求和《工作方案》《运作规程》规定的内容，找出差距和不足，针对工作漏洞和薄弱环节，制定改进措施并抓好落实。要针对听证会上评议代表提出的问题和建议认真进行分析研究，深入查找原因，制定切实可行的措施，认真加以纠正。对严重的问题要组织力量进行核查、处理。对市行评办批转下去的投诉件要认真进行督办。对上推下卸、拖拉不办、逾期不报结果的，要严肃追究有关领导和有关人员的责任。

（2）认真搞好综合评议，客观地对部门行风做出评价。综合评议阶段是整个行风评议的重要阶段，重点要抓好三项工作。一是日常考核。按照省行评办要求和我市行风评议、《工作方案》安排，各级行评办对照评议内容制定日常考核实施细则，建立工作档案，做到考核有据。各级行评办要根据实地调研、听取汇报、查阅资料、走访座谈等方式掌握参评部门的日常行风情况，实事求是、客观公正地给参评部门打分。二是问卷测评。问卷测评按照省行评办的安排统一进行。今年省分配我市调查问卷 1 万份，依据各县（市、区）经济状况和人口数量进行合理分配。问卷测评工作由市、县两级行评办共同组织，县（市、区）组织问卷测评时，市行评办派人参加。测评问卷由群众当场填写、当场收缴、当场密封，由市行评办统一汇总统计。为保证问卷测评工作公正、公开地进行，各地在组织问卷测评时，请新闻媒体配合对测评工作进行现场监督和广泛宣传。三是综合计算。综合计算是综合评议至关重要的环节。行评办要坚持实事求是的原则和公正公平的标准，按照省行评办规定的计算公式，组织人员在封闭的环境下，对日常考核、问卷测评等项分数进行汇总统计，然后通过设计好的程序，利用微机直接计算出市直参评部门的最终得分，按各参评部门得分多少排列出名次。

（3）认真搞好成果展示，全方位展示行风评议成果。今年，在各级各参评部门的共同努力下，我市的民主评议行风工作取得了明显的成效，推进了部门和行业作风的转变，推进了群众反映问题的有效解决，推进了各项工作的开展，受到广大人民群众的拥护。为充分地展示行风评议取得的成果，各参评部门要利用上街宣传、举办图片展览、举行行风文艺节目会演、制作行风评议专题片、新闻报道、内部简报、专栏等灵活多样、喜闻乐见的形式进行广泛的宣传，向广大人民群众展示行风评议成果，进一步增强群众参与行风评议的信心。

（4）认真搞好总结表彰，组织开展交流经验活动。综合评议结束后，要召开全市民主评议行风活动总结表彰和经验交流大会，公布评议结果。对评为优秀和先进单位的进行表彰，颁发奖牌和证书。要在优秀单位中选出较好的部门，由部门“一把手”介绍其开展行风评议的好做法、好经验。对年度总评不达标的参评部门要进行重点剖析，对连续两年不达标的参评部门，建议对领导班子进行调整。各参评部门也要在本系统内部组织召开经验交流会，总结工作，交流经验，共同提高，不断提高行风建设档次和水平。

三　强化措施，落实责任，确保今年行风评议工作取得更加明显的成效

（1）深化认识，牢固树立常抓不懈的思想。民主评议行风是贯彻“三个代表”重要思想的具体体现，是社会主义民主政治建设的重要内容，是把党风廉政建设与经济建设结合起来的有效载体，是推进廉政、勤政建设的重要措施。各级各参评部门要站在实践“三个代表”重要思想的高度，充分认识开展民主评议行风工作的重要意义，自觉地把思想认识统一到省委、市委的要求上来，从我们党执政兴国第一要务和民主政治建设的高度进一步深化认识，防止松劲、厌战、自满等情绪的发生，增强抓好这项工作的自觉性，树立常抓不懈思想，持之以恒地抓好行风建设，不断取得新的成效。

（2）加强领导，严格落实各项责任。民主评议行风是一项事关全局的重要工作。各参评部门要进一步加大领导力度，真正把民主评议行风工作摆上党组（党委）的重要议事日程，进行专题研究，作为“一把手工程”，主要领导要亲自抓，既要亲自谋划，又要督导检查，既要亲自部署，又要狠抓落实，把行风

评议工作抓实、抓细、抓具体，确保每一步都扎实稳妥、深入推进，确保各项工作任务落到实处。同时，还要建立行风评议工作责任制，对消极对待评议工作、存在问题拒不纠正或屡纠屡犯的，要追究部门主管领导和主要领导的责任。

（3）上下兼顾，既要抓好本级又要管好系统。市直参评部门在推进全市改革发展和全面建设小康社会的进程中担负着重要职责，市直参评部门的作风如何对全市改革、发展和稳定的影响至关重要。应当看到，我市的发展环境虽然有了一定的改善，但与企业、业户和人民群众的要求还有一定的差距。有部分职能部门服务企业、服务群众的意识还不够强，工作作风也不够深入、扎实，这些仍然是影响经济发展的突出问题。为此，市直参评部门要在行风评议中带头践行“三个代表”重要思想，带头转变职能，改进作风，努力提高办事效率，提高服务质量，为我市的发展创造良好的环境。市直参评部门要切实抓好本级，发挥在全系统的带头作用。同时，要按照“管行业必须管行风，抓机关必须抓基层”的要求，把纠风工作和行业作风建设纳入部门和行业管理之中，认真抓好县级的评议工作，真正使系统的行风建设跃上一个新台阶。

（4）严肃纪律，确保行风评议工作任务的完成。严明的纪律是行风评议公平、公正的保证。各级行评办的工作人员要认真负责，遵守纪律，严守秘密，自觉维护评议的严肃性，不得徇私舞弊、弄虚作假。各评议代表要树立正确的观念，发挥优良的作风，保持良好的心态，实事求是地反映问题，不准故意夸大、缩小、隐瞒、歪曲事实；不准借机谋私利、泄私愤、图报复。各参评部门要认真对待群众提出的问题，认真整改落实，以扎实的工作和良好的作风取信于民，不准采取请客送礼、搞感情投资等不正当手段拉选票，干扰正常评议；不准虚报成绩，搞假材料。参评部门在评议中搞不正当手段、干扰和影响评议工作的，在综合评价时要一票否决。情节严重的还要给予有关人员组织处理或纪律处分。

同志们，经过全市上下的共同努力，我市的民主评议行风工作取得了明显的阶段性成果，在今年后两个月中，各级各参评部门要防止和克服松劲情绪，再接再厉，乘势而上，合理摆布，统筹安排，整体推进，紧紧围绕市委、市政府的中心工作，以锲而不舍的精神，善始善终地抓好行风评议工作，为进一步优化经济发展环境，全面建设小康社会做出积极的贡献。

在涉县窑门口和圪腊铺道路通车剪彩仪式上的讲话

（2003 年 11 月 13 日）

参加今天这个剪彩仪式，很高兴。这条道路的建成通车，标志着我们窑门口、圪腊铺两村交通不便的状况将永远成为历史，对两村当前的脱贫致富和未来的长远发展都具有重要意义。在此，我代表市委、市政府表示热烈的祝贺！向给道路建设以大力支持的发展计划、交通、扶贫等单位表示衷心的感谢！向为这条路的建成通车付出了艰苦劳动、做出了重大贡献的县、镇、村广大干部群众表示亲切的慰问！借此机会，我向大家提三点希望。

第一，要切实用好、管好这条路，促其在脱贫致富、发展农村经济中发挥作用。俗话说，“要致富，先修路”。路是我们走出大山、脱贫致富、发展经济的必要基础条件。没有路，我们丰富的山场资源无法得到充分利用，资源优势无法转变成经济优势。从过去十几年、几十年的历史看，我们窑门口、圪腊铺村之所以长期受到贫困的干扰，一个重要的原因就是路成了制约发展的瓶颈。正是基于这样的考虑，我们才决定投资近百万元修建这条路。现在，经过市直有关部门和县、镇、村干部群众的共同努力，路修成了，这确实值得庆贺。但这绝不是万事大吉，更多、更繁重的工作还在后头，怎么样用好、管好这条路还有许多的问题需要研究。因此，县、镇两级党委、政府要切实帮助两村认真地进行梳理，制定切实可行的管护措施，确保这条路在两村的脱贫致富和经济发展中发挥作用。

第二，要立足道路建成通车后变化了的交通现实，对村里的脱贫致富思路进行一次重新调整，对今后一段时间村里的经济发展设想进行一次认真谋划。这条道路的建成带来的变化，不仅仅是出行上的便利，更重要的是，它改变了两村经济发展上与外界近乎隔绝、老死不相往来的现实。过去，我们运不出去的山货能够运出去了，受其制约见不到效益、不能发展的林果业，现在能发展了。同时，外地商贩也能进来了，购货、销货的商贸活动也会逐渐增多起来。所有这些，都会引起我们两村的生产方式、方法一系列的发展变化。对于这些，县、乡两级一定要帮助两村认真审视，根据这些变化了的实际，对今后的脱贫致富、经济发展思路进行一次认真谋划，确保尽快脱贫致富。

第三，要认真总结两村干部群众在修路过程中的先进事迹，把其中蕴含的艰苦奋斗、无私奉献精神进一步发扬光大。艰苦奋斗、无私奉献是我们民族精神的重要组成部分，同时也是包括窑门口、圪腊铺两村在内的太行山人的传家宝。在修建这条道路过程中，这一高尚的精神品质得到了更真实、更突出的体现。为了修好这条路，两村党支部、村委会发动全村干部群众集资；为了贷款，村支书把房子都做了抵押；有的党员头被砸破了，坚持轻伤不下火线；还有许多群众为修路卖掉了老人的棺材、捐出了儿女的婚礼钱；等等，类似的感人事迹还有很多。这种人穷志不穷、志在改变山河的英雄壮举，确实可歌可泣，令人感动，令人敬佩。在今后的生产生活、工作中，我们一定要把这种精神作为一笔宝贵的精神财富，进一步发扬光大，争取为早日实现脱贫致富奋斗目标、推动山区经济更快发展做出新的更大的贡献！

在全市冬季造林绿化现场动员会上的讲话

（2003 年 11 月 21 日）

这次全市冬季造林绿化现场会是市委、市政府研究决定召开的，目的是深入贯彻落实《中共中央国务院关于加快林业发展的决定》精神，通过表彰先进、现场学习邱县的做法和经验，动员全市各级各界迅速投身到冬季植树造林的行列中来，尽快掀起植树造林的高潮，打好、打胜我市林业跨越式发展的第一仗。省林业厅巡视员曲宪忠同志亲临现场会指导，让我们对他的到来表示欢迎！

同志们，邱县是我市过去林业基础比较薄弱的县。从去年开始，他们抓住本县人少地多的优势，在结构调整中把发展林业放到了首位，去冬今春一举完成退耕还林 2.8 万亩。今年，他们经过充分论证，又确定了三年再新造林 25 万亩，达到人均 1.5 亩，建成全省第一平原林业生态县的奋斗目标。今冬他们计划造林 2.5 万亩，现已完成近 2 万亩。今天上午，我们参观了城南、鞠辛庄、老沙河和东锚寨村等地林网、退耕还林、环路林带等造林现场。清长同志代表县委、县政府介绍了邱县全县的造林情况。从参观现场大家能够看得出，邱县的造林工程不仅规模大、进展快，而且标准高、模式好，我们看到了林业生态县的雏形。从他们介绍的经验做法和对今后一个时期林业发展的设想规划，我们看到了他们的创新意识和工作气魄。他们这种依据县情、民情、市场需求，以超前的意识、一流的工作、严谨的态度大力发展县域特色经济的精神和雷厉风行、扎扎实实的工作作风非常值得我们大家学习。

刚才，素华同志宣读了《关于全市今冬明春植树造林工作安排意见》，这个意见是经市委、市政府研究批准的，大家一定要认真执行。省林业局巡视员曲宪忠同志针对当前我市及全省林业生产中存在的问题和今后工作讲了很好的意见，这些意见很有见地，很有指导性，我们一定要认真学习，抓好落实。下面，我就全市造林绿化工作讲三点意见。

一　充分认识林业在经济建设和社会发展全局中的重要战略地位，切实增强抓好造林绿化工作的责任感、使命感和紧迫感

为加快林业发展、实现山川秀美的宏伟目标，促进国民经济和社会发展，今年6月，《中共中央国务院关于加快林业发展的决定》出台。这是党中央、国务院再一次向全党、全国人民发出的加强生态建设的伟大号召，是新世纪新阶段指导我国林业加快发展的纲领性文件，是用“三个代表”重要思想指导林业工作的集中体现，是贯彻党的十六大精神、全面建设小康社会的一项重大战略举措。我们一定要认真学习，深入贯彻执行。

林业是国民经济的基础产业，是生态建设的主体。近些年来，在各级党委、政府领导下，经过全市人民的共同努力，我市的造林绿化工作和生态建设事业有了较快发展，局部地区的生态环境开始改善，西部一些山区山变绿、人变富，水土流失得到缓解，东部平原地区沙化土地得到初步治理。据林业部门统计，到去年年底，全市有林地面积已经达到308万亩，林木蓄积达到600万立方米，果品产量达到51万吨，林果总产值达到16.6亿元，森林覆盖率达到19.2%。仅今年以来，全市就完成造林合格面积58.85万亩，其中退耕还林16.4万亩、匹配造林26.5万亩、太行山工程造林1.55万亩，飞播造林9万亩，新封山育林10万亩，四旁植树1525万株，绿化道路3000多公里，河渠560公里，育苗1.6万亩，是我市有史以来植树造林规模最大、成效最好的一年，主要表现在七个方面。一是退耕还林工程建设规模大、进展快、模式好，成为全省、全国学习的样板。我市春季植树造林在全省行动最快。武安市和涉县的林药间作、林圃间作等模式，受到省和国家林业局的充分肯定。武安市、涉县在全省退耕还林工程联查中，均进入前三

名。二是以十条省级以上公路绿化为标志的“十路十河（渠）”绿色通道建设取得明显成效，“十路”基本实现全线绿化。除个别地段外，“十路”两侧林带宽度均达15米以上，其中106国道邱县段绿化宽度达50～100米，峰峰矿区的邢都路宽度达100米以上。10月12日，在全省秋冬季造林工作会议上，我市绿色通道工程被评为全省第三名，邱县受到了大会表扬。三是环城绿化标准进一步提高。市区环城路两侧林带宽度各新增50米，使两侧绿化宽度各达到100米，成为全省第一个实现环城路全线高标准绿化的市。临漳、魏县、邱县等8个县（市），也较好地完成了环城绿化。我市和临漳县被省政府授予全省环城绿化工程先进单位。四是项目造林再创新成绩。馆陶、临漳、魏县、大名四县围绕建设万亩无公害果品基地、万亩速生丰产林基地，共完成项目造林5万余亩，是计划任务的近5倍，其中馆陶县和临漳县成为全省项目造林的样板。为此，省还专门在我市召开了全省28个县（市、区）参加的项目造林现场会。五是太行山绿化再上新台阶。高标准完成人工造林1.55万亩，涉县公司化造林得到省局充分肯定，并在全省推广。完成飞播造林9万亩，是全省太行山飞播造林面积核实率和成效最好的市。新封山育林10万亩，累计封山育林70万亩，受到省林业局局长张树仁同志的充分肯定，称我市封山育林工作走在了全省前列，为全省提供了可借鉴的经验。六是林果基地建设又成新亮点。全市大力发展特色果品基地，果品产量预计达到52亿公斤，林果总产值预计达到18亿元，其中魏县鸭梨销售良好，目前已售出80%以上，彻底扭转了难销局面。七是护林防火再创新纪录。省森林防火指挥部多次对我市森林防火工作提出表扬，涉县被评为全省护林防火先进单位，并奖励金杯防火车一部。所有这些都为创造良好的生态人居环境和经济的可持续发展奠定了基础。但是，从总体上看，我市的森林总量严重不足，分布不均，质量不高，林分结构不尽合理，森林生态功能还比较脆弱，抗御自然灾害的能力不强，制约了农业生产水平的提高，影响了农民增收致富。可以这样说，没有林业事业的大发展，农业就没有牢靠的生产基础，农民增收就没有牢靠的保障；没有林业事业的大发展，在全面建设小康社会、加快推进社会主义现代化的新阶段，在开创生产发展、生活富裕、生态良好的文明发展道路上，我们就会遇到不可逾越的障碍。我们一定要从践行“三个代表”重要思想和全面建设小康社会的高度，充分认识加快林业建设步伐的重大意义，进一步提高对林业发展“三个地位”的认识，即在贯彻可持续发展战略中要赋予林业以重要地位，在生态建设中赋予林业以首要地位，在西部大开发中赋予林业以基础地位，紧紧围绕生态建设、生态安全、生态文明的总体要求，把造林绿化工作切实抓紧、抓好、抓出成效。

二　与时俱进，开拓创新，努力实现全市林业跨越式发展

当前，我们已进入全面建设小康社会、加快推进社会主义现代化的新阶段，正在努力开创生产发展、生活富裕、生态良好的文明发展道路，生态需求已成为社会对林业的第一需求。这就迫切要求我们与时俱进、开拓创新、综合运用各项工作措施，努力实现林业以木材为主向以生态建设为主的历史性转变，努力实现全市林业的跨越式发展。

（1）充分调动民间资本，大力发展非公有制林业。非公有制林业具有产权明晰、责任明确、利益清楚的显著优势，能够充分调动广大人民群众和社会各界投身林业建设的积极性，具有旺盛的生机和活力，是实现造林主体多元化和造林投入多元化、加快造林绿化步伐的重要措施，我们一定要大力发展。首先，要深化林地产权制度改革，实行“两权”分离，稳定所有权，放活使用权、经营权。当前，要突出抓好所有荒山荒地、河渠、堤岸、道路两旁、村庄四周和所有闲散地的招标拍卖，只有卖得出，才能发展得快。这要作为加快林业建设步伐的重要举措认真抓好，力争今冬明春全部宜林地完成拍卖。要进一步明确非公有制林业的法律地位，做到“谁造谁有、合造共有”。在政策和国家投资上，做到一视同仁、公平竞争，为非公有制林业发展创造条件。要放开“四荒”承包期限，可以50年，甚至更长，使经营者吃上“定心丸”，放心大胆地投资投劳，尤其是吸引外资和社会资金投入林业建设。鼓励工商企业和二、三产业资金进入林业主战场，充分调动民间资本，大力吸引外部资本，逐步使民营林业成为造林绿化的主体力量。要建立多元化投资、多形式经营、多层次发展的新机制，努力使造林绿化由行业

行为变为全社会行为，由领导者的认识转化为群众自觉自愿的行动。其次，要尽快完善森林资源流转机制，允许继承、转让、承包、拍卖、抵押等，使林木资源价值货币化。最后，切实保护非公有制林业合法权益。千方百计解决非公有制林业经营者在林业生产中遇到的实际问题，在资金扶持、技术指导和政策保障上与国有造林、集体组织造林一视同仁。对侵犯非公有制林业经营者合法权益的撕毁合约、非法占用林地和毁林等行为要坚决查处，依法处理，努力为各种林业经营主体创造公平竞争的良好环境。

（2）大力发展林业产业，积极培育壮大林业“龙头”企业。林业建设要牢牢把握以生态建设为主的指导思想，坚持生态优先的原则，把生态目标放在首位。不这样做，就偏离了建设方向。但是，强调生态优先，并不是不要其他方面。在突出生态目标的同时，必须兼顾经济目标和社会发展目标，在改善环境的同时，推动区域经济发展和农民增收。不这样做，造林绿化就缺乏足够的吸引力，就没有持久的原动力。要增强林业经济的观念，把造林绿化当作一项产业来抓。采用合理的林种、树种、植被配置模式，找到生态效益与经济效益、社会效益的最佳结合点。通过加强后续产业开发，培育和壮大林产品加工、流通企业，扶持龙头，带动基地，发展区域特色经济，促进农民增收。核桃、花椒、鸭梨、苹果、桃的主产区，要积极谋划一批项目，大力开展招商活动。已有意向或签约的，要抓好项目跟踪，加快建设投产的进度。今后衡量一个县（市、区）林业工作的好坏，林业产业化要作为一项重要内容。

（3）深入开展全民义务植树运动，采取多种形式发展社会造林。要不断丰富和完善义务植树的形式，提高适龄公民履行义务的覆盖面，提高义务植树的实际成效。义务植树要实行属地管理，农村以乡镇为单位、城市以街道为单位，建立健全义务植树登记制度和考核制度。要进一步明确部门和单位绿化的责任范围，落实分工负责制，并加强监督检查。绿色通道工程要与道路建设和河渠整治统筹规划，合理布局，加快建设。城市绿化要把美化环境与增强生态功能结合起来，逐步提高建设水平。鼓励军队、社会团体、外商造林和群众造林，形成多主体、多层次、多形式的造林绿化格局。

（4）坚持整体推进与重点突破相统一，努力推进林业重点工程建设。坚持两点论与重点论的统一，是马克思主义基本的思想方法和工作方法。搞好造林绿化，必须在统筹规划、协调推进的同时，突出重点，选准突破口，集中优势力量，一个战役一个战役地打，力争在较短时间内取得较大成效。无论是任务、资金安排，还是范围、规模确定，都要分层次、有重点。要讲明政策，澄清认识，明确支持导向，力改过去吃大锅饭、搞平均主义、“撒芝麻盐”的做法，重点支持能干事的，奖励干成事的，重奖干成大事的。有条件的县（市、区），可以按照“渠道不乱、用途不变、各计其功”的原则，把林业项目与农业、水利、农开、扶贫等项目结合起来，集中资金干大事、上精品，充分体现资金使用的综合效益。

（5）充分依靠科学技术，努力提高植树造林的成活率。要充分发挥科技第一生产力的作用，大力挖掘科技在植树造林工作中的潜力，千方百计提高造林成活率。过去实行的使用生根粉、保水剂以及覆盖造林等成功措施，要大力推广。今后，山区要全面推广涉县公司化造林的办法，实行造林公司全过程负责制，以造林质量、成活率验收合格程度兑现造林费用。平原县要大力推行射流深栽造林技术。同时，加强对各级造林人员责任心教育，明确奖惩办法，尽量减少因工作不到位造成的造林损失。

（6）切实加强管护，确保造一片、活一片、成一片。俗话说，“三分造七分管”，相对于造林阶段来说，管护的重要性更大。一些地方年年造林不见林，治理的速度赶不上破坏的速度，重造轻管是主要原因之一。因此，应当在加快造林绿化的同时，拿出更多的精力来研究管护工作。要把生态工程建设和管理的重点由造林阶段向管护阶段延伸，采取行政的、技术的、法律的手段，多管齐下，综合治理，彻底扭转重建设轻保护、边治理边破坏的现象。特别是对新造林地，要认真落实管护责任制，大力实施封山禁牧，推广舍饲圈养，切实加强病虫害防治，确保造一片、活一片、成一片。

（7）认真做好森林防火工作，确保森林资源安全。森林防火事关我市经济发展和社会稳定。今年，雨水大、林区杂草多，再加上多年没有发生森林火灾使人可能产生的麻痹思想、进山旅游人员多造成的火灾隐患增加以及防火基础设施建设和投入不足等问题，使防火形势非常严峻，我们一定要高度重视。10 月 29 日磁县贾壁乡南交村一村民在山上抽烟引发森林火警。虽然扑救及时，没有造成大的损失，但这次森林火警为我市森林防火工作敲响了警钟，森林防火工作一刻也不能放松。各级必须认真执行森林防火行政首长负责制，县（市、区）长、乡（镇）长是本辖区第一责任人，要负总责。要加强通信、交通等基础设施建设，认真执行森林防火预案，严格森林防火值班制度，做到及时发现、及时报告、及时组织扑救。要搞好扑火队伍建设，加强扑火救灾的演练，一旦发生火灾，能够拉得出、用得上，打早、打小、打了，确保全市森林资源安全。

三　切实加强对林业工作的领导，把林业发展的各项措施落到实处，把林业建设事业提高到一个新水平

第一，要切实把林业建设纳入国民经济和社会发展规划，做到“认识到位、责任到位、政策到位、工作到位”。“认识到位”，就是要有一个切实可行的林业发展规划和工作计划，把林业发展和推进城镇化、工业化和农业产业化结合起来，纳入全面建设小康社会的总体规划之中，真正把林业作为生态环境建设的主体和实施可持续发展战略的重大举措，列入重要议事日程，思想上有位置，工作上有路子，使全社会办林业、全民搞绿化成为一种共识，使领导抓林业成为一项自觉行动；“责任到位”，就是任务明确，责任明确，每个地方、每个部门都清楚自己在林业建设中应负哪些责任，应该做好哪些工作，有考核办法，奖惩兑现；“政策到位”，就是要因地制宜研究制定适合本地林业发展的新机制和优惠政策，如政府财政投入和非公有制造林投入机制，造林、管护、成活机制，支持鼓励民营林业和产业化发展的机制、措施，等等，推动林业向投资多元化发展；“工作到位”，就是要做到对林业工作有安排、有部署、有检查、有奖惩，真抓实干，真督实查，建立经常性的工作制度和机制，保证按标准完成国家和省、市安排的造林绿化任务，民营林业有较快发展，不发生造林质量事故，实现林业可持续发展目标。各有关部门要认真履行职责，密切配合，支持林业发展。要根据加快林业发展的需要，强化林业行政管理体系，加强林业行政机构建设。要建立完善的林业动态监测体系，整合现有监测资源，对我市的森林资源及其他生态变化实行动态监测，定期向社会公布。乡镇林业工作站是对林业生产经营实

施组织管理的最基层机构，要充分发挥政策宣传、资源管护、林政执法、生产组织、科技推广和社会化服务等职能和作用，为促进林业发展再立新功。

第二，要认真坚持并完善林业建设任期目标管理责任制。《中共中央国务院关于加快林业发展的决定》明确指出，各级政府主要负责同志是林业建设的第一责任人，分管负责同志是林业建设的主要负责人。对林业建设的主要指标，要实行任期目标管理，严格考核，严格奖惩。各级组织部门和纪检监察机关要把责任制的落实情况作为干部政绩考核、任用和奖惩的重要依据。林业部门要为各级党委、政府当好参谋，为基层搞好技术指导和技术服务，搞好造林绿化工程的督促检查和工程验收；交通部门要搞好道路征地范围内绿化美化，并督导有关单位做好所有的通道绿化工作，真正把邯郸的道路建成高标准的绿色通道；水利部门要搞好河渠堤岸、水库周围的绿化，部门没有条件绿化的，可实行土地使用权拍卖，限期绿化；教育部门要加强对学生爱护树木的教育，从小培养爱护森林、保护环境的良好习惯；畜牧部门要结合退耕还林，搞好林草间作，发展舍饲圈养，防止放牧毁坏林草植被和树木；农业开发、扶贫、新能源等部门都要围绕封山育林、发展林业做好各自的工作，推动林业发展。各级政府要加大对林业的资金投入，财政部门要搞好资金配套和使用管理；市委、市政府两个督查室和市林业局要加大林业督查力度，对如期完成任务的单位和个人进行表彰，对完不成造林任务或造林质量差的进行通报批评，并限期改正，同时追究有关单位领导的责任。

第三，切实动员全社会力量关心和支持林业。各级工会、妇联、共青团和民兵、青年、学生组织及其他社会团体，要发挥各自作用，动员社会各界，积极投身造林绿化工作。驻邯郸各部队为保护森林、绿化祖国做出了重要贡献，要继续发扬优良传统，积极承担造林绿化任务。要大力加强林业宣传教育工作，不断提高全民族的生态安全意识。中小学校要强化相关内容，普及林业和生态知识。新闻媒体要将林业宣传纳入公益性宣传范围。造林绿化是造福全社会、荫及子孙万代的伟大事业。我们一定认真践行“三个代表”重要思想，动员和组织全市人民积极投身林业建设，努力为全面建设小康社会、加快推进社会主义现代化做出新的更大的贡献！

在市委常委民主生活会上的发言

（2003 年 11 月 28 日）

按照市委领导班子集中开展民主集中制学习教育活动的安排，一段时间以来，除集中学习了党的十六大报告、《中国共产党地方委员会工作条例（试行）》《党政领导干部选拔任用工作条例》等省委规定的学习材料外，还自学了毛泽东、邓小平、江泽民对民主集中制的重要论述和胡锦涛同志重要讲话。通过学习，进一步增强了贯彻执行民主集中制的自觉性和坚定性。按照职责分工，我负责党风廉政建设、反腐败斗争和农业、农村方面工作，主持市纪委全面工作，分管农工委、农协总会，分管民营经济、计划生育、扶贫方面工作。在市委班子中我是一名成员，在纪委中我又是“一把手”。联系自己的思想和工作实际，对照中央和省委关于贯彻民主集中制的规定和要求，总的感觉自己在执行民主集中制上是好的，能够正确处理好民主与集中的关系，在各项工作的开展上做到了集中指导下的民主与民主基础上的集中相结合，但也存在一些问题，需要在今后的工作中认真加以解决。

一 在纪检监察工作的开展方面做到了充分发扬民主、正确把握集中

作为市纪委的“一把手”，在贯彻民主集中制方面，自己能够坚持原则，把握全局，团结同志，加强修养。做到了抓班子、带队伍，充分发扬民主，不搞“一言堂”。在纪委内部，自己组织纪委常委一班人，认真学习了

《关于党内政治生活的若干准则》《中共河北省委关于加强各级党组织民主集中制建设若干重要问题的决定》等一系列重要文件，提高执行民主集中制的自觉性；对于干部任免、财务收支等敏感事项，坚持实行公开、公正，自觉接受监督；对于纪委处理的违法、违纪案件，每次都召开市纪委书记办公会、常委会集体研究处理意见，增加了纪委工作的民主性、公开性。在此基础上，对这些重大问题的决策，经过充分的民主讨论后做到了正确的集中，没有议而不决、决而不行的现象。在班子内部实现了讲党性、讲原则、讲友谊、讲谅解，求大同、存小异，并树立起了互相尊重、互相信任、互相支持的良好风气。实际工作中，为了围绕发展这一执政兴国的第一要务，增强搞好反腐倡廉工作的自觉性和主动性，重点抓了三个方面的工作。一是在全市纪检监察机关内部组织建立和实施了一系列加强对纪检监察干部自身监督的机制和制度。在市、县两级纪委建立了主管副书记任组长的内部监督工作领导小组，在市、县党委、人大、政府、政协以及企事业单位聘请了50名纪检监察队伍建设“监督员”，并建立了报告制度、走访制度、廉政监督卡制度、评议制度和告诫制度等，切实加强了对纪检监察干部自身的监督。二是狠抓了大案要案处理。今年以来，全市纪检监察机关共立案查处各类违纪违法案件1306件，结案1052件，处理党员干部999人，其中违纪金额万元以上或职务级别在科处级以上的大案要案439件，占总数的33.6%，超省定指标3.6个百分点，为国家和集体挽回经济损失1699.4万元。三是开展了一系列调研活动。从3月份开始，一方面，组织全市纪检监察系统开展了“千家万户看党风”规模调研活动，意在切实摸清我市党风廉政建设的真实情况，增强反腐倡廉工作的针对性，掌握好工作的发言权和主动权；另一方面，在市、县两级纪检监察领导干部中开展了“千山万水取真经”学习考查活动，组织市、县两级纪检监察领导干部分三批赴广东、福建、浙江、江苏四省十市，就领导干部廉洁自律、源头治理、查办案件、行风评议、党风廉政教育和纪检监察工作如何为经济建设服务等工作，进行了认真、深入的学习参观考察，学到了不少好的经验，进一步解放了思想，开阔了思路，为做好纪检监察工作创造了条件。在此基础上，形成了“建立防腐保廉体系，实施保驾护航工程”新的总体工作思路。

二　在贯彻市委关于农业农村方面工作的重要决策和部署上，做到了坚决执行，维护市委团结和党委的集中统一

年初，市委做出继续打好农业增效、农民增收攻坚战的决定后，我坚决落实市委的这一重要决策。与此同时，为了把市委的决策和部署贯彻下去，并使之成为广大党员干部群众的自觉行动，实际工作中，我既注意了发挥基层干部群众的积极作用，又注意深入基层调查研究、广泛听取基层部门负责同志的意见，在此基础上，根据变化发展了的新情况、新形势和新问题，及时提出了各项工作开展的具体意见和思路。一是在农业和农村工作上注重抓队伍作风建设。要求全市农业战线的干部职工要有三股劲，即“鼓实劲、下真劲、有韧劲”，保持良好的精神状态，发扬求真务实的工作作风；在加强基层民主政治建设上推广了广平县“民主议政、跟踪督办”经验，省委副书记冯文海做了批示，给予了充分肯定。在农业农村具体工作上提出了“调结构、抓龙头、促增收、谋发展”的基本思路，通过大力发展龙头企业、加快基地建设、抓好农村经纪人队伍的建设、完善和发展农民各类专业合作经济组织和农产品行业协会等多种措施来提高产业化水平和经营水平，进一步促进了农业增效和农民增收。二是以开发式扶贫为重点，实施了扶贫工作三大工程，特别是科技扶贫工程已取得了明显成效。目前，全市已启动建设了 8 个高规格、大规模的科技扶贫示范园区，每个乡都有科技扶贫示范点，每个村都有科技扶贫示范户。三是在计划生育工作上提出要加大严惩力度，制定严惩措施，加大对超生的处罚力度。到今年计划生育年度底，全市人口出生率为 10.54‰，低于年度 13.5‰目标，计划生育率为 95.53%，高于目标 6.5 个百分点。四是在民营经济发展上，提出了突出特色、扶持“四型”民营企业的思路，并牵头组织起草了《关于支持民营经济发展的意见》，促进了全市民营经济的快速发展。截至 10 月底，全市民营企业完成增加值 281.4 亿元，同比增长 16.6%，实现营业收入 1125.4 亿元，同比增长 16.6%，实交税金 13.6 亿元，同比增长 21.3%，民营企业总产值占全市

GDP 的 48.7%，经济总量在全省名列第三。同时注意民营企业发展党员工作，加强了民营企业中的党员队伍建设。可以说，在加强农业农村工作上，是能够站在市委的高度推动市委的决策落实、推动各项工作开展的，同时，通过创新思维、创新工作思路，集中民智，形成共同意见，并坚持下去的。

三　在贯彻执行民主集中制方面存在的主要问题

一是对一些已部署的工作抓落实不够，需要进一步加大抓落实的工作力度。对市委部署的工作虽然经常抓调度、抓督查、抓落实，但按照高标准要求，有些工作还做得不够到位。在农业农村工作上，对于调结构、抓龙头、促增收、谋发展上抓落实的力度不够，特别是在促进农业增效、农民增收上路子还不是很宽，办法还不是很多，有待于进一步深化并加大抓落实的力度。在优化经济发展环境上，同样存在这个问题，群众反映强烈的乱收费现象还没有从根本上得到解决；扶贫开发工作特别是推进三大扶贫开发工程上也局限于面上工作的开展，在深度推进上有待于进一步加大工作力度。

二是对有些工作深入研究、具体指导不够。在反腐倡廉上虽然提出了与时俱进抓创新，但是对怎样创新的具体指导上还有些欠缺。随着改革开放的不断深入和市场经济的不断发展，反腐倡廉工作面临的新情况、新问题越来越多，需要认真研究和解决，增强理性思考，强化治本措施，不断形成创新的工作思路和工作办法。在加快“四型”民营企业发展上，只是刚破了题，如何使民营企业快速发展壮大，还需要进行深入思考与研究；在计划生育工作上，也还缺乏治本之策，这些都需要在今后的工作中认真加以解决。

三是工作作风不够深入，在广泛听取基层群众的意见和建议上有待于进一步加强。由于分管工作点多、面广、战线长，深入基层调查研究不够，特别是深入乡（镇）、村做一些深层次的调查研究不够，对一些基层反映的热点难点问题做一些深入细致的解剖，抓住主要矛盾或矛盾的主要方面，拿出具体的解决办法还不是很多。主观上想多了解一些基层干部群众的呼声、反映、意见和建议，但客观上还是浮在上面多、深入基层少，特别是有些工作满足于会开过了，布置过了，真正沉到基层了解落实情况或群众的意见和建议从而为进一步决策提供科学的依据还不够，这些也需要在今后的工作中进一步解决。

四是抓班子、带队伍需要进一步加大工作力度。在农口干部队伍的作风建设上，自己已经意识到了工作的着力点，提出了农口干部队伍要保持三股劲，但如何使干部队伍保持这三股劲，如何更进一步调动农口部门干部职工的积极性，还需要进行深入细致的思考并提出具体可操作性的意见。在解决纪检干部队伍老化、促进纪检监察干部交流问题上虽做了一定的努力，但仍有待于进一步研究，并需要在充分听取市纪委同志们的意见后，制定具体可操作性的办法，认真解决好这个问题。

四 进一步贯彻执行好民主集中制的措施

第一，加强学习，提高认识，增强贯彻民主集中制的自觉性和坚定性。要联系思想和工作实际，加强对民主集中制的学习，深化对民主集中制重要性的认识，无论是在贯彻市委重大决策和部署推进各项工作的落实上，还是在深入基层调查研究对重大问题做出决策上，都要把贯彻执行民主集中制放在首位，不断增强贯彻执行民主集中制的自觉性和坚定性，时刻做到集中指导下的民主和民主基础上的集中相结合，确保各项工作的健康开展。

第二，对各项工作的推进要在深处和实处上下功夫。农业和农村工作上要继续重视农业产业化工作，用抓工业的思路抓农业，大力发展和推广生态农业、旅游观光农业等高新技术农业，增加农民收入。要逐步减少县、乡工作冗员，减轻农民的隐性负担，同时，要认真解决好我市部分农村税费改革后仍有乱收费等损害群众利益的突出问题。要尽快理顺全市水资源统一管理的部门职能，以便对全市的水资源进行合理开发与利用，为全市的可持续发展提供资源支撑。要加大对落后县份的政策支持力度，协调市直有关部门在项目、资金等方面给予重点倾斜，促进落后县的快速发展。在优化经济发展环境上，要进一步加大经济环境整顿治理力度，以环境的大优化，促进经济的大发展。针对有些执法执纪部门服务意识差、乱收费屡禁不止的现象，下一步要加大对垂直部门的管理力度，特别是加强对执法执纪部门的监管力度，认真解决好乱收费问题。在扶贫开发上要进一步向深度发展，认真落实好省、市制定的各项扶贫开发工作措施，用足、用活政策，确保扶贫开发工作年度目标落到实处。

第三，努力形成保廉促廉机制，为经济发展创造良好的环境。在纪检监察工作上要建立防腐保廉体系，实施保驾护航工程。一要抓制度建设，进一步加强防腐倡廉机制和制度建设并狠抓落实，切实加大对各级领导干部的监督和制约。二要加大民主评议行风力度。拓宽民主评议行风的深度和广度，使执法、执纪部门增强群众意识，增强为地方经济服务的意识。三要加大源头治理力度，实施监督关口前移。四要加大大案要案的处理力度。五要继续做好纠正医药购销和医疗服务中的不正之风。六要治理好教育乱收费。

第四，进一步提高领导水平和干部队伍素质。要进一步深入基层调查研究，改进工作作风，多听取基层群众的意见和建议，增加各项决策的科学化与民主化，从理论与实践两个方面进一步提高领导水平。要加强干部队伍的学习和培训，建设一支高素质的干部队伍，为完成各项工作任务提供坚强组织保证。

建立完善“三廉”制度　探索领导干部自律与他律相结合的有效监督形式*

（2003 年 12 月 1 日）

“实行多种形式的领导干部述职述廉制度”，是党的十六大和十六届中央纪委第二次全会上提出的重要工作任务。它对进一步深化领导干部廉洁自律工作，强化对领导干部的有效监督有着十分重要的意义。近年来，我市在党风廉政建设特别是在领导干部廉洁自律工作中不断探索创新，在全省率先建立实行了“领导述廉、群众评廉、组织考廉”的述、评、考“三位一体”的领导干部述职述廉制度，收到了较好的效果。

一　适应形势，积极探索“三廉”监督方法

领导干部廉洁自律是中央确定的反腐败三项格局中的首要任务，其内涵是指党政领导干部按照“三个代表”重要思想和立党为公、执政为民的本质要求及有关廉洁从政的规定与纪律要求，实现自我约束、自我监督，正确行使权力，做到清正廉洁、克己奉公。核心是实现自我约束，关键是自觉。党的十三届四中全会以来，特别是十四届二中全会将廉洁自律作为反腐败三项格局的首要任务明确提出以来，中央及各省市不断加大领导干部廉洁自律工作力度，制定、完善了一系列法律、法规和制度、规定，有效地促进了各

* 本文刊发于《河北纪检监察研究》2003 年第 12 期。

级领导干部的廉洁从政，推进了党风廉政建设的深入开展。我市近几年来，在领导干部廉洁自律方面也制定了《关于禁止党政领导干部婚丧事大操大办的规定》等20余个制度、规定，建立实行了党风廉政建设第一责任人半年报告制度，针对领导干部违纪的不同情况分别下发提醒通知书、督查整改通知书、黄牌警告通知书的“三书”制度，以及对新任领导干部进行一次廉政谈话、发放一张“廉政从政行为规范警示卡”、组织一次廉政知识测试、填写一份廉政承诺书的“四个一”廉政教育制度等行之有效的制度、措施，领导干部廉洁自律工作取得了比较明显的成效。但是，随着形势的发展和工作的深入，领导干部廉洁自律工作也暴露一些问题，主要表现为“三轻三重”：重建章立制，轻督促检查；重自我约束，轻外部监督；重报表统计，轻实际效果。针对这些问题，市纪委常委会在充分讨论、认真研究和理性思考的基础上，就克服问题、改进工作、进一步加强领导干部廉洁自律和有效监督方面，形成了以下共识。第一，“三轻三重”的核心是重自我约束，轻外部监督。而缺乏有效监督的自我约束必然不会取得好的效果。搞好领导干部廉政自律，必须要自律、他律两手抓、两手硬，尤其要强化他律，强化监督。第二，对领导干部的监督必须紧紧抓住群众监督这个关键，通过扩大民主、发扬民主，实施对领导干部的有效监督。第三，对领导干部进行有效监督必须充分发挥组织监督的作用，将组织监督与群众监督有机结合起来。按照这样的思路，我们开始了“三廉”制度的探索和尝试。1999年先在临漳县、馆陶县、邯郸县进行了试点，2000年又进一步将试点扩展到8个县市（区）和部分市直单位。在对试点经验进行认真总结的基础上，2001年在全市全面铺开。从而建立了述、考、评相结合，领导干部廉洁自律与群众监督、组织监督相统一的“三位一体”监督机制。

二　精心组织，认真抓好“三廉”制度实施

“三廉”制度的中心内容是领导干部述廉、群众评廉和组织考廉。其中述廉是基础，评廉是关键，考廉是完善和补充。

（1）明确对象、内容，把握监督重点。我市在《在关于在县（处）级

领导班子、领导干部中开展述廉、评廉、考廉的工作意见》中明确规定了“三廉”的适用范围、对象和主要内容：市纪委主要负责对县（处）级领导班子和领导干部“三廉”监督，其范围和对象主要包括各县（市、区）党委、人大、政府、政协领导班子及成员，法院院长、检察院检察长和市直县（处）级领导班子及其成员。县（市、区）可根据自身情况，将“三廉”的工作范围、对象进行扩大和延伸。目前我市19个县（市、区）已全部在乡（科）级领导班子和领导干部中实行了“三廉”制度，有的还将这一制度延伸到了村。述廉、评廉、考廉的内容主要有两个方面，一是领导干部一年来自身廉洁自律情况，包括个人和家庭重大事项报告、学习廉政制度规定、主动接受组织和群众监督、工作作风与生活作风及个人年度工作业绩与奖惩情况等；二是领导干部分管范围的党风廉政建设责任制落实情况，主要包括反腐败三项格局和党风廉政建设责任制中涉及的32项具体工作的开展落实情况。述廉、评廉、考廉的重点是搞好“七看”，即看领导班子和领导干部廉洁自律是否自觉，勤政敬业是否带头，责任体系是否健全，责任分工是否明确，督促检查是否到位，制度措施是否落实，工作实效是否明显。

（2）多种形式并举，严格规范运作。我们在“三廉”制度的实施意见中，对述廉、评廉、考廉的时间、方法、目标等都提出了具体要求和明确规定。述廉、评廉、考廉一般安排在年底，与对领导班子、领导干部的年度实绩考核统一安排，同步进行。述廉的主要程序和方法是“一报两述”：“一报”即每个领导班子和每位领导班子成员都要撰写一份详实全面的述廉报告；“两述”即述廉报告在报县（市、区）或单位主要领导审阅后，分别在班子内部和单位部分或全体人员（根据不同情况而定）会议上进行述廉。评廉主要采取五种形式，即“五评”：一是班子成员之间互评；二是本单位干部职工评；三是下属单位主要领导评，四是上级主管部门评；五是邀请部分人大代表、政协委员、老干部代表和有关群众代表评。考廉工作重点是搞好“一谈、二看、三查”：一谈即考核组要同被考核人员以外的其他班子成员、部分中层干部及群众等不同层面人员分别谈话，谈话面不少于单位人数的20%；二看即详细查看反映领导班子及其成员履行廉政建设责任制、落实反腐败各项工作和廉政制度方面的文件、领导讲话、会议记录等原始资料，查看单位有关财务账目；三查即抽查下属单位党风廉政工作完成情况和执行有关规定情况，实地查看部分领导的住房和交通、通信工具使用情况，对群众反映的比较明确、集中的问题进行初步调查了解。

（3）客观公正评价，综合用好结果。在述廉、评廉、考廉的基础上，对领导班子和领导干部的廉政情况进行综合评价，评定出“先进、较好、一般、较差”四个档次，搞好综合利用。一是将述、考、评结果和有关情况记入《领导干部述廉、评廉、考廉情况登记表》，存入廉政档案，作为市委对领导班子、领导干部实绩考核和调整、使用干部的重要依据，作为评先评优的重要参考。近两年，我市通过查阅廉政档案，先后暂缓调整使用干部23人，否决了36个单位的评先资格。二是对被评为“一般”和“较差”档次的领导干部进行诫勉谈话，对群众测评中“一般”“较差”票超过30%的领导干部进行提醒谈话，连续两年被评为“较差”档次的进行组织处理。两年来，市纪委分别对26名被评为“一般”“较差”和“一般”“较差”票超过30%的领导干部进行诫勉和提醒谈话。三是对被评为“一般”和“较差”档次的领导班子下发廉政通知书，责其对存在问题认真自查自纠，并将自纠情况报市纪委；连续两年被评为“较差”档次的，建议对该班子进行调整，班子正职不得继续担任重要职务。四是对考评中发现的一般问题，采取当场指出或下发廉政通知书的形式责其限期整改；对问题严重、构成案件线索的，移交有关部门进行查处；五是对考评中发现的勤廉典型建议进行表彰和奖励。2003年7月我市对81名勤廉典型进行了表彰，其中有30%多的典型都是在述廉、评廉、考廉中发现的。

“三廉”制度的建立和实施，有效地促进我市党风廉政建设特别是领导干部廉洁自律的深入开展，强化了对领导干部的有效监督。首先，增强了领导干部拒腐防变能力，提高了领导干部廉洁从政的自觉性。通过述廉、评廉、考廉，不仅使广大领导干部找出了自身存在的问题，剖析了产生问题的思想根源，而且使他们重新学习了廉洁自律的一系列制度、规定，受到了一次廉洁从政的再教育，提高了廉洁自律的自觉性。其次，进一步拓宽了群众监督渠道，提高了对领导干部监督的有效性。述廉扩大了群众的知情权，评廉保证了群众的参与权。这种“勤廉情况自己谈，是否勤廉大家评”的方式，使领导干部的工作、学习、生活等各方面情况都置于了广大群众的监督之下，增强了监督的广泛性、有效性。最后，实现了监督关口前移，增强了对领导干部监督的及时性。通过“三廉”制度的实施，能够及早发现领导班子和领导干部中存在的问题，及时进行提醒谈话、诫勉谈话，把问题解决在萌芽状态，同时督促、帮助其制定措施，完善制度，堵塞漏洞，防患于未然。

三　与时俱进，努力深化和完善“三廉”制度

“三廉”制度的建立和实施虽然在促进党风廉政建设中发挥了重要作用，但也存在一些问题。一是有的领导干部摆不正“公仆”位置，对接受群众监督、评议，在思想深处存有不同程度的抵触情绪。因而在述廉中说成绩周到全面，讲问题轻描淡写，评廉中对待群众批评不够诚恳。二是在述廉、评廉、考廉的内容和分值设定上，党风廉政建设责任制所占比重相对较大，领导干部个人廉洁状况所占比重相对较小；述、评、考中党风廉政建设责任制内容兼顾部门和行业特点不够；个人廉洁状况内容划分还不够细，规定还不够具体。三是虽然“三廉”工作与年度考核同步进行，但二者的结合有时不够紧密，评廉、考廉与年度实绩考核的结果运用有时还不够统一、协调；考评结果公开不够，透明度不高，在一定程度上影响了群众参与的积极性和监督效果。四是在评廉的方法上，虽然允许群众离场填写测评表，但绝大多数群众都“不好意思”选择离场。而当场填写往往不能完全真实地反映填表人意愿。

根据存在问题和形势发展要求，我们认为今后应着重从以下几方面对“三廉”制度进行深化和完善。

（1）进一步提高对“三廉”工作重要性的认识。加强对各级领导干部世界观、人生观、价值观教育和廉洁勤政教育，促使他们摆正自身位置，正确对待职务、权力和地位，正确对待组织、群众和自己，充分认识“三廉”制度是教育和保护干部的一项有效措施，增强做好“三廉”工作的自觉性。

（2）进一步调整内容，突出重点。加大领导干部自身廉洁状况在述廉、

评廉的比重，将群众关注的住房、用车、婚丧嫁娶、子女安排、重大资金使用等情况作为述廉、评廉的“必答题”，提出明确要求，把述廉工作与领导干部平时的收入申报、礼品登记、个人重大事项报告等有机结合起来。

（3）进一步改进和创新述、评、考的形式和方法。一是实行“三廉”预告制度。在领导干部述廉前7～10天提前向参加评议的干部群众预告，并通过召开座谈会、发放征求意见卡等形式征求干部群众对述廉人员的意见，梳理后反馈给述廉人，帮助述廉人找准自身存在问题。二是建立听证质询制度。领导干部述廉结束后，参加评议的干部群众可以当场就有关部门廉政方面的问题提出质询，要求述廉人予以回答。三是改进群众评廉的形式。一种方法是继续保持现场填表形式，加大人员座位间隔到一人以上；另一种方法是述廉后由群众分散单独填写测评表，在规定时间内将表投入专设票箱。

（4）进一步做好“用廉”文章。一是完善考核结果报告制度。考评结束后除应向市、县党委写出专题报告外，还应将有关部门情况向人大、政府、政协等进行通报，以引起各方领导的高度重视。二是实行考核结果反馈制度。将考评结果反馈给被考核单位，在群众中通报，并注意收集群众对考评结果的反映，不断予以完善，努力提高群众参与监督的积极性和考廉工作的准确性。三是建立完善考核结果运用的协调机制。将“三廉”监督、领导班子和领导干部年度实绩考核、干部选拔使用等工作，与组织、人事部门建立通报、协调制度，确保几项工作的和谐一致。

在调研人口与计划生育工作时的讲话

（2003 年 12 月 2 日）

计划生育工作省里已查过了。这几天，市对县（市、区）计划生育工作正在进行考核检查。今天我和德进副秘书长、齐作群主任一起到临漳看一看这里的计划生育工作。刚才县委、县政府汇报了临漳县的计划生育工作情况，县直机关几个单位也介绍了情况。结合市计生委提供的一些资料，总的感觉是，临漳计划生育工作是到位的，抓得比较扎实，取得了比较明显的成绩。临漳县有 58 万人口，在邯郸市范围里也是一个比较大的县，不是人口最多的，但也是人口比较多的。作为人口大县，有很多工作要做，计划生育工作肯定有难度。今年，尽管有非典因素的影响，但是，临漳县委、政府重视，计生部门，还有各乡镇以及有关县直部门都做了大量的工作。刚才县委汇报讲到要树立“三个观念”、抓住“三个关键环节”、建立“三项工作制度”，从这些工作来看，应该说工作抓得还是有章法的，是有思路、有措施、有成效的。特别是将人口文化大院与生态家园富民工程合为一体，应该说是我们临漳工作的一个特色。我看了几次这些小院，一开始在一些村里搞沼气，从搞家庭经济小院、生态小院，改厕、改圈这些工作开始，大家利用沼气照明、做饭、洗澡，搞一些肥料，搞一些养殖，小院子改造了，净化了。因此，从省里一直到农业部，咱们这儿都是一个典型。现在又把它引申一步，与计划生育工作结合在一起了，建成人口文化大院，实际上也是一个人口文化生态大院，这些都是有创意、有创新的工程。通过一个载体，把农村、农民致富奔小康，提高生活水平，提高生活质量，包括提高人口的质量等结合起来，共同抓下去，这也是我们在工作创新里实现农村小康建设的一个现实可行的途径。当然，对你们工作的评价还要检查小组来说。我说这两句话就是一个感受，不是结论。我见考察组一边看还一边做了点评，公安局怎么样，管流动人口的；民政局怎么样，关于婚姻问题、计划生育三结合的问题；卫生系统解决胎儿比例的问题、做 B 超识别性别的问题；还有其他一些相关部门都谈了自己的一些工作和做法。计划生育工作确实是一个综合性的工作，从你们的总体工作情况来看，有一些地方还需要加强，如那些后进乡村的转化问题。还有些共性的问题，如提高计划生育人口质量问题，要完成计划生育工作质量的问题，这些也是全市共性的问题，还需要继续加强。这次计生小组查完了不一定马上交换意见，回去再算账吧，但总有算账的时候。算账不是只给书记、县长算算账，而是要找出薄弱环节来，加强这方面工作，使我们的工作做得更好。

下面结合这次看到和听到的情况，讲几点意见。

第一，要把计划生育这项基本国策放在持续、快速、协调、健康发展这个大的发展战略里面来认识、来把握、来落实。上午本来我想过来，突然接到通知，省委、省政府要传达中央经济工作会议精神，所以先在市里开了电视电话会。省委、省政府主要领导同志给大家传达了最近召开的中央经济工作会议精神。中央经济工作会议精神对于今后一个时期我们国家的社会经济发展在总体战略上有补充、有充实，提出了一个口号，叫作“持续、快速、协调、健康发展”。充实的内容就是协调发展的问题。协调发展，可以说是可持续发展的具体化。多少年来，人口已经作为一个基本国策而提出，我们国家在社会经济发展上作为基本国策的提法不是很多的，但是人口作为基本国策提出来，是比较早，叫得比较响，坚持得比较好的。在西部发展的战略里，人口与计划生育工作的内涵也在逐步扩大，把它们联结起来，这就体现了一种协调发展的精神。通过综合考虑人力、物力资源，综合考虑自然、社会的资源，综合考虑人财物的资源，甚至综合地整合各种政策资源，为全民族、全社会的经济发展服务提供指导，将更有利于我们进行资源优化整合。特别是人口人力资源，这是先进生产力中最活跃的部分，如果把它搞好了，我们一个国家、一个地区以至一个县、一个乡镇、一个村都能够协调发展、快速发展。人口问题在邯郸的现实性非常突出。邯郸作为一个工业城市、农业大市，综合经济量的底盘比较大，在河北省 11 个市里经济总量在前几名，在晋、冀、鲁、豫周边 12 个地级市里，经济总量也是比较靠前的。但是人均水平我们就比较靠后了。在全省 11 个市里经济总量是前三四名，人均水平是第八九名，在 12 个周边城市里，我们的经济总量可以说是前一二名，但是有些指标的人均水平和经济增长的指标水平也不是都靠前的，有靠前的，有不靠前的。当然这一方面与以往的经济总量增长速度有关系，另一方面就与我们的人口有关系，人口基数太大。河北省经济比较发达的地区，像唐山地区，唐山市的财政收入去年大概是 70 多亿元，我们邯郸的大口径财政收入是 53 亿元，但是唐山比我们少 100 多万人口。财政收入比唐山少将近 20 亿元，比唐山多 100 多万人口，人均水平就显得很低了。这就直接制约着我们这个地区的社会经济发展综合能力的提高，影响到发展速度的提高，以至影响到人民生活水平的提高、人民生活质量的提高。一方面人均水平低，平均到个人头上的东西就少，改善生活，改善工作环境，这都是比较困难的。另一方面，经济增长水平相对低、速度慢，也影响人口质量，影响人民群众的生活质量，这有个良性循环还是不良性循环的问题。因此，人口这个事情作为一个基本国策，一刻也不能放松，更需要不断提高对这个基本国策在整个国民经济以至在地区社会经济发展中的地位和作用的认识。这不是多生一个孩、两个孩的问题，一个家庭多生一个孩、两个孩，有儿子有闺女比较全了，但是对社会的影响太大了，不可小视。另外就是要研究新情况、新问题。随着社会经济的不断发展，形势也在不断发生变化。从世界说，国际经济日趋多样化；从国内说，加入世贸组织后，好多事情要与国际接轨，同时，市场经济体制在国内不断完善，对外开放力度不断加大。充分调动人力资源，对这个地区社会经济发展将会起到非常重要的作用。从这次中央经济工作会议精神传达上也体现出我们的机遇比以往、比过去更大，但是我们面临的新问题、新困难比以往也更多。因此，我们现在就要抓住大的机遇，寻求大的发展，解决更多的问题。计划生育也是如此，也要研究新的形势。《人口与计划生育法》已经出台了，开始执行了。这个稿子十几年几易其稿，总是通过了，现在已经开始执行了。最近，《行政许可法》也开始实行了。因此在我们的具体工作执行时，规范地依法行事，将是对我们计划生育工作的一个考验。过去我们在基层工作，到纪检监察机关也好、司法机关也好，计划生育的案件告状是不受理或很少受理的。因此我们有的工作手段有些粗糙，那时候有那个时候的特殊情况，但是不能说那个时候是规范的、做得非常合法。那个时候没有《人口与计划生育法》，工作无法可依。虽然我们有很多政策，还有不少文件，但那是有弹性的。现在有法了，有法必依。人民群众的觉悟程度提高了，民主意识增强了，这是社会进步的表现。今后，如果工作违法违纪，还要追究执行人的责任。但不是说工作难度大了我们就不做了，就打退堂鼓了，不是这样，而是要依法行政、依法办事，提高我们队伍的法制化观念，提高工作质量。这样解决起一些困难户，一些难办的户，工作量就无形中加大了，从村到乡镇到县，这个难度是都有的。我们面临几种新的形势，大的经济环境也好，经济体制改革也好，还有我们法制的健全，计划生育面临新的形势、新的问题，大家要研究新情况、研究新问题，要创造性地工作。创造性地工作就是把政策、法规和我们的实际情况结合起来开展工作，提高工作质量。从临漳来看，有很多创新，生态家园富民工程、人口文化大院都有了，但是你们的认识还不到位。作为58万人口的县，一年人口增长6000多人，也相当于几个团呀。如果这个事情做不好，不要很长时间，几年、十几年里就能显示出对你这个地区社会经济发展的制约作用。人口问题首先是吃饭问题，16岁、18岁前人口是吃饭的，不是干活的，供养一个劳动力出来是要付很大的花费的，所以一定要有计划地来做。我为什么要提出这个事情来？就是要咱们再上升一下认识，再提高一下认识，然后逐步地转变全民的观念。我已经来邯郸工作两年多了，将近三年了，我觉得邯郸计划生育的全民观念和经济社会文化的发展水平是不相适应的。我们的经济社会发展水平是比较高的，在河北省我们也是比较高的。最近从中央、省来了一些领导、一些专家、外边客商，带他们去参观、去看，他们说邯郸不可小视，有着悠久的文化，但是从计划生育的观念来说，有点陈旧。开始我很吃惊，现在逐步地，特别是我主管计划生育工作以来，感觉这个事情要在观念上做文章。一些观念落后到什么程度呀？我们有一些脱产的干部还追求男孩呀，生不出男孩还要接着生。咱们这个两胎率还是比较高的。我看市计生委给我的一个资料，临漳无孩是6.22%，一胎是32.1%，两胎是33.26%，多孩是28.41%，实际上两胎以上的是60%以上的。我在唐山的县委也工作过，这个现象在唐山地区是没有的。邯郸脱产干部有两个孩的比例也不小，40多岁或40出点头的有两个孩子，这说明基层工作任务量是很大的。脱产干部哪有生两个孩的？脱产干部是少数民族或只有一个孩是残疾，才能允许生第二胎。但是有的说一个孩是残疾，准生证也都有了，可残疾现在也露出水面了，冰山露出一角了，有的第一胎已经上大学了，有的上高中，考上的是一中。怎么对待这个问题？我们这是关起门来说这个事情，这个问题很离谱。因此我们这个基础工作确实薄弱，薄弱在哪？观念问题。脱产干部跟农民不能比。农民没有男劳动力，联产承包以后确实有他的实际困难，要下地干活，所以咱们在这个地方还是相对地放宽一些，头一个是女孩，二胎还是可以考虑的，确实有劳动力的问题。要等姑娘把女婿领进门下地干活还有些年头，因此光靠女孩劳动力还是有问题的。在农村，男孩还要在家顶门户，没男孩家里地位不行，这也是客观因素。另外，传宗接代这个观念是骨子里就有的东西。女孩不能传宗接代，所以生一个女孩不甘心，就必须再生一个男孩。刚才有人讲了抱养孩子的问题，我发现有的地区脱产干部还抱养孩子。如果作为公益事业，收养无依无靠的孤儿，这是值得表扬的；但是如果为了自己生了一个女孩还抱养一个男孩，这个观念就不可思议了，这是在为将来制造矛盾。有的是不是真正抱养的？这个问题还需要进一步考察。对于一些个案咱们要认真地查处，咱们也抓了一些，查处了一部分，这里都反映出观念的问题，观念太陈旧了。1980年中央发了公开信以后，思想观念都在转变。40多岁的人，45岁的人基本上不允许要二胎了。可能有些人没上大学，参加工作早赶个末尾，但是第二胎不违反计划生育政策的还是少。虽然到时候组织部门查，计生部门查，但是有的已是历史性的东西了。因此现实的问题一定要抓好。这几年，我们的工作效果还是明显的。我在县里工作的时候，承包着三个乡镇，其中一个乡镇一个村里的妇联主任因为漏报了三个孩子，当月没有报，正好人家去查，虽然是计划内生育，但是因为没有及时上报，乡镇党委书记给予党内严重警告处分，村妇联主任被免职了，村支书也受到了处罚，就严格到这种程度。因此咱们这个观念的问题还是要转变的，要解决一些问题一定要解决观念问题。今天讲到“树立三个观念”，最后一个是对人民负责的观念，这是“三个代表”的思想，是发展的观点，不发展怎么行呢？对人民是要负责的，这是非常重要的东西。

第二，要坚持热情服务与综合治理并举，做好人口与计划生育各项工作。现在从中央到地方，大家都在学习“三个代表”重要思想，这是我们新时期党和国家工作的指导思想，在计划生育工作里贯彻“三个代表”重要思想针对性尤其强。刚才说对群众负责就是“三个代表”的思想，代表人民的根本利益。计划生育工作在指导思想上要换一下位，转变一下观念。并不是党委和政府一级一级给我们来个指标控制，我们就去和群众搞对立，他想多生，我让他少生；他想生，我不让他生。对立起来的观念要转变，要转变到为群众服务，这个服务不是你要生我就不让你生，这叫什么服务？服务是要让群众计划生育、优生优育。做好这个服务，实际困难是有的，一些群众存有错误观念，想多要孩子。如果一个家庭生了好几个孩子，这两口子这一辈子哪还有什么娱乐生活，哪有什么物质生活条件改善？一辈子吃不上，穿不上，花没花，用没用，辛辛苦苦，做牛做马。到老了，快丧失劳动能力了，还有一个小儿子没娶媳妇呢，这一辈子冤不冤呀？但这些问题一开始群众不会认识很充分，需要帮助他们认识这个问题。当然，这个工作是个综合性的工作，我们还要帮他们脱贫致富，解决生活出路问题，提高生活的质量，所以首先要服务群众，要树立为群众服务的思想，要为他的根本利益、长远利益考虑，给他以实际的帮助来解决问题。我们管计划生育也要管扶贫，一边扶着贫还一边多生，越穷越生，结果越生越穷。俗话说，要想富多修路，少生孩子多种树，这个顺口溜是有道理的。要树立服务群众的思想，尤其是要把与群众对立性的工作观念变为为他们服务的观念，确实为群众着想。要教育群众，引导他们认识计划生育问题，从群众的根本利益和长远利益考虑，来解决这个问题。同时要综合治理，思想舆论先导、说服教育，也包括对违法违纪案件的直查直处。怎么处理超生的我们已经有法可依了，要依法行政，依法查处，严格查处。要落实好党政“一把手”负总责这个制度，我们一级一级要负责。“一把手工程”是系统工程，“一把手”

牵总负总责，计生部门作为职能部门，要做好协调管理，各个部门要齐抓共管，共同努力，做好这方面的工作。同时，要大力提倡党员、团员、干部起模范带头作用。从总体上说，这几年党员干部一方面能够积极地做工作，另一方面自身能够率先垂范，做出样子来，起到了带动作用，起的作用主流是好的。但也有一些个别党员干部做的是非常差的。开电视电话会的时候也讲了，我们刚处理一个生七胎的，是一个乡镇的乡镇长，生完二胎还去兼村支部书记。生了七胎，他还怎么做别人的工作呀？这是一个反面教材。生了七个，怎么管那些生三个的、生两个的？不要说他本人没法去做工作，就他周边的、手下的人，他的上级领导都没法去做群众的工作。怎么去做群众的工作？这不是在党内搞特权吗？什么是腐败？这就是腐败。什么是特权？这就是特权。别人不可以多生，你可以多生，谁给你的这个权力？没人给你这个权力。要这样的党员干部干什么？他已经丧失了一个党员干部、一个公务员的资格，所以我们要坚决地把他清除出我们的队伍，开除党籍，开除公职，并且要追查有关人员的责任。为什么这个事情这么多年不处理？为什么他还可以当乡长当干部？还要严格查处，严格处理，追查责任，决不姑息。有的人计划生育工作没有做上去，我们也亮了黄牌，黄牌警告，限期整改。

在这次换届的时候，有的乡镇一些主要负责同志已经进入县级班子后备干部的视野了，已经考察了，就是计划生育工作亮黄牌以后，被拿下来了。工作干上去再说吧。我们最近一个时期从县（市、区）工作的分工上看，有一批副书记、纪委书记来抓计划生育工作，加强了对违纪违法的查处力度，给计生工作的同志们撑腰、壮胆、保驾护航，希望能够抓出点名堂来。这个不是和谁过不去，不是对哪个干部看着不顺眼，而是为邯郸整个社会经济发展的前途大计着想。再多生不行了，我们已经多生了好多了。要使经济增长与人口增长成比例，协调发展，经济水平和人口增长成比例发展能保持我们的生活水平不断提高，生活质量不断改善，这是根本的利益。男孩女孩的比例也要成比例增长，我们现在女孩少。光要男孩不要女孩，光有男孩没有儿媳妇也不行，这也是个问题。女孩少，男孩就多，长大了男孩讨不上老婆也是很麻烦的。都想要男孩，男孩搞不上对象，娶不上媳妇，轻则这个家庭不完整，重则有部分人就要畸形发展，成为社会的不稳定因素。这个社会问题是很明显的。这些问题都要认真对待，做好方方面面的工作，鼓励党员干部要起模范带头作用，做好工作。同时，热情服务要求有一定的技术条件，包括绝育手术、妇女保健、体检等，要创造条件认真做好。现在从县这一级来说，技术还是可以的，投入还是不少的。要做好服务，做好保健，以情动人，杜绝事故发生，不能搞出事故来。真心为群众服务，讲清道理，认真去做，不怕跑断腿，不怕磨破嘴皮，多做工作，讲究方法，群众还是通情达理的，不通情达理的是个别的。

第三，各级党委、政府和社会各界要关心支持计划生育工作。现在讲人口与计划生育工作，已经把计划生育工作的内涵扩大了，不仅仅是生孩子的问题，而且是提高人口素质的问题，过去是讲有计划按比例协调发展，现在搞市场经济，要讲持续、快速、协调、健康发展，这是我们总的大政方针。搞好计划生育工作，党委、政府、社会各界要关心支持，同时，要搞好计划生育工作队伍建设。这里首先要提的就是要关心、爱护、支持在基层做计划生育工作的同志们。基层做计划生育工作很不容易，有的群众觉悟程度不是那么高，你让他去考虑乡镇的事情那不可能，这是镇党委书记和镇长的事情，想一县的事情是县委书记、县长的事情，你不可能让他想那么多，但是一定要把计划生育放在工作大局里来做，这个工作量很大。因此对计划生育工作的队伍要关心，要爱护，要支持。我也时不时地接到一些信访件，从各种角度来反映我们的问题，我对作群同志有过一个批示。第一句话就是基层计划生育工作不容易，有了问题要解决问题，但是要实事求是，同时要更多地关心、爱护、支持基层同志们的工作，让他们能够放手大胆地工作。当然我们这些同志也要有奉献精神。我刚才讲了，你是搞基本国策的，咱们国家没有几个基本国策，你是其中之一，应当感到无比的光荣和自豪。但只光荣不行，权力就是责任，权力就是义务，权力就是奉献。这就是我们共产党员的权力观。有了这个权力都想当官，不当官的想当官，当了官的不知有多难，当官的也难呀。你光想有了权力，受人拥护，有人接，有人送，但是也有责任。别人拥护我们，接我们、送我们，为我们创造工作条件，目的是让我们做好工作，为这个地区谋福利，如果做不好，大家对你就是白费一番苦心，有负于群众，有负于基层。因此，一方面，党委、政府要关心在计生战线工作的同志们；另一方面，基层工作的同志们也要不辱使命，多讲奉献。今天基层同志多，咱们从两个方面来讲，希望共同做好这个“一把手工程”。我们过去在基层常讲这句话，我们一个人、两个人手里攥着几顶乌纱帽，如果书记、县（市、区）长的帽子也攥到了，这是什么意思呢？工作做不好，有黄牌了就有可能丢掉乌纱帽。得提醒我们自己，把我们的帽子丢了，这不是个很大的事情，但是这样的几顶帽子都丢了就不得了，不能因为这一票就把我们的工作都否了，这样就更加加重我们的责任心，包括我在内。我们做好这项工作，要齐心协力，把计划生育工作搞上去，总体来说，无论从观念还是从我们认识到位、工作制度、机制、设施、投入、队伍，都要下功夫，打好这些基础，理清工作思路，做好工作。今年年底快要到了，各项工作都进入一个总结的阶段，现在我们的检查工作也是为了总结，认认真真地总结好我们今年的工作，计划生育工作也要总结，同时也要理清明年的工作思路，继续认认真真地抓下去。邯郸各项工作的前景都是好的，关键在我们怎么做，我们的综合素质不低，总体水平不低，需要我们做好工作。最近我们看了《至高利益》，有的还看了《走向共和》，里边有些话是很有意义的，一代人做好一代人的事情，一届政府做好一届政府的事情，每一个工作岗位做好每一个工作岗位的事情，丁是丁，卯是卯，认认真真做好自己的事情，联系起来就是做好整个工作，做好一个历史时段的事情，前赴后继地发展，持续、快速、协调、健康发展。临漳县主管计划生育工作的同志都在，你们要好好地研究一下计划生育工作，把这项工作列入政府工作报告，持续、快速、协调、健康发展。

最后，借此机会向临漳的计划生育工作的同志们，特别是在最基层、最前线工作的同志们，向市计生委和我们全市的计划生育工作的同志们表示慰问，同时，对支持计划生育工作的同志们表示感谢！

在全市农民专业合作经济组织建设工作会议上的讲话

（2003 年 12 月 11 日）

今天的会议，既是一次工作会，又是一次经验交流会，同时也是一次加快发展的动员会。参加今天会议的有各县（市、区）委主管副书记、政府主管副县（市、区）长、农协办主任、农民专业合作经济组织领导小组办公室主任，还有部分重点乡镇的党委书记、先进村的代表、先进专协或研究会负责人。各县（市、区）参会人员之多、参会范围之广、会议规格之高，是近年来极为少见的。市委、市政府之所以召开这样一次高规格、大范围、多层次人员参加的会议，目的就在于唤起大家对发展农民专业合作经济组织的高度重视，下大力气，把全市的农民专业合作经济组织建设工作促上去。刚才，宋涛同志宣读了市委、市政府“两办”《关于表彰 2003 年度全市农民专业合作经济组织建设先进单位的通报》；华云等 6 名同志分别就如何加强农民专业合作经济组织建设，农协办主任如何当参谋、搞协调、抓落实，专协如何发挥桥梁纽带作用、为农民搞好服务等方面介绍了各自的做法和体会。会上，还印发了一些书面材料。他们讲的这些体会，会上印发的这些材料都很好，希望大家认真学习、借鉴，采取切实有效的措施，努力把我市的农民专业合作经济组织建设工作推向新阶段。

“9 · 28”全市农民专业合作经济组织建设电视电话会议之后，全市各级党委和政府把加快发展农民专业合作经济组织当作一项十分重要、十分紧迫的工作来抓，采取了一系列行之有效的措施，取得了明显效果。概括起来，主要有以下几个方面。一是各级领导重视程度有了进一步提高。会后，馆陶、邱县、涉县、临漳、成安等县召开党政领导班子联席会，鸡泽、魏县、曲周、邯郸县、矿区、磁县、武安、大名、肥乡等县（市、区）召开专题会或调度会，迅速传达贯彻会议精神，研究贯彻落实措施；市财政局、畜牧水产局、地税局、农业局、林业局、供销社、科协等部门结合本单位、本系统实际，研究了具体贯彻落实意见。二是进一步充实健全了组织。为了加强对农民专业合作经济组织建设工作的领导，市委、市政府成立了发展农民专业合作经济组织领导小组（〔2003〕26号），由我任组长，增海同志、素华同志任副组长，有关部门领导为成员。领导小组办公室设在市农协总会，负责对全市农民专业合作经济组织建设工作进行综合协调、指导服务。比照市里的做法，馆陶、临漳、鸡泽、邱县、曲周、肥乡、邯郸县、涉县、大名等县及时成立了发展农民专业合作经济组织领导小组和办事机构，邱县、成安、磁县、武安等县（市）调整充实了农业服务协会领导成员和农村改革试验区领导小组成员。三是营造了大力发展农民专业合作经济组织的较好氛围。馆陶县召开了由各执法执纪部门主要负责人、农口各部门全体人员、乡镇全体干部、农村党支部书记、村委会主任、农协专职副会长共计1500余人参加的发展农民专业合作经济组织动员大会，进行动员部署。在此基础上，全县各乡镇又都召开了由各村全体干部、全体党员、种养经营大户、中介服务能人代表等参加的再动员大会。县电视台制作了专题节目。乡镇村还利用广播、黑板报等进行广泛宣传。县四套班子领导深入基层，分包乡镇，建立了联系点。领导小组办公室还对全县的组织建设情况进行了督导、检查。成安县召开全县农民专业合作经济组织工作会，邱县召开全县农协工作会议，磁县、邯郸县召开乡镇农协会长及专协会长会议，分析形势，明确任务。鸡泽县采取广播、电视、标语等宣传手段，对鼓励支持农民专业合作经济组织发展的政策措施进行了大张旗鼓的宣传，营造了较好的发展氛围。四是进一步理清了发展思路。各县（市、区）普遍开展了调查研究和摸底工作，分析现状，查找问题，制定了切实可行的发展规划。成安县提出了“政府扶协会，协会促龙头，龙头强服务，专协变民办”的“四步曲”，努力打造棉花、草莓、养羊三条龙型经济。涉县提出了“立足产业建园区，围绕园区建组织，建好组织保增收”的发展思路，专门制定了《关于加快种养园区建设的实施意见》，走公司化管理、专业化服务、一体化经营之路，多渠道组建种养方面的农民专业合作经济组织和专业服务协会。邯郸县围绕产业规范协会功能，开通了“邯郸县农业服务协会网站”，对外发布专业协会、龙头企业、专业大户等农产品生产、技术、销售等方面的供求信息，展示该县品牌产品和农业发展潜力；提供外地先进管理、技术、产品需求等信息。鸡泽县围绕主导特色产业提出“发展一批，巩固一批，提高一批”，争取明年有2~3个农民专业合作经济组织进入省、市级重点。邱县围绕“两白一绿”（羊、棉、林）主导产业创建了新的专协和行协。临漳县不仅规范了原有的专协、龙头企业、农产品市场，而且新建了养羊、养猪、生态、芦笋、蟠桃5个县级专协和服务实体，受到了省委书记白克明同志的高度评价。五是选树了一批专业合作经济组织建设典型。矿区种子专协根据市场需求，与会员签订种植合同，通过提供产前、产中、产后服务，加强技术指导和监督，保证种子质量；通过实行现场收购，当场付款，使会员户得到了实惠，会员户比非会员户每亩增收200元。种子销售到河南、山东、江苏等省的20多个县市，扩大了邯郸的影响。

总的来看，各县（市、区）和市直各单位贯彻落实“9·28”电视电话会议的情况是好的，全市农民专业合作经济组织的发展是健康的，但也存在一些问题。主要是有的领导同志对发展农民专业合作经济组织重视不够，思想认识不到位，工作摆布不到位；有的职能部门只顾本部门的利益，对农民专业合作经济组织优惠政策落实不到位，支持服务不到位。从全市的整体情况看，农民专业合作经济组织的数量还不多，管理运行还不够规范，服务带动能力还比较弱，与先进市的水平还有相当大的差距。根据这一实际情况，最近，市发展农民专业合作经济组织领导小组办公室对明年工作的指导思想和指导性任务目标进行了认真思考、谋划。在这里，我宣布给大家，请同志们讨论、修改、完善，明年全市农民专业合作经济组织建设工作的指导思想是：以邓小平理论和“三个代表”重要思想为指导，认真贯彻落实党的十六大、第十六届三中全会和中央经济工作会议精神，坚持以人为本，从邯郸实际出发，围绕产业建专协，建好专协促产业；专协重点强龙头，强化龙头促增收，全力推进全市农业产业化快速、健康、协调发展，促进农业增效、农民增收，为繁荣全市农业农村经济、全面建设小康社会做出新的贡献。围绕这一指导思想，明年全市农民专业合作经济组织建设工作的指导性任务目标是：按照“提高一批（市级），规范一批（县级），扩大一批（乡级），发展一批（村级）”的总体要求，加快农民专业合作经济组织建设，实现“7531”的工作要求。具体内容是，建设 7 个规范化的市级联合会或产业（行业）协会，建设 50 个规范化的县级专协，在现有基础上，乡级专协增加到 300 个，村级农民专业合作经济组织发展到 1000 个。为了保证这一目标实现，下面，我就明年全市的农民专业合作经济组织建设工作，讲三点意见。

一　认真贯彻落实党的十六大、十六届三中全会和中央经济工作会议精神，站在全面建设农村小康社会的战略高度，进一步认识发展农民专业合作经济组织的极端重要性

党的十六大明确提出，要“积极推进农业产业化经营，提高农民进入市场的组织化程度和农业综合效益”。党的十六届三中全会也强调：“农村集体经济组织要推进制度创新，增强服务功能。支持农民按照自愿、民主的原则，发展多种形式的农村专业合作组织。”今年 8 月 13 日省委书记白克明同志在省委农办《关于当前农业产业化有关情况的汇报》上做出重要批示，指出：“一个农业产业化、一个农村合作经济组织（我印象日本叫农业协会组织）、一个发展县域特色经济，这三者是有密切联系的。抓住本县农业（我指的是大农业）产业特点，大力发展产业化，就是壮大县域特色经济；而产业化发展起来了，也必然要求广大农民逐步走上专业合作组织之路（当然，要汲取五十年代的经验教训，不可一刀切，更不可简单地用行政手段推动）。因此，这三者也是一个系统工程。”中央之所以这样强调，省委书记之所以这样重视，最根本的原因是农民专业合作经济组织对农业和农村经济的发展“意义重大”“影响深远”。具体讲，有以下几个方面。

第一，发展农民专业合作经济组织，有利于提高农民进入市场的组织化程度，实现小生产与大市场的有效对接。目前，我国农业农村经济的发展有两个基本条件是不可改变的：一个是家庭承包经营的基本制度，另一个是农业发展的市场化取向。在这个前提下，如何把农村分散经营的千家万户组织起来，共同面对国内、国际两大市场，在千变万化的市场竞争中立于不败之地，这既是一个事关长远发展的战略问题，也是当前农业和农村经济发展中所急需解决的一个现实问题。通过发展多层次、多领域、多形式的农民专业合作经济组织，能够较好地把农村分散经营的农户联合起来，共同抵御和防范自然与市场两大风险，实现小生产与大市场的有效对接。

第二，发展农民专业合作经济组织，有利于农村生产要素在更大范围内优化配置。农民专业合作经济组织可以打破所有制、区域和行业界限，紧紧围绕某项专业生产、经营或专业服务实现生产要素在更大范围、更大领域的流动组合。通过合作服务，开展加工、购销，顺利实现初级农产品价值，实现农产品加工、转化、增值，延长产业链条，衔接产销关系，实现产业化经营；通过内部利益机制运作，降低生产和交易成本，拓展利润空间，扩大农民增收的机会；通过行业自律，规范行业行为，避免恶性竞争，稳定生产，促进发展。一句话，它可以解决许多社区组织“统”不了、国家经济技术部门“包”不了、一家一户“办”不了的事情。

第三，发展农民专业合作经济组织，有利于提升农业产业化经营水平，促进传统农业向现代农业转变。农业产业化经营和农民专业合作经济组织都是农业专业化、商品化生产发展的必然产物。没有产业化，合作难以快速发展；没有专业合作的迅速发展和普及，产业化也难以提升档次。农户分散经营，缺信息、缺技术、缺手段、缺管理，很难实现农业的区域化、专业化、标准化生产，很难实现与大市场的有效对接。发展农民专业合作经济组织，把分散经营的农户联合起来、组织起来，优化配置技术、资金等生产要素，整合监测、检验、认证等相关服务，能够提高农业产业化经营水平，促进传统农业向现代农业转变。不加快发展农民专业合作经济组织，许多地方长期存在的农产品销售难、结构调整难、科技推广难等问题，就很难从根本上得到解决，农业、农村经济就很难有一个新的发展。因此，大力发展农民专业合作经济组织是新形势下深化农村经济体制改革、提高农民组织化程度、实现农民与市场的对接、推进农业产业化经营的一项重要举措，同时也是全面建设农村小康社会的一个重要抓手。各级领导一定要深刻理解十六届三中全会《决定》的精神实质和克明书记重要批示的丰富内涵，把思想认识统一到《决定》上来，统一到中央和省、市有关农民专业合作经济组织建设的指示精神上来，从全面建设小康社会的战略高度，进一步认识发展农民专业合作经济组织建设的必要性、必然性和紧迫性，真正做到思想认识到位、工作摆布到位、农民参与到位。

二　坚持“民办、民管、民受益，党领导和不拘一格、放手发展”的指导思想，抓重点，攻难点，推动全市农民专业合作经济组织建设尽快步入快车道

近年来，我市农民专业合作经济组织不断发展，积累了一些成功经验。但从总体上看，发展还很不充分，突出表现在数量少、规模小、实力弱、发展慢。农民和农业生产组织化程度低，依然是我市农村经济发展的制约因素。各级党委、政府一定要把加快发展农民专业合作经济组织当作一件大事，纳入农村小康建设总体规划，列入重要议事日程。要切实明确“民办、民管、民受益，党领导和不拘一格、放手发展”的指导思想，采取符合各地实际的鼓励支持措施，力促全市农民专业合作经济组织有一个大的发展。实际工作中要突出做到“五抓”。

一是抓创新。重点是体制创新、管理制度创新和运行机制创新。在体制创新方面，要建立保障与运作配套体系。从目前我市农民的文化科学素质、组织能力、生产技能、合作意识等方面看，农民专业合作经济组织单靠农民自发组织、发展壮大，尤显势单力薄。这样的客观条件，迫切要求我们建立以市、县、乡、村四级农协组织为依托，结合各级农业、畜牧、林业、科协、供销社、水利、农机等部门业务主管领导和专业专职人员以及财政、金融、法制等相关部门负责人员共同构成协作组织，形成职能相同、职责一致、上下贯通的保障体系；迫切要求我们尽快帮助农民自愿联合起来，结成

一定组织，建立起以生产经营自主权不变为前提，以为成员提供优质服务为宗旨，采取多种形式落实“民办、民管、民受益”原则的运作体系。通过两个体系的协调运作，大力发展以专协为主体的、专业合作社与研究会等多种形式共同发展的农民专业合作经济组织，增强服务功能，健全农业社会化服务组织体系。在管理制度创新方面，要以“先发展、后规范、边发展、边规范”为原则，对处在起步阶段尚未走向规范化运作的农民专业合作经济组织，同级协作组织要帮助他们到同级农民专业合作经济组织办公室登记建档，到上级农民专业合作经济组织办公室统计备案。经过协作组织的分类指导、逐步规范，达到专业协会或经营实体标准后，再到民政部门或工商行政管理部门登记注册。对于初建成员较多、组织明显的农民专业合作经济组织，协作组织要派专职人员介入其中，担当一定职务，担负日常工作的具体指导、协调、监督，从中发挥指导不领导、协办不包办的助推作用。在运作机制创新方面，要以利益联结机制为核心，指导各级农民专业合作经济组织向一体化经营、市场化运作方向发展。用股份制或股份合作制明晰产权制度，确定赢利返还比例，用合同规范服务内容、方式、标准、质量，用会员、社员制明确民主管理决策制度，不断增强合作组织的辐射带动作用。要围绕县域主导产业和特色产业建成的专业服务协会，进一步加强龙头、基地、农户之间的衔接；要围绕农业生产的产前、产中、产后搞好各项服务，努力形成产加销、贸工农、经科教一体化和风险共担、利益共享的经济共同体；要打破行政区域界限，走联合发展之路，形成服务范围更广、辐射带动区域更多、产业产值更大的专业服务联合会，逐步向市场竞争力更强、具有行业自律特性的行业协会发展，使农民专业合作经济组织在推动农业布局区域化、农业生产标准化、农产品经营产业化、产品销售品牌化方面发挥更大作用。

二是抓规范。从我市情况看，在全市 1168 个农民专业合作经济组织中，在工商和民政部门注册的仅有 429 个，占总数的 36.7%。不少农民专业合作经济组织没有章程制度，没有资产设备，缺少必要的服务设施和服务手段，只有一块牌子和几个人，工作随意性很大，很不规范。120 个县级专协中，达到规范化标准的仅占 40% 左右。乡村农民专业合作经济组织中，达到标准的只占15%左右。各类农民专业合作组织中为农民提供初级和一般性服务的多，围绕本地主导产业和特色产业建立的多，围绕已形成的优势产业带和特色区域经济带而建立的跨区域的、能够承担产业（行业）协会职能的还很少。专协的龙头企业规模不大，科技含量不高，优质品牌不多，带动能力不强。这些都是发展中不可避免的问题，但是需要我们正视，需要我们下功夫解决。各级一定要坚持“边发展，边规范”“在发展中规范，在规范中发展”的原则，按照“总体抓发展，典型抓规范”的要求，积极引导典型示范单位按照合作制的要求，建立和完善利益联结机制、积累分配机制、民主管理机制等各项规章制度，在现有专协的基础上，通过完善职能和服务功能，制定产业或行业规划，整合资源，实施标准化生产，尽快实现专协和联合会到产业或行业协会的过渡。同时，建立新的农产品行业协会。在这方面，市发展农民专业合作经济组织领导小组办公室已经提出了一个《农民专业合作经济组织建设的指导性标准》，各县（市、区）可在实践中逐步完善。这里有一个具体问题，就是农民专业合作经济组织的登记问题。根据我市具体情况，是否可以这样，农民专业合作经济组织在建立的初期在农业主管部门登记备案，待逐步完善、规范后，再到民政或工商部门登记注册，请市发展农民专业合作经济组织领导小组办公室和市工商局、市民政局共同研究拿出具体意见。

三是抓典型带动。市、县及有关部门都要本着产业有特色、发展有潜力、组织有活力的指导原则，选树一批不同类型的农民专业合作经济组织典型，进行大力扶持。要重点培育、总结、选树、推广一批有代表性的、有特色的、能看能学的专协典型，如专协联合会向产业或行业协会过渡的典型，专协与龙头、基地、农户之间“风险共担、利益均沾”的典型，农民专业合作经济组织与农民增收双赢的典型，等等。市里要重点抓好10个左右，每个县（市、区）至少要抓好2个。

四是抓培训教育。要集中力量，坚持以会代训和重点培训相结合，骨干培训和专业培训相结合，走出去参观学习与请进来传授经验相结合，理论研讨与经验交流相结合，专家讲座与现身说法相结合，分期分批对县、乡、村和涉农经济技术部门、农民专业合作经济组织和有关产业化龙头企业负责人、各类经营大户等骨干力量进行一次普遍培训，尽快培养一批熟悉农民专业合作经济组织政策、理论和实践的带头人、明白人。据了解，省委农办已经提出了一个关于农民专业合作经济组织培训工作的方案，主要是分级培训，今年 12 月份由省组织集中培训市、县有关负责同志；明年元月份由市培训市级联合会和行业协会负责人、县（市、区）重点农民专业合作经济组织和有关产业化龙头企业负责人；2 月份由县组织培训乡、村干部和县农民专业合作经济组织负责人。希望各县（市、区）按照方案要求，认真抓好落实，切实组织好、培训好。同时，要充分发挥新闻媒体的作用，通过开办专栏、拍摄专题片、组织专家讲座等多种形式，加大对农民专业合作经济组织基本知识和先进典型的宣传力度，为加快发展创造良好的舆论环境。

五是抓信息服务。信息农业是农业现代化发展的趋势和必然要求。目前，全国有 2200 多家农业信息网站，其中运行较好的有 1600 家，农业信息资源非常丰富。我们要充分利用这些资源为广大农民增加收入、搞好服务。经研究，我市拟在市、县两级农协建立一个新型的信息网站，主要介绍专协和合作经济组织、龙头企业（市场）的管理经验、体制机制创新做法、外地先进经验、本地先进典型，相互沟通，相互促进，形成专协和产业（行业）协会之间的组织网络，为农民专业合作经济组织、龙头企业和广大会员农户提供准确真实的信息服务。有条件的乡、村农协、龙头企业和农民专业合作经济组织也要建好自己的网站。

三　切实加强党对农民专业合作经济组织建设工作的领导，努力形成支持鼓励农民专业合作经济组织快速发展的强大合力

第一，要尽快建立健全组织。根据市委、市政府《关于建立发展农民专业合作经济组织领导小组的通知》（〔2003〕26 号），市发展农民专业合作经济组织领导小组办公室设在市农协总会，办公室要尽快健全工作制度，切实担负起对全市农民专业合作经济组织工作进行综合协调和指导服务的职责。各县（市、区）也要建立相应的组织机构，在全市上下形成发展农民

专业合作经济组织的组织体系。对农民专业合作经济组织建设工作，各县（市、区）委、政府主要领导要亲自抓，主管领导要具体抓，切实帮助农民专业合作经济组织解决发展中出现的困难和问题。

第二，要进一步加大扶持力度。各有关部门要认真研究冀办字〔2003〕58号文件精神，制定操作性较强的、鼓励支持农民专业合作经济组织加快发展的具体措施，确保农民专业合作经济组织快速健康发展。市、县两级都要把扶持各类农民专业合作经济组织作为直接补贴农民的一条有效途径进行积极探索。按照省文件要求，参照外地做法（石家庄市去年拿出20万元，今年拿出100万元用于支持农民专业合作经济组织的发展，产生了很好的效果），列出专项资金，用于资助、扶持重点专协和农民专业合作经济组织基础设施建设或建立风险保障金，开展系统培训、典型宣传、工作交流、理论和政策研究等活动，真正为农民专业合作经济组织的发展营造一个宽松环境。

第三，要切实转变领导方式。各级领导要深入基层，深入农户，倾听他们的呼声，急农民之所急，帮农民之所需，解农民专业合作经济组织之所难，通过加强对农民专业合作经济组织的组织、指导、协调、服务和监督，充分发挥“党领导”和政府的扶持作用，切实解决好“官办的好办不管用，民办的管用不好办”这一突出问题，真正把农民专业合作经济组织办成农民自我合作、自我服务、自我管理的“自愿、自主、自治、自律”的农民自己的组织。

第四，要进一步优化发展环境。一是依法保护农民专业合作经济组织的财产权、知识产权、自主经营权和其他合法权益，任何单位和个人不得侵犯。任何单位和个人不得平调农民专业合作经济组织的财产，不得干扰农民专业合作经济组织的经营自主权，不得干涉农民专业合作经济组织的正常经营活动。对违反法律规定，侵犯农民专业合作经济组织及其成员合法权益的，要依法追究责任。二是坚决制止向农民专业合作经济组织乱罚款、乱收费、乱摊派。任何单位都不得以任何方式向农民专业合作经济组织进行摊派，有关方面向农民专业合作经济组织提供生产、技术、信息、保险等有偿服务，必须坚持自愿接受原则，不得强行收取服务费。有关部门要认真清理各类收费项目，对不利于农民专业合作经济组织发展的收费项目要坚决取缔，对必须保留的项目要适当降低收费标准。凡对农民专业合作经济组织的一切乱罚款、乱收费、乱摊派，一经发现，要严肃处理。

第五，要建立健全考核办法。市、县两级农民专业合作经济组织领导小组办公室根据省定的农业和农村工作考核办法，结合邯郸的实际，制定切实可行的标准和考核办法。对那些为发展农民专业合作经济组织干实事、干成事的部门和个人，要给予表彰、奖励；对那些对于农民专业合作经济组织的发展应作为而不作为甚至故意设障的，要通报批评。努力为推进农民专业合作经济组织的发展营造良好的氛围。

同志们，农民专业合作经济组织是广大农民在改革中的一大创举，具有明显的中国特色和旺盛的生命力。它能把分散经营的农户组织起来，解决一家一户解决不了的困难。各级党委、政府一定要给予高度重视，切实加强领导，帮助解决发展中的实际问题和政策问题，努力做到产业发展到哪里，链条延伸到哪里，农民专业合作经济组织就建到哪里。力争经过三年左右的努力，使全市农民专业合作经济组织，在数量上有一个大的增加，在规模上有一个大的扩张，在质量上有一个大的飞跃，在组织化程度上有一个大的提高，为繁荣全市的农业和农村经济、为全面建设小康社会做出应有的贡献。

在接听“清晨行风热线”时的讲话

（2003 年 12 月 17 日）

各位朋友、各位听众：

早晨好！

我是中共邯郸市委副书记、市纪委书记周文夫。今天应邀走进直播间接听“清晨行风热线”，有幸与广大群众通过热线沟通情况，通过电波交流情感。

按照省委、省政府的统一安排部署，今年在我市 55 个部门和行业中开展以“树立行业新风，优化发展环境”为主题的民主评议行风活动。在社会各界群众的大力支持和广泛参与下，通过全市上下的共同努力，此项活动取得了明显的成效。通过评议，参评部门服务意识明显增强，工作作风明显转变，工作效率明显提高，解决了一大批影响和阻碍经济发展的问题，进一步促进了全市经济发展环境的改善，促进了经济发展和各项社会事业的进步。在此，我代表市委、市政府对关注行风评议的各界群众表示问候！对支持行风评议的各界群众表示感谢！

为营造浓厚的舆论氛围，加大行风评议工作的宣传力度，在市委、市纪委领导的指导下，去年 12 月份市行评办与市电台联合开办了《清晨行风热线》栏目。这个栏目开通以来，先后有 46 个单位的领导走进直播间，向全市人民征求行风建设方面的意见和建议，与人民群众直接进行对话交流沟通，接待各界群众 7000 余人（次），收到社会各界群众的意见建议 2000 余条，其中对参评部门自身行风建设提出批评性意见达 300 多个，向参评部门呼吁请求解决工作、生活、学习中遇到的热点、难点问题1400多个，当场解决207个。人民群众比较满意，对《清晨行风热线》栏目给予了高度评价。称该栏目是党和政府联系人民群众的纽带，是方便、快捷听取人民群众呼声的桥梁，是为民排忧解难的有效方式。邯郸人民广播电台《清晨行风热线》栏目荣获“第三届新闻名专栏”称号，与中央电视台的《今日说法》等38个栏目一同获奖。

为搞好2004年的民主评议行风工作，欢迎广大群众在对如何深化民主评议行风工作、继续办好《清晨行风热线》栏目，提出宝贵的意见和建议，推进各级的行风建设再上新台阶。

为加快农村全面建设小康社会的进程努力营造“讲科学、讲文明”的社会环境

——在成安县漳河店开展“两讲一建”

教育活动时的宣讲提纲

（2003 年 12 月 17 日）

根据省委的安排部署，要在全省农村开展“讲科学、讲文明、全面建设小康社会”（简称“两讲一建”）教育活动，开展这项活动的方式之一就是对农民群众进行宣讲。市委对这项工作高度重视，很快在市、县、乡三级抽调了高素质的人员，组成了高水平的宣讲队伍，深入千村万户，开始进行宣讲。16 名市级领导干部也按照市委的统一要求，分别深入各自联系的县（市、区）、乡（镇），带头进行宣讲。依照组织的安排，我今天到这里来进行宣讲。我宣讲的总题目是：为加快农村全面建设小康社会的进程，努力营造“讲科学、讲文明”的社会环境。我准备讲三个大问题：一是开展“两讲一建”教育活动的目的、意义和重点；二是正确理解和全面贯彻党的宗教政策；三是在农村构筑防范和抵制邪教的坚强防线。

一　开展“两讲一建”教育活动的目的、意义和重点

（一）为什么要开展“两讲一建”教育活动

我们邯郸市地处晋、冀、鲁、豫四省接壤区，境外宗教势力和“法轮

功”等邪教组织历来把我市作为渗透破坏的重点地区，而且我市又是宗教工作比较重的地区，省委一直十分关注。前些年，我市曾出现多起宗教事件和“法轮功”事件，影响很大很坏，已成为明显的社会不安定因素。这些事件又大都发生在我市的农村地区，对农村的稳定构成了直接的威胁。因此，做好我市特别是我市农村地区的稳定工作，关系全市乃至全省大局。这是一件大事，市委和市政府是高度关注的。我们这次开展“两讲一建”教育活动，一个重要和直接的目的就是进一步提高农村干部党员和群众的思想文化素质，使广大农民群众牢固树立科学思想和科学精神，真正划清无神论与有神论、宗教与邪教、科学与迷信、文明与愚昧、进步与落后、合法与非法的界限，增强识别、抵制邪教和宗教地下势力非法活动的能力，把思想和行动凝聚、统一到全面建设农村小康社会、创造美好生活上来。

（二）开展“两讲一建”教育活动的意义

从总体上看，当前我市农村地区的形势是稳定的，社会是和谐的。广大农民群众正在以不同方式积极投身到全面建设小康社会的事业中，他们要么务农，要么经商，要么外出打工，要么利用农闲时间学科技、学文化，各尽所能，各展所长，对未来的生活充满了信心。但宗教地下势力非法活动、封建迷信活动和邪教长期存在，一有机会就会兴风作浪，酿成事端。如果我们对此麻痹大意，掉以轻心，农村中稳定和谐的良好社会环境就会遭到破坏。稳定是压倒一切的，一旦失去了稳定，什么事情都干不成了。开展“两讲一建”教育活动的意义就在于通过从思想上对农村群众的引导教育，使其明辨是非，站稳立场，避免被邪教、宗教地下势力所拉拢、欺骗和腐蚀。这是一场我们与邪教和宗教地下势力争夺群众、争夺阵地的严肃斗争，是为全面建设小康社会扫清障碍的重要举措。只有把这项工作做好了，做到位了，才能清除不安定因素，巩固和发展我市社会政治稳定的良好局面。

（三）开展“两讲一建”教育活动的重点

“两讲一建”教育活动内容丰富，其中全面建设农村小康社会是其主线和主题。围绕这一主线和主题，分别涉及其理论基础、指导思想、思想保证、社会环境、领导力量和组织保证等许多方面。从我市的实际出发，我们把为加快农村全面建设小康社会的进程营造“讲科学、讲文明”的社会环境作为“两讲一建”教育活动的重点。之所以确立这样一个重点，是因为经验告诉我们，稳定的农村社会环境一旦被邪教、宗教地下势力的非法活动所破坏，就会延缓、迟滞全面建设农村小康社会的进程，甚至会出现倒退。这是一个妨害全局的重大的社会问题、经济问题和政治问题。为了在这一重点上取得重大突破和明显成效，我们除了进行像今天这样的面上宣讲外，还要组织优势力量，突出抓好重点人群，主要是农村基层党员干部、信教群众特别是受地下势力影响的信教群众、神职人员，以及受邪教影响比较深的群众。要深入他们中间，面对面地进行党的宗教政策、反邪教知识和法制宣传教育，力求把问题解决在萌芽状态，把矛盾化解在无形之中。这是我讲的第一个大问题。

二　正确理解和全面贯彻党的宗教政策

在这个大问题里我想讲两个小问题：宗教的基本常识和宗教政策。

（一）关于宗教的几个常识问题

1. 什么是宗教？

这要从宗教的产生说起。在远古时代，人类生产和生活能力很差，人们认识社会和自然的能力非常有限。人类对刮风下雨、电闪雷鸣、日出日落，包括生老病死、睡觉做梦等现象理解不了，比如认为梦中的事物不是人身体的活动，而是在人身体以外有一个灵魂存在，人活着的时候，灵魂就住在身体之中，人死了以后，灵魂就离开人的身体单独活动，这样就产生了灵魂不死和因缘转世的说法。特别是面对重大的天灾人祸，人们不能主宰自己的命运，自己做不了自己的主，就觉得有一种看不见、摸不着的东西控制着自己。这样，人们自然而然地对一些现象产生神秘感、恐惧感，总感觉到自己很渺小、很孤单、很无助，因此愿意得到一种温暖，想让自己过得好一些，或者死后进入天堂，或者下一辈子生活幸福。这样一来，人们就开始信仰神灵，时间长了，就形成了宗教，认为世界上所有的事物和变化都是由神来创造和安排的。

2. 党和政府为什么要制定和实行宗教信仰自由政策？

中国共产党信仰马克思主义，主张无神论。我们党和政府之所以制定和实行宗教信仰自由政策，一是基于宗教长期存在的客观事实，二是基于有相当数量的信教群众。既然有众多的人选择了对宗教的信仰，那么就应该从维护人民群众的根本利益出发，尊重人民群众的选择，并制定政策加以保护，这是我们党代表人民利益、尊重人民群众、保护人权的重要体现。

3. 宗教与封建迷信的区别

可能有人要问，封建迷信是不是宗教，如果不是宗教，那宗教与封建迷信有什么区别？

第一，只要是宗教，不管是佛教、道教、伊斯兰教、天主教，还是基督教，都有系统的宗教理论和经典，比如佛教有佛经，伊斯兰教有古兰经，天主教、基督教有圣经，道教有道德经等，有严格的教规教义和规范的宗教仪式，而封建迷信则没有，都是从佛教、道教或者周易、八卦等经文的内容中随意选取一些内容，来糊弄百姓的。

第二，宗教有经过政府批准开放的宗教活动场所，有经过宗教组织认定并向政府有关部门备案的教职人员。而封建迷信就不是这样，没有自己的宗旨、规定或仪式，也没有合法的活动场所。主要是江湖人士或装神弄鬼者，通过给人看病，烧香、跳大神、驱鬼、避邪、看相、算命等活动坑蒙欺骗、敛取钱财。

第三，国家法律对正常宗教信仰、宗教活动、宗教场所予以保护。而对欺骗群众、图财害命的封建迷信者或残害群众的封建迷信组织，依法进行打击和取缔。可见，宗教与封建迷信不是一回事儿，大家要分辨清楚，以免上当受骗。

（二）要正确理解和全面贯彻党的宗教政策

宗教信仰自由是我们党对待宗教问题的一项长期的基本政策，是宪法赋予公民的一项基本权利。我们共产党人是无神论者，不信仰宗教，但我们尊重宗教存在和发展的客观规律，尊重和保护公民宗教信仰自由的权利。我们党实行宗教信仰自由政策是真诚的、一贯的，而不是权宜之计。

宗教信仰自由政策的具体含义包括以下几个方面。

（1）公民有信仰宗教和不信仰宗教的自由；有信仰这种宗教的自由，也有信仰那种宗教的自由；在同一宗教里面，有信仰这个教派的自由，也有信仰那个教派的自由；有过去不信教而现在信教的自由，也有过去信教而现在不信教的自由。党和国家既尊重和保护信教的自由，也保护不信教的自由。我国宪法规定，信教的公民和不信教的公民享有同等的权利和义务，任何国家机关、单位和个人不得限制公民信仰宗教或者不信仰宗教，不得歧视信仰宗教的公民和不信仰宗教的公民。对不尊重公民宗教信仰自由权利和损害宗教界合法权益的错误行为，必须坚决予以纠正。但是，宗教信仰自由不等于宗教活动可以不受任何约束，因为不管你信的什么教，有一点不能变，这就是宗教教职人员和信教群众首先是中华人民共和国的公民，既是公民，就必须把国家和人民的根本利益放在第一位，就要承担遵守宪法、法律、法规和政策的义务。

（2）宗教活动必须在宪法和法律规定的范围内进行，不管是谁，都不能利用宗教反对党的领导和社会主义制度，不能犯法，不能妨碍社会秩序、工作秩序和生活秩序。不允许任何人利用宗教搞那些破坏社会秩序、损害公民身体健康、妨碍国家教育制度的活动。

（3）我国的宗教，不论信众多少，影响大小，在法律面前一律平等，没有占统治地位的宗教。换一句话说，我国的佛教、道教、伊斯兰教、天主教、基督教，谁也不能统治谁，谁也不能领导谁。

（4）国家实行政教分离的原则。不管是哪个宗教都不能站在宪法和法律之上，绝不允许宗教或利用宗教干预国家行政、干预司法和干预学校教育和社会公共教育；绝不允许强迫任何人特别是 18 岁以下的少年儿童入教、出家和到寺庙学经；绝不允许恢复已被废除的宗教封建特权和宗教压迫剥削制度；绝不允许利用宗教反对党的领导和社会主义制度，破坏国家统一和国内各民族之间的团结。

（5）国家保护一切在宪法、法律和政策范围内的正常的宗教活动。各宗教团体自主地办理各自的教务，并根据需要开办宗教院校、印发宗教书籍、出版宗教刊物、举办各种社会公益服务事业。在登记的宗教活动场所内和按宗教习惯在教徒自己家里进行的正常宗教活动，受到国家法律保护，任何人不得加以干涉。国家保护宗教团体的合法权益，保护宗教教职人员履行正常教务的权利。

（6）无神论与有神论之间相互尊重。任何人都不应到宗教活动场所进行无神论的宣传，或者在信教群众中进行有神还是无神的辩论；任何宗教组织和教徒也不应在宗教活动场所外布道、传教、宣传有神论、散发宗教传单和其他未经政府主管部门批准出版发行的宗教书刊。

（7）宗教团体和宗教事务不受外国势力的支配。我国的宗教要有我们中国人自己来办，不能接受外国势力的领导和控制。这是因为，我们国家实行的是独立自主自办的原则，这一原则是我国信教群众在长达百年备受帝国主义欺凌和歧视中，自主做出的正确选择。但同时我们又主张和国外宗教组织或宗教人士进行交往。这种交往应该是建立在互相尊重、平等友好的基础上的交往。对于外来援助、捐赠等，只要不附带任何附加条件，经有关部门批准，宗教组织可以接受。

三　在农村构筑防范和抵制邪教的坚强防线

前面讲了什么是宗教以及有关宗教政策，在这个大问题里讲讲邪教。邪教这东西不得不防，因为它是害人的，是人类社会的一大毒瘤，它像精神毒品一样，对个人、家庭及社会危害极大。近年来，“法轮功”及其他形形色色的邪教组织对农村的渗透性一直没有停止，严重干扰了农村的发展和稳定。认清邪教的本质及特征，增强防范意识，自觉地远离邪教，勇敢地同邪教做斗争，是全面建设小康社会对广大农村干部群众提出的现实要求。在这个大问题里，我想讲两个小问题。

（一）什么是邪教？

邪教是什么东西？顾名思义，邪教不是宗教，邪教组织也不是宗教团体。我国最高人民法院、最高人民检察院《关于办理组织和利用邪教组织犯罪案件具体应用法律若干问题的解释》中指出："邪教组织是指冒用宗教、气功或者其他名义建立，神化首要分子，利用制造、散布迷信邪说等手段蛊惑、蒙骗他人，发展、控制成员，危害社会的非法组织。"这是对邪教组织做出的全面的、科学的、权威的解释。

关于邪教的本质问题，世界各国一致认为，邪教是具有反社会、反人类、反科学本质的邪恶势力、邪恶组织，普遍具有教主崇拜、精神控制、秘密结社、散布世界末日说、建立非法组织、残害生命、非法敛财等特征。

第一，教主崇拜。神化首要分子，大搞教主崇拜是邪教的突出特征。像李洪志这样的邪教头目本来并没有什么过人之处，甚至文化程度很低，但他们把自己装扮成拯救人类、普度众生的"超人"，自称是宇宙的"主佛"，要求信徒们对教主要绝对效忠。

第二，精神控制。邪教的精神控制一般是三部曲：先是披着善良的外衣劝人"从善"，或以满足人们健身祛病的需要为诱饵，让你入门；进来之后，就让你死读他的"经书"，千百遍地读，并不让你学习和相信其他知识和文化，搞思想洗脑。接着，就是散布"世界末日说"和"练功免灾论"，对产生怀疑的人进行威胁、恐吓，使其不敢越雷池一步。

第三，秘密结社，建立非法组织。各种邪教通常都形成以教主为核心的严密的组织体系，其内部等级和戒律森严，开展诡秘的非法活动。

第四，宣扬"世界末日论"。几乎所有的邪教组织都十分强调"末世论"及相关思想，宣扬"地球将爆炸""人类将彻底毁灭"，把信徒置于一种极端恐惧和疯狂的精神状态下，以进一步加强对信徒的绝对精神控制。

第五，挑战法律，危害社会。邪教组织教唆信徒们不相信政府，将邪教信条凌驾于国家法律、法规之上，扰乱社会秩序，甚至明目张胆地组织非法和犯罪活动。

第六，残害生命。这是邪教的主要特征之一。"法轮功"邪教组织鼓吹"放下生死"，使"法轮功"痴迷者在"升天圆满""度人""除魔"的邪说引导下，最终走上自杀或杀人之路，它所制造的一起起人间惨剧，充分证明邪教具有背弃人伦、泯灭人性的邪恶特征。

第七，非法聚敛钱财。几乎所有的邪教都玩弄各种骗术，大肆非法敛财。

（二）标本兼治，严防邪教在农村的渗透蔓延

依法铲除邪教，维护社会的稳定，是全面建设小康社会的必然要求和重要条件。同形形色色的邪教做坚决斗争，是包括广大农民群众在内的每个公民的责任和义务。对任何邪教组织，一方面，要依法严厉打击其违法犯罪行为，依法严惩首恶分子，另一方面，要扶正祛邪，在全社会弘扬正气，弘扬无神论，弘扬科学精神，在广大农村构筑起防范和抵制邪教的坚实基础。

(1) 以“三个代表”重要思想为指导，大力弘扬唯物论和无神论。“三个代表”重要思想是防范和抵制各种邪教滋长渗透的强大思想武器。坚持“三个代表”重要思想，就要始终坚持马克思主义的基本原理，高举唯物论和无神论的旗帜，树立正确的世界观、人生观和价值观，向形形色色的封建迷信思想和伪科学开展坚决有力的斗争。

(2) 实行“四个结合”，把同“法轮功”等邪教的斗争纳入党的基层组织建设。一是同农村基层组织建设相结合；二是与治理整顿农村后进党支部相结合；三是坚持与党员教育管理相结合；四是与农村基层组织阵地建设相结合。

(3) 坚持“五个同步”，切实把同“法轮功”等邪教的斗争纳入社会治安综合治理。要将农村防范和抵制邪教与“严打”整治斗争同步，与“基层安全创建活动”同步，与排查调处工作同步，与加强流动人口管理同步，与普法教育同步。

(4) 把同“法轮功”等邪教的斗争纳入精神文明创建活动，消除邪教滋生的土壤。总的说吧，在现实生活中，千万不要信邪教，信了它，就不会有好日子过。现在，我们生活越来越好了，社会也越来越进步了，可供学习的东西也越来越多了。学文化、学知识，掌握种养技术、致富信息等，都可以帮助你过上好日子。只要相信党和政府，相信科学，就没有解决不了的困难。让我们远离邪教，抵制邪教，自觉地同邪教做斗争，在广大农村构筑防范和抵制邪教的坚强防线。

总之，我们通过开展“两讲一建”教育活动，包括今天的宣讲，想要

达到的目的就是一个，在我市农村营造安定团结、稳定和谐、政通人和的良好社会环境，加快全面建设农村小康社会的进程。我相信，在党的十六届三中全会精神的指引下，认真贯彻落实省委六届三次全会和市委六届四次全会精神，我市全面建设小康社会的目标一定能够实现。

坚持以人为本创新工作机制
推动全市计划生育工作再上新台阶

——在全市人口与计划生育工作会上的讲话

（2003 年 12 月 18 日）

这次人口与计划生育工作会议，是经市委、市政府研究决定召开的一次十分重要的会议。召开今天这次会议，主要基于以下几个方面的考虑：一是县级领导班子换届后，主管计划生育工作的大部分是新同志，有必要和大家见个面，交个底，就全市的人口与计划生育工作进行沟通与交流；二是按照计划生育考核年度，2003 年已经结束，需要对去年的工作进行总结回顾，抓紧对 2004 年的工作进行安排部署；三是从前一阶段省市年度考核和对部分县、乡、村调查解剖的情况看，计划生育工作仍然存在许多薄弱环节和突出问题，需要统一思想，形成共识，进一步增强大家做好下一阶段计划生育工作的信心和决心；四是春节前后是抓计划生育工作的黄金季节，做好这一时期的工作对全年工作至关重要。因此，今天这次会议，既是一个见面会、交流会，又是一次形势分析会、研讨会，同时也是一次工作动员会、部署会。

刚才，作群同志宣读了市人口与计划生育领导小组转发市计生委关于两个村信访查处情况的通知；馆陶、涉县、武安、成安、魏县、肥乡 6 个县（市）从不同角度介绍了各自的工作经验、做法和体会。有些做法可能是初步的，认识也是感性的，需要在实践中不断总结、完善和提高，但完全可以说这些县（市、区）在计划生育工作方面改革创新意识比较强、方法比较多、力度比较大、效果也比较明显，这是应当充分肯定的。希望其他县区能够比照这些县，从思想观念、方法措施、推进力度等方面做一下反思，找一下差距，采取切实有效的措施，积极应对，迎头赶上，不断提高全市人口与计划生育工作的管理水平和服务水平，为全市人口与计划生育工作整体上台阶、晋位次创造条件、奠定基础。下面，根据市委、市政府研究的意见，我讲三个问题。

一　进一步认清形势，正视问题，切实增强做好人口与计划生育工作的紧迫感和责任感

2003 年，在有关部门的参与配合下，在抗击非典和市县换届的特殊形势下，我市各级党政组织和广大计划生育工作者发扬特别能吃苦、特别能战斗、特别能奉献的精神，不畏艰难，团结协作，负重奋进，使全市人口与计划生育工作取得了新的进展、收到了明显成效。主要表现为“两稳两降两提高”。“两稳”：一是低生育水平保持稳定，2001 ~ 2003 年全市人口出生率分别为 10.46‰、10.38‰、10.54‰，生育水平比较稳定；二是计划生育率稳步上升，2001 ~ 2003 年全市计生率分别为 94.85%、94.91%、95.53%，年均提高 0.34 个百分点。“两降”：一方面多孩出生率下降，出生孩次比发生了积极变化，一孩比由 2001 年的 64.93% 提高到 2003 年的 68.2%，二孩比由 33.53% 降到 30.61%，多孩比也由 1.55% 降到 1.2%；另一方面出生性别比偏高下降明显。2003 年全市出生性别比由 2001 年的 124 降为 109。“两提高”：一是统计准确率逐年提高，2003 年全市出生统计准确率由 2001 年的 96.26% 提高到 97.21%；二是群众满意度明显提高，从问卷调查的结果看，2001 ~ 2003 年群众对计划生育工作的满意和基本满意率均达到了 90% 以上。此外，在人口与计划生育宣传教育、优质服务、依法管理、基础建设、信息化服务、综合改革等方面，也都有了新的进展，总结推出了一批新的典型。这些成绩的取得，是全市广大计生工作者默默无闻、无私奉献的结果，是社会各界各有关部门大力支持的结果，在此，我代表市委、市政府向辛勤工作在基层一线的计划生育工作者表示亲切慰问！向所有关心、支持

人口与计划生育工作的各级党政领导同志、各有关部门和社会各界人士表示衷心感谢！在充分肯定过去成绩的同时，必须清醒地看到，我市的人口形势依然十分严峻，与中央、省委、市委的要求相比，我们还有很大差距。

首先从2003年计划生育年报分析看，存在的问题有以下几个方面。一是漏报出生人口问题依然严重。据年报统计，2003年全市共出生人口89637人，虽比上年同期增加2082人，但与我市实际出生人数依然差距较大。据计划生育年报表及前十年实际出生推测，全市一孩出生率应在8‰以上，而上报一孩出生率仅有7.15‰。全市当年漏报一孩约7257人，加上计划外二孩及多孩漏报，实际漏报人数至少在1.5万人以上。如果加上这些漏报，我们的出生率、计生率恐怕都要大打折扣了。二是仍有一部分已婚育龄妇女没有纳入管理和服务范围。年报统计，全市已婚育龄妇女为1652449人，比上年同期增加9623人，但与我市“五普”资料相比，漏管53755人。一大批应纳入管理和服务的对象不在管理和服务的视野之内，难免出现外孕外生。三是已婚育能妇女孩次构成与全省平均水平仍有较大差距。已婚育能妇女孩次构成，是反映一个地方计划生育工作成果的重要指标。尽管我市近年来计生工作水平逐年提高，已婚育能妇女孩次构成日趋优化，但与全省平均水平相比一孩比低于全省4.99个百分点，多孩比高于全省9.19个百分点；有6个县（市）的一孩比不足30%，7个县（区）的多孩比高达30%以上，与唐山等先进地市相比差距更大，说明我市的人口与计划生育工作整体水平依然较低。四是晚婚率逐年下降。从近五年年报看（见表1），我市女性、男性晚婚率年均下降3.56个、2.74个百分点，说明近年来各县（市、区）对晚婚重要性的认识程度有所降低，忽视了提高晚婚率在稳定低生育水平中的重要作用。

表1　邯郸市1999～2003年育龄青年晚婚率统计

单位：%

年份	女性晚婚率	男性晚婚率
1999	47.55	29.44
2000	41.67	26.05

续表

年份	女性晚婚率	男性晚婚率
2001	38.45	23.87
2002	35.43	21.41
2003	33.32	18.47

资料来源：根据邯郸市育龄青年年报表整理。

其次，从市计生委调查解剖的乡村情况看，问题比较严重。今年以来，市计生委对全市19个县（市、区）分别解剖了一个乡镇，除武安、涉县、矿区、魏县、邯山区、丛台区6个县（市、区）较好之外，其他12个县区均不乐观。尽管这些地方不能代表全市的水平，但如果国家和省抽取这样的样本点对各市进行考核评估，结果会是什么？我常说，我们的计生局长、主管计生工作的负责同志手里托着几顶乌纱帽，工作做好做不好，不仅事关基本国策，事关经济发展大局，而且事关主要领导的政治生命，我们肩上的担子很重、责任很重。问题较严重的村，各县（市、区）有多少、全市有多少？应当下一番功夫，认真进行一次摸底和反思。切不可对过去成绩估价过高。各级党委、政府主要领导同志和主管同志务必要有一个清醒的认识。

最后，从人口与计划生育工作面临的新形势看，我们的思想和工作上还有很多不适应。十六届三中全会指出，要统筹城乡发展，中央经济工作会议要求促进国民经济持续、快速、协调、健康发展，城乡统筹发展、协调发展就是要求我们要树立科学的发展观，要求人口与社会经济的发展相统一、相协调，这一点，我们从事计生工作的同志必须有一个正确的认识。特别是最近省对各市农业经济评价指标体系进行了大调整，由原来的侧重于衡量经济总量变为衡量人均指标，这对于我们作为全省的农业大市、人口大市来讲，农业农村经济大而不强的现实将更加凸显。因此，我们必须站在全局的高度、战略的高度，进一步强化人口意识、人均意识，把人口问题摆在统筹发展、协调发展和全面建设小康社会的重要位置，进一步增强做好人口与计划生育工作的紧迫感和责任感，认真贯彻计划生育这一基本国策，努力保持全市的低生育水平。

二　理清思路，明确目标，扎实工作，推动全市人口与计划生育工作再上新台阶

2004 年，是全面贯彻党的十六届三中全会精神的第一年，是深化人口与计划生育综合改革、全面提升管理和服务水平的重要一年。落实好“五个统筹”要求，必须进一步做好人口与计划生育工作。初步考虑，2004 年全市人口与计划生育工作的指导思想是：以“三个代表”重要思想和中央《决定》精神为指针，坚持以人为本，强化人均意识，树立科学的发展观，以稳定低生育水平、提高出生人口素质、让人民群众满意为目标，以强化基层基础工作、实现工作重心下移和对人口与计划生育实行综合治理为重点，以更好地满足广大育龄群众的基本需求为主线，初步建立“依法管理、村（居）民自治、优质服务、政策推动、综合治理”计划生育工作新机制，实现工作思路和工作方法的转变，促进人口与经济社会的全面、协调、可持续发展。

主要奋斗目标是：全市总人口控制在 862.5 万人以内，人口出生率控制在 13.8‰以下，计划生育率达到 90% 以上；创建国家级计划生育优质服务先进县（市、区）2 个、省级先进县（市、区）4 个、市级先进县（市、区）6 个；为育龄群众提供生殖健康服务 200 万人次以上。

工作摆布上，要突出“一个重点”，主攻“两个难点”，抓好“三个着力点”，强化“五个关键点”。

突出“一个重点”，就是以稳定低生育水平为重点，高标准、高质量完成全年人口计划。这是根据我们邯郸市的实际情况提出的，人口计划完成的质量不高，其他一切工作我们都说不起话。必须作为全年工作的重点，下大力量抓好。一方面，在实行避孕节育措施知情选择的新形势下，要充分保证应落实节育措施的夫妻都能落实一种安全、有效、适宜的避孕节育措施，进一步提高综合避孕节育率。没有较高的节育水平，不可能有较低的生育水平。另一方面，要依法加大社会抚养费的征收力度和对党员干部政策外生育的处罚力度，最大限度地减少政策外生育人数，确保稳定低生育水平目标的

实现。

主攻“两个难点”，一是主攻农村后进乡村的转化。后进乡村的问题不解决，邯郸的整体水平不可能从根本上得到提高。市拟出台加强农村计划生育后进乡村转化工作的意见，从组织领导、方法步骤、奖惩措施、考核验收等方面做出具体规定，最大限度地消除计划生育的死角死面。二是主攻城市流动人口、下岗职工等特殊人群的计划生育管理。市拟出台加强流动人口和下岗职工计划生育管理的专件，集中清理城乡接合部、农贸市场、建筑工地、新建小区和“三资”企业等重点部位。同时，进一步加大对综合治理部门的考核奖惩力度，完善推广“一站式”管理的经验，初步建立流动人口计生管理信息平台，加强部门协作与交流，努力提高流动人口等特殊人群管理的入网率，堵塞漏洞，减少政策外生育。

抓好“三个着力点”，就是在抓基层、打基础、推动全市人口与计划生育工作平衡发展的同时，着力在推行计划生育村（居）民自治、创建计划生育优质服务先进县（市、区）、建立和完善计划生育利益导向机制三个方面进行探索，抓好典型，培植亮点，提高整体工作水平。拟出台关于推行计划生育村（居）民自治和建立人口与计划生育利益导向机制两个专件，鼓励基层在以上三个方面大胆创新，积极推进，完善提高。

强化“五个关键点”，一是进一步加强对人口与计划生育工作的领导。继续坚持党政“一把手”亲自抓、主管领导同志具体抓、各有关部门配合抓的领导体制不动摇，切实解决好涉及人口与计划生育工作的重大问题，为人口与计划生育工作的开展提供组织保障。二是确保计划生育经费投入。按照省定标准，保证计生经费足额投入到位，落实向实行计划生育的夫妇免费提供技术服务所需经费，实行计生行政事业性收费“收支两条线”，解决计生干部“吃皇粮”的问题，保障计生事业的健康发展。三是下大力抓好计划生育专业队伍建设。要结合机构改革和税费改革，重点调整县、乡计生干部队伍结构，增加专业技术人员比例，落实计生干部待遇。同时，全面加强计生系统干部队伍的培训和继续教育，不断提高计生干部的依法行政能力、服务能力和创新能力。要特别注意抓好村级计生专干和育龄妇女小组长的选配，该充实的尽快充实到位，不称职、不能发挥作用的要尽快予以调整。在此基础上，要定职责、定培训、定报酬、定奖惩，加强管理，促使其真正发挥作用。四是加大考核奖惩力度。进一步改革和完善人口与计划生育责任目标考核办法，减少集中考核，加大平时抽查解剖的力度，并认真抓好奖惩兑现，在正面引导培树先进典型的同时，进一步落实“一票否决”，把各级各部门的关注点引导到用真劲、做实功、出实效上来。五是认真抓好党员干部带头。执行计划生育政策，党员干部带头是关键。要结合开展对党员干部违纪生育专项治理，重点解决一些党员干部在执行计生政策上不带好头、带坏头的问题。教育广大党员干部自觉遵守计划生育方针政策，引导周围群众提高实行计划生育的主动性和自觉性，为人口与计划生育工作开展创造良好的外部环境。

以上是对我市 2004 年人口与计划生育工作的初步设想，这个设想仅仅是一个粗略的框架，市里在征求意见的基础上，还要进一步深化、细化、具体化，之所以现在先拿出来，一是为了争取时间，使大家及时知道市里的意向，以便各县（市、区）早谋划、早安排；二是为了征求意见，集思广益，使全市的工作思路更加有针对性，更具可行性，更加切合实际。希望大家回去以后，结合市里的工作思路，联系本县（市、区）实际，尽快拿出自己 2004 年的工作思路。最迟月底之前要出台。对市里有什么意见、建议和要求，也要积极建言献策，12 月 25 日前以书面形式报市计划生育领导小组办公室，以便上下结合，把全市的人口与计划生育工作搞得更好，力争 2004 年有个较大进展。

三　谋划全年，狠抓当前，切实做好春节前后的重点工作

按照计划生育考核年度，时间已经过去了两个多月。前一阶段为了迎接省、市的年度考核，各县（市、区）的工作不同程度地受到一定影响。春节前后是我们抓计划生育工作的黄金时期，是决定全年工作能否争得主动的关键阶段。各地要从实际出发，抓住有利时机，迅速把精力投入当前工作上来，认认真真地抓好以下五项重点工作。

（1）认真抓好2004年第一次季服务活动的扫尾工作。按照全市统一要求，11月是季服务月。从前一阶段了解掌握的情况看，不少县迎接年终考核，季服务工作受到影响，遗留任务大、尾巴大，需落实避孕节育措施的没有及时落实，存在底数不清、任务不明、工作不到位的问题。因此，各县（市、区）要结合实际，认真开展一次集中服务活动。同时，要做好向育龄群众的宣传教育和开展生殖健康服务等工作，增强季服务的吸引力，提高群众满意度。需要特别指出的是，春节期间是外出人员返乡高峰期，这一人群也是最容易出问题的人群。各县（市、区）从现在起就要着手准备对这部分人员的清查摸底工作，明确专人开展清理，建档造册，回来一个，服务一个，逐个核实消号，把工作做深、做细，发现问题及时处理，确保将应管理、应服务人员全部纳入管理和服务之中，最大限度地减少政策外怀孕和外生，为实现全年人口计划奠定良好基础。

（2）切实做好元旦、春节期间的宣传教育工作。计划生育宣传声势越大，阻力越小；氛围越浓，效果越好。这是我们多年来总结的一条成功经验。元旦、春节期间，各县（市、区）要继续借鉴和运用宣传教育这个锐利武器，结合开展婚育新风进万家活动和零距离宣传服务，面向基层广大育龄群众，认真开展一次以宣传贯彻中央《决定》、“一法三规”、《河北省人口与计划生育条例》（以下简称《条例》）为主要内容的集中宣传活动。要充分利用各级新闻媒体，加大社会宣传教育报道的力度，坚持部门协作，合力营造宣传教育的浓厚氛围。要采取阵地宣传、文艺宣传、竞赛宣传、座谈宣传、入户宣传等多种方式方法，普及人口与计划生育政策法规知识和科普知识，使广大群众进一步树立科学、文明、进步的婚育观念。要结合开展集中宣传教育活动，总结表彰一批人口与计划生育战线上的模范计生局长、先进乡村专干和优秀育龄妇女小组长，树立先进典型，引导人们向模范人物看齐。同时，各县（市、区）党政领导要深入基层，深入先进人物家中，进行走访慰问，了解他们的工作和生活情况，力所能及地为他们解决一些实际问题，让先进人物切实感受到党和政府的关怀和温暖，进一步调动和激发他们的工作热情，努力在全市形成一个学习先进、崇尚先进、超越先进的工作氛围。同时，要组织各级政府和有关部门，对实行计划生育的困难户进行救助和慰问，使他们真正从政治上、经济上得到实惠，以便调动广大群众实行计划生育的自觉性和主动性。

（3）落实好年度计划生育经费预算。计划生育经费投入严重不足已经成为制约我市人口与计划生育工作开展的“瓶颈”。由于经费投入不足，一些正常的工作无法开展，更由于经费投入有限，基层乱收费、乱罚款，对外孕、外生淡然处之，甚至“放水养鱼”。一些地方不仅没有将计生经费预算到位、拨付到位，反而给计生部门下达创收任务，使本来有限的经费雪上加霜。新的河北省《条例》出台后，取消了收取照顾二胎生育费这一条款，计生经费不足的形势将更为严峻。对此，各级党委、政府务必要给予高度关注。当前，正是各地制定来年经费预算的时候。各县（市、区）的主管领导同志和计生局长回去后，要提前做好协调工作，按照省、市有关文件要求，尽快做出2004年县、乡两级经费投入预算，提交同级政府、人大研究审批。确保计划生育经费投入到位，保障人口与计划生育事业的发展，是各级党委、政府的重要职责，也是党政目标考核的重要内容。各位主管计生工作的领导同志要切实当好党委、政府的参谋、助手，积极出主意、想办法，督促同级党委、政府足额落实计划生育经费，为人口与计划生育事业的持续、健康发展提供必要的物质保障。

（4）下大力抓好后进乡村的治理转化工作。从市掌握的情况看，无论是较为先进的县还是基础较差的县都存有一定数量的后进乡村。这些后进地方的面貌改变不了，全县乃至全市的人口与计划生育工作就很难实现真正意义上的上档次、上水平。因此，下大力抓好后进乡村的治理转化已经成为各级政府的一项紧迫任务。各县（市、区）要切实做好后进乡村的倒排摸底工作，加强对后进乡村治理的具体领导。要区别情况，因乡制宜，因村施策，分类指导，是“两委”班子的问题，就解决班子问题；是计生队伍的问题，就解决队伍问题；是待遇不落实的问题，就解决待遇问题。要制定切实可行的治理方案，采取县、乡领导分包联系、有关部门驻村督导等过去一些行之有效的措施，集中治理那些瘫、散、软、乱的拖腿村和死角村。要坚持标本兼治，既搞治理，又抓管理，采取“扶上马、送一程”的方式，帮助这些村建班子、配队伍、建章立制，落实待遇，做到有人干事、有章理事、有钱办事，使其逐步走上制度化、规范化管理的轨道。在此基础上，要继续加强对这些村的重点监控，随时进行督导解剖，发现问题及时解决，巩固转化成果，严防出现反弹。对连续三年人口计划各项指标达标的转化村，颁发合格村牌匾，予以表彰，激励其向更高层次迈进。通过激先促后，逐步扩大先进面，缩小后进面，全面提高整体工作水平。

（5）进一步加快人口与计划生育综合改革的步伐。随着形势的发展，我们过去所熟悉的计划生育工作的一些老办法好多已不再运用。如果不搞改革，人口和计划生育工作的路子就会越走越窄，甚至进入死胡同，也就是有些地方所说的“没法办”。因此，搞好计划生育综合改革是做好新时期人口与计划生育工作的必然选择。就我市来讲，尽管我们在综合改革方面做了一定工作，一些地方进行了积极的探索和实践，也收到一定成效，但总体上看，我们的改革意识还不够强，步子迈得还不够快，与先进市的差距还比较大。究其原因，主要是对综合改革还存有种种片面认识。有的同志认为，综合改革涉及方方面面，作为计生部门抓综合改革，难有成效；有的观望等待，认为综合改革无从下手；有的则对改革急于求成，希望能立竿见影、一蹴而就。这些想法和认识是片面的、消极的，也是不现实的。应当看到，综合改革既不是高不可攀、深不可测，也不是提法上、形式上的变化。我们既不能把改革的目标定得过高、把综合改革过于理想化，又不能把综合改革想的过于神秘，致使在改革的过程中，缩手缩脚，无所作为。随着社会形势的发展和我们对人口与计划生育工作认识的发展，特别是中央《决定》“一法三规”发表、颁布后，各地在工作思路和工作方法上、服务理念和运行体制上已经发生了很大变革，我们的计划生育工作面貌和形势与前些年相比已经大不相同。综合改革说到底就是用改革的思路和办法，解决人口与计划生育工作发展中遇到的问题，促进工作思路和工作方法的转变。综合改革的目标是要由过去主要依靠行政干预、经济处罚、简单粗暴的管理手段，转变为建立“依法管理、村（居）民自治、优质服务、政策推动、综合治理”的计划生育新机制，实现低生育水平的稳定。因此，今后一个时期，全市开展综合改革总的原则是坚定信心，明确思路；单项突破，整体推进；典型引路，大胆探索。就全市来讲，我们提出要在村民自治、创建优质服务先进县和健全利益导向机制三个方面重点突破，各县（市、区）不要受这个限制，要在借鉴涉县试点经验的基础上，从自己的实际出发，制定改革的重点和具体规划方案，选好、抓好自己的试点，认真抓好落实。综合改革涉及方方面面，单靠计生部门一家很难奏效，各级党委、政府一定要加强领导，关心、支持计划生育综合改革，协调各相关部门全力配合综合改革，及时解决改革中遇到的实际问题，确保综合改革工作取得实效。

计划生育新的一年已经开始，任务目标已经明确。我们的使命光荣而神圣，任务艰巨而繁重。让我们在市委、市政府的正确领导下，振奋精神，开拓进取，团结协作，真抓实干，努力开创全市计生工作的新局面，将全市计划生育工作推上一个新台阶！

在全市扶贫科技示范工程建设现场观摩会上的讲话

（2003 年 12 月 23 日）

我们这次全市扶贫科技示范工程建设现场观摩会是经市委、市政府批准召开的，会议的主要目的是通过现场观摩和经验交流来总结前一阶段扶贫科技示范园区建设和“周转畜”工作的成功经验，探索下一步工作的重点，从而为做好明年的工作理清思路。今天上午，我们看了涉县科技示范工程建设情况，下午还要看科技扶贫示范园区。刚才，涉县政府介绍了经验，广平等县提供了书面材料，这些材料，对我们做好明年工作提供了好的借鉴，大家要好好学习；素华同志做了重要讲话，对今后的工作进行了部署并提出了要求，这些我都同意。下面我就如何贯彻落实这次会议精神强调几点。

第一，提高认识，增强信心。扶贫开发工作是党中央、国务院高度重视的一项战略任务，特别是改革开放以来，随着人民群众生活水平的不断提高，贫困人口的温饱问题也越来越受到关注。党中央、国务院根据不同时期的不同特点，不断调整扶贫开发的方针政策。省、市也做出相应的安排，大家一定要认真贯彻落实。为了促进经济欠发达县的快速发展，上周五，河北省在北京召开了一个欠发达县县域经济研讨会，主要是河北省县域经济实力后 30 个县。我们市的广平、鸡泽参加了会议。全省有 138 个县（市、区），在县域经济实力 30 强中，我市只有 3 家（武安第 3、涉县第 23、永年第 26）。排在后 30 名的有广平、鸡泽，如果排后 50 名，我市就有 8、9 个。为什么要把后 30 个县召到一块开会，关键是拉了全省的后腿。经济实力 30 强的县（市、区），经济总量占河北省 GDP 的 48%，而后 30 个县经济总量只占全省 GDP 的 7%。有的县可能认为，我们县人口少，经济总量小，但这不能成为我们发展慢的原因。广平、鸡泽经济总量小，是因为县小，但绝对不能说是经济发达县。如果说人少，张家港市只有 50 万人口，但人家的财政收入去年达 80 亿元，比我们全市还要多 30 亿元。我们经济发展慢，其中主要的原因还在于我们有贫困落后的地区。全面建设小康社会，如果没有贫困人口的小康，就很难实现全市或全县的小康。因此，贫困地区脱贫，事关整个地区的经济发展，贫困地区如果不抓紧脱贫，就会影响整个县的经济发展。明年我市扶贫开发工作的重点是继续推进扶贫三大工程，其中要继续加强和完善扶贫科技示范园区的建设，另外按省统一部署明年的扶贫开发工作要向 4 项重点工作转变。就我市而言，主要是“周转畜”和劳务输出，“周转棚”我们基本没搞，异地搬迁只涉及涉县的部分人口。我们要把思想统一到省里的部署上来，不要强调客观理由，一定要提高认识，从全面建设小康社会的大局出发，充分认识到没有贫困人口的小康，就不可能有全社会的小康。尽管做好 4 项重点工作没有成型的模式可供借鉴，存在一定困难，但我们要看到党和政府对贫困人口的一贯关怀和政策，看到贫困人口要求早日脱贫的迫切愿望和人民群众中蕴藏着的极大创造性，进一步增强做好这项工作的责任感和使命感，特别是各有关县要根据这次会议精神和所签订的责任状，认真组织落实，保证按时完成任务。

第二，加强领导，抓好试点。搞好科技扶贫示范园区要明确责任，建立一套科学高效的运行机制。馆陶虽然规模小，但机制上很好，从产权上搞运行，把利益机制理顺，入户帮扶，科技带动。还有一个销售问题，要组成共同体，还要有共同利益，政府的帮助是有限的，投入后要形成利益机制，参与各方都有利益。邯郸的扶贫有两个特色，一是园区建设；二是民营企业参与扶贫。民营企业参与扶贫，本质上是互惠互利，要讲利益，公益扶贫是占很小比例的。因此，扶贫工作根本上是要增加贫困县区造血机能，吸引社会各界参与扶贫要有利益机制，投入要有回报，并把有限的资源用在试点上搞集中，带动其他地区发展。在扶贫科技示范园区建设上，不仅要在园区建设的硬件上下功夫，而且要在园区建设的软件上，也就是充分发挥其示范作用上下功夫，真正为贫困人口提供一个致富的平台。对于“周转畜”工作，各地要认真调查研究，必要时可走出去参观学习，以期少走弯路。要结合本地实际，选择一个村、乡或一个区域作为试点，总结出切实可行的办法加以推广，切忌全面开花“大撒把”。

第三，严格管理，奖惩分明。为了促进扶贫开发重点工作更好地开展，我们要继续坚持各级党政“一把手”是扶贫开发工作第一责任人制度。刚才各县与市政府签订了责任状，要认真落实责任，不落实责任就要追究，落实的好就要奖励。当然，追究不是目的，而是要落实责任。实际上，从中央到省越来越体现奖惩，资金跟着项目走，而不是切块分配。有的地方有项目，但是资金被挪用了，出现这种现象一定要严肃处理。资金有投放，就要有回收，有效益。大家一定要沉下来，研究政策，研究本地实际并借鉴外地做法。河北省计划明年经济工作时，提出做细、做实，深入了就具体，具体了就深入。扶贫的钱是群众的命根子钱，政府拿出来，就要让它发挥效益，真正把这项工作做好，特别是扶贫开发重点县要把扶贫开发工作当成一项事业，认真地抓几年，确保收到实实在在的效果，促进贫困地区经济快速发展。

同志们，扶贫开发工作是一项艰巨而又光荣的事业，我们一定要在党中央、国务院的领导下，艰苦奋斗，扎实工作，开拓进取，把扶贫开发事业不断推向前进，为实现全面建设小康社会的宏伟目标做出新的、更大的贡献。

深入调查研究　增强理性思考　为做好纪检监察工作争取更多的发言权和主动权[*]

——《千家万户看党风》序言

（2003年12月26日）

随着党风廉政建设和反腐败斗争形势的不断发展和工作任务的不断变化，新情况、新问题不断出现，这就要求我们纪检监察工作必须加强调查研究，探索事物发展规律，把握工作主动权。调查研究是做好纪检监察工作的一项基本功。没有调查研究，就没有发言权。通过调查研究来摸清情况、发现问题、总结经验，升华理性思考，以制定出针对性更强、更为得力、更为具体的工作措施和方法。按照这个思路，市纪委三次全会提出，今年纪检监察系统要组织一次较大规模的调查研究活动。在新形势下做好纪检监察工作，必须对我们的工作环境、工作条件、工作对象有一个比较全面的、科学的认识。大家都在做着这项工作，不能说不熟悉，但是在新的条件下，这不是工作中浅尝辄止就能解决了的，而是需要对事物有客观、全面、深入的了解，要有分析研究，有规律性的认识，有理性的思考。

市纪委常委会研究决定，从今年开始，在全市搞一次“千家万户看党风”规模调研活动。“千家”不仅仅是指家庭，它指的是基层单位，比如说，百家企业、百个乡镇、几百个农村党支部。“万户”指的是个体，基本

---

* 本文是周文夫为《千家万户看党风》一书所做的序言。

的党员、基本的群众。“家”是基层单位，“户”是党员群众。我们调查一百个乡镇，那就占了全市214个乡镇的将近一半。我们调查5000名党员，就占了全体党员的1/80。我们用“看党风”这个概念，就是要让基层的单位和个人，对我们邯郸市党员领导干部和党风廉政建设的状况，有一个客观的反映。对党风的评价，从中央到省、市都有一个基本的估价。在今年市纪委三次全会报告中，对邯郸的党风也做过一个基本的评价，这是自上向下说的，或者叫作一个自我评价。这次我们换一个角度，从最基层由下向上看，看看我们的党风廉政建设现状。这是从我们调研的对象来界定“千家万户”。规模调研的另一个含义，那就是参加调研的队伍要有一定的规模。市、县两级的纪检监察干部都要参加这项活动，要组织几十个甚至上百个调研小组去进行调查。

通过调研，大体上要解决四个问题，第一，通过调研掌握第一手材料，能够对邯郸的党风廉政建设状况有一个基本的估价。这个估价是来自最基层的声音，是从最源头来进行调查。第二，总结经验，查找问题。我们党风廉政建设成功的做法有哪些？存在的主要问题是什么？第三，通过对总体现状的估价，对存在问题的查找，对成功经验的总结，再进行理性思考，找出解决问题的办法，即对策性的研究。它不是从一般的理论和政策上来说，而是拿出管用的、可操作性的办法。第四，通过调研，进一步转变纪检监察机关、纪检监察干部的作风。通过调研争取更多的做好纪检监察工作的发言权和主动权。这是我市纪检监察机关贯彻“三个代表”重要思想的具体行动，也是我们纪检监察干部深入实际学习、转变作风的极好机会。市纪委每一位副书记和常委都要带一个调研组，和大家一起搞调查。一方面起带头作用，另一方面巡回指导。同时，还有一个专题调研的任务。每个县（市、区）、每个调研组都要形成一个调研报告。把这些调研报告汇聚到一起，进行全面深入的研究，最后形成全市的调研报告。调查研究要出精品。所谓精品，就是能够客观地反映党风廉政建设的现状，能够比较深入地研究一些问题，总结出一些规律性，能够拿出一些切实可行的办法。我们平时搞调研不少，包括我们每次查办案件，实际上都是搞调查研究，这是我们的基本功、我们的长处。这次调查研究和以往不同之处就在于，既是务实的调研，又是“务虚”的调研。所谓的务实，就是要捞实情。所谓的“务虚”，就是要有理性的思考，要有规律性的总结，做一些比较、筛选、总结、升华，做出理性分析，能够形成政策。

这次调研是我们在非常时期了解基层党员干部群众心声的一个极好的机会。首先是我市处于防治非典关键时期，党和政府站到最前线，带领群众共渡难关，关心群众的疾苦、安危、冷暖。防治非典工作中，广大党员领导干部在作风建设、党群关系、工作方式方法方面有很大的改进，进一步密切了党群干群关系。这正是搞调研的好时机，能够听到更多的真话，摸到更多的实情。其次是我市县（市、区）换届时期，纪检监察系统一次大规模调研活动，对于今后五年党委、政府保持廉洁勤政、更加密切党群干群关系、完成好自己的本职工作、推动本地区经济政治文明发展至关重要。希望全市各级纪检监察机关和广大纪检监察干部高度重视、认真谋划、提上日程、明确责任，以期达到理想的效果。

在学习贯彻“三个代表”重要思想理论研讨会暨“千家万户看党风”调研成果交流会上的讲话

（2003 年 12 月 30 日）

这次全市纪检监察系统学习贯彻“三个代表”重要思想理论研讨会暨“千家万户看党风”调研成果交流会，是在全党和全国人民进一步掀起学习贯彻“三个代表”重要思想新高潮、认真贯彻落实党的十六届三中全会精神的形势下，在今年各项工作已近尾声，全市各级纪检监察机关和广大纪检监察干部正在全力以赴、努力工作，确保全年工作任务按期顺利完成的形势下召开的。会议很重要、很及时，也开得很好。一定会对推动全市纪检监察机关学习贯彻“三个代表”重要思想活动的进一步深入开展、推动我市纪检监察理论调研工作及其他各项工作的深入开展起到很好的促进作用。下面我讲三个问题。

一　全市纪检监察理论调研工作取得明显成效

今年以来，我市各级纪检监察机关以认真学习贯彻“三个代表”重要思想为中心，大力加强和认真开展了理论调研工作。其中大的调研活动主要有两项：一是按照中纪委、省纪委的统一部署，在全市纪检监察系统开展了用“三个代表”重要思想指导纪检监察工作新的实践的理论研讨活动；二是我们根据自身实际，为摸清全市党风廉政建设工作的底数，搞好纪检监察工作的理论创新、实践创新、制度创新，在全市组织开展了“千家万户看党风”的规模调研活动。这两项活动，得到了全市各级纪检监察机关和广大纪检监察干部的热烈响应和积极参与，也得到了全市人民的热情支持，取得了比较明显的成效。主要有以下三个特点。

一是领导重视程度高，组织协调力度大。今年以来，各级纪检监察机关都把理论调研摆在了工作的重要位置，强化领导，认真谋划，狠抓落实。在年初召开的市纪委三次全会上，我们首次将加强理论调研工作作为一个专题写入了全会工作报告。此后，市纪委主要领导又分别在全市纪检监察工作调度会、全市纪检监察工作会以及市纪委、监察局全体干部会等会议上，多次就搞好理论调研工作提出了明确要求，基本上做到了逢会必讲调研工作。为了组织开展好“三个代表”理论研讨和“千家万户看党风”规模调研活动，市纪委常委会多次召开会议对活动实施方案等有关问题进行认真研究，明确将这两项活动定为“一把手工程”，要求各县（市、区）、各单位认真抓好。同时市纪委成立了由主要领导任组长的调研活动领导小组，切实加强对这项工作的组织领导。市纪委领导还分别带队深入村镇、企业、机关、学校、街道进行调研。各县（市、区）、各单位也都把调研工作提上了重要议事日程，实行了“一把手”负责制，纪委书记亲自抓调研活动的组织领导，亲自抓课题研究，亲自抓任务落实，形成了上下联动的良好局面。

二是调研作风深入，形式灵活多样。全市共有包括60余名县级干部、330余名科级干部在内的1000余名纪检监察干部直接参加了“千家万户看党风”规模调研，先后调研企业161家，乡镇和街道办事处136个，机关事业单位256个，自然村、居民委员会和基层所站1030个。调研中主要采取了发放民意调查问卷、召开座谈会和入户走访等形式，共发放机关、企业、农村、社区及行风评议五类问卷两万份，召开各种座谈会786个，走访群众13600余人次。大名等县（市、区）还开通了“调研热线”，群众可随时通过热线就党风廉政建设的有关问题谈看法、提建议，增强了调研活动的互动性。在“三个代表”重要思想理论研讨活动中，为加深对原著的理解，吃透精神，掌握实质，各级纪检监察机关还采取了召开学习心得交流会、理论研讨会、专家学者辅导、知识竞赛、理论考试等方法，并进一步深入基层，广泛接触群众，倾听群众呼声，使学习“三个代表”理论调研活动有了比较扎实的群众基础和实践基础。

三是坚持理论与实践相结合，形成了一批有较强针对性和指导性的调研成果。各级各单位在“三个代表”重要思想理论研讨和“千家万户看党风”规模调研活动中，大力弘扬理论联系实际、密切联系群众的马克思主义优良学风，坚持将理论调研活动与指导和推动当前工作相结合，形成了一批有较强针对性和指导性的理论成果和调研报告。在学习贯彻“三个代表”理论研讨活动中，紧紧围绕纪检监察工作如何体现立党为公、执政为民的本质要求，实现指导思想上的与时俱进这个主题，开展了纪检监察工作如何在思想观念、思想方法、工作方式和工作方法上实现开拓创新，纪检监察机关怎样找准位置，为执政兴国第一要务服务，如何进一步推进党风廉政法规制度建设，把制度建设贯穿于反腐倡廉各个环节等7个方面的专题研讨，共形成理论研讨成果80余篇，其中《把握立党为公、执政为民根本，牢牢树立反腐倡廉服务“第一要务”的指导思想》和《强化廉洁自律制度建设促进各级领导干部廉洁从政》两篇论文在全省纪检监察系统学习贯彻“三个代表”重要思想理论研讨会上进行了交流，受到好评。在“千家万户看党风”规模调研活动中，各级各单位在全面深入调研的基础上，围绕如何与时俱进、富有成效地搞好新形势下的党风廉政建设和反腐败斗争，分别对深化领导干部廉洁自律、拓宽源头治理领域、加强对新经济领域案件查处工作、搞好党风党纪教育四个专题开展了调研，形成调查报告60余篇。市纪委、监察局撰写的《邯郸市“千家万户看党风”规模调研情况报告》被省纪委《河北纪检监察研究》以较大篇幅刊用，受到好评。省委副书记、纪委书记张毅多次在不同场合对我市“千家万户看党风”规模调研活动给予较高评价。

总的来看，经过全市纪检监察系统上上下下的共同努力，学习贯彻“三个代表”重要思想理论研讨和“千家万户看党风”规模调研这两项活动取得了明显成效。通过活动，使我们对“三个代表”重要思想的科学内涵有了更加深刻的理解，进一步增强了我们用“三个代表”重要思想统领纪检监察工作的自觉性、主动性；使我们对全市党风廉政建设的现状有了更加客观、准确的估价，对党风廉政建设中取得的经验和存在的突出问题有了更加全面、清楚的了解，对进一步加强和改进纪检监察工作有了更加明确的方向。同时也使广大纪检监察干部的作风得到了进一步转变。但是我们也应清醒地看到，这些成效还只是初步的，不能估计过高。在理论调研工作中还存在发展不平衡的现象，存在一些地方和单位对调研工作认识不高、重视不够、工作不扎实以及缺乏有价值、有分量、有创新的调研成果等问题，希望有这些问题的地方和单位要引起高度重视，在今后的工作中迎头赶上。

二　把学习贯彻“三个代表”重要思想进一步引向深入，努力提升用“三个代表”指导纪检监察工作新的实践的水平

胡锦涛总书记在省部级主要领导干部学习贯彻“三个代表”重要思想专题研讨班发表的重要讲话，是继“七一”讲话后的又一篇深刻阐述“三个代表”重要思想的理论文献。他在讲话中提出，要紧密结合建设小康社会的实践，学习好、领会好、贯彻好“三个代表”重要思想，把学习贯彻“三个代表”重要思想不断引向深入，努力在武装头脑、指导实践、推动工作上取得新进展。全市各级纪检监察机关和广大纪检监察干部一定要增强学习贯彻“三个代表”重要思想的自觉性和坚定性，认真贯彻落实胡锦涛同志重要讲话精神，自觉地用“三个代表”重要思想指导纪检监察工作新的实践，把学习贯彻“三个代表”重要思想新高潮进一步引向深入。

（1）把握精神实质，在加深理解、学懂弄通上下功夫。“三个代表”重要思想是同马克思列宁主义、毛泽东思想和邓小平理论一脉相承而又与时俱进的理论体系，是新世纪新阶段党和国家各项工作的根本指针。“三个代表”重要思想内涵丰富，博大精深，涵盖了经济、政治、文化和党的建设各个领域，体现在改革发展稳定、内政外交国防、治党治国治军各个方面，是一个系统的科学理论。兴起学习贯彻“三个代表”重要思想新高潮，是坚持马克思主义在意识形态领域的指导地位，巩固全党全国人民团结奋斗共

同思想基础的需要；是全面建设小康社会，开创中国特色社会主义事业新局面，实现中华民族伟大复兴的需要；是坚持立党为公、执政为民，始终保持党的先进性，不断巩固党的执政地位的需要；是当前的首要政治任务。各级纪检监察机关和纪检监察干部一定要深刻认识学习贯彻“三个代表”重要思想的伟大意义，增强践行“三个代表”重要思想的自觉性和坚定性，在真学、深学、学深、学透上下功夫。所谓真学，就是认认真真、扎扎实实地学，全面系统地精读原著；所谓深学，就是通过学习，对“三个代表”重要思想的时代背景、实践基础、科学内涵、精神实质和历史地位的认识达到一个新的高度；所谓学深、学透，就是要做到四个“深刻领会”，即深刻领会贯穿其中的马克思主义立场、观点和方法；深刻领会立党为公、执政为民是“三个代表”重要思想的本质，也是我们党必须恪守的政治立场；深刻领会“三个代表”重要思想紧紧围绕什么是社会主义、怎样建设社会主义和建设什么样的党、怎样建设党提出的一系列基本观点；深刻领会“三个代表”重要思想所体现的辩证唯物主义和历史唯物主义的方法论，坚持马克思主义的认识论，坚持马克思主义的思想路线，解放思想、实事求是、与时俱进，一切从实际出发，使党的理论符合我国国情，符合不断变化的实际，符合时代特征和时代发展要求。

（2）坚持理论联系实际，在用“三个代表”重要思想武装头脑、统领工作上下功夫。“三个代表”重要思想是我们党必须长期坚持的指导思想，理所当然地也是反腐倡廉工作的根本指针，是做好反腐倡廉工作的根本要求，是检验反腐倡廉工作的根本标准。因此，我们的一切工作都要在“三个代表”重要思想指导下来开展，用“三个代表”重要思想统领纪检监察各项工作；坚持理论与实践的高度统一，着力解决反腐倡廉工作中的重大问题。包括反腐倡廉工作如何紧紧围绕发展这个执政兴国的第一要务，更好地适应完善社会主义市场经济体制的需要；如何体现立党为公、执政为民的本质要求，做到以最广大人民的根本利益为工作的出发点和落脚点，着力解决好人民群众关心的突出问题；如何从源头上解决腐败问题，建立健全与社会主义市场经济体制相适应的教育、制度、监督三者并重且相互配套的惩治和预防腐败的体系；如何更好地履行纪检监察机关职责和任务，在党的建设新的伟大工程中发挥积极作用；如何保持与时俱进的精神状态，促进反腐倡廉理论与实践不断发展；等等。要在不断实践的基础上加深对反腐倡廉工作的理论思考，积极探索在社会主义市场经济和对外开放条件下腐败现象滋生的特点和规律，科学把握反腐倡廉的新形势、新趋势、新特点、新问题，提出加强和改进工作的新思路、新举措。

（3）坚持与时俱进，在用“三个代表”重要思想推动工作、不断提升反腐倡廉工作的质量和水平上下功夫。理论研讨的目的是提高认识、解决问题、推动工作。这次理论研讨会总结交流了前一阶段的学习成果，标志着集中研讨活动暂时告一段落，但经常性的理论研讨还要不断深入。进一步深入开展理论研讨活动，关键是用“三个代表”重要思想指导纪检监察工作新的实践，在推动工作上下功夫。要把广大纪检监察干部在学习贯彻“三个代表”重要思想中激发出来的热情，转化为良好的精神状态和深入的工作作风，转化为加强党风廉政建设和反腐败工作的具体行动，使广大纪检监察干部成为“三个代表”重要思想的坚定实践者，进一步加大工作力度，推动工作落实。一是要结合学习研讨对今年以来的工作进行认真的总结回顾。要对照年初市纪委三次全会部署的各项任务，仔细“盘点”，查漏补缺。对尚未完成的工作任务及工作中的薄弱环节，要有针对性地采取措施予以加强，确保全年任务按时间高质量地完成。二是要结合学习研讨对明年的工作进行认真谋划。今年以来，市纪委先后组织了三次大的活动：学习贯彻“三个代表”重要思想理论研讨、“千家万户看党风”规模调研和外出学习考察。这三项活动不仅对推进今年各项工作产生了积极的促进作用，而且为做好明年工作特别是为市纪委四次全会的召开奠定了很好的思想和理论基础。近一时期以来，市纪委常委会充分利用这些活动取得的成果，对明年全市纪检监察工作进行了认真谋划。总的思路是，坚持以“三个代表”重要思想为指导，牢牢把握纪检监察工作服务第一要务这个中心，以构建反腐保廉体系、实施保驾护航工程、加强纪检监察干部队伍建设为重点，通过体制、机制创新，形成统一规范的运作机制，努力探索既能促进经济发展又能加强党风廉政建设的新路子。在构建反腐保廉体系方面，初步设想是要建立健全五个机制或体系，即思想防御机制、监督制约机制、法制约束机制、奖惩激励机制、社会评价机制。在实施保驾护航工程方面，要重点实施四项工程：阳光工程、保护工程、清障工程和效能工程。在加强纪检监察干部队伍建设方面，要从思想建设、组织建设、作风建设、业务建设四方面入手，全面提高队伍的整体素质，努力将纪检监察机关建设成学习型文明机关。各县（市、区）、各单位要紧紧围绕这三个方面的重点，谋划好明年的工作。谋划工作要注意紧密结合本地本单位实际，突出自身特色，注重开拓创新。三是要结合学习研讨贯彻落实好十六届三中全会精神。刚刚结束的十六届三中全会做出了《关于完善社会主义市场经济体制若干问题的决定》，学习贯彻好十六届三中全会精神是当前全党的一项重要政治任务。深入开展学习贯彻“三个代表”重要思想理论研讨活动一定要与贯彻落实十六届三中全会精神相结合。各级纪检监察机关要认真学习全会做出的《决定》，研究全会关于经济体制改革的理论和方针政策，及时了解和把握当前经济发展的总体形势和我国经济体制改革的新动向新思路，把纪检监察工作放到建立和完善社会主义市场经济体制的大局中去考虑，结合重大改革措施的出台，研究可能出现的涉及党风廉政方面的问题，提出防范措施和治理对策，促进各项经济改革政策的落实。

三　适应新形势新任务要求，进一步加强纪检监察调研工作

首先，要坚持高站位，充分认识新形势下做好纪检监察调研工作的重要性。调查研究是我们做好各项工作的基础。毛主席有句名言，叫作“没有调查就没有发言权”，道理非常深刻。没有调查，就不能全面准确地了解和掌握情况；不了解掌握情况，我们的工作就会缺乏针对性，增加盲目性；而盲目的工作，自然不会取得好的效果，甚至要遭受挫折和失败。江泽民同志也指出：“坚持做好调查研究这篇文章，是我们的谋事之基、成事之道”，“没有调查就没有发言权，没有调查就更没有决策权”。这些都充分说明了调查研究作为各项工作基础的极端重要性。搞好调查研究对做好纪检监察工作，特别是新形势下的纪检监察工作同样具有十分重要的意义。只有深入调

查研究，我们才能了解群众所思所想所盼，了解群众最关心的热点难点问题是什么，群众反映最强烈的不正之风是什么，从而明确工作思路和重点，集中力量进行整治；只有深入调查研究，才能及时掌握纪检监察各项工作的运行状况，发现工作中存在的问题，进而有针对性地提出解决问题、改进工作的方法与对策，使我们的工作更有成效；只有深入调查研究，才能了解新的形势下党风廉政建设和反腐败斗争面临的新情况新问题以及呈现的新特点，使我们的工作做到与时俱进，不断创新；只有深入调查研究，才能真正掌握实际情况和第一手资料，做到理论联系实际，密切联系群众，才能转变我们的工作作风，在广大群众中树立起可亲可信可敬的纪检监察干部的良好形象。总之，只有深入搞好调查研究，我们才能做好新形势下的纪检监察工作。各级纪检监察机关一定要站在事关工作成败的高度，充分认识做好纪检监察调研工作的重要性，把调研工作摆上重要议事日程。

其次，要围绕中心，突出重点，扎实深入地开展调研工作。纪检监察调研工作主要分为工作研究、政策研究和理论研究三个方面，根据中纪委、省纪委对调研工作的要求，省以下纪检监察机关要重点搞好工作研究，兼顾政策研究和理论研究。要在掌握情况、分析问题、出思路、出观点、出对策上下功夫，为解决实际问题、为领导决策和指导工作做好服务。所谓出思路，就是在谋划工作上能够站在全局的高度提出抓什么、如何抓的建议；在组织实施上能够就落实问题提出怎样具体抓的建议。所谓出观点，就是在党风廉政建设和反腐败斗争实践的基础上，通过深入调查研究，对带有倾向性、苗头性的某一方面问题进行归纳总结，提炼出有规律性的理论观点，使我们的工作具有一定的前瞻性和科学性。所谓出对策，就是针对党风廉政建设和反腐败重点工作的重点、难点、热点问题，提出具体的意见和建议，为领导提出决策参考。调研工作要重点围绕三个方面来进行。一是要紧紧围绕经济建设中心，研究纪检监察工作如何为发展这个执政兴国第一要务服务的问题。这是我们今后调研工作的一个重中之重。明年我们要在全市开展“建立反腐保廉体系、实施保驾护航工程”活动，调研工作必须先行。广大纪检监察干部都要积极主动地进入社会经济领域，参与市场经济的有序运作。只有了解情况、熟悉情况、发现问题、找出症结，我们工作的针对性才会强，效果才会好。二是要紧紧围绕当前党风廉政建设和反腐败重点工作进行。我们现在正在开展的各项工作中有许多问题值得研究。如查办案件工作方面，既要研究怎样运用现有手段搞好案件突破的问题，更应注意研究如何发挥好查办案件的综合效应，通过查案发现体制、机制、制度上存在的欠缺，从而建章立制、深化改革、堵塞漏洞的问题；在源头治理工作方面，虽然各地都按照中央要求开展了行政审批制度、财政制度和干部人事制度三项改革，取得了一定成效，但也暴露一些新的问题。我们应加强对改革过程中新情况、新问题的研究，加强对纪检监察机关如何融入这些改革，在其中发挥好监督协调作用的探索；还有像党风廉政宣传教育工作怎样增强针对性、有效性，如何进一步深化行风评议、建立行风建设长效机制，如何提高纪检监察干部队伍素质，等等，都需要进一步认真研究。三是要紧紧围绕群众关注的热点难点问题开展调研。胡锦涛同志讲，群众利益无小事。发生在老百姓身边的不正之风等群众关注的热点难点问题，是我们纪检监察机关工作的重点，当然也是纪检监察调研工作的重点。对这方面的情况，我们要采取发放调查问卷、网上调查、走访群众、召开座谈会等多种形式广泛收集了解，为我们争取更多的发言权，为有针对性地开展工作提供依据、奠定基础。今年我们组织开展了“千家万户看党风”规模调研活动，像这样的大规模调研活动以后我们还要经常组织开展。

最后，要进一步加强对纪检监察调研工作的领导。要把调研工作列入重要日程，作为事关纪检监察工作全局的一项经常性、基础性工作来抓。要树立“大调研”意识，动员纪委内部各个科室的力量、各相关职能部门的力量和社会各界的力量，努力做好调查研究这篇大文章。各县（市、区）纪委领导每年都要亲自带队挂帅出征，集中搞一两次调研活动，形成有分量、有价值的调研报告。要加大调研成果的转化力度。目前调而不研、研而不深、研而不用的情况在各级不同程度地存在，影响着调研成果的转化。今后我们要更加重视调研成果的转化利用工作，认真对待调研对策和建议，增强利用调研成果指导、改进工作的意识。要注意从政治上、工作上和生活上关心从事调研工作的同志，不仅要经常出题目、压担子，而且要为他们创造一些必要的工作条件，如参加有关会议、阅读有关文件、订阅报刊资料等。张毅书记多次讲，研究室不仅要出成果，还要出人才。从事调研工作的同志要努力学习，不断提高自身素质，多出精品力作，为领导当好“谋臣策士”。

同志们，2003 年即将过去，2004 年正向我们走来。让我们上下一心，勤奋努力，积极进取，勇于创新，为我市纪检监察工作在新的一年再创新的佳绩、再上新的台阶而努力。

工作纪实

“一制三化”工作

一　领导批示

★**中共中央政治局常委、中央书记处书记、国家副主席胡锦涛批示：**要认真总结经验，解决存在问题，完善党支部领导下的村民自治运行机制。（2001 年 1 月 26 日）

★**中共中央组织部副部长虞云耀批示：**请组织局遵锦涛同志批示办。商河北省委组织部，总结推广武安的经验。（2001 年 2 月 2 日）

★**河北省委书记王旭东批示：**要进一步抓好总结，系统推广，完善、巩固、提高。在面上要狠抓落实。（2002 年 4 月 11 日）

★**河北省委副书记刘德旺批示：**要不断总结、完善、推广。（2002 年 4 月 10 日）

二　组织部发文

★**中共河北省委组织部：**《关于武安市推行党支部领导下的村民自治运行机制的调查》，《组工通讯》2001 年 4 月 28 日，第 11 期。（内容从略）

★**中共中央组织部**关于印发《河北省武安市建立和完善村党支部领导下的村民自治运行机制，理顺“两委”关系》的通知，组通字〔2001〕29 号，2001 年 6 月。（内容从略）

★**河北省委组织部**：《积极推广“一制三化”经验 努力探索理顺新时期农村“两委”关系的新途径》，在全省推广邯郸市武安“一制三化”现场经验交流会上印发，2001 年 12 月 25 日。（内容从略）

三　媒体报道

★**新华通讯社**：《武安建立党支部领导下的村民自治运行体制》，《国内动态清样》2001 年 1 月 9 日，第 121 期。（内容从略）

★**中央人民广播电台**：《武安市农村推行“一制三化”新体制效果好》，《内参》2001 年 9 月 27 日，第 188 期。（内容从略）

★《**中组部调研组**在邯专题调研时认为：“一制三化”是创新值得推广》，《邯郸日报》2001 年 12 月 26 日。（内容从略）

“百、千、万”调研领导批示

省委、市委领导对中共邯郸市委组织部关于农村基层组织建设“百、千、万”调研活动及其成果做出重要批示（2002 年 5 月）。

★河北省委常委、组织部部长付志方批示：“这份调查报告言之有物，内容翔实，提出的对策针对性较强。”

★邯郸市委领导批示

市委书记董强：“市委组织部组织的‘百、千、万’调研活动是富有成效的。报告对全市农村基层组织建设的状况及存在问题的分析比较全面、客观、深入、实在。所拟建议从整体上也是可行的。可据此起草加强和改进农村基层组织建设的意见，报市委研究审定、实施。”

市委副书记、市长张力：“基层组织建设是基础性工作，起保证作用。该报告内容翔实，掌握大量第一手资料，很有说服力。同意报告观点。今后应注重基层党建的经常性工作，经常化、规范化、制度化，很有必要，对经济发展、社会进步起基础性保证作用。”

市委副书记王光龙：“‘百、千、万’调查立意好、精神佳、力度大，六条建议可行。希望共同努力，抓好落实，因为组织建设是实践‘三个代表’，加快经济和各项事业发展的保证和关键。”

市委副书记张宝岩：“此次调查工作做得很细。报告内容翔实，问题抓得较准，产生的原因分析较透，建议、对策也较符合实际。建议市委组织部报请市委适当时机专题研究基层组织建设问题。”

市委副书记李石：“该调研搞得较深入，看了以后觉得对基层组织现状没有理由盲目乐观。针对存在问题提出的意见符合实际。如何抓住重点和薄弱点，在抓落实上取得成效，确需很好研究。”

市委常委、军分区政委李江海：“农村基层党组织是我们党的组织基础，确实应加大工作力度。这个调查报告既肯定成绩，又找出存在问题，有情况，有分析，有改进建议，我感到对于加强农村基层组织建设很有指导意义。”

市委常委、农工委书记史增海：“这份调研报告有观点、有分析，具体实在，很有说服力。所提建议很好，同意。”

市委常委、宣传部部长陈会新：“此件很好，为准确把握农村基层党建状况、有针对性地推进工作提供了科学依据。组织工作这种深入、扎实的作风，值得学习。”

市委常委、政法委书记张有祥：“这个报告很不错，尤其在‘存在问题’及其原因上讲得很实际。建议今后抓基层工作：一不要光提一些不切实际，看来很‘规范’的口号式、条文式做法；一要切实帮基层干部解决实际问题。此建议仅供参考。”

市委常委、常务副市长赵风楼：“此调研报告比较有深度，尤其是对村级班子建设的‘六个难题’找得比较准，需要花大力气，细致工作才能逐步解决。目前可以探索结合农村税费改革予以破解个别难题的办法。这就需要县委主管党建工作的领导和主抓财税工作的领导协调组织、财政、农村工作等部门与乡镇党委一起研究，结合不同村的实际提出切实可行的办法。”

市委常委、市委秘书长杨慧：“这个调研报告有分量，不但提供了大量的信息，而且在调研组织、调研方法等方面都提供了好的借鉴。”

扶贫开发工作

在涉县窑门口和圪腊铺村扶贫修路工作纪实

（2003 年 11 月 19 日）

11 月 13 日，地处大山深处的涉县偏城镇窑门口和圪腊铺村，连通山内外 6.5 公里的水泥路通车了。当日，市委副书记、市纪委书记周文夫带领市扶贫、发计委、交通、农业、林业、畜牧部门的负责同志和县镇有关同志一起来到了圪腊铺和窑门口村，与两村干部群众共谋脱贫致富的发展大计。这既是两个村村民走出大山的脚下路，也是这里告别贫困走向富裕的幸福路，更是村民与党和政府的连心路。这条路凝结了市、县、镇有关部门领导和同志的心智！凝聚了两村党员、干部、群众多年的企盼！体现了党和政府带领广大群众向贫困宣战的坚强力量。

改革开放 20 多年，经济发展之快让偏僻山村的农民感觉到了自己与山外的巨大差距，从而产生了走出大山，走出贫困的强烈愿望。

窑门口和圪腊铺村地处涉县最北端，离县城有 60 多公里，是太行深山区里两个十分贫困的村子，两村共有 239 户、784 口人，山坡地 1025 亩，人均年收入仅 600 多元。四周大山围困，与外界相通的只是一条羊肠小道，后来把山崩开个口，顺河沟劈出一条 2 米多宽的河滩路。多年来村里人出山十分困难，由于得从沟里走，每到雨季、冬季，河沟水暴涨、大雪封山时，村民们就寸步难行，这样算来，一年就有半年被“堵”在家里。恶劣的环境造成的伤害远不至此。有一年，窑门口一村民在犁地时不小心被牲口踢下山坡成为重伤，因道路难行，未能及时出山医治，流血而死；还有圪腊铺一村民得了肠梗阻，也是因为行路难，在家人的哭泣和无奈中死去。更可怕的是1992年8月的一天，圪腊铺村唯一的一辆小客车在返回途中，在入山口处的马鞍山陡坡上发生了车祸，车毁人亡，一下子两村死了6口人，最小的只有9岁。1996年8月发生的特大洪灾，暴雨形成的山洪挟带着泥石流，把两村仅有的一条非常难走的河滩路也彻底冲毁了。村民们断粮、断炊，只能翻山越岭步行往返30多里，到相邻的山西省左权县羊角乡肩挑背驮生活用品，等到生活用品经过三倒五倒勉强从山外运到村里时，价格却比山外翻了几番，村民们虽穷，却还得吃高价粮、烧高价煤。

面对艰苦的环境，面对亲人的惨死，如果说祖辈还能忍受的话，一部分年轻人已经不愿意再忍受这种艰苦和恶劣的环境，产生了走出去的强烈愿望。当他们走出山外，看到了山外改革开放后的巨大变化，也看到了山里与山外的巨大差距，当他们把山外的精彩世界描述给大家时，乡亲们再也无法平静了，发誓一定要改变家乡落后闭塞的状况。农村基层组织是实现农业增效、农民增收的领导力量。农村党支部既要做农村实现全面小康的领路者、组织者，更要做实现全面小康的实干家，要改变这种闭塞、贫困的状况，首先需要修一条通向山外的路。但修路谈何容易！要与山外公路连接，就必须开山劈石、垫沟铺基，其工程量之大，对于人口加起来也不到800人的两个小村，其困难是可以想象的。但困难没有把他们吓倒，窑门口和圪腊铺村虽然穷，可都有一个强有力的党支部。两村有25名党员，他们从没有向困难低过头，从没有被贫穷征服过，这几年，他们一直在为改变这里的穷山恶水努力着，建学校，修水柜、安自来水……

为了实现沟通山内外的愿望，这些年，两村党支部一直在谋划着修一条连通山外的公路，但由于缺钱少人等没有动工，这成了他们一块儿心病。随着时间的推移，修路的愿望越来越强烈，他们感到修路的事不能再等了，就是节衣缩食也得上。经过实地测量，需要沿河沟从山上劈出一条转32道大弯、长6500米、宽6米的平整道路，才能满足群众行路和今后发展的需要。

经过测算，修这样一条水泥路需要投资480万元，除去工钱，仅材料费、运输费和机械费就至少需要89.7万元。可当时村里没有一分钱。为了尽快修通这条路，党支部几次召开会议，研究如何修路的问题，最后形成了这样的共识，现在村里穷，拿不出钱来修路，靠别人更是指望不上，只能是靠全体村民，大家的事情，大家出钱办。随后，“两委”干部分头挨家挨户到党员、村民家中征求意见，说摆修路的好处，如果现在勒紧裤带，咬咬牙，拿出钱来，把路修通了，大家今后就会过上好日子。经过认真细致的思想工作，全体党员干部村民完完全全想到了一块。那就是自愿出资，有钱出钱，有物出物，有人出人。“两委”干部带头出资，圪腊铺村支书姜成顺实在没有钱，就拿出了大女儿婆家刚送来不久还没捂热的1000元聘金，随后又陆续拿出了2000多元。村主任姜成香这个40多岁的老单身，也拿出了准备娶媳妇的3000元钱。窑门口村支书张合德，一下子拿出了积攒多年的5000元钱。在“两委”干部带动下，全体党员、村民踊跃出钱、出物、出人。69岁老党员姜喜林手里没钱，心里却也急着为修路使点劲，一狠心把孩子们给他准备的上好棺木板卖了600元，颤巍巍地交到干部手中。窑门口原支书石所廷，一次就拿出了5000元。两村党员干部你几千、我几百，争着出资的义举深深感动了村里的群众，他们都翻箱倒柜，倒出了自己的家底。两天时间，就筹借到8万元。

2000年11月5日这一天，两个村的干部带领群众打响了劈山修路的第一炮，他们顶风冒雪战斗在寒冷的工地上。党员、干部带头干重活、啃硬骨头，到年底，他们修出了30米长的高标准路基。来年正月初六，当其他村还在欢欢喜喜过大年时，两村的党员干部又带领村民向坚硬的大山进攻了。圪腊铺村支书姜成顺，在撬石头时，钢钎打在肋骨上，折断了一根肋骨，别人都劝他去医院看看，他却唬大家：“小题大做，又不影响胳膊、腿干活。”就这样一直拖到2月份，他才趁去县里开会的机会到医院看了看。圪腊铺村69岁的姜金魁患了肾炎，但一听说修路，口袋里装上药片就跑到工地，家人拦也拦不住。尽管这样，由于筑路环境恶劣，施工设备简陋，加上资金短缺，修路施工一度搁浅。

正当圪腊铺、窑门口两村干部群众陷入绝望之时，不久刚刚接手市扶贫工作的市委副书记、市纪委书记周文夫，2003 年 5 月 21 日来到了圪腊铺、窑门口村进行实地调研，进农家、坐炕头，向党员、干部、群众详细询问村里的情况和存在的困难。周文夫动情地说，如果一个村有了这样的村党支部，这样的村党支部书记，那么即便有再大的困难，即使一时解决不了，解决不好，只要持之以恒、百折不挠，就总是充满希望。只要有了坚韧不拔的意志，一往无前的精神，无论遇到任何艰难险阻，都能够迎难而上，克服困难，战胜困难，逐步走向胜利。当天，他对两村党支部带领群众脱贫致富修路所做的工作给予表扬，并主持召开会议，要求市、县、镇三级和有关部门对两村修路工程进行资金、物资、人力、技术上的帮扶，尽快把路修通，“为两村加快脱贫致富坚定信心，给乡亲们一个交代!”

市、县有关部门按照周文夫同志的要求，专门召开会议，研究解决修路问题的工作方案，并形成“关于帮助涉县圪腊铺和窑门口村修建公路情况协调会议纪要”。市发展计划委员会派出专门人员三次深入修路现场了解情况，并迅速编制了项目可行性研究报告，又三次到省发展计划委员会申请立项并获得批准，列入以工代赈项目，为修路争取资金 80 万元。市扶贫办协调资金 10 万元，市交通局补助修路资金 6 万元，落实了修路资金。

7 月 15 日，圪腊铺和窑门口村再次吹响了征服大山的号角。74 岁的圪腊铺村前任老支书郭永通，听说搁浅的路在上级领导的帮助下又开始动工了，本来村里没给他安排活儿，就自告奋勇去路上看护材料，还一天两趟在路上来回跑着监督道路质量。别人劝他歇歇，他却说：“周书记跟咱不沾亲不带故的，还帮忙修路，咱有啥理由在家躺着歇息?”老支书看护材料特别“抠门”，别人倒完水泥的袋，他都要重新在搅拌机口抖抖，把袋子小心收起来，别人不小心洒在地上的一点儿水泥，他都要拿出自己准备的笤帚、簸箕扫起来，倒进机器里。窑门口党员姜来所一次打钻时，山顶上震松的一块石头滚落下来砸在了他的额头上，血不断流出来，也只是回村医疗所简单包扎一下，止住了血，就又顶了上去。就这样，党员、干部、村民不分昼夜，不分寒暑，始终坚持在施工一线。

为了早日通车，周文夫同志多次过问，并提出了具体要求。有关部门和县、镇两级迅速行动起来，协调水泥和运输车辆，保证了施工用料，交通部门及时派出工程技术人员现场指导施工，保证了工程进度和质量。两村群众看到各级领导和有关部门的大力支持，修路的积极性更加高涨，村民舍小家、顾大家，日夜奋战在工地上。经过3个多月的苦战，一条6米宽，6500米长的出山路终于全线水泥硬化完工，与山外公路连接起来。一条通向山外的道路修通了，一条通向富裕文明的道路铺就了。

通车的这一天，在共同研究脱贫致富路子的会上，干部群众充满信心！市委副书记、市纪委书记周文夫深情地说，两村干部群众的奉献、倔强，那种不达目的不罢休的韧劲，在脱贫致富奔小康的今天，不但不能丢，还必须不断发扬光大。要改变贫困地区的面貌，既要靠当地干部群众的努力，更需要党和政府的关怀、帮助和支持，需要各级各部门通力配合、协调工作，只有这样，才能把扶贫开发工作搞得更好。他最后要求："今天路通了，明天要脱贫，后天要致富！"

（中共邯郸市委办公厅供稿）

建园、开发、搬迁：从根本上脱贫致富的新实践

——对邯郸市涉县利用三线军工企业遗址开发建园实施扶贫搬迁的调查

（2004年8月25日）

"七一"前夕，地处太行山深处、距离涉县县城80多公里的寺峪、庙岐两个村87户、252口群众，告别了世世代代繁衍生息的石头房，集体搬进了距离县城不到15公里的千亩科技扶贫示范养殖园区，过上了"楼上楼下，电灯电话"的新生活。这是我市在扶贫开发工作进入新时期，推动贫困地区群众脱贫致富的新实践，是落实扶贫开发十年纲要的一个新举措。整体搬迁后两村合并，市委副书记周文夫取寺峪村的"峪"字和庙岐村的"岐"字，为新村起名"峪岐新村"，并勉励新村的群众："不信庙、不靠寺，靠共产党的领导，靠群众自力更生，艰苦奋斗，脱贫致富。"如今，峪

峧新村党员干部群众正在为脱贫致富、建设文明生态村做着积极努力。

涉县扶贫搬迁工作受到省、市、县党委、政府的高度重视，得到了省、市扶贫办等有关部门的大力支持。今年上半年，在我市召开的中国大城市委员会2004年年会暨理论研讨会上，有关专家听到涉县移民搬迁的情况后，对市委、市政府领导的魄力和远见表示赞赏，并提出要同国家发改委、民政部、国土资源部的专家一起到邯郸搞专题调研，对成功做法进行推广。最近，我们对这项工作进行了专项调研。

一 主要做法

在新阶段的扶贫开发工作中，我市的涉县、魏县、大名、广平4个县被确定为国家扶贫开发工作重点县，馆陶县被确定为省扶贫开发重点县，全市还有707个扶贫开发重点村，64.02万贫困人口，其中，2286人生活在自然条件恶劣的西部山区和东部黑龙港流域苦水区。去年，针对全市扶贫开发工作的现状，市委、市政府提出要改变这些贫困地区的落后面貌，必须对生存条件恶劣的村实施整体搬迁，让群众从深山中走出来，改变居住环境，从种植业中走出来，大力发展养殖业。同时，本着自然条件最恶劣、生存条件最差的村早搬的原则，把移民搬迁的突破口选在了涉县的寺峪村和庙峧村。

涉县寺峪、庙峧村位于太行山深处的偏城镇，距离涉县县城80多公里。两村因各有一寺、一庙而得名。寺峪村有53户，157口人，庙峧村有36户，95口人。两村地处大山深处，山高坡陡，石厚土薄、土地匮乏，交通不便，人畜饮水十分困难。2003年底，农民人均纯收入只有300元，村民说，“背靠黄土面向天，一天挣不了一块钱”，本村姑娘远嫁他乡，没有一个愿意留在本村；外村的姑娘很少愿意嫁进来，不少小伙子都到外地当了“倒插门”女婿，两村的人口逐年减少，村民看病、孩子上学也非常困难。更为严重的是，因为1996年的一场洪水，庙峧村村后的山体出现裂缝，随时存在山体滑坡的危险。一到雨季，村民们纷纷投亲靠友，离村避难。村民们说，再不搬出来，过不了十年，这两个村就会自然消失。

吃水难、行路难、上学难、就医难，自然条件差、生存条件恶劣，严重困扰着村民。去年下半年，涉县县委、县政府认真落实市委、市政府扶贫开发工作的总思路，组织有关部门进行了认真研究，并针对十几年来，寺峪、庙峧两村年年扶贫不脱贫的现实，创造性地开展工作，下决心让群众从“一方水土养不了一方人”的地方走出来，从改变生产和生活条件着手，实施整体搬迁，先脱贫，再致富。

这次移民搬迁主要采取了以下做法。

其一，整合闲置资源，建设千亩科技扶贫示范养殖园区，为实施扶贫移民搬迁提供了空间载体。涉县是我市的一个全山区县，素有“八山半水分半田”之称。境内山多地少，如果建设新村，占地就得几百亩，盖房子、建学校、打水井、解决群众生产等诸多问题，至少需要投入上千万元资金。为了少花钱多办事，实现低成本迁移，涉县县委、县政府把眼光盯在了小三线军工企业的遗址上。距离县城不到 15 公里的原兵器工业部第 5 机械厂搬走后，其旧址十几栋楼房、厂房和 1500 亩地作为债务抵押给了涉县信用联社。信用联社除每年开着工资派人看守外，其他一无用处，大量土地亦连年荒芜。去年县委、县政府经过与信用联社协商，确定由县扶贫办按每年 3 万元的价格从县信用联社把旧址租下来，30 年后，所有资产归扶贫办所有。此后，按照产业扶贫、龙头带动、集约化经营、规模化发展的思路，把这个地方建成了一个集养殖、科技示范、科技培训为一体的综合型服务园区。科技扶贫示范园区的建设，不仅为搬迁移民提供了住房等生活条件，也为解决群众生产问题提供了平台。

其二，整合政策资源，利用全省发展“周转羊”的机会，引进民营企业进区开办养殖公司，未搬迁后的移民提供了生产门路。去年以来，园区利用自有的场地，引进区内养殖公司和养殖大户 18 家，投资 1200 万元，其中，养殖鲁西黄牛 100 头；周转波尔山羊 8000 只（现存栏 4000 只）；优种猪 2000 头；七彩鸡、珍珠鸡 2000 只，使园区初具规模，移民搬迁后，既可以在这些公司打工，又可以在周转公司中领取母羊喂养，一年后，交回母羔，其余羊归自己，从而得到滚动发展。

其三，整合部门行业资源，为移民搬迁工作提供了有力的支持。为确保移民搬迁工作的顺利进行，今年 4 月 2 日，市委副书记周文夫带领市扶贫办、市农工委、市发改委、市水利局、市农业局、市交通局、市畜牧局、市建设局等十几个部门以及县直对口单位的负责同志到科技扶贫示范园区现场办公，对各种基础设施进行了全面检查。同时，就打井、修路、人畜饮水等问题从行业扶贫角度，在资金技术等方面要求各部门各个行业给予大力支持。之后，在不到半个月的时间，市交通局投资十几万元将科技扶贫示范园区到涉左公路之间的油路翻修一新；市水利局帮园区打深水井 1 眼，投资 45 万元；市扶贫办、市发改委也都积极为园区争取资金。县委、县政府在园区架起了移动通信转播塔，通上了电话。投资 100 万元，维修改造了四栋原来闲置、废弃的居民住宅楼，配套完成了新村村委会办公室、卫生室、文体室、商店、学校、公共厕所、应急水池等公益性设施，并预留了近五年婚龄青年结婚用房。同时，为新村群众硬化道路 1000 米、规划菜地 20 多亩、养殖小区 3000 平方米，为搬迁群众发展生产、增收致富奠定了坚实的基础。

其四，整合思想政治工作力量，为实施移民搬迁奠定了坚实的思想基础。做好移民搬迁的各项前期准备工作之后，但要动员群众从长期居住的地方搬出来也并不是一件容易的事，特别是一些上了年纪的老人更是不愿意离开住了一辈子的村庄。为此，各级党委、政府充分发挥党支部的战斗堡垒作用和党员干部的先锋模范作用。不仅党员干部首先服从搬迁大局，配合做好搬迁工作，而且带头去做其他村民的思想政治工作。对上了年纪、不愿意搬迁的群众，没有强制性地要求搬出，而是组织这些群众实地察看新村，使他们眼见为实，坚定异地安置的信心。同时，组织不同层次、不同类型的座谈会听取各方面的意见。通过大量的思想政治工作，改变了搬迁户的思想观念，消除了村民的顾虑和担心，积极主动地参与搬迁工作。村民杨元顺已经 70 多岁了，说什么也不愿意搬走。为了说服老人，村支书杨贺庭自己出钱买了车票，陪着老人到园区进行参观，最后终于感动了老人，打消了老人的疑虑，做通了老人的工作。

其五，整合各方援助力量，加强组织领导，确保了整个搬迁过程的顺利进行。为了使整个搬迁工作得以顺利进行，并确保群众“搬得出、留得住、能致富”，涉县县委书记、县长亲自协调有关事项，并成立了以主管副县长为组长，农业、水利、土地、交通、教育、卫生、电力等部门负责同志为副组长的移民搬迁工作领导小组，抽调十多名政治素质高、基层工作经验丰富的人员，深入一线、进村入户，深入细致地开展了调查摸底、制定方案、筛选对象、分房分地等基础性工作。搬迁开始后，由于路途远，群众自主搬迁能力差，县林业、地税、国税、财政、畜牧、农业等20多个部门，采取保村保户的方法，共出动机动车150多辆次，出动人员100多人，起早贪黑，仅用了一个星期的时间，赶在汛期前，帮助群众安全顺利地完成了搬迁任务，谱写了一曲“一方有难、八方支援、干群一家、真帮互扶”的扶贫赞歌。

二　几点体会

如今的峪峧新村，房屋宽敞，街道整洁，环境优美，人均住房建筑面积20多平方米，人均水浇地0.1亩，人均生产用房15平方米，户户配上了小煤房、贮菜窖，通上了自来水，一下子过上了城里人的生活，村民们再也掩饰不住内心的喜悦。82岁的老党员王李成夫妇把用了40年的八仙桌洗了又洗，擦了又擦，并把他们压在箱底多年的床单铺在新做的床上，逢人便说：“感谢党，感谢政府，没有想到，老了还过上了这么好的生活！”与老人一样，村民们还自觉地把村子打扫得干干净净，养起了花，种起了树，俨然一个新兴的小城镇。过不了多长时间，村里还要建沼气池，使家家户户告别烧煤的历史，用上沼气。从用柴烧饭到用煤烧饭再到用沼气烧饭照明，峪峧新村的变化将会日新月异。搬迁后的群众用“门迎绿水聚宝盆、户对青山摇钱树，常沐党恩”等大红的对联来表达对党的深厚感情。与居住在大山深处相比，洋溢在他们脸上的笑容不仅是搬迁后的喜悦，更是对新生活的渴望和对现代文明的热切追求。寺峪、庙峧村的搬迁尽管带有一定的特殊性，但特殊性之中又有普遍意义。从这次移民搬迁的成功做法中，我们有以下几点体会。

第一，全面建设小康社会，必须高度重视贫困地区群众的脱贫致富工作。中央一号文件指出，要高度重视贫困地区农民增收工作。省委六届五次全会做出了《关于推进农村小康社会建设若干重要问题的意见》，提出到2010年全省农村人口基本实现稳定脱贫。没有贫困地区群众的小康，就没有全社会的小康，贫困地区群众不脱贫，势必影响全面建设小康社会的进程。目前，全市还有33.5万人尚未脱贫，还有2000人生活在自然条件恶劣的深山区和苦水区，靠自己脱贫难度很大。各级各部门只有心系群众，想群众之所想，干群众之所盼，多为群众办实事、办好事，特别是全力促进贫困地区农民增加收入，“三个代表”思想才能在基层真正得到体现，全面建设小康社会的目标才能如期实现。

第二，在推动贫困地区群众的脱贫实践上，必须进一步创新工作思路和工作方法。新时期的扶贫工作以开发式扶贫为总方针。但是在推动贫困地区群众的脱贫实践上，必须因地制宜，坚持具体问题具体分析。特别是对于居住在生存和发展环境恶劣、自然环境极差地区的群众，要解决脱贫问题，必须进一步创新工作思路和工作方法。涉县移民搬迁的成功经验在于整合资源和各类生产要素，先建园区、后开发、再搬迁，花小钱办大事。“只要思想不滑坡，办法总比困难多。”在全面建设小康社会的进程中，各种矛盾和问题层出不穷，解决这些矛盾和问题，只能是创新工作思路和工作方法，扎实苦干，就会收到事半功倍的效果。

第三，在创新工作思路和工作方法上，必须坚持科学的发展观，树立正确的政绩观。坚持科学的发展观和树立正确的政绩观是做好各项工作的前提，也是确保各项工作收到实效的基础。只有心里装着群众，想群众所想，办群众所需，才能把群众的事办实、办成、办好。否则，只为短期内追求政绩，群众需要办的事没有人去办，群众不需要的又强行去办，既会伤害群众的感情，又会影响党和政府的形象，事倍功半，得不偿失。这次扶贫移民搬迁，吸取了以往某些地方在移民搬迁过程中的教训，没有把两个村群众零星分散到其他富裕村安置，而是实施整村搬迁，减少了移民群众搬迁后产生的孤独感与被抛弃感，保护了两村的文脉，延续了两村的人气，使两个村的村民“扔掉的只是破旧的居所，得到的是小城镇一样的人居环境”。这样，首先就得到了规定群众的认可。同时，在整个搬迁过程中，当部分群众思想出现情绪波动时，没有硬逼着群众搬迁，而是通过耐心的思想政治工作，通过带领群众到园区参观，现场说法，直观对比，引动群众，说服群众，群众想通之后，再实施搬迁，保证了搬迁工作的顺利进行，最终得到群众的衷心拥护和欢迎。

第四，注重对贫困群众人居环境的改善，是加强贫困地区精神文明建设的重要突破口。注重对贫困地区人居环境的改善和建设，用良好的环境熏陶人、感染人、改造人也是重要的思想教育，是精神文明建设的突破口。搬入峪峧新村的群众，一下子告别了用柴火做饭的历史，吃上了清洁卫生的自来水，住上了宽敞明亮的新居室，昔日柴草乱堆、杂物乱放的生活习惯也在随之发生改变，文明、现代、健康的生活方式开始走进他们的新生活。这些生活上的新变化引起他们实效上更大的变化，他们更加相信党“执政为民”的思想不仅是说，而且真正在做，他们愈加看到了自己美好的生活前景；他们越发坚定了脱贫、致富、建设文明生态村美好家园的信心和决心。

（中共邯郸市委办公厅供稿）

抗击非典工作

亲督实导 重抓落实 从容应对非典疫魔严峻挑战

——市委副书记周文夫督导抗击非典工作情况

（2003年6月28日）

惊心动魄的抗非斗争，是对各级领导干部工作作风、意志品质的严峻考验。市委副书记周文夫同志危难面前，从容应对，多次深入分包县和重点部位亲抓督导落实，以一个领导同志特有的洞察能力、判断能力、决策能力确保了各项抗非措施在基层的落实。

（1）亲临一线，靠前指挥。非典疫情的发生，是对每一位领导干部的严峻考验。在抗非斗争中，周文夫同志认真贯彻中央和省委、市委关于抗击非典斗争的重大工作部署，时刻把积极投身抗击非典斗争作为自身实践“三个代表”重要思想，落实“树正气、讲团结、求发展”主旋律的最实际的行动，以对党对事业对人民群众生命安全高度负责的精神，靠近第一线指挥，全力抓好非典防治督导工作。在成安县中医院、发热医院、林里堡卫生院等救治非典定点医院，周文夫同志详细察看医院的病床、药品、设备的储备情况、医护人员的装备情况。在成安县外出返乡人员比较多的乡村，周文夫同志进村入户，详细询问防治非典措施落实情况。在成安县中学、防疫站、幼儿园等部位，周文夫同志一项一项地检查工作落实情况，向陪同人员一再嘱咐，确保安全。在市火车站、高速公路北口、永年与沙河交界处等留验站，周文夫同志认真检查工作人员值勤在岗情况，督导落实封堵传染源工作，要求广大共产党员和领导干部要以特殊的作风、铁的纪律做保证，坚决打赢防治非典攻坚战。在医药大厦、美食林等与群众相关的行业，他实地督导市场供应工作，稳定群众情绪，维护市场秩序。每到一处，他都及时了解非典防治工作方面存在的问题和困难，督导完善防控措施，赢得了与非典斗争的主动权。

（2）缜密部署，沉着应对。在督导成安县防治非典工作中，周文夫同志每次都及时向县委、县政府领导同志通报非典疫情最新进展情况，详细分析成安县非典防治工作面临的形势，认认真真地与该县领导精心谋划工作措施，切实做到环环相扣，不留漏洞，缜密部署，沉着应对。为帮助成安县打赢非典防治攻坚战，周文夫同志及时向该县提出构建“立体交叉防范网络”的思路，把县城分为五个战区，对全县防控划分为教育、企业、农村、卫生和交通五条战线，实行分战区和分战线责任管理，对返乡人员在隔离、检测、登记、疫情上报、对外劝返等各环节都严格规范。面对大量外出务工人员返乡的严峻形势，周文夫同志要求该县做到“四个百分之百”，即对返乡人员登记百分之百，体检测温百分之百，返乡人员隔离留观百分之百，发热人员到指定地点检查百分之百。针对成安县的非典防治工作，他及时督导该县把工作重点放在农村，要求几道防线一起抓，齐下手，充分发动群众及时掌握疫情。为提高该县的紧急救护能力，他在督导中提出要组织装备精良的应急救护队，做好应急准备工作，形成县乡联动、有呼必应的工作态势，全力做好紧急救治准备。同时，他还对定点医院的建设、物资储备、保护医务人员等工作提出了明确的要求，及时指导了该县抗非工作的开展。周文夫同志办事情、做决断，坚持走群众路线，依靠科学，听专家意见，注意运用先进的管理技术和方法，推广基层行之有效的防非措施，保证了成安县防非工作的有条不紊、健康运行。

（3）雷厉风行，甘于奉献。在抗非的特殊时期，为了迅速有效控制疫情发展，周文夫同志坚持做到了国家和省市抗非指示要求迅速学习领会，迅速向成安县和市直有关单位传达贯彻，及时督导其落到实处；当看到一个好的做法，他会督导基层很快予以推广；面对繁多的工作头绪，他不顾疲劳，连续奋战，许多重要事项都是深夜研究决策；对于基层提出的困难和存在的问题，他一刻也不敢耽误，立刻组织解决，有时时间紧，就开短会，说短话；他说干就干，雷厉风行的作风，给各级干部留下了深刻的印象。周文夫同志以对党对人民极端负责的态度和精神，勤勤恳恳，默默奉献，换来了分包战线抗非斗争的大好局面。

（4）胸有全局，统筹兼顾。在抓好非典防治工作的同时，周文夫同志始终不忘着眼全局、统筹兼顾地抓好各项工作，认真落实“一手抓防治非典，一手抓经济发展”的工作思路，在抓非典防治的同时，下大力抓好经济发展。针对永年县非典期间蔬菜外销困难的问题，周文夫同志亲临现场，与有关方面积极研究对策，引导有关方面实行网上销售，组织运输人员和车辆主动出击，建立一卡通制度，疏通了农产品销售渠道，使蔬菜销售由日销几十吨增长到日销5000多吨，价格也保持到正常水平，确保了蔬菜和农产品的销售。随着形势的发展，周文夫同志认真落实市委关于开展“两访两查两督”活动，先后深入涉县督访了天津铁厂、邯郸崇利制钢有限公司、涉县鑫宝集团公司等工业利税大户，督访了涉县天利煤化工有限公司120万吨焦化项目、涉县崇利钢铁有限公司铁水供应系统改造项目、河北国电龙山发电厂等重点在建项目或技改项目；深入成安县督访了安泰纺织有限公司、高环集团农业产业化龙头企业和成安县预应力管道混凝土制管项目，及时了解企业生产遇到的困难，帮助他们解决实际问题。同时，在他的督导、关注下，成安县的经济发展也取得了可喜成绩：固定资产投资形势良好，截至5月底，该县完成投资11423万元，同比增长36%；工业生产保持稳定，经济效益稳步回升，累计完成工业总产值12656万元，同比增长23.5%，实现利税911万元，同比增长20.9%；财政运行平稳增长。通过卓有成效的工作，落实了市委、市政府“两手抓”的指示精神，促进了各项工作的有效开展。

（邯郸市委办公厅供稿）